Bedingungen in der Sportbootversicherung

VERSICHERUNGSRECHTLICHE STUDIEN

HERAUSGEGEBEN VON PROFESSOR DR. GERRIT WINTER

BAND 74

PETER LANG

Frankfurt am Main · Berlin · Bern · Bruxelles · New York · Oxford · Wien

Dr. Hansjörg Heppe

BEDINGUNGEN IN DER SPORTBOOTVERSICHERUNG

PETER LANG
Europäischer Verlag der Wissenschaften

Bibliografische Information Der Deutschen Bibliothek
Die Deutsche Bibliothek verzeichnet diese Publikation in der Deutschen Nationalbibliografie; detaillierte bibliografische Daten sind im Internet über <http://dnb.ddb.de> abrufbar.

Zugl.: Hamburg, Univ., Diss., 2005

Diese Arbeit wurde mit Unterstützung des
Vereins zur Förderung der Versicherungwissenschaft
in Hamburg e.V. veröffentlicht.

D 18
ISSN 0178-4382
ISBN 3-631-54444-8

www.peterlang.de

Meiner Familie

Vorwort

Die vorliegende Arbeit wurde 2004 vom Fachbereich Rechtswissenschaft der Universität Hamburg als Dissertation angenommen. Sie ist entstanden im dortigen Seminar für Versicherungswissenschaften und in derUnderwood Law Library der Southern Methodist University, School of Law, in Dallas, Texas. An beiden Universitäten hatte ich zuvor studiert; ich danke ihnen herzlich für meine Ausbildung und die freundliche Aufnahme als Doktorand.

Ein Doktorand ist nichts ohne seinen wohlwollenden Doktorvater. Ich hatte das Glück, Herrn Professor Gerrit Winter während meines Studiums zu finden. Herr Professor Winter hat das Thema vorgeschlagen und die Arbeit über die Jahre begleitet. Während meiner Zeit in Dallas durfte ich außerdem Herrn Professor Bernhard Großfeld kennenlernen. Nach meinem Bestehen des New Yorker Anwaltsexamens hat mich Herr Professor Großfeld auf den „Marterstuhl" gesetzt und mir zurück ins Thema geholfen. Das Zweitgutachten hat Herr Professor Klaus Moritz erstellt. Ihnen allen danke ich herzlich für die Last, die sie meinetwegen auf sich genommen haben.

Aber nicht nur Universität und Professoren waren für den erfolgreichen Abschluß der Arbeit notwendig, ohne meine Familie wäre sie nicht zum Ende gekommen. So danke ich meinen lieben Eltern für die Unterstützung insbesondere während der Anfangsphase. Meiner lieben Frau (✞H♥) danke ich für die Unterstützung insbesondere während der Schlußphase; ich weiß gar nicht mehr, wie viele Monate ich ihr versichert habe, daß die Arbeit in den nächsten acht bis zwölf Wochen fertig würde. Und meiner lieben Großmutter danke ich für die Unterstützung während so mancher Zwischenphase. Ihnen widme ich die Arbeit.

Von meinen vielen weiteren Helfern, denen ich allen herzlich danke, möchte ich zwei besonders hervorheben: Frau Annemarie Plöger hat mir nicht nur im Seminar bei der Auffindung verschollen geglaubter Bücher geholfen, sie hat mich auch regelmäßig in Dallas mit dort nicht vorgehaltener Literatur versorgt. Daneben danke ich Frau Gudrun Genner für die Durchsicht der Arbeit; sie, mein Lateinlehrer Herr Norbert Schmitz und Herr Professor Großfeld haben mich während meiner Ausbildung am tiefsten beeindruckt und, ich hoffe, am meisten geprägt.

Auch bin ich froh, daß ich, während ich an der Arbeit schrieb, für Herrn Professor Joseph Norton als Assistent an der Southern Methodist University, School of Law, arbeiten durfte. Keine Tür blieb deswegen verschlossen. Der Verein zur Förderung der Versicherungswissenschaft in Hamburg e. V. hat mir einen

Druckkostenzuschuß gewährt, und Herr Professor Winter die Arbeit in seine Versicherungsrechtlichen Studien aufgenommen. Vielen Dank!

Die Zeit als Doktorand war eine schöne (Zwischen-)Zeit. Ich hatte schon ein wenig erreicht und war auf dem Wege zu höheren Ehren. Zuweilen hatte ich es mir deswegen bequem gemacht und Hermann Hesse aus den Augen verloren. Sein Gedicht „Stufen“ will ich allen, die sich in der Ausbildung befindenden, mit auf den Weg geben:

Wie jede Blüte welkt und jede Jugend
dem Alter weicht, blüht jede Lebensstufe,
blüht jede Weisheit auch und jede Tugend
zu ihrer Zeit und darf nicht ewig dauern.

Es muß das Herz bei jedem Lebensrufe
bereit zum Abschied sein und Neubeginne,
um sich in Tapferkeit und ohne Trauern
in andre, neue Bindungen zu geben.

Und jedem Anfang wohnt ein Zauber inne,
der uns beschützt und der uns hilft zu leben.

Wir sollen heiter Raum um Raum durchschreiten,
an keinem wie an einer Heimat hängen,
der Weltgeist will nicht fesseln uns und engen,
er will uns Stuf' um Stufe heben, weiten!

Kaum sind wir heimisch einem Lebenskreise
und traulich eingewohnt, so droht Erschlaffen!
Nur wer bereit zum Aufbruch ist und Reise,
mag lähmender Gewohnheit sich entraffen.

Es wird vielleicht auch noch die Todesstunde
uns neuen Räumen jung entgegensenden:
des Lebens Ruf an uns wird niemals enden...

Wohlan denn, Herz, nimm Abschied und gesunde!

Hamburg, im Juni 2005 Hansjörg Heppe

Inhaltsübersicht

Inhaltsverzeichnis

Abkürzungsverzeichnis

(A)	Achtung
a.A.	anderer Ansicht
ABlEG	Amtsblatt der Europäischen Gemeinschaften
Abs.	Absatz
Abt.	Abteilung
AbzG	Gesetz betreffend die Abzahlungsgeschäfte (Abzahlungsgesetz)
abzgl.	abzüglich
AcP	Archiv für die civilistische Praxis (Jahr und Seite)
ADS	Allgemeine Deutsche Seeversicherungsbedingungen
AERB	Allgemeine Bedingungen für die Versicherung gegen Schäden durch Einbruchdiebstahl und Raub
a.F./aF	alte Fassung
AFB	bis 1987: Allgemeine Feuerversicherungsbedingungen seit 1987: Allgemeine Bedingungen für die Feuerversicherung
AG	Aktiengesellschaft
AGB	Allgemeine Geschäftsbedingungen
AGBG	Gesetz zur Regelung des Rechts der Allgemeinen Geschäftsbedingungen (AGB-Gesetz)
AHB	Allgemeine Versicherungsbedingungen für die Haftpflichtversicherung
AKB	Allgemeine Bedingungen für die Kraftfahrtversicherung
AKB-Lu	Luftfahrt-Kaskoversicherungs-Bedingungen DLP 400/00
allg. Ansicht	allgemeine Ansicht
a.M.	anderer Meinung
AMC	*American Maritime Cases* (Jahr und Seite)
Anh.	Anhang
Anl.	Anlage
Anm.	Anmerkung
ANW	Anweisungen für den Schadensfall
AO	Anordnung
AöR	Archiv des öffentlichen Rechts (Jahr und Seite)
ARB	Allgemeine Bedingungen für die Rechtsschutzversicherung
Art.	Artikel
AUB	Allgemeine Unfallversicherungs-Bedingungen
Aufl.	Auflage

AVB	Allgemeine Versicherungsbedingungen
AVB Flußkasko	Allgemeine Bedingungen für die Versicherung von Flußkasko-Risiken
AVBR	Allgemeine Bedingungen für die Versicherung von Reisegepäck
AVBW	bis 1976: Allgemeine Versicherungs-Bedingungen für Wassersport-Fahrzeuge seit 1976: Allgemeine Bedingungen für die Kasko-Versicherung von Wassersportfahrzeugen
grds.:	Allgemeine Versicherungsbedingungen für Wassersportfahrzeuge
AVR	Allgemeine Bedingungen für die Versicherung von Rindern
Az.	Aktenzeichen
BaFin	Bundesanstalt für Finanzdienstleistungsaufsicht
BAKred	Bundesaufsichtsamt für das Kreditwesen
Bank	Die Bank, Wochenhefte für Finanz-, Kredit- und Versicherungswesen/Wirtschafts-Chronik (Jahr und Seite)
BAV	Bundesaufsichtsamt für das Versicherungswesen
BAWe	Bundesaufsichtsamt für den Wertpapierhandel
BayObLG	Bayrisches Oberstes Landesgericht
Bd.	Band/Bund
BB	Betriebs-Berater, Zeitschrift für Recht und Wirtschaft (Jahr und Seite)
BBR	Besondere Bedingungen und Risikobeschreibungen für die Haftpflichtversicherung aus der privaten Benutzung von Wassersport-Fahrzeugen
Bd.Rep.	Bundesrepublik (Deutschland)
bes.	besonder(s/-ere/en)
BesBe	Besondere Bedingungen
Best.-Nr.	Bestellnummer
BGB	Bürgerliches Gesetzbuch
BGBl.	Bundesgesetzblatt
BGH	Bundesgerichtshof
BGHZ	Entscheidungen des Bundesgerichtshofs in Zivilsachen
BinSchG	Gesetz betreffend die privatrechtlichen Verhältnisse der Binnenschiffahrt (Binnenschiffahrtsgesetz)
Bsp.	Beispiel(e/en)
BT-Drs.	Bundestagsdrucksache
BVerfG	Bundesverfassungsgericht

BVerfGE	Entscheidungen des Bundesverfassungsgerichts
BVerwG	Bundesverwaltungsgericht
bzw.	beziehungsweise
ca.	*circa*
cic	*culpa in contrahendo*/Verschulden bei Vertragsschluß
Co.	*Company*
Def.	Definition/en
DG/EWG zum VAG	Gesetz zur Durchführung versicherungsrechtlicher Richtlinien des Rates der Europäischen Gemeinschaften
d.h.	das heißt
Diss.	Dissertation
DM	Deutsche Mark
DÖV	Die öffentliche Verwaltung, Zeitschrift für Verwaltungsrecht und Verwaltungspolitik (Jahr und Seite)
Dr.	Doktor
DSV	Deutscher Segler-Verband
DTV	Deutscher Transport-Versicherungsverband e.V.
DTV-Kaskoklauseln 1978	DTV-Kaskoklauseln 1978 – Unverbindliche Verbandsempfehlung, Fassung August 1994
dwm	dresdner wm, Das Wirtschafts-Magazin der Dresdner Bank (Jahr und Seite)
EGHGB	Einführungsgesetz zum Handelsgesetzbuch
EGVVG	Einführungsgesetz zu dem Gesetz über den Versicherungsvertrag
Einf.	Einführung
Einf. v.	Einführung vor
Einl.	Einleitung
einschl.	einschließlich
entspr.	entsprechend
Erg.	Ergänzungslieferung
esa	EuroShip Assekuradeurgesellschaft mbH & Co. KG
etc.	*et cetera*
e.V.	eingetragener Verein
evtl.	eventuell(e/en)
EWG	Europäische Wirtschaftsgemeinschaft
EWiR	Entscheidungen zum Wirtschaftsrecht (Jahr und Seite)

f.	folgend
Fallbsp.	Fallbeispiel
F.2d	*Federal Reporter, Second Series* (Jahr und Seite)
FE	Fahrerlaubnis
FernAbsG	Fernabsatzgesetz
ff.	folgende
FK	Fluß- und Wassersport-Kasko
FL	fahrlässig, Fahrlässigkeit
Fn.	Fußnote
FS	Festschrift
F. Supp.	*Federal Supplement* (Jahr und Seite)
FZ	Fahrzeug
GB BAV	Bundesaufsichtsamt für das Versicherungswesen, Geschäftsbericht (Jahr und Seite)
GDV	Gesamtverband der Deutschen Versicherungswirtschaft e.V.
gem.	gemäß
GG	Grundgesetz für die Bundesrepublik Deutschland
ggf.	gegebenenfalls
ggü.	gegenüber
grds.	grundsätzlich
GrFStVO-VWi	Verordnung (EWG) Nr. 3932/92 der Kommission vom 21.12. 1992 über die Anwendung von Art. 85 Abs. 3 EWG-Vertrag auf bestimmte Gruppen von Vereinbarungen, Beschlüssen und aufeinander abgestimmten Verhaltensweisen im Bereich der Versicherungswirtschaft
GWB	Gesetz gegen Wettbewerbsbeschränkungen
Habil.	Habilitation(s)
Halbbd.	Halbband
Halbs.	Halbsatz
HandelsR	Handelsrecht
HdV	Handwörterbuch der Versicherung
HGB	Handelsgesetzbuch
h.M.	herrschende Meinung
HmbJVBl	Hamburgisches Justizverwaltungsblatt (Jahr und Seite)
HRefG	Handelsrechtsreformgesetz
hrsg.	herausgegeben

HUK-Verband	Verband der Haftpflichtversicherer, Unfallversicherer, Autoversicherer und Rechtsschutzversicherer e. V.
id.	identisch
i.d.R.	in der Regel
i.e.	*id est*
Inc.	*Incorporated*
incl.	inklusive
Ins.	*Insurance*
insb.	insbesondere
i.S.	im Sinne
i.ü.	im übrigen
i.V.m.	in Verbindung mit
jew.	jeweils, jeweilig(e/n)
JRPV	Juristische Rundschau für die Privatversicherung (Jahr und Seite)
Jura	Jura/Juristische Ausbildung (Jahr und Seite)
JW	Juristische Wochenschrift (Jahr und Seite)
Kfz	Kraftfahrzeug
KfzPflVV	Verordnung über den Versicherungsschutz in der Kraftfahrzeug-Haftpflichtversicherung (Kraftfahrzeugpflichtversicherungsverordnung)
KG	Kommanditgesellschaft
lit.	Buchstabe(n)
LM	Nachschlagewerk des BGH, begründet von Lindenmaier und Möhring
m	Meter(n)
m.	mit
max.	maximal
mind.	mindestens
mögl.	möglich(e/en/er/es)
MüKo	Münchner Kommentar
m.w.A.	mit weiteren Ausführungen
m.w.N.	mit weiteren Nachweisen
Nachw.	Nachweis
NdsRpfl	Niedersächsische Rechtspflege (Jahr und Seite)
n.F.	neue Fassung

NJW	Neue Juristische Wochenschrift (Jahr und Seite)
NJW-RR	Neue Juristische Wochenschrift-Rechtsprechungs-Report (Jahr und Seite)
Nr.	Nummer(n)
NVersZ	Neue Zeitschrift für Versicherung und Recht (Jahr und Seite)
NVwZ	Neue Zeitschrift für Verwaltungsrecht, vereinigt mit Verwaltungsrechtsprechung (Jahr und Seite)
o.J.	ohne Jahreszahl
ÖVVG	österreichisches Bundesgesetz über den Versicherungsvertrag
OLG	Oberlandesgericht(e)
PflVG	Gesetz über die Pflichtversicherung für Kraftfahrzeughalter (Pflichtversicherungsgesetz)
PKW	Personenkraftwagen
Prof.	Professor
pVV	positive Vertragsverletzung
PYKB	Pantaenius-Yacht-Kasko-Bedingungen
R	Rundschreiben
RAA	Reichsaufsichtsamt für Privatversicherung
Rdn.	Randnummer
Rdz.	Randziffer
RF	Rechtsfolge
RG	Reichsgericht
RGZ	Entscheidungen des Reichsgerichts in Zivilsachen
RM	Reichsmark
r+s	Recht und Schaden, unabhängige monatliche Informationsschrift für Versicherungsrecht und Schadensersatz (Jahr und Seite)
Rspr.	Rechtsprechung
S.	Seite(n)
SAP	Systeme, Anwendungen, Produkte in der Datenverarbeitung (SAP Deutschland AG & Co. KG)
schr.	schriftlich
SchuModG	Gesetz zur Modernisierung des Schuldrechts
secu	Securitas Bremer Allgemeine Versicherungs-AG
s.o.	siehe oben
SoBed	Sonderbedingungen
sog.	sogenannte(r/s)

Sp.	Spalte
SPON	Spiegel Online
St	Steuer
St.	Stromer
Stichw.	Stichwort
str.	streitig/e
StVG	Straßenverkehrsgesetz
StVZO	Straßenverkehrs-Zulassungs-Ordnung
s.u.	siehe unten
SV	Sachverständiger
SYKB	Schomacker-Yacht-Kasko-Bedingungen
TDM	tausend Deutsche Mark
TranspR	Transport- und Speditionsrecht (Jahr und Seite)
TÜV	Technischer Überwachungsverein
U.S.	United States (Vereinigte Staaten von Amerika)
USA	Vereinigte Staaten von Amerika
usw.	und so weiter
v.	vom/von oder *versus*
VAG	Gesetz über die Beaufsichtigung der Versicherungsunternehmen (Versicherungsaufsichtsgesetz)
vbraab	Versicherungsbüro Raab, Inhaber Udo Raab
VDS	Verband der Schadenversicherer e.V.
VerAfP	Veröffentlichungen des kaiserlichen Aufsichtsamts für Privatversicherung (Jahr und Seite)
VerBAV	Veröffentlichungen des Bundesaufsichtsamtes für das Versicherungs- und Bausparwesen (Jahr und Seite)
vers	versichert(e/es/en)
Vers(.)	Versicherung, Versicherer
VersArch	Versicherungswissenschaftliches Archiv (Jahr und Seite)
VersN	Versicherungsnehmer
VersNehmer	Versicherungsnehmer
VersR	Versicherungsrecht, Juristische Rundschau für die Individualversicherung (Jahr und Seite)
VersRdSch	Die Versicherungsrundschau, Zeitschrift für das Versicherungswesen (Jahr und Seite)
Vf.	Verfahren
Vfg.	Verfügung
VGH	Verwaltungsgerichtshof

vgl.	vergleiche
VN	Versicherungsnehmer
Vol.	Volume
Vor.	Vorbemerkung
VP	Die Versicherungspraxis, Zeitschrift für Versicherungswirtschaft und Versicherungsrecht, für Feuerschutz, Feuerlöschwesen und Unfallverhütung (Jahr und Seite)
VS	vorsätzlich, Vorsatz
VVG	Gesetz über den Versicherungsvertrag (Versicherungsvertragsgesetz)
VW	Versicherungswirtschaft, Halbmonatsschrift der deutschen Individualversicherung (Jahr und Seite)
WamS	Welt am Sonntag
WasSpFAVB	Wassersportfahrzeugversicherungsbedingungen = AVBW
WE	Willenserklärung
WM	Wertpapier-Mitteilungen, Zeitschrift für Wirtschafts- und Bankrecht (Jahr und Seite)
WSpFzVers	Wassersportfahrzeugversicherung = AVBW
YKB	von Maklern vorbereitete und verwendete Yacht-Kasko-Bedingungen
z.B.	zum Beispiel
ZfS	Zeitschrift für Schadensrecht (Jahr und Seite)
ZfV	Zeitschrift für Versicherungswesen (Jahr und Seite)
ZHR	Zeitschrift für das gesamte Handelsrecht und Wirtschaftsrecht (Jahr und Seite)
Ziff.	Ziffer
ZIP	Zeitschrift für Wirtschaftsrecht (Jahr und Seite)
ZLW	Zeitschrift für Luftrecht und Weltraumrechtsfragen (Jahr und Seite)
ZPO	Zivilprozeßordnung
ZPO-Änderungsgesetz	Gesetz zur Änderung des Rechts der Revision in Zivilsachen
ZVersWiss	Zeitschrift für die gesamte Versicherungswissenschaft (Jahr und Seite)
zzgl.	zuzüglich
z. Zt.	zur Zeit

A. Einführung

Zur Kaskoversicherung von Wassersportfahrzeugen verwendet man unterschiedliche Bedingungswerke. Stellt sie der Versicherer, sind es allgemeine Bedingungen (AVBW); bereitet sie der Makler vor, heißen sie Yachtkasko- oder Maklerbedingungen (YKB). Trotz der unterschiedlichen Bedingungswerke hat sich ein einheitlicher Versicherungstyp herausgebildet: die Sportbootversicherung.

Die Einführung macht den Leser mit ihrer Entwicklung vertraut und bestimmt den Gegenstand der Arbeit. Der Versicherungstyp wird systematisch eingeordnet.

Seine Besonderheit ist, daß er ein Transportinteresse (Vertragsinhalt) mit einem Verbraucher (Vertragspartei) verbindet. Dieses Aufeinandertreffen einer *Großrisiko*-Versicherung mit einem *Massenrisiko*-Versicherungsnehmer und die daraus folgenden Fragen prägen die Untersuchung der gesetzlichen Grundlagen und typischen Bestimmungen in der Sportbootversicherung.

I. Entwicklung

Die Versicherung von Wassersportfahrzeugen ist verhältnismäßig jung[1]. Wie viele andere Versicherungen folgt sie aus einer Anpassung der Wirtschaft an den Markt[2]. Wegen der Industrialisierung und Technisierung in den letzten 150 Jahren, der damit einhergehenden Massenproduktion von Gütern und des wachsenden Wohlstands konnten die Deutschen Zeit und Geld ihren Freizeitbeschäftigungen widmen. Dazu gehört auch der Gebrauch von Sportbooten[3], der nicht

---

1 Geht man davon aus, daß die ersten Seeversicherungsverträge in Oberitalien Anfang des 14. Jahrhunderts geschlossen wurden (vgl. JOOST, S. 1; MÖLLER, RuW, S. 5; PLAß, S. 22; a.A. PERDIKAS, ZVersWiss 1970, S.151 ff.), erste Schiffe also schon vor *ca.* 700 Jahren versichert wurden, erscheinen die über 70 Jahre, seit denen Kaskoversicherungen für Sportboote in Deutschland abgeschlossen werden, als kurzer Zeitraum.

2 So entstanden insb. in den letzten 50 Jahren aufgrund des technischen Fortschritts bzw. der damit einhergehenden Änderungen der menschlichen Gewohnheiten zahlreiche neue Versicherungen wie solche im Bereich der Elektronik, des Computermißbrauchs oder für Atomanlagen bzw. im Bereich der Freizeit als Reiserücktrittskosten- oder Verkehrsserviceversicherung.

3 Der Segel- bzw. Yachtsport stammt aus der Region der 17 niederländischen Provinzen Spaniens. Schon um 1600 benutzte man dort Schiffstypen mit der Bezeichnung „Jacht" (auch *jaght, jaghd* oder *jaght-schip*). Dazu gehörten die kleinste Klasse seegehender Kauffahrer, die *Oorlogsjacht* und die *Speeljachten* oder *Pleiziervaartuigen*, zierliche Kopien der großen Seeschiffe.
1658 gab es in Amsterdam allein drei Yachthäfen (ALTHOF, S. 43 f.). Dort lernte auch der englische König Charles II. den Sport kennen, nachdem er vor Oliver Cromwell auf den Kontinent geflohen war. Als er 1660 wieder in seine Heimat zurückkehrte, schenkte ihm die Stadt Amsterdam eine 20 m lange Yacht. Charles nannte das Schiff nach seiner Schwester „Mary". Er war von ihr so begeistert, daß er in England Boote gleicher Art nachbauen ließ. Im Jahre 1662 veranstaltete er mit seinem Bruder James (dem späteren König James II.) die erste *Wett*-Fahrt. Auf der Themse ging es von Greenwich nach Gravesend und zurück. Der Einsatz betrug 100 Pfund Sterling (vgl. Encyclopædia Britannica, Vol. 12, S. 801.). Mit der „Mary" begann die Tradition der englischen Königsyachten (ALTHOF, S. 44.).
Der Deutsche Segler-Verband (DSV) wurde 1888 gegründet und ist heute der Dachverband der deutschen Segler und Surfer. Die (Fach-)Zeitschrift zum Wassersport „Die Yacht" gib es seit 1903 (Brockhaus, Bd. 6, S. 3.). Nach eigenen Angaben lag zwischen 1995 und 2000 der Mitgliederbestand des DSV bei um die 190.000 Personen und der Bootsbestand bei über 71.000 Segel- und um die 6.500 Motorbooten.
Die Zahl der aktiven Wassersportler im Jahr 2002 wurde auf über 6,3 Millionen Deutsche geschätzt und hat laut einer Studie im Auftrag des Deutschen Tourismusverbands, der Hamburg Messe und des Bundesministeriums für Wirtschaft „riesiges Potential" (http://www.spiegel.de/reise/aktuell/0,1518,220665,00.html.). 17, 1 Millionen Deutsche sollen surfen, segeln oder fahren Wasserski, Kanu oder Motorboot (DRAGONAS, dwm III 2003, 46.). Der Bestand von deutschen Motor-, Segelbooten und Yachten insgesamt wurde in den Jahren 2002/03 auf zwischen 300.000 und 450.000

ungefährlich ist: Die Gefahren der Fortbewegung auf dem Wasser kumulieren mit denen des Betriebs von motor- oder anders angetriebenen Fahrzeugen.

Mit zunehmender Verbreitung der Freizeitbeschäftigung wandten sich Sportbooteigner an Versicherer und Makler, um die Boote zu versichern[4]. Wer wann die erste Kaskoversicherung[5] für ein Wassersportfahrzeug in Deutschland abschloß, läßt sich heute nicht mehr ermitteln[6]. Es muß Anfang des letzten Jahrhunderts gewesen sein.

1. Vorbilder

Vorbild der Sportbootversicherung mag die bereits um 1900 gebräuchliche Automobilversicherung gewesen sein[7]. Diese auch *Fahrzeug*-Versicherung genannte Versicherung war auf den Ersatz von Kaskoschäden gerichtet[8] und diente zunächst vorwiegend der Versicherung von *Sport*-Interessen[9]. Daneben war die Kaskoversicherung von *Wasser*-Fahrzeugen beim ersten Abschluß einer Sportbootversicherung lange bekannt[10]. In Hamburg wurde der älteste überlieferte Seeversicherungsvertrag im Jahre 1588 geschlossen[11].

---

geschätzt (http://www.welt.de/daten/2002/01/21/0121wi309184.htx; DRAGONAS, dwm III 2003, 46.).

4 Vgl. PAUL, S. 36 f. und 79.

5 „Kasko“ kommt aus dem Spanischen und bedeutet Schiffsrumpf. Heute ist Kasko die allgemeine Bezeichnung für Beförderungsmittel. Die Kaskoversicherung ist daher die Versicherung eines Transportmittels. ROOS, Fn. 73, S. 16; R. SCHMIDT, VersABC, S. 180; MÖLLER, FS Stödter, 79, 81.

6 Im Versicherungsschrifttum um die Jahrhundertwende läßt sich noch kein Hinweis auf die Versicherung von Sportbooten finden.

7 Vgl. die Beschreibung bei MANES, Sp. 186, der das Bedürfnis nach einer Automobilversicherung zu jener Zeit auf die Zunahme von Kraftfahrzeugen, vor allem aber die Entwicklung und Verbreitung von Lastenautomobilen jew. als hochwertigen, dabei aber einer Beschädigung leicht ausgesetzten Fahrzeugen zurückführt.

8 Die Automobilversicherung hatte (in ihren Anfängen) zum Zweck den Ersatz des Schadens, der durch die Beschädigung von Kraftfahrzeugen entsteht. Diese Beschädigung konnte (seinerzeit) ihre Ursache haben im Umschlagen oder Absturz der Automobile, Zusammenstoß mit anderen Fuhrwerken oder mit irgendwelchen festen oder in Bewegung befindlichen sonstigen Gegenständen, ferner in Erdfall, Brücken- oder Straßeneinsturz oder ähnlichen, von außen einwirkenden Ereignissen, des weiteren in mutwilliger oder böswilliger Beschädigung seitens dritter fremder Personen. MANES, Sp. 186.

9 MANES, Sp. 186 f.

10 Vgl. JOOST, S. 1; KIESSELBACH, S. 15 ff. Vgl. aber auch die Ausführungen in Fußnote 1, m.w.N.

11 KIESSELBACH, S. 15 f.

Sowohl mit der Versicherung eines zu Vergnügungszwecken genutzten Fahrzeugs als auch mit den zu versichernden Gefahren war die Versicherungswirtschaft bei Einführung der Sportbootversicherung also vertraut. Sie betraf kein neues, unbekanntes Risiko[12]; sie ist mit der See- bzw. Binnenschiffversicherung und der Kfz-Kaskoversicherung eng verwandt[13].

2. Allgemeine Bedingungen

Die Sportbootversicherung verbreitete sich schnell. Bereits im Jahrbuch[14] des Deutschen Transport-Versicherungs-Verbands e.V. (DTV)[15] von 1932 sind die Allgemeinen Versicherungs-Bedingungen für Wassersportfahrzeuge[16] als Muster in Anlage Nr. 3 (Best.-Nr. 180) beigefügt. In den nachfolgenden Jahrbüchern und im diese ersetzenden DTV-Handbuch sind sie bis zu dessen Aufgabe im Jahre 1994 verblieben[17].

Während dieser Zeit wurden die allgemeinen Bedingungen viermal geändert: Die erste Straffung und Neuordnung fand im Jahre 1963 statt[18]. Eine erhebliche Veränderung erfuhren die AVBW 1976[19]. Nur geringfügige Änderungen finden

---

12 Wie etwa die Elektronik- oder Atomanlagenversicherung.

13 Vgl. ROOS, S. 1., der zu einem ähnlichen Schluß kommt.

14 Die (D.T.V.V. später) DTV-Jahrbücher erschienen bis Ende der sechziger Jahre und wurden 1970 durch das als Loseblattsammlung geführte DTV-Handbuch ersetzt.

15 Der DTV fusionierte zum 1. Januar 1995 mit dem HUK-Verband und dem Verband der Sachversicherer zum Verband der Schadenversicherer (VDS), welcher sich im Dezember 1996 mit dem Verband der Lebensversicherer und dem GDV (alt) zum Gesamtverband der Deutschen Versicherungswirtschaft (neu) zusammenschloß.

16 AVBW.

17 Die EG-Gruppenfreistellungsverordnung für die Versicherungswirtschaft (GrFStVO-VWi) (ABlEG 1992 Nr. L 398/7, vgl. dort insb. Erwägung (7), S. 2., aber auch Art. 5 und 6, S. 4.) veranlaßte den DTV im Jahre 1994 von der Veröffentlichung „Allgemeiner Vorschriften und Empfehlungen“ und damit der Fortführung des DTV-Handbuchs Abstand zu nehmen. Bestätigt wird dies durch das VDS-Rundschreiben T-A 08/95, welches von einer „Anpassung der Bedingungsempfehlungen an die Voraussetzungen der Gruppenfreistellungsverordnung der EG-Kommission für die Versicherungswirtschaft“ spricht.

18 Ob sich die „Allgemeinen Versicherungs-Bedingungen für Wassersport-Fahrzeuge“ im Jahrbuch desselben bzw. folgenden Jahres befinden, ist fraglich, da selbst beim GDV keine aus jenen Jahren stammenden Exemplare mehr vorhanden sind. Jedenfalls sind sie im Jahrbuch von 1965 auf S. 269 ff. enthalten. Vgl. außerdem GÜRTLER, ZfV 1963, 451 ff., der durch diese Änderung insb. Übersicht und Klarheit der AVBW erheblich gesteigert sieht.

19 Die AVBW 76 wurden bereits in der Loseblattsammlung des DTV-Handbuchs veröffentlicht. Wegen der Überarbeitung aus dem Jahr 1985 sind sie dort heute nicht mehr enthalten. Sie können aber z.B. bei PRÖLSS/MARTIN, 23. Aufl., S. 750 ff. nachgesehen werden. Beachte, daß im Zuge der Änderung von 1976 außerdem die Bezeichnung der Klauseln in „Allgemeine Bedingungen für die Kasko-Versicherung von

sich im DTV-Handbuch unter dem Jahr 1985[20]. Aufgrund der EG-Gruppenfreistellungsverordnung für die Versicherungswirtschaft[21] hat sich der Verband der Schadenversicherer (1996 aufgegangen im GDV[22]) seit 1995 auf die Herausgabe „Unverbindlicher Empfehlungen Allgemeiner Versicherungsbedingungen und Klauseln im Seekasko-, Baurisiko-, Flußkasko- und Wassersportbereich" beschränkt[23]. Die dort vorgeschlagenen AVBW 1994 unterscheiden sich inhaltlich nicht von den AVBW 1985, lediglich einzelne Formulierungen wurden durch eine weniger zwingende Wortwahl ersetzt[24].

Die Versicherer nutzen die Allgemeinen Versicherungsbedingungen für Wassersportfahrzeuge als Grundlage für ihr Vertretergeschäft. Gelegentlich ändern sie einzelne Bestimmungen[25], da die AVBW für die Versicherungswirtschaft zu keiner Zeit bindend waren. Die Kaskoversicherung von Sportbooten war nie aufsichtspflichtig[26]; ihre Bedingungswerke waren immer genehmigungsfrei[27]. AVBW waren bzw. sind Verbands-*Muster*-Bedingungen. Der einzelne Versi-

---

Wassersportfahrzeugen" abgeändert wurde. Zu ihrer besseren Zugänglichkeit wurden die AVBW 76 in den Anhang dieser Arbeit unter E. VI. aufgenommen.

20 In der Erg. 6/87 zu finden unter FK 57 f., bei Einstellung des Handbuchs wohl unter FK 59. Vgl. R/L/RÖMER, 1. Aufl., § 129 Rdn. 8; P/M/VOIT, [Teil III. Einzelne Versicherungszweige, T.] WSpFzVers = AVBW, Vor. Rdn. 1. Zu ihrer besseren Zugänglichkeit wurden außerdem die AVBW der Jahre 1932 (AVBW 32), 1963 (AVBW 63), 1985 (AVBW 85) und 1994 (AVBW 94) in den Anhang dieser Arbeit unter E. IV.-VIII. aufgenommen.

21 Verordnung (EWG) Nr. 3932/92 der Kommission vom 21. Dezember 1992 (GrFStVO-VWi), ABlEG 1992 Nr. L 398/7.

22 Vgl. Fußnote 15.

23 Vgl. nicht nur die Bezeichnung der VDS-Zusammenstellung aller Bedingungen und Klauseln aus dem Kaskobereich, sondern (außerdem) auch das VDS-Rundschreiben T-A 08/95, in dem der Verband die beigefügten AVB und Klauseln ausdrücklich als „unverbindliche Muster" empfiehlt. Die nach 1994 (nach Änderung des § 5 VAG) in die Musterbedingungen der Verbände eingefügten formelhaften Vorspanne „Soweit nicht etwas anderes vereinbart wurde, gilt: ..." dienen also allein der Vermeidung kartellrechtlicher Beanstandungen aufgrund Europarechts. Sie sollen den Charakter der Musterbedingungen als „unverbindliche Empfehlungen" an die Mitgliedsunternehmen hervorheben. Vgl. HOFMANN, S. 18.

24 Vgl. dazu nachfolgend unter E. IV. [AVBW 94]. Änderungen zu den Bedingungen von 1985 wurden dort zu ihrer besseren Kenntlichkeit kursiv gestellt.

25 Vgl. ENGE, TransportV, S. 314; HOFMANN, S. 18.

26 Vgl. die Begründung zum Entwurf eines Gesetzes zur Änderung des Gesetzes über die privaten Versicherungsunternehmungen 1930, S. 25 (abgedruckt in Motive zum VAG, S. 362.) und REHM/BERLINER/FROMM, § 148 Anm. 10. Für die Folgezeit: FROMM/GOLDBERG, § 148 Anm. 6; BESCHLUßKAMMERENTSCHEIDUNG vom 26. April 1977, VerBAV 1977, 165 ff.; BGH, VersR 1982, 381, 382 i.V.m. § 148 Abs. 1 Satz 1 VAG a.F.

27 610, GB BAV 1976, 59.

cherer kann davon abweichen und die von ihm verwendeten Bedingungen frei gestalten.

3. Maklerbedingungen

Wie in der Transportversicherung üblich[28], übernehmen Versicherer die Sportbootversicherung nicht nur unmittelbar[29]. Allein in Hamburg gibt es mehr als fünf auf diese Versicherung spezialisierte Makler[30]. Sie bieten Bootseignern zu den von ihnen vorbereiteten Yachtkaskobedingungen[31] die Besorgung von Policen an[32]. Hier ist also nicht ein Versicherer bereit, ein Risiko nach seinen AVBW zu übernehmen. Vielmehr bringt der Makler im Auftrag des Versicherungsinteressenten dessen Fahrzeug zu seinen YKB bei einem oder mehreren Versicherern unter[33].

---

28 Für die Seekaskoversicherung vgl. JOOST, S. 1 ff., insb. S. 3. Für eine Übersicht zu den heute von Versicherern und Maklern angebotenen Sportbootversicherungen vgl. unter httpp://www.yachtversicherung.de/data1.htm.

29 Rechtlich zulässig ist das insb., weil die Kaskoversicherung von Wassersportfahrzeugen, wie bereits beschrieben, zu keinem Zeitpunkt der Versicherungsaufsicht unterlag. Vgl. Fußnote 26.

30 Vgl. nur die hamburgischen Gelben Seiten unter Bootsversicherungen, Versicherungen und Yachtversicherung. Vgl. aber auch PAUL, S. 121, und http://www.yacht versicherung.de/data1.htm.

31 YKB. Zum Abfassen von Bedingungen in der Seekaskoversicherung durch Makler vgl. JOOST, S. 2 ff., m.w.N.

32 Zu ihrer besseren Zugänglichkeit wurden die Bedingungswerke zweier Hamburger Makler aus dem Jahre 1998 (PYKB 98 und SYKB 98) ebenfalls in den Anhang dieser Arbeit unter E. II.-III. aufgenommen. Um die Übersicht über die Entwicklung und wichtigsten Bestimmungen in der Sportbootversicherung zu vereinfachen, wurde außerdem eine Synopse aus den AVBW 32, 63 und 85 sowie den SYKB 98 und PYKB 98 erstellt. Diese ist im Anhang unter E. I. zu finden. Sie ist gegliedert nach 1. [Primären Risikobegrenzung], 2. [Sekundären Risikobeschränkungen], 3. [Versicherungsleistung], 4. [Allgemeine Bestimmungen] und 5. [Haftpflicht].

33 Vgl. ENGE, TransportV, S. 24, und PAUL, S. 121. Vgl. aber auch § 15 Nr. 6 Satz 3 PYKB 98 und Nr. 28. Sätze 3 und 4 SYKB 98, wo dem jew. Versicherungsnehmer ein Auskunftsrecht über Name und Anteil der an der Versicherung beteiligten Versicherer eingeräumt wird. Die Klauseln lassen darauf schließen, daß der Versicherungsnehmer seine(n) Versicherer in der Regel nicht kennt und, wenn man § 15 Nr. 5 PYKB 98 und Nr. 24. SYKB 98 betrachtet (wonach alle für Versicherer bestimmte Willenserklärungen rechtswirksam an den Makler erfolgen können), mit diesen(/m) auch nicht in Kontakt tritt.
Anschaulich bei dieser Gelegenheit auch BGH vom 4. Dezember 2000, Az.: II ZR 293/99, abrufbar beim online Dienst „juris“. In gekürzter Form aber auch abgedruckt in NJW 2001, 1140 f. In diesem Fall wurden 16 verschiedene Versicherer eines Yachtrisikos verurteilt, wobei ihre jew. Beteiligung zwischen 0,75 und 20 % lag.

II. Gegenstand der Arbeit

Neben den vom GDV empfohlenen allgemeinen Bedingungen gibt es Maklerbedingungen. Diese Arbeit behandelt die Allgemeinen Versicherungsbedingungen für Wassersportfahrzeuge von 1932, 1963 und 1985 sowie die Yachtkaskobedingungen zweier Hamburger Makler von 1998. Erst die Gegenüberstellung unterschiedlicher Bedingungswerke ermöglicht die Auseinandersetzung mit dem Versicherungstyp „Sportbootversicherung". Sie veranschaulicht die Entwicklung einzelner Bestimmungen – manche heute noch verwendete Maklerklausel beruht auf längst geänderten AVBW – und ermöglicht die Erfassung der vertraglichen Umstände, die den Charakter der Versicherung prägen.

Im Rahmen der Untersuchung der gesetzlichen Grundlagen ist zu beachten, daß die versicherungsaufsichtsrechtliche Einordnung nicht die versicherungsvertragsrechtliche Behandlung bindet. Das spielt eine Rolle sowohl bei der Frage der Anwendbarkeit des besonderen Schadensversicherungsrechts als auch bei der Frage der Abdingbarkeit zwingender und halbzwingender VVG-Vorschriften (*i.e.* der Geltung des § 187 VVG).

Das versicherte Interesse, die versicherte Gefahr und der versicherte Schaden gestalten den Umfang der Sportbootversicherung. Die dazu verwendeten typischen Bestimmungen werden genauer untersucht. Dabei liegt das Schwergewicht auf der versicherten Gefahr. Die sie gestaltenden Bestimmungen gehen Hand in Hand mit den Obliegenheiten des Versicherungsnehmers: Die Allgefahrendeckung wird der Versicherung benannter Gefahren gegenübergestellt, die Folgen der gemischten Gefahrengestaltung werden näher betrachtet. Es wird der Frage nachgegangen, ob Abnutzung, Witterung und Rost (versicherte) Gefahren sind. Die Bedeutung der sportlichen Nutzung und ihr Zusammenspiel mit der Verwendungsklausel wird erläutert. Das Fahrtüchtigkeitserfordernis wird in all seinen Facetten behandelt, weitere typische Obliegenheiten werden systematisch eingeordnet.

Gegenstand der Arbeit ist damit die wissenschaftliche Untersuchung der Bedingungen in der Sportbootversicherung. Sie wird nicht nur vor dem Hintergrund des Versicherungsvertragsgesetzes durchgeführt, besondere Aufmerksamkeit wird auf die Kontrolle anhand des AGB-Rechts gerichtet. Dabei wird sich zeigen, inwieweit einzelne Bestimmungen den gesetzlichen Anforderungen genügen.

III. Systematische Einordnung

Grundlage der Sportbootversicherung ist der von Versicherer und Versicherungsnehmer geschlossene Vertrag. Sein Inhalt richtet sich nach dem vereinbarten Bedingungswerk (AVBW oder YKB)[34].

Obwohl die jeweiligen Bedingungswerke umfangreiche Regeln bereitstellen[35], können sie nicht alle aus dem Vertragsverhältnis folgenden Fragen beantworten. Eine abstrakt (und kurz) formulierte Regelung ist immer der Auslegung und damit einem unterschiedlichen Verständnis zugänglich. Aber auch ein noch so detaillierter (und damit umfangreicher) Vertrag kann nicht alle in der Praxis möglichen Problemfälle voraussehen[36]. Um streitige Punkte zu beantworten, muß man auf gesetzliche Regelungen zurückgreifen. Sie bieten mit ihrer Systematisierung nach Versicherungszweigen und innerhalb der einzelnen Versicherungssparten ergänzende Regeln und Auslegungshilfen. Dabei erläutert die Rechtsprechung ihre Geltung.

Außerdem gilt der Grundsatz der Vertragsfreiheit weder im Zivilrecht[37] noch im Versicherungsrecht[38] uneingeschränkt. Zwingende und halbzwingende Vorschriften verbieten Abreden; in diesen Fällen kann das Gesetz dem Vertrag vorgehen.

Es ist daher notwendig, die Sportbootversicherung in das System des Versicherungsrechts einzuordnen[39]. Daraus ergeben sich die anwendbaren Regelungszusammenhänge mit ihren Verboten bzw. deren Ausnahmen.

---

34 Versicherungsbedingungen sind keine Rechtsquellen im engeren Sinne, sondern Vertragsabreden. Sie sind dazu bestimmt, den Raum auszufüllen, den das dispositive Gesetzesrecht läßt. Sie bezwecken und ermöglichen den Abschluß gleichförmiger Verträge (Gleichartigkeit der Risiken, Gleichbehandlung aller Versicherungsnehmer, rationelle Vertragsverwaltung). Wo das VVG das Herausbilden neuer Versicherungszweige der Praxis überläßt, geschieht dies in der Form neuer AVB. HOFMANN, S. 15.

35 Vgl. insb. die AVBW 32 und AVBW 63, die mit ihren jew. über 39 bzw. 20 Paragraphen und ausführlichen Absätzen sehr ins Detail gingen.

36 Und damit Lösungen bei ihrem Auftreten anbieten.

37 Man denke nur an den Schutz von Geschäftsunfähigen und Minderjährigen gem. §§ 104 ff. BGB, die Nichtigkeit sittenwidriger Rechtsgeschäfte gem. § 138 Abs. 1 BGB oder die Verpflichtung, eine Leistung so zu bewirken, wie Treu und Glauben es erfordern gem. § 242 BGB.

38 SIEG, S. 33; aber auch DEUTSCH, Rdn. 36, und WERBER/WINTER, Rdn. 27.

39 A. III. [Systematische Einordnung] Nr. 1.-3., aber auch B. [Gesetzliche Grundlagen].

1. Privatversicherung

Privatversicherung im weiteren Sinne ist Individualversicherung[40]. Im Gegensatz zur Sozialversicherung beruht die Individualversicherung auf Vertragsfreiheit; es besteht kein Zwang zum Vertragsschluß[41]. Die Individualversicherung ist also eine Bedarfsdeckung aufgrund freiwilligen Entschlusses der Vertragsparteien[42]. Betreibt ein zivilrechtlich organisierter Versicherer das (Individual-)Versicherungsgeschäft, bezeichnet man die Versicherung als Privatversicherung im engeren Sinne[43].

Ein Sportbootversicherungsvertrag kommt durch die freie Willensentscheidung des Versicherungsschutz Suchenden und des Versicherers zustande. Der Versicherer ist Träger der Gefahrengemeinschaft. Er verpflichtet sich gegenüber dem Versicherungsnehmer zur Übernahme des Versicherungsumfangs[44]. Die Sportbootversicherung ist deswegen Individualversicherung. Auch ist sie Privatversicherung im engeren Sinne, da nicht bekannt ist, daß öffentlich-rechtlich organisierte Versicherungseinrichtungen sie betreiben[45].

Versicherer und Versicherungsnehmer sind Vertragspartner, die sich gleichberechtigt gegenüberstehen[46]. Ihre Rechtsbeziehung regelt das Zivilrecht – insbesondere das Versicherungsvertragsrechts[47].

---

40 R. SCHMIDT, VersABC, S. 166. Dabei wird der Begriff „Individualversicherung" in der Versicherungswirtschaft in zweifacher Weise verwendet. Zum einen dient er als Sammelbezeichnung für alle Versicherungsunternehmen, die auf zivilrechtlicher Basis arbeiten. Zivilrechtliche Versicherungsverträge bieten Versicherungsaktiengesellschaften, Versicherungsvereine auf Gegenseitigkeit und öffentlich rechtliche Versicherungsanstalten in den Versicherungssparten der Lebensversicherung, der privaten Krankenversicherung, der Schadensversicherung und der privaten Unfallversicherung an. Zum anderen ist die Individualversicherung Sammelbegriff für alle zivilrechtlichen Versicherungsverträge, die Versicherungsnehmer nach individuellen Bedürfnissen zur persönlichen Risikovorsorge abschließen, selbst wenn hierfür eine gesetzliche Verpflichtung besteht. V. FÜRSTENWERTH/WEIß, S. 331.

41 Zur Abgrenzung der Privat- von der Sozialversicherung vgl. Bruck/MÖLLER, § 1 Anm. 13 ff.; BÜCHNER/WINTER, S. 67; MÖLLER, FS Schmitz II, 391, 396 ff.

42 R. SCHMIDT, VersABC, S. 166. Der Begriff stellt auf die weitgehend individuelle Vertragsgestaltung ab. V. FÜRSTENWERTH/WEIß, S. 331.

43 R. SCHMIDT, VersABC, S. 259; v. FÜRSTENWERTH/WEIß, S. 494.

44 Vgl. dazu nachfolgend unter C. [Typische Bestimmungen].

45 Vgl. auch ENGE, TransportV, S. 23, der feststellt, daß öffentlich-rechtliche Gesellschaften (ihrem historischen Ursprung entsprechend) die Transportversicherung nicht oder nur in sehr geringem Umfang betreiben.

46 Vgl. HOFMANN, S. 1.

47 Welches grds. der Parteiendisposition unterliegt, soweit nicht das VVG zwingendes Recht oder sogenannte „halbzwingende" Vorschriften (d.h. solche, von denen nicht

2. Schadens- und Nichtpersonenversicherung

Das deutsche Versicherungsvertragsrecht enthält keinen einheitlichen Oberbegriff zur „Versicherung". Es unterscheidet vielmehr in § 1 Abs. 1 VVG unmittelbar zwischen zwei Versicherungsformen: der Schadens- und der Personenversicherung[48].

a) Abgrenzung

In der Schadensversicherung ist der Versicherer verpflichtet, dem Versicherungsnehmer den durch den Versicherungsfall entstandenen Schaden zu ersetzen (konkrete Bedarfsdeckung)[49]. Der Schaden bedingt und begrenzt die Leistung des Versicherers.

Bei der Personenversicherung ist hingegen eine im voraus bestimmte Geldsumme nach Eintritt des Versicherungsfalls zu zahlen. Der Versicherer muß ohne Rücksicht darauf leisten, ob beim Versicherungsnehmer ein konkreter Bedarf besteht (abstrakte Bedarfsdeckung)[50]. Nach allgemeiner Ansicht[51] spricht man deswegen nicht mehr von einer Personen-, sondern von einer Summenversicherung[52].

b) Stellungnahme

In der Sportbootversicherung ersetzt der Versicherer dem Versicherungsnehmer Schäden am und um das Fahrzeug[53], die durch Beschädigung, Zerstörung oder Verlust[54] entstehen. Dabei bestimmt der Versicherungswert seine Leistung.

---

zum Nachteil des Versicherungsnehmers abgewichen werden darf) enthält (HOFMANN, S. 1.). Vgl. aber auch die Nachweise in Fußnote 38.

48 HOFMANN, S. 38.

49 BAUER, Rdn. 80.

50 BAUER, Rdn. 81.

51 BGHZ 52, 350, 352; Bruck/MÖLLER, § 1 Anm. 23; DEUTSCH, Rdn. 27 ff.; EICHLER, S. 227; MÖLLER, VersVR, S. 33 f.; WERBER/WINTER Rdn. 47; WINTER, BedarfsD, S. 1.

52 Außerdem kann heute die Personenversicherung als Schadensversicherung betrieben werden (so z.B. als Krankheitskostenversicherung). Der Personenversicherung ist daher nicht die Schadensversicherung, sondern die „Nichtpersonenversicherung" gegenüberzustellen. Die Schadensversicherung kommt als Nichtpersonen- und als Personenversicherung vor, während die Summenversicherung nur als Personenversicherung betrieben werden kann. BAUER, Rdn. 82.

53 Vgl. dazu nachfolgend unter E. I. 1. a) [Versichertes Interesse].

54 Vgl. dazu nachfolgend unter E. I. 1. b) [Übernommene Gefahren und gedeckte Schäden].

Beim Totalverlust[55] wird der Versicherungswert entweder aufgrund einer vorher vereinbarten Taxe festgelegt[56] oder durch den Zeitwert ermittelt[57]. Bei Teilschäden[58] bestimmt man den Versicherungswert nach den Reparaturkosten. Spricht man im Rahmen der Ermittlung des Versicherungswerts von einer Versicherungssumme[59], begrenzt die Summe die Entschädigungsleistung auf einen bestimmten Höchstbetrag (§ 50 VVG). Sie setzt nicht eine im Versicherungsfall stets anfallende und im voraus bestimmte Geldsumme fest[60].

Daneben werden dem Versicherungsnehmer Bergungskosten ersetzt, wenn die Entsorgung des versicherten Fahrzeugs oder Wracks hoheitlich vorgeschrieben ist[61]. Sowohl bei Schäden am Fahrzeug als auch bei anfallenden Bergungskosten bedingt und begrenzt der entstandene Vermögensschaden die Leistung des Versicherers.

c) Zwischenergebnis

Die Sportbootversicherung deckt damit den konkreten Bedarf des Versicherungsnehmers. Sie ist eine Schadensversicherung im Sinne von § 1 Abs. 1 Satz 1 VVG.

Die Sportbootversicherung ist außerdem eine Nichtpersonenversicherung[62]. Sie erfaßt nicht die körperliche Integrität des Versicherungsnehmers oder Dritter[63], sondern ersetzt allein Schäden am Vermögen des Versicherungsnehmers[64].

---

55 Vgl. dazu nachfolgend unter C. IV. 1.

56 Vgl. dazu nachfolgend unter E. I. 3. a) [Versicherungswert].

57 So in den AVBW, vgl. dazu nachfolgend unter E. I. 1. a) [Versicherungswert].

58 Vgl. dazu nachfolgend unter C. IV. 3.

59 Vgl. z.B. Nr. 3. Satz 1 SYKB 98 und Nr. 5.1 Satz 1 AVBW 85.

60 So z.B. ausdrücklich § 26 (1) AVBW 32. Vgl. dazu aber auch MÖLLER, VersVR, S. 168 f.

61 Bergungskosten werden nur nach den YKB (§ 6 Satz 2 PYKB 98 und Nr. 3. Satz 3 SYKB 98) und nicht nach den AVBW (ausdrücklich in Nr. 3.7 Satz 3 AVBW 85) ersetzt. Vgl. dazu nachfolgend unter E. I. 5. b) [Bergungskosten].

62 Vgl. die Beschreibungen der Nichtpersonenversicherung bei Bruck/MÖLLER, § 1 Anm. 22; EHRENZWEIG, S. 1; HOFMANN, S. 39 f. und MÖLLER, VersVR, S. 35.

63 Vgl. dazu auch § 7 Nr. 1 h) PYKB 98; § 8 (1) k) AVBW 63; § 12 (1) AVBW 32; bzw. E. I. 2. a) [Ausschlüsse]. Vgl. außerdem die Ausführungen zur Insassenunfallversicherung unter A. III. 4. [Ergebnis] und in Fußnote 114.

64 Zur möglichen Unterteilung der Nichtpersonenversicherung in Sachversicherungen und die Versicherungen reiner Vermögensschäden vgl. unten Fußnote 74.

3. Aktivenversicherung

Die Schadensversicherung unterteilt man in die Aktiven- und die Passivenversicherung[65]. Zwar ist diese Unterscheidung nicht im VVG festgelegt; sie ist aber wegen der Systematik des VVG wichtig[66]. So sind die Vorschriften auf die Passivenversicherung nicht anzuwenden, die das versicherte Interesse und den Versicherungswert regeln[67].

Die Unterscheidung zwischen Aktiven- und Passivenversicherung setzt bei der Betrachtung des Schadens an[68]. Dieser kann in der Beeinträchtigung eines bestehenden Aktivums oder im Entstehen eines neuen Passivums liegen[69]. Die Sportbootversicherung wäre also eine Aktivenversicherung, wenn sie die Wertbeziehung zu einem Gut versichern würde. Sie wäre eine Passivenversicherung, wenn sie die Versicherung gegen Vermögensschäden durch Entstehung eines Passivpostens zum Gegenstand hätte[70].

a) Sachversicherung im weiteren Sinne

Die Aktivenversicherung versichert die Wertbeziehung einer bestimmten Person zu einem bestimmten Gut[71]. Diese Wertbeziehung bezeichnet man als versichertes Interesse[72]. Die Aktivenversicherung enthält mehrere Versicherungsarten[73], die nach dem versicherten Gut unterschieden werden. Die wichtigste ist die Sachversicherung (sog. Sachversicherung im weiteren Sinne)[74]. Versichertes

---

65 Bruck/MÖLLER, § 1 Anm. 27 ff.; B/M/S/MÖLLER, Vor. §§ 49-80 Anm. 6; EICHLER, S. 229 f.; MÖLLER, VersVR, S. 36; WERBER/WINTER, Rdn. 49.

66 WERBER/WINTER, Rdn. 49.

67 B/M/S/MÖLLER, Vor. §§ 49-80 Anm. 6.

68 WERBER/WINTER, Rdn. 49.

69 Bruck/MÖLLER, § 1 Anm. 27 ff.

70 Vgl. auch MEYER-REIM, S. 101 f.

71 Z.B. zu einem Haus. B/M/S/MÖLLER, § 49 Anm. 49; ENGE, TransportV, S. 43; WERBER/WINTER, Rdn. 119; WINTER, FS Sieg, 563, 567.

72 Man kann die Aktivenversicherung deswegen auch als „Interessenversicherung" bezeichnen (MÖLLER, VersVR, S. 36.). Der versicherte Schaden ist damit die Negation des versicherten Interesses infolge Verwirklichung der versicherten Gefahr (MÖLLER, VersVR, S. 37.).

73 So kann der Mensch zu verschiedenen Arten von Aktiven in Beziehung treten. Neben (beweglichen und unbeweglichen) Sachen stehen z.B. Forderungen, Gewinnanwartschaften usw. (MÖLLER, VersVR, S. 36.). Es wird in der Aktivenversicherung deswegen zwischen Sach- und Forderungsversicherung bzw. der Versicherung sonstiger Rechte und Gewinnversicherungen unterschieden (MÖLLER, VersVR, S. 38.).

74 MÖLLER, VersVR, S. 38. Beachte, daß Sachversicherung in diesem Zusammenhang etwas anderes bedeutet als der Begriff „Sachversicherung", wie er häufig als Teil der Nichtpersonenversicherung verwendet wird. So wird die Nichtpersonenversicherung weiter in die Sachversicherung und die Versicherung reiner Vermögensschäden unter-

Interesse ist hier das Interesse an einem körperlichen Gegenstand. Die Wertbeziehung knüpft an eine Sache an, deren (zumindest wirtschaftlicher) Eigentümer der Versicherungsnehmer ist. Das Sachinteresse[75] entspricht einem Versicherungswert in Höhe des Preises der Sache (§ 52 VVG)[76].

In der Sportbootversicherung sucht der Bootseigner in erster Linie Schutz für sein Interesse am Fahrzeug[77]. Der Versicherer muß leisten bei dessen Beschädigung, Zerstörung oder Verlust[78]. Die Sportbootversicherung betrifft damit das Interesse an der Erhaltung des Fahrzeuges (Sacherhaltungsinteresse). Sie ist Aktivenversicherung in der Unterart der Sachversicherung.

aa) Neuwertversicherung

Soweit die Versicherungssumme[79] oder die feste Taxe[80] dem Neuwert des versicherten Sportbootes entspricht[81], ist streitig, ob die Versicherung dieser Sache weiterhin zur Aktivenversicherung zu zählen ist. Insbesondere Möller[82] ist der Auffassung, daß die Neuwertversicherung nicht nur eine Sach-, sondern auch

---

teilt (MARTIN, SVersR, Einf. Nr. 1.). Dabei sind Sachversicherung und Versicherung gegen reine Vermögensschäden nicht gegensätzliche Begriffe (MARTIN, SVersR, A. I. Rdn. 4.). Denn auch die Beeinträchtigung von Sachen kann zu einem Geldbedarf und damit zu einem Vermögensschaden in Form nicht geplanter Aufwendungen führen (*Id.*).
Unter Sachversicherung (als Unterfall der Nichtpersonenversicherung) wird aber traditionell die Versicherung von Sachen gegen Sachschäden (Zerstörungen oder Beschädigungen) und Abhandenkommen verstanden (MARTIN, SVersR, Einf. Nr. 1.). Das versicherte Risiko steht damit bei der Abgrenzung im Rahmen der Nichtpersonenversicherung im Vordergrund. Die beiden Verwendungsweisen von Sachversicherung sind also streng voneinander zu unterscheiden (was in der Praxis nicht immer geschieht. Vgl. nur v. GERLACH, S. 8 f.).

75 Auch Eigentümerinteresse genannt.
76 MÖLLER, VersVR, S. 38.
77 Vgl. dazu nachfolgend unter E. I. 1. a) [Versichertes Interesse].
78 Vgl. dazu nachfolgend unter E. I. 1. b) [Übernommene Gefahren und Gedeckte Schäden].
79 Im Rahmen der AVBW. Vgl. Fußnote 57.
80 Im Rahmen der YKB. Vgl. Fußnote 56.
81 Und im Rahmen der AVBW auch der Versicherungswert ersetzt werden soll, der allgemein erforderlich ist, um neue Sachen gleicher Art anzuschaffen. Zwar ist gerade dieses in den AVBW grds. nicht vorgesehen, da nach den allgemeinen Bedingungen immer nur der Zeitwert ersetzt wird. Vgl. z.B. Nr. 5.1 Satz 2 AVBW 85; § 9 (1) AVBW 63; § 16 (1) AVBW 32, bzw. unter E. I. 3. a) [Versicherungswert]. Doch war eine Ausgestaltung der AVBW als Neuwertversicherung wegen der für die Sportbootversicherung bestehenden aufsichtsrechtlichen Kontrollfreiheit zu allen Zeiten möglich.
82 MÖLLER, VersVR, S. 40; JW 1938, 916, 919; aber auch JOOST, S. 40, und v. GERLACH, S. 9 und 28, die sich im wesentlichen auf MÖLLER beziehen.

eine Versicherung gegen notwendige Aufwendungen sei[83]. Weil aber eine Versicherung gegen notwendige Aufwendungen eine Passivenversicherung sei, handle es sich bei der Neuwertversicherung bis zur Höhe des Zeitwerts um eine Aktivenversicherung und hinsichtlich der Differenz zwischen Zeit- und Neuwert um eine Passivenversicherung[84]. Die Neuwertversicherung sei damit eine Mischform aus Aktiven- und Passivenversicherung[85].

Dem hält die herrschende Lehre[86] entgegen, daß auch Aufwendungen zur Wiederbeschaffung einer Sache der Sacherhaltung dienten. Derartige Aufwendungen fielen also nicht unter den „reinen", von der Sachversicherung losgelösten Aufwendungsersatz. Sie hätten vielmehr das Sachinteresse zum Inhalt, welches mit einer besonderen Bewertungsvereinbarung versehen sei[87].

bb) Stellungnahme

Der herrschenden Lehre ist zu folgen. Ihr Ansatz hat nicht nur den Vorzug, daß er im Falle einer Unterversicherung keine Probleme bei der Berechnung der Entschädigungsleistung bereitet[88]. Er führt auch zu klaren Vorgaben bei der Anwendung der Vorschriften zur Schadensversicherung[89]. Die Sportbootversicherung ist deswegen eine Aktivenversicherung auch bei Verträgen, deren Versicherungssumme oder feste Taxe dem Neuwert des versicherten Fahrzeuges entspricht[90].

---

83 MÖLLER bedient sich bei seiner Begründung eines Beispiels aus der Feuerversicherung: Sollte ein älteres Warenhaus abbrennen, so entsteht für den Eigentümer primär ein Sachschaden. Der Schaden entspricht dem Zeitwert des Hauses. Der Feuerversicherer als Sachversicherer ersetzt deshalb nur den Zeitwert. Der Eigentümer muß aber am gleichen Platz ein neues Warenhaus aufbauen, das nicht kleiner als das alte sein darf. Deshalb sei es faktisch notwendig, daß der Eigentümer auch die Aufwendungen in Höhe der Differenz zwischen Neu- und Zeitwert macht. Gegen diese notwendigen Aufwendungen versichert man sich durch die Neuwertversicherung, die dem Bereicherungsverbot nicht entgegensteht. MÖLLER, VersVR, S. 40, der sich dabei stützt auf BGHZ 9, 195, 203 f.

84 MÖLLER, VersVR, S. 41.

85 V. GERLACH, S. 28.

86 EICHLER, S. 236 f.; EHRENZWEIG, S. 300; LUTTMER, S. 23, m.w.N.; SIEG, S. 47; SCHIRMER, ZVersWiss 1981, 637, 642 f.; im Ergebnis ebenso WINTER, BedarfsD, S. 109 f., der die Neuwertversicherung als Sachversicherung mit abstrakter Bedarfsdeckung ansieht.

87 EICHLER, S. 236.

88 SCHIRMER, ZVersWiss 1981, 637, 642.

89 An dieser Stelle geben damit auch praktische Gründe den Ausschlag, einer Ansicht zu folgen.

90 Und der Versicherungswert keinen Zeitwertabzügen unterliegt.

b) Passivenversicherung

In der Passivenversicherung gibt es keine Wertbeziehung zu einem bestimmten Gut[91]. Sie betrifft vielmehr Vermögensschäden, die der Versicherungsnehmer aufgrund einer vertraglichen oder gesetzlichen Verpflichtung erleidet oder die ihm entstehen, weil er mit faktisch notwendigen Aufwendungen belastet wird[92]. Innerhalb der Passivenversicherung wird daher nicht nach dem versicherten Gut, sondern nach der Entstehungsursache des einzelnen Passivpostens unterschieden.

Nachdem Kaskoleistungen (selbst bei einer Neuwertversicherung) nicht als Mischform aus Aktiven- und Passivenversicherung anzusehen sind[93], ist nun zu prüfen, wie man die Gewährung von Bergungskosten und Kollisionsersatz einordnen muß. Wie vorstehend unter A. III. 2. b)[94] bereits angesprochen, kann der Versicherer in der Sportbootversicherung dazu verpflichtet sein[95].

aa) Bergungskosten

Nach den Maklerbedingungen[96] hat der Versicherer Bergungskosten zu ersetzen, wenn das versicherte Fahrzeug oder Wrack aufgrund gesetzlicher Bestim-

---

91 In der Passivenversicherung gibt es damit kein „Interesse" im technischen Sinn. Man kann daher auch nicht sagen, daß hier das Interesse am ganzen Vermögen versichert sei. Denn diese allgemeine Behauptung ließe sich auch für jede Unterart der Aktivenversicherung aufstellen. Sie würde den Interessenbegriff seines konkreten Inhalts berauben. MÖLLER, VersVR, S. 39.

92 Auch gehören hierhin die Entstehung schädigender Verlustmöglichkeiten, die das passive Gegenstück zur Gewinnanwartschaft darstellen. MÖLLER, VersVR, S. 39; WERBER/WINTER, Rdn. 49.

93 Vgl. die vorstehenden Ausführungen unter A. III. 3. a) [Sachversicherung im weiteren Sinne].

94 [Stellungnahme].

95 Vgl. dazu nachfolgend unter E. I. 5. a) [Kollisionsersatz] und E. I. 5. b) [Bergungskosten].

96 So festgelegt in Nr. 3. Satz 3 SYKB 98. Nach § 6 Satz 2 und Satz 1 PYKB 98 sind hingegen alle Aufwendungen zur Bergung, Wrackbeseitigung und Entsorgung zu ersetzen, soweit der Versicherungsnehmer sie für geboten halten durfte. Da von einem Versicherungsnehmer jedoch nicht verlangt werden darf, sich mit hoheitlichen Anordnungen oder Vorschriften in Widerspruch zu setzen, ist sein Ermessen hinsichtlich der Frage, ob eine Entsorgung geboten ist oder nicht, bei gesetzlicher Bestimmung oder behördlicher Vorgabe so weit reduziert, daß er die Entsorgung für geboten halten muß. Der Anwendungsbereich des § 6 PYKB 98 entspricht damit wenigstens dem der Nr. 3. Satz 3 SYKB 98, auf den sich an dieser Stelle aus Vereinfachungsgründen beschränkt werden soll. Ob der Anwendungsbereich des § 6 PYKB 98 über den der Nr. 3. Satz 3 SYKB 98 hinausgeht, d.h. ein Ersatz für Entsorgungskosten auch für die Fälle gewährt werden kann, in denen eine Entsorgung nicht hoheitlich angeordnet ist,

mungen „oder“ behördlicher Anordnungen zu entsorgen ist. Nach der Wesentlichkeitstheorie[97] gilt der Gesetzesvorbehalt bei allem grundrechtsrelevanten oder sonst wesentlichen Verwaltungshandeln und damit bei allen Belastungen des Bürgers durch die Verwaltung[98].

Eine behördliche Entsorgungsanordnung verpflichtet den Bootshalter zu einem Tätigwerden, sie beruht daher auf einem Gesetz (Wesentlichkeitstheorie). Das Entstehen der Bergungspflicht und der bei ihrer Erfüllung anfallenden Kosten ist also in beiden in den Bedingungen benannten Fällen auf eine gesetzliche Verpflichtung zurückzuführen. Gewährt ein Sportbootversicherungsvertrag Ersatz für derartige Kosten, ist der Vertrag auch eine Versicherung gegen gesetzliche Schulden im weiteren Sinne.

Im Gegensatz zur Versicherung aufgrund gesetzlicher Haftpflichtbestimmungen (Haftpflichtversicherung[99], d.h. nach AHB[100]) ist zu beachten, daß hier nicht ein gegen den Versicherungsnehmer gerichteter zivilrechtlicher Schadensersatzanspruch die Ersatzpflicht des Versicherers begründet[101]. Bergungskosten sind Aufwendungen, die dem Versicherungsnehmer aufgrund hoheitlich angeordneter Handlungspflicht entstehen. Ihre Versicherung kann deswegen auch eine Versicherung gegen notwendige Aufwendungen sein.

Man kann den Ersatz von Bergungskosten sowohl der Passivenversicherung gegen gesetzliche Schulden als auch der Passivenversicherung gegen notwendige Aufwendungen zurechnen. Beides sind Unterteilungen im Rahmen der Passivenversicherung. Da es hier aber lediglich um die Abgrenzung zur Aktivenversicherung geht[102], braucht nicht entschieden zu werden, welcher Zurechnung der Vorzug zu geben ist.

---

kann mithin offen bleiben. Vgl. dazu außerdem nachfolgend unter E. I. 5. b) [Bergungskosten].

97 BVerfGE 58, 257, 268; BVerfG, NJW 1988, 1651, 1657; NJW 1991, 1471, 1472.

98 ERICHSEN, Jura 1995, 550, 552, m.w.N.

99 [Allgemeine Versicherungsbedingungen für die Haftpflichtversicherung]. Vgl. außerdem unten Fußnote 112.

100 *I.e.* die klassische Versicherung gegen gesetzliche Schulden.

101 Z.B. aufgrund von Zerstörung, Beschädigung oder sonstiger Beeinträchtigung eines absoluten Rechts, welcher auf einem deliktischen Anspruch nach §§ 823 ff. BGB oder StVG beruht und auf Naturalrestitution gerichtet ist.

102 Und es für die weitere Behandlung der Versicherung ohne rechtliche Auswirkung ist, welcher Unterart der Passivenversicherung sie zuzuordnen ist.

bb) Kollisionsersatz

Zunächst gewährten die allgemeinen Bedingungen außerdem Kollisionsersatz. Die AVBW 1932[103] und 1963[104] sahen Leistungen des Versicherers für die Fälle vor[105], in denen das versicherte Fahrzeug (Sach-)Schäden an anderen Fahrzeugen oder festen bzw. schwimmenden Gegenständen verursacht hatte. Wie vorstehend unter A. III. 2.[106] mittelbar angesprochen, erfaßte der AVBW-Kollisionsersatz jedoch niemals Personenschäden.

Die AVBW-Klauseln entsprachen damit der im *Common Law* bekannten *„Collision Clause“*[107], welche weder *loss of life* noch *personal injury* abdeckte[108], und erinnern an § 129 Abs. 2 Satz 2 VVG. Danach haftet der Versicherer auch für den Schaden, „den der Versicherungsnehmer infolge eines Zusammenstoßes von Schiffen dadurch erleidet, daß er den einem Dritten zugefügten Schaden zu ersetzen hat.“

---

103 Dort zu finden in § 3 (insb. Satz 1) AVBW 32, aber auch in § 29 Sätzen 2 und 3 AVBW 32. Denn die Leistungsverpflichtung des Versicherers in der Haftpflichtversicherung umfaßt zweierlei: Zum einen hat der Versicherer den Versicherungsnehmer von Schadensersatzansprüchen freizustellen (§ 149 VVG). Zum anderen hat der Versicherer dem Versicherungsnehmer gegenüber den erhobenen Ansprüchen Rechtsschutz zu gewähren, soweit die Kosten den Umständen nach geboten erschienen (§ 150 VVG) (so auch WERBER/WINTER, Rdn. 204.); letzteres vermeidet möglichen (Folge-)Streit, bei dem es um die Frage geht, ob sich der Versicherungsnehmer ausreichend verteidigt hat.

104 Dort zu finden in § 6 (insb. unter (1)) AVBW 63, aber auch in § 14 (7) Sätze 2 und 3 AVBW 63. Vgl. Fußnote 103.

105 Obwohl die Gewährung von Kollisionsersatz zum Kernbereich der Haftpflichtversicherung zählt, war sie ursprünglich von der Haftpflichtversicherung für Wassersport-Fahrzeuge ausgeklammert. So lautete Nr. 2 BBR 74:

> „2. Kollisionsschäden
> Ausgeschlossen vom Versicherungsschutz bleiben Haftpflichtansprüche wegen Schäden an Wassersportfahrzeugen sowie sonstigen schwimmenden oder festen Gegenständen, die als Folge eines Zusammenstoßes oder navigatorischen Verschuldens eintreten, *wenn und soweit ein Kaskoversicherer zur Ersatzleistung verpflichtet ist.*“

VerBAV 1974, 84. Nach PAUL, S. 98, hat sich die Gewährung von Kollisionsersatz noch in den AVBW 76 befunden. Bis zum Jahr 1984 ist sie dann in die Haftpflichtversicherung übergegangen. Denn in dem im Anhang unter E. VI. [AVBW 76] abgedruckten Bedingungswerk, das der in der 23. Aufl., S. 750 ff. des PRÖLSS/MARTIN abgedruckten Version aus dem Jahre 1984 entspricht, ist sie nicht mehr enthalten. Vgl. dazu außerdem nachfolgend unter E. I. 5. a) [Kollisionsersatz].

106 [Schadens- und Nichtpersonenversicherung], m.w.N. in Fußnote 63.

107 Vgl. dazu BUGLASS, S. 375-385.

108 Vgl. BUGLASS, S. 386.

Die AVBW gewährten also keinen umfassenden Haftpflichtschutz[109]. Ihre Beschränkung auf Sachschäden veränderte aber nicht den Charakter des Kollisionsersatzes als eine Versicherung gegen gesetzliche Schulden zivilrechtlichen Inhalts. Der AVBW-Kollisionsersatz war deswegen ebenfalls eine Passivenversicherung.

c) Zwischenergebnis

In erster Linie versichert die Sportbootversicherung die Wertbeziehung des Versicherungsnehmers zu seinem Fahrzeug; insofern ist sie eine Aktivenversicherung. Dies gilt auch bei Verträgen, deren Versicherungssumme oder feste Taxe dem Neuwert des versicherten Fahrzeugs entspricht.

Neben der Versicherung von Sachschäden können die Bedingungswerke auch Ersatz für Vermögensschäden gewähren, die der Versicherungsnehmer aufgrund einer gesetzlichen Verpflichtung erleidet (Passivenversicherung). Das ist der Fall, wenn sie Ersatz für Bergungskosten oder Kollisionen vorsehen.

4. Ergebnis

Die Sportbootversicherung ist Privatversicherung im engeren Sinne und deckt den konkreten Bedarf des Versicherungsnehmers im Schadensfall. Sie versichert das Interesse des Versicherungsnehmers an der Erhaltung des versicherten Fahrzeugs (Aktivenversicherung). Sehen die Bedingungswerke außerdem die Gewährung von Bergungskosten oder Kollisionsersatz vor, ordnet man diese Leistungen der Passivenversicherung zu.

Seit 1974 darf (neben der Kasko-) die Haftpflichtversicherung von Sportbooten als eigenständige Versicherung betrieben werden[110]. Nach ihren AVB[111] werden nicht nur durch das versicherte Fahrzeug verursachte (Personen- und) Sachschä-

---

109 So versteht man unter der allgemeinen Haftpflichtversicherung die Deckung gegen Haftpflichtansprüche aus *Personen-* und Sachschäden. Vgl. WERBER/WINTER, Rdn. 206.

110 Im Jahr 1974 genehmigte das BAV nach Abstimmung mit dem HUK-Verband den Haftpflichtversicherern auf Antrag für die Versicherung der Haftpflicht aus dem Halten, Besitz und Gebrauch von Wassersportfahrzeugen, die ausschließlich zu privaten Zwecken benutzt werden, die Besonderen Bedingungen und Risikobeschreibungen für die Haftpflichtversicherung aus der privaten Benutzung von Wassersportfahrzeugen (BBR 74). Vgl. VerBAV 1974, 84.

111 Das sind die BBR, welche auf die AHB aufbauen. Vgl z.B. die im Internet unter http://www.adb-downloadcenter.de/versicherung/produkte/boote/esa_haftpflicht_besondbed_bbwhv012002x.pdf = http://www.esa-wassersport.de/doc/Haftpflicht BesondereBedingungen.pdf (esa), http://www.secu.de/downloads/wassersport/ haftpflicht.doc (secu) und http://www.vbraab.de/BedBoot.html (vbraab) abrufbaren BBR.

den ersetzt[112]. Der Versicherer ist auch zum Ersatz der Kosten verpflichtet, die dem Versicherungsnehmer im Zusammenhang mit der Beseitigung bzw. Entsorgung des versicherten Fahrzeugs oder Wracks entstehen[113]. Beide in der Sportbootversicherung vorkommende und der Passivenversicherung zuzurechnenden Leistungen werden heute also von einer spezielleren Versicherung abgedeckt. Kollisionsersatz und Bergungskostenersatz sollen daher im Rahmen dieser Arbeit nicht weiter vertieft werden.

Eine dritte für Sportboote abgeschlossene Versicherung ist die Insassenunfallversicherung[114]. Bei einem Schiffsunfall kann nicht nur der Versicherungsnehmer, sondern auch jeder andere Fahrzeugnutzer verletzt werden; alle Nutzer sind „Insassen"[115]. Die Insassenunfallversicherung im Wassersport ist eine be-

---

112 Nach Nr. 1 BBR (esa, secu oder vbraab. Vgl. Fußnote 111.) ist die gesetzliche Haftpflicht des Versicherungsnehmers aus Halten, Besitz und Gebrauch des im Versicherungsvertrag bezeichneten Wassersportfahrzeugs nach Maßgabe der AHB versichert. Nach § 1 Nr. 1 AHB gewährt der Versicherer dem Versicherungsnehmer Versicherungsschutz für den Fall, daß er wegen eines während der Versicherungsdauer eingetretenen Schadensereignisses, das den Tod, die Verletzung oder Gesundheitsschädigung von Menschen (Personenschaden) oder die Beschädigung oder Vernichtung von Sachen (Sachschaden) zur Folge hatte, für diese Folge aufgrund gesetzlicher Haftpflichtbestimmungen *zivilrechtlichen Inhalts* von einem Dritten auf Schadensersatz in Anspruch genommen wird.

113 Nach Nr. 4 BBR 74, Nr. 5 BBR-esa, Nr. 1.5.3. BBR-secu und C. Nr. 1 BBR-vbraab ist außerdem die gesetzliche Haftpflicht des Versicherungsnehmers für unmittelbare und mittelbare Folgen von Veränderungen der physikalischen, chemischen oder biologischen Beschaffenheit eines Gewässers versichert.
Während unter chemischen und biologischen Veränderungen eine Beeinträchtigung der *Reinheit* eines Gewässers (Wasserqualität) verstanden werden muß, kann zu einer physikalischen Veränderung auch das Versperren der Fahrrinne (oder eine sonstige Beeinträchtigung) eines Gewässers durch ein gesunkenes oder gestrandetes Sportboot gerechnet werden. Von den BBR zur Sportboothaftpflichtversicherung ist damit auch die Wrackbeseitigung erfaßt.

114 Besondere Bedingungen für die Sportbootinsassenunfallversicherung, VerBAV 1977, 404; 1980, 234; 1983, 306; 1984, 17, 172. Wie in der „Kraftfahrtversicherung" gibt es in der Sportbootversicherung also drei (Haupt-)Versicherungsarten: die Fahrzeugversicherung, die Haftpflichtversicherung und die Unfallversicherung (Vgl. HdV/WIENSTEIN, S. 369.).
Außerdem gibt es in der Versicherung von Sportbooten noch die Sportbootrechtsschutzversicherung und die Sportbootserviceversicherung. Während die Rechtsschutzversicherung für Sportboote dem Kfz-Rechtsschutz des § 22 ARB nachgebildet ist (Vgl. VerBAV 1990, 178.), entspricht die Serviceversicherung weitgehend der aus der Kraftfahrtpannenversicherung entstandenen Verkehrsserviceversicherung (VerBAV 1989, 108; KOLL, S. 1.).

115 Die Insassen anderer Fahrzeuge werden von der Unfallversicherung nicht erfaßt, da sie ggf. einen Anspruch aufgrund gesetzlicher Haftpflichtbestimmungen zivilrechtlichen Inhalts gegen den Versicherungsnehmer haben. Dieser fällt, wie vorstehend erörtert, unter die Wassersporthaftpflichtversicherung. Die Insassenunfallversicherung

sondere Form der allgemeinen Unfallversicherung, für sie gelten die §§ 179-185 VVG[116]. Da die Insassenunfallversicherung für Sportboote ebenfalls eine speziellere Versicherung ist, wird auch sie hier nicht weiter behandelt.

---

betrifft die Schäden, die Personen vom Betreten (incl. Einsteigen) bis Verlassen (incl. Aussteigen) des Sportboots erleiden. Sie ist insb. für die Fälle vorgesehen, in denen der gesetzliche Schuldner vermögenslos ist oder keine Leistungen aus einer Haftpflichtversicherung beansprucht werden können.

116 Vgl. BAUER, Rdn. 1157, der dieselbe Schlußfolgerung für die Kraftfahrtunfallversicherung zieht.

B. Gesetzliche Grundlagen

Die vorstehende systematische Einordnung hat die Richtung bestimmt: Privatversicherung im engeren Sinne, Schadensversicherung und Aktivenversicherung in Form der Sachversicherung im weiteren Sinne. Im folgenden werden die Vorschriften genauer eingegrenzt, die für die Sportbootversicherung gelten. Sie geben die gesetzlichen Anforderungen vor, an denen die Versicherung und ihre Bedingungswerke zu messen sind.

Zunächst wird herausgearbeitet, welche Gesetze auf die Sportbootversicherung anwendbar sind. Dann werden einzelne Titel, Abschnitte und Vorschriften näher betrachtet. Dabei wird geprüft, ob die Sportbootversicherung eine Seeversicherung ist. Ist das nicht der Fall, muß untersucht werden, ob sie eine Transportversicherung ist oder die Vorschriften einer Sachversicherungsart (im engeren Sinne) unmittelbar für sie gelten.

Außerdem ist zu klären, wie das jeweils zugrunde liegende Bedingungswerk in den einzelnen Versicherungsvertrag einbezogen werden kann. Sind die Klauseln eines Versicherungsvertrags anders auszulegen als andere Bedingungen? Was ist zu tun, wenn die Auslegung einzelner Bestimmungen zu keinem klaren Ergebnis führt, eine Bestimmung ungewöhnlich ist oder den Versicherungsnehmer unangemessen benachteiligt? Dafür ist die Reichweite des AGB-Rechts im Versicherungsrecht von grundlegender Bedeutung.

Schließlich wird untersucht, ob die VVG-Beschränkungen der Vertragsfreiheit in der Sportbootversicherung abdingbar sind. Es muß ermittelt werden, ob es sich bei der Sportbootversicherung um eine Großrisikoversicherung im Sinne des § 187 VVG handelt bzw. wie ein Großrisiko im Sinne dieser Vorschrift bestimmt wird.

I. Bürgerliches Gesetzbuch

Die Rechtsquellen des Versicherungsvertragsrechts[117] sind das Bürgerliche Gesetzbuch, das Handelsgesetzbuch und das Versicherungsvertragsgesetz sowie (mit Einschränkungen) das Versicherungsaufsichtsgesetz[118]. Ein Versicherungsvertrag ist ein gegenseitiges rechtsgeschäftliches Schuldverhältnis im Sinne des § 311 Abs. 1 BGB[119]. Der Vertrag ist außerdem ein besonders typisiertes Schuldverhältnis[120], auch wenn das Zivilrecht[121] ihn nicht ausdrücklich regelt[122].

Gesetzliche Grundlage der Sportbootversicherung sind daher die Vorschriften aus dem allgemeinen Teil (§§ 1-240 BGB) und dem allgemeinen Teil des Schuldrechts (§§ 241-432 BGB) des Bürgerlichen Gesetzbuchs, soweit nicht speziellere Rechtsnormen des Handelsgesetzbuchs oder Versicherungsvertragsgesetzes zur Anwendung kommen[123]. Die Anwendbarkeit des AGB-Rechts (§§ 305-310 BGB[124]/früheres AGBG) auf Versicherungsverträge ist allgemein anerkannt[125].

---

117 Welches auf die Sportbootversicherung Anwendung findet. Vgl. A. III. 1. [Privatversicherung].

118 WERBER/WINTER, Rdn. 19. Vgl. aber auch HOFMANN, S. IX und 13-37.

119 HOFMANN, S. 14.

120 Wie ein Kauf-, Miet- oder Dienstvertrag auch bzw. ein Kommissions- oder Frachtgeschäft.

121 Wie im Bürgerlichen Gesetzbuch z.B. in den §§ 433-453 BGB der Kaufvertrag bzw. §§ 474-479 BGB der Verbrauchsgüterkauf, in §§ 535-597 BGB die Miet- und Pachtverträge und in §§ 611-630 BGB der Dienstvertrag oder im Handelsgesetzbuch z.B. in den §§ 383-406 HGB das Kommissionsgeschäft oder in §§ 407-452 d HGB das Frachtgeschäft.

122 WERBER/WINTER, Rdn. 40. Vgl. aber auch vorstehend unter A. III. 2. [Schadens- und Nichtpersonenversicherung] zum Oberbegriff „Versicherung".

123 So wird § 119 Abs. 2 BGB z.B. von den §§ 16 ff. VVG (RGZ 132, 386 ff.) bzw. § 326 BGB a.F. (Ersetzt durch Regeln in §§ 323, 325 , 281 BGB; Palandt/HEINRICHS, SchuModG, § 323 Rdn. 1; BARTSCH/MAUERER/SESTER, S. 623.) von den §§ 38, 39 VVG verdrängt (WEBER/WINTER, Rdn. 24 und 40. Vgl. außerdem HOFMANN, S. 13.).

124 Das ist der 2. Abschnitt [Gestaltung rechtsgeschäftlicher Schuldverhältnisse durch Allgemeine Geschäftsbedingungen] des 2. Buchs [Recht der Schuldverhältnisse].

125 BGHZ 83, 169, 172; BGH, VersR 1984, 830, 831; U/B/H/BRANDNER, Anh. §§ 9-11 Rdn. 850; W/H/L/HORN, § 23 Rdn. 450; P/M/PRÖLSS, Vor. I Rdn. 13; ENGE, TransportV, S. 36; LOCHER, S. 86 f.; PRÄVE, Rdn. 1 und Rdn. 91-93; WAGNER, ZVersWiss 1977, 119, 126. Vgl. dazu ausführlich nachfolgend unter B. IV. [Gestaltung rechtsgeschäftlicher Schuldverhältnisse durch Allgemeine Geschäftsbedingungen].

II. Versicherung gegen die Gefahren der Seeschiffahrt

Nach § 186 VVG sind die Vorschriften des Versicherungsvertragsgesetzes nicht auf die Seeversicherung anwendbar[126]. Sie ist statt dessen im 10. Abschnitt[127] des 5. Buchs[128] des Handelsgesetzbuchs unter dem Titel „Versicherung gegen die Gefahren der Seeschiffahrt“ in den §§ 778-900 geregelt[129].

1. Seereise

Gegenstand der Seeversicherung kann nach § 778 HGB sein „jedes in Geld schätzbare Interesse, welches jemand daran hat, daß Schiff oder Ladung die Gefahren der Seeschiffahrt“ bestehe. Seeschiffahrt ist ein allgemeiner Begriff und umschließt auch die der eigentlichen Seereise vorausgehende oder nachfolgende Fahrt auf Flüssen und Binnengewässern[130].

a) Allgemeine Bedingungen

Betrachtet man die Entwicklung der allgemeinen Versicherungsbedingungen für Wassersportfahrzeuge, scheint es, als habe sich der von den Versicherern unmittelbar angebotene Schutz seit jeher auf Binnengewässer beschränkt[131]. Allein die AVBW 1932 sind in der Formulierung ihres § 1 (1) Satz 2 offen: Sie sprechen von Fahrtgrenzen, ohne ihnen eine bestimmte Art von Revier zuzuordnen[132]. Daß sich die Fahrtgrenzen jedoch grundsätzlich auf Binnenreviere beziehen müssen, geht aus § 11 (2) AVBW 1932 hervor. Dort wird im 1. Halbsatz die Möglichkeit erwähnt, „Küstenfahrten oder Seereisen“ durch besondere Vereinbarung in den Vertrag einzuschließen. Den Aufstellern der AVBW 1932 muß

---

126 Obwohl Kernsätze des VVG auch in der Seeversicherung unangetastet bleiben müssen, BGHZ 2, 336 ff.; OLG HAMBURG, VersR 1970, 1150 ff., kann das VVG nicht als *lex generalis* herangezogen werden, um eine Frage zu entscheiden, die nach HGB bzw. ADS nicht beantwortet werden kann. Vgl. ENGE, TransportV, S. 33.

127 [Versicherung gegen die Gefahren der Seeschiffahrt].

128 [Seehandel].

129 P/M/KOLLHOSSER, § 186 Rdn. 1. Dabei verdrängen die ADS von 1919 das Gesetz weitgehend. Den §§ 778 ff. HGB kommt damit in der gewerblichen Praxis nur eine geringe Bedeutung zu (Schaps/ABRAHAM, Vor. §§ 778-900 HGB; PRÜßMANN/RABE, Anm. §§ 778-900 HGB.).

130 SIEVEKING, § 778 Anm. 8. Vgl. aber auch Ritter/ABRAHAM, § 1 Anm. 25, wo die Seefahrt als „Fahrt auf See“ im Gegensatz zur Binnenschiffahrt mit dem Verweis auf §§ 129, 188 VVG, 2 BinSchG abgegrenzt wird. Nach Ansicht von Ritter/ABRAHAM entscheidet über den Begriff der „See“ die seemännische Auffassung. Dafür sind nach RGZ 13, 68, 72 maßgebend die Gefahren einer eigentlichen Seereise und die Schwierigkeiten, welche aus einer solchen hinsichtlich der Aufsicht über das Schiff und der Einwirkungen auf dasselbe erwachsen.

131 Vgl. dazu nachfolgend unter E. I. 1. e) [Geltungsbereich].

132 Welche sich nicht notwendig auf *Binnen*-Reviere beschränken müssen.

damit deren grundsätzliche Anknüpfung an Binnenreviere so offensichtlich erschienen sein, daß sie diesen Umstand nur indirekt erwähnen[133].

Aber auch die allgemeinen Bedingungen von 1963 und 1985 schließen trotz ihrer direkten Geltungsbereichsbeschränkungen in § 1 (1) AVBW 1963 und Nr. 2 AVBW 1985 die Möglichkeit der Versicherung von Seereisen nicht aus: Nach § 3 (5) AVBW 1963 ist das Beiboot „bei Fahrten auf See und offenen Küstengewässern ... nur gegen Schäden durch Totalverlust des ganzen Fahrzeuges" versichert. Und nach Nr. 3.4.4 AVBW 1985 leistet der Versicherer keinen Ersatz für Schäden, die durch „unbemanntes Stilliegen vor offener Küste" verursacht werden[134].

Die Beschränkungen auf Binnengewässer sind damit nur grundsätzlicher Natur. Die auf mögliche Seereisen zielenden Vertragsbestimmungen in Nr. 3.4.4 AVBW 1985 und § 3 (5) AVBW 1963 wären sonst ohne Anwendungsbereich. Der durch allgemeine Versicherungsbedingungen für Wassersportfahrzeuge gewährbare Versicherungsschutz war deswegen zu keiner Zeit auf Binnengewässer beschränkt. Seine Ausdehnung auf Seereisen war bzw. ist zu jeder Zeit möglich.

---

133 Beachte jedoch, daß die Abgrenzung von einzelnen Gewässern nicht ausschließlich von Salz- oder Süßwasser abhängig ist. So werden in der EU-Richtlinie zur Angleichung der Rechts- und Verwaltungsvorschriften der Mitgliedstaaten über Sportboote (Richtlinie 94/25/EG des Europäischen Parlaments und des Rates vom 16. Juni 1994, ABlEG 1994 Nr. L 164.) in der Anlage I unter Nr. 1 die Tauglichkeits- bzw. Sicherheitsanforderungen für Sportboote im Rahmen der Begriffe „Hochsee", „Außerhalb von Küstengewässern", „Küstennahe Gewässer" und „Geschützte Gewässer" definiert:

> „*Hochsee*: Ausgelegt für ausgedehnte Fahrten, bei denen Wetterverhältnisse mit einer Windstärke über 8 (Beaufort-Skala) und signifikanten Wellenhöhen über 4 m auftreten können und die diese Boote weitgehend aus eigener Kraft bestehen können.
> *Außerhalb von Küstengewässern*: Ausgelegt für Fahrten außerhalb von Küstengewässern, bei denen Wetterverhältnisse mit einer Windstärke bis einschließlich 8 und Wellenhöhen bis einschließlich 4 m auftreten können.
> *Küstennahe Gewässer*: Ausgelegt für Fahrten in küstennahen Gewässern, großen Buchten, Flußmündungen, Seen und Flüssen, bei denen Wetterverhältnisse mit einer Windstärke bis einschließlich 6 und Wellenhöhen bis einschließlich 2 m auftreten können.
> *Geschützte Gewässer*: Ausgelegt für Fahrten auf kleinen Seen, schmalen Flüssen und Kanälen, bei denen Wetterverhältnisse mit einer Windstärke bis einschließlich 4 und signifikanten Wellenhöhen bis einschließlich 0,5 m auftreten können."

134 Vgl. dazu nachfolgend unter C. III. 2. b) cc) [Abstellklausel].

b) Maklerbedingungen

Daneben enthalten die der Arbeit zugrunde gelegten Yachtkaskobedingungen keine Anzeichen, die darauf hindeuten, daß sie allein oder grundsätzlich für Binnenreviere vorgesehen sind. Den in § 1 Nr. 1 PYKB 1998 und Nr. 1 SYKB 1998 aufgeführten Fahrtgebieten bzw. Fahrtgrenzen wird kein Revier zugeordnet. Der weitere Text der Maklerbedingungen weist – anders als die soeben betrachteten AVBW – nicht auf ein besonderes Revier hin. Die YKB sind in ihrer Abfassung offen.

Orientiert man sich aber an dem durch sie versicherten Objekt, der Yacht, fallen einem zu diesem Begriff zunächst Staatsyachten[135] wie die deutsche „Hohenzollern"[136], die britische „Britannia"[137], die russische „Polarstern"[138] und „Standard"[139] sowie die U.S. amerikanische „Mayflower"[140] ein. Diese sind (bzw. waren) Repräsentationsschiffe[141], welche den jeweiligen Staatsoberhäuptern zum Befahren der Weltmeere dienten (sei es zum Vergnügen oder zum Staatsbesuch)[142]. Mit einer Yacht verbindet man deswegen die hohe See und nicht Binnengewässer.

---

135 Zu den Anfängen der Königs- bzw. Staatsyachten vgl. auch Fußnote 3.

136 Wie die Hohenzollern I, welche 1880 in Dienst gestellt wurde, mit einer Länge von über 90 m und 145-154 Mann Besatzung (ALTHOF, S. 85.); die Hohenzollern II, welche 1893 in Dienst gestellt wurde, mit einer Länge von 122 m und 313-354 Mann Besatzung (ALTHOF, S. 87.) oder die Hohenzollern III, welche zwar 1914 in Stettin vom Stapel lief, aber niemals in Dienst gestellt wurde (ALTHOF, S. 90.).

137 Mit einer Länge von über 125 m und 276 Mann Besatzung, welche 1954 ihre erste Commonwealth-Tour unternahm. ALTHOF, S. 106 f.

138 Eigentlich: „Poljarnaja Zvezda", mit einer Länge von über 102 m. Neben der „Standard" diente sie dem russischen Zaren Anfang des 20. Jahrhunderts. ALTHOF, S. 128 f.

139 Eigentlich: „Schtandart", mit einer Länge von 128 m. ALTHOF, S. 129.

140 Mit einer Länge von über 83 m und über 150 Mann Besatzung, welche von 1898 bis 1929 den U.S. Präsidenten als Staatsyacht diente. ALTHOF, S. 158 f.; Encyclopædia Britannica, Vol. 12, S. 802.

141 Repräsentationsschiffe bilden eine Kategorie von Schiffen, die weder homogen in bezug auf den Schiffstyp sind noch einheitlich in ihrer Zugehörigkeit zu den Handels-, Kriegs- oder Hilfsschiffen. Einzig die Bestimmung und die Verwendung sind einigende Elemente. Vgl. dazu auch nachfolgend unter C. II. 6. [Sportliche Nutzung], insb. unter a) cc). Für eine weitere Beschreibung des Begriffs vgl. ALTHOF, S. 7-10.

142 Staatsyachten gibt es nicht mehr. Die Britannia wurde als letzte ihrer Art 1997 ausgemustert (ALTHOF, S. 108; http://www.royalyachtbritannia.co.uk/NEWSITE/history/history.htm.). Staatsyachten sind von Flugzeugen wie der „Air Force One" ersetzt worden, die nunmehr als Symbole ihres Landes dienen (Vgl. REMKE, WamS vom 18.05.2003, http://www.wams.de/data/2003/05/18/97875.html.). Repräsentationsschiffe sind heute ausschließlich private seegehende Luxusyachten.

Auch wenn man bei einer renommierten deutschen Zeitschrift für den Wassersport[143] auf deren Website unter http://www.yacht.de auf Revier und dann weiter auf Revierinfos klickt, werden von Amerika (Intra-costal-Waterway) bis X Italien - Ligurien die von deutschen Freizeitseglern befahrenen Gewässer vorgestellt. In die Aufzählung sind die deutschen Reviere von den Friesischen Inseln bis zur Schlei eingegliedert.

Sowohl von ihrer Begrifflichkeit her als auch im Rahmen ihres tatsächlichen Gebrauchs zielt die Yachtversicherung[144] daher auf Seereviere. In den Maklerbedingungen finden sich keine Revierzuordnungen, weil die Fahrtgebiete nach Wahl des Versicherungsnehmers weltweit festgelegt werden können.

c) Zwischenergebnis

Die Sportbootversicherung deckte zu allen Zeiten auch Seereisen mit ab. Man kann sie mithin als Versicherung gegen die Gefahren der Seeschiffahrt verstehen. Bedenkt man aber, daß das in § 778 HGB beschriebene Risiko nicht allein durch den Schutz vor Gefahren rund um eine Seereise bestimmt wird, ist fraglich, ob eine Anwendung dieses Abschnitts des Handelsgesetzbuchs auf die Sportbootversicherung nicht abgelehnt werden muß.

2. Schiffsbegriff

Nach Ansicht von Ritter/Abraham[145] ist Gegenstand der Wertbeziehung in der Seeversicherung nicht *jedes* Schiff. Das 5. Buch des Handelsgesetzbuchs (§§ 476-905 HGB) und damit die darin enthaltenen §§ 778-900 HGB fänden nur auf See-*Erwerbs*-Schiffe[146] Anwendung.

Zwar bestimme das Gesetz dieses nicht ausdrücklich; es folge aber aus der Überschrift des 5. Buchs, die „Seehandel" lautet. Darin enthaltene Regeln müssen sich an dieser Überschrift messen lassen; sie sind in ihrer Anwendung entsprechend zu reduzieren. Außerdem verwende das Gesetz in § 484 HGB das „zum Erwerbe durch die Seeschiffahrt dienende Schiff" im Sinne einer Begriffsbestimmung. § 484 HGB binde deswegen alle nachfolgenden Paragraphen,

143 „Die Yacht" erscheint regelmäßig seit 1903. Brockhaus, Bd. 6, S. 3.

144 Im Gegensatz zur Versicherung von *Jollen & Kats* (Katamaranen), bei denen man eher an Binnenreviere denkt. Vgl. z.B. die von Pantaenius auf seiner Website unter http://www.pantaenius.com/de/yachten/content_produkte.htm vorgenommene Abgrenzung.

145 Ritter/ABRAHAM, § 1 Anm. 24.

146 Früher Kauffahrtsschiffe, heute auch Handelsschiffe.

die lediglich das Wort „Schiff" gebrauchen[147]. Tatsächlich meine das Gesetz Handelsschiffe.

3. Stellungnahme

Für diese Ansicht spricht nicht nur, daß die Sportbootversicherung sonst je nach Fahrtgebiet (offene See oder Binnenrevier) unterschiedlichen gesetzlichen Maßstäben (nämlich HGB oder VVG) unterliegen würde[148] (wobei die §§ 778-900 HGB[149] im Gegensatz zu vielen Bestimmungen des Versicherungsvertragsgesetzes[150] weitgehend abdingbar sind[151]). Für den Ansatz von Ritter/Abraham spricht außerdem Art. 7 Abs. 1 Satz 1 EGHBG: Danach finden allein die §§ 485-487 und 734-739 HGB auch auf Nicht-*Erwerbs*-Schiffe[152] Anwendung. Alle anderen Vorschriften des 5. Buches des Handelsgesetzbuchs sollen ausschließlich für Handelsschiffe gelten.

4. Ergebnis

Auch wenn ihr Geltungsbereich Seereisen mit einschließt oder sich gar ausschließlich auf diese beschränken sollte, ist die Sportbootversicherung keine Seeversicherung im Sinne des § 778 HGB. § 186 VVG greift nicht ein. Sie ist eine Binnenversicherung[153] und unterliegt den Bestimmungen des Versicherungsvertragsgesetzes[154].

---

147 So die Argumentation von Ritter/ABRAHAM, § 1 Anm. 24.

148 Auch an dieser Stelle sprechen damit praktische Gründe dafür, ihr zu folgen.

149 Eine der nicht abdingbaren Vorschriften im Seeversicherungsrecht ist § 780 HGB (SIEVEKING, Vor. I. 1.; § 780 Anm. 1.). Danach ist die Heuerforderung des Kapitäns und der Schiffsmannschaft nicht versicherbar.

150 Das VVG enthält eine Reihe von absolut zwingenden Vorschriften, von denen überhaupt nicht abgewichen werden darf. Außerdem finden sich dort zahlreiche halbzwingende Vorschriften, die Abweichungen zu Lasten des Versicherungsnehmers verbieten. WERBER/WINTER, Rdn. 27. Vgl. dazu außerdem vorstehend Fußnote 47.

151 EICHLER, S. 454; SIEG, S. 48; WERBER/WINTER, Rdn. 224.

152 Wozu neben „seegehenden Luxusyachten" (Ritter/ABRAHAM, § 1 Anm. 24.) auch Forschungs- oder Schulschiffe sowie mit hoheitlichen Aufgaben betraute Schiffe zählen (PRÜßMANN/RABE, Einf. I. B. 2. b).). So sind nach PRÜßMANN/RABE „Nichterwerbsschiffe" alle Schiffe, die keine Handelsschiffe sind (*Id.*). Vgl. außerdem vorstehend Fußnote 141.

153 Vgl. SIEG, S. 48, der (mit BGHZ 56, 339, 345.) alles, was nicht Seeversicherung ist, Binnenversicherung nennt. Siehe aber auch BGHZ 103, 228 ff., wo die Anwendbarkeit des VVG auf „Yacht-Policen-Bedingungen" überhaupt nicht problematisiert wird. So im Ergebnis außerdem ROOS, S. 9 f., der sich in diesem Zusammenhang mit der Anwendbarkeit des VVG auf die Versicherung von Seereisen besonders beschäftigt.
Er bezieht sich dabei auf die Ansicht von Ritter/ABRAHAM, der sich mit § 188 VVG und seiner Auswirkung auf § 186 VVG auseinandersetzt. Zwar sei nach § 188 VVG

die Herausnahme der Versicherung von Schiffen gegen die *Gefahren der Binnenschiffahrt* aus dem Anwendungsbereich des VVG möglich gewesen. Daraus ließe sich auch ableiten, daß die Versicherung von (Nichterwerbs-)Schiffen im Rahmen der Versicherung gegen die *Gefahren der Seereise* der Herausnahme aus dem Anwendungsbereich des VVG überhaupt nicht mehr bedürfe. Denn nach Ritter/ABRAHAM, § 1 Anm. 24, müsse § 186 VVG so verstanden werden, daß die Versicherung gegen die Gefahren der Seeschiffahrt diesem überhaupt nicht unterliege.
Doch sei diese Ansicht heute fehlerhaft, da § 188 VVG seit Inkrafttreten des GG nicht mehr gelte und der Gesetzgeber in § 186 VVG (i.V.m. der Überschrift des 1. Abschnitts [Vorschriften für *sämtliche* Versicherungszweige]) klar und deutlich zum Ausdruck gebracht habe, daß das VVG auf jegliche Versicherung Anwendung findet, die nicht See- oder Rückversicherung ist. ROOS, S. 10.

154 Dies gilt auch dann, wenn ein Versicherungszweig nicht im VVG erwähnt ist oder bei Inkrafttreten des VVG noch nicht existiert hat. BGH, VersR 1967, 774 f.

III. Schadensversicherungsrecht

Weil der 1. Abschnitt[155] des Versicherungsvertragsgesetzes für sämtliche Versicherungszweige gilt[156], sind die §§ 1-48 VVG auf die Sportbootversicherung anzuwenden[157]. Dabei ist aber zu prüfen, ob die einzelne Vorschrift dispositiv ist und von den AVBW oder YKB abbedungen wird[158].

Des weiteren unterliegt die Sportbootversicherung den Vorschriften des 2. Abschnitts[159], 1. Titel [Vorschriften für die gesamte Schadensversicherung] des Versicherungsvertragsgesetzes[160]. Wie unter A. III. 2.[161] gezeigt, ist sie Schadensversicherung im Sinne von § 1 Abs. 1 Satz 1 VVG. Die §§ 49-80 VVG gelten für die gesamte Schadensversicherung[162]. Fraglich ist, inwieweit außerdem die Vorschriften über die einzelnen Zweige der Schadensversicherung (2. bis 7. Titel) auf sie anzuwenden sind.

155 [Vorschriften für sämtliche Versicherungszweige].

156 Vgl. auch WERBER/WINTER, Rdn. 20.

157 Zum Abschnitt von Möglichkeiten zur Abwendung (bzw. der Rechtsfolgenlosigkeit) von Obliegenheitsverletzungen gem. § 6 VVG (i.V.m. § 15 a VVG) im Rahmen der Versicherung von Großrisiken und zur Frage, inwieweit § 187 VVG in der Sportbootversicherung Anwendung findet vgl. nachfolgend unter B. V. [Ausnahmen von Beschränkungen der Vertragsfreiheit].

158 Vgl. HOFMANN, S. 27 f.

159 [Schadensversicherung].

160 Das sind die §§ 49-80 VVG.

161 [Schadens- und Nichtpersonenversicherung].

162 Sogenannte allgemeine Vorschriften der Schadensversicherung. WERBER/WINTER, Rdn. 21.

1. Transportmittelversicherung

Zunächst könnten einschlägig sein die Vorschriften des 5. Titels [Transportversicherung][163], soweit es dort um die Versicherung von Transportmitteln im Sinne des § 129 Abs. 2 Satz 1 VVG geht. In der Praxis wird die Sportbootversicherung als Teil der Transportversicherung betrieben[164].

a) Versicherungsaufsicht

Aufsichtsrechtlich wurde die Sportbootversicherung seit ihrer Einführung der Transportversicherung zugerechnet[165]. Erst mit der Einteilung der Risiken nach Versicherungssparten im Rahmen des 1. DG/EWG zum VAG wollte das Bundesaufsichtsamt für das Versicherungswesen (BAV[166]) die „Wassersport-Fahrzeug-Versicherung" den Versicherungssparten Nr. 8 [Feuer- und Elementarschäden] und 9 [Hagel-, Frost- und sonstige Sachschäden] der Anlage Teil A zum VAG zuordnen[167].

aa) Rundschreiben 13/76

Zwar enthalte das Versicherungsaufsichtsgesetz keine Definition der Transportversicherung. Es bestimme aber im damaligen § 5, daß die Vorlage der Bedingungen und Tarife für die in der Anlage Teil A Nr. 4-7 und 12 genannten Versicherungssparten sowie für die in Nr. 10 *lit.* b) genannte Risikoart entfiele. Hierbei handele es sich um Versicherungssparten und Risiken im Sinne einer Transportversicherung. Sie gäben einen „Versicherungstyp" vor, der sich aus den Bedürfnissen des kaufmännischen und gewerblichen Lebens entwickelt habe. Die

---

163 Das sind die §§ 129-148 VVG.

164 So waren die AVBW seit 1932 Bestandteil der Empfehlungen des DTV hinsichtlich der Abfassung von Fluß- und (Hafen-)Kaskobedingungen. Vgl. die Ausführungen unter A. I. [Entwicklung]. Vgl. außerdem R. SCHMIDT, VersABC, S. 420; KLOPSCH, S. 26; GUNDERMANN, VW 1996, 1118, 1119; GÜRTLER, ZfV 1963, 451, 451.

165 Begründung zum Entwurf eines Gesetzes zur Änderung des Gesetzes über die privaten Versicherungsunternehmungen 1930, S. 25 (abgedruckt in Motive zum VAG, S. 362.). FROMM/GOLDBERG, § 148 Anm. 6.

166 Heute BaFin. Durch das Gesetz über die integrierte Finanzdienstleistungsaufsicht vom 22. April 2002, BGBl. I, S. 1310 f., wurde zum 1. Mai 2002 die Bundesanstalt für Finanzdienstleistungsaufsicht (BaFin) gegründet. Unter dem Dach der neuen Anstalt sind die Aufgaben der ehemaligen Bundesaufsichtsämter für das Kreditwesen (BAKred), das Versicherungswesen (BAV) und den Wertpapierhandel (BAWe) zusammengeführt worden. Damit gibt es in Deutschland eine staatliche Aufsicht über Kreditinstitute, Finanzdienstleistungsinstitute und Versicherungsunternehmen, die sektorübergreifend den gesamten Finanzmarkt umfaßt. Http://www.bafin.de unter Wir über uns, Die neue Bundesanstalt für Finanzdienstleistungsaufsicht (zweimal anklicken).

167 R 13/76, VerBAV 1977, 6.

Transportversicherung habe ihre Ausgestaltung nicht allein durch die Beziehung auf die Transportgefahr, sondern mindestens in gleicher Weise durch die Beziehung auf den geschäftlichen Verkehr erhalten.

Ein Zusammenhang mit kaufmännischer Tätigkeit fehle jedoch bei der Versicherung von Sportbooten gänzlich. Für sie sei die Nutzung zu Vergnügungs- und damit privaten Zwecken bestimmend. Aus diesem Grund sei die Wassersportkasko nicht (wie sonst in der Transportversicherung üblich) auf einen kleinen Kreis von Versicherern und Versicherungsnehmern beschränkt. Im Zuge der Neuordnung nach Sparten müsse man ähnliche Überlegungen wie bei der Versicherung von Kraftfahrzeugen anstellen[168].

Die Versicherungsaufsicht rechnete die Fahrzeugversicherung seit ihren Anfängen nicht der Transportversicherung zu. Aufgrund ihres massengeschäftlichen Charakters sah sie die Automobilversicherung als selbständigen Zweig der Sachversicherung an[169]. Das Bundesaufsichtsamt forderte daher in seinem R 13/76[170] alle Unternehmen auf, die das Sportbootversicherungsgeschäft betreiben, ihre AVBW und Tarife zur Genehmigung vorzulegen.

bb) Beschlußkammerentscheidung

Nach Einspruch aus der Versicherungswirtschaft hob die Beschlußkammer die Änderung der aufsichtsrechtlichen Zuordnung rückwirkend auf[171]. Die Kammer konnte nicht erkennen, warum die „Wassersport-Fahrzeug-Versicherung" nicht weiter der Transportversicherung und damit der neuen Anlage Teil A zum VAG Sparte Nr. 6 [See-, Binnensee- und Flußschiffahrts-Kasko] zugerechnet werden sollte. Insbesondere würden die Sparten Nr. 8 und Nr. 9 die Versicherung gegen Sachschäden nur umfassen, soweit sie nicht unter die Sparten Nr. 3-7 fallen (Subsidiarität der Sachversicherung)[172].

Die Beschlußkammer stützte sich bei ihrer Entscheidung zunächst auf die Definition der Begriffe „Schiff" und „Schiffahrt"[173]. Sie bedachte, daß es weder im Gesetz noch im allgemeinen Sprachgebrauch eine klare Abgrenzung gebe zwi-

---

168 So die Begründung des BAV in R 13/76, VerBAV 1977, 6.

169 VerAfP 1907, 102 f.; VerAfP 1908, 17 ff.; VerAfP 1908, 154 ff. Andere Schilderung bei SCHULZ, ZfV 1959, 587, 588.

170 R 13/76, VerBAV 1977, 6.

171 BESCHLUßKAMMERENTSCHEIDUNG vom 26. April 1977, VerBAV 1977, 165 ff.

172 BESCHLUßKAMMERENTSCHEIDUNG vom 26. April 1977, VerBAV 1977, 165, 165.

173 BESCHLUßKAMMERENTSCHEIDUNG vom 26. April 1977, VerBAV 1977, 165, 165 f.

schen Schiffen und Booten (und damit zwischen Schiffahrt und Bootsfahrt)[174]. In Anlehnung an die Rechtsprechung[175] könne daher unter Schiffahrt jedes sich Bewegen eines Fahrzeuges auf dem oder im Wasser verstanden werden. Dabei sei es[176] nicht erforderlich, daß dies zu gewerblichen Zwecken geschehe. Schiffahrt werde demnach auch betrieben von Segel- und Motorbooten (*i.e.* Sportbooten)[177].

Darüber hinaus würden Sportboote im Zusammenhang mit dem Binnenschiffahrtsgesetz als Schiffe angesehen[178]. Ihre Versicherung aus der die (Binnen-)Schiffahrt umfassenden und zur Transportversicherung zählenden Sparte Nr. 6 herauszunehmen, sei nicht vertretbar.

Die Zuordnung der Sportboote zur Transportversicherung müsse – im Gegensatz zum Anwendungsbereich des Binnenschiffahrtsgesetzes – auch kleinere Fahrzeuge wie Ruder- und Paddelboote binden. Wäre das nicht der Fall, müßten sie den Sparten Nr. 8 und Nr. 9 zugerechnet werden. Eine Zuordnung sowohl zur Transportversicherung (für größere Sportboote) als auch zur Feuer- bzw. Versicherung sonstiger Sachschäden (für kleinere Fahrzeuge) würde aber zu Abgrenzungsschwierigkeiten führen. Aus diesen folgende Probleme würden eine Aufsicht über die Sportbootversicherung praktisch unmöglich machen[179]. Zudem liefe eine derartige Zweiteilung der Zuordnung von Wassersportfahrzeugen dem Subsidiaritätsgedanken der Sparten Nr. 8 und Nr. 9 gegenüber der Sparte Nr. 6 zuwider.

Schließlich wären im Rahmen der Kaskoversicherung von Sportbooten bis dahin keine Mißstände bekannt geworden, die darauf beruht hätten, daß ihre Bedingungen zu beanstanden gewesen seien. Vielmehr unterschieden sich die in

---

174 BESCHLUßKAMMERENTSCHEIDUNG vom 26. April 1977, VerBAV 1977, 165, 166. Insb. sei der Begriff „Boot" nicht mit privater (Freizeit-)Nutzung gleichzusetzen.

175 BGHZ 3, 34, 43.

176 Im Gegensatz zur Seeversicherung (*sic!*). Vgl. einmal die Diskussion unter B. II. [Versicherung gegen die Gefahren der Seeschiffahrt], aber auch KLOPSCH, S. 25 f., der im Zusammenhang mit dem Versicherungswert von Schiffen (§ 141 VVG) ebenfalls feststellt, daß es dabei einer Unterscheidung zwischen gewerblicher (Berufsschiffahrt) und sonstiger Schiffahrt (Sportschiffahrt) nicht bedarf.

177 BESCHLUßKAMMERENTSCHEIDUNG vom 26. April 1977, VerBAV 1977, 165, 166.

178 So die als h.M. anzusehende Ansicht von VORTISCH/Zschucke, § 1 BinSchG Anm. 2.e), der Segelboote und Kraftboote von Sporttreibenden unter das BinSchG stellen, kleinere Sportboote (Ruder und Paddelboote) aber grds. nicht unter den Schiffahrtsbegriff subsumieren will.

179 Damit entspricht dieses Argument dem bereits unter B. II. [Versicherung gegen die Gefahren der Seeschiffahrt] verwendeten in der Abgrenzung zur Seeversicherung. Vgl. insb. vor Fußnote 148.

der Praxis verwendeten Klauseln deutlich von denen, die in der gewerblichen Schiffahrt benutzt würden. Daß im Rahmen der Sportbootversicherung geschlossene Verträge grundsätzlich keine Handelsgeschäfte seien und die Versicherung in den vorausgegangenen Jahren zu einem für die Transportversicherung untypischen Massengeschäft avanciert sei, könne demnach vernachlässigt werden.

cc) Zwischenergebnis

Die Versicherungsaufsicht rechnete die Sportbootversicherung stets der Transportversicherung zu. Sie gehört zur Sparte der „See-, Binnensee- und Flußschiffahrts-Kasko“[180]. Anders als bei der Kaskoversicherung von Kraftfahrzeugen[181] führten bei ihr weder die mangelnde Erfahrung[182] noch der weite Kreis der Versicherungsnehmer[183] zu einer Zuordnung in eine aufsichtspflichtige Sparte der Schadensversicherung oder dazu, sie als selbständigen Zweig der Sachversicherung anzusehen.

b) Rechtsprechung

Die Sportbootversicherung war in den letzten zwei Jahrzehnten des öfteren Gegenstand der Rechtsprechung des Bundesgerichtshofs (BGH)[184] und einiger Oberlandesgerichte (OLG)[185]. Dennoch haben die Gerichte die Frage bisher

---

180 Vgl. die „Zuordnung der Versicherungszweige und -arten zu den Versicherungssparten und Risikoarten i.S. der Anlage [Teil A] zum VAG“ (insb. Nr. 6), VerBAV 1979, 182, 184.

181 Vgl. außerdem die Einordnung der Reisegepäckversicherung unter B. V. 3. a) [Versicherungsaufsicht], m.w.N. Im Rahmen des 1. DG/EWG zum VAG wurde sie aus der Transportversicherung ausgegliedert, ihre Bedingungen wurden vorlagepflichtig. Das BAV genehmigte einzelne Klauseln nicht, weil es sie für Mißstände hielt.

182 So ist sie keine Versicherung gewerblicher Zwecke, bei der sich geschäftskundige Kaufleute gegenüberstehen (und auch z.B. die verschärften Regeln der § 343-372 HGB zum Handelsgeschäft Anwendung finden würden).

183 Die Versicherung war schon damals von einem wenig bedeutenden Versicherungszweig zu einem Massengeschäft avanciert und damit nicht mehr auf einen kleinen Kreis von Versicherungsnehmern beschränkt. Vgl. ZETTL, ZfV 1964, 418, 418; R 13/76, VerBAV 1977, 6.

184 Vgl. allein BGH, VersR 1992, 182 f.; VersR 1991, 1129 ff.; VersR 1990, 421 f.; VersR 1990, 389 f.; VersR 1988, 463 f.; VersR 1988, 372 ff.; VersR 1987, 1109 ff.; VersR 1985, 730 f.; VersR 1985, 541 f.; VersR 1982, 381 ff.; VersR 1982, 358 f.

185 Vgl. hier z.B. OLG BREMEN, VersR 1987, 662 f.; OLG FRANKFURT, VersR 1997, 446 f.; VersR 1988, 243 f.; OLG HAMBURG, VersR 1985, 781; VersR 1984, 1088 f.; VersR 1984, 980; VersR 1984, 697 f.; OLG HAMM, VersR 1995, 1481; VersR 1992, 743; VersR 1986, 770; VersR 1983, 1027 f.; VersR 1982, 1042 f.; OLG KARLSRUHE, VersR 2000, 487; VersR 1999, 1237 f.; VersR 1998, 977 ff.; VersR

noch nicht ausdrücklich entschieden, ob sie versicherungsvertragsrechtlich als Transport- oder Sachversicherung zu behandeln ist[186].

aa) Bundesgerichtshof

(1) Der Bundesgerichtshof[187] bejahte die Anwendbarkeit der §§ 129-148 VVG auf die Sportbootversicherung bei der Frage nach der Geltung von AVBW für eine vorläufige Deckungszusage. Er stellte fest, daß die AGB der Kaskoversicherer von Wassersportfahrzeugen nicht der Genehmigung durch die Versicherungsaufsicht unterlägen[188].

Nach der damaligen Vorschrift des § 5 Abs. 6 VAG in Verbindung mit Teil A Nr. 6 der Anlage zu diesem Gesetz seien sie der Sparte der „See-, Binnensee- und Flußschiffahrts-Kasko" zuzurechnen[189]. Ob diese aufsichtsrechtliche Einordnung sich aber auch auf die versicherungsvertragsrechtliche Behandlung auswirke[190] (und die Rechtsnormen der Transportversicherung daher zur Bestimmung des Vertragsinhalts herangezogen werden dürften[191]) und warum die Sportbootversicherung Transportversicherung und nicht Sachversicherung sei, wurde nicht erörtert[192].

(2) In einem anderen Urteil verfuhr der Bundesgerichtshof ähnlich vage[193]. Dort hatte er die Leistungsfreiheit eines Sportbootversicherers wegen nicht ordnungs-

---

1995, 1049 f.; VersR 1995, 415; OLG KÖLN, VersR 1997, 613 ff.; OLG SCHLESWIG, VersR 1983, 1183 f.

186 Anders z.B. im Rahmen der Juwelenversicherung. BGHZ 51, 356 ff. Auf den Fall wird unter B. V. [Ausnahmen von Beschränkungen der Vertragsfreiheit] zurückzukommen sein.

187 BGH, VersR 1982, 381 ff.

188 Wie soeben unter B. III. 1. a) [Versicherungsaufsicht] erläutert wurde.

189 Vgl. seine Ausführungen unter Nr. 2. BGH, VersR 1982, 381, 382.

190 So nämlich gerade *nicht* in der Juwelenversicherung (Vgl. RGZ 134, 133 ff. und BGHZ 51, 356 ff.). Danach ist für die versicherungsvertragsrechtliche Behandlung entscheidend, was das gesamte Wagnis prägt und nicht, ob ein Versicherer einen Zweig aufsichtsfrei betreibt (BGHZ 51, 356, 359.). Vgl. dazu außerdem die nachfolgenden Ausführungen unter B. V. [Ausnahmen von Beschränkungen der Vertragsfreiheit].

191 Vgl. seine Ausführungen unter Nr. 3. BGH, VersR 1982, 381, 382.

192 Lediglich als es um die Frage geht, ob das Festhalten am Vertrag für den Versicherer unzumutbar sei (früher § 6 Abs. 3 AGBG; heute § 306 Abs. 3 BGB), berührt der BGH diesen Punkt. So sei es keine unzumutbare Härte, wenn ein Versicherer an Gesetzesbestimmungen gebunden ist, die wie die AVBW von einer Allgefahrendeckung ausgehen und sich nur hinsichtlich einzelner Ausschlußtatbestände von diesen unterscheiden. Vgl. BGH, VersR 1982, 381, 382 unter Nr. 4.

193 BGH vom 4. Dezember 2000, Az.: II ZR 293/99, abrufbar beim online Dienst „juris". In gekürzter Form aber auch abgedruckt in NJW 2001, 1140 f.

gemäßer Bemannung zu beurteilen. Dem Versicherungsverhältnis lagen die AVBW 1976 zugrunde.

Der BGH ging davon aus, daß ein vertraglicher Risikoausschluß wie der gesetzliche Haftungsausschluß des § 132 Abs. 1 VVG einen Kausalzusammenhang zwischen der nicht gehörigen Bemannung des Schiffs und dem eingetretenen Schaden voraussetze. Die AVBW-Bestimmung, die davon absah, sei unwirksam; eine Parteivereinbarung dürfe nicht über § 132 Abs. 1 VVG hinausgehen. Der Versicherungsnehmer soll nicht in eine Lage gebracht werden, die ungünstiger sei als das Gesetz. Dennoch begründete der Bundesgerichtshof nicht, warum sich der Maßstab des § 132 VVG als Vorschrift aus der Transportversicherung auf die Sportbootversicherung unmittelbar auswirke[194].

(3) Anders verfuhr der BGH lediglich in einer dritten Entscheidung[195]. Dort hatte er die Zulässigkeit der Neuwertversicherung für Yachten zu beurteilen. Das Gericht maß der Sportbootversicherung den Charakter einer Sachversicherung bei. Es ließ jedoch ausdrücklich offen, ob die Versicherung (außerdem) zur Transportversicherung zähle[196]. Der Umstand, daß der Bundesgerichtshof die Frage der versicherungsrechtlichen Einordnung der Sportbootversicherung direkt ansprach, ist damit wenig hilfreich.

bb) Oberlandesgerichte

Ein ähnliches Bild ergeben die Urteile der Oberlandesgerichte. So wenden die OLG Hamm[197] und Köln[198] bei Fragen zur Fahr(un)tüchtigkeit[199] den Maßstab bzw. die Grundsätze des § 132 VVG an. Sie erörtern aber ebenfalls nicht, ob die §§ 129-148 VVG überhaupt auf die Sportbootversicherung anwendbar sind[200] und welche Folgen das für die Versicherung hätte.

---

194 BGH, NJW 2001, 1140, 1140. Vielmehr bezieht er sich in seiner Entscheidung auf BGH, VersR 1974, 589 f., wo er die Frage nach der Fahrtüchtigkeit eines Motorseglers ebenfalls am Maßstab des § 132 Abs. 1 VVG beurteilte, aber mit keiner Silbe erörterte, warum dieser Maßstab an die AVBW 63 anzulegen sei.

195 BGHZ 103, 228 ff. = BGH, VersR 1988, 463 ff.

196 BGHZ 103, 228, 232 = BGH, VersR 1988, 463, 464.

197 OLG HAMM, VersR 1983, 1027 f.; VersR 1982, 1042 f.

198 OLG KÖLN, r+s 1998, 394 f.

199 Vgl. dazu auch nachfolgend unter C. II. 7. [Fahrtüchtigkeitserfordernis] insb. unter *lit.* e) aa) (2) [Oberlandesgerichte].

200 Bzw. ob sie diese direkt oder indirekt anwenden.

(1) OLG Köln, 9. Senat

Zwar lieferte der 9. Zivilsenat des OLG Köln[201] den Ansatz einer Begründung mit der Feststellung, die zu beurteilende Ziffer 3 des § 4 der vereinbarten Sonderbedingungen für die Wassersport-Kaskoversicherung enthalte eine „ähnliche Formulierung“ wie die Allgemeinen Bedingungen für die Versicherung von Flußkasko-Risiken, die AVB Wassersportfahrzeuge oder die allgemeine Vorschrift des § 132 VVG. Der Senat erörterte jedoch nicht, ob diese Ähnlichkeit in der Risikobeschreibung die Sportbootkaskoversicherung zu einer Transportversicherung im Sinne der §§ 129-148 VVG mache.

(2) OLG Köln, 3. Senat

Der 3. Zivilsenat des OLG Köln[202] ließ im Rahmen der Leistungsfreiheit bei grob fahrlässig verursachter Havarie die Frage offen, ob die Yachtkaskoversicherung mit Allgefahrendeckung Transport- oder Sachversicherung sei[203]. Ein Haftungsausschluß für grob fahrlässiges Herbeiführen des Versicherungsfalls durch den Versicherungsnehmer, der gemäß § 61 VVG in der Sachschadensversicherung gelte, könne auch in der „Yacht-Pool-Kaskoversicherung“ vereinbart werden. Der Haftungsausschluß für „bösliche Handlungsweise“[204], der gemäß § 130 Satz 2 VVG im Transportversicherungsrecht gelte, könne also wirksam verschärft werden[205].

Der (sachversicherungsrechtliche) Verschuldensmaßstab der groben Fahrlässigkeit widerspreche nicht dem Leitbild der (transportversicherungsrechtlichen) Kaskoversicherung[206]. Aber auch der 9. Senat erörterte nicht, warum der Maßstab mit dem Leitbild zu vereinbaren sei, das die Sportbootversicherung prägt.

cc) Zwischenergebnis

Obwohl die Rechtsprechung die Beantwortung der Frage, welcher Versicherungsart bzw. -sparte die Sportbootversicherung zuzuordnen ist, zum Teil ausdrücklich offengelassen hat, kann man eine gerichtliche Übung erkennen. Sie ist von der Ähnlichkeit der Risikobeschreibungen geleitet.

Die Vorschriften der §§ 129-148 VVG werden (wo zweckmäßig) zur Überprüfung und Auslegung der einzelnen Klauseln der Sportbootversicherung herange-

---

201 OLG KÖLN, r+s 1998, 394, 394.
202 OLG KÖLN, r+s 2000, 305 ff.
203 OLG KÖLN, r+s 2000, 305, 306.
204 D.h. Vorsatz. R/L/RÖMER, § 130 Rdn. 4.
205 OLG KÖLN, r+s 2000, 305, 306.
206 *Id.*

zogen. Dafür sind BGH und OLG bisher nicht nur eine Begründung schuldig geblieben, sie lassen außerdem die Frage offen, ob die Regeln der Transportversicherung unmittelbar oder nur mittelbar[207] anzuwenden sind.

c) Schrifttum

Das versicherungsrechtliche Schrifttum verfährt ähnlich. Entweder spricht es die Frage nur indirekt an, welchem Zweig der Schadensversicherung die Sportbootversicherung zuzuordnen ist. Oder es stellt die transportversicherungsrechtlichen Vorschriften den Bestimmungen der Sportbootversicherung gegenüber, ohne die vertraglichen Umstände näher zu betrachten, die ihren Charakter prägen.

aa) Kommentare

In der Kommentierung von Römer[208] ist die Sportbootversicherung nicht nur eine Transportversicherung im Sinne von § 129 Abs. 2 VVG, sondern auch eine Sachversicherung. Martin[209] bezeichnete sie hingegen in der 24. Auflage des Prölss/Martin von 1988 als Versicherung eines Transportmittels.

Seit der 25. Auflage aus dem Jahre 1992 scheint sich Voit dieser Zuordnung jedoch nicht mehr sicher zu sein. Zum einen stellt er in der Vorbemerkung zur Kommentierung der AVBW fest, daß die Wassersportfahrzeugversicherung eine Sachversicherung sei, aber auch zur Transportversicherung (von Transportmitteln) gerechnet werde[210]. Zum anderen spricht Voit ihr in der Kommentierung des § 129 VVG die Qualität einer Transportversicherung ab, weist aber gleichzeitig darauf hin, daß sie dem *lit.* A Nr. 6 [See-, Binnensee- und Flußschiffahrts-Kasko] der Anlage zum VAG zugeordnet werde[211].

bb) Lehrbücher

Weniger zweideutig in ihrer Zuordnung sind Eichler bzw. Möller und Ehrenzweig. Eichler[212] versteht – bei striktem Festhalten an den versicherungsvertragsrechtlichen Begrifflichkeiten – unter der Kaskoversicherung die Versicherung von Transportmitteln aller Art, mit denen Personen oder Güter befördert

207 Im Sinne einer analogen Anwendung. Zur analogen Anwendung vgl. insb. die nachfolgenden Ausführungen unter B. III. 2. b) [Mittelbare Anwendung].
208 R/L/RÖMER, § 129 Rdn. 8.
209 PRÖLSS/MARTIN, 24. Aufl., § 129 Anm. 2 B.
210 PRÖLSS/MARTIN, 25. Aufl., VOIT, AVBW Vor. 2); P/M/VOIT, AVBW, Vor. Rdn. 2.
211 PRÖLSS/MARTIN, 25. Aufl., VOIT, § 129 2) c); P/M/VOIT, § 129 Rdn. 8.
212 EICHLER, S. 451.

werden. Da Sportboote der Beförderung von Personen dienten, ist ihre Versicherung eine Transportversicherung.

Nah am Wortlaut des § 129 VVG argumentiert auch Möller[213], der sich dabei Ehrenzweig[214] anschließt. Beide gehen von den versicherten Objekten aus; das sind Güter (§ 129 Abs. 1 VVG) und Schiffe (§ 129 Abs. 2 Satz 1 VVG). Da Sportboote zu den Schiffen im Sinne des § 129 Abs. 2 Satz 1 VVG zählten, sei ihre Versicherung eine Transportversicherung im Sinne des Versicherungsvertragsgesetzes[215].

Enge[216] ordnet die Sportbootversicherung ebenfalls der Transportversicherung zu. Dies ergibt sich aus seiner Einteilung des Versicherungszweigs und der Stelle, an der er die Sportbootversicherung in seinen Abhandlungen erörtert[217]. Ähnlich wie die eingangs wiedergegebenen Kommentarautoren[218] bleibt Enge jedoch eine Begründung dafür schuldig: Zwar erörtert er die Sportbootversicherung in Gablers Versicherungsenzyklopädie[219] im Rahmen der Binnentransport-/Kaskoversicherung. Er merkt dort aber lediglich an, daß sie nicht von den AVB-Flußkasko mit abgedeckt würde, sondern eigenen AVB[220] unterläge.

Im Rahmen seiner systematischen Gesamtdarstellung der Transportversicherung[221] behandelt Enge die Wassersportversicherung[222] nach der Binnentransportversicherung[223] und vor der Versicherung politischer Risiken[224]. In beiden Werken zählt er sie damit zu den „Hauptzweigen" der Transportversicherung[225], läßt aber offen, warum er so verfährt.

---

213 MÖLLER, FS Ehrenzweig, 169, 171 f.

214 EHRENZWEIG, S. 341 ff.

215 MÖLLER, FS Ehrenzweig, 169, 171 f.

216 ENGE, Gabler Bd. 5, S. 638 und TransportV, S. 314 f.

217 Ähnlich wie die Rspr. bleibt er aber eine Begründung dafür schuldig, warum er die Sportbootversicherung zur Transportversicherung zählt.

218 Vgl. Fußnoten 208, 210 und 211.

219 ENGE, Gabler Bd. 5, S. 638.

220 Das sind die AVBW und YKB.

221 ENGE, TransportV, S. 314 f.

222 Unter Nr. 2.8.

223 Welche er unter Nr. 2.7 bespricht. ENGE, TransportV, S. 304 ff.

224 Welche unter Nr. 2.9 folgen. ENGE, TransportV, S. 315 ff.

225 Und nicht etwa im Zusammenhang mit den Nebensparten der Transportversicherung, welche unter Nr. 3. folgen. Vgl. ENGE, TransportV, S. 7 ff.

cc) Roos

Den Versuch einer begründeten Einordnung der AVBW 1985 unternimmt lediglich Roos[226]: Nachdem er die wesentlichen Merkmale des § 129 Abs. 2 VVG[227] definiert, subsumiert er die AVBW unter diese. Dabei kommt Roos zu dem Ergebnis, daß auch bei der Wassersportkaskoversicherung „die wesentlichen Merkmale einer Schiffsversicherung" vorlägen[228]. Dieses Ergebnis versucht er dann anhand der Frage zu überprüfen, ob es auch sach- und interessengerecht sei[229].

Roos unternimmt aber nicht viel mehr, als die für die Schiffsversicherung typischen Vorschriften[230] zu beschreiben. Nach dieser Beschreibung prüft er, ob sich die jeweilige Bestimmung in der Wassersportkasko wiederfindet[231]. Meist kommt er zu dem Ergebnis, daß die einzelne Bedingung dem Gesetzestext nachgebildet sei[232] oder die Anwendung der §§ 129-148 VVG in der Wassersportkasko Sinn machen würde[233], wenigstens aber gegen ihre Anwendung keine Bedenken bestünden[234].

d) Stellungnahme

Die bisherige Behandlung der Sportbootversicherung in Rechtsprechung und Schrifttum, insbesondere das Offenlassen durch den Bundesgerichtshofs[235] läßt sich gut erklären. So ist die Sportbootversicherung eng mit der See- bzw. Binnenschiffversicherung verwandt. Sie versichert das Risiko eines sich in Bewegung befindenden Fahrzeugs auf dem Wasser[236]. Betrachtet man aber ihren typi-

226 ROOS, S. 20 ff.

227 Das ist die Transportversicherung in ihrer Ausgestaltung als Schiffsversicherung und der Schiffs- (S. 21 ff.), Binnenschiffahrts- (S. 26 ff.), Allgefahrendeckungs- (S. 27 ff.) und Kollisionsersatzbegriff (S.29 f.).

228 ROOS, S. 30.

229 ROOS, S. 30-58.

230 § 130 VVG, S. 32 f.; § 132 VVG, S. 33 ff.; § 133 VVG, S. 35; § 138 VVG, S. 35 f.; § 139 VVG, S. 36 f.; § 141 VVG, S. 37 ff.; § 143 VVG, S. 43 f.; § 144 VVG, S. 44 ff.; § 145, S. 46 f.; § 146 VVG, S. 47 f.; § 147, S. 49 f.; § 148 VVG, S. 50 ff.

231 Einzige Ausnahme ist die Erörterung des § 148 VVG, der die Anwendung des § 67 Abs. 1 Satz 2 VVG für die Transportversicherung ausschließt. ROOS, S. 50 ff. insb. S. 55 ff.

232 § 132 VVG, S. 33 f.; § 141 VVG, S. 37 ff.; § 144 Abs. 1 VVG, S. 44 f.

233 § 138 VVG, S. 35 f.; § 139 VVG, S. 36 f.

234 § 143 VVG, S. 43 f.; § 144 Abs. 2 VVG, S. 45 f.; § 145 VVG, S. 46 f.; § 146, S. 47 f.

235 Obwohl gerade von seiner Seite aus eine genauere Einordnung bzw. nähere Begründung im Umgang mit ihr wünschenswert gewesen wäre.

236 Ob Sportboot oder Handelsschiff, die Gefahren, denen sie auf dem Wasser ausgesetzt sind, und die Probleme, die sich daraus ergeben können, sind ähnlich.

schen Versicherungsnehmer, paßt sie nicht recht in die Transportversicherung. Sie ist vergleichbar mit der Versicherung von Kraftfahrzeugen[237].

Nicht ein geschäftskundiger Kaufmann, zu dessen Gewerbebetrieb die Besorgung von Kaskopolicen für ein professionell bemanntes Schiff gehört, begehrt hier Schutz. Es ist ein Sportbooteigner, der das Risiko seiner Freizeitbeschäftigung verringern will. Dabei bezieht sich dieser Schutz auf ein Gut, das – im Gegensatz zur Kraftfahrzeug- und sonstigen Transportversicherung – selten benutzt wird[238]. Denn trotz Wohlstand und Freizeit liegen die meisten Sportboote hauptsächlich im Hafen oder werden auf dem Hänger aufbewahrt; man kann sie nur zu sportlichen Zwecken nutzen[239]. Gefahr droht den versicherten Sachen daher nicht durch ihren ständigen Gebrauch, sondern durch eine unbeobachtete Verwitterung.

aa) Gesetz

Orientiert man sich aber am Gesetzestext und der durch ihn entwickelten Systematik, kann die Sportbootversicherung nur als Transportversicherung behandelt werden. Etwaige Benachteiligungen des Verbraucherversicherungsnehmers wegen mangelnder Erfahrung oder dergleichen, die sich bei einem Kaufmann oder berufsmäßigem Fahrzeugführer nicht ergeben würden, sind im Wege der Auslegung oder teleologischen Reduktion zu berichtigen[240].

Darüber hinaus ist voranzustellen, daß die versicherungsaufsichtsrechtliche Einordnung von (Versicherungs-)Vertragstypen seit Art. 1 Nr. 2 des 3. DG/EWG zum VAG kaum noch Bedeutung hat. Seit dem 29. Juli 1994 ist die Präventivkontrolle von Bedingungswerken durch die Versicherungsaufsicht entfallen[241]. Die Zuordnung eines Versicherungstyps zu den Sparten Nr. 8 und Nr. 9 der Anlage Teil A zum VAG (*i.e.* zur Sachversicherung) oder zur Sparte Nr. 6 (*i.e.* zur Transportversicherung) löst heute keine unterschiedliche aufsichtsrechtliche Behandlung mehr aus, die in das Versicherungsvertragsrecht hineinwirken könnte.

---

237 Vgl. dazu vorstehend unter A. I. [Entwicklung], insb. Fußnote 9.

238 R. SCHMIDT, VersABC, S. 420, der bei der Versicherung von Sportbooten ein großes subjektives Risiko und das Risiko des Zustands des Fahrzeugs als Besonderheit sieht.

239 Vgl. dazu nachfolgend unter C. II. 6. [Sportliche Nutzung].

240 Zum Abschnitt von Möglichkeiten zur Abwendung (bzw. der Rechtsfolgenlosigkeit) von Obliegenheitsverletzungen gem. § 6 VVG (i.V.m. § 15 a VVG) im Rahmen der Versicherung von *Großrisiken* und zur Frage, inwieweit § 187 VVG in der Sportbootversicherung Anwendung findet. Vgl. nachfolgend unter B. V. [Ausnahmen von Beschränkungen der Vertragsfreiheit].

241 Vgl. dazu nachfolgend Fußnoten 423 und 396.

bb) Schiffsbegriff

> „Jedes in Geld schätzbare Interesse, welches jemand daran hat, daß Schiff oder Ladung die Gefahren der Seeschiffahrt bestehen, kann versichert werden."

Diese Definition der Seeversicherung in § 1 Abs. 1 ADS kann man auf die gesamte Transportversicherung übertragen, wenn man Seeschiffahrt durch „Transport", Schiff durch „Transportmittel" und Ladung durch „Transportgüter" ersetzt[242].

(1) Verallgemeinerung

Zur Transportversicherung im Sinne der §§ 129-148 VVG zählt daher die Versicherung von Transportmitteln (§ 129 Abs. 2 Satz 1 VVG) und Transportgütern (§ 129 Abs. 1 VVG)[243]. Soweit die Sportbootversicherung also die Versicherung von Schäden und Verlust des sich im Gebrauch[244] befindenden Fahrzeugs betrifft, ist Eichler[245] und Möller[246] zu folgen. Beide halten die Sportbootversicherung für die Transportversicherung eines Transportmittels.

Eichler geht bei der Subsumtion des Sportboots unter den Schiffsbegriff in zwei Schritten vor. Zunächst ersetzt er den Schiffsbegriff durch den allgemeineren Begriff des Transportmittels. Dabei kann Eichler sich nicht nur auf den Wortsinn stützen, auch der Bedeutungszusammenhang des Gesetzes und der Zweck der Vorschrift geben ihm Recht. Diesen Auslegungskriterien folgend fragt er sich dann, wie man den Transportmittelbegriff weiter bzw. allgemeiner auslegen könne. Er kommt zu dem Ergebnis, daß es sich um Mittel handle, mit denen Güter oder Personen befördert werden.

(2) Transportmittel

Nimmt man nun an, daß bei jeder Art Fahrzeug auch der Fahrzeugführer von diesem befördert wird, zählt zu den Transportmitteln auch das Sportboot, bei dem sich z.B. nur ein (Jollen-)Segler an Bord befindet. Daß es dem Segler[247] dabei möglicherweise nicht so sehr auf den (bzw. seinen) Transport von einem Ausgangsort an einen Zielort, sondern mehr auf das Segeln seiner Jolle an-

---

242 ENGE, TransportV, S. 15.
243 WERBER/WINTER, Rdn. 222.
244 D.h. nicht im Transport oder Winterlager.
245 Der bei seiner Folgerung an die allgemeine Def. des „*Transportmittel*-Begriffs" anknüpft. Fußnote 212.
246 Der in Anlehnung an Ehrenzweig allein vom Schiffsbegriff des § 129 Abs. 2 VVG ausgeht. Fußnote 213.
247 Bzw. jedem anderen Wassersportler, der (allein) ein Fahrzeug führt.

kommt[248], ist zu vernachlässigen. Denn auch bei einer Nutzung zu sportlichen Zwecken geht es dem Fahrzeugführer um seine Beförderung bzw. sein Beförderungserlebnis[249]. Diese/s steht im Vordergrund, es geht damit um einen „Transport".

Aber auch Möller kann man wegen seiner direkten Subsumtion des Sportboots unter den Schiffsbegriff des § 129 Abs. 2 Satz 1 VVG nicht widersprechen. Anders als in § 484 HGB und Art. 7 Abs. 1 Satz 1 EGHGB bzw. den §§ 778-900 HGB findet sich in den §§ 129-148 VVG kein Hinweis[250], daß die Binnentransportversicherung allein die gewerbliche Schiffahrt betrifft oder der Versicherungsnehmer (etwa als geschäftskundiger Kaufmann im Sinne des § 1 HGB) besonders qualifiziert sein muß oder die Besorgung von Schiffsversicherungen zum Betriebe seiner gewerblichen Tätigkeit zu zählen habe (und nach § 343 Abs. 1 HGB ein Handelsgeschäft sein muß).

cc) Binnenschiffahrtsrecht

Möllers Subsumption steht außerdem im Einklang mit dem Binnenschiffahrtsrecht. Anders als im See-[251] und damit im Seeversicherungsrecht[252] differenziert man dort grundsätzlich nicht nach Fahrzeuggröße oder Zweck der Schiffsreise[253]. Nach § 92 Abs. 3 Satz 1 BinSchG[254] sind nicht gewerblich genutzte Kleinfahrzeuge (*i.e.* Sportboote) „Schiffe" im Sinne des Binnenschiffahrtsgesetzes.

---

248 In der Regel ist außerdem der Ausgangspunkt seines Segeltörns mit dem Endpunkt identisch.

249 Zwar wird unter „Beförderung" im Rahmen der Transportversicherung der Beförderungsvorgang verstanden, durch den Güter von dem bisherigen Ort an einen bestimmten anderen gebracht werden (P/M/VOIT, § 129 Rdn. 10.). Doch wird der Begriff an dieser Stelle, wie seine Def. zeigt, nicht für die Transportmittelversicherung, sondern für die (Transport-)Güterversicherung bestimmt. Bei der Transportmittelversicherung kommt es danach im Rahmen der Gefahrenbestimmung nicht darauf an, daß der Transport an einem *anderen* Ort endet.

250 Außerdem ist das Seeversicherungsrecht in das 5. Buch des HGB eingestellt, das den Titel „See-*Handel*" trägt.

251 Obwohl sich weder im deutschen Recht noch in den meisten ausländischen Rechtsordnungen eine gesetzliche Begriffsbestimmung des „Schiffs" findet, ist diese in Anlehnung an die Verkehrsauffassung überall verhältnismäßig gleichförmig von Rspr. und Lehre festgelegt worden. Danach ist ein Schiff ein schwimmfähiger Hohlkörper *von nicht ganz unbedeutender Größe*, der fähig und bestimmt ist, auf oder auch unter dem Wasser fortbewegt zu werden und dabei Personen oder Sachen zu tragen. Schaps/ABRAHAM, Vor § 476 Rdn. 1, m.w.N. und Erläuterungen in Rdn. 4.

252 Vgl. dazu vorstehend unter B. II. 1. c) [Zwischenergebnis], wo festgestellt wurde, daß Gegenstand der Wertbeziehung in der Seeversicherung nicht *jedes* Schiff sei.

253 Vgl. dazu auch vorstehend unter B. III. 1. a) bb) [Beschlußkammerentscheidung].

Man betrachtet also das gewerbliche und das nichtgewerbliche Bewegen von Binnengewässerfahrzeugen einheitlich. Warum sollte man daher eine Unterteilung für ihre Versicherung künstlich schaffen?

dd) Bezeichnung, Größe und Kosten

Des weiteren ist fraglich, womit man – neben dem Verwendungszweck – die Herausnahme der Sportbootversicherung aus der Transportversicherung begründen will. Bezeichnung, Größe und Anschaffungskosten können es nicht sein. Der Sportbootbau hat heute Dimensionen erreicht, bei denen Privatyachten über 25 Millionen Euro kosten und so groß wie die „Gorch Fock“ sein können[255].

Die Supersloop[256] „Georgia“ des US-Immobilienunternehmers John Williams ist über 48 Meter lang und galt Anfang des 21. Jahrhunderts als größte einmastige Segelyacht[257]. Eine Ketsch[258] von über 64 Metern Länge entsteht derzeit auf der italienischen Werft Perini Navi, und größter Schoner[259] in Privathand mit über 65 Metern Länge ist die den Gucci-Töchtern gehörende „Creole“[260].

---

254 Dem Art. 1 Nr. 4 *lit.* a) des Übereinkommens zur Vereinheitlichung einzelner Regeln über den Zusammenstoß von Binnenschiffen (BGBl. II 1972, S. 1008 ff.) zugrunde liegt.

255 JENS, WamS vom 19.08.2001, http://www.welt.de/daten/2001/08/19/0819bo275881.htx.

256 Eine Sloop (auch Slup oder Schlup) ist ein einmastiges Schiff mit Hoch- oder Gaffelsegel. ALTHOF, S. 6.

257 JENS, WamS vom 19.08.2001, http://www.welt.de/daten/2001/08/19/0819bo275881.htx. Am 26. November 2003 wurde auf der südenglischen Werft Vosper Thornycroft die „Mirabella V“ vom Stapel gelassen. Die von Ron Holland entworfene Yacht ist „größer, höher und komfortabler ... als alles, was bisher existierte“ ZIMPRICH, SPON vom 02.12.2003, http://spiegel.de/spiegel/0,1518,276327,00.html.). Mit über 75 Metern Länge ist die „Mirabella V“ 27 Meter länger als der bisherige Rekordhalter, die in Neuseeland gebaute „Georgia“.

258 Bei der Ketschtakelung (auch Ketchtakelung) führen beide Masten (Großmast und niedriger Besanmast) ausschließlich Schratsegel (Gaffelsegel) – abgesehen von einer eventuellen Breitfock. ALTHOF, S. 4.

259 Bei der Schonertakelung führen die Masten als Hauptbesegelung Schratsegel, bei Yachten immer Gaffelsegel. Eine Schonerbrigg (auch Brigantine) ist ein zweimastiges Schiff, dessen vorderer Mast Rahsegel und dessen achterer Mast Gaffelsegel führt. Eine Schonerbark (Barkentine) ist ein mindestens dreimastiges Schiff, dessen Fockmast rahgetakelt ist, während die übrigen Masten Gaffelsegel führen. Vgl. ALTHOF, S. 5.

260 JENS, WamS vom 19.08.2001, http://www.welt.de/daten/2001/08/19/0819bo275881.htx.

(1) Lange inländische Übung

Dabei sind diese Dimensionen kein neuer oder ausländischer Trend. Die „Creole“ wurde bereits 1927 gebaut[261]. Berta Krupp schenkte Gustav v. Bohlen und Halbach 1908 die „Germania [I]“ zur Hochzeit, welche über 47 Meter maß[262]. Der Mitgründer von SAP, Hasso Plattner, läßt derzeit einen über 42 Meter langen Segler bauen[263].

Aber selbst wenn man von solch eher spektakulären Yachten absieht und allein den Gebrauchtbootmarkt in Deutschland betrachtet, bleiben die Zahlen beeindruckend: Segel- und Motoryachten werden im Schnitt alle sechs bis acht Jahre weiterverkauft. Dabei stellen Boote mit einer Länge von acht bis zehn Metern die bedeutendste Gruppe; sie wechseln für durchschnittlich 50.000 Euro den Eigentümer[264].

(2) Sprachgebrauch

Daneben enthält der allgemeine Sprachgebrauch keine eindeutige Definition und keine Abgrenzungskriterien für die Begriffe *Schiff* und *Boot*[265]. Im Gegenteil: § 10 Nr. 2 PYKB 1998 gebraucht bei der Erklärung des Begriffs „Totalverlust“ dreimal das Wort „Schiff“, während die Bedingungen sonst – wie alle anderen Bedingungswerke – das Wort „Fahrzeug“ verwenden, aber (Sport-)Boot

261 *Id.*

262 Ein Modell der Germania steht noch heute in der von der Alfried Krupp v. Bohlen und Halbach-Stiftung unterhaltenen Villa Hügel in Essen. Die Germania war die erste in Deutschland (von Max Oertz) entworfene und (von der Kruppschen Germania-Werft in Kiel) gebaute Hochseeyacht der seinerzeit größten Rennklasse. Ihr Schwesterschiff, die ebenfalls von Oertz entworfene „Meteor“, gehörte Kaiser Wilhelm II. Bei Ausbruch des 2. Weltkriegs wurde die Germania in Southampton beschlagnahmt. Sie hatte sich in England auf die anstehende Cowes Regatta vorbereitet. Nach ihrer Versteigerung durch die britische Regierung gelangte sie in die USA.
Dort sank sie 1930 unter dem Namen „Half Moon“ endgültig vor Key Biscayne, Florida, nachdem sie zuvor in schweren Stürmen schon einmal ins Schlepp genommen und außerdem im Miami River gesunken war. Im Jahre 2000 gab es ein Vorhaben, ihr (Chrom-Nickel-Stahl) Wrack zu einem *State Underwater Archeological Preserve* zu erklären. Vgl. http://www.dos.state.fl.us/dhr/bar/uap/HM_Prop3.pdf.

263 JENS, WamS vom 19.08.2001, http://www.welt.de/daten/2001/08/19/0819bo2758 81.htx.

264 Http://www.welt.de/daten/2002/01/21/0121wi309184.htx.

265 Als Wassersportfahrzeuge gelten Wasserfahrzeuge gleich welcher Antriebsart, die zu Sport- und Freizeitzwecken genutzt werden, also z.B. Segel- und Motoryachten und -boote, Kanus, Ruder-, Falt- und Schlauchboote, Segelsurfbretter und motorbetriebene Surfbretter (sog. „Wassermotorräder“ oder „Jet-Ski“). V. FÜRSTENWERTH/WEIß, S. 739 f. Vgl. außerdem nachfolgend unter C. II. 6. [Sportliche Nutzung].

meinen. Die Beschlußkammerentscheidung kommt zum selben Ergebnis; sie arbeitet heraus, daß eine klare Begriffsbestimmung nicht möglich ist[266].

Jede sich an Bezeichnung, Größe oder Kosten orientierende Begründung würde demnach zu Abgrenzungsproblemen führen[267]. Eine Unterscheidung zwischen gewerblicher und Freizeitschiffahrt erscheint willkürlich.

ee) Praxisrelevanz

Auch ist wenig wahrscheinlich, daß die Subsumtion von Kleinstfahrzeugen wie Ruder- und Paddelbooten unter den Sportboot- und damit den Schiffsbegriff heute besondere Auswirkungen auf die Praxis der Transportversicherung hätte. In diese Richtung gehende Befürchtungen beruhen darauf, daß dies Fahrzeuge von geringem Wert, geringer Größe und geringer Gefährdung Dritter sind[268]. Wegen dieser Eigenschaften könnten sie die Anwendung der binnenschiffahrtsrechtlichen und damit transportversicherungsrechtlichen Vorschriften wirtschaftlich verzerren.

(1) Keine Kleinstfahrzeuge

Für Kleinstfahrzeuge dürfte(n) heutzutage aber kein Kaskoschutzbedürfnis (bzw. keine Kaskoversicherungsverträge) mehr bestehen. Auf solche Fahrzeuge abzielende Hinweise wie z.B. in §§ 2 (1) und 7 (4) AVBW 1932 sind bereits im Rahmen der ersten Überarbeitung der AVBW im Jahre 1963 ersatzlos gestrichen worden[269].

Man muß vermuten, daß dies aufgrund mangelnder Nachfrage geschah, und die Versicherung von Kleinstfahrzeugen seitdem nicht mehr angeboten wurde[270].

---

266 BESCHLUßKAMMERENTSCHEIDUNG vom 26. April 1977, VerBAV 1977, 165, 165 f. Vgl. außerdem die Diskussion von ROOS, S. 21 ff., die sich im wesentlichen an der Besprechung der Beschlußkammerentscheidung orientiert bzw. diese ergänzt.

267 Auch innerhalb der Kategorie „Sportboote" wären diese vorgezeichnet. Zum Kategoriebegriff bei Repräsentationsschiffen siehe vorstehend Fußnote 141, m.w.N.

268 Vgl. zu diesem Aspekt insb. BGHZ, 57, 309, 312. Aber auch PAUL, S. 5.

269 Darüber hinaus war mit dem Ausschluß von Wildwasserfahrten und Schäden, die durch das Überqueren von Wehren verursacht werden, in Nr. 3.4.3 AVBW 85, § 8 (1) b) AVBW 63 und § 12 (4) AVBW 32 seit jeher ein wesentlicher Bereich des Paddelsports aus dem Anwendungsbereich des AVBW herausgenommen worden.

270 Beachte außerdem, daß z.B. in den USA *policies on small boats are commonly underwritten by an insurer's personal lines [not ocean marine] department*, welches durch einen besonderen Einschluß oder die Aufnahme in die *standard homeowner's policies* geschieht (FLITNER/BRUNCK, Vol. 2, S. 180; Vol. 1, S. 19; Benedict/BEALE, Vol. 8, S. 6-23.).

Des weiteren ist zu bedenken, daß in Zeiten industrieller Massenproduktion von Sportartikeln und dem damit einhergehenden Sinken ihrer Anschaffungskosten[271] die bei Abschluß einer Kaskoversicherung anfallenden Prämien die Kosten eines (neuen) Kanus, Kajaks, Faltboots oder Segelsurfbretts schnell übersteigen[272].

(2) Keine Verzerrung

Die Versicherung von Kleinstsportbooten ist deswegen heute auch unwirtschaftlich. Man muß davon ausgehen, daß Eigner nicht mehr auf die Idee kommen, Fahrzeuge dieser Art Kasko zu versichern. Sie tragen das Verlustrisiko lieber selbst. Die Anwendung transportversicherungsrechtlicher Vorschriften auf die Sportbootversicherung kann heute also nicht mehr durch Kleinstfahrzeuge verzerrt werden; es gibt für sie keine Kaskoverträge mehr.

Aber auch in Deutschland fällt die Haftpflicht beim Gebrauch eigener Kanus, Paddelboote, Ruderboote und Wasserski in die (allgemeine) Privathaftpflichtversicherung. Für den Gebrauch von Segelbooten oder Motorbooten (bzw. Booten mit Außenbordmotor) muß hingegen (extra) eine Sportboothaftpflichtversicherung abgeschlossen werden (vgl. die Erläuterungen zur Haftpflichtversicherung für Wassersportfahrzeuge unter http://www.condor-versicherungen.de/index.html?/Produkte/Haftpflicht/Privat/Wassersport/WS_Haft.html.).

Daneben enthält die Hausratversicherung „die Versicherung von Sport- und Freizeitgeräten im häuslichen Bereich". Zwar war in älteren AVB diese Art Versicherungsschutz (teilweise) umstritten. In den VHB 2000 (und größtenteils auch in den VHB 92) sind aber Kanus, Ruderboote, Falt- und Schlauchboote (diese einschließlich ihrer Motoren) ausdrücklich erwähnt und daher mitversichert. Vgl. v. FÜRSTENWERTH/WEIß, S. 690.

271 Wie bereits in Fußnote 3 erwähnt, wurde im Jahr 2002 die Zahl der aktiven Wassersportler auf über 6,3 Millionen Deutsche geschätzt. 17,1 Millionen Deutsche sollen surfen, segeln oder fahren Wasserski, Kanu oder Motorboot. Vergleicht man die Zahlen mit dem Bestand von 300.000 bis 450.000 deutschen Segel-, Motorbooten und Yachten, muß davon ausgegangen werden, daß der überwiegende Teil der Sportler das Hobby als kostengünstigen „Funsport" in Ruder- oder Paddelbooten bzw. auf dem Surfbrett betreibt.

272 Nicht zuletzt deswegen ist die Fahrradversicherung seinerzeit aus der Hausratversicherung grundsätzlich herausgenommen worden.

ff) Gefahrenlage

Der Umstand, daß ein Sportboot vergleichsweise[273] selten genutzt wird[274], wirkt sich schließlich auf die versicherungsvertragsrechtliche Einordnung nicht aus. Zwar ist nach der Rechtsprechung für die Einordnung einer Versicherung als Transportversicherung entscheidend, ob nach dem Typ der Versicherung die „Transportgefahr" – im Unterschied zur „Gefahr des Ruhezustands" – allein oder doch überwiegend Gegenstand der Versicherung ist[275]. Gefahren des Ruhezustands werden von der Sportbootversicherung aber nicht erfaßt.

(1) Risikoausschlüsse und Obliegenheiten

Nach den AVBW (in Anlehnung an § 132 Abs. 1 VVG) sind seit jeher Schäden ausgeschlossen, die durch die „Fahruntüchtigkeit" des Fahrzeugs entstehen[276]. Dem Versicherungsnehmer obliegt es, auch während des Imhafenliegens oder der Aufbewahrung auf dem Hänger für die Fahrtüchtigkeit des Sportboots zu sorgen[277]. Sollte aufgrund von Fahruntüchtigkeit ein Schaden entstehen, kann der Versicherer von der Verpflichtung zur Leistung frei werden[278].

---

273 D.h. im Vergleich zu privat genutzten PKW. So geht die verwaltungsgerichtliche Rspr. im Rahmen ihrer Entscheidungen zur vorübergehenden Einrichtung von Halteverbotszonen davon aus, daß der Fahrer oder Halter eines im öffentlichen Verkehr ursprünglich ordnungsgemäß geparkten Kraftwagens diesen alle 2-4 Tage (bzw. alle drei Werktage plus ein Sonn- und Feiertag) aufsucht und benutzt („typische Gebrauchsgewohnheiten") (Vgl. VGH MANNHEIM, NJW 1991, 1698, 1698 = DÖV 1991, 163, 163 = NVwZ 1991, 806; VGH KASSEL vom 17. Dezember 1996, Az.: 11 UE 2403/96, z.B. abrufbar beim online Dienst „juris" und BVerwG , NJW 1997, 1021, 1021= DÖV 1997, 506, 506 = NVwZ 1997, 578 bzw. OVG HAMBURG, DÖV 1995, 783-785 = HmbJVBl 1995, 3-5.). Denn die Wirksamkeit eines ordnungsgemäß aufgestellten oder angebrachten Verkehrszeichens hängt nicht von der subjektiven Kenntnisnahme des davon betroffenen Verkehrsteilnehmers ab.
Es ist daher nicht unverhältnismäßig, wenn ein zunächst ordnungsgemäß geparkter PKW vier Tage nach Aufstellung eines Halteverbotszeichens auf Kosten des Halters abgeschleppt wird (BVerwG, NJW 1997, 1021, 1021; DÖV 1997, 506, 506; NVwZ 1997, 578.). Dagegen ist zweifelhaft, ob ein Sportboot alle vier Tage benutzt wird.

274 Und hauptsächlich im Hafen liegt oder auf dem Hänger aufbewahrt wird. Vgl. auch R. SCHMIDT, VersABC, S. 420.

275 BGH, VersR 1983, 949, 950; VersR 1972, 85, 86; OLG DÜSSELDORF, VersR 1975, 563, 564; OLG KOBLENZ, VersR 1988, 1061.

276 Vgl. § 12 (3) AVBW 32, § 8 (1) a) AVBW 63 und Nr. 3.4.1 AVBW 85. Vgl. dazu aber auch nachfolgend unter E. I. 2. a) [Ausschlüsse] und ausführlich unter C. II. 7. e) [Fahrtüchtigkeit des Wassersportfahrzeugs].

277 Vgl. dazu nachfolgend unter C. II. 7. e) cc) [Stellungnahme] unter Nr. (4) und (5).

278 Vgl. dazu nachfolgend unter C. II. 7. e) cc) (3) [Definition] insb. unter Nr. (iii).

Zum gleichen Ergebnis ist zu kommen, wenn man das Imhafenliegen oder die Aufbewahrung auf dem Hänger als „gewöhnlichen Gebrauch“ ansieht. Der Ersatz von Schäden aufgrund einer Abnutzung[279] im gewöhnlichen Gebrauch ist von der Sportbootversicherung nicht erfaßt[280]. Die Abnutzung ist keine versicherte Gefahr. Alle dieser Arbeit zugrunde liegenden Bedingungswerke[281] und § 132 Abs. 2 1. Halbs. VVG stellen das klar. Aber auch wenn derartige Schäden auf „Witterung“ oder „Rost“ zurückzuführen sind, werden sie von der Sportbootversicherung aus demselben Grund nicht ersetzt[282].

(2) Keine Auswirkung

Die Sportbootversicherung erfaßt daher nicht Schadensursachen bzw. Schäden, die auf der seltenen Nutzung des Sportboots beruhen. Soweit das versicherte Fahrzeug nicht im Winterlager ist, erhält das Imhafenliegen oder die Aufbewahrung auf dem Hänger die Bewegungsbereitschaft; das Sportboot ist nicht im Ruhezustand. Das Imhafenliegen oder die Aufbewahrung auf dem Hänger sind deswegen der Beförderung und damit dem Transport zuzurechnen[283].

gg) Zusammenfassung

Einzig der Umstand, daß es in der Sportbootversicherung an der für die Transportversicherung typischen Parteienlage mangelt[284], spricht also gegen ihre Zuordnung zur Transportversicherung. Die Parteienlage darf aber nicht ausschlaggebend sein. Es wäre wenig hilfreich, Vorschriften nicht anzuwenden, die von den Parteien des Versicherungsvertrags unabhängige Probleme behandeln[285]. Wohl durchdachten Regeln[286] würde ihre Anwendung versagt.

---

279 Beachte, daß eine Abnutzung nicht nur aus einer aktiven Verwendung, sondern auch aus einer (passiven) Verwitterung folgen kann.

280 Vgl. dazu nachfolgend unter C. II. 5. a) [Abnutzung].

281 Vgl. § 7 Nr. 1 d) PYKB 98, Nr. 4.2. SYKB 98, Nr. 3.4.2 AVBW 85, § 8 (1) f) AVBW 63 und § 12 (5) AVBW 32. Vgl. dazu aber auch nachfolgend unter E. I. 2. a) [Ausschlüsse].

282 Vgl. dazu nachfolgend unter C. II. 5. b) [Witterung und Rost] und C. II. 5. c) [Zwischenergebnis].

283 Vgl. dazu nachfolgend unter B. III. 3. b) [Definition].

284 Bei der sich auf beiden Seiten in dieser Art von Geschäften kundige Kaufleute gegenüberstehen.

285 So sprechen die PYKB 98 und die SYKB 98 z.B. das Fahrtüchtigkeitserfordernis (Nr. 3.4.1 AVBW 85) nicht unmittelbar an. Sollten sich deswegen Schwierigkeiten im Schadensfall ergeben, könnte auf § 132 Abs. 1 VVG nur *mittelbar* zurückgegriffen werden.

286 Bei denen es keine Rolle spielt, ob der Versicherungsnehmer geschäftskundiger Kaufmann ist oder nicht. *Id.*

Daneben kann auf die besondere Parteienlage und die Tatsache, daß der Versicherungsnehmer Versicherungslaie und Amateur ist, in zweierlei Hinsicht Rücksicht genommen werden: (1) Zum einen können von ihm als Fahrzeugführer nur die Kenntnisse gefordert werden, die im Rahmen des Erwerbs der Fahrerlaubnis für das jeweilige Fahrzeug und/oder Gewässer erforderlich sind. Dabei kann an ihn nur der Sorgfältigkeitsmaßstab angelegt werden, an dem ein durchschnittlicher Sportbootführer gemessen wird[287]. Dieser Maßstab ist geringer als das, was von einem professionellen Schiffsführer gefordert werden kann[288].

(2) Zum anderen können die Vorschriften in ihrer Anwendung reduziert werden, die von einem Versicherungsnehmer ausgehen, der geschäftskundiger Kaufmann ist bzw. deren Regelungsinhalt sich nur vor dem Hintergrund erklären läßt, daß der Versicherungsnehmer über besondere Erfahrung im Transportge-

---

287 Dabei kann offen bleiben, ob dies bereits im Rahmen des Sorgfältigkeitsmaßstabs oder erst bei dessen Konkretisierung geschieht. Im Zivilrecht gilt im Gegensatz zum Strafrecht kein individueller, sondern ein auf die allgemeinen Verkehrsbedürfnisse ausgerichteter, objektiv-abstrakter Sorgfältigkeitsmaßstab (BGHZ 39, 281, 283; 80, 186, 193; 106, 323, 330; BGH, NJW 1988, 909, 909; NJW 2000, 2812, 2813.). Denn aus Vertrauensschutzgründen muß sich im Rechtsverkehr jeder grds. darauf verlassen dürfen, daß ein anderer die für die Erfüllung seiner Pflichten erforderlichen Fähigkeiten und Kenntnisse besitzt (Palandt/HEINRICHS, § 276 Rdn. 15 = Palandt/HEINRICHS, SchuModG, § 276 Rdn. 15.). Dieser objektive Fahrlässigkeitsbegriff gilt auch im Rahmen der §§ 254 und 823 BGB (*id.* und Palandt/HEINRICHS, SchuModG, § 276 Rdn. 12.). Ein Schuldner kann daher den Fahrlässigkeitsvorwurf nicht dadurch ausräumen, daß er sich auf fehlende Fachkenntnisse, Verstandeskräfte, Geschicklichkeit oder Körperkraft beruft (Palandt/HEINRICHS, § 276 Rdn. 15 = Palandt/HEINRICHS, SchuModG, § 276 Rdn. 15.).
An dieser Stelle geht es aber nicht um die Frage mangelnder Fachkenntnisse oder Geschicklichkeit. Vielmehr ist zu klären, welche Fähigkeiten und Kenntnisse von einem Sportbootführer grds. verlangt werden können. Dieses ist nach Vorstehendem eine Frage des (objektiv-abstrakten) Sorgfältigkeitsmaßstabs. Dabei können die Fähigkeiten und Kenntnisse, wie sie im Rahmen des Erwerbs der Fahrerlaubnis für ein Sportboot (bzw. das jew. Revier) erforderlich sind, auch bei der Konkretisierung des anzulegenden Sorgfältigkeitsmaßstabs in dessen Bestimmung Eingang finden. Eine etwaige tatsächliche Übung muß bei der Festlegung der Sorgfältigkeitsanforderungen mitberücksichtigt werden (BGHZ 65, 304, 308.). Wenn ein (Delikts-)Schuldner sich so verhält, wie es ihm von kompetenten Fachleuten empfohlen worden ist, kann ihm i.d.R. kein Schuldvorwurf gemacht werden (BHG, NJW 1971, 1881, 1882.).
Vorstehend geht es jedoch allein um den Einfluß der Tatsache, daß der Fahrzeugführer in der Sportbootversicherung ein Amateur ist. Die Frage, wo dieser Einfluß im einzelnen (Sorgfältigkeitsmaßstab oder Konkretisierung) zu berücksichtigen ist, braucht daher nicht beantwortet zu werden.

288 Beachte in diesem Zusammenhang auch, daß im Rahmen der Erteilung einer Fahrerlaubnis an den Führer eines Sportboots ganz andere Voraussetzungen gestellt werden als an den Kapitän eines Handelsschiffes.

schäft verfügt[289]. Die Gesetzesauslegung und die teleologische Reduktion ermöglichen ausreichend Spielraum für eine Anpassung an die Parteien.

Dabei sind die §§ 129-148 VVG so auf die Sportbootversicherung anzuwenden, daß sie den Versicherungsnehmer nicht benachteiligen, der Verbraucher ist. Seine mangelnde Erfahrung im Transportgeschäft und beim Führen von Wasserfahrzeugen steht ihrer grundsätzlichen Geltung nicht im Wege.

e) Zwischenergebnis

Wo die §§ 129-148 VVG die Versicherung von Transportmitteln zum Inhalt haben, sind sie unmittelbar auf die Sportbootversicherung anzuwenden. Die Sportbootversicherung ist versicherungsvertragsrechtlich wie eine „Binnensee- oder Flußschiffahrts-Kasko"-Versicherung[290] zu behandeln. Wird im Gesetz auf einen Berufsfahrzeugführer abgestellt oder ein Versicherungsnehmer vorausgesetzt, zu dessen geschäftlichem Betrieb der Abschluß von Transportverträgen gehört, ist das Transportversicherungsrecht der Sportler- bzw. Verbraucherlage anzupassen. Unangemessene Härten für den Versicherungsnehmer sind zu vermeiden.

289 In Fällen, in denen das Gesetz zwar eine auf sie anwendbare Regel erhält, diese aber ihrem Sinn und Zweck nach nicht paßt, weil sie die für die Wertung gerade dieser Fälle relevante Besonderheit außer acht läßt, wird von einer verdeckten Regelungslücke gesprochen (LARENZ, S. 265. Vgl. auch nachfolgend Fußnote 329. Die Ausfüllung einer solchen Lücke geschieht durch die Hinzufügung der sinngemäß geforderten Einschränkung (LARENZ, S. 279.). Weil hiermit die im Gesetz enthaltene und nach ihrem insoweit eindeutigen Wortsinn zu weit gefaßte Regel auf den ihr nach dem Regelungszweck oder dem Sinnzusammenhang des Gesetzes zukommenden Anwendungsbereich zurückzuführen ist, wird dieses gemeinhin als „teleologische Reduktion" bezeichnet. Eingehend hierzu die Diss. von BRANDENBURG.
Beachte, daß es im Einzelfall zweifelhaft sein kann, ob es sich noch um eine *einengende Auslegung* oder bereits um eine *teleologische Reduktion* handelt. Die Rspr. spricht nach Ansicht von LARENZ, S. 279, nicht selten von einengender Auslegung, wo es eigentlich nicht mehr um Auslegung, sondern schon um eine teleologische Reduktion geht (Zum Gebrauch der Auslegung durch die Rspr. im Versicherungsrecht vgl. außerdem nachfolgend unter B. IV. 3. c) aa) [Geschichte].). Dies geschehe wohl, um dadurch den Eindruck größerer „Gesetzestreue" zu erwecken. Würde eine Reduktion aber streng an der dem Gesetz eigenen Teleologie ausgerichtet und würden dabei die ihr gesetzten Schranken beachtet, dann sei diese nicht weniger gesetzestreu als jede (teleologische) Auslegung.
Zur kundenkreisabhängigen Auslegung von AVB vgl. außerdem nachfolgend unter B. IV. 3. c) bb) [Vorgehensweise].

290 Vgl. Anlage Teil A zum VAG Nr. 6.

An den Sportbootführer ist ein milderer, etwa der Kraftfahrzeugversicherung entsprechender, Sorgfaltsmaßstab[291] anzulegen. Die mangelnde Geschäftskunde des Versicherungsnehmers ist bei der Gesetzesanwendung zu berücksichtigen. Wie sich die Zuordnung der Sportbootversicherung zur Transportversicherung jedoch im einzelnen auf die Sportbootversicherung auswirkt, soll an dieser Stelle nicht weiter vertieft werden. Die Auswirkungen werden vielmehr im Rahmen der typischen Bestimmungen systematisch untersucht.

2. Feuerversicherung

Aufgrund der Zuordnung zur Transportversicherung sollte eine weitere Zuordnung zu einem anderen technischen Versicherungszweig[292] überflüssig sein. Die in Rechtsprechung[293] und Schrifttum[294] immer wieder geäußerte Ansicht, die Sportbootversicherung sei auch eine „Sachversicherung“, gibt jedoch zu der Prüfung Anlaß, ob die Sportbootversicherung außerdem einem weiteren Zweig der Schadensversicherung zuzuordnen ist[295].

Sie könnte z.B. auch Feuerversicherung[296] sein, die ein Zweig der (Sach-)Schadensversicherung ist. Für diese typische Gefahren wie Brand, Explosion oder Blitzschlag[297] sind nach allen Bedingungswerken[298] (mit-)versichert.

a) Unmittelbare Anwendung

Wäre die Sportbootversicherung auch eine Feuerversicherung, könnten neben den §§ 129-148 VVG die §§ 81-107c VVG unmittelbar anwendbar sein. Um aber eine doppelte Zuordnung innerhalb des besonderen Teils[299] der Schadens-

---

291 Wo ähnlich unerfahrene Versicherungsnehmer anzutreffen sind.

292 So die Wortwahl von P/M/KOLLHOSSER, § 49 Rdn. 2.

293 Vgl. dazu vorstehend unter B. III. 1. b).

294 Vgl. dazu vorstehend unter B. III. 1. c).

295 Bedenke, daß es hier nicht um die vorstehend unter A. III. 3. a) besprochene Sachversicherung(s-Bedeutung) im Sinne einer Versicherung des Interesses an einem körperlichen Gegenstand geht. Von Bedeutung ist allein die Frage, ob die Vorschriften einer klassischen Sachversicherung aus dem besonderen Teil des VVG ebenfalls auf die Sportbootversicherung angewendet werden können. Der Begriff „Sachversicherung“ wird nämlich in zweifacher Weise verwendet, ähnlich wie der Begriff „Individualversicherung“. Vgl. dazu vorstehend Fußnoten 40 und 74.

296 Welche durch die §§ 81-107c VVG ausgestaltet wird.

297 „§ 82 [Umfang der Haftung] VVG
Der Versicherer haftet für den durch Brand, Explosion oder Blitzschlag entstandenen Schaden.“

298 § 3 Nr. 1 a) PYKB 98; Nr. 3. SYKB 98; Nr. 3.1 bzw. Nr. 3.3.1 und 2 AVBW 85; § 3 (1) AVBW 63; § 1 (1) AVBW 32. Vgl. dazu außerdem nachfolgend unter E. I. 1. b) [Übernommene Gefahren und Gedeckte Schäden].

299 Das sind die Vorschriften über ihre einzelnen Zweige.

versicherung ernsthaft zu erwägen, ist es notwendig, sich zu vergegenwärtigen, in welchem Verhältnis die Sach- zur Transportversicherung steht.

Die Begriffe Sach- und Transportversicherung stammen aus der „Risikoabgrenzung" der technischen Versicherungszweige. Dabei wird das „Risiko" des Versicherers „abgegrenzt"[300]

- gegenständlich (durch Bezeichnung der versicherten Sachen und Interessen)[301],
- örtlich[302],
- zeitlich[303],
- nach der versicherten Gefahr (d.h. nach der Ursache des versicherten Schadens[304])[305],
- nach dem versicherten Schaden[306] und
- in bezug auf die Entschädigung (d.h. Beschränkung der Entschädigung durch die Versicherungssumme[307] oder durch andere Voraussetzungen[308]).

aa) Schadensabgrenzung

Im Rahmen der Abgrenzung „nach dem versicherten Schaden" unterscheidet man zwischen der Versicherung von Sachschäden und der Versicherung gegen Verlust. Man bezeichnet die Versicherung von Sachschäden als Sachversicherung im engeren Sinne[309]; sie beinhaltet den Ersatz bei Beschädigung oder Zerstörung körperlicher Gegenstände im Sinne des § 90 BGB[310]. Die Versicherung gegen Verlust erfolgt hingegen durch die Diebstahl- oder die Transportversicherung. Die Diebstahlversicherung gewährt Schutz gegen Abhandenkommen der

300 Und zwar durchbrochen durch Ausnahmen, diese wieder durch Gegenausnahmen usw. P/M/Kollhosser, § 49 Rdn. 2.

301 Wie z.B. § 2 AFB 30.

302 Vgl z.B. § 6 AUB 61.

303 Wie z.B. in § 14 AVR 77a und § 7 AERB 81.

304 Vgl. dazu auch nachfolgend unter C. II. [Gefahr].

305 MARTIN, SVersR, A. III. Rdn. 2 und 5-8. MEYER-KAHLEN, VP 1979, 117, 120, will außerdem im Rahmen der §§ 16 ff., 34 a VVG zwischen Ereignisgefahren und Zustandsgefahren unterscheiden.

306 D.h. Übernahme nur von Schäden bestimmter Art wie z.B. Substanzschäden gem. § 1 Nr. 6 AFB 30. Vgl. dazu aber auch nachfolgend unter C. IV. [Schaden].

307 So z.B. in der Personenversicherung.

308 Das sind z.B. Wiederaufbauklauseln oder Ausschlußfristen in der Unfallversicherung.

309 Beachte, daß bei der Unterteilung und Abgrenzung von Versicherungen der Begriff „Sachversicherung" zweimal vorkommt: Zum einen bezeichnet man die Versicherung körperlicher Gegenstände als Sachversicherung im weiteren Sinne (Vgl. dazu vorstehend unter A. III. 3. a) [Sachversicherung im weiteren Sinne]). Zum anderen ist die Versicherung gegen Beschädigung oder Zerstörung Sachversicherung im engeren Sinne. Vgl. dazu bereits Fußnoten 40, 74 und 295.

310 MARTIN, SVersR, B. I. Rdn. 9; B. III. Rdn. 1 und 4 i.V.m. 27.

versicherten Sachen (Verlust im engeren Sinne). Die Transportversicherung schließt nicht nur ihr Abhandenkommen, sondern auch deren Sachversicherung, also ihre Beschädigung oder Zerstörung, mit ein (Verlust im weiteren Sinne)[311].

Von der Sachversicherung (im engeren Sinne) abgedeckte Schäden werden daher nicht nur in der Transportversicherung ersetzt, die Sachversicherung ist in der Transportversicherung enthalten. Die in Rechtsprechung und Schrifttum vertretene Ansicht, die Sportbootversicherung sei sowohl eine Transport- als auch eine Sachversicherung, steht demnach im Einklang mit der Schadens- bzw. Risikoabgrenzung der technischen Versicherungszweige.

Obwohl bzw. gerade weil die Transportversicherung die Versicherung gegen Beschädigung oder Zerstörung mit umfaßt, wäre es widersprüchlich zu prüfen, ob die Sportbootversicherung versicherungsvertragsrechtlich auch Sachversicherung im Sinne der Feuerversicherung oder eines anderen Zweigs der Schadensversicherung[312] ist. Die Regeln eines besonderen Versicherungszweigs im Rahmen der Schadensversicherung sind grundsätzlich vollständig. Rückgriffe auf andere Versicherungszweige bzw. Vorschriften, die Versicherungsverträge in anderen Gesetzen regeln, werden im Wege des (ausdrücklichen) Verweises vorgenommen.

bb) Zivilrechtssystematik

Dies beruht auf der Systematik des deutschen Zivilrechts: der Vertragstypisierung[313]. Der Gesetzgeber hat besondere Schuldverhältnisse herausgebildet und für diese geltende Regeln bereitgestellt[314]. Sollen im Rahmen eines unter ein besonderes Schuldverhältnis zu subsumierenden Vertrags die Regeln eines anderen Vertragstyps angewandt werden, geschieht dies durch Verweis.

Im Bürgerlichen Gesetzbuch findet sich ein Beispiel dafür in den Vorschriften zum Werkvertrag[315]: § 651 Satz 1 BGB bestimmt für den Werklieferungsver-

---

311 MARTIN, SVersR, B. II. Rdn. 1 und 3.

312 *I.e.* im Sinne eines besonderen Versicherungs-*Typs* der Sachversicherung.

313 Welche in der Zwischenzeit sogar in die gesellschaftsrechtliche Vertragsgestaltung Eingang gefunden hat. Vgl. dazu vor allem LANGENFELD, S. 28 ff.

314 Vgl. LARENZ, S. 184. Was aber nicht heißen soll, daß es auch typengemischte Verträge geben kann. Beim gemischten Vertrag sind die Bestandteile verschiedener Vertragstypen derart verbunden, daß sie nur in ihrer Gesamtheit ein sinnvolles Ganzes ergeben (Palandt/HEINRICHS, Einf. v. § 305 Rdn. 19.). Das zahlreiche Vorhandensein typengemischter Verträge in der Praxis deutet darauf hin, daß es sich bei den vermeintlichen gesetzlichen Def. (bestimmter Vertragstypen) nur um verkürzte Typen-*Beschreibungen* handelt (H.P. WESTERMANN, S. 105 f.).

315 Das sind die §§ 631-651 BGB.

trag, daß bei der Herstellung oder Erzeugung beweglicher Sachen die Regeln zum Kauf Anwendung finden[316].

Aber auch das Versicherungsvertragsgesetz benutzt diese Technik: (1) Im Rahmen der Vorschriften zur Transportversicherung (§§ 129-148 VVG) wird in § 133 Abs. 2 VVG auf den 4. Titel [Umfang der Gefahr] des 10. Abschnitts [Versicherung gegen die Gefahren der Seeschiffahrt] des Handelsgesetzbuchs verwiesen. Das sind die §§ 835-839 HGB, die besondere Regeln zur Aufmachung der Dispache[317] im Rahmen der großen Haverei enthalten.

(2) Aufgrund von § 141 Abs. 2 VVG sind die §§ 709, 710 HGB im (Binnen-)Transportversicherungsrecht anzuwenden, welche aus dem 7. Abschnitt [Haverei], 1. Titel [Große (gemeinschaftliche) Haverei und besondere Haverei] des Handelsgesetzbuchs stammen. Die §§ 709, 710 HGB regeln die Ermittlung und Berechnung von Ausbesserungskosten als Betrag des Schadens.

cc) Stellungnahme

Da die §§ 129-148 VVG [Transportversicherung] weder auf die §§ 81-107c VVG [Feuerversicherung] noch auf die Vorschriften andere Zweige der Schadensversicherung[318] verweisen, dürfen die Regeln anderer Versicherungstypen auf Transportversicherungsverträge nicht unmittelbar angewandt werden. Der Umstand, daß die für die Feuerversicherung typischen Gefahren (Brand, Explosion oder Blitzschlag) durch sämtliche dieser Arbeit zugrunde gelegten Bedingungswerke versichert werden, ist für die versicherungsvertragsrechtliche Zuordnung unerheblich.

(1) Sachversicherung im engeren Sinne

Die Äußerungen in Rechtsprechung und Schrifttum, welche die Sportbootversicherung sowohl als Transportversicherung als auch als Sachversicherung sehen, beziehen sich damit nicht auf die Anwendbarkeit besonderer (Vorschriften-)Titel aus dem 2. Abschnitt des Versicherungsvertragsgesetzes (wie z.B. die Anwendbarkeit der §§ 81-107c VVG mit den Regeln zur Feuerversicherung), sondern auf die Schadens- bzw. Risikoabgrenzung im Rahmen der besonderen Ver-

---

316 Und soweit es sich bei den herzustellenden oder zu erzeugenden beweglichen Sachen um nicht vertretbare Sachen handelt, sind auch die §§ 642, 643, 645, 649 und 650 BGB mit der Maßgabe anzuwenden, daß an die Stelle der Abnahme der nach den §§ 446 und 447 BGB maßgebliche Zeitpunkt tritt (§ 651 Satz 3 BGB).

317 Die Dispache ist die Berechnung, in der ein Sachverständiger (Dispacheur) im Falle einer großen Haverei die Betragspflicht der Beteiligten zum Ersatz der entstandenen Schäden feststellt. CREIFELDS, S. 308.

318 Z.B. in den 3. Titel [Hagelversicherung]; §§ 108-115 a VVG.

sicherungszweige. Die Sportbootversicherung versichert nicht nur das Interesse an einem körperlichen Gegenstand und ist deswegen Sachversicherung[319] im weiteren Sinne. Als Versicherung gegen Verlust deckt sie außerdem[320] Sachschäden durch Beschädigung oder Zerstörung und ist Sachversicherung im engeren Sinne.

(2) Zusammenfassung

Sowohl die Rechtsnormen der Feuerversicherung als auch die anderer Zweige der Sachversicherung sind auf die Sportbootversicherung nicht unmittelbar anwendbar. Dort vorgesehene (zwingende) Regeln[321] gelten für sie nicht.

b) Mittelbare Anwendung

Das Ergebnis zu *lit.* a) [unmittelbare Anwendung] bedeutet aber nicht, daß die Vorschriften der Feuerversicherung oder anderer Zweige der Schadensversicherung nicht für die Sportbootversicherung gelten. Eine mittelbare Anwendung der dortigen Regeln käme in Betracht, wenn sie Fälle beträfen, für die weder das vereinbarte Bedingungswerk noch die §§ 129-148 VVG Lösungen vorsähen und die Vorschriften der Feuerversicherung einzelnen Gegebenheiten in der Sportbootversicherung entsprächen, ihnen ähnelten oder sonst nahekämen.

aa) Gesetzesanalogie

Die mittelbare Anwendung gesetzlicher Vorschriften auf ähnlich gelagerte, nicht geregelte Fälle ist ein allgemeines Problem: Wie bereits bei der systematischen Einordnung[322] festgestellt, ist jedes noch so abstrakt (auf der einen Seite) wie detailliert (auf der anderen Seite) ausgestaltete Regelwerk seiner Natur nach unvollkommen[323]. Dabei weist häufig nicht eine einzelne Bestimmung oder Vorschrift, sondern die jeweilige Regelung im ganzen Lücken auf[324].

Solche Lücken machen eine Antwort nicht unmöglich, will man die Regelung ohne eine Ergänzung anwenden. Die Antwort ist vielmehr, daß das Problem

---

319 Vgl. dazu vorstehend unter A. III. 3. a) [Sachversicherung im weiteren Sinne].
320 Neben dem Abhandenkommen.
321 Vgl. die Rechtsfolgeanordnungen in §§ 81 Abs. 3 Satz 1, 87 Satz 2 und 92 Abs. 2 VVG.
322 Vgl. dazu vorstehend unter A. III.
323 Zur Lückenhaftigkeit von Gesetzen vgl. insb. LARENZ, S. 254, und COING, S. 45. Zur verdeckten Regelungslücke vgl. vorstehend Fußnote 289.
324 D.h., sie enthält keine Regel für eine solche Frage, die nach der zugrundeliegenden Regelungsabsicht einer Regelung bedarf.

nicht geregelt ist. Der Sachverhalt bzw. Fall müßte daher ohne Rechtsfolge bleiben[325].

(1) Regelungslücke

Regelungslücken sind Lücken innerhalb des Regelungszusammenhangs eines Vertrags bzw. Gesetzes. Ob eine Lücke vorliegt, ist zu beurteilen (i) vom Standpunkt der Regelung aus, (ii) anhand der Absicht, die der Regelung zugrunde liegt, (iii) anhand des mit der Regelung verfolgten Zwecks und (iv) anhand des Plans, auf dem die Regelung beruht[326]. Eine Regelungslücke ist also kein „Nichts", es fehlt vielmehr eine bestimmte nach dem Gesamtzusammenhang zu erwartende Regel[327].

Innerhalb der Regelungslücken unterscheidet man zwischen offenen und verdeckten Lücken. Eine offene Lücke besteht, wenn nicht nur der Vertrag, sondern auch das Gesetz bestimmte Problemfälle nicht regelt, obgleich es dieses nach seinen Zielen eigentlich müßte[328]. Bei einer verdeckten Lücke enthält das Gesetz zwar Regeln für bestimmte Probleme; die Regeln passen aber ihrem Sinn und Zweck nach nicht. Sie lassen eine für die Wertung des gerade zu behandelnden Falls relevante Besonderheit außer acht. Die verdeckte Lücke besteht, weil eine Einschränkung fehlt[329]. Eine offene Gesetzeslücke wird ausgefüllt durch Analogie (mittelbare Anwendung).

---

325 Eine solche Antwort, vom Richter gegeben, würde eine Rechtsverweigerung bedeuten, wenn die Frage in den Bereich der vom Gesetz erstrebten rechtlichen Regelung fällt. Der Richter ist daher gezwungen, die gesetzliche Regelungslücke auszufüllen – und zwar in Übereinstimmung mit der zugrundeliegenden Regelungsabsicht und der Teleologie des Gesetzes. LARENZ, S. 260.

326 LARENZ, S. 261. Eine Gesetzeslücke ist mithin eine „planwidrige Unvollständigkeit". ELZE, S. 3 ff.

327 LARENZ, S. 263. Von der Gesetzeslücke unterscheiden manche die „Rechtslücke". Hierunter verstehen sie, daß nicht ein einzelnes Gesetz in sich (gemessen an seinem Regelungsplan) unvollständig ist, wohl aber die Rechtsordnung im Ganzen. Sie läßt einen ganzen Bereich, der einer Regelung bedarf, gesetzlich ungeregelt oder enthält ein Rechtsinstitut nicht, das sie mit Rücksicht auf ein unabweisbares Verkehrsbedürfnis enthalten sollte. LARENZ, S. 263 f.

328 LARENZ, S. 265.

329 Vgl. Fußnote 289. Die Lücke ist deshalb verdeckt, weil – wenigstens auf den ersten Blick – eine anwendbare Regel nicht fehlt. BRANDENBURG, S. 60 ff., hält deshalb die Verwendung des Lückenbegriffs an dieser Stelle für überflüssig.
Richtig ist jedoch, daß die Lücke erst hervortritt, wenn die gebotene Einschränkung in den Blick tritt. Geschieht das, erscheint ihr Fehlen als Lücke im Gesetz. Die Erkenntnis, daß eine Lücke vorliegt und wie sie auszufüllen ist, fallen hier also zusammen. LARENZ, S. 265.

(2) Analogiebegriff

Unter einer Analogie wird mit Larenz die Übertragung der für ein Problem (oder mehrere, untereinander ähnliche Problemfälle) im Gesetz vorgesehenen Regel auf ein vom Gesetz nicht geregeltes, ähnliches Problem verstanden[330]. Die Übertragung beruht darauf, daß beide Problemfälle infolge ihrer Ähnlichkeit[331] in der für die gesetzliche Bewertung maßgebenden Hinsicht gleich zu bewerten sind. Die Analogie folgt der Forderung, Gleichartiges gleich zu behandeln[332].

Man begründet diesen Rückgang auf ein im Gesetz angelegtes Prinzip in zwei Schritten: (i) Das Prinzip trifft ebenfalls auf den im Gesetz nicht ausdrücklich geregelten Fall zu. (ii) Es gibt keinen Grund, eine Ausnahme von diesem Prinzip zu machen[333].

Dabei unterscheidet man zwischen der Gesetzes- und der Rechtsanalogie. Die Übertragung der für ein Problem gegebenen Regel auf einen anderen, ähnlich gelagerten Fall ist eine Gesetzesanalogie[334]. Bei der Rechtsanalogie[335] wird ein aus mehreren Vorschriften abgeleiteter Grundgedanke auf einen anderen Fall erstreckt[336]; man geht auf die allen Regeln gemeinsame *ratio legis* zurück[337].

---

330 LARENZ, S. 269.

331 Daß zwei Sachverhalte einander *ähnlich* sind, bedeutet, daß sie in mancher Hinsicht übereinstimmen, in anderer aber nicht. Stimmten sie in allen überhaupt in Betracht zu ziehenden Hinsichten überein, so wären sie *gleich*. Die Tatbestände dürfen also einander weder gleich noch absolut ungleich sein; sie müssen aber gerade in den für die rechtliche Bewertung maßgebenden Hinsichten übereinstimmen.

332 LARENZ, S. 269.

333 *Id.*

334 Treffender wäre der Ausdruck „Einzelanalogie". Eine einzelne Rechtsnorm wird auf einen von ihr nicht geregelten Sachverhalt *entsprechend* angewandt (LARENZ, S. 271.).
Beachte, daß sich die Einzelanalogie zu einer erweiternden Auslegung ähnlich verhält wie die teleologische Reduktion zu einer einschränkenden Auslegung. Der Anwendungsbereich der Norm wird das eine Mal durch die Hinzufügung einer einschränkenden Norm, das andere Mal durch die Annahme einer engeren statt einer auch möglichen weiteren Wortbedeutung eingeengt (LARENZ, S. 279.). Während die restriktive Auslegung sich unter mehreren möglichen Wortbedingungen für die engere entscheidet, setzt sich die teleologische Reduktion mit dem Wortlaut in Widerspruch (Palandt/HEINRICHS, Einl. Rdn. 41.).

335 Für sie würde LARENZ, S. 271, die Bezeichnung „Gesamtanalogie" bevorzugen. Die Abgrenzung zur Gesetzesanalogie käme so besser zum Ausdruck.

336 CREIFELDS, S. 48.

337 LARENZ, S. 274.

bb) Stellungnahme

Enthält eine Regel der Feuerversicherung oder eines anderen Zweigs der Sachversicherung ein Prinzip, welches im Sportbootversicherungsvertrag und Transportversicherungsrecht nicht geregelt ist, und ist dessen Inhalt dem vorliegenden Problemfall ähnlich, kann diese Vorschrift mittelbar angewandt werden. Eine Anwendung einzelner Regeln aus den §§ 81-107c VVG (oder einem anderen Zweig der Sachversicherung) auf die Sportbootversicherung kann man damit nicht von vornherein ausschließen.

c) Zwischenergebnis

Die mittelbare Anwendung von Rechtsnormen aus dem 2. Titel der Schadensversicherung oder anderer Zweige der Sachversicherung auf die Sportbootversicherung ist möglich, wenn Vertrag und Gesetz eine Regelungslücke lassen. Die Lücke kann ausgefüllt werden durch die Übertragung einer für ein anderes Problem vorgesehenen ähnlichen Vorschrift (Analogie). Die Übertragung folgt der Forderung, Gleichartiges gleich zu behandeln.

3. Güterversicherung

Die Sportbootversicherung erfaßt nicht nur den „aktiven" Gebrauch des Fahrzeugs als Transportmittel, bei dem der Fahrzeugführer und die sonstigen Insassen des Sportboots befördert werden. Im Gegensatz zur Binnenschiffskasko[338] versichert sie heute[339] auch den „passiven" Gebrauch des Fahrzeugs – nämlich dann, wenn der Versicherungsnehmer das Boot von einem Revier zum anderen oder vom Revier ins Winterlager verbringt[340].

Nach § 4 Nr. 1 Satz 1 PYKB 1998 sind Land-, Fluß- und Fährtransporte[341] des Fahrzeugs „innerhalb des in der Police genannten Fahrtgebietes mitversichert". Gemäß Nr. 1. Satz 1 SYKB 1998 gilt die Versicherung (für die in der Police genannten Fahrtgrenzen) „für alle üblichen Aufenthalte der versicherten Sachen außerhalb des Wassers ... einschließlich des Anlandnehmens und des Zuwasser-

338 *I.e.* Seekasko- oder Flußkaskoversicherung.

339 In der Vergangenheit nur gegen (Anmeldung und) Zahlung einer Prämienzulage. Vgl. § 1 (3) b) AVBW 63 und § 5 Satz 2 AVBW 32.

340 Die Sportbootversicherung ist also nicht nur anders, weil sie sich auf eine Sache bezieht, die sich nicht ständig in Gebrauch befindet (und damit die Gefahr der unbeobachteten Verwitterung deutlich zunimmt). Sie ist außerdem anders, weil das eigentliche Transportmittel auch Transportgut sein kann. Beachte dabei, daß der *passive* Gebrauch von der „*passiven* Verwitterung", wie sie in Fußnote 279 bezeichnet wird, zu unterscheiden ist. Darunter war der Ruhezustand des Fahrzeugs zu verstehen, d.h. die Gefahren, die aus dem Imhafenliegen oder der Aufbewahrung auf dem Hänger folgen.

341 Das sind Transporte des getrailerten Fahrzeugs per Fähre.

lassens und damit zusammenhängender Transporte." Außerdem sind nach Satz 2 „Transporte aller Art" eingeschlossen, selbst wenn sie nicht ausdrücklich in der Police genannt sind; sie „sind aber zwecks Berechnung einer eventuellen Prämienzulage anzuzeigen." Nach Nr. 2 AVBW 1985 besteht der Versicherungsschutz für Fahrzeug, Maschinenanlage *etc.* „innerhalb Europas ... während ... der Land- und Flußtransporte"[342].

Soweit es um die Versicherung des passiven Gebrauchs eines Sportboots geht, ist es kein Transportmittel; es ist ein sich im Transport befindendes Gut. Auf die Versicherung des Transports zum oder vom Revier könnten daher die Vorschriften des 5. Titels[343] zur Versicherung von Gütern gemäß § 129 Abs. 1 VVG unmittelbar anwendbar sein.

a) Versichertes Risiko

Dabei steht die Versicherung des passiven Gebrauchs neben der Versicherung des aktiven Gebrauchs. Ähnlich der Fahrzeugversicherung, die neben der Versicherung des Ersatzes von Bergungskosten oder Kollisionsersatz steht[344], erfaßt sie ein anderes (Transport-)Risiko. Die Sportbootversicherung istin dieser Hinsicht wie ein Kombinationsvertrag, bei dem der Versicherer mehrere verschiedenen Vertragstypen entstammende Leistungen schuldet[345], oder wie ein zusammengesetzter Vertrag, bei dem mehrere durch den Parteiwillen verbundene, aber gedanklich voneinander trennbare Vereinbarungen vorliegen[346].

Die Vorschriften zur Versicherung von Transportgütern könnten daher neben denen zur Versicherung von Transportmitteln anwendbar sein, je nachdem, in welchem Bereich des Sportbootversicherungsvertrags man auf das Gesetz zurückgreifen muß[347]. Anders als beim Ersatz von Bergungskosten oder Kollisionsersatz (auf die die Regelungen zur Haftpflichtversicherung[348] anwendbar sind[349]) finden sich diese Vorschriften jedoch nicht in einem anderen VVG-Ti-

---

342 Vgl. dazu außerdem nachfolgend unter E. I. 1. f) [Transporte].

343 [Transportversicherung] = §§ 129-148 VVG.

344 Vgl. dazu die vorstehenden Ausführungen unter A. III. 3. [Aktivenversicherung].

345 Palandt/HEINRICHS, Einf. v. § 305 Rdn. 21.

346 Palandt/HEINRICHS, Einf. v. § 305 Rdn. 19.

347 Beachte, daß die Grenze zwischen zusammengesetzten und gemischten Verträgen fließend ist (Palandt/HEINRICHS, Einf. v. § 305 Rdn. 19, m.w.N.). Eine eindeutige Zuordnung ist an dieser Stelle jedoch nicht erforderlich, da in beiden Fällen für die jew. Leistung die Vorschriften des entsprechenden Vertragstyps heranzuziehen sind (Palandt/HEINRICHS, Einf. v. § 305 Rdn. 25.). Zu „typengemischten Verträgen" vgl. außerdem vorstehend Fußnote 314.

348 2. Abschnitt 6. Titel des VVG.

349 Vgl. dazu vorstehend unter A. III. 3. b) [Passivenversicherung] *lit.* aa)-cc).

tel. Die Transportgüterversicherung ist wie die Transportmittelversicherung im 5. Titel[350] des 2. Abschnitts[351] des Versicherungsvertragsgesetzes geregelt.

b) Definition

Die Transportversicherung im Sinne der §§ 129-148 VVG deckt die Gefahren der Beförderung zu Lande oder auf Binnengewässern[352]. Entscheidend für die Einordnung einer Versicherung als Transportversicherung ist nicht ihre Bezeichnung als solche im Vertrag; sie ist weder erforderlich noch ausreichend[353]. Entscheidend ist, ob nach dem Typ der Versicherung die Transportgefahr allein oder doch überwiegend Gegenstand der Versicherung ist[354].

aa) Transportgefahr

Wie bereits bei der Transportmittelversicherung angedeutet[355], ist die Beförderungsgefahr von der Gefahr des Ruhezustands zu unterscheiden[356]. Die Güterversicherung deckt die Gefahren, denen die Güter während des Transportvorgangs ausgesetzt sind[357]. Für die Einordnung einer Versicherung als Güterversicherung ist nicht zwingend notwendig,

- daß der Transport von einem unabhängigen Dritten[358], dem Versicherungsnehmer (oder Versicherten) selbst oder dessen Arbeitnehmern ausgeführt wird,
- daß das gesetzliche Merkmal der Universalität der Gefahr[359] durch die allgemeinen Bedingungen bestätigt wird und
- daß auch Vermögensschäden versichert werden[360].

Insbesondere die fremde oder wechselnde Obhut ist nur ein Indiz für die Annahme einer Güterversicherung[361]. Für die Einordnung der Versicherung ist sie nicht entscheidend.

---

350 [Transportversicherung].

351 [Schadensversicherung].

352 P/M/VOIT, § 129 Rdn. 1.

353 P/M/VOIT, § 129 Rdn. 6.

354 BGH, VersR 1983, 949, 950; VersR 1972, 85, 86; OLG DÜSSELDORF, VersR 1975, 563, 564; OLG KOBLENZ, VersR 1988, 1061, 1061.

355 Vgl. dazu vorstehend unter B. III. 1. d) ff) [Gefahrenlage]. Vgl. insb. die Erörterung der Frage, ob sich die vergleichsweise seltene Nutzung des Sportboots auf die Einordnung als Transportmittelversicherung auswirkt.

356 P/M/VOIT, § 129 Rdn. 6.

357 P/M/VOIT, § 129 Rdn. 1.

358 Z.B einem Frachtführer usw.

359 *I.e.* die Allgefahrendeckung.

360 P/M/VOIT, § 129 Rdn. 6.

361 P/M/VOIT, § 129 Rdn. 1.

bb) Güter

Güter sind Waren aller Art[362]. Werden Waren zusammen mit einer Person (z.B. als Handgepäck) befördert, ist ihr Transport eine Nebenleistung im Rahmen der Personenbeförderung[363].

Waren sind alle beweglichen körperlichen Sachen, die Gegenstand des Handelsverkehrs sind oder die nach der Verkehrsanschauung als Gegenstände des Warenumsatzes in Betracht kommen können[364]. Unter Hinweis auf die Entstehungsgeschichte des Begriffs lehnt die herrschende Meinung seit jeher seine Beschränkung auf solche Sachen ab, die ein Kaufmann regelmäßig zum Absatz bestimmt[365].

Weil nicht voraussehbar ist, was einmal Gegenstand des Handelsverkehrs werden kann, ist der herrschenden Meinung zu folgen. Zu Waren zählen damit auch Sachen, die ein Kaufmann verkauft, aber nicht zu seinem üblichen Warenangebot gehören[366] oder die an sich nicht zur Veräußerung, sondern allein zum Gebrauch bestimmt sind[367]. Auch Transportmittel, die (meist leer) transportiert werden, können damit Güter im Sinne des § 129 Abs. 1 VVG sein[368].

cc) Beförderung

Beförderung ist der Bewegungsvorgang, durch den Güter von ihrem Ausgangsort an einen bestimmten anderen Zielort gebracht werden. Das Stadium der Bewegungsbereitschaft wird nicht als Ruhezustand betrachtet, sondern der Beförderung zugerechnet[369].

Von der Beförderung zu unterscheiden ist das „*Mitführen* zur Erhaltung der Gebrauchsmöglichkeit auf Reisen". Die Gefahren, denen die versicherte Sache bei einem solchen Mitführen ausgesetzt wird, und die Gefahren der Transportversicherung sind nicht wesensgleich[370].

---

362 P/M/VOIT, § 129 Rdn. 9.
363 B/D/HOPT, § 425 Rdn. 1.
364 RGZ 130, 85, 88. Dabei bezieht sich das Gericht auf Ansichten aus der Literatur wie STAUB, § 1 Anm. 38 und Vor. § 373 Anm. 3 und DÜRINGER/HACHENBURG, § 1 Anm. 19.
365 RGZ 130, 85, 88, unter Zugrundelegung der Ansicht von Ehrenberg/WOLFF, Bd. 4 Abt. 1, S. 7.
366 OLG BRAUNSCHWEIG, NdsRpfl 1974, 319, 319.
367 Palandt/HEINRICHS, § 196 Rdn. 6.
368 P/M/VOIT, § 129 Rdn. 9.
369 P/M/VOIT, § 129 Rdn. 10.
370 BGHZ 51, 356, 359.

c) Stellungnahme

Daß der Transport eines Sportboots in der Regel nicht durchgeführt wird, um das Boot anschließend zu verkaufen, ist nicht ausschlaggebend für die Einordnung der Versicherung dieser Art Transporte. Obwohl ein Sportboot ein Transportmittel ist, gilt es bei seiner Beförderung als eine Ware (aller Art) und ist zu den Gütern im Sinne des § 129 Abs. 1 VVG zu zählen. Die Bestimmungen der Bedingungswerke, die sich mit dem Transport des Sportboots befassen[371], sind allein auf den passiven Bewegungsvorgang des Sportboots von einem Revier zum anderen oder vom Revier ins Winterlager gerichtet.

aa) Erhaltung der Gebrauchsmöglichkeit

Fraglich ist jedoch, wie man den Transport von kleineren Sportbooten zum Urlaubsort einordnen muß. Nach dem allgemeinen Sprachgebrauch kann man ihn durchaus als „Mitführen zur Erhaltung der Gebrauchsmöglichkeit auf Reisen" verstehen. Es ist daher notwendig, das dieser Formulierung zugrunde liegende BGH-Urteil näher zu betrachten.

(1) BGH zur Juwelenversicherung

In BGHZ 51, 356-363, ging es um die versicherungsvertragsrechtliche Einordnung der Juwelenversicherung. Der Versicherungsnehmer hatte sich „im Privatbesitz" befindenden Schmuck versichert[372]. Während er mit seiner Ehefrau eine Italienreise unternahm, führten sie diesen Schmuck mit sich. Soweit sie ihn nicht trug, bewahrten die Eheleute den Schmuck in einer Kassette auf. Die Kassette mit dem Schmuck wurde aus ihrem Hotelzimmer gestohlen[373].

Das Gericht nahm seinerzeit an, daß es bei der Einordnung einer aus verschiedenen Elementen bestehenden Versicherung darauf ankomme, welche Elemente überwiegen[374]. Schmuck gelange bei bestimmungsgemäßem Tragen zwar auch von einem Ort an den anderen, insoweit komme es zu einer „Beförderung" und die Juwelenversicherung enthalte dieses für die Transportversicherung typische Risiko[375]. Der Schmuck werde aber am Körper getragen (sogenanntes Körperrisiko). Sein Tragen oder Mitführen bezwecke daher nicht primär eine Beförderung, sondern die „Erhaltung der Gebrauchsmöglichkeit" (auf Reisen)[376].

---

371 § 1 Nr. 3 i.V.m. § 4 PYKB 98; Nr. 1. Satz 1 i.V.m. Nr. 4.4. SYKB 98; Nr. 2 i.V.m. Nr. 3.3.2/3.4.5-9 AVBW 85. Vgl. außerdem die Synopse unter E. I. 1. f) [Transporte].

372 BGHZ 51, 356, 357.

373 *Id.*

374 BGHZ 51, 356, 359.

375 *Id.*

376 *Id.*

Von einer Beförderung im üblichen Sinne könne daher nicht gesprochen werden. Die erhöhte Gefahr, der Schmuck beim Tragen und sonstigen Mitführen ausgesetzt wird, sei mit dem Beförderungsrisiko der Transportversicherung nicht wesensgleich[377].

(2) Mitführen

„Mitführen" kann daher nur richtig verstanden werden, wenn man es verbindet mit „am Körper tragen", d.h. dem Gebrauch der Sache. Eine Sache wird immer dann mitgeführt, wenn sie entweder während der Reise gebraucht oder sonst mitgeführt wird. Die in diesem Zusammenhang vorkommende Beförderung entsteht anläßlich des Gebrauchs bzw. sonstigen Mitführens.

bb) Zusammenfassung

Darum geht es aber bei der Versicherung eines sich im Transport befindenden Sportboots gerade nicht. Das Boot wird nicht nur nicht am Körper getragen, es wird auch während seiner Beförderung nicht gebraucht. Das heißt: Wird es von einem Ort an einen anderen verbracht, kommt es dem Versicherungsnehmer allein auf den Transport an.

Die Beförderung fällt nicht zufällig mit dem aktiven Gebrauch der Sache zusammen; der Transport prägt das Wagnis. Er bestimmt den Typ der Versicherungsklauseln, die sich mit diesem Teil der Gefahrenbeschreibung befassen.

d) Zwischenergebnis

Soweit die Sportbootversicherung die Beförderung des Fahrzeugs von einem Revier zum anderen oder vom Revier ins Winterlager betrifft, ist sie eine Versicherung von Transportgütern. Muß man auf das Versicherungsvertragsgesetz zurückgreifen, sind die Vorschriften zur Güterversicherung in den §§ 129-148 VVG anwendbar.

4. Ergebnis

Die Sportbootversicherung ist eine Transportversicherung. Im Rahmen der Einteilung der Risiken nach Versicherungssparten gehört sie zu Nr. 6 [See-, Binnensee-, und Flußschiffahrts-Kasko] der Anlage Teil A zum VAG. Die §§ 129-148 VVG sind unmittelbar anwendbar.

---

377 *Id.*

Soweit die Sportbootversicherung die Versicherung von Schäden am Fahrzeug oder den Verlust des sich in aktivem Gebrauch befindenden Fahrzeugs betrifft, ist sie eine Transportmittelversicherung. Die transportversicherungsrechtlichen Vorschriften gelten, die sich auf § 129 Abs. 2 Satz 1 VVG beziehen. Stellt das Gesetz auf einen Berufsfahrzeugführer ab oder setzt es einen Versicherungsnehmer voraus, zu dessen gewerblichem Betrieb der Abschluß von Transportversicherungsverträgen gehört, sind sie so auszulegen bzw. in ihrer Anwendung soweit zu reduzieren, daß für den (Verbraucher-)Versicherungsnehmer keine unangemessenen Härten entstehen.

Betrifft die Sportbootversicherung den Transport des Fahrzeugs selbst (passiven Gebrauch), ist sie eine Güterversicherung. Soweit sich die §§ 129-148 VVG auf § 129 Abs. 1 VVG beziehen, sind sie auf Versicherungsfälle anwendbar, die während des Beförderungsvorgangs eintreten.

Rechtsnormen aus weiteren Titeln des Schadensversicherungsrechts sind auf die Sportbootversicherung nicht unmittelbar anwendbar. Das heißt aber nicht, daß besondere Vorschriften aus anderen Zweigen der Sachversicherung überhaupt nicht auf die Sportbootversicherung angewendet werden dürfen. Ihre entsprechende Anwendung ist vielmehr nach den Grundsätzen der Analogie möglich.

IV. Gestaltung rechtsgeschäftlicher Schuldverhältnisse durch AGB

Die Anwendbarkeit des AGB-Rechts (§ 305-310 BGB/früheres AGBG) auf Versicherungsverträge ist heute allgemein anerkannt[378]. Nicht durchsetzen konnte sich die im Schrifttum geäußerte Ansicht[379], die bei Einführung des AGB-Gesetzes Versicherungsverträge aus dessen sachlichem Anwendungsbereich herausnehmen wollte mit dem Hinweis auf

- den Schutz des Versicherungsnehmers durch die zwingenden und halbzwingenden Vorschriften des VVG[380] und
- die staatliche Präventivkontrolle[381] von Versicherungsbedingungen.

1. Geltung im Versicherungsvertragsrecht

Man war sich lange[382] einig, daß die Zivilgerichte Versicherungsbedingungen einer Inhaltskontrolle unterziehen durften[383]. Dabei war unerheblich, ob die Versicherungsaufsicht das Bedingungswerk genehmigt hatte oder nicht[384]. Die staatliche Genehmigung gewährleistete nicht ohne weiteres, daß in der Versicherungspraxis verwendete Klauseln den Anforderungen des geltenden Rechts[385] an eine ausgewogene Gestaltung entsprachen[386].

---

378 BGHZ 83, 169, 172; BGH, VersR 1984, 830, 831; U/B/H/BRANDNER, Anh. §§ 9-11 Rdn. 850; W/H/L/HORN, § 23 Rdn. 450; P/M/PRÖLSS, Vor. I Rdn. 13; ENGE, TransportV, S. 36; LOCHER, S. 86 f.; PRÄVE, Rdn. 1 und Rdn. 91-93; WAGNER, ZVersWiss 1977, 119, 126. Vgl. aber auch schon vorstehend unter B. I. [Bürgerliches Gesetzbuch].

379 Vgl. zu der Mitte der siebziger Jahre geführten Diskussion insb. ANGERER, ZVersWiss 1975, 197, 209; MÖLLER, ZVersWiss 1975, 219, 221; VersRdSch 1976, 342, 345 f.; RIEGER, VW 1976, 724, 724; SIEG, BB 1975, 845, 845 und auch später noch SIEG, VersR 1977, 489, 491; HELM, NJW 1978, 129, 131. Zur Bedeutung dieser Frage bis heute vgl. allein U/B/H/HENSEN, § 16 Rdn. 1 und U/B/H/BRANDNER, § 8 Rdn. 36.

380 Vgl. z.B. die §§ 15 a, 34 a, 42, 65, 68 a VVG.

381 Vgl. Fußnote 241 mit dem weiterführenden Verweis in Fußnoten 423 und 396.

382 D.h. jedenfalls vor Einführung des AGBG.

383 RAISER, S. 251; WERBER/WINTER, Rdn. 31; MARTIN, VersR 1984, 1107, 1107, jew. m.w.N.

384 FRENZ, VersR 1979, 394, 394; MEYER-KAHLEN, VP 1977, 81, 82-84.

385 Welche sich bis dahin insb. in der Anwendung von § 242 BGB ausdrückten (PRÄVE, Rdn. 9, m.w.N. in Fn. 42.). Vgl. auch PRÄVE, Rdn. 89. Dort weist er darauf hin, daß das AGBG (bzw. die heutigen §§ 305-320 BGB) auf solche Versicherungsverträge anzuwenden ist, die nach dem Ablauf des 31. März 1977 geschlossen worden sind.
Da die AGB-Regelung aber weitgehend eine Kodifizierung der von der Rspr. zuvor entwickelten Grundsätze zur Inhaltskontrolle darstellt (HORN, S. 5.), sind bzw. waren die Verträge, die bis zu dem genannten Stichtag geschlossen worden waren, lediglich an einem „formell anderen" gesetzlichen Maßstab (§ 242 BGB statt §§ 9-11 AGBG) zu messen. Die Einführung des AGB führte damit nicht zu materiell anderen Ergeb-

Zwar war es Aufgabe der Versicherungsaufsicht, genehmigungspflichtige Bedingungswerke auch auf deren Übereinstimmung mit dem geltenden Recht zu prüfen (materielle Staatsaufsicht)[387]. Das bedeutete aber nicht, daß inhaltlich nicht zu beanstandende Klauseln die Folge dieser Präventivkontrolle waren[388]. Die Gerichte hatten schon vor Einführung des AGB-Gesetzes genehmigte Bestimmungen für unwirksam erklären müssen[389]. Bei einer umfassenden Kontrolle wäre das überflüssig gewesen; für genehmigte Bedingungswerke hätte kein Anpassungsbedarf mehr bestanden.

a) Stellungnahme

Das AGB-Gesetz war im wesentlichen eine Kodifizierung der Rechtsprechung zum § 242 BGB[390]; seine Einführung änderte an der Rechtslage im Versicherungsrecht kaum etwas. Das geltende Recht wurde nicht um neue, zusätzliche Maßstäbe erweitert. Als Teil des allgemeinen Schuldrechts wurde es in Gesetzesform gebracht und nicht etwa Zivilrecht *sui generis*.

---

nissen. Zur rückwirkenden Anwendung des § 9 AGBG auf vor dem 1. April 1977 abgeschlossene Versicherungsverträge vgl. außerdem SIEG, ZVersWiss 1977, 384, 386.

386 Vgl. KOLL, S. 23, der sich auf BGHZ 52, 350 ff. bezieht. Dort geht es um die Anwendung der §§ 67, 68 a VVG auf die Krankenversicherung, insb. um die vertragliche Abdingbarkeit des § 67 Abs. 2 VVG. Siehe aber auch BGHZ, 83, 169, 172 f. Hier erklärte das Gericht nicht nur eine durch AVB festgelegte Kostenregelung für unwirksam, weil sie gegen die Gebote von Treu und Glauben verstieß. Es stellte außerdem ausdrücklich fest, daß die ordentlichen Gerichte zu einer Inhaltskontrolle von AVB befugt seien, ungeachtet der Tatsache, daß diese Bedingungen auch der Kontrolle des BAV unterlägen (BGHZ 83, 169, 172.). Das AGBG nähme Versicherungsverträge ausdrücklich nur von der Regel in § 11 Nr. 12 aus, nicht aber von der Anwendung seiner anderen Bestimmungen (BGHZ 83, 169, 172 f.).
Darüber hinaus bestünde kein Anlaß, Versicherungsverträge, die vor Inkrafttreten des AGBG abgeschlossen worden sind, von einer Inhaltskontrolle nach den in der Rspr. des BGH entwickelten, im wesentlichen auf § 242 BGB gestützten Grundsätzen auszunehmen (BGHZ 83, 169, 173.). Vgl. außerdem B/M/W/WINTER, Anm. A 80; KOLL, S. 26; PRÄVE, Rdn. 352; WERBER/WINTER, Rdn. 31.

387 P/S/S/SCHMIDT, 7. Aufl., Vor. IV. 2) und 4)-5); P/S/S/SCHMIDT, 8. Aufl., Vor. Rdn. 46, m.w.N.; P/S/F/SCHMIDT, 9. Aufl., Vor. Rdn. 47, m.w.N.; P/S/F/SCHMIDT, 10. Aufl., Vor. Rdn. 47; P/S/SCHMIDT, Vor. Rdn. 106 und 108-109.

388 BVerwG, VerBAV 1981, 80, 81; HORN, S. 9.

389 Siehe Fußnote 386. Was den gerichtlichen Umgang mit AVB vor Einführung von VVG (und VAG) angeht, vgl. außerdem nachfolgend unter B. IV. 3. c) [Allgemeine Versicherungsbedingungen], dort insb. unter *lit.* aa). Versicherer und Versicherungsaufsicht mußten deswegen immer wieder Bestimmungen an das geltende (durch die Rspr. erkannte) Recht anpassen. KOLL, S. 23 f. und S. 26, m.w.N. in Fn. 152; SIEG, S. 35; MARTIN, VersR 1984, 1107, 1108; WERBER, VersR 1986, 1, 1.

390 Welcher vor Einführung des AGB-Gesetzes den Prüfungsmaßstab einer Inhaltskontrolle vorgab. Vgl. außerdem Fußnoten 385 und 386.

Der Gesetzgeber unterstrich dies jüngst im Gesetz zur Modernisierung des Schuldrechts[391]; zum 1. Januar 2002 wurde das AGB-Recht in die §§ 305-310 BGB aufgenommen und das AGB-Gesetz abgeschafft. Trotz materieller Staatsaufsicht durch Präventivkontrolle war daher das AGB-Gesetz (und ist heute das im BGB niedergelegte AGB-Recht) auf Versicherungsverträge anwendbar.

aa) Rechtsversagung

Daneben hätte die ausschließliche Beauftragung einer Verwaltungsbehörde mit der zivilrechtlichen Inhaltskontrolle einen Versicherungsnehmer in seinen Grundrechten verletzt. Das AGB-Gesetz eröffnete dem Vertragspartner des AGB-Verwenders die zivilgerichtliche Inhaltskontrolle der zwischen ihnen vereinbarten allgemeinen Vertragsbedingungen. Würde diese durch eine materielle Staatsaufsicht ersetzt, nähme man dem AVB-Versicherungsnehmer seinen Anspruch auf (zivil-)rechtliches Gehör.

Nach deutschem Verfassungsrecht gehört es zum Wesen des Rechtsstaats (Art. 103 Abs. 1 GG), daß niemand zum Gegenstand eines staatlichen (Verwaltungs-)Verfahrens gemacht werden darf[392]. Genau das würde geschehen, wenn man die Rechte des Versicherungsnehmers auf die staatliche Präventivkontrolle beschränkte[393]. Ihm wäre sein Anspruch auf zivilgerichtliche Inhaltskontrolle der aufsichtsrechtlich genehmigten Versicherungsbedingungen genommen worden.

bb) Gesetz

Des weiteren sprach die Wortwahl des AGB-Gesetzes von Anfang an für eine Anwendbarkeit auf Versicherungsverträge[394]. § 23 Abs. 1 AGBG[395] klammerte allein Verträge „des Arbeits-, Erb-, Familien- und Gesellschaftsrechts" aus dem Anwendungsbereich des AGB-Gesetzes aus. Wäre der Gesetzgeber der Ansicht

391 BGBl. I 2001, S. 3138 ff.

392 S-B/K/SCHMIDT-BLEIBTREU, Art. 103 Rdn. 2.

393 Die Herausnahme von Versicherungsverträgen aus dem sachlichen Anwendungsbereich des AGB-Gesetzes hätte dem Versicherungsnehmer einen Teil seiner zivilrechtlichen (Rechtsweg-)Ansprüche abgeschnitten.

394 Zu den gesetzgeberischen Motiven bei dieser Abfassung vgl. den Bericht des Rechtsausschusses BT-Drs. 7/5422, S. 4.

395 Der noch heute als § 310 Abs. 4 Satz 1 BGB diese bzw. (statt Verträge aus dem Gebiet des *Arbeitsrechts*) Tarifverträge, Betriebs- und Dienstvereinbarungen von der Geltung des AGB-Rechts ausschließt. Trotz des Schutzes durch zwingende gesetzliche Vorschriften und kollektive Vereinbarungen besteht seit dem SchuModG auch im Arbeitsrecht ein Bedürfnis für eine richterliche (Inhalts-)Kontrolle der vom Arbeitgeber i.d.R. festgesetzten Arbeitsbedingungen. Palandt/HEINRICHS, SchuModG, § 310 Rdn. 51.

gewesen, daß die staatliche Präventivkontrolle und die zwingenden und halbzwingenden Regeln des VVG ausgereicht hätten, die Interessen der Versicherungsnehmer zu wahren, hätte er auch Verträge aus dem Versicherungsrecht in diese Aufzählung aufnehmen müssen. Dies hat er aber unterlassen.

Dabei kann nicht argumentiert werden, der Gesetzgeber hätte bei der Abfassung des AGB-Gesetzes Verträge aus dem Versicherungsrecht vergessen; in derselben Vorschrift sprach er Versicherungsverträge in den Absätzen 2 und 3 unmittelbar an. § 23 Abs. 2 Nr. 6 AGBG nahm Versicherungsverträge allein von der Regel des § 11 Nr. 12 AGBG aus. Nach § 23 Abs. 3 AGBG unterlag ein Versicherungsvertrag den von der Versicherungsaufsicht genehmigten AVB auch dann, wenn die in § 2 Abs. 1 Nr. 1 und Nr. 2 AGBG bezeichneten Einbeziehungserfordernisse nicht eingehalten worden waren. Im Umkehrschluß waren (bzw. sind) daher alle anderen Vorschriften des AGB-Gesetzes (bzw. die §§ 305-310 BGB) auf AVB anwendbar.

b) Zwischenergebnis

Das AGB-Recht gilt auch für Versicherungsverträge. Die einst nach dem Versicherungsaufsichtsgesetz vorgesehene Bedingungskontrolle diente allein dem präventiven Schutz des Versicherungsnehmers[396]. Eine umfassende Kontrolle konnte durch die (materielle) Staatsaufsicht nicht geleistet werden[397].

Im Rahmen der Anwendung des AGB-Rechts auf die Sportbootversicherung ergeben sich verschiedene Fragen: Dazu zählt einmal, inwieweit der soeben angesprochene § 23 Abs. 3 AGBG eine erleichterte Einbeziehung von AVBW oder YKB in den Versicherungsvertrag ermöglichte bzw. ob eine erleichterte Einbeziehung nach Abschaffung der BAV-Präventivkontrolle[398] möglich ist.

Darüber hinaus ist zu klären, ob versicherungsvertragliche Bedingungswerke anders auszulegen sind als andere zivilrechtliche Verträge oder AGB. Was ist zu tun, wenn die Auslegung einzelner Bestimmungen zu keinem klaren Ergebnis führt? Schließlich ist das Vorgehen bei Ungewöhnlichkeits- und Inhaltskontrollen von AVB grundsätzlich zu behandeln.

---

396 KOLL, S. 24. Vgl. auch PRÄVE, Rdn. 45. Beachte jedoch, daß die mit dem 3. DG/EWG zum VAG Mitte 1994 vollzogene, grundlegende Änderung des Aufsichtsrechts das System der materiellen Staatsaufsicht in der Bundesrepublik bewahrt hat, wenngleich die Aufsicht eines ihrer wichtigsten Aufsichtsinstrumentarien – nämlich das der Bedingungs- und Tarifgenehmigung – grds. eingebüßt hat (PRÄVE, Rdn. 32.). „Unverändert" gibt es noch einen aufsichtsbehördlich genehmigten Geschäftsplan (PRÄVE, Rdn. 34.).

397 KOLL, S. 24.

398 Noch oder gar erst.

2. Einbeziehung

Ein Versicherungsvertrag kommt wie jedes zweiseitige Rechtsgeschäft durch Angebot und Annahme zustande[399]. Insbesondere gelten die Vorschriften über die Willenserklärung (§§ 116-144 BGB) und den Vertrag (§§ 145-157 BGB)[400].

Dies gilt auch für die Sportbootversicherung[401]. Dabei ist zu unterscheiden zwischen unmittelbar mit dem Versicherer geschlossenen Verträgen (AVBW) und Verträgen, die über einen Makler zustande kommen (YKB).

a) Allgemeine Bedingungen

Die Versicherer nutzen die vom GDV vorgeschlagenen AVBW als Grundlage für ihr Vertretergeschäft. Sie übernehmen diese entweder vollständig oder ändern sie in einigen Punkten ab[402]. AVB(W) werden grundsätzlich durch das Antragsmodell[403] in einen Versicherungsvertrag einbezogen. Daneben gab bzw. gibt es das Nichtaushändigungsmodell[404], § 23 Abs. 3 AGBG[405] und das Policenmodell[406].

aa) Vor Inkrafttreten des AGBG: Nichtaushändigungsmodell

Schon vor Inkrafttreten des AGB-Gesetzes am 1. April 1977 ging man davon aus, daß in der Versicherungswirtschaft verwendete allgemeine Bedingungen (AVB[407]) einer Vielzahl von Verträgen ohne Rücksicht auf die individuellen Verschiedenheiten des einzelnen Wagnisses zugrunde gelegt werden[408]. Man nahm jedoch an, daß AVB gegenüber anderen AGB Besonderheiten aufwiesen[409].

Das bewußt nicht perfektionistische VVG setze sie voraus; AVB würden das VVG ergänzen, nicht ändern. Sie würden sich daher (quasi von selbst) innerhalb

---

399 SIEG, S. 69; WERBER/WINTER, Rdn. 71.

400 *Id.*

401 Zur Anwendbarkeit des allgemeinen Teils des BGB auf Versicherungsverträge vgl. bereits die Ausführungen unter B. I. [Bürgerliches Gesetzbuch].

402 Vgl. dazu vorstehend unter A. I. 2. [Allgemeine Bedingungen].

403 Vgl. dazu nachfolgend unter B. IV. 2. a) bb).

404 Vgl. dazu nachfolgend unter B. IV. 2. a) aa).

405 Vgl. dazu nachfolgend unter B. IV. 2. a) bb) (2).

406 Vgl. dazu nachfolgend unter B. IV. 2. a) cc).

407 Beachte, daß solche Bedingungswerke der Versicherungswirtschaft seit jeher als AVB bezeichnet bzw. abgekürzt werden.

408 PRÖLSS/MARTIN, 20. Aufl., Vor. I. 6. a).

409 PRÖLSS/MARTIN, 20. Aufl., Vor. I. 6. b).

des vom Gesetz aufgestellten Rahmens halten[410]. Zwar hätten die AVB wie alle AGB zu ihrer Geltung der Einbeziehung in den Vertrag bedurft[411]. Weil aber allgemein bekannt wäre, daß Versicherer nur auf der Grundlage von jedermann zugänglichen AVB abschlössen, besitze ein widerspruchsloser Vertragsschluß einen besonderen Erklärungswert. Der Vertragsschluß müsse als Einverständnis des Antragstellers mit den AVB gewertet werden, auch wenn der Antragsteller sie nicht gelesen oder gar von ihrem Vorhandensein gewußt habe[412].

Die vertragliche Einbeziehung von AVB war damit vor Inkrafttreten des AGB-Gesetzes möglich, ohne daß diese sich zum Zeitpunkt des Vertragsschlusses im Besitz des Antragstellers befanden oder er von ihnen Kenntnis hatte. Von Versicherern im Vertretergeschäft verwendete AVBW konnten bis zum 1. April 1977 Vertragsbestandteil werden, ohne daß sie dem Versicherungsnehmer ausgehändigt worden waren[413].

bb) Nach Inkrafttreten des AGBG: Antragsmodell

Seit Inkrafttreten des AGB-Gesetzes handelt es sich bei AVB (und damit bei den AVBW) um allgemeine Geschäftsbedingungen im Sinne des AGB-Gesetzes (bzw. der heutigen §§ 305-310 BGB)[414]. Sie sind für eine Vielzahl von Verträgen vorformuliert und werden von einer Vertragspartei („Verwender") der anderen bei Abschluß des Versicherungsvertrags gestellt (§ 305 Abs. 1 Satz 1 BGB[415]).

(1) Voraussetzungen

Allgemeine Bedingungen werden nur Bestandteil eines Vertrags, wenn der Verwender seine Kunden bei Vertragsschluß ausdrücklich auf sie hinweist (§ 305 Abs. 2 Nr. 1 BGB[416]) und ihnen außerdem die Möglichkeit verschafft, in zumutbarer Weise vom Inhalt der ABG Kenntnis zu nehmen (§ 305 Abs. 2 Nr. 2

---

410 PRÖLSS, Bank 1940, 484 ff.; R. SCHMIDT, VersRdSch 1961, 337 ff.; STARKE, VersR 1966, 889 ff.; WERBER, FS Möller, 511 ff.

411 PRÖLSS/MARTIN, 20. Aufl., Vor. I. 6. c).

412 So wenigstens im Ergebnis RG, JW 1937, 298 f.; BGH, VersR 1955, 481 ff.; OLG STUTTGART, VersR 1972, 824 ff.

413 Daher „Nichtaushändigungsmodell".

414 Zu AVB und AGB-Gesetz vgl. grds. PRÖLSS/MARTIN, 21. Aufl., Vor. I. 6) A. und C) (Das ist die erste Auflage nach Inkrafttreten des AGBG.) und P/M/PRÖLSS, Vor. I. Rdn. 13 und 45 ff., jew. m.w.N. und für die AVBW im bes. BGH, VersR 1982, 381, 382.

415 Früher § 1 Abs. 1 Satz 1 AGBG.

416 Früher § 2 Abs. 1 Nr. 1 AGBG.

BGB[417])[418]. In der Versicherungswirtschaft wurde deswegen das „Antragsmodell“ entwickelt[419].

Danach händigt der Versicherungsvermittler dem Antragsteller die AVB und Verbraucherinformation nach § 10 a VAG (*Vertrags*-Informationen) aus[420]. Der Antragsteller unterzeichnet den ausgefüllten Antrag, der üblicherweise eine Antragsbindungsfrist enthält. Der Versicherer nimmt den Antrag innerhalb der Bindungsfrist durch Übersendung der Police an[421].

(2) Keine Ausnahme nach § 23 Abs. 3 AGBG

Vom Antragsmodell gab es eine Ausnahme in § 23 Abs. 3 AGBG; sie wurde bereits unter B. IV. 1. a) bb)[422] angesprochen[423]. Diese Ausnahme fand auf die

---

417 Früher § 2 Abs. 1 Nr. 2 AGBG.

418 Und wenn die andere Vertragspartei mit ihrer Geltung einverstanden ist.

419 Die Begriffe „Antragsmodell“ und „Policenmodell“ wurden von LORENZ anläßlich eines Vortrags während der Jahrestagung des Deutschen Vereins für Versicherungswissenschaft am 8. März 1995 eingeführt. LORENZ, ZVersWiss 1995, 103, 108 f. und 110 ff.

420 Die Verbraucherinformationen sollen „über die für das Versicherungsverhältnis maßgeblichen Tatsachen und Rechte“ für den Fall gewährt werden, daß der Versicherungsnehmer „eine natürliche Person ist“ (§ 10 a Abs. 1 Satz 1 VAG). Sie richten sich nach der Anlage Teil D, welche durch Art. 1 Nr. 81 c) des 3. DG/EWG zum VAG, BGBl. I 1994, S. 1657 f., dem VAG angefügt wurde.
Danach sind vom Versicherungsunternehmen zu erteilende Verbraucherinformationen neben Name, Anschrift, Rechtsform und Sitz des Versicherers (Abschnitt I, Nr. 1 *lit.* a)), Angaben über die Laufzeit des Versicherungsverhältnisses (Abschnitt I, Nr. 1 *lit.* d)), die Prämienhöhe (Abschnitt I, Nr. 1 *lit.* e)) und die Frist, während der der Antragsteller an den Antrag gebunden sein soll (Abschnitt I, Nr. 1 *lit.* f)), eine Belehrung über das Recht zum Widerruf oder Rücktritt (Abschnitt I, Nr. 1 *lit.* g)) und der Anschrift der zuständigen Aufsichtsbehörde, an die sich der Versicherungsnehmer bei Beschwerden wenden kann (Abschnitt I, Nr. 1 *lit.* h)), auch die für das Versicherungsverhältnis geltenden AVB einschließlich der Tarifbestimmungen sowie die Angabe des auf den Vertrag anwendbaren Rechts (Abschnitt I, Nr. 1 *lit.* b)).

421 LORENZ, VersR 1995, 616, 618.

422 [Gesetz].

423 Beachte, daß § 23 Abs. 3 AGBG in bezug auf Versicherungsverträge nicht nur im SchuModG nicht weiter berücksichtigt wurde, der Bezug war schon vor Inkrafttreten des SchuModG überholt. Die Genehmigungspflicht für Versicherungsvertragsbedingungen war durch Art. 1 Nr. 2 des 3. DG/EWG zum VAG, BGBl. I 1994, S. 1630 f., mit Wirkung vom 29. Juli 1994 entfallen. Die Vorschrift faßte § 5 VAG in seinem Abs. 3, 5 und 6 neu, damit war die Anlage Teil A zum VAG [Einteilung der Risiken nach Versicherungssparten] für die aufsichtsrechtliche Kontrolle nicht mehr bestimmend. Die Ausnahmen nach § 23 Abs. 3 AGBG galten nur noch gem. § 5 Abs. 5 Nr. 1 VAG für die substitutive Krankenversicherung nach § 12 Abs. 1 VAG und die Pflichtversicherung.

Sportbootversicherung aber zu keinem Zeitpunkt Anwendung[424], weil die heute in § 305 Abs. 2 BGB[425] bezeichneten Erfordernisse nur dann nicht einzuhalten waren, wenn die Versicherungsaufsicht die AVB genehmigt hatte[426]. Genehmigte AVB konnten also entgegen §§ 2 Abs. 1, 6 Abs. 2[427] AGBG Vertragsbestandteil werden.

Eine aufsichtsrechtliche Kontrolle der AVBW hat es niemals gegeben[428]. Wie bereits unter B. III. 1. a) [Versicherungsaufsicht] erörtert, wurde ein darauf gerichteter Versuch des Bundesaufsichtsamts aus dem Jahre 1976[429] durch Beschlußkammerentscheidung[430] im folgenden Jahr abgewendet[431]. Das 3. DG/EWG zum VAG, welches unter anderem die Änderung des § 5 Abs. 6 VAG beinhaltete und damit § 23 Abs. 3 AGBG weitestgehend seines Anwendungsbe-

424 BGH, VersR 1982, 381, 382.

425 Früher § 2 Abs. 1 AGBG.

426 U/B/H/ULMER, § 23 Rdn. 55. Die Regel des § 23 Abs. 3 AGBG beruhte auf der Kontrolle von AVB durch das BAV. Mit dieser Kontrolle wird bzw. wurde (vgl. dazu vorstehend Fußnote 423) die Einheitlichkeit des Versicherungsmarkts gewährleistet. Aus demselben Grund verhinderte § 23 Abs. 3 AGBG den Eintritt der Rechtsfolgen aus § 6 Abs. 2 AGBG (heute § 306 Abs. 2 BGB), wenn den Einbeziehungsvorschriften des § 2 AGBG (heute § 305 Abs. 2 BGB) nicht genügt wurde (Vgl. BT-Drs. 7/3919, S. 43.). Die Anwendung des § 23 Abs. 3 ABGB auf nicht genehmigungspflichtige Geschäftsbedingungen war von der Zwecksetzung der Vorschrift nicht erfaßt (BGH, NJW 1987, 824, 825; HELM, NJW 1978, 129, 129. Außerdem MÜLLER-COLLIN, S. 19.).

427 Heute § 306 Abs. 2 BGB.

428 G/M/MÜLLER, Anl. Rdn. 8.; BGH, VersR 1982, 381, 382. Vgl. außerdem § 148 Abs. 1 VAG in der Fassung bis zum 01. Februar 1976:

> „Unternehmungen, welche ... die Transportversicherung ... zum Gegenstand haben, mit Ausnahme von Versicherungsvereinen auf Gegenseitigkeit, unterliegen nicht der Aufsicht nach diesem Gesetze; ... Der ...-wirtschaftsminister kann jedoch mit Zustimmung des ...-rats anordnen, daß auch solche Unternehmungen der Aufsicht unterliegen oder bestimmte Vorschriften dieses Gesetzes für sie gelten."

i.V.m. der Begründung zum Entwurf eines Gesetzes zur Änderung des Gesetzes über die privaten Versicherungsunternehmungen 1930, S. 25 (abgedruckt in Motive zum VAG, S. 362.) und § 5 Abs. 6 VAG in der Fassung bis zum 29. Juli 1994:

> „Die Vorlage der Versicherungsbedingungen und Tarife entfällt für die in der Anlage Teil A Nr. 4 bis 7 ... genannten Versicherungssparten ..."

i.V.m. Anlage Teil A zum VAG, Einteilung der Risiken nach Versicherungssparten:

> „6. See-, Binnensee- und Flußschiffahrts-Kasko, Sämtliche Schäden an: a) Flußschiffen b) Binnenseeschiffen c) Seeschiffen"

i.V.m. der „Zuordnung der Versicherungszweige und -arten zu den Versicherungssparten und Risikoarten i.S. der Anlage zum VAG", VerBAV 1979, 182, 184.

429 R 13/76, VerBAV 1977, 6.

430 BESCHLUßKAMMERENTSCHEIDUNG vom 26. April 1977, VerBAV 1977, 165 ff.

431 610 Wassersport-Fahrzeug-Versicherung, GB BAV 1976, 59.

reichs im Versicherungsrecht beraubte, war für die Sportbootversicherung bedeutungslos.

cc) Nach Inkrafttreten des 3. DG/EWG zum VAG: Policenmodell

Das Inkrafttreten des 3. DG/EWG zum VAG hat aber nicht nur zur Beschneidung der Einbeziehungsmöglichkeiten von AVB in Versicherungsverträge geführt, sondern schuf auch eine neue[432]. § 5 a VVG ermöglicht das sogenannte Policenmodell[433], wonach der Vertragsschluß auf folgende Weise verläuft[434]:

Der Antragsteller unterzeichnet das Antragsformular, das (wie beim Antragsmodell) eine Antragsbindungsfrist enthält. Vor Unterzeichnung werden ihm jedoch weder die AVB noch die Verbraucherinformation nach § 10 a VAG ausgehändigt. Die Vertragsinformationen erhält der Antragsteller erst mit dem Versicherungsschein; das dazu gehörige Anschreiben belehrt ihn über sein 14-tägiges Widerspruchsrecht. Widerspricht er nicht, ist der Vertrag geschlossen auf Grundlage des Versicherungsscheins, der AVB und der weiteren[435] Verbraucherinformation nach § 10 a VAG.

(1) Anwendbarkeit

Bis heute ist umstritten[436], ob das Policenmodell gleichwertig neben dem Antragsmodell steht oder ob es nur in besonderen Ausnahmefällen zur Anwendung kommen darf. Fraglich ist insbesondere, ob der Versicherer frei entscheiden kann, wann er dem Antragsteller die Vertragsinformationen aushändigt.

Aus der Begründung zu § 10 a VAG geht hervor, daß der Gesetzgeber den Zeitpunkt der Aushändigung nicht genau festlegen wollte[437]; die Aushändigung habe lediglich vor Abschluß des Versicherungsvertrages zu erfolgen. Der Gesetzgeber wollte damit die Besonderheiten der einzelnen Versicherungsarten und Vertriebsformen berücksichtigen. Man kann daraus ableiten, daß er Raum für individuelle Handhabung lassen[438] und eine (neue) Alternative zum Antragsmo-

---

432 HOFMANN, S. 13.

433 Im Rahmen des 3. DG/EWG zum VAG (BGBl. I 1994, S. 1630 ff.) wurde aber nicht nur § 5 VAG in seinen Abs. 3, 5 und 6 geändert bzw. neu gefaßt (Art. 1 Nr. 2, BGBl. I 1994, S. 1630 f.); in das VVG wurde außerdem § 5 a eingefügt (Art. 2 Nr. 1, BGBl. I 1994, S. 1658.). Zum Begriff „Policenmodell" vgl. die Ausführungen unter Fußnote 419.

434 LORENZ, VersR 1995, 616, 619.

435 Für den Vertragsinhalt maßgeblichen.

436 Vgl. allein R/L/RÖMER, § 5 a Rdn. 1.

437 BT-Drs. 12/6959, S. 55 f.

438 Vgl. BT-Drs. 12/6959, S. 55.

dell schaffen wollte[439]. Der einzelne Versicherer soll über den Zeitpunkt der Aushändigung selbst bestimmen[440]; möglichst praxistaugliche Einbeziehungsmöglichkeiten sollen ihm zur Verfügung stehen.

(i) Ausnahme

Dem widerspricht Präve[441]: Er sieht in §§ 305 Abs. 2 BGB[442], 10 a VAG zwingende Schutzvorschriften. Eine extensive Anwendung des § 5 a VVG würde ihren Schutzbereich in unzulässiger Weise relativieren. Die §§ 305 Abs. 2 BGB, 10 a VAG verfolgen das Ziel, den Versicherungsschutzsuchenden vor Vertragsschluß umfassend aufzuklären. Dieses könne nicht erreicht werden, läge es in der Hand der Versicherer, die Information des Antragstellers auf eine Weise vorzunehmen, die von der der Schutzvorschriften abweicht. § 5 a VVG sei daher nur in bestimmten Ausnahmefällen anzuwenden[443].

Das seien Fälle, in denen es dem Versicherer unmöglich war, dem Versicherungsnehmer die Vertragsinformationen bei Antragstellung auszuhändigen oder in denen der Versicherer ihre Aushändigung versehentlich unterlassen hatte[444]. Nur in diesen beiden Ausnahmefällen dürfe § 5 a VVG als speziellere Vorschrift zur Anwendung kommen. In allen anderen Fällen sei nach §§ 305 Abs. 2 BGB und 10 a VAG zu verfahren. Präve sieht seinen Ansatz im Einklang mit den europarechtlichen Vorgaben, die dem 3. DG/EWG zum VAG zugrunde lagen. Nach Europarecht habe ein Versicherungsinteressent die Vertragsinformationen grundsätzlich zu dem Zeitpunkt zu erhalten, in dem er eine ihn bindende Erklärung abgebe[445].

Unterstützt wird Präve in seiner Auffassung von Werber[446]. Obwohl sich die restriktive Anwendung des § 5 a VVG nicht unmittelbar aus dem Wortlaut der Vorschrift ergebe, sieht auch er die Norm als Ausnahmevorschrift an[447]. Werber begründet diese Folgerung mit dem Stellenwert der Vertragsinformationen, nicht wie Präve mit ihrem Schutzziel. Da AVB und Verbraucherinformation dem Kunden eine umfassende Abwägung vor seiner Entscheidung für oder ge-

---

439 P/S/SCHMIDT, § 10 a Rdn. 42.
440 SCHNEIDER, S. 68.
441 PRÄVE, ZfV 1994, 374, 376 ff.
442 Früher § 2 AGBG.
443 PRÄVE, ZfV 1994, 374, 379.
444 PRÄVE, ZfV 1994, 374, 380.
445 PRÄVE, ZfV 1994, 374, 379 f.
446 WERBER, ZVersWiss 1994, 321, 336 ff.
447 WERBER, ZVersWiss 1994, 321, 338 f.

gen einen Vertrag ermöglichen sollen, sei nur im Einzelfall und nur ausnahmsweise geboten, eine nachträgliche Information zuzulassen[448].

Eine noch restriktivere Anwendung fordern Dörner/Hoffmann[449]: Dem Versicherungsnehmer würde eine nicht zu rechtfertigende Last aufgebürdet, wenn ihn der Versicherer bei Vertragsschluß in Unkenntnis ließe und er lediglich ein nachträgliches Widerspruchsrecht hätte. Denn mit dem Wegfall der staatlichen Präventivkontrolle von AVB[450] sei der sachliche Grund für eine bevorzugte Behandlung allgemeiner Versicherungsbedingungen entfallen.

Außerdem erschließt sich Dörner/Hoffmann nicht, warum gerade Versicherungsunternehmen besondere Schwierigkeiten bei der vorvertraglichen Überlassung von AGB (und Verbraucherinformation nach § 10 a VAG) haben sollten. Eine Ausnahme von der Regel des § 305 Abs. 2 AGBG lasse sich nicht rechtfertigen gegenüber anderen Branchen, die mit ähnlichen Vertriebsmethoden arbeiten würden. Auch sei bedenklich, daß § 5 a VVG nicht auf bestimmte Versicherungsverträge begrenzt sei; die Vorschrift differenziere nicht nach der Art und Weise des Vertriebs. Dörner/Hoffmann zweifeln deswegen an der Verfassungsgemäßheit von § 5 a VVG im Hinblick auf Art. 3 Abs. 1 GG[451].

(ii) Regel

Demgegenüber sieht Baumann[452] das Policenmodell keineswegs nur als Ausnahme. § 5 a VVG sei nicht nur mit § 10 a VAG vereinbar, die Regel entspreche auch den europarechtlichen Vorgaben. Das Policenmodell eröffne dem Antragsteller aufgrund der 14-tägigen Überlegungsfrist[453] sogar bessere Reflektionsmöglichkeiten als das Antragsmodell[454].

Lorenz[455] unterstützt Baumann in dieser Auffassung: Er will die in § 5 a VVG geschaffene Möglichkeit zur Einbeziehung von AVB (und Verbraucherinformation nach § 10 a VAG) nicht allein als Notmodell verstanden wissen. Das Policenmodell sei die Fortsetzung der Ausnahme zum Antragsmodell[456]; das war die

---

448 WERBER, ZVersWiss 1994, 321, 339.
449 DÖRNER/HOFFMANN, NJW 1996, 153, 154 ff.
450 Vgl. dazu die Ausführungen unter Fußnote 423.
451 DÖRNER/HOFFMANN, NJW 1996, 153, 159.
452 BAUMANN, VersR 1996, 1, 2 f.
453 Er mag dabei an die Verhandlungstaktiken besonders hartnäckiger Versicherungsagenten gedacht haben.
454 BAUMANN, VersR 1996, 1, 3.
455 LORENZ, VersR 1995, 616, 619 ff.
456 Vgl. dazu vorstehend unter B. IV. 2. a) bb) (2) [Keine Ausnahme nach § 23 Abs. 3 AGBG].

Einbeziehungsmöglichkeit von AVB nach § 23 Abs. 3 AGBG[457]. Da die Einbeziehungsmöglichkeit nach § 23 Abs. 2 AGBG[458] bereits gleichberechtigt neben § 2 AGBG[459] gestanden habe, stünde das Policenmodell heute gleichberechtigt neben dem Antragsmodell. Der Versicherer habe wegen der Einführung von § 5 a VVG also weiterhin zwischen zwei Einbeziehungsmodellen die Wahl[460].

(iii) Stellungnahme

Dem ist zuzustimmen. Die von Präve monierte Relativierung zwingender Schutzvorschriften ist so nicht zu erkennen. § 10 a VAG soll sicherstellen, daß der Versicherer den Antragsteller informiert „über die für das Versicherungsverhältnis maßgeblichen Tatsachen und Rechte vor Abschluß" des Versicherungsvertrags und nicht erst während dessen Laufzeit[461].

(a) Zeitpunkt der Kenntnis

Nach § 5 a Abs. 1 Satz 1 VVG wird ein Vertrag erst wirksam (und damit geschlossen), „wenn der Versicherungsnehmer nicht innerhalb von vierzehn Tagen nach Überlassung der Unterlagen in Textform widerspricht". D.h., der Antrag ist kein Angebot im Sinne des § 145 BGB; der Antragsteller spricht bloß eine *invitatio ad offerendum* aus[462].

Das Angebot zum Vertragsschluß macht der Versicherer. Es liegt in der Zusendung des Versicherungsscheins, der AVB und der weiteren für den Vertragsinhalt maßgeblichen Verbraucherinformation. Der Versicherungsnehmer nimmt das Angebot an, indem er (s)einen Widerspruch während der ihm gesetzten Frist unterläßt[463]. Versteht man die zum Vertragsschluß führenden Handlungen in

457 I.V.m. § 5 Abs. 6 VAG (a.F.), Anlage Teil A zum VAG. *Id.*

458 Trotz Bezeichnung als „Ausnahme".

459 Also dem heutigen § 305 Abs. 2 BGB.

460 LORENZ, VersR 1995, 616, 619, der damit der Ansicht des BAV entsprach. R 3/95, VerBAV 1995, 311, 313.

461 So auch SCHNEIDER, S. 69.

462 Daß unter „Antrag" in der Regel ein zivilrechtlich bindendes Angebot verstanden wird, es hier aber gerade nicht bedeuten soll, mag verwirrend erscheinen, ist aber auf die europarechtlichen Einflüsse auf das Versicherungsrecht zurückzuführen. Dort sind derartige Verschiebungen nichts Neues: Auch der 1976 durch das 1. DG/EWG zum VAG in § 5 Abs. 6 VAG (a.F.) eingeführte Begriff „Versicherungssparte" war dem deutschen Recht zunächst nicht nur fremd; Abs. 6 führte eine Gliederung in „Versicherungszweige" (untergliedert in „Versicherungsarten") ein, die mit dem bis dahin in der deutschen Privatversicherung angewandten System nicht übereinstimmte. Vgl. P/S/S/SCHMIDT, 8. Aufl., § 5 Rdn. 1.

463 Im Antrag liegt damit allein die Ankündigung begründet, durch beredtes Schweigen (Vgl. dazu Palandt/HEINRICHS, Einf. v. § 116 Rdn. 7.) innerhalb der Widerspruchs-

dieser Weise, wird der von § 10 a VAG geforderte Informationszeitpunkt „vor Abschluß des Vertrags“ eingehalten.

(b) Gesetz

(1) Wäre § 5 a VVG eine Ausnahme und nicht eine Alternative zu § 305 Abs. 2 BGB, hätte das im Gesetz durch ein Stufenverhältnis kenntlich gemacht werden müssen[464]. Das hat der Gesetzgeber aber unterlassen. Der von Präve und Werber beschriebene Ausnahmecharakter des § 5 a VVG kommt deswegen nicht hinreichend deutlich zur Geltung. Die „Relativierung“ des § 305 Abs. 2 BGB ist nach dem Wortlaut der Vorschrift begründet.

(2) Gegen die Annahme, daß § 5 a VVG eine Ausnahmevorschrift ist, spricht außerdem die systematische Stellung der Norm; als *lit.* a schließt sie an § 5 VVG an. § 5 VVG ermöglicht die Genehmigung von (Vertrags-)Bestimmungen, die vom Antrag oder anderen getroffenen Vereinbarungen abweichen. Die Vorschrift regelt die in der Versicherungspraxis üblichen Fälle, in denen der Versicherer im Versicherungsschein bereits getroffene (Individual-)Vereinbarungen ändert, weil er den Antrag

- nur zu erhöhten Prämiensätzen,
- bei einer Selbstbeteiligung des Versicherungsnehmers,
- bei Bezahlung von Monats- statt Jahresprämien oder
- sonstwie verändert annehmen will.

Läßt aber schon § 5 VVG Abweichungen vom Antrag oder anderen getroffenen Vereinbarungen zu, ohne dabei eine Ausnahme[465] zu § 305 Abs. 2 BGB zu sein, muß dies erst recht für die von § 5 a VVG betroffenen Fälle gelten. Das Ändern einer bereits getroffenen Individualvereinbarung wiegt wesentlich schwerer als das Nachreichen von AVB.

(Individual-)Vereinbarungen werden einzeln ausgehandelt. Der Vertragspartner des Verwenders hat sie zum Gegenstand der Verhandlungen und zur Grundlage seines Vertrags(-ent-)schlusses gemacht.

AVB hingegen liegen einer Vielzahl von Verträgen ohne Rücksicht auf die individuelle Verschiedenheit des einzelnen Wagnisses zugrunde; der Verwender gestaltet mit ihnen den Vertragsgegenstand in inhaltlich standardisierter Form. Dabei prägen AVB zwar zu einem wesentlichen Teil den Vertragsinhalt. Weil der

---

frist den Vertrag zu schließen. Vgl. auch die Argumentation von RENGER, VersR 1994, 753, 758, der die unbeschränkte Anwendbarkeit des Policenmodells ebenfalls auf diese Konstruktion von Angebot und Annahme stützen will.

464 So auch die Argumentation von WANDT, S. 34 bzw. SCHNEIDER, S. 69 f.

465 -Situation oder -Regel.

Vertragspartner des Verwenders aber nicht einzeln über sie verhandelt hat, sind sie ihm weit weniger wichtig als mittels § 5 VVG abgeänderte Vereinbarungen[466]. Insofern gilt heute noch der Gedanke des Nichtaushändigungsmodells, nach dem Versicherungsunternehmen nur auf Grundlage von jedermann zugänglichen AVB abschlössen[467].

(c) Widerspruch als Last

Darüber hinaus ist die Einordnung des Widerspruchsrechts als eine für den Versicherungsnehmer nicht zu rechtfertigende Last subjektiv. Nicht jeder Versicherungsinteressent ist bei Antragstellung unter Zeitdruck, wundert sich später über den Inhalt der mit dem Versicherungsschein nachgereichten AVB und will oder kann dann aber nicht mehr widersprechen, weil er aus wirtschaftlichen Gründen auf den Vertrag angewiesen ist.

Es kann für viele Versicherungsnehmer eine ebenso große Last sein, wenn sie im Zeitpunkt der Antragstellung mit einem Versicherungsagenten verhandeln müssen, der sie außerdem über die in den Vertrag einzubeziehenden AVB und andere notwendige Verbraucherinformationen nach § 10 a VAG aufklären will[468]. Das übersehen Dörner/Hoffmann.

(d) Verfassungsgemäßheit

Der von Dörner/Hoffmann angedeutete Verstoß gegen Art. 3 GG kann ebenfalls nicht nachvollzogen werden. Zwar sind auch zivilrechtliche Normen an Art. 3 Abs. 1 GG zu messen[469]. Als Grund für eine Ungleichbehandlung kommt aber – sofern man eine solche gemessen an Art. 3 GG überhaupt erkennen will – nicht nur jede vernünftige Erwägung in Betracht[470]. Ein möglicher Grund kann außerdem in der Praktikabilität einer Regel liegen[471].

---

466 Vgl. auch die Argumentation von RENGER, VersR 1994, 753, 758, der der Ansicht ist, daß § 5 a VVG in Aufbau und Konstruktion an § 5 VVG orientiert sei und daher ebenfalls so verstanden werden muß.

467 Vgl. dazu vorstehend B. IV. 2. a) aa) [Vor Inkrafttreten des AGBG: Nichtaushändigungsmodell].

468 Vgl. insoweit auch den Ansatz von BAUMANN, Fußnote 454. Aber auch diese Betrachtung wäre eine Wertung und sollte nicht bei der Einordnung einer Vorschrift innerhalb eines gesetzlich vorgegebenen Rahmens Berücksichtigung finden.

469 J/P/JARASS, Art. 3 Rdn. 13.

470 J/P/JARASS, Art. 3 Rdn. 16.

471 BVerfGE 17, 337, 354.

Genau dieser Beweggrund kommt in den gesetzgeberischen Motiven zum Ausdruck[472]: § 10 a VAG sollte Raum für möglichst praxistaugliche Einbeziehungsmöglichkeiten lassen[473]. Der Gesetzgeber wollte die Besonderheiten der einzelnen Versicherungsarten und Vertriebsformen berücksichtigen[474].

(e) Zusammenfassung

§ 5 a VVG muß man als gesetzgeberische Reaktion auf das 3. DG/EWG zum VAG verstehen, welches § 23 Abs. 3 AGBG auf Versicherungsverträge weitgehend unanwendbar machte[475]. Die Vorschrift ermöglicht den Vertragsparteien, die Einbeziehung von allgemeinen Versicherungsbedingungen (und Verbraucherinformation nach § 10 a VAG) individuell zu handhaben[476]. Der Versicherer kann über den Zeitpunkt der Aushändigung selbst bestimmen.

(2) Geltung

Fraglich ist darüber hinaus, ob das Policenmodell die nachträgliche Einbeziehung von AVB für alle Versicherungsverträge ermöglicht. Im Schrifttum wird insbesondere von Schimikowski[477] die Ansicht vertreten, daß § 5 a VVG unmittelbar an § 10 a VAG anknüpfe. Er folgert dies aus dem in § 5 a VVG enthaltenen Verweis auf § 10 a VAG[478]. Zwar räumt Schimikowski ein, daß § 5 a VVG sich ausdrücklich nicht selbst einschränke. Der Verweis in das Versicherungsaufsichtsgesetz müsse aber § 5 a VVG binden[479]. Damit stünde das Policenmodell neben dem Antragsmodell und es wäre in seinem Anwendungsbereich entsprechend § 10 a VAG zu beschränken.

---

472 Vgl. dazu vorstehend unter B. IV 2. a) cc) (1) [Anwendbarkeit], unter Verweis auf BT-Drs. 12/6959, S. 55. Vgl. aber auch BT-Drs. 12/7595, S. 102 ff. und S. 111. Mehr dazu sogleich unter B. IV. 2. a) cc) (2) (ii) (a) [Entstehungsgeschichte].

473 Vgl. dazu vorstehend unter B. IV.2. a) cc) (1) [Anwendbarkeit].

474 *Id.*, unter Verweis auf BT-Drs. 12/6959, S. 55.

475 Der in seiner Neufassung als § 305 a BGB unter Nr. 1 auch Versicherungsverträge aus eben diesem Grund überhaupt nicht mehr erwähnt. Vgl. die Begründung zum Entwurf eines Gesetzes zur Modernisierung des Schuldrechts (SchuModG-Entwurf), BT-Drs. 14/6040, S. 151.

476 So im Ergebnis auch PRÄVE, Rdn. 119 bzw. Rdn. 197 ff. Vgl. außerdem HEMMER, S. 75.

477 SCHIMIKOWSKI, r+s 1996, 1, 2 f. Aber auch von seinem Schüler HEMMER, S. 73 f.

478 HEMMER, S. 74.

479 SCHIMIKOWSKI, r+s 1996, 1, 3.

(i) Beschränkung

Im einzelnen würde dieses folgendes bedeuten[480]: Gemäß § 10 a Abs. 1 Satz 1 VAG besteht gegenüber juristischen Personen keine Pflicht zur Verbraucherinformation. Da allgemeine Versicherungsbedingungen nach der Anlage Teil D[481] zum VAG, Abschnitt I Nr. 1 *lit.* b) zu den für alle Versicherungssparten notwendigen Verbraucherinformationen gehören[482], müssen sie juristischen Personen nicht ausgehändigt werden. Besteht ihnen gegenüber aber schon keine Pflicht zur AVB-Aushändigung, können juristische Personen erst recht nicht das in § 5 a VVG vorgesehene Widerspruchsrecht in Anspruch nehmen.

Dasselbe würde nach § 10 a Abs. 1 Satz 2 VAG für natürliche Personen gelten, sofern sie einen Versicherungsvertrag über ein Großrisiko[483] abschließen. Auch bei der Versicherung von Großrisiken bestehen nur beschränkte Informationspflichten. Sucht also eine natürliche Person Versicherungsschutz für ein Großrisiko, wäre ihr Widerspruchsrecht gemäß § 5 a VVG entsprechend zu begrenzen. Es würde nur eingreifen, wenn das anwendbare Recht oder die zuständige Aufsichtsbehörde nicht angegeben sind. Unterläßt hingegen ein Versicherer die AVB-Aushändigung gegenüber (einer juristischen Person oder) einer natürlichen Person, die einen Versicherungsvertrag über ein Großrisiko abschließen will, stünde dieser(/n) kein Widerspruchsrecht zu[484].

Für die Sportbootversicherung bedeutete das, daß die Einbeziehung von AVB nach § 5 a VVG ausgeschlossen wäre. Nicht nur aufsichtsrechtlich wird sie der

480 SCHIMIKOWSKI, r+s 1996, 1, 3.

481 [Verbraucherinformation].

482 Vgl. Fußnote 420.

483 Großrisiken werden in Art. 10 Abs. 1 EGVVG definiert. Dort heißt es, daß ein Großrisiko i.S. dieser Bestimmung vorliegt, „wenn sich der Versicherungsvertrag bezieht
1. auf Risiken der unter den Nummern 4 bis 7, 10 Buchstabe b, 11 und 12 der Anlage Teil A zum Versicherungsaufsichtsgesetz erfaßten Transport- und Haftpflichtversicherungen,
2. auf Risiken der unter den Nummern 14 und 15 der Anlage Teil A zum Versicherungsaufsichtsgesetz erfaßten Kredit- und Kautionsversicherungen bei Versicherungsnehmern, die eine gewerbliche, bergbauliche oder freiberufliche Tätigkeit ausüben, wenn die Risiken damit im Zusammenhang stehen, oder
3. auf Risiken der unter den Nummern 3, 8, 9, 10, 13 und 16 der Anlage Teil A zum Versicherungsaufsichtsgesetz erfaßten Sach-, Haftpflicht- und sonstigen Schadensversicherungen bei Versicherungsnehmern, die mindestens zwei der folgenden drei Merkmale überschreiten:
   a) sechs Millionen zweihunderttausend Euro Bilanzsumme,
   b) zwölf Millionen achthunderttausend Euro Nettoumsatzerlöse,
   c) im Durchschnitt des Wirtschaftsjahres 250 Arbeitnehmer."

484 So die Argumentation von SCHIMIKOWSKI, r+s 1996, 1, 3.

Transportversicherung zugerechnet[485], auch die §§ 129-148 VVG sind unmittelbar auf die Sportbootversicherung anzuwenden[486]. Die Transportversicherung[487] ist nach Art. 10 Abs. 1 Nr. 1 EGVVG eine Großrisikoversicherung[488]. Die Versagung der erleichterten Einbeziehbarkeit von AVBW, die bis zum 3. DG/EWG zum VAG aus der mangelnden aufsichtsrechtlichen Genehmigung der AVBW folgte[489], würde sich damit über § 10 a VAG fortsetzen.

(ii) Stellungnahme

Die unmittelbare Anknüpfung des § 5 a VVG an § 10 a VAG ist abzulehnen. Entstehungsgeschichte, Gesetzeswortlaut und praktische Gründe sprechen dagegen.

(a) Entstehungsgeschichte

§ 5 a VVG war im Gesetzesentwurf der Bundesregierung zum 3. DG/EWG zum VAG nicht vorgesehen[490]. Dies wurde von der Versicherungswirtschaft und im Schrifttum insbesondere aus zwei Gründen heftig kritisiert[491]:

(1) Zum einen monierte man den Ansatz des § 10 a VAG an sich. Zwar beinhalte die Vorschrift die hoheitliche Verpflichtung, dem Antragsteller eines Versicherungsvertrags die in Anlage Teil D zum VAG, Abschnitt I Nr. 1 aufgeführten Verbraucherinformationen zukommen zu lassen. Im Massengeschäft „Versicherung" würde das aber nur wenig Einfluß auf das Verfahren haben, denn auch im Privatversicherungsrecht ließen sich aus gewerberechtlichen Pflichten keine zivilrechtlichen Ansprüche ableiten.

§ 10 a VAG gewähre daher dem Antragsteller eines Versicherungsvertrags keinen Anspruch, der den Versicherer (unmittelbar) verpflichten würde. Die

---

485 Vgl. die Ausführungen in Fußnoten 165 und 428 und dabei insb. die „Zuordnung der Versicherungszweige und -arten zu den Versicherungssparten und Risikoarten i.S. der Anlage zum VAG", VerBAV 1979, 182, 184. Vgl. aber auch die Ausführungen unter B. III. 1. a) [Versicherungsaufsicht].

486 Vgl. die Diskussion unter B. III. 1. [Transportmittelversicherung] *lit.* a)-e).

487 Wie sie in Anlagen Teil A. [Einteilung der Risiken nach Versicherungssparten] Nr. 6 und Teil B. [Bezeichnung der Zulassung, die gleichzeitig für mehrere Sparten erteilt wird] *lit.* b) zum VAG festgelegt wird.

488 Siehe auch Fußnote 483.

489 Gemeint ist die gem. § 23 Abs. 3 AGBG. Vgl. die Ausführungen unter B. IV. 2. a) bb) [Nach Inkrafttreten des AGBG: Antragsmodell].

490 BT-Drs. 12/6959, S. 34; 12/7595, S. 74.

491 Zur Kritik während des Gesetzgebungsverfahrens, aber auch zu den dort vorgenommenen und abgelehnten Änderungen vgl. RENGER, VersR 1994, 753, 754 ff. und OSING, S. 66 f. Siehe aber auch die Beschlußempfehlung, BT-Drs. 12/7595, S. 102.

Rechtsnorm allein sei zur Begründung unmittelbaren Verbraucherschutzes wenig geeignet[492].

(2) Zum anderen erhob man Bedenken wegen des ersatzlosen Wegfalls von § 23 Abs. 3 AGBG[493]. Daß die Vorschrift durch das 3. DG/EWG zum VAG ihres Anwendungsbereichs im Privatversicherungsrecht beraubt würde, sei der Versicherungswirtschaft nicht zuzumuten. Die Wirtschaft würde durch die (heute in § 305 Abs. 2 BGB bestimmten) AGB-Einbeziehungspflichten[494] in der Praxis vor nicht zu überwindende Schwierigkeiten gestellt[495].

(3) Der Finanzausschuß nahm sich dieser Kritik an; der (3. DG/EWG zum VAG-)Entwurf wurde um § 5 a VVG ergänzt[496]. Schon die gesetzgeberischen Motive zeigen daher, daß die Vorschrift nicht nur zivilrechtlicher Anhang zu § 10 a VAG ist. § 5 a VAG ist Alternative zu § 305 Abs. 2 BGB. Der Gesetzgeber wollte der Versicherungswirtschaft die erleichterte Einbeziehung von AVB in ihre Verträge erhalten[497].

(b) Gesetz

Gegen die unmittelbare Anknüpfung von § 5 a VVG an § 10 a VAG spricht außerdem der Gesetzeswortlaut. Die Erwähnung der (in § 10 a VAG und Anlage Teil D zum VAG näher behandelten) „Verbraucherinformation" in § 5 a VVG ist nicht als Verweis ins Aufsichtsrecht zu verstehen; die Verbraucherinformation wird in § 5 a VVG allein der Vollständigkeit halber genannt. Dies ergibt sich aus der Art und Weise, wie die „Versicherungsbedingungen" im Gegensatz zur Verbraucherinformation nicht nur auf der Tatbestands-, sondern auch auf der Rechtsfolgenseite herausgehoben werden.

(1) Nach Anlage Teil D zum VAG, Abschnitt I Nr. 1 *lit.* b) sind allgemeine Versicherungsbedingungen Teil der Verbraucherinformation in allen Versicherungssparten. Daneben zählen zur Verbraucherinformation Name, Anschrift, Rechtsform und Sitz des Versicherers bzw. der etwaigen Niederlassung, über

---

492 So festgehalten von PRÄVE, VW 1994, 556, 556 f. Vgl. aber auch DÖRNER/HOFFMANN, NJW 1996, 153, 154; RENGER, VersR 1994, 753, 754; WANDT, S. 6 f.

493 Nachzulesen bei WANDT, S. 7 f.; LORENZ, VersR 1995, 616, 619.

494 D.h., bei Vertragsschlüssen wäre in Zukunft nur noch nach dem Antragsmodell zu verfahren.

495 Vgl. auch PRÄVE, ZfV 1994, 374, 374; DÖRNER/HOFFMANN, NJW 1996, 153, 153 f.

496 Beschlußempfehlung und Bericht des Finanzausschusses vom 18. Mai 1994 (BT-Drs. 12/7595, S. 102.). Und: Zusammenstellung des Entwurfs des 3. DG/EWG zum VAG (BT-Drs. 12/7595, S. 74 f.).

497 Vgl. auch ROOS, S. 69 f., bzw. die bereits unter B. IV. 2. a) cc) (1) (iii) (e) [Zusammenfassung] erarbeiteten Ergebnisse.

die der Vertrag abgeschlossen werden soll (Anlage Teil D zum VAG, Abschnitt I Nr. 1 *lit.* a)) und weitere Angaben und Belehrungen gemäß Anlage Teil D zum VAG, Abschnitt I Nr. 1 *lit.* c)-h).

Grundsätzlich hätte der Gesetzgeber daher die Versicherungsbedingungen in § 5 a Abs. 1 Satz 1 VVG nicht gesondert erwähnen müssen. Daß er es doch getan hat, hat klarstellende Bedeutung.

(2) Das Nebeneinander von Versicherungsbedingungen und Verbraucherinformation auf der Tatbestandsseite hat für die Bedingungen keine Verweisfunktion[498]. Das folgt aus der Technik ihrer Verbindung im ersten Halbsatz des § 5 a Abs. 1 Satz 1 VVG; das Wort „oder" verbindet die Begriffe.

Die AVB dürfen damit versicherungsvertragsrechtlich nicht als Teil der Verbraucherinformation nach § 10 a VAG verstanden werden, sie stehen ihnen alternativ gegenüber. § 10 a VAG wird auf der Tatbestandsseite erwähnt, um zu klären, welche sonstigen Verbraucherinformationen gemeint sind. Bedingungen und Information haben selbständige Anwendungsbereiche.

(3) Ebenso ist die Erwähnung der „weiteren für den Vertragsinhalt maßgeblichen Verbraucherinformation" auf der Rechtsfolgenseite kein Verweis ins Aufsichtsrecht. Im zweiten Halbsatz des § 5 a Abs. 1 Satz 1 VVG finden sich zunächst Versicherungsschein und -bedingungen.

Sie stehen dort aber nicht, um Schein und AVB als (unselbständige) Teile der Verbraucherinformation voranzustellen. Sie stehen dort als diejenigen Vertragsbestandteile, die die wesentlichen Punkte der Verbraucherinformationen enthalten. Sollten in Schein oder AVB irgendwelche (weiteren, für den Vertragsinhalt maßgeblichen) Informationen nicht aufgeführt sein, sondern dem Antragsteller in weiteren Schriftstücken übersandt werden, würden diese Informationen Vertragsbestandteil wie Versicherungsschein und Versicherungsbedingungen.

(4) Die Erwähnung der Verbraucherinformation auf der Rechtsfolgenseite hat damit lediglich eine (klarstellende) Auffangfunktion. Wie die Betrachtung der gesetzgeberischen Motive kann auch die Auslegung des Wortlauts die unmittelbare Anknüpfung des § 5 a VVG an § 10 a VAG nicht stützen.

---

498 Wie sie HEMMER, S. 74, sehen will.

(c) Praktische Gründe

Schließlich sprechen praktische Überlegungen dagegen. § 10 a Abs. 1 VAG unterscheidet in Satz 2 nicht nur zwischen Groß- und Massenrisiken, die Vorschrift differenziert in Satz 1 auch zwischen natürlichen und juristischen Personen. Daß dies im Gewerbeaufsichtsrecht sinnvoll sein mag, ist an dieser Stelle nicht weiter zu besprechen[499]. Daß die Fortsetzung einer solchen Differenzierung im Zivilrecht aber zu nicht übersehbaren Schwierigkeiten führen kann, zeigen die sich daraus ergebenden Folgefragen:

(1) Was geschieht in Fällen, in denen Risiken nach den Grundsätzen des Versicherungsvertragsrechts zu den Großrisiken zählen, aufsichtsrechtlich aber anders behandelt werden, weil sie in Wirklichkeit Massen- oder sonst nicht vergleichbare Risiken sind? Nicht nur die Sportbootversicherung, die sich in den letzten Jahren immer mehr zu einem Massengeschäft entwickelt hat[500], zählt zur Transportversicherung und ist daher gemäß Art. 10 Abs. 1 Nr. 1 EGVVG ein Versicherungsvertrag über ein Großrisiko. Auch die Kfz-Kaskoversicherung rechnet das Schrifttum unter Befolgung der versicherungsvertragsrechtlichen Systematik seit jeher der Transportversicherung zu[501] und ist damit ebenfalls zu den Großrisikoversicherungen zu zählen. Aufsichtsrechtlich wird sie jedoch ebenso lange als Massenrisiko behandelt[502].

Dabei ist nicht nur aufgrund aufsichtsrechtlicher Initiative ein Auseinanderfallen von vertrags- und verwaltungsrechtlicher Einordnung möglich. Auch die Zivilrechtsprechung hat Versicherungsverträge abweichend von der BAV-Einordnung beurteilt. Beispielhaft ist auf das unter B. III. 3. c) aa) (1)[503] bespro-

---

499 Dies gilt insb. vor dem Hintergrund, daß dort Fachpersonal miteinander umgeht.

500 Vgl. dazu den Streit um die Unterstellung dieser Versicherung unter die Aufsicht des BAV, nachzulesen unter: R 13/76, VerBAV 1977, 6; BESCHLUßKAMMERENTSCHEIDUNG vom 26. April 1977, VerBAV 1977, 165 ff., insb. 166. Aber auch ZETTL, ZfV 1964, 418, 418; LANGE, VW 1976, 1325, 1327 und GUNDERMANN, VW 1996, 1118, 1119.

501 So sei es gerade das Eigentümliche der Transportversicherung, daß die Versicherung von Transportmitteln gegen die Gefahren gewährt wird, die man unter dem Namen Transportgefahr zusammenfaßt. Manes, Sp. 186, widerspricht damit dem Kaiserlichen Aufsichtsamt für Privatversicherung, welches in der Fahrzeugversicherung schon damals einen selbständigen Zweig der Sachversicherung sah.
Auch heute wird im Schrifttum die Zugehörigkeit der Kraftverkehrskasko zur Transportversicherung nicht bestritten. Wegen seiner ständig zunehmenden Entwicklung und Bedeutung hat dieser Versicherungsbereich jedoch eine Verselbständigung erfahren und wird als besonderer Zweig der Kfz-Versicherung betrieben. HOFMANN, S. 281; WERBER/WINTER, Rdn. 222.

502 VerAfP 1907, 102 f.; VerAfP 1908, 17 ff.; VerAfP 1908, 154 ff.

503 [BGH zur Juwelenversicherung].

chene Urteil[504] zur Juwelenversicherung zu verweisen[505]. Dort stellte der Bundesgerichtshof fest, daß die Juwelenversicherung keine Transportversicherung im Sinne von § 187 VVG sei, „möge sie auch nach § 116 VAG aF aufsichtsfrei sein"[506].

Welche Einordnung ist in solchen Fällen verbindlich, die versicherungsvertragsrechtliche oder die versicherungsaufsichtsrechtliche? Dabei ist zu bedenken, daß das Zivilrecht von völlig anderen Grundsätzen[507] als das Aufsichtsrecht geprägt ist[508].

(2) Wieso sollen AVB gerade gegenüber juristischen Personen nicht durch das Policenmodell einbezogen werden können? Anders als Schimikowski und sein Schüler Hemmer meinen[509], ist nämlich fraglich, ob Bedingungswerke gegenüber juristischen Personen gemäß § 24 AGBG (bzw. heute § 310 Abs. 1 Satz 1 BGB) wenig problematisch in Verträge einbezogen werden können. So sind Fälle vorstellbar, in denen juristische Personen keine Unternehmer[510] sind; für diese würde § 310 Abs. 1 Satz 1 BGB nicht eingreifen[511].

Im Rechtsverkehr mit diesen *Nicht*-Unternehmern stünde nach Schimikowski und Hemmer allein das Antragsmodell zur Einbeziehung von AVB zur Verfügung. Dabei lassen sie offen, welchen Grund diese Ungleichbehandlung bzw. Schlechterstellung haben soll. Schimikowski und Hemmer gehen daher zu Unrecht davon aus, daß juristische Personen der Einbeziehungshilfe des § 5 a VVG nicht bedürfen.

(3) Das Anknüpfen des § 5 a VVG an § 10 a VAG würde in der Praxis zu zahlreichen (nicht oder nur schwer zu beantwortenden Folge-)Fragen führen, die sich bei einem selbständigen (von § 10 a VAG unabhängigen) Anwendungsbe-

---

504 BGHZ 51, 356-363.

505 Auf die außerdem unter B. V. [Ausnahmen von Beschränkungen der Vertragsfreiheit] noch einmal zurückgekommen wird.

506 BGHZ 51, 356, 358, weil sie vom BAV als eben diese angesehen wurde.

507 So ist einer der beherrschenden Grundsätze des Zivilrechts der von „Treu und Glauben" (§ 242 BGB). Dagegen ist das Öffentliche Recht vom Gedanken der Gefahrenvorbeugung und -abwehr geprägt.

508 Zumal im Rahmen der Versicherungsaufsicht die Präventivkontrolle von AVB mit dem 3. DG/EWG zum VAG ebenfalls weggefallen ist.

509 So wird von HEMMER, S. 75 f., argumentiert, daß juristische Personen „Kaufleute" seien und damit eine erleichterte Einbeziehung von AVB über § 5 a VVG für diese nicht notwendig sei. Vgl. außerdem Fußnote 477.

510 Bzw. vor dem 22. Juni 1998 „Kaufleute". Änderung eingeführt durch das HRefG, BGBl. I 1998, S. 1474.

511 So auch ROOS, S. 68 und 71, der dabei an eingetragene (Sport-)Vereine denkt, die z.B. eine Gebäudeversicherung für ihr Clubhaus abschließen wollen.

reich des § 5 a VVG nicht ergäben. Eine Beschränkung des Policenmodells auf natürliche Personen, die Massenrisiken sind (und damit ein Ausschluß von juristischen Personen oder natürlichen Personen, die ein Großrisiko versichern wollen), ist deswegen auch aus praktischen Gründen abzulehnen.

(d) Zusammenfassung

AVB können unabhängig von der Art des zu versichernden Risikos gemäß § 5 a VVG einbezogen werden sowohl gegenüber juristischen Personen als auch gegenüber natürlichen Personen. Das Policenmodell ist neben das Antragsmodell getreten.

Die zu den Großrisiken zählende Sportbootversicherung ist von § 5 a VVG erfaßt[512]. Seit Inkrafttreten des 3. DG/EWG zum VAG hat der Versicherer eine Alternative; der Nachteil gegenüber einstmals aufsichtsrechtlich kontrollierten Versicherungen[513] ist weggefallen.

dd) Zwischenergebnis

Bei den von der Versicherungswirtschaft im Vertretergeschäft verwendeten allgemeinen Versicherungsbedingungen für Wassersportfahrzeuge handelt es sich um AGB im Sinne der §§ 305-310 BGB. Sie sind für eine Vielzahl von Verträgen vorformuliert und werden vom Versicherer bei Abschluß des Vertrags gestellt. Dabei können sie sowohl nach dem Antrags- als auch nach dem Policenmodell in die Sportbootversicherung einbezogen werden.

Beim Antragsmodell händigt der Versicherungsvertreter dem Versicherungsinteressenten die AVBW bei der Antragstellung aus. Beim Policenmodell werden sie ihm hingegen vom Versicherer erst mit der Police übersandt. Widerspricht der Versicherungsinteressent nicht innerhalb einer 14-tägigen Frist, gilt die Sportbootversicherung auf ihrer Grundlage geschlossen.

---

512 Beachte, daß dieses Ergebnis auch SCHIMIKOWSKI nicht fraglich erscheint. So verwendet er die Sportbootversicherung als Fallbsp. zur Illustration seiner Gedanken zur Einbeziehung von AVB über § 5 a VVG die AVBW (SCHIMIKOWSKI, r+s 1996, 1, 4 f.). Da er dabei eine Nichtanwendbarkeit von § 5 a VVG wegen seiner versicherungsvertragsrechtlichen Einordnung als Großrisikoversicherung nicht annimmt, muß er sich der Tragweite seines Gedankengangs nicht bewußt gewesen sein.

513 Das war die Unanwendbarkeit des § 23 Abs. 3 AGBG auf die Sportbootversicherung. Vgl. die obigen Ausführungen unter B. IV. 2. a) bb) [Nach Inkrafttreten des AGBG: Antragsmodell].

b) Maklerbedingungen

Fraglich ist, ob es sich auch bei den Yachtkaskobedingungen um AGB handelt[514]. Wäre das der Fall, ist weiter zu prüfen, inwieweit sie nach den Grundsätzen von Antrags- und Policenmodell einbezogen werden können[515]. Gerade im Zusammenhang mit Maklerbedingungen ist die Anwendung der §§ 305-310 BGB umstritten[516].

Zweifel bestehen, weil sie Individualvereinbarungen sein könnten, die gemäß § 305 Abs. 1 Satz 3 BGB nicht in den Anwendungsbereich des AGB-Rechts fallen. Darüber hinaus ist fraglich, wer Verwender der YKB ist. Da sie vom Makler – einem am Vertrag nicht teilnehmenden Dritten – vorbereitet werden, ist ohne nähere Betrachtung nicht zu sagen, wer sie bei Abschluß des Vertrags stellt (§ 305 Abs. 1 Satz 1 2. Halbs. BGB). Schließlich ist zweifelhaft, ob sie der Verwender für eine Vielzahl von Versicherungsverträgen vorformuliert hat (§ 305 Abs. 1 Satz 1 1. Halbs. BGB)[517].

aa) Keine Individualvereinbarungen

Nach Ansicht von Prölss[518] sind Maklerbedingungen Individualvereinbarungen im Sinne des § 305 Abs. 1 Satz 3 BGB, sie würden zwischen den Vertragspartnern einzeln ausgehandelt. Der Makler lege sie dem Versicherer vor, der sie nur nach sachkundiger Prüfung akzeptiere. Der Versicherer habe damit die Möglichkeit, auf den Inhalt der einzelnen Klausel Einfluß zu nehmen. Nach der herrschenden Meinung[519] sei aber die Möglichkeit, auf die inhaltliche Gestaltung vorbereiteter Bedingungswerke Einfluß nehmen zu können[520], für ein einzelnes Aushandeln ausreichend. Es kommt nicht darauf an, ob Vertragsbedingungen tatsächlich abgeändert wurden[521]. Selbst die unveränderte Übernahme der vom

---

514 Zu den YKB vgl. bereits die Ausführungen unter A. I. 3. [Maklerbedingungen].

515 Vgl. insoweit die Ausführungen unter B. IV. 2. a) [Allgemeine Bedingungen] unter *lit.* bb) und cc).

516 Eine Anwendung des AGBG auf Maklerbedingungen lehnen ab: P/M/PRÖLSS, Vor. I Rdn. 15 und P/M/KOLLHOSSER, § 49 Rdn. 2 ff., wird aber befürwortet von SCHIRMER/Martin, 80 Jahre VVG, 268, 295; SCHMIDT-HOLLBURG S. 62 ff.

517 Vgl. insb. P/M/KOLLHOSSER, § 49 Rdn. 6.

518 P/M/PRÖLSS, Vor. I Rdn. 15.

519 Vgl. U/B/H/ULMER, § 1 Rdn. 46; W/H/L/WOLF, § 1 Rdn. 35, jew. m.w.N. Anders wohl SCHIRMER/Martin, 80 Jahre VVG, 268, 295, der auf ein konkretes Aushandeln abstellt. Nach BGH, NJW 1977, 624 ff. reicht es für die Annahme einer Individualvereinbarung gem. § 1 Abs. 2 AGBG (heute § 305 Abs. 1, Satz 3 BGB) aus, wenn auf der Seite des Verwenders die Bereitschaft zur Abänderung besteht und diese Bereitschaft zur Abänderung der AGB der anderen Vertragspartei auch bewußt ist.

520 D.h., Abänderungen vornehmen zu können.

521 Es reicht die Möglichkeit aus, Abänderungen vornehmen zu können.

Verwender gestellten AGB stünde also der Annahme nicht entgegen, daß diese Bedingungen Individualvereinbarungen sind.

Obwohl von Prölss als nicht unstreitig dargestellt[522], mag sein Ansatz auf einen Großteil von Maklerbedingungen ohne weiteres zutreffen. Regelmäßig wird ein Versicherer das ihm vom Makler unterbreitete Angebot einer genauen Prüfung unterziehen; er wird dort über den Inhalt verhandeln, wo er es für notwendig hält[523].

(1) Möglichkeit der Einflußnahme

In Ausnahmefällen muß Prölss' Ansatz jedoch begrenzt werden. Ein Versicherer kann Änderungen von Maklerbedingungen nur durchsetzen, wenn seine Verhandlungsposition ihm das erlaubt. Wird daher von der Möglichkeit der Einflußnahme auf die Gestaltung der vom Verwender gestellten AGB gesprochen[524], muß die Möglichkeit nicht nur theoretisch, sondern auch praktisch bestanden haben. Die uneingeschränkte Geltung des Ansatzes würde zu Wertungswidersprüchen führen[525].

Eine entsprechend starke Verhandlungsposition des Versicherers besteht aber bei der Versicherung von Wasserfahrzeugen nicht[526]. Das Machtgefüge zwischen Versicherer und Versicherungsnehmer unterscheidet sich hier erheblich von dem anderer Versicherungszweige; der Versicherungsnehmer hat seit jeher eine starke Stellung gegenüber dem Versicherer[527]. Dieser Umstand beruht auf dem hohen (internationalen) Konkurrenzdruck zwischen den Versicherern[528]. Zwar ist wegen des Drucks nicht gleich auf eine Überlegenheit der Versicherungsnehmerseite zu schließen, ein ausgeglichenes Kräfteverhältnis darf aber grundsätzlich angenommen werden[529].

522 P/M/PRÖLSS, Vor. I Rdn. 15.

523 Denn eine solche Prüfung der Maklerbedingungen durch den Versicherer ist schon wegen § 81 VAG angezeigt.

524 Vgl. U/B/H/ULMER, § 1 Rdn. 46; W/H/L/WOLF, § 1 Rdn. 35, jew. m.w.N.. Vgl. außerdem Fußnote 521.

525 Vgl. dazu auch MITTELBACH, S. 35 f.

526 Zu den Machtverhältnissen in der Seeversicherung vgl. Ritter/ABRAHAM, Vor. Anm. 9 ff.; JOOST, S. 101; KARSTEADT, S. XXIII f.; MÜLLER-COLLIN, S. 3 f.; SCHIMMING, S. 78. Im Zusammenhang mit der Verdienstausfallversicherung für See- und Binnenschiffe vgl. MITTELBACH, S. 36.

527 MÜLLER-COLLIN, S. 3.

528 Ritter/ABRAHAM, Vor. Anm. 9.

529 KARSTEADT, S. XXIV.

(2) Kräfteverhältnis

Bei der Kaskoversicherung von Sportbooten kann von einem ausgeglichenen Kräfteverhältnis jedoch keine Rede mehr sein. Die Machtverhältnisse sind hier deutlich zugunsten des Versicherungsnehmers verschoben, denn die Versicherung betrifft ein Freizeit- bzw. Luxusinteresse. Ein Bootseigner ist nur bereit, eine Sportbootversicherung abzuschließen, wenn Versicherungsbedingungen und -prämie ihm ausreichend günstig erscheinen.

Ist das nicht der Fall, wird sein Makler sich an einen anderen Versicherer wenden, der Versicherungsinteressent den Makler wechseln oder gar das Risiko selbst tragen. Bietet ein Makler einem Sportbootversicherer daher ein Risiko an, ist es dem Versicherer regelmäßig nicht möglich, auf den Inhalt der vom Makler vorbereiteten YKB Einfluß zu nehmen[530]. Das gilt insbesondere für den Versicherungsumfang. Will der Versicherer diesen einschränken, wird ein Bootseigner (bzw. dessen Makler) nicht bereit sein, auf Änderungswünsche einzugehen[531].

Darüber hinaus ist es bei der Versicherung nach YKB üblich, daß nicht nur ein Versicherer das Risiko trägt; das Risiko wird unter mehreren aufgeteilt. Der Makler handelt mit dem jeweiligen Versicherer nur einen bestimmten Deckungsprozentsatz aus[532]. In der jüngeren Vergangenheit findet sich in der BGH-Rechtsprechung ein Fall, in dem 16 verschiedene Versicherer einer Motoryacht zur Zahlung von 86.017,11 DM verurteilt wurden[533]. Dabei lag die Risikobeteiligung der einzelnen Versicherer zwischen 0,75 und 20,0 %[534]. Die dieser Arbeit zugrunde liegenden YKB billigen dem Versicherungsnehmer ein

530 Beim Makler laufen die Erfahrungen vieler Versicherungsnehmer zusammen. Die Stellung der einzelnen Versicherungsnehmer ggü. dem Versicherer wird dadurch verstärkt; ihr Geschäft ist Teil des Gesamtgeschäfts des Maklers. Die Versicherer betrachten sie daher nicht isoliert, sondern im Rahmen der Geschäftsverbindung zu einem bestimmten Makler. ENGE, TransportV, S. 24.

531 Ähnlich beschreibt MITTELBACH, S. 37, die Situation in der Verdienstausfallversicherung für See- und Binnenschiffe. Auch dort sei immer wieder zu beobachten, daß ein Antragsteller von seinem Vorhaben, sein Schiff gegen Verdienstausfall zu versichern, Abstand nähme, sobald der Versicherer auf einer Begrenzung seiner Gefahrtragung bestehen würde.

532 Siehe Fußnote 33, m.w.N.

533 BGH vom 4. Dezember 2000, Az.: II ZR 293/99 abrufbar beim online Dienst „juris“. In gekürzter Form aber auch abgedruckt in NJW 2001, 1140 f.

534 Die Zeichnung eines bestimmten Anteils in der Transportversicherung erfolgt in Deutschland regelmäßig in Bruchteilen der Versicherungssumme. ENGE, TransportV, S. 24.

Auskunftsrecht über den Namen bzw. die Firma und den Anteil der (jeweiligen) Versicherer zu, die an seiner Versicherung beteiligt sind[535].

Hat aber der Makler mehrere Versicherer zur Auswahl, und ist es ihm möglich, unter diesen das zu versichernde Risiko aufzuteilen, sind die Chancen *eines* Versicherers, auf die vom Makler vorgegebenen Bedingungen Einfluß nehmen zu können, praktisch nicht mehr gegeben. Seine Verhandlungsposition ist zu schwach.

(3) Stellungnahme

Eine Einflußnahmemöglichkeit des Versicherers auf einzelne Klauseln in Maklerbedingungen läßt sich nicht ohne weiteres annehmen. Man muß prüfen, ob der Versicherer beim fraglichen Vertragstyp wirklich hätte Einfluß nehmen können. Nur in diesen Fällen sind Maklerbedingungen „einzeln ausgehandelt" (§ 305 Abs. 1 Satz 3 BGB).

Bei der Kaskoversicherung von Sportbooten ist die Verhandlungsposition des Versicherers so schwach, daß er die vom Makler vorgelegten Bedingungen nicht verändern kann. YKB werden daher nicht einzeln ausgehandelt, sie sind keine Individualvereinbarungen.

bb) Zuordnung der Verwenderstellung

Fraglich ist weiter, ob die eine Vertragspartei (Verwender) der anderen (i.d.R. seinen Kunden) die Maklerbedingungen bei Abschluß des Vertrags „stellt" (§ 305 Abs. 1 Satz 1 2. Halbs. BGB). Nur dann wäre AGB-Recht anwendbar. Die Zuordnung der Verwenderstellung ist schwierig, wenn ein Bedingungswerk nicht auf Veranlassung einer Partei, sondern auf Vorschlag eines Dritten einbezogen wird[536].

Der Bundesgerichtshof[537] lehnte die Anwendung des früheren AGB-Gesetzes auf Vertragsbedingungen ab, die ein Notar[538] (oder ähnlich unbeteiligter Dritter)

---

535 Vgl. § 15 Nr. 6 Satz 3 PYKB 98 und Nr. 28. Sätze 3 und 4 SYKB 98.

536 Das Stellen von AGB ist nach h.M. nicht weiter problematisch, wenn der Dritte mehr oder weniger eindeutig als Interessenwalter oder Beauftragter einer der beiden Vertragsparteien tätig war (wie etwa ein Hausanwalt, der ständig für einen bestimmten Auftraggeber arbeitet). BARTSCH, NJW 1986, 28, 30; KRAMER, ZHR 1982, 105, 113; WAGNER, BB 1984, 1757, 1758; MüKo/BASEDOW, § 1 AGBG Rdn. 20 und 28; Palandt/HEINRICHS, § 1 AGBG Rdn. 8 = Palandt/HEINRICHS, SchuModG, § 305 Rdn. 11; Staudinger/SCHLOSSER, § 1 AGBG Rdn. 27.

537 BGH, NJW 1991, 843 f. und NJW 1992, 2817 f.

538 Zur historischen Gleichstufigkeit von Versicherungsmakler und Notar vgl. MÖLLER, RuW, S. 101, der dort außerdem in Fn. 46 auf RuW, S. 5 verweist.

erstellt hatte[539]. Nach Auffassung des Gerichts wollte der Gesetzgeber derartige Vertragsbedingungen nicht in den Anwendungsbereich des AGB-Gesetzes bringen[540]. Sie werden von keiner Partei gestellt, die Parteien machen sich den von einem „unbeteiligten Dritten" vorgeschlagenen Regelungswortlaut zu eigen[541].

Für die YKB ist deswegen weiter zu prüfen, wie der Yachtversicherungsmakler einzuordnen ist. Ist er wie ein Notar unbeteiligter Dritter, oder steht er im Lager einer Vertragspartei? Wäre der Makler Interessenwalter einer Partei, könnte man das von ihm eingebrachte Bedingungswerk dieser Partei zurechnen.

(1) Makler als Interessenwalter

Nach Ansicht Schmidt-Hollburgs[542] ist der Versicherungsmakler bei der Gestaltung seiner Bedingungswerke grundsätzlich neutral[543]. Er sei durch seine Stellung verpflichtet, die Interessen beider Vertragsparteien zu wahren. Zwar werde er allgemein als Interessenwalter des Versicherungsnehmers bezeichnet[544], er handele aber auch im Interesse des Versicherers.

Die Tätigkeit für den Versicherer beschränke sich nicht nur auf den Vertragsabschluß, wenn der Makler dem Versicherer die für die Risikoeinschätzung erforderlichen Angaben zuleitet[545]. Auch während der Vertragslaufzeit wickle er für diesen den Geschäftsverkehr ab[546]. Darüber hinaus beziehe er vom Versicherer

539 Vgl. außerdem U/B/H/ULMER, § 1 Rdn. 31; W/H/L/WOLF, § 1 Rdn. 28; Palandt/HEINRICHS, § 1 AGBG Rdn. 8 = Palandt/HEINRICHS, SchuModG, § 305 Rdn. 11.

540 BGH, NJW 1991, 843 f. Vgl. auch BT-Drs. 7/3919, S. 16 f.

541 BGH, NJW 1991, 843, 844. Vgl. außerdem die Zusammenfassung bei MITTELBACH, S. 38.

542 SCHMIDT-HOLLBURG, S. 65 f.

543 Unterstützung findet diese Auffassung in der Rechtsprechung: Nach BGHZ 33, 302, 309, steht der Makler als solcher in keinem ständigen Vertragsverhältnis zu seinem Auftraggeber. Er mag mit RGZ 101, 97, 99, Dritter im Sinne des § 123 BGB sein. Dagegen hat schon RG, JW 1928, 1740,1741, einen Versicherungsagenten nicht als Dritten angesehen.

544 EICHLER, S. 94; SIEG, S. 68; WERBER/WINTER Rdn. 65.

545 SCHMIDT-HOLLBURG, S. 65.

546 Vgl. auch die Ausführungen unter Fußnote 33, wo bereits darauf hingewiesen wurde, daß der Versicherungsnehmer mit seinen Versicherern i.d.R. nicht unmittelbar in Kontakt tritt, da nach § 15 Nr. 5 PYKB 98 und Nr. 24. SYKB 98 alle Deklarationen und Anzeigen, also alle für den Versicherer bestimmten Willenserklärungen, auch rechtswirksam gegenüber dem Makler vorgenommen werden können.

seine Courtage[547]. Der Makler nehme deswegen ebenfalls Interessen des Versicherers wahr, schon um die Zusammenarbeit nicht zu gefährden[548].

Man muß aber auch diesen Ansatz vor dem Hintergrund des jeweiligen Geschäftsfelds sehen. Der gesetzlichen Regelung des Handelsmaklers[549] liegt der Gedanke des „redlichen Maklers" zugrunde[550]; er ist neutral. Die §§ 93 ff. HGB sind aber abdingbar.

Von der gesetzlichen Regelung des Handelsmaklers weicht man insbesondere in der Versicherung von Wasserfahrzeugen ab. Der Makler nimmt dort in besonderem Maße die Interessen des Versicherungsnehmers wahr. Bei Vertragsschluß versucht er, für eine möglichst niedrige Prämie ein Maximum an Versicherungsschutz für den Versicherungsinteressenten herauszuholen[551]. Während der Vertragslaufzeit nimmt er dem Versicherungsnehmer die zeitaufwendige Schadensabwicklung ab[552]; soweit ein Dispacheur[553] ernannt ist, kontrolliert er die Dispache[554]. Der Makler betreut die Verträge gleichsam *von der Wiege bis zur Bahre*[555].

Auch in der Sportbootversicherung ist er in erster Linie Interessenvertreter des Versicherungsnehmers[556]. Der Yachtversicherungsmakler ist entgegen Schmidt-Hollburg Bundesgenosse des Versicherungsnehmers[557]. Sein Engagement für den Versicherungsnehmer überwiegt seine Tätigkeiten für den Versicherer so deutlich, daß seine Position nicht mehr neutral ist[558]. Die Parteien machen sich

---

547 SCHMIDT-HOLLBURG, S. 65.

548 Der Versicherer müsse aber i.ü. eigenverantwortlich prüfen, ob die Maklerbedingungen mit seinem Geschäftsplan zu vereinbaren sind. Da der Makler keiner Versicherungsaufsicht unterstehe, drohe sonst dem Versicherer, daß das BAV nach § 81 VAG gegen ihn vorgehe, SCHMIDT-HOLLBURG, S. 65 f. Vgl. außerdem Fußnote 523.

549 Das sind die §§ 93-104 HGB; *i.e.* der 8. Abschnitt des 1. Buchs des Handelsgesetzbuchs.

550 D.h., das Gesetz geht vom Leitbild des neutralen Maklers aus, dem auch die Zweitpartei so vertrauen darf, als hätte sie mit ihm ebenfalls einen Maklervertrag geschlossen. CANARIS, S. 409 f.

551 JOOST, S. 2.

552 *Id.*

553 Der Dispacheur ist ein Sachverständiger, der im Falle einer großen Haverei die Beitragspflicht der Beteiligten zum Ersatz der entstandenen Schäden (Dispache) feststellt. Vgl. bereits Fußnote 317.

554 MITTELBACH, S. 39.

555 MÖLLER, RuW, S. 20, der dort außerdem auf RuW, S. 106 ff. verweist.

556 PAUL, S. 45, der sich auf Bruck/MÖLLER, vor § 43 Anm. 13 und 40, bezieht.

557 JOOST, S. 10; MÖLLER, RuW, S. 24 f.; SIEG, S. 68; WERBER/WINTER, Rdn. 65.

558 Der Makler ist damit, was seine Interessenvertreterstellung angeht, dem in Fußnote 536 bsp.-haft aufgeführten Hausanwalt vergleichbar. Ob es sich bei den YKB um in-

also nicht den von einem unbeteiligten Dritten vorgeschlagenen Regelungswortlaut zu eigen, sie verwenden die Bedingungen des Interessenwalters des Versicherungsnehmers.

(2) Zurechnung der Maklerbedingungen

Damit ist aber noch nicht beantwortet, welcher Vertragspartei die YKB zuzurechnen sind[559]. Es ist weiter zu prüfen, wer die Bedingungen bei Vertragsabschluß stellt (§ 305 Abs. 1 Satz 1 2. Halbs. BGB). Dazu muß man sich zunächst die Aufgabe des Tatbestandsmerkmals „stellen" verdeutlichen. Nach § 305 Abs. 1 Satz 1 2. Halbs. BGB ist derjenige AGB-Verwender, der ihre Einbeziehung veranlaßt[560]. Gestellt werden die YKB also von der Partei, die ein konkretes Angebot zu ihrer Einbeziehung macht[561] – unabhängig, ob sie im Rahmen des Vertragsschlusses anbietende oder annehmende Partei ist. Es reicht aus, wenn sie die Gegenseite dazu veranlaßt, bestimmte Bedingungen in den Vertrag aufzunehmen[562].

Des weiteren rechnet man AGB regelmäßig der Partei zu, die Bedingungen verwendet, die ein Dritter für sie erstellt hat. Es kommt nicht darauf an, daß sie die AGB selbst geschrieben hat. So sollen die Regeln über die allgemeinen Geschäftsbedingungen vor den Gefahren schützen, die sich aus der Ausnutzung der Vertragsgestaltungsfreiheit ergeben[563]. Originalität wird dabei nicht verlangt.

(i) Für das Versicherungsrecht leitet Schmidt-Hollburg[564] daraus ab, daß die Verwenderstellung nicht für die AVB als Ganzes, sondern für die jeweilige Klausel zu ermitteln ist. Dabei unterscheidet er die einzelnen Bestimmungen nach dem „Interesse".

In wessen Interesse steht die Klausel, oder wessen Interesse steht sie entgegen? Verwender im Sinne des § 305 Abs. 1 Satz 1 2. Halbs. BGB ist diejenige Partei, der eine Bestimmung „dient"[565]. Sowohl der Versicherungsinteressent als auch

tern verwendete Versicherungsbedingungen handelt, braucht in diesem Zusammenhang also nicht mehr geprüft zu werden.

559 D.h., wer „AGB-Verwender" ist.

560 BGH, NJW 1995, 2034, 2035 f.; NJW 1994, 2825, 2826; NJW 1985, 2477 f.; U/B/H/ULMER, § 1 Rdn. 27, m.w.N.; BACH/GEIGER, VersR 1993, 659, 662; a.A. W/H/L/WOLF, § 1 Rdn. 27, wonach das Merkmal „stellen" nur dann erfüllt sein soll, wenn die andere Partei keine konkrete Möglichkeit zum Aushandeln hatte. Dagegen ausdrücklich die Rspr. in: OLG DÜSSELDORF, VersR 1991, 989, 989 ff.

561 OLG DÜSSELDORF, VersR 1991, 989 , 990; U/B/H/ULMER, § 1 Rdn. 27.

562 U/B/H/ULMER, § 1 Rdn. 27.

563 Vgl. nur U/B/H/ULMER, Einl. Rdn. 28.

564 SCHMIDT-HOLLBURG, S. 68 f.

565 Die andere ist dementsprechend der Vertragspartner. SCHMIDT-HOLLBURG, S. 68.

der in seiner Einflußnahme auf die Bedingungen beschränkte Versicherer könnten danach Bestimmungen stellen. Jede Klausel ist darauf zu untersuchen, wem sie dient[566].

(ii) Dem widerspricht Prölss[567]. Man dürfe den Versicherungsnehmer nur als Verwender ansehen, wenn eine (YKB-)Bestimmung abweicht von denen, die ein Versicherer üblicherweise verwendet (AVB). Die Tatsache, daß der Makler AVB von Versicherern in seinen Vertragsentwurf einbeziehe, dürfe dem Versicherungsnehmer nicht den Schutz des AGB-Rechts nehmen[568]. Dies geschehe, wenn eine (YKB-)Bestimmung zwar grundsätzlich im Interesse des Versicherungsnehmers stehe, jedoch für ihn nicht so günstig formuliert sei, daß sie einer Überprüfung nach ABG-Recht standhielte. Die Bestimmung würde dem Versicherungsnehmer zugerechnet und könne nicht überprüft werden.

Prölss würde dem Versicherungsnehmer daher nur die Klauseln zurechnen, die ein Sportbootversicherer im Vertretergeschäft üblicherweise nicht verwendet. Der Versicherer stellt all die Bestimmungen, die inhaltlich mit den AVBW übereinstimmen.

(3) Stellungnahme

Schmidt-Hollburg und Prölss rechnen Maklerbedingungen nicht allein einer Vertragspartei zu. Dabei heben sie ab auf die besondere Stellung des Versicherungsmaklers. Er versuche einerseits, in die von ihm vorbereiteten Bedingungswerke möglichst viele für seine Kunden günstige Klauseln einzubauen. Andererseits komme er nicht umhin, sich an den AVB zu orientieren, die sich für den Vertragstyp im Umlauf befinden.

(i) Folgefragen

Folgt man allein Schmidt-Hollburg, ergeben sich Folgefragen. Würde man die Zuordnung einzelner Klauseln vom Interesse einer Partei abhängig machen, entstünden Abgrenzungsschwierigkeiten. Denn woran will man objektiv festmachen, ob eine Bestimmung einer Partei dient? Begrenzungen und Beschränkungen des zu versichernden Risikos gehen Hand in Hand mit günstige(re)n Prämien. Niedrige Prämien belasten das Vermögen des Versicherungsnehmers weniger; sie sind für ihn als geringerer Aufwand positiv[569].

---

566 Vgl. SCHMIDT-HOLLBURG, S. 69.
567 P/M/PRÖLSS, Vor. I Rdn. 15.
568 Insoweit zustimmend auch SCHIRMER/Martin, 80 Jahre VVG, 268, 295.
569 Die Einordnung eines Interesses ist damit immer eine Wertung und daher subjektiv.

Aber selbst wenn man festmachen könnte, in wessen Interesse eine Bestimmung steht, kann sich die von Prölss angesprochene Problemlage ergeben[570]: Es wäre ebenso subjektiv, sich im Umlauf befindliche AVB als Wertungsmaßstab anzusetzen. Man würde die Klauseln, die für den Versicherungsnehmer günstiger als die AVB sind, dem Versicherungsnehmer zuordnen. Dagegen rechnete man alle die Bestimmungen dem Versicherer zu, die für den Versicherungsnehmer ungünstiger oder gleich den AVB sind. Aber woran will man wieder messen, was für eine Vertragspartei günstig oder ungünstig ist? AVB enthalten in aller Regel Klauseln, die im Interesse beider Parteien stehen[571].

(ii) Übliche Bedingungswerke

Der Ansatz von Prölss ist deshalb vorzuziehen. Er entspricht dem Schutzzweck des AGB-Rechts, indem er auf die Bestimmungen abhebt, die ein Versicherer auch sonst verwenden würde, d.h., die der Versicherer üblicherweise gebraucht, um die Vertragsgestaltungsfreiheit für sich zu nutzen[572].

Außerdem steht sein Ansatz mit der Aufgabe des Tatbestandsmerkmals „stellen" im Einklang. Diejenige Vertragspartei stellt allgemeine Bedingungen, die ihre Einbeziehung in den Vertrag veranlaßt[573].

Zwar entwickelt ein Makler seine Bedingungen grundsätzlich selbständig[574]. Er ist dabei aber nicht frei von Sachzwängen, denn er muß für seine Risikobeschreibung einen oder mehrere Versicherer finden. Will der Makler erfolgreich sein, muß er sich an den im Vertretergeschäft üblichen AVB orientieren[575]. Ein Versicherungsnehmer sollte aber den Schutz durch das AGB-Recht nicht verlie-

---

570 Vgl. dazu vorstehend unter B. IV. 2. b) bb) (2) [Zurechnung der Maklerbedingungen].

571 Und welcher Maßstab wäre in den Fällen anzulegen, in denen es für die Versicherung keine vergleichbaren AVB gibt?

572 Zwar wird von P/M/PRÖLSS, Vor. I Rdn. 15., damit auch nicht der Problemkreis der Versicherungen vermieden, für den es keine vergleichbaren AVB gibt. Doch erspart er dem Betrachter von Maklerbedingungen die Notwendigkeit, auf eigene Wertungskriterien zurückgreifen zu müssen, um festzustellen, welcher Partei eine Bestimmung dient bzw. in wessen Interesse sie steht. Zur Ausnutzung der Vertragsgestaltungsfreiheit in Deutschland vgl. außerdem nachfolgend unter B. IV. 3. c) aa) [Geschichte].

573 Bedenke weiter, daß schon 1935 ein Kaufmann „Verwender" der nicht (nur) von ihm aufgestellten AGB war, während sein Kundenkreis „andere Vertragspartei" war. RAISER, S. 255.

574 Zur Abfassung von Maklerbedingungen in der Seeversicherung vgl. JOOST, S. 2 ff.

575 Es würde ihm sonst schwerfallen, das Risiko des Versicherungsinteressenten bei irgendeinem Versicherer unterzubringen. Vgl. außerdem die Ansicht SCHMIDT-HOLLBURGs zu der Frage, warum dem Versicherungsmakler bei der Gestaltung seiner Bedingungswerke eine neutrale Position zukommen soll, unter B. IV. 2. b) bb) (1) [Makler als Interessenwalter].

ren, weil nicht der Versicherer, sondern ein Dritter gleichlautende Versicherungsbedingungen in den Vertrag eingeführt hat.

(iii) Praktische Gründe

Daneben sprechen praktische Gründe für den Ansatz von Prölss. Es läßt sich relativ leicht feststellen, welche Maklerklausel mit einer AVB-Bestimmung übereinstimmt (oder dieser vergleichbar ist) und welche ein Makler im Auftrag des Versicherungsinteressenten besonders verhandelt hat.

(iv) § 310 Abs. 3 Nr. 1 BGB

Ausschlaggebender Grund ist schließlich, daß der Ansatz von Prölss im Einklang mit § 310 Abs. 3 Nr. 1 BGB steht. Die Vorschrift ist anwendbar, wenn eine formularmäßige Regel nicht auf Verlangen des Unternehmers, sondern auf Vorschlag eines Dritten Vertragsinhalt wurde[576]. Danach gelten vorformulierte Vertragsbedingungen als vom Unternehmer gestellt, es sei denn, sie sind vom Verbraucher in den Vertrag eingeführt worden[577].

In der Sportbootversicherung findet der Versicherungsinteressent die Bedingungen des Maklers vor. Erscheinen sie ihm günstig, beauftragt er den Makler, sein Fahrzeug zu dessen YKB bei einem oder mehreren Versicherern unterzubringen. Ist das nicht der Fall, wird er, wie bereits festgestellt[578], den Makler wechseln, sich an einen AVBW-Vertreter wenden oder das Risiko selbst tragen. Er wird grundsätzlich nicht mit dem Makler über die Änderung oder gar Einführung einer Bestimmung verhandeln.

(v) Zusammenfassung

Grundsätzlich stellen der oder die Sportbootversicherer das Bedingungswerk auch in der Yachtkaskoversicherung. Daß der Makler die Bedingungen vorbereitet und sie ihnen im Auftrag des Versicherungsinteressenten anbietet, spielt für die Verwenderstellung keine Rolle. Sportbooteigner sind Verbraucher. Als solche bleiben sie die Vertragspartei, die vor den sich aus der Ausnutzung der Vertragsgestaltungsfreiheit ergebenden Gefahren zu schützen ist.

---

576 Sog. Drittbedingungen. BGH, NJW 1999, 2180, 2181.

577 Palandt/HEINRICHS, § 24 a AGBG Rdn. 8 = Palandt/HEINRICHS, SchuModG, § 310 Rdn. 12.

578 Vgl. dazu vorstehend unter B. IV. 2. b) aa) (2) [Kräfteverhältnis].

cc) Wiederverwendungsabsicht

Der Umstand, daß nicht die Vertragsparteien, sondern der Makler die YKB vorbereitet hat, ist noch an einer dritten Stelle von Bedeutung. Kommt es darauf an, daß nicht der jeweilige Verwender, sondern ein Dritter das Bedingungswerk für eine Vielzahl von Verträgen vorformuliert hat (§ 305 Abs. 1 Satz 1 1. Halbs. BGB)? Nicht eine der Vertragsparteien, sondern der Makler (also ein Dritter) will es in seinem Geschäftsbetrieb weiterhin nutzen.

(1) Eines Dritten

Nach ganz herrschender Meinung[579] ist ausreichend, wenn ein Dritter allgemeine Geschäftsbedingungen für eine Vielzahl von Verträgen verwendet. Ihr abstrakt-genereller Charakter ergebe sich aus der Zweckbestimmung des Aufstellers[580], der die Wiederverwendung plant. Es ist nicht erforderlich, daß eine der Parteien ihre mehrfache Verwendung vorhabe[581].

(2) Stellungnahme

Der herrschenden Meinung ist zu folgen. Die genaue Betrachtung des Wortlauts von § 305 Abs. 1 Satz 1 1. Halbs. BGB besagt nicht, daß der Verwender die Bedingungen vorformulieren muß. Vorformulieren (Abs. 1 Satz 1 1. Halbs.) und Stellen (Abs. 1 Satz 1 2. Halbs.) sind unterschiedliche Erfordernisse in verschiedenen Halbsätzen.

Sie stehen nebeneinander. Das Erfordernis, daß die Bedingungen vorformuliert sein müssen, ist nicht an die Verwenderstellung geknüpft. Es ist daher unerheblich, wenn AGB nicht von ihrem jeweiligen Verwender, sondern einem Dritten vorformuliert werden.

dd) Zwischenergebnis

Die Maklerbedingungen in der Sportbootversicherung (YKB) sind AGB im Sinne der Vorschriften zur Gestaltung rechtsgeschäftlicher Schuldverhältnisse

579 BGH, NJW 1991, 843 f.; U/B/H/ULMER, § 1 Rdn. 23; W/H/L/WOLF, § 1 Rdn. 13; MüKo/BASEDOW, § 1 AGBG Rdn. 17-19; Palandt/HEINRICHS, § 1 AGBG Rdn. 6 = Palandt/HEINRICHS, SchuModG, § 305 Rdn. 9; Soergel/STEIN, § 1 AGBG Rdn. 15; Staudinger/SCHLOSSER, § 1 AGBG Rdn. 15.

580 Palandt/HEINRICHS, § 1 AGBG Rdn. 6 = Palandt/HEINRICHS, SchuModG, § 305 Rdn. 9.

581 BGH, NJW 1991, 843, 843. Verwender ist daher auch, wer ohne Wiederholungsabsicht ein gebräuchliches Vertragsmuster ganz oder teilweise benutzt. HEINRICHS, NJW 1977, 1505, 1506.

durch Allgemeine Geschäftsbedingungen[582]. Wie bei den AVBW ist ihr Verwender der Versicherer. Zwar führt sie ein Dritter (der Makler) in den Vertrag ein. Bootseigner sind aber Verbraucher, so daß ihnen der Verzicht auf das Tatbestandsmerkmal „stellen" gemäß § 310 Abs. 3 Nr. 1 BGB zugute kommt. Wegen der Einführung der Bedingungen durch den Makler scheidet eine Einbeziehung in den Vertrag nach den Antrags- und Policenmodellen aus, die unter B. IV. 2. a) unter *lit.* bb)[583] und *lit.* cc)[584] besprochen worden waren.

YKB werden vielmehr nach den eingangs erwähnten[585] Grundsätzen von Angebot und Annahme[586] Bestandteil des Vertrags. Der Makler wendet sich zunächst an die Bootseigner; dabei wirbt er mit den von ihm vorbereiteten Bedingungen. Erklärt sich der Bootseigner mit diesen einverstanden, bietet er einem oder mehreren Versicherern die Übernahme des Risikos an. Nehmen der oder die Versicherer an, wird der Vertrag zu den vom Makler vorbereiteten Bedingungen geschlossen[587].

3. Auslegung

Sowohl die AVBW als auch die YKB sind allgemeine Geschäftsbedingungen im Sinne der §§ 305-310 BGB. Ihre Auslegung unterliegt daher besonderen Grundsätzen. Der Streit um die Auslegung von AGB ist seit langem Gegenstand der Rechtsprechung. Dabei stammen die meisten Urteile aus dem Versicherungsrecht[588].

Auslegen ist ein vermittelndes Tun, durch das sich der Auslegende den Sinn eines Erklärungsakts (*i.e.* eines Textes) erschließt[589]. Grundregel ist, daß der Auslegende nur den Erklärungstatbestand[590] betrachten darf – ohne etwas wegzulassen oder hinzuzufügen[591]. Es geht darum zu erkennen, was der Text bedeutet[592].

---

582 Bestätigt wird dieses Ergebnis vom BGH. So hat dieser 1988 unproblematisch angenommen, daß es sich bei Yachtpolicenbedingungen um allgemeine Versicherungsbedingungen handelt. BGHZ 103, 228, 229.

583 [Nach Inkrafttreten des AGBG: Antragsmodell].

584 [Nach Inkrafttreten des 3. DG/EWG zum VAG: Policenmodell].

585 Das war unter B. IV. 2. [Einbeziehung].

586 Das ist gem. §§ 145 ff. BGB.

587 Allein der Weg zum Vertragsschluß macht damit die für AVB geltenden versicherungsrechtlichen Einbeziehungsmodelle unmöglich.

588 RAISER, S. 251.

589 LARENZ, S. 200. Ziel der Auslegung ist, den rechtsverbindlichen Sinn einer Erklärung zu deuten. RAISER, S. 251.

590 Zur Bedeutung des „Erklärungstatbestands" vgl. sogleich unter B. IV. 3. a) bb) [Vorgehensweise].

591 LARENZ, S. 201.

Das kann Probleme aufwerfen, weil die Umgangssprache (allgemeiner Sprachgebrauch) anders als die mathematische Logik oder eine Wissenschaftssprache (spezielle Zeichensprache) keine genau festgelegten Begriffe verwendet[593].

Der allgemeine Sprachgebrauch enthält mehr oder minder flexible Ausdrücke. Deren Bedeutung schwankt innerhalb einer weiten Bandbreite: Sie kann unterschiedlich sein je nach den Umständen, der Sachbezogenheit und dem Zusammenhang des Textes bzw. nach der Satzstellung oder der Betonung eines Wortes. Selbst verhältnismäßig fest bestimmte Begriffe können Merkmale ohne scharfe Begrenzung enthalten[594]. Bevor die in der Sportbootversicherung verwendeten Bedingungswerke näher untersucht werden, muß man sich also die Grundbegriffe der juristischen Auslegung vergegenwärtigen.

Die Auslegung richtet sich nach der Natur des auszulegenden Erklärungsakts; man unterscheidet zwischen Gesetzen, Rechtsgeschäften und allgemeinen Geschäftsbedingungen bzw. Versicherungsbedingungen. Die Methodenlehre hat für die einzelnen Erklärungsakte jeweils eigene Vorgehensweisen entwickelt[595]:

Gesetze erschließt man sich durch den Wortsinn und den Bedeutungszusammenhang der einzelnen Rechtsnorm (systematische Stellung). Auch betrachtet man die Regelungsabsicht (Zwecke und Normvorstellungen) des historischen Gesetzgebers und die objektiv-teleologischen Kriterien. Dabei gilt das Gebot der verfassungskonformen Auslegung[596].

---

592 *I.e.*, in seinem „recht verstandenen Sinne" eigentlich besagt (LARENZ, S. 202.). LARENZ meint damit das „richtige" (d.h. rechtlich maßgebliche) Verständnis von sprachlichen Äußerungen.

593 LARENZ, S. 200. Auch schon NOVALIS: „Die Sprache ist Delphi."

594 *Id.* LARENZ erinnert in diesem Zusammenhang an das Merkmal der „zur Herstellung des Gebäudes eingefügten Sachen" (§ 94 Abs. 2 BGB) und der „Neuheit" einer Sache (§ 950 Abs. 1 BGB). Außerdem seien viele (und gerade die wichtigsten) Rechtsbegriffe wie etwa „subjektives Recht" oder „rechtswidrig" im Gesetz nicht definiert; andere gesetzliche Def. wie etwa die der „Fahrlässigkeit" in § 276 Abs. 1 Satz 2 BGB, würden sich als unvollständig oder mehrdeutig erweisen.
Daß der Mangel an Def. im Versicherungsrecht aber nicht nur schlechte Seiten hat, stellte Ehrenberg schon 1903 fest (EHRENBERG, ZVersWiss 1903, 315, 317.). So zeige ...

> „[d]ie alte goldene Rechtsregel von der Gefährlichkeit aller Definitionen ... sich vielleicht nirgends so berechtigt, wie beim Versicherungsvertrag; die meisten Definitionen, die man aufgestellt hat, sind zu weit, sie umfassen auch die entgeltliche Bürgschaft, den Garantievertrag, oft auch Spiel und *Wette*; andere sind wieder zu eng, indem sie die Rentenversicherung ausschließen; bestenfalls ist eine Alternativ-Definition (gestellt auf Schadensersatz „oder" Summenleistung) das Resultat."

595 LARENZ, S. 207.

596 LARENZ, S. 208-234.

a) Individuelle Rechtsgeschäfte

Rechtsgeschäftliche Schuldverhältnisse werden gemäß § 311 Abs. 1 BGB durch Vertrag begründet. Wird der Inhalt der zum Vertrag führenden Erklärungen oder der Inhalt des Vertrags unter den Beteiligten streitig, bedürfen Erklärungen oder Vertrag der Auslegung[597]. Die Auslegung eines individuellen Rechtsgeschäfts ermittelt die zwischen seinen Parteien rechtlich maßgebende Bedeutung[598].

aa) Verständnishorizont des Empfängers

Im Vordergrund steht der objektive Verständnishorizont des Empfängers[599]. Das Gesetz regelt das in den grundlegenden Bestimmungen der §§ 133, 157 BGB. Zwar gilt § 133 BGB seinem Wortlaut nach nur für die Auslegung einzelner Willenserklärungen; er ist aber auch auf Verträge anzuwenden[600]. Umgekehrt betrifft § 157 BGB seinem Wortlaut nach nur den bereits zustande gekommenen Vertrag; einzelne Willenserklärungen (und einseitige Rechtsgeschäfte) sind jedoch ebenfalls nach Treu und Glauben mit Rücksicht auf die Verkehrssitte auszulegen[601]. Die Auslegung nach §§ 133, 157 BGB geht ineinander über, sie kann nicht voneinander getrennt werden[602].

Ist eine Erklärung oder ein Vertrag objektiv mehrdeutig, haben der Erklärende und der Empfänger sie aber in derselben Weise verstanden, müssen beide sie in diesem Sinne gelten lassen[603]. Ihr Inhalt ist unstreitig. Hat dagegen der Empfänger den Erklärungsakt anders verstanden, als der Erklärende ihn gemeint hatte, dann ist weder die tatsächlich gemeinte noch die tatsächlich verstandene Bedeutung ohne weiteres rechtlich maßgeblich[604].

Es kommt vielmehr darauf an, wie der Empfänger den Erklärungsakt nach den (Vertrags-)Umständen verstehen mußte. *I.e.* nach Treu und Glauben unter Be-

---

597 LARENZ, S. 187.

598 Palandt/HEINRICHS, § 133 Rdn. 1.

599 *Id.*

600 *Id.*, m.w.N.

601 RGZ, 169, 122, 124 f. ; BGHZ 47, 75, 78.

602 Palandt/HEINRICHS, § 133 Rdn. 2.

603 Wenn die Erklärung tatsächlich von beiden Vertragspartnern im gleichen Sinne verstanden wurde, gilt sie in diesem Sinne, ohne daß es auf die objektiv zu verstehende Bedeutung noch ankäme (LARENZ, S. 235.). Denn die Rechtsordnung hat keinen Grund, den Beteiligten eine Bedeutung aufzudrängen, die keiner von ihnen gemeint hatte (LARENZ, S. 187.). Grundsatz der *falsa demonstratio non nocet*, die ihren Niederschlag in der ständigen Rspr. gefunden hat (BGHZ 20, 109, 110; 71, 243, 247; BGH, NJW 1996, 1678, 1679; NJW 1998, 746, 747.).

604 LARENZ, S. 187.

rücksichtigung der Verkehrssitte[605]. Denn die Rechtsordnung schützt nach §§ 133, 157 BGB nur das Vertrauen auf die objektive Bedeutung[606]. Das ist die normative Erklärungsbedeutung, die weder mit der tatsächlich gemeinten noch mit der tatsächlich verstandenen Bedeutung übereinstimmen muß.

bb) Vorgehensweise

Bei der Auslegung von Individualverträgen ist zunächst der zu beurteilende Sachverhalt (Erklärungstatbestand) festzustellen[607]. Das sind alle für die Auslegung relevanten Tatsachen[608]; bei ihnen unterscheidet man zwischen Gegenstand und Mitteln. Gegenstand der Auslegung ist der konkrete Erklärungsakt. Mittel der Auslegung sind die außerhalb des Erklärungsakts liegenden (vertraglichen[609]) Umstände, die einen Schluß auf den Sinn der Erklärung zulassen[610].

Ist der Gegenstand (*i.e.* der Text) festgestellt, legt man den Wortlaut aus[611]. Wie bei der Gesetzesauslegung ist der sprachliche Zusammenhang (Bedeutungszusammenhang) zu berücksichtigen[612]. Bei den Mitteln sind alle Umstände zu berücksichtigen, die dem Erklärungsempfänger im Zeitpunkt des Zugangs der Erklärung bekannt waren oder bekannt sein konnten.

Der Empfänger gilt als Verkehrsteilnehmer, der mit dem allgemeinen[613] und besonderen[614] Sprachgebrauch[615] und den Sitten[616] des betreffenden Verkehrskrei-

---

605 So § 157 BGB. Vgl. aber auch BGHZ, 36, 30, 33; 47, 75, 78; 103, 275, 280; BGH, NJW 1990, 3206, 3206 f.; NJW 1992, 1446, 1447.

606 LARENZ, S. 187, und vorstehend unter B. IV. 3. a) aa) [Verständnishorizont des Empfängers].

607 Palandt/HEINRICHS, § 133 Rdn. 5.

608 BGH, NJW-RR 1992, 772, 773.

609 Zur Bedeutung der „vertraglichen Umstände" im Rahmen des AGB-Rechts vgl. nachfolgend unter C. II. 2. b) aa) [Ungewöhnlichkeit] und unter C. II. 2. b) cc) (2) (i) [Abweichung vom Leitbild].

610 Palandt/HEINRICHS, § 133 Rdn. 5, m.w.N.

611 Palandt/HEINRICHS, § 133 Rdn. 14.

612 BGH, NJW 1957, 873, 873 f.

613 OLG MÜNCHEN, NJW-RR 1996, 239, 239.

614 BGH, NJW-RR 1994, 1108, 1109.

615 Im Gegensatz zu anderen Wissenschaften oder besonderen kaufmännischen Bereichen benutzt man in der Juristerei grds. die allgemeine Sprache. Gesetzgeber, Gerichte und Verwaltung wenden sich an den Bürger und müssen von diesem verstanden werden. Um sich vielfach umständliche Erläuterungen zu ersparen, verwenden Juristen außerdem eine besondere Kunstsprache, in der sie sich präziser ausdrücken können.
Weil das Recht aber in erster Linie den Bürger angeht, kann selbst diese Rechtssprache nicht auf ein Mindestmaß an Allgemeinverständnis verzichten. Auch die juristische Kunstsprache lehnt sich deswegen an die allgemeine Sprache an. Sie ist ein Son-

ses vertraut ist (*Verkehrskreis*-Ansatz). Daneben sind diejenigen Umstände zu beachten, auf die sich der Erklärende ersichtlich bezieht[617]. Es werden die Begleitumstände einbezogen, die außerhalb des Erklärungsaktes liegen[618]. Das sind bei bestehenden Geschäftsverbindungen das bisherige Verhalten, Vorbesprechungen oder gesondert vorausgegangene Erklärungen[619].

Konnte ein sorgfältig prüfender Empfänger auf Grund der vertraglichen Umstände erkennen, daß der Erklärungstatbestand mehrdeutig ist[620], muß er sich bemühen, die Meinung des Erklärenden zu erfahren; er muß nachfragen[621]. Durfte der Empfänger den Erklärungstatbestand aber auch bei gehöriger Sorgfalt in einem bestimmte Sinne verstehen, muß der Erklärende ihn in diesem Sinne gegen sich gelten lassen. Es ist dann unerheblich, ob der Erklärende es anders gemeint hatte. Er muß sich so deutlich ausdrücken, daß der Empfänger das Gemeinte verstehen kann. In diesen Fällen[622] kann der Erklärende jedoch seine Erklärung wegen Irrtums über den Inhalt anfechten (§ 119 Abs. 1 BGB)[623].

b) Allgemeine Geschäftsbedingungen

AGB sind Bestandteil eines Vertrags. Sie sind alleiniger Vertragsinhalt bei Formularverträgen, die sich ausschließlich aus vorformulierten Teilen zusammensetzen, ohne daß ergänzende oder abweichende Individualvereinbarungen vor-

---

derfall der allgemeinen Sprache, keine von ihr losgelöste spezielle Zeichensprache. LARENZ, S. 208.

616 „Verkehrssitte“ ist die im Verkehr der beteiligten Kreise herrschende tatsächliche Übung (RGZ 49, 157, 162.). Sie muß eine gewisse „Festigkeit“ erlangt haben (BGH, NJW 1990, 1723, 1724.). Ein Geschäftsgebrauch, der überwiegend („in der Regel“) befolgt, häufig aber auch nicht befolgt wird, ist daher keine Verkehrssitte (RGZ 75, 338, 340 f.). Die zwischen Kaufleuten bestehende Verkehrssitte nennt § 346 HGB „Handelsbrauch“. Dieser kann durch Anerkennung außerhalb des Handelsverkehrs zu einer allgemeinen Verkehrssitte erstarken (OLG KOBLENZ, NJW-RR 1988, 1306, 1306.).
Die Verkehrssitte ist keine Rechtsnorm; sie ist ein die Auslegung mitbestimmender Faktor (BGH, NJW 1966, 502, 503.). Sie ist nur zu berücksichtigen, wenn beide Beteiligten dem Verkehrskreis angehören, für den sie gilt (RGZ 135, 339, 345.). Trifft das zu, kann sie auch dann angewendet werden, wenn eine der Parteien sie nicht kannte (RGZ 114, 9, 12; OLG FRANKFURT, NJW-RR 1986, 911, 912.): „verobjektivierter Empfängerhorizont“.

617 LARENZ, S. 187 f.

618 BGH, WM 1971, 39, 40; NJW-RR 2000, 1002, 1003.

619 LARENZ, S. 188; Palandt/HEINRICHS, § 133 Rdn. 15-17, m.w.N.

620 Und damit streitig werden könnte.

621 LARENZ, S. 188 und 235.

622 D.h., wenn er die Erklärung anders gemeint hatte, als sie vom Empfänger zu verstehen war.

623 LARENZ, S. 188 und 235.

liegen[624]. Als vertragliche Erklärungen gelten AGB zwischen den Parteien des jeweiligen Rechtsgeschäfts. Nur zwischen ihnen kann die Auslegung einer AGB-Bestimmung von Fall zu Fall streitig werden[625].

aa) Objektivierung

Grundsätzlich legt man AGB wie individuelle rechtsgeschäftliche Schuldverhältnisse aus[626]. Gegenüber der gewöhnlichen Erklärungs- und Vertragsauslegung gibt es jedoch Besonderheiten[627]: AGB sind ihrem Wesen nach nicht zugeschnitten auf ein einmaliges konkretes Rechtsgeschäft der Vertragsparteien (*i.e.* einen Individualvertrag)[628].

Der Verwender verallgemeinert sie, er nutzt die AGB als generelle Ordnung seiner Rechtsbeziehungen zu seinen Kunden[629]. Sie richten sich also nicht wie gewöhnliche Vertragserklärungen und -bestandteile an eine bestimmte Person[630]. Je nach Nutzungsart beziehen sich AGB auf einen engeren oder weiteren Verkehrs- bzw. Kundenkreis[631]; der einzelne Vertragspartner findet sie bei Vertragsschluß fertig vor[632]. Für allgemein vorformulierte Bestimmungen gelten deswegen besondere, vom Einzelfall losgelöste Auslegungsgrundsätze[633].

---

624 Vgl. U/B/H/ULMER, § 5 Rdn. 9.

625 Dabei ist Ziel der Auslegung auch hier, den für die Parteien rechtsverbindlichen Sinn zu deuten (RAISER, S. 251.). Vgl. dazu vorstehend unter B. IV. 3. a) [Individuelle Rechtsgeschäfte] vor Fußnote 598. Beachte jedoch, daß die Auslegung nicht nur im Individualprozeß eine Rolle spielen kann; sie ist außerdem im Verbandsprozeß von Bedeutung. Vgl. U/B/H/ULMER, § 5 Rdn. 5-6, 33 und 36.

626 Palandt/HEINRICHS, § 5 AGBG Rdn. 6 = Palandt/HEINRICHS, SchuModG, § 305 c Rdn. 15.

627 RAISER, S. 251. Vgl. außerdem U/B/H/ULMER, § 5 Rdn. 8.

628 RAISER, S. 251 f.

629 RAISER, S. 252. Einseitig generalisierende Regelungsfunktion: AGB haben also nicht nur Massencharakter; für gewöhnlich hat der Kunde auch keine Einflußnahmemöglichkeit auf ihren Inhalt.
Darin liegt die auf einheitliche Geltung im Verhältnis zu allen Kunden des Verwenders gerichtete Auslegung der AGB begründet. Daneben ist auch der Rationalisierungszweck der AGB nur im Fall ihrer einheitlichen Auslegung zu erreichen; der Vorrang der Individualabrede bietet dabei eine hinreichende Gewähr für die Berücksichtigung der Besonderheiten des Einzelfalls. Vgl. U/B/H/ULMER, § 5 Rdn. 15.

630 RAISER, S. 252.

631 Zur Bedeutung des Verkehrskreises bei der Feststellung von „Verkehrssitten" vgl. vorstehend Fußnote 616.

632 RAISER, S. 252.

633 Wohingegen die anderen Bestandteile eines Vertrags (Individualabreden) nach den vorstehend unter B. IV. 3. a) [Individuelle Rechtsgeschäfte] *lit.* aa)-cc) beschriebenen Grundsätzen ausgelegt werden. Vgl. U/B/H/ULMER, § 5 Rdn. 8. Zur Auslegung von AGB vgl. aber auch XU, S. 101 f. und 104-107.

Vorformulierte Vertragsbestandteile sind objektiv auszulegen[634]. Soweit vorhanden[635], sind belanglos die Begleitumstände wie auch die Stimmungen oder Meinungen der Parteien (Auslegungsmittel[636]); individuelle Momente scheiden aus[637]. Die AGB-Auslegung hat sich nach dem typischen Verständnis redlicher Vertragspartner unter Abwägung der Interessen der an Geschäften dieser Art normalerweise beteiligten Kreise zu richten[638]. Damit verlagert sich der Auslegungsschwerpunkt auf § 157 BGB. Für die bei Individualverträgen gleichrangige, auf den wirklichen Willen der konkreten Parteien abstellende Vorschrift des § 133 BGB ist kaum Raum[639].

bb) Vorgehensweise

Wie die Auslegung von Rechtsnormen[640] und Rechtsgeschäften[641] beginnt die Auslegung von AGB mit dem Wortlaut[642]; man betrachtet den Willen verständiger und redlicher Vertragspartner[643]. Es ist nicht auf die Parteien des konkre-

---

634 Vgl. auch U/B/H/ULMER, § 5 Rdn. 13: „Ein hiervon abweichendes Verständnis der konkreten Vertragsparteien kann nur in engen Grenzen beim Eingreifen des Rechtsgedankens des § 4 [AGBG], Berücksichtigung finden.", m.w.N. Vgl. außerdem LOCHER, S. 62.

635 So sehen manche Kommentatoren die Besonderheit bei einem Vertragsschluß unter Einbeziehung von AGB darin, daß typischerweise einzelfallbezogene, auslegungsrelevante Umstände fehlen. Vgl. Palandt/HEINRICHS, § 5 AGBG Rdn. 7 = Palandt/HEINRICHS, SchuModG, § 305 c Rdn. 15; W/H/L/LINDACHER, § 5 Rdn. 6.

636 D.h. die außerhalb des Erklärungsakts liegenden Umstände, die einen Schluß auf den Sinn der Erklärung zulassen. Vgl. dazu vorstehend unter B. IV. 3. a) bb) [Vorgehensweise].

637 RAISER, S. 252.

638 Vgl. etwa BGHZ 7, 365, 368; 22, 90, 98; 33, 216, 218; 60, 174, 177; 77, 116, 118; 79, 117, 119; 84, 268, 272 = BGH, NJW 1982, 2776, 2777; BGHZ 96, 182, 191 = BGH, NJW 1986, 424, 426; BGHZ 98, 256, 260; 102, 384, 389 f. = BGH, NJW 1988, 1261, 1263; NJW 1981, 867, 868; WM 1983, 220, 221 f.; NJW 1984, 169, 170; WM 1984, 944, 945; WM 1990, 1059, 1060; WM 1990, 1389, 1390; NJW 1992, 2629, 2629; NJW 1993, 1381, 1382; NJW-RR 1996, 856, 857; NJW 1999, 1105, 1106 = WM 1999, 535, 537; NJW 2001, 2165, 2166.

639 U/B/H/ULMER, § 5 Rdn. 14.

640 Vgl. dazu vorstehend unter B. IV. 3. [Auslegung].

641 Vgl. dazu vorstehend unter B. IV. 3. a) bb) [Vorgehensweise].

642 Vgl. U/B/H/ULMER, § 5 Rdn. 16.

643 BGHZ 17, 1, 3; 62, 251, 254; BGH, WM 1983, 677, 677; NJW 1984, 169, 170; NJW 1984, 1184, 1185; WM 1985, 1228, 1229; NJW 1992, 1032, 1034; NJW 1993, 1381, 1382 f.; NJW 1993, 2369, 2369 f.; NJW 1999, 1105, 1106. Wie bei der Auslegung von Rechtsgeschäften (Vgl. dazu vorstehend unter B. IV. 3. a) aa) [Verständnishorizont des Empfängers] insb. Fußnote 603.) ist daher die von den Parteien einer bestimmten Klausel übereinstimmend beigelegte Bedeutung maßgebend, selbst wenn sie eine von ihrem objektiven Sinn abweichende Bedeutung hat. Palandt/HEINRICHS, § 5 AGBG Rdn. 6 = Palandt/HEINRICHS, SchuModG, § 305 c Rdn. 15.

ten Geschäfts abzustellen[644], sondern auf den Verkehrskreis, gegenüber dem die betreffenden AGB gewöhnlich verwendet werden (Verkehrskreisansatz)[645]. Anders als bei der Auslegung von individuellen Rechtsgeschäften[646] sind nicht heranzuziehen die Umstände, die dem Erklärungsempfänger im Zeitpunkt des Zugangs bekannt waren[647] (und die Vorkenntnisse, die sich dem typischerweise an Geschehen dieser Art beteiligten Durchschnittskunden verschließen)[648].

Neben der gewählten Ausdrucksweise[649] ist der mit den AGB verfolgte Sinn und Zweck zu berücksichtigen[650]. Maßgeblich ist dafür das Verständnis des Verkehrskreises[651]; nach dem Verständnis des Durchschnittskunden ist der typische Sinn der AGB zu ermitteln[652].

Wie bei der Auslegung von Rechtsnormen[653] und individuellen Rechtsgeschäften[654] kann darüber hinaus die systematische Stellung einer Bestimmung innerhalb des Bedingungswerks von Bedeutung sein[655]. Bei einem Widerspruch zwischen zwei Bestimmungen geht die speziellere der allgemeinen vor, d.h., solange zwischen den Regelungen eine derartige Abstufung feststellbar ist[656].

---

644 BGH, NJW 1960, 1661, 1661 betreffend die Verwendung von AGB gegenüber einem beschränkt sprachkundigen Ausländer.

645 So schon RGZ 171, 43, 48. Vgl. weiter BGHZ 22, 90, 98; 33, 216, 218; 49, 84, 88; 60, 174, 177; 84, 268, 272 = BGH, NJW 1982, 2776, 2777; BGHZ 102, 384, 389 f. = BGH, NJW 1988, 1261, 1263; NJW 1984, 169, 170; BB 1984, 1511, 1512; NJW 1989, 582, 583; WM 1990, 1389, 1390. Bedenke aber auch, daß bei der Auslegung von Rechtsgeschäften der Erklärungsempfänger als Verkehrsteilnehmer gilt, der mit dem allgemeinen und besonderen Sprachgebrauch und den Sitten des betreffenden Verkehrskreises vertraut ist. Vgl. dazu vorstehend unter B. IV. 3. a) bb) [Vorgehensweise].

646 Vgl. dazu vorstehend unter B. IV. 3. a) bb) [Vorgehensweise].

647 Das sind die individuellen Momente.

648 BGHZ, 60, 174, 177; BGH, NJW-RR 1996, 856, 857.

649 Oder sogar statt ihrer. Vgl. BGH, NJW 1962, 388, 389; BGHZ 105, 24, 27 f.

650 BGHZ 22, 109, 113; 49, 84, 88; BGH, NJW 1993, 1381, 1382; NJW 1999, 1105, 1106.

651 Der in aller Regel rechtlich nicht vorgebildet ist. Palandt/HEINRICHS, § 5 AGBG Rdn. 7 = Palandt/HEINRICHS, SchuModG, § 305 c Rdn. 16.

652 BGHZ 60, 174, 177; BGH, NJW 1980, 831, 832; BB 1984, 1511, 1512.

653 Vgl. dazu vorstehend unter B. IV. 3. [Auslegung].

654 Vgl. dazu vorstehend unter B. IV. 3. a) bb) [Vorgehensweise].

655 BGH, NJW 1985, 320, 324 ff.; NJW 1985, 623, 627; NJW 1991, 2559, 2561 ff.; NJW 1992, 180, 181; NJW 1992, 1097, 1099; NJW 1992, 1236, 1237; BGHZ 129, 345, 348 = BGH, NJW 1995, 3117, 3118.

656 Vgl. OLG HAMM, NJW-RR 1997, 1215; LG ESSEN, NJW 1979, 555.

c) Allgemeine Versicherungsbedingungen

Nach Einführung des BGB scheuten sich die Gerichte, einmal geschlossene Verträge einer Inhaltskontrolle zu unterziehen[657]. Zu groß war ihr Respekt vor der durch § 305 BGB (a.F.[658]) begründeten Vertragsfreiheit. Um gleichwohl Härten und Ungerechtigkeiten zu vermeiden, halfen sie den übervorteilten Vertragspartnern der AGB-Verwender im Wege der *Auslegung*[659].

aa) Geschichte

Beispiele dafür finden sich insbesondere im Privatversicherungsrecht. Versicherer nutzten die Unkenntnis und Gleichgültigkeit der Versicherungsnehmer gegenüber ihren AVB rücksichtslos aus und beschränkten den von ihnen gewährten Versicherungsschutz durch kleinliche Fassung der Bedingungswerke.

Daneben gaben die Versicherer den Versicherungsnehmern zahlreiche Obliegenheiten auf, deren Nichtbeachtung den gegebenen Versicherungsschutz wieder entzog. Mittels Auslegung führte die Rechtsprechung das Verschuldensprinzip für derartige Verwirkungsklauseln ein. Der Gesetzgeber nahm das Prinzip[660] auf und machte es zur Grundlage der §§ 6, 16, 17 und 25 VVG[661]. Aber nicht nur im Rahmen einzelner Vorschriften[662], durch die Einführung von Versicherungsvertragsgesetz, Versicherungsaufsichtsgesetz und AGB-Gesetz[663] insgesamt ging der Gesetzgeber Mißstände an, die durch die einseitig generalisierende Nutzung der Vertragsgestaltungsfreiheit entstehen können.

Die Rechtsprechung nahm auch diese Vorgaben an und hat sie in der Zwischenzeit weiter verfeinert[664]. Wie einleitend unter B. IV. 1.[665] erörtert[666], unterzieht sie bis heute Versicherungsbedingungen einer eingehenden Inhaltskontrolle.

---

657 RAISER, S. 265.

658 Das ist der heutige § 311 Abs. 1 BGB.

659 RAISER, S. 265.

660 Aber auch das Kausalitätserfordernis und die klarstellende Kündigung. Vgl. dazu nachfolgend unter C. II. 4. c) bb) [Zwischenergebnis].

661 RAISER, S. 265 f.

662 Vgl. außerdem Fußnote 660.

663 Bzw. dessen Aufnahme in das BGB.

664 Vgl. z.B. nachfolgend vor Fußnote 746.

665 [Geltung im Versicherungsvertragsrecht].

666 Vgl. aber auch die weiteren Ausführungen unter B. IV. 1. [Geltung im Versicherungsvertragsrecht].

bb) Vorgehensweise

All dies hat jedoch nicht dazu geführt, daß AVB heute so klar geschrieben sind, daß sie nicht mehr ausgelegt werden müssen. Ihr Verständnis kann immer noch Probleme aufwerfen. Wie AGB besitzen AVB eine generelle Regelungsfunktion[667]; man legt sie also ebenfalls objektiv aus[668]. Dabei ist zu fragen, wie sie ein durchschnittlicher Versicherungsnehmer bei verständiger Würdigung, aufmerksamer Durchsicht und Berücksichtigung des erkennbaren Sinnzusammenhangs verstehen müsse (Verkehrskreisansatz)[669].

Grundsätzlich kommt es auf die Verständnismöglichkeit eines Versicherungsnehmers ohne rechtliche[670] oder versicherungstechnische Spezialkenntnisse (Versicherungslaie) und damit auch auf seine Interessen an[671]. Das bedeutet, daß der Umkehrschluß, die Analogie und das Erst-recht-Argument für die Auslegung von AVB ausscheiden[672]. Dasselbe gilt für den Vergleich mit älteren (AVB-)Fassungen[673]; ein durchschnittlicher Versicherungsnehmer zieht sie im allgemeinen nicht heran[674].

Nicht maßgebend ist, was sich der Verfasser der Bedingungen bei deren Abfassung vorgestellt hat[675]. Die Bedeutung ist entscheidend, die ein Begriff nach dem allgemeinen Sprachgebrauch für den durchschnittlichen Versicherungsnehmer hat[676]. Dabei ist neben dem Wortlaut der mit einer Klausel erkennbar verfolgte Zweck ausschlaggebend[677]. Verwenden die AVB hingegen einen juristi-

---

667 Auch AVB bezwecken den Abschluß gleichförmiger Verträge. Vgl. dazu bereits vorstehend Fußnote 34.

668 PRÄVE, Rdn. 268.

669 Palandt/HEINRICHS, § 5 AGBG Rdn. 7 = Palandt/HEINRICHS, SchuModG, § 305 c Rdn. 16. *I.e.* der Verkehrskreis, gegenüber dem die AVB (gewöhnlich) Verwendung finden. Vgl. dazu vorstehend unter B. IV. 3. b) bb) [Vorgehensweise].

670 Vgl. außerdem vor Fußnote 651.

671 BGH, NJW-RR 1999, 1473, 1473; BGHZ 123, 83, 85 = BGH, NJW 1993, 2369, 2369 f. = VersR 1993, 956, 957; BGH, VersR 1992, 349, 350, m.w.N.; VersR 1989, 908, 909; BGHZ 84, 268, 272 = BGH, NJW 1982, 2776, 2777. Auslegungsmittel und Vorkenntnisse, die sich dem typischerweise an Geschehen dieser Art beteiligten Durchschnittskunden verschließen, sind nicht heranzuziehen. Vgl. dazu vorstehend unter B. IV. 3. b) bb) [Vorgehensweise].

672 OLG KÖLN, NJW-RR 1991, 1312, 1312 f. = VersR 1992, 490, 491; r+s 1991, 426, 426.

673 OLG KÖLN, NJW-RR 1991, 1312, 1313 = VersR 1992, 490, 491; r+s 1991, 426, 427.

674 Insb. ist davon auszugehen, daß der durchschnittliche Sportbooteigner nicht die Entstehungsgeschichte einer Klausel kennt. OLG Köln, r+s 1998, 394, 395.

675 HOFMANN, S. 23 f.

676 BGH, VersR 1990, 1271, 1271; BGHZ 84, 268, 272 = BGH, NJW 1982, 2776, 2777.

677 BGH, VersR 1996, 500; VersR 1991, 417, 418; VersR 1989, 903.

schen Begriff, richtet sich dessen Auslegung nach dem, was die Rechtssprache damit verbindet[678]. In Grenzfällen kann man einen juristischen Begriff aber in einem abweichendem Sinn verstehen, nämlich dann, wenn der Sinnzusammenhang der AVB eine andere Bedeutung ergibt oder das gewöhnliche Sprachverständnis von der Rechtssprache deutlich abweicht[679].

Stehen sich bei Versicherungsverträgen typischerweise Parteien gegenüber, die Spezialkenntnisse besitzen, ist das Verständnis dieses vorgebildeten Kundenkreises maßgeblich[680] (Verkehrskreisansatz). Das ist der Fall bei Rechtsgeschäften, bei denen der durchschnittliche Versicherungsnehmer über eine rechtliche bzw. versicherungstechnische Vorbildung verfügt. So ist z.B. bei der Auslegung von allgemeinen Versicherungsbedingungen für Transporte im grenzüberschreitenden Straßenverkehr von einem AVB-erfahrenen (Unternehmer-)Versicherungsnehmer auszugehen[681].

cc) Stellungnahme

Wie im Rahmen der Einordnung der Sportbootversicherung als Transportmittelversicherung erörtert[682], mangelt es bei der Sportbootversicherung an der für die Transportversicherung typischen Parteienlage. Nicht AVB-erfahrene Unternehmer[683], die im Rahmen ihres Gewerbebetriebs Kaskopolicen besorgen, begehren hier Schutz. Versicherungsnehmer sind Sportbooteigner, die das Risiko ihrer Freizeitbeschäftigung verringern wollen[684].

Die Auslegung der allgemeinen Bedingungswerke in der Sportbootversicherung (AVBW und YKB) erfolgt daher vor dem Hintergrund ihres Verständnisvermö-

---

678 BGH, VersR 1992, 606, 607 = r+s 1992, 168, 169. Zur „juristischen Kunstsprache" vgl. außerdem vorstehend Fußnote 615.

679 BGH, VersR 1995, 951, 952; VersR 1992, 606, 607 = r+s 1992, 168, 169; VersR 1986, 537, 538 = r+s 1986, 148, 149. Unterscheiden sich allgemeiner Sprachgebrauch und Rechtsbegriff jedoch nicht deutlich, liegt lediglich eine Unklarheit vor, die nach § 305 c Abs. 2 BGB zu bewerten ist. PRÄVE, Rdn. 276.

680 MüKo/BASEDOW, § 5 AGBG Rdn. 7 = MüKo/BASEDOW, § 305 c Rdn. 24; PRÄVE, Rdn. 270. Vgl. auch ROTH, WM 1991, 2125, 2129.

681 BGH, VersR 1984, 830, 831.

682 Vgl. dazu vorstehend unter B. III. 1. d) [Stellungnahme] und dort auch unter *lit.* gg) [Zusammenfassung].

683 Bzw. vor dem 22. Juni 1998 „Kaufleute". Änderung eingeführt durch das HRefG, BGBl. I 1998, S. 1474.

684 Es wird versichert die Nutzung eines Boots zu Sport- und Vergnügungszwecken (Vgl. dazu nachfolgend unter C. II. 6. [Sportliche Nutzung]. Das ist ein Risiko des *persönlichen Lebensbereichs*; „eine klare Abgrenzung der beteiligten Verkehrskreise von der Allgemeinheit [ist] daher nicht möglich" (OLG HAMM, NJW-RR 1991, 1131, 1132.).

gens und ihrer Erwartungen: Bootseigner entstammen einem Verkehrskreis, der rechtlich oder versicherungstechnisch nicht vorgebildet ist (Versicherungslaien).

d) Zwischenergebnis

Obwohl sie vertragliche Erklärungen sind, legt man AGB und AVB anders aus als Individualverträge. Das liegt an ihrem Wesen; im Gegensatz zu individuellen Rechtsgeschäften haben allgemeine Bedingungen eine (einseitig) generalisierende Regelungsfunktion. Ihren Sinn muß man sich daher objektiv erschließen, d.h. unter Verzicht auf die besonderen Umstände des Einzelfalls (individuellen Momente). Der auszulegende Erklärungstatbestand ist auf den Text der allgemeinen Bedingungen[685] beschränkt.

Man betrachtet zunächst den AVB-Wortlaut. Daneben muß man den mit der/den Bestimmung/en verfolgten Sinn und Zweck ergründen. Beides geschieht unter Abwägung der Interessen des Verkehrskreises, der an Geschäften dieser Art normalerweise beteiligt ist. In der Sportbootversicherung sind die Versicherungsnehmer für gewöhnlich rechtlich und versicherungstechnisch nicht vorgebildet. AVBW und YKB sind so auszulegen, wie ein durchschnittlicher Bootseigner sie bei verständiger Würdigung, aufmerksamer Durchsicht und Berücksichtigung des erkennbaren Sinnzusammenhangs verstehen muß[686].

4. Unklarheitenregel

Führt die Auslegung einer Bestimmung zu keinem klaren Ergebnis, gehen Zweifel nach § 305 c Abs. 2 BGB zu Lasten des Verwenders[687]. Die AGB-Unklarheitenregel gilt also erst dann, wenn die Auslegung versagt[688]. Sie beruht auf dem Transparenzgebot[689].

---

685 *I.e.* den Gegenstand oder Erklärungsakt.

686 Vgl. auch OLG KÖLN, r+s 1998, 394, 394.

687 Vgl. LOCHER, S. 67. Der Individualprozeß ist der klassische Anwendungsfall der Unklarheitenregel (U/B/H/ULMER, § 5 Rdn. 4.). Für den Verbandsprozeß kommt diese nicht in Betracht. Sie würde die präventive, auf Beseitigung unangemessener Geschäftsbedingungen im abstrakten Kontrollverfahren gerichtete Funktion der Verbandsklage wesentlich erschweren (U/B/H/ULMER, § 5 Rdn. 5.). Dort gilt vielmehr die Methode kundenfeindlicher Auslegung mehrdeutiger Bedingungen (U/B/H/ULMER, § 5 Rdn. 6, m.w.N.).

688 BGH, NJW 1995, 1303, 1304; NJW 1993, 1381, 1382; NJW 1993, 1133, 1135; NJW 1990, 3016, 3017; WM 1987, 964, 965; WM 1987, 962, 963; WM 1986, 387, 388; MüKo/BASEDOW, § 5 Rdn. 12 = MüKo/BASEDOW, § 305 c Rdn. 29; U/B/H/ULMER, § 5 Rdn. 25; WERBER/WINTER, Rdn. 31; WAGNER, ZVersWiss 1977, 119, 122; ROTH, WM 1991, 2085, 2086, SAMBUC, NJW 1981, 313, 314.

689 Wer Vertragsbedingungen stellt, hat für verständliche und eindeutige Klauseln zu sorgen. W/H/L/LINDACHER, § 5 Rdn. 24.

a) Traditioneller Anwendungsbereich

Die Anwendung der Unklarheitenregel setzt voraus, daß die fragliche Bestimmung nach erfolgter Auslegung objektiv mehrdeutig ist; bloßer Parteienstreit über die Auslegung genügt nicht[690]. Eine Klausel ist objektiv mehrdeutig, wenn am Ende der gerade dargestellten Vorgehensweise[691] „ein nicht behebbarer Zweifel bleibt und mindestens zwei Auslegungsmöglichkeiten rechtlich vertretbar sind“[692].

In diesem Fall schaltet die Unklarheitenregel jede für den AGB-Kunden nachteilige Zweitbedeutung aus, die sich aus der Mehrdeutigkeit des vorformulierten Textes ergibt[693]. Die Rechtsprechung hat die Unklarheitenregel zunehmend zurückhaltend angewendet[694]. Daneben konnte nach dem alten § 5 AGBG eine Unwirksamkeit[695] nicht eintreten[696].

b) Weitere Kodifizierung des Transparenzgebots

Fraglich ist, ob das heute anders ist: So kann nach § 307 Abs. 1 Satz 2 BGB eine Bestimmung, die „nicht *klar* und verständlich“ ist, eine unangemessene Benachteiligung im Sinne des § 307 Abs. 1 Satz 1 BGB (also des früheren § 9 Abs. 1 AGBG) ergeben. Unklarheiten können damit zur Unwirksamkeit führen, das Transparenzgebot ist Maßstab der Inhaltskontrolle[697].

aa) Spielraum bei der Inhaltskontrolle

Nach dem Entwurf des Schuldrechtsmodernisierungsgesetzes sollte die Unwirksamkeit unklarer und mißverständlicher Bestimmungen als § 307 Abs. 2 Nr. 3 in das Bürgerliche Gesetzbuch aufgenommen werden[698]. Danach wäre eine unangemessene Benachteiligung schon „im Zweifel anzunehmen“ gewesen, wenn

---

690 PRÄVE, Rdn. 299.

691 Vgl. dazu vorstehend unter B. IV. 3. c) bb).

692 BGH, VersR 1996, 622; U/B/H/ULMER, § 5 Rdn. 25; PRÄVE, Rdn. 299.

693 U/B/H/BRANDNER, § 9 Rdn. 88.

694 Bruck/MÖLLER, Einl. Anm. 69-71; KOLL, S. 25; WAGNER, ZVersWiss 1977, 119, 122. Zur Kasuistik im Einzelnen vgl. außerdem U/B/H/ULMER, § 5 Rdn. 34-36, m.w.N. Vgl. aber auch U/B/H/ULMER, § 5 Rdn. 6 und 30-32a (insb. Rdn. 31, m.w.N.).

695 Wie sie in §§ 3, 9, 10 und 11 AGBG angeordnet war.

696 MARTIN, VersR 1984, 1107, 1108; SAMBUC, NJW 1981, 313, 314.

697 Palandt/HEINRICHS, SchuModG, § 307 Rdn. 16.

698 SchuModG-Entwurf, BT-Drs. 14/6040, S. 9.

eine Bestimmung nicht klar und verständlich ist[699]. Für die Anwendung des § 305 c Abs. 2 BGB wäre kaum noch Raum geblieben[700].

Zu dieser Zweifelsregelung ist es aber nicht gekommen; die unangemessene Benachteiligung durch unklare und mißverständliche Bestimmungen wurde statt dessen als § 307 Abs. 1 Satz 2 BGB Gesetz. Aus einer Bestimmung, die nicht klar und verständlich ist, „kann" danach lediglich eine unangemessene Benachteiligung folgen. Der Gesetzgeber hat dadurch der Inhaltskontrolle wegen Unklarheit einen größeren Spielraum eröffnet, als ihn die „im Zweifel anzunehmen" Wortwahl in § 307 Abs. 2 Nr. 3 BGB-Entwurf vorgesehen hätte.

bb) Stellungnahme

Der Spielraum ist für den AGB-Kunden vorteilhaft. Ergibt die Auslegung eine dem Kunden günstigere Auslegungsmöglichkeit, als die (soweit vorhanden) entsprechende gesetzliche Regelung sie vorsieht, gilt diese. Die fragliche Bestimmung ist nicht aufgrund der gesetzlichen Zweifelsregelung des § 307 Abs. 2 Nr. 3 BGB-Entwurf wegen des Bestehens einer Unklarheit unwirksam. Sie gilt in der für den AGB-Kunden günstig(er)en Möglichkeit.

(1) Vorteil der Unklarheitenregel

Bei der Annahme einer unangemessenen Benachteiligung im Sinne des § 307 Abs. 1 Satz 2 BGB sollte deswegen vorsichtig verfahren werden. Zum einen eröffnet die Wortwahl Spielraum bei der Beantwortung der Frage, ob eine unangemessene Benachteiligung wegen einer unklaren Bestimmung vorliegt. Zum anderen kann die Regelung des § 305 c Abs. 2 BGB einen AGB-Kunden günstiger stellen.

(2) Anderer Anwendungsbereich

Darüber hinaus hat § 307 Abs. 1 Satz 2 BGB einen grundsätzlich anderen Anwendungsbereich als § 305 c Abs. 2 BGB. Zwar sind § 305 c Abs. 2 BGB und § 307 Abs. 1 Satz 2 BGB Ausgestaltungen des Transparenzgebots[701] und verwen-

---

699 So der geplante Wortlaut der Vorschrift.

700 Auffassung des Rechtsausschusses, BT-Drs. 14/7052, S. 188.

701 Für § 307 Abs. 1 Satz 2 BGB vgl. SchuModG-Entwurf, BT-Drs. 14/6040, S. 153, und für § 305 c Abs. 2 BGB vgl. U/B/H/ULMER, § 5 Rdn. 21.
AGB müssen die Rechte und Pflichten des Kunden durch eine entsprechende Ausgestaltung und geeignete Formulierung der Vertragsbedingungen durchschaubar, richtig, bestimmt und möglichst klar darstellen. Unnötige Ermessensspielräume des Verwenders bei der Vertragsabwicklung sind zu vermeiden, die der Rechtsposition des Kunden eine Unsicherheit aufprägen (U/B/H/BRANDNER, § 9 Rdn. 87, m.w.N.). Dabei

den das Wort „klar“: „Unklarheitenregel“[702] und „nicht klar“. § 305 c Abs. 2 BGB betrifft aber die Auslegung von allgemeinen Bedingungen, § 307 Abs. 1 Satz 2 BGB deren Inhaltskontrolle[703].

Das Transparenzgebot des § 307 Abs. 1 Satz 2 BGB ist ein eigenständiger Maßstab der Inhaltskontrolle[704]. Treu und Glauben verpflichten den AGB-Verwender, die Rechte und Pflichten seines Vertragspartners möglichst klar und durchschaubar darzustellen[705]. Intransparenz kann zu ungerechtfertigten Benachteili-

---

legt das AGB-Recht in mehrfacher Hinsicht Wert darauf, daß die in AGB enthaltenen Bestimmungen für den Kunden transparent sein sollen:
Das für die Einbeziehung nach § 305 Abs. 2 BGB erforderliche Einverständnis des Kunden mit den AGB bezieht sich auf ihre Geltung im Ganzen; jedoch muß nach § 305 Abs. 2 Nr. 2 BGB dem Kunden beim Vertragsschluß die Möglichkeit verschafft werden, in zumutbarer Weise von ihrem Inhalt Kenntnis zu nehmen. Das setzt voraus, daß die einzelnen Bestimmungen in verständlicher und lesbarer Form vorliegen. § 305 c Abs. 1 BGB normiert eine Einbeziehungssperre für solche Bestimmungen in AGB, mit denen der Vertragspartner angesichts des äußeren Erscheinungsbilds des Vertrags und der sonstigen Umstände nicht zu rechnen braucht.
Bei der Auslegung nach § 305 c Abs. 2 BGB wird im Individualfall jede für den Kunden nachteilige Zweitbedeutung ausgeschaltet, die sich aus einer Mehrdeutigkeit des vorformulierten Textes ergibt. Das aus § 306 BGB herleitbare Verbot der geltungserhaltenden Reduktion einer unwirksamen Bestimmung bezweckt eine klare und verständliche Information des Vertragspartners über den Vertragsinhalt durch den Klauseltext und stellt daher ebenfalls eine Erscheinungsform des Transparenzgebots dar (U/B/H/BRANDNER, § 9 Rdn. 88, m.w.N.).
Beachte, daß diese Abgrenzung außerdem von der „Auslegung zu Lasten des Verwenders“-Problematik zu scheiden ist. Diese behandelt insb. die Frage, wann eine Inhaltskontrolle bei Mehrdeutigkeit von AGB zum Zuge kommt. Für Einzelheiten vgl. z.B. U/B/H/ULMER, § 5 Rdn. 30-33 (insb. Rdn. 31, m.w.N.).

702 Die als Überschrift von § 5 AGBG Teil des Gesetzestextes geworden war.

703 Falsch daher SIEGBURG, EWiR 2002, 831, 832, der die kumulative und alternative („und/oder“) Anwendung von § 305 c Abs. 2 BGB und § 307 Abs. 1 Satz 2 BGB ohne nähere Begründung vorschlägt. „[M]an [hätte so] das zutreffende Auslegungsergebnis gut begründen können“ (*Id.*).
Richtig ist, daß bei Bestimmungen, die sich außerhalb der Inhaltsschranke der §§ 307-309 BGB (und damit § 307 Abs. 1 Satz 2 BGB) befinden, für die Anwendung von § 305 c Abs. 2 BGB kein Raum mehr bleibt. Eine Bestimmung wird also entweder nach § 305 c Abs. 2 BGB ausgelegt (und gilt in der für den AGB-Kunden günstigen Auslegungsmöglichkeit), oder sie ist nach § 307 Abs. 1 Satz 2 BGB eine unangemessene Benachteiligung und deswegen unwirksam. Die Vorschriften können daher nur alternativ angewandt werden. Vgl. dazu U/B/H/ULMER, § 5 Rdn. 31 und nachfolgend Fußnote 712.

704 Palandt/HEINRICHS, § 9 AGBG Rdn. 15 = Palandt/HEINRICHS, SchuModG, § 307 Rdn. 16, m.w.N.

705 BGHZ 106, 42, 49 und seither ständige Rspr. BGHZ 108, 52, 57; 112, 115, 117; 115, 177, 185; 116, 1, 3; 130, 150, 153. Vgl. aber außerdem SchuModG-Entwurf, BT-Drs. 14/6040, S. 153, wo davon ausgegangen wird, daß AGB die Rechte und Pflichten des

gungen führen; sie kann entstehen durch Irreführung, Unklarheit oder ungenügende Bestimmtheit[706]. AGB-Verwender benutzen dazu Bedingungen, die die Hauptleistung modifizieren oder das Preisleistungsverhältnis verschleiern[707].

§ 305 c Abs. 2 BGB gibt dagegen Auslegungshilfe bei objektiv mehrdeutigen Bestimmungen. Das Transparenzgebot läßt hier die Interessen des Verwenders hinter die des AGB-Kunden zurücktreten. Dadurch soll der Verwender zu klarer und deutlicher Ausgestaltung der AGB veranlaßt werden. Derjenige, der die Vorteile der Vertragsgestaltungsfreiheit für sich in Anspruch nimmt, soll auch deren Nachteile tragen[708].

(3) Zusammenfassung

§ 307 Abs. 1 Satz 2 BGB hebt nicht auf die Mehrdeutigkeit einer einzelnen Bestimmung ab; er befaßt sich mit der Undurchschaubarkeit einer Regelung im ganzen[709]. § 305 c Abs. 2 BGB zielt nicht auf die Wirkung einer Regelung, deren Inhalt nicht erkennbar wird[710]; es geht um die maßgebliche Bedeutung, die man erschließen will[711]. Trotz der Verwendung des Wortes „klar" im Gesetzestext ist damit die in § 307 Abs. 1 Satz 2 BGB geregelte Unverständlichkeit auf einen anderen Bereich bezogen als die von der Unklarheitenregel erfaßten (Auslegungs-)Zweifel.

Vertragspartners durch eine entsprechende Ausgestaltung und geeignete Formulierung der Vertragsbedingungen durchschaubar, richtig, bestimmt und möglichst klar (und eben nicht widersprüchlich) darstellen müssen. Der SchuModG-Entwurf übernimmt damit die Wortwahl von BRANDNER. Vgl. Fußnote 701.

706 LOCHER, S. 144. Vgl. aber auch Fußnoten 705 und 701.

707 Nach Ansicht von LOCHER, S. 144, zeichnen sich insb. Versicherungs- und Bankbedingungen durch Intransparenz aus. Dabei müsse jedoch berücksichtigt werden, daß diese einen hohen Abstraktionsgrad verlangen. Dennoch seien die Anforderungen an die Transparenz von Zinsberechnungs- oder Tilgungsverrechnungsbestimmungen bei fehlender Angabe des effektiven Jahreszinses unter dem Gesichtspunkt des Transparenzgebots erheblich (*Id.*, m.w.N. in Fn. 10.). In BGHZ 106, 42, 49, hielt das Gericht z.B. eine Nebenabrede zu einem Hypothekendarlehen für eine unangemessene Benachteiligung, weil die persönliche Wirkung der Bestimmung nicht hinreichend erkennbar wäre.

708 U/B/H/ULMER, § 5 Rdn. 1. Vgl. außerdem Palandt/HEINRICHS, SchuModG, § 305 c Rdn. 18.

709 BGHZ 104, 82, 92 f.; 106, 42, 49 = BGH, NJW 1989, 222, 224; BGHZ 106, 259, 264; 108, 52, 57; 115, 177, 185; BGH, NJW 2000, 651, 651.

710 BGHZ 106, 42, 49.

711 Vgl. dazu vorstehend unter B. IV. 3. [Auslegung] insb. vor Fußnoten 589 und 592 und unter B. IV. 3. a) aa) [Verständnishorizont des Empfängers] bzw. B. IV. 3. a) bb) [Vorgehensweise] am Ende.

c) Zwischenergebnis

Ein von der Unklarheitenregel erfaßter Zweifel führt auch heute nicht zur Unwirksamkeit. Ist aber die nach § 305 c Abs. 2 BGB ermittelte vorteilhafteste Auslegungsmöglichkeit nachteiliger als der Gesetzestext, kann man die Bestimmung einer Inhaltskontrolle gemäß §§ 307-309 BGB unterziehen[712]. Dabei ist sie auch anhand des § 307 Abs. 1 Satz 2 BGB und des dort vorgegebenen Maßstabs zu überprüfen.

5. Kontrolltatbestände

Die Kontrolltatbestände des AGB-Rechts sind so aufgebaut, daß §§ 305 c Abs. 1 und 307 Abs. 1 und 2 BGB allgemeine Prüfungsmaßstäbe vorgeben, während §§ 308 und 309 BGB einzelne Klauselverbote enthalten[713]. § 307 Abs. 3 Satz 1 BGB[714] beschränkt die Prüfungsmöglichkeit aufgrund der §§ 307 [Inhaltskontrolle][715] Abs. 1 und Abs. 2, 308 [Klauselverbote mit Wertungsmöglichkeit][716] und 309 [Klauselverbote ohne Wertungsmöglichkeit][717] BGB[718]. Für die AVB-Kontrolle sind in erster Linie wichtig die §§ 305 c Abs. 1, 307 Abs. 3 Satz 1 und § 307 Abs. 1 und Abs. 2 BGB[719].

a) Ungewöhnlichkeit

Überraschende Klauseln werden nach § 305 c Abs. 1 BGB nicht Vertragsinhalt[720]. Bestimmungen sind überraschend, wenn sie den Versicherungsnehmer nach den Gesamtumständen unvorbereitet treffen[721]. Der Versicherungsnehmer

712 Daneben ist heute eine mehrdeutige Bestimmung unwirksam, die bei kundenfeindlicher Auslegung einer Inhaltskontrolle nicht standhält („Auslegung zu Lasten des Verwenders"). Dieser Ansatz kommt dem Normzweck des § 305 c Abs. 2 BGB nahe; der Anwendungsbereich der Inhaltskontrolle wird nicht verkürzt, und die Ergebnisse in Individual- und Verbandsprozeß stimmen überein (Vgl. U/B/H/ULMER, § 5 Rdn. 31.). Fraglich bleibt jedoch, was zu tun ist, wenn in einem solchen Fall die für den Kunden günstigste Auslegung ihn besserstellen würde als die sonst anwendbare gesetzliche Regelung. Würde man die Bestimmung für eine unangemessene Benachteiligung halten, stünde der Kunde schlechter da. Vgl. dazu auch die vorstehenden Ausführungen unter B. IV. 4. b) aa) [Spielraum bei der Inhaltskontrolle].

713 HOFMANN, S. 21; BARTSCH/MAURER/SESTER, S. 124-135, 625.

714 Früher § 8 [Schranken der Inhaltskontrolle] AGBG.

715 Früher § 9 [Generalklausel] AGBG.

716 Früher § 10 AGBG.

717 Früher § 11 AGBG.

718 HOFMANN, S. 21; BARTSCH/MAURER/SESTER, S. 126, 625. Vgl. dazu nachfolgend unter B. IV. 5. b) aa) [Inhaltliche Kontrollfähigkeit].

719 HOFMANN, S. 21; BARTSCH/MAURER/SESTER, S. 124-126, 625.

720 *Id.*

721 HOFMANN, S. 21.

braucht mit einer Klausel nicht zu rechnen, wenn sie entweder an ungewöhnlicher Stelle in den AVB versteckt ist oder in ungewöhnlicher Weise vom erwarteten Inhalt abweicht[722].

§ 305 c Abs. 1 BGB schränkt die Vertragsfreiheit für die Einbeziehung von AGB aus Gründen des Kundenschutzes ein[723]. Einbeziehungshindernis ist nicht die Unbilligkeit, sondern die Ungewöhnlichkeit einer Bestimmung. Die Ungewöhnlichkeit beurteilt sich nach dem Vertragstyp, d.h. nach dem jeweiligen Überraschungsmoment für den AGB-Kunden (vertragliche Umstände)[724].

§ 305 c Abs. 1 BGB soll also nicht nur überraschende Klauseln zu Lasten des unvorbereiteten AGB-Kunden verhindern[725]. Die Vorschrift soll außerdem den AGB-Verwender anhalten, seine Kunden nicht zu überrumpeln. Ein Kunde wird nämlich nicht überrascht, wenn ihn der Verwender (im einzelnen) aufgeklärt hat[726]. § 305 c Abs. 1 BGB ist ebenfalls eine Ausprägung des allgemeinen Transparenzgebots[727].

b) Inhalt

Letzter und wesentlicher Punkt bei der Anwendung des AGB-Rechts auf allgemeine Versicherungsbedingungen ist die Inhaltskontrolle[728]. Die Generalklausel in § 307 Abs. 1 Satz 1 BGB legt ihren Wertungsmaßstab fest. Einzelne Bestimmungen dürfen den AGB-Kunden nicht entgegen den Geboten von Treu und Glauben unangemessen benachteiligen („Verbot der unangemessenen Benach-

---

722 HEINRICHS, NJW 1998, 1447, 1450.

723 U/B/H/ULMER, § 3 Rdn. 1; W/H/L/LINDACHER, § 3 Rdn. 3. Vgl. außerdem E. SCHMIDT, ZIP 1987, 1505, 1506.

724 Welches bei entsprechender Aufklärung entfallen kann (U/B/H/ULMER, § 3 Rdn. 1.). Das Vorhandensein der Bestimmung kann also nach Maßgabe des § 305 Abs. 2 und 3 BGB insgesamt und nach § 305 c Abs. 1 BGB in bezug auf Inhalt und Stellung innerhalb des AGB-Rechts ungewöhnlich sein (MARTIN, VersR 1984, 1107, 1108; SIEG, VersR 1977, 489, 491.).

725 U/B/H/ULMER, § 3 Rdn. 2.

726 *Id.*

727 *Id.* Vgl. außerdem vorstehend Fußnote 701. Zu den anderen Ausprägungen des Transparenzgebots vgl. vorstehend unter B. IV. 4. [Unklarheitenregel] und B. IV. 4. b) [Weitere Kodifizierung des Transparenzgebots].

728 Eine Klausel muß nämlich gar nicht erst für unwirksam erklärt werden, wenn die Auslegung ergibt, daß sie nach „richtigem“ Verständnis den Sachverhalt, um den es geht, nicht erfaßt (HOFMANN, S. 23.) oder so ungewöhnlich ist, daß sie nicht Vertragsbestandteil geworden ist (Vgl. dazu vorstehend unter B. IV. 5. a) [Ungewöhnlichkeit].). Für eine plastische Schilderung der Prüfungsreihenfolge vgl. auch BUNTE, S. 18. Außerdem BGHZ 93, 29, 42 = BGH, NJW 1985, 623, 626; BGHZ 123, 83, 85 = BGH, NJW 1993, 2369, 2369 = VersR 1993, 957, 958; U/B/H/BRANDNER, § 9 Rdn. 28; W/H/L/WOLF, § 9 Rdn. 29/31.

teiligung")[729]. § 307 Abs. 1 Satz 2, Abs. 2 Nr. 1 und Abs. 2 Nr. 2 BGB konkretisieren diesen Wertungsmaßstab[730]. Dabei geben sie drei Prüfungskriterien vor

- das Verbot einer unklaren und mißverständlichen Bestimmung („Transparenzgebot"[731]) in § 307 Abs. 1 Satz 2 BGB,
- das Verbot einer Abweichung von einem wesentlichen Grundgedanken einer gesetzlichen Regelung („Abweichungsverbot") in § 307 Abs. 2 Nr. 1 BGB und
- das Verbot einer die Erreichung des Vertragszwecks gefährdenden Einschränkung wesentlicher Rechte oder Pflichten („Aushöhlungsverbot") in § 307 Abs. 2 Nr. 2 BGB[732].

aa) Inhaltliche Kontrollfähigkeit

Eingangsnorm der Inhaltskontrolle ist jedoch § 307 Abs. 3 Satz 1 BGB (früher § 8 [Schranken der Inhaltskontrolle] AGBG)[733]. Danach gelten die §§ 307 Abs. 1 und Abs. 2, 308 und 309 BGB nur für solche AGB, die von Rechtsnormen abweichende oder diese ergänzende Regelungen beinhalten. Grundsätzlich ergibt sich daraus, daß Leistung und Gegenleistung im AGB-Vertrag kontrollfrei bleiben[734]; vertraglich oder gesetzlich festgelegte Preise bzw. Leistungsangebote werden nicht überprüft[735].

729 Der durch § 307 Abs. 1 Satz 1 BGB gesetzte Kontrollmaßstab beruht auf der dem Vertragsrecht immanenten Erwartung, daß der Vertrag widerstreitende Interessen durch eine ausgewogene Regelung zum angemessenen Ausgleich bringen soll („Vertragsgerechtigkeit"). Wenn bei Verwendung vorformulierter Vertragsbedingungen der Interessenausgleich nicht durch Aushandeln hergestellt wird, der Verwender vielmehr einseitig den Vertragsinhalt gestaltet, verbietet § 307 Abs. 1 Satz 1 BGB eine unangemessene Benachteiligung des Vertragspartners.
Dadurch werden der einseitig in Anspruch genommenen Gestaltungsfreiheit des Verwenders Schranken gesetzt, die schon erheblich vor der Reichweite des § 138 BGB liegen (U/B/H/BRANDNER, § 9 Rdn. 59.). In § 307 Abs. 1 Satz 1 BGB (bzw. früher in § 9 AGBG) wurde die Rspr. zur „gerichtlichen" Inhaltskontrolle von AGB in einem einheitlichen Grundsatz erfaßt und das hauptsächlich aus § 242 BGB entwickelte Richterrecht formal in Geltung gesetzt (U/B/H/BRANDNER, § 9 Rdn. 60.). Vgl. außerdem vorstehend Fußnoten 385 und 386.

730 Palandt/HEINRICHS, SchuModG, § 307 Rdn. 2.

731 Vgl. dazu auch schon vorstehend unter B. IV. 4. b) [Weitere Kodifizierung des Transparenzgebots], insb. Fußnote 701.

732 HOFMANN, S. 21.

733 U/B/H/BRANDNER, § 8 Rdn. 5; BARTSCH/MAURER/SESTER, S. 126, 625; HOFMANN, S. 22; KOLL, S. 25.

734 U/B/H/BRANDNER, § 8 Rdn. 1; HOFMANN, S. 22.

735 Und erst recht sollen die Vorschriften anderer Gesetze nicht modifiziert werden. Begründung des RegE, BT-Drs. 7/3919, S. 22.

bb) Leistungsgestaltung

Das schafft Probleme bei der Inhaltskontrolle von Versicherungsbedingungen[736]. Gleich einem Formularvertrag enthalten AVB neben den „eigentlichen" AGB die Darstellung der Hauptleistung[737]. Die Leistung des Versicherers wird gestaltet durch ein System von Beschreibungen, Einschlüssen, Ausschlüssen, Klarstellungen und Obliegenheiten (primäre Risikobegrenzungen und sekundäre Risikobeschränkungen)[738]. Dabei können auch für Versicherungen, deren Typ in den VVG-Titeln zur Schadensversicherung vorgegeben ist, gesetzliche Parallelen fehlen, die als Kontrollmaßstab dienen[739].

Schrifttum und Rechtsprechung ziehen daraus unterschiedliche Schlüsse im Hinblick auf die inhaltliche Kontrollfähigkeit der Bestimmungen, die das versicherte Risiko gestalten. Präve hat diesen Streit ausführlich dargestellt und die herrschende Meinung herausgearbeitet[740]:

Danach sind nur die Versicherungsbestimmungen von der Inhaltskontrolle ausgenommen, die die Leistung beschreiben[741] und den Preis festlegen[742]. Kontrollfrei ist der Kernbereich, ohne den ein wirksamer Vertrag nicht vorliegen würde[743]. Sobald das Leistungsversprechen nicht mehr in allgemeiner Form beschrieben und festgelegt, sondern erweitert, eingeschränkt, abgegrenzt oder sonst gestaltet wird, ist dieser zentrale Bereich verlassen. Die Bestimmung ist der Inhaltskontrolle unterworfen[744].

Dabei macht es keinen Unterschied, ob sich die Leistungsfreiheit des Versicherers aus dem Ausschluß eines bestimmten Teilrisikos (objektive Risikobegrenzung/-beschränkung) oder aus der Zuwiderhandlung des Versicherungsnehmers

---

736 Unabhängig davon, ob es sich um AVB oder Maklerbedingungen handelt.

737 Vgl. dazu vorstehend unter B. IV. 3. b) [Allgemeine Geschäftsbedingungen] vor Fußnote 624. FARNY, ZVersWiss 1975, 169, 172-174; MARTIN, VersR 1984, 1107, 1108; SCHAEFER, VersR 1978, 4, 5; SIEG, VersR 1977, 489, 491.

738 P/M/KOLLHOSSER, § 49 Rdn. 3; JABORNEGG, S. 26-37; FENYVES, VersRdSch 1984, 79, 83.

739 KOLL, S. 25; RÖMER, FS Lorenz, 449, 450.

740 PRÄVE, Rdn. 341-352. Vgl. aber auch BERGEEST, S. 57-65 und B/M/W/WINTER, Anm. A 66-81.

741 Leistungsbeschreibungen legen Art, Umfang und Güte der geschuldeten Leistung fest.

742 BGH, VersR 1993, 830, 831 = MDR 1993, 617, 617; VersR 1994, 549, 550 m. Anm. PRÖLSS, VersR 1994, 1216, 1216 („richtig entschieden"); BGH, VersR 1999, 745, 747; sowie (statt vieler) U/B/H/BRANDNER, § 8 Rdn. 36-38; HOFMANN, S. 22, jew. m.w.N.

743 BGHZ, 128, 54, 59 = VersR 1995, 77, 78.

744 U/B/H/BRANDNER, § 8 Rdn. 37; HOFMANN, S. 22.

6. Ergebnis

Das AGB-Recht der §§ 305-310 BGB ist auf alle Verträge über die Versicherung von Sportbooten anwendbar. Man unterscheidet nicht danach, ob es sich um im Vertretergeschäft verwendete AVBW oder von Maklern vorbereitete YKB handelt. Als Verbraucher bedarf der Versicherungsnehmer in besonderem Maße des Schutzes durch das AGB-Recht.

Allgemeine Bedingungen können durch das Antrags- oder das Policenmodell in den Versicherungsvertrag einbezogen werden. Yachtkaskobedingungen werden dagegen von einem Dritten in den Vertrag eingeführt. Der Makler bereitet sie vor, wirbt mit ihnen den Versicherungsinteressenten und plaziert dann dessen Risiko bei einem oder mehreren Versicherern. Verwender von YKB ist aber trotzdem der Versicherer; der Verzicht auf das Tatbestandsmerkmal „stellen" kommt gemäß § 310 Abs. 3 Nr. 1 BGB dem Versicherungsnehmer zugute, da er in der Sportbootversicherung Verbraucher ist.

Anders als die Auslegung von individuellen Rechtsgeschäften erfolgt die Auslegung von AVBW und YKB objektiv; die besonderen Umstände des Einzelfalls sind nicht zu berücksichtigen. Typischer Versicherungsnehmer ist ein Versicherungslaie, der über keinerlei rechtliche bzw. versicherungstechnische Vorbildung verfügt. Ergibt die Auslegung mehrere Bedeutungsmöglichkeiten einer Bestimmung, gilt die für den Versicherungsnehmer günstigste.

Ist eine Bestimmung überraschend, wird sie nicht Vertragsinhalt. Ist sie nicht überraschend, muß man sich fragen, ob sie den versicherungsvertraglichen Kernbereich regelt. Betrifft sie weder die Leistung noch den Preis, unterliegt sie außerdem der Inhaltskontrolle. Die Inhaltskontrolle führt zur Unwirksamkeit der Bestimmung, wenn sie den Versicherungsnehmer entgegen den Geboten von Treu und Glauben unangemessen benachteiligt.

V. Ausnahmen von Beschränkungen der Vertragsfreiheit

Wie vorstehend erörtert[751], ist die Sportbootversicherung eine Transportversicherung. Die Versicherungsaufsicht hatte sie von der Präventivkontrolle ausgenommen[752]; die Rechtsprechung hat verschiedene Vorschriften aus den §§ 129-148 VVG unmittelbar auf sie angewandt[753]. Darüber hinaus liefern das Schrifttum[754] und die vorliegende Arbeit[755] eine Reihe von Gründen, die diese Einordnung unterstützen.

Wie vorstehend ebenfalls erörtert[756], ist die Versicherung von Sportbooten deswegen die Versicherung eines Großrisikos im Sinne des Art. 10 Abs. 1 Satz 2 Nr. 1 EGVVG in Verbindung mit Nr. 6 [See-, Binnensee- und Flußschiffahrts-Kasko] der Anlage Teil A zum VAG. Bei der Versicherung von Großrisiken dürfen aber die zwingenden und halbzwingenden Vorschriften des Versicherungsvertragsgesetzes abbedungen werden[757].

Nach § 187 VVG sind die im Versicherungsvertragsgesetz vorgesehenen Beschränkungen der Vertragsfreiheit[758] nicht auf Großrisiken anzuwenden. Damit werden die zwingenden und halbzwingenden VVG-Vorschriften nicht unan-

---

751 Vgl. dazu insgesamt unter B. III. 1. [Transportmittelversicherung] und B. III. 3. [Güterversicherung].

752 Vgl. dazu vorstehend unter B. III. 1. a) [Versicherungsaufsicht].

753 Vgl. dazu vorstehend unter B. III. 1. b) [Rechtsprechung].

754 Vgl. dazu vorstehend unter B. III. 1. c) [Schrifttum].

755 Vgl. dazu vorstehend unter B. III. 1. d) [Stellungnahme].

756 Vgl. dazu vorstehend unter B. IV. 2. a) cc) (2) (i) [Beschränkung].

757 R/L/RÖMER, § 187 Rdn. 2, m.w.N. A.A. zu § 187 VVG a.F. MICHELS, VersR 1977, 1082, 1083 f.

758 Das sind die vorstehend unter A. III. [Systematische Einordnung], B. IV. [Gestaltung rechtsgeschäftlicher Schuldverhältnisse durch AGB] im Volltext und in den Fußnoten 47, 150 und 395 angesprochenen Vorschriften.
Zwingende Vorschriften können weder zugunsten noch zuungunsten des Versicherungsnehmers geändert werden (P/M/PRÖLSS, Vor. I Rdn. 3.). Je nach dem Inhalt der einzelnen Vorschrift ist nur die zuwiderlaufende Vertragsabrede nichtig (§§ 5 Abs. 4, 6 Abs. 4, 8 Abs. 1, 11 Abs. 4, 64 Abs. 1 Satz 1 und Abs. 3, 81, 87, 89, 184 Abs. 3 VVG) oder der ganze Vertrag (§§ 51 Abs. 3, 59 Abs. 3, 159 Abs. 3, 179 Abs. 3 VVG) bzw. folgt die Nichtigkeit der entgegenstehenden Vereinbarung aus der Natur der Vorschrift (§§ 4 Abs. 1, 13, 15, 48, 157 VVG) (*Id.*).
Halbzwingende Vorschriften können nicht zum Nachteil des Versicherungsnehmers oder eines geschützten Dritten abgeändert werden (P/M/PRÖLSS, Vor. I Rdn. 4.). An die Stelle einer abweichenden oder das Gesetz umgehenden Vereinbarung tritt das Gesetz (*Id.*, m.w.N.). Es ist dem Versicherungsnehmer jedoch gestattet, sich auf eine von der gesetzlichen Regel abweichende Bestimmung zu berufen. Eine halbzwingende Norm ist daran zu erkennen, daß das Gesetz dem Versicherer verbietet (oder nur unter Einschränkungen gestattet), sich auf eine zum Nachteil des Geschützten abweichende Vereinbarung zu berufen (P/M/PRÖLSS, Vor. I Rdn. 4.).

wendbar. § 187 VVG betrifft allein die Beschränkungen[759]; nur diese hebt er auf. Im Transportversicherungsgeschäft sind daher alle VVG-Vorschriften dispositiv[760].

1. Schutzzweck

Das hat folgende Ursache: § 187 VVG geht unmittelbar auf den Zweck des VVG zurück. Danach war der Schutz des schwächeren Vertragsteils für den Gesetzgeber ein besonders wichtiges Anliegen[761]. Die Beschränkungen der Vertragsfreiheit sollen geschäfts-*un*-kundige Versicherungsnehmer schützen[762]; das sind Versicherungsnehmer von Verträgen, die ein Massenrisiko (wie die Sachversicherung) betreffen. Die Beschränkungen dienen dem Verbraucherschutz[763]. Der Gesetzgeber sah diese Notwendigkeit nicht für Versicherungszweige, bei denen der Versicherungsnehmer typischerweise hinreichend geschäftskundig ist und für seine Interessen selbst sorgen kann.

Aufgrund § 187 VVG a.F. waren deswegen von der Anwendung der zwingenden und halbzwingenden Schutzvorschriften ausgenommen alle Verträge über (i) die Transportversicherung von Gütern, (ii) die Kreditversicherung, (iii) die Versicherung gegen Kursverluste und (iv) die laufende Versicherung[764]. Im Zu-

---

759 P/M/KOLLHOSSER, § 187 Rdn. 3, m.w.N.

760 Umstritten war lange Zeit, ob nach § 187 die (absolut) zwingenden oder nur die (relativ) halbzwingenden Vorschriften abdingbar sind. *Id.* Diese Frage ist aber seit dem 1. Juli 1990 erledigt. So erwähnt die Begründung des Regierungsentwurfs zum 2. DG/EWG zum VAG (BT-Drs. 11/6341, S. 37) für § 187 n.F. (BGBl. I 1990, S. 1257.) ausdrücklich, daß im Bereich der Großrisiken Vertragsfreiheit herrschen solle ...

> „hinsichtlich aller relativ zwingenden und solchen absolut zwingenden Bestimmungen des Versicherungsvertragsgesetzes, die Beschränkungen der Vertragsfreiheit zum Gegenstand haben".

761 Vgl. die Begründung zum Entwurf des Gesetzes über den Versicherungsvertrag. RT-Drs. 12 Nr. 364 I. Session 1907, S. 5.

762 *Id.*

763 Deswegen folgen die zwingenden VVG-Vorschriften (vgl. dazu vorstehend Fußnote 758.) auch keinem bestimmten gesetzgeberischen Prinzip (P/M/PRÖLSS, Vor. I Rdn. 3.). Sie sind vielmehr nur historisch zu verstehen als Reaktion gegen die vielfach sehr harten AVB der vorgesetzlichen Zeit (*Id.*).
Der Verbraucherschutz ist also keine Entdeckung der Gegenwart (EILFORT, 4-5.). Vielmehr wird der Verbraucher in Deutschland seit über 100 Jahren durch Gesetz und Richterrecht unmittelbar oder mittelbar geschützt. Vgl. XU, S. 80-88, für einen Überblick vom AbzG bis zum FernAbsG, wobei XU der verbraucherschützende Charakter des Versicherungsrechts verborgen blieb. Vgl. außerdem grundlegend ST. v. REICHENBACH, S. 97-112, und noch spezifischer v. HIPPEL, S. 136-145, insb. 137, und SCHUMACHER.

764 Vgl. die Begründung zum Entwurf des Gesetzes über den Versicherungsvertrag. RT-Drs. 12 Nr. 364 I. Session 1907, S. 5.

ge des 2. DG/EWG zum VAG wich der Gesetzgeber von der Aufzählung einzelner Vertragstypen ab; er dehnte den Anwendungsbereich von § 187 BGB (n.F.) auf die Versicherungsverträge über „Großrisiken“ aus.

Ob der Versicherungsnehmer einer Großrisikoversicherung tatsächlich geschäftskundig ist und für seine Interessen selbst sorgen kann, darauf kam bzw. kommt es nach dem Gesetzestext alter wie neuer Fassung nicht an[765]. Das Gesetz stellt lediglich auf den Vertragstyp ab.

2. Parteienlage

Wie vorstehend mehrfach erörtert[766], ist in der Sportbootversicherung der typische Versicherungsnehmer kein geschäftskundiger Kaufmann, zu dessen Gewerbebetrieb die Besorgung von Kaskopolicen gehört. Er ist ein juristisch und versicherungstechnisch nicht vorgebildeter Bootseigner, der das Risiko seiner Freizeitbeschäftigung verringern will. Lassen sich im Rahmen der Anwendung der §§ 129-148 VVG für den Verbraucherversicherungsnehmer negative Folgen grundsätzlich durch eine entsprechende Gesetzesanwendung oder Anpassung des Sorgfältigkeitsmaßstabs vermeiden[767], läßt der Wortlaut des § 187 VVG für eine verbraucherfreundliche Anwendung keinen Raum:

> „§ 187 [Ausnahmen von Beschränkungen der Vertragsfreiheit] VVG
> Die in diesem Gesetz vorgesehenen Beschränkungen der Vertragsfreiheit *sind* auf die in Artikel 10 Abs. 1 des Einführungsgesetzes zum Gesetz über den Versicherungsvertrag genannten Großrisiken *nicht anzuwenden.*“

3. Sachstand

Man muß daher grundsätzlich fragen, ob § 187 VVG für die Sportbootversicherung bzw. alle anderen Versicherungen gilt, die versicherungsrechtlich Transportversicherungen sind, aber nicht von Parteien abgeschlossen werden, die aus dem Transportversicherungsgewerbe stammen. Dabei ist von Bedeutung, daß

---

765 Beachte, daß mit der gestiegenen Zahl von Versicherungstypen die Chance größer ist, daß ein Verbraucher eine Versicherung über ein Großrisiko abschließt. War die teleologische Reduktion des § 187 VVG in der Vergangenheit eher ein Randproblem, das [Transport-]Güterversicherungen wie die Reisegepäckversicherung betraf, die bis zum 1. DG/EWG zum VAG als aufsichtsfreier Zweig betrieben wurde, hat sie durch die Neufassung der Vorschrift an Bedeutung gewonnen. Vgl. dazu nachfolgend unter B. V. 3. a) [Versicherungsaufsicht] und BESCHLUßKAMMERENTSCHEIDUNG vom 26. April 1977, VerBAV 1977, 165, 166 f.

766 Vgl. dazu z.B. B. III. 1. a) aa) [Rundschreiben 13/76]; B. III. 1. d) [Stellungnahme]; B. III. 1 d) gg) [Zusammenfassung] und B. IV. 3. c) cc) [Stellungnahme].

767 Vgl. dazu vorstehend unter B. III. 1. d) gg) [Zusammenfassung] und B. III. 1. e) [Zwischenergebnis].

weder in der Versicherungsaufsicht noch im Versicherungsvertragsrecht Zuordnungen zur Transportversicherung unumkehrbar oder endgültig sind.

a) Versicherungsaufsicht

Z.B. sah man die Reisegepäckversicherung seit ihrer Entstehung als (Transport-)Güterversicherung an[768]. Sie wurde als aufsichtsfreier Versicherungszweig betrieben[769], der nach § 187 VVG von den Beschränkungen des Versicherungsvertragsgesetzes befreit war[770].

aa) Vor Inkrafttreten des 1. DG/EWG zum VAG

Gegen diese Praxis wandte Schulz schon 1959 ein, daß die Reisegepäckversicherung als Transportversicherung zwar nach § 148 VAG a.F. aufsichtsfrei sei[771]. Die Aufsichtsfreiheit solle aber nicht automatisch zur Anwendbarkeit der §§ 129-148 VVG und Vertragsfreiheit gemäß § 187 VVG führen[772].

Die Rechtsprechung ordnete dagegen die Reisegepäckversicherung noch in den siebziger Jahren der Transportversicherung zu und wandte § 187 VVG an[773]. Allein das OLG Düsseldorf gab diese Ansicht 1974 auf[774]. Probleme hatte vor allem eine Klausel bereitet; sie schloß den Anspruch auf Entschädigungsleistung aus, wenn er nicht innerhalb von sechs Monaten nach Schadenseintritt vom Versicherer anerkannt oder vom Versicherungsnehmer gerichtlich geltend gemacht worden war (Verwirkungsklausel)[775].

---

768 V. BÜHREN, S. 29 f.

769 V. BÜHREN, S. 44 f.

770 V. BÜHREN, S. 31.

771 SCHULZ, ZfV 1959, 587, 588-590.

772 Die §§ 129-148 VVG „passen nicht recht" auf eine Gepäckbeförderung und ständige Obhutswaltung durch den reisenden Versicherungsnehmer selbst, sondern vielmehr auf die Beförderung durch einen dritten Transporteur. SCHULZ, ZfV 1959, 587, 590.

773 V. BÜHREN, S. 50-54, m.w.N. unter Verweis auf LG GÖTTINGEN, VersR 1967, 675 f.; LG BERLIN, VersR 1969, 1131 f.; KAMMERGERICHT, VersR 1975, 463; OLG CELLE, VersR 1976, 432 f.; OLG HAMBURG, VersR 1976, 433.

774 OLG DÜSSELDORF, VersR 1975, 563 f.

775 Die Klausel verstößt gegen § 12 Abs. 3 Satz 2 VVG, der zu den halbzwingenden Vorschriften des VVG gehört (Vgl. dazu vorstehend Fußnote 758. In der Massenrisikoversicherung wäre sie deswegen unwirksam. In der Transportversicherung kann die Klausel dagegen gem. § 187 VVG zu Lasten des Versicherungsnehmers abbedungen werden.

gegen eine ihm auferlegte Obliegenheit ergibt[745]. Kontrollmaßstab sind die Rechtssätze des AGB-Rechts, die Rechtsprechung und Lehre durch Auslegung, Analogie oder Rechtsfortbildung entwickelt haben[746].

cc) Stellungnahme

Der herrschenden Meinung ist zu folgen. Die versicherungsaufsichtsrechtliche Präventivkontrolle ist weggefallen, damit hat der Versicherungsnehmer den ihn schützenden verwaltungsrechtlichen Kontrollmechanismus verloren. Die zivilgerichtliche Kontrolle sollte schon deswegen möglichst umfassend sein.

Daneben gebietet der Schutzzweck der AGB-Inhaltskontrolle[747], alle risikogestaltenden Bestimmungen einzubeziehen, sobald sie das Leistungsversprechen nicht mehr in allgemeiner Form beschreiben. Zwar ist die Versicherung eine unsichtbare Ware, deren Inhalt schriftlich dargestellt werden muß, dieser Umstand darf aber nicht zu einer weitgehenden Kontrollfreiheit von AVB führen. Nach § 307 Abs. 3 Satz 1 BGB ist daher lediglich der versicherungsvertragliche Kernbereich (Leistungsbeschreibung und Preisfestlegung) von der Kontrolle ausgenommen.

dd) Zwischenergebnis

Wie die Ungewöhnlichkeitskontrolle schränkt die Inhaltskontrolle die Vertragsfreiheit ein[748]. §§ 311 Abs. 1 und 307 Abs. 3 Satz 1 BGB finden dort ihre Grenzen, wo allgemeine Bestimmungen den Versicherungsnehmer entgegen den Geboten von Treu und Glauben unangemessen benachteiligen[749]. Die Vertragsfreiheit wird dann mißbraucht[750].

---

745 U/B/H/BRANDNER, § 8 Rdn. 37-38; HOFMANN, S. 22 f.

746 BGH, VersR 1993, 830, 831 = MDR 1993, 617, 617; BGHZ 100, 157, 163 = BGH, VersR 1987, 712, 713, m.w.N.

747 Und ihre Einschränkung durch § 307 Abs. 3 Satz 1 BGB.

748 Vgl. PRÄVE, Rdn. 352.

749 Der allgemeine Zweck des AGB-Rechts, einen möglichst umfassenden Verbraucherschutz zu gewährleisten, und der speziellere Schutzzweck des § 307 Abs. 3 Satz 1 BGB, den Marktmechanismus „Wettbewerb“ unangetastet zu lassen, stehen in einem Zielkonflikt (RÖMER, FS Lorenz, 449, 464.). Der Konflikt ist aufzulösen, indem man ihn als Wechselbeziehung sieht: Der von § 307 Abs. 3 Satz 1 BGB geforderte kontrollfreie Raum wird von § 307 Abs. 2 Nr. 2 BGB mitbestimmt (RÖMER, FS Lorenz, 449, 468.). Außerhalb der Kontrolle bleibt nur der nicht zu gefährdende Vertragszweck, der bei Versicherungsverträgen nach der Gesamtheit aller AVB-Regelungen festzustellen ist (*Id.*).

750 PRÄVE, Rdn. 352; MARTIN, VersR 1984, 1107, 1108.

Die erste EG-Koordinierungsrichtlinie für die Rechts- und Verwaltungsvorschriften des Direktversicherungsgeschäfts[776] wurde als 1. DG/EWG zum VAG[777] umgesetzt. Der Gesetzgeber nutzte die Gelegenheit, um die Reisegepäckversicherung aus der Transportversicherung auszugliedern.

bb) Rundschreiben 4/76

Ab 1. Februar 1976 war die Reisegepäckversicherung aufsichtspflichtig. Im selben Monat verlangte das Bundesaufsichtsamt im R 4/76, daß alle die Reisegepäckversicherung betreibenden Unternehmen ihre Versicherungsbedingungen und Tarife einreichen[778]. Die Bedingungen würden genehmigt, „soweit diese nicht Bestimmungen enthalten, die als Mißstand anzusehen sind"[779]. Nicht genehmigt wurden Verwirkungsklauseln, die bei Nichtleistung den Versicherungsnehmer zur Klage innerhalb von sechs Monaten zwangen[780]. Das BAV sah sie als Mißstand an[781].

Im übrigen blieben die für die Reisegepäckversicherung verwendeten Bedingungswerke zunächst dieselben. Sie behielten die Allgefahrendeckung bei, die in der Transportgüterversicherung nach §§ 129-148 VVG gilt[782]. Die veränderte

---

776 Erste Richtlinie des Rates der Europäischen Gemeinschaft zur Koordinierung der Rechts- und Verwaltungsvorschriften betreffend die Aufnahme und Ausübung der Tätigkeit der Direktversicherung (mit Ausnahme der Lebensversicherung) vom 24. Juli 1973, ABlEG 1973 Nr. L 228, S. 3 ff.

777 Gesetz zur Durchführung der Ersten Richtlinie des Rates der Europäischen Gemeinschaften zur Koordinierung der Rechts- und Verwaltungsvorschriften betreffend die Aufnahme und Ausübung der Tätigkeit der Direktversicherung (mit Ausnahme der Lebensversicherung) vom 18. Dezember 1975, BGBl. I, Nr. 146, S. 3139 ff.
Während die EG-Richtlinie die Reisegepäckversicherung durch einen Klammerzusatz in der Sparte Nr. 7 ausdrücklich der Transportversicherung zuordnete, wurde der Klammerzusatz bei der Umsetzung gestrichen (v. BÜHREN, S. 63.). Die Bundesregierung führte dazu aus in der Begründung des Gesetzentwurfs vom 26. Mai 1975 (BT-Drs. 7/3687, S. 27.), daß die Sparte Nr. 7 ohne Klammerdefinition erscheine, damit klargestellt werde, „daß die vor allem Privatpersonen angebotene Reisegepäckversicherung nicht unter die Transportversicherung fällt" (*Id.*).

778 R 4/76, VerBAV 1976, 129.

779 *Id.*

780 Und die Gerichtsstandsklausel. V. BÜHREN, S. 33 und 66 f.

781 Vgl. v. BÜHREN, S. 66 und 68; BESCHLUßKAMMERENTSCHEIDUNG vom 26. April 1977, VerBAV 1977, 165, 166.

782 Vgl. v. BÜHREN, S. 83; B/N/v. BÜHREN, AVBR Einf. Rdn. 5. Von diesem Grundsatz wurde erst in den AVBR 1980 abgewichen. Die Ausgestaltung als Einzelgefahrendeckung beruhte aber nicht auf der veränderten aufsichtsrechtlichen Behandlung. Der Versicherungsumfang mußte aufgrund der schlechten Schadenerfahrung erheblich eingeschränkt werden. Die Einschränkung wurde eingeleitet durch die Umstrukturierung (und damit einhergehende Beweislastveränderung) der Gefahrendeckung. Vgl. B/N/v. BÜHREN, AVBR Einf. Rdn. 7.

aufsichtsrechtliche Zuordnung hatte keine unmittelbare Auswirkung auf die versicherungsvertragsrechtlichen Gestaltungsgrundsätze.

b) Rechtsprechung

Das Auseinanderfallen von vertragsrechtlicher und aufsichtsrechtlicher Behandlung eines Versicherungstyps ist außerdem aufgrund zivilgerichtlichen Urteils möglich[783]. Z.B. entschied die höchstrichterliche Rechtsprechung zur Wertsachen-[784] bzw. Juwelen- und Pelzversicherung[785], daß die Behandlung einer Versicherung als Transportversicherung durch die Aufsicht das Versicherungsvertragsrecht nicht bindet[786].

aa) Reichsgericht

In RGZ 134, 133-139, hatte der Versicherungsnehmer Schmucksachen und Pelze im Rahmen einer Wertsachenversicherung gegen Verlust und Sachschäden[787] auf Reisen und am Wohnort versichert. Zu den Schmucksachen zählte ein Perlenhalsband. Dieses hatte die Ehefrau des Versicherungsnehmers in der Nacht vom 31. Dezember 1928 zum 1. Januar 1929 auf dem Rückweg von der Sylvesterparty zu ihrem Hotel in New York verloren[788].

Bei der Frage, ob für das Abhandenkommen des Halsbands Versicherungsschutz bestünde, erörterte das Reichsgericht, ob der Versicherungsnehmer die Pflicht zur Schadensanzeige, die Aufklärungs- und Auskunftspflicht und die Pflicht verletzt habe, alle zur Wiedererlangung der versicherten Sache erforderlichen Maßnahmen zu treffen[789]. Das Gericht kam zu dem Ergebnis, daß das Halsband jedenfalls nicht grob fahrlässig oder vorsätzlich verlorengegangen war[790].

Ein leicht fahrlässiges Verhalten des Versicherungsnehmers sei daher entgegen den Versicherungsbedingungen unschädlich gewesen[791]. Das ist möglich, weil die Wertsachenversicherung keine Transportversicherung sei[792]. § 6 Abs. 2

783 Vgl. dazu vorstehend unter B. IV. 2. a) cc) (2) (ii) (c) [Praktische Gründe].
784 RGZ 134, 133-139.
785 BGHZ 51, 356-363.
786 Vgl. dazu insb. nachfolgend unter B. V. 3. d) bb) [Bezweckter Erfolg].
787 Zur Abgrenzung der *Sach*-Versicherung (die Ersatz bei Beschädigung oder Verlust gewährt) von der Versicherung gegen *Verlust* vgl. vorstehend unter B. III. 2. a) aa) [Schadensabgrenzung].
788 RGZ 134, 133, 134.
789 RGZ 134, 133, 134 f.
790 RGZ 134, 133, 136.
791 RGZ 134, 133, 136 f.
792 RGZ 134, 133, 137.

VVG[793] sei nicht abdingbar, die entsprechende vertragliche Bestimmung unwirksam[794].

bb) Bundesgerichtshof

Auch in BGHZ 51, 356-363, ging es um abhanden gekommenen Schmuck. Wie bereits unter B. III. 3. c) aa)[795] wiedergegeben, war dem Versicherungsnehmer die auf einer Italienreise mitgeführte Schmuckkassette samt Inhalt aus dem Hotelzimmer gestohlen worden[796]. Der beklagte Versicherer hatte die Versicherungsleistung verweigert, weil wegen der Aufbewahrung der Kassette im nichtverschließbaren Nachtschrank ein in den AVB vorgesehener objektiver Risikoausschluß eingreife. Dieser sei auch nicht zu beseitigen durch den Nachweis fehlender Ursächlichkeit oder mangelnden Verschuldens[797].

Der Bundesgerichtshof kam jedoch zu dem Ergebnis, daß der „Risikoausschluß" lediglich eine Obliegenheit sei[798]. Sachlich werde mit dem Wegschließen von (Schmuck-)Kassetten ein Tätigwerden des Versicherungsnehmers zur Gefahrenminderung (und damit die Erfüllung einer Obliegenheit) verlangt.

Der Versicherer habe es bei der Juwelenversicherung nicht in der Hand, Obliegenheiten zu Risikoausschlüssen umzugestalten, um § 15 a VVG zu entgehen. § 15 a VVG verbiete, die Vorschriften des § 6 Abs. 1 bis Abs. 3 VVG zum Nachteil des Versicherungsnehmers abzuändern. Der Versicherer könne sich daher nicht auf § 187 VVG berufen; die Juwelenversicherung sei keine Transportversicherung[799].

c) Schrifttum

Das Schrifttum hat bisher nicht erörtert, ob § 187 VVG für die Versicherungsverträge gilt, bei denen die Parteienlage nicht der entspricht, die sich der Gesetzgeber vorgestellt hatte. In seiner Kommentierung stellt Kollhosser lediglich fest, daß mit der Neufassung der Vorschrift ihr Anwendungsbereich auf alle Großrisiken ausgedehnt werden sollte, bei denen eine Rechtswahlfreiheit besteht[800].

---

793 A.F. Heute § 6 Abs. 3 VVG.
794 RGZ 134, 133, 138.
795 [Erhaltung der Gebrauchsmöglichkeit].
796 BGHZ 51, 356, 357.
797 *Id.*
798 BGHZ 51, 356, 358.
799 *Id.*
800 P/M/KOLLHOSSER, § 187 Rdn. 1.

Voit folgert daraus, daß die Sportbootversicherung nach § 187 VVG a.F. den im Versicherungsvertragsgesetz enthaltenen Beschränkungen der Vertragsfreiheit unterlag (insb. den §§ 15 a und 34 a VVG). Sie sei keine Transportversicherung von Gütern. Voit wird in dieser Auffassung von der Beschlußkammer unterstützt, die sich 1977 mit dem Rundschreiben Nr. 13/76 des Bundesaufsichtsamts und der Frage befassen mußte, ob die Sportbootversicherung weiterhin der Transportversicherung zuzurechnen sei[801]. Die Kammer merkte in ihrer Entscheidung an, daß mangels Abdingbarkeit der halbzwingenden und zwingenden VVG-Vorschriften in der Sportbootversicherung „die Notwendigkeit einer Bedingungsaufsicht in einem etwas anderem Licht erscheine[n]“[802].

Seit § 187 VVG n.F. hält Voit jedoch die Sportbootversicherung, obwohl sie nach BGHZ 103, 228, 232, Sachversicherung sei, für von den Beschränkungen der Vertragsfreiheit befreit[803]. Zur Begründung verweist er auf Nr. 6 der Anlage Teil A zum VAG[804]. Er rechnet die Sportbootversicherung damit ebenfalls der Sparte der „See-, Binnensee- und Flußschiffahrts-Kasko“ zu.

Auch Roos problematisiert die Geltung des § 187 VVG n.F. für die Wassersportkasko nicht[805]. Zwingende und halbzwingende VVG-Vorschriften dürfen abbedungen werden. Roos erinnert jedoch an die überragende Bedeutung der Schutzgedanken, die § 6 VVG zugrunde lägen und sogar im Seeversicherungsrecht Geltung beanspruchen könnten. Will ein Versicherer diese Schutzgedanken außer Kraft setzen, müsse er das in dem von ihm benutzten Bedingungswerk hinreichend deutlich zum Ausdruck bringen[806].

d) Stellungnahme

Sowohl die Versicherungsaufsicht[807] als auch die Rechtsprechung[808] änderten in der Vergangenheit die Zuordnung von Versicherungsvertragstypen. Den Änderungen ist gemeinsam, daß die weitere Behandlung der Verträge als Transportversicherung zu unbilligen Ergebnissen für den Verbraucherversicherungsnehmer geführt hätte. Wie das Schrifttum vermeiden Aufsicht und Justiz aber die

801 BESCHLUßKAMMERENTSCHEIDUNG vom 26. April 1977, VerBAV 1977, 165, 167. Vgl. außerdem vorstehend unter B. III. 1. a) [Versicherungsaufsicht].
802 BESCHLUßKAMMERENTSCHEIDUNG vom 26. April 1977, VerBAV 1977, 165, 167.
803 P/M/VOIT, AVBW, Vor. Rdn. 2.
804 *Id.*
805 ROOS, S. 193.
806 ROOS, S. 194.
807 Vgl. dazu vorstehend unter B. V. 3. a).
808 Vgl. dazu vorstehend unter B. V. 3. b).

Frage, ob § 187 VVG der Einschränkung bei Versicherungen bedarf, deren Parteienlage nicht der vom Gesetzgeber vorgestellten entspricht.

aa) Präventivkontrolle und Markttransparenz

Die Reisegepäckversicherung ist eine Transportversicherung von Gütern, nicht von Transportmitteln. Im Gegensatz zur Sportbootversicherung war § 187 VVG a.F. auf sie anwendbar[809].

Bei der Aufstellung ihrer Bedingungswerke hatten die Versicherer einen großen Gestaltungsspielraum, den sie zu ihren Gunsten nutzten[810]. Um eine Übervorteilung der Versicherungsnehmer durch Ausschluß- oder Gerichtsstandsklauseln zu unterbinden, gliederte der Gesetzgeber die Reisegepäckversicherung aus der Transportversicherung aus; das Bundesaufsichtsamt ordnete ihre Vorlage an[811].

Es begründete diesen Schritt mit der Tatsache, daß es sich bei der Reisegepäckversicherung um ein Massengeschäft handele, das einen besonders schutzwürdigen privaten Bereich betreffe[812]. Es ging um die Präventivkontrolle der von der Versicherungswirtschaft verwendeten Bedingungswerke. Einheitliche AVBR wurden angestrebt, „um auch [für diesen Versicherungsvertragstyp] Markttransparenz zu gewährleisten“[813]. Nicht angesprochen wurde, ob sich die Aufsichtspflicht auf die Anwendbarkeit versicherungsvertragsrechtlicher Vorschriften auswirken könne.

bb) Bezweckter Erfolg

Das Reichsgericht stellte hingegen auf die versicherten Gefahren ab (Wesen der Versicherung): Bei der Transportgüterversicherung trage der Versicherer alle Gefahren, die den versicherten Gütern während der Beförderung drohen[814]. Das Gericht verstand unter Beförderung die Bewegung von Gegenständen für einen bestimmten Erfolg, nämlich die Verbringung der Gegenstände von einem Ort zum anderen[815].

Genau dieser Erfolg werde bei der Wertsachenversicherung nicht angestrebt. Schmuck werde zum Zweck des Zurschautragens mit sich geführt, Pelze außerdem zur Erwärmung getragen. Der Gesichtspunkt der Beförderung trete hinter

---

809 Vgl. B/N/v. BÜHREN, AVBR Einf. Rdn. 5.

810 Vgl. allein die verschiedenen Bedingungswerke bei v. BÜHREN, S. 203-212.

811 Vgl. dazu vorstehend unter B. V. 3. a) [Versicherungsaufsicht] *lit.* aa)-bb), m.w.N.

812 R 4/76, VerBAV 1976, 129.

813 *Id.*

814 RGZ 134, 133, 137.

815 *Id.*

das Zurschautragen und die Erwärmung zurück[816]; es käme nicht auf den „Transport" an. Dabei widersprach das Reichsgericht ausdrücklich der Zuordnung durch das Reichsaufsichtsamt für Privatversicherung (RAA) und dem Stand des Schrifttums, wonach man die Wertsachenversicherung als Transportversicherung verstand[817].

Der Bundesgerichtshof orientierte sich am RG-Urteil[818]. Wie unter B. III. 3. c) aa) (1)[819] dargestellt, sei die Erhaltung der Gebrauchsmöglichkeit auf Reisen von einem Transport zu unterscheiden[820]. Zwar gelange in beiden Fällen ein Gut von einem Ort an einen anderen, Zweck der Erhaltung der Gebrauchsmöglichkeit sei aber nicht die Beförderung. Dabei betonte der BGH, daß die ordentlichen Gerichte an die Handhabung von § 148 Abs. 1 VAG [a.F.] durch das Bundesaufsichtsamt nicht gebunden seien[821].

cc) AGB-Recht

Im Schrifttum schließlich verweisen die Autoren darauf, daß § 187 VVG nur solche Beschränkungen der Vertragsfreiheit für unanwendbar erkläre, die „in diesem Gesetz" vorgesehen sind. Zwingende Vorschriften anderer Gesetze blieben anwendbar[822]. Ist eine Vorschrift nach § 187 VVG dispositiv und abbedungen worden, hindere das nicht, die sie ersetzende Klausel nach §§ 305-310 BGB zu kontrollieren[823]. Die Vorschriften des AGB-Rechts stünden gleichwertig neben § 187 VVG[824].

Würde in allgemeinen Versicherungsbedingungen eine wesentliche Abweichung von § 6 VVG (und den dahinter stehenden Grundsätzen) vorgenommen, führte „spätestens" die (Inhalts-)Kontrolle der entsprechenden Bestimmung zu ihrer Unwirksamkeit[825]. In Fällen, in denen zwingende oder halbzwingende VVG-Vorschriften abbedungen werden, beruhigt sich das Schrifttum also mit der Begründung, der Verbraucherversicherungsnehmer werde (immer noch) durch das AGB-Recht geschützt.

---

816 RGZ 134, 133, 137 f.
817 RGZ 134, 133, 138.
818 BGHZ 51, 356, 358.
819 [BGH zur Juwelenversicherung].
820 BGHZ 51, 356, 359.
821 *Id.*
822 P/M/KOLLHOSSER, § 187 Rdn. 5.
823 R/L/RÖMER, § 187 Rdn. 4.
824 *Id.*; P/M/KOLLHOSSER, § 187 Rdn. 5, m.w.N. aus Rspr. und Gesetzgebungs-Vf. WERBER, der in § 187 VVG eine speziellere Norm sieht (WERBER, FS Baumann, 359, 374.), berücksichtigt nicht hinreichend, daß beide Regelungen unterschiedliche Schutzzwecke verfolgen, die nicht in ein Rangverhältnis zu setzen sind.
825 ROOS, S. 194.

dd) Zusammenfassung

Ob § 187 VVG für den Verbraucherversicherungsnehmer gilt bzw. der Einschränkung bedarf, wird nicht behandelt. Die Aufsicht spricht die Vorschrift nicht an[826]. Die Rechtsprechung umgeht das Problem auf umständlichen Wegen; mit Überlegungen zum bezweckten Erfolg der versicherten Nutzungs- oder Aufbewahrungsweise spricht sie Wertsachen- und Juwelenversicherung den Charakter einer Transportgüterversicherung ab[827]. Das Schrifttum schließlich verweist darauf, daß es noch die AGB-Inhaltskontrolle gibt[828]. Gegen den Wortlaut des § 187 VVG hat sich bisher keiner gestellt.

4. Teleologische Reduktion

Betrachtet man den Schutzzweck des § 187 VVG[829], muß man annehmen, daß die Vorschrift eine „verdeckte Gesetzeslücke" für die Fälle enthält, in denen ein Verbraucherversicherungsnehmer ein Großrisiko versichert. § 187 VVG muß in einer Weise eingeschränkt werden, die in seinem Text nicht enthalten ist.

a) Verdeckte Gesetzeslücke

Bei einer verdeckten Lücke regelt das Gesetz zwar bestimmte Probleme; die Regel paßt aber ihrem Sinn und Zweck nach nicht[830]. Sie läßt eine relevante Besonderheit für die Wertung gerade dieses Falls (oder dieser Fallgruppe) außer acht. Die Vorschrift ist nach ihrem eindeutigen Wortsinn zu weit gefaßt. Die verdeckte Lücke besteht also, weil eine Einschränkung fehlt[831].

Das Einschränkungsbedürfnis ergibt sich aus der „immanenten Teleologie" des Gesetzes[832]. Es folgt insbesondere aus
- dem Sinn und Zweck der einzuschränkenden Vorschrift,
- dem vorrangigen Zweck einer anderen Vorschrift, der sonst nicht erreicht würde,
- der Natur der Sache oder
- einem vorrangigen, dem Gesetz immanenten Prinzip[833].

---

826 B. V. 3. a) [Versicherungsaufsicht].
827 B. V. 3. b) [Rechtsprechung].
828 B. V. 3. c) [Schrifttum].
829 B. V. 1. [Schutzzweck].
830 B. III. 2. b) aa) [Gesetzesanalogie] insb. unter Nr. (1).
831 *Id.* und Fußnote 329.
832 LARENZ, S. 279.
833 LARENZ, S. 280.

b) Rechtssicherheitsinteresse

Besteht ein Einschränkungsbedürfnis, führt man die Regel auf den Anwendungsbereich zurück, der ihr nach ihrem Zweck zukommt[834]. Die „Ausfüllung" einer verdeckten Lücke geschieht durch das Hinzufügen der Einschränkung (teleologische Reduktion)[835], die mit dem Wortlaut der Vorschrift im Widerspruch steht[836].

Ein Einschränkungsbedürfnis besteht nicht, wenn ein vorrangiges Interesse an Rechtssicherheit die strikte Einhaltung der eindeutigen Vorschrift verlangt[837]. Wie ein Analogieverbot besteht, wenn eine gesetzliche Regel erschöpfend sein will, kann also die teleologischen Reduktion verboten sein[838]. In diesen Fällen begründet das Rechtssicherheitsbedürfnis das *argumentum e contrario*[839]; die gesetzliche Regel ist dann eine formale Ordnungsvorschrift.

5. Stellungnahme

Die zwingenden und halbzwingenden VVG-Vorschriften dienen dem Verbraucherschutz. In Massengeschäften wie der Sachversicherung ist der Versicherungsnehmer typischerweise geschäftsunkundig und kann nur schwer für seine Interessen sorgen. Um diese Verbraucherversicherungsnehmer zu schützen, hat der Gesetzgeber die Vertragsfreiheit an vielen Stellen beschränkt[840].

Er wollte solche Beschränkungen jedoch nicht Parteien auferlegen, die dieses Schutzes nicht bedürfen. Der Gesetzgeber stellte daher mit § 187 VVG die Vertragsfreiheit für die Versicherung von Großrisiken wieder her[841]. Unter Großrisikengeschäft versteht man das großgewerbliche Versicherungsgeschäft[842]. Das Gegenteil von Großrisikengeschäft ist das Massengeschäft[843]. Versicherungsparteien des Großgewerbes sind typischerweise geschäftskundig und können für

---

834 LARENZ, S. 279.

835 *Id.* Liegt die Rechtfertigung der Analogie in dem Gebot, dem maßgeblichen Wertungsgesichtspunkt nach gleichartige Fälle gleich zu behandeln, so liegt die Rechtfertigung der teleologischen Reduktion in dem Gebot, Ungleiches ungleich zu behandeln, d.h., es muß eine von der Wertung her erforderliche Differenzierung vorgenommen werden. LARENZ, S. 280.

836 Palandt/HEINRICHS, Einl. Rdn. 41.

837 LARENZ, S. 280.

838 Zur Parallelität von Analogie und teleologischer Reduktion vgl. vorstehend Fußnote 835 und unter B. III. 2. b) aa) [Gesetzesanalogie].

839 LARENZ, S. 280.

840 Vgl. dazu vorstehend Fußnote 758 und unter B. V. 1. [Schutzzweck], m.w.N.

841 Vgl. dazu vorstehend unter B. V. 1. [Schutzzweck], m.w.N.

842 P/S/MAYER, Vor §§ 55-64 Rdn. 62.

843 P/S/MAYER, Vor §§ 55-64 Rdn. 62 und P/M/PRÖLSS, Art. 10 EGVVG Rdn. 1.

ihre Interessen selbst sorgen[844]. Es wäre unzulässig, die Vorschrift gegenüber derart qualifizierten Parteien einzuschränken.

a) Einschränkungsbedürfnis

Wie jedoch unter Parteienlage[845] und Sachstand[846] gezeigt, stammen nicht alle Vertragsparteien einer Großrisikoversicherung aus dem großgewerblichen Versicherungsgeschäft. Nach der Einordnung, die aus Art. 10 Abs. 1 Satz 2 Nr. 1 EGVVG in Verbindung mit Nr. 6 der Anlage Teil A zum VAG folgt, werden Versicherungsverträge über Massenrisiken nicht immer von Verbrauchern und Versicherungsverträge über Großrisiken nicht immer von Parteien des Großgewerbes geschlossen.

Die Anknüpfung des § 187 VVG an das zugrunde liegende Rechtsgeschäft ist deswegen zu weit gefaßt. Seinem Sinn und Zweck nach bezieht sich die Vorschrift auf die Vertragsparteien. Sein Wortlaut knüpft aber an den Versicherungstyp an (*i.e.* das Rechtsgeschäft, das die Parteien verbindet)[847].

aa) Verbraucherversicherungsnehmer

Verträge über die Versicherung von Kfz, Reisegepäck, Wertsachen, Juwelen und Pelzen sowie die Versicherung von Sportbooten sind nach der versicherungsrechtlichen Systematik Transportversicherungen. Sie betreffen Großrisiken.

Wegen der Häufigkeit ihres Abschlusses haben derartige Verträge aber massengeschäftlichen Charakter, ihre Versicherungsnehmer sind typischerweise Verbraucher. § 187 VVG paßt daher für sie nicht. Die Großrisikoanknüpfung läßt außer acht, daß auch Parteien Versicherungsverträge über Großrisiken abschließen können, die nicht aus dem Großgewerbe stammen und weder geschäftskundig sind noch für ihre Interessen selbst sorgen können.

bb) Anknüpfungspunkt

§ 187 VVG auf der einen wie die zwingenden und halbzwingenden VVG-Vorschriften auf der anderen Seite werden ihrem Schutzzweck nur gerecht, wenn man den Großrisikobegriff nicht allein über das Rechtsgeschäft bestimmt. Es

---

844 Die Versicherungsparteien des Massengeschäfts sind dagegen Verbraucher und können das häufig nicht.

845 Vgl. dazu vorstehend unter B. V. 2.

846 Vgl. dazu vorstehend unter B. V. 3.

847 Die Anknüpfung an den Versicherungsvertragstyp kann damit nur ein Indiz sein.

müssen außerdem die Vertragsparteien betrachtet werden, die die jeweilige Großrisikoversicherung abschließen.

Der Versicherungsnehmer muß aus dem großgewerblichen Versicherungsgeschäft stammen. Er muß geschäftskundig sein und für seine Interessen selbst sorgen können. Der Schutz von Verbraucherversicherungsnehmern, der dem Gesetzgeber ein besonders wichtiges Anliegen war[848], kann sonst nicht gewährleistet werden. § 187 VVG ist damit entgegen seinem Wortlaut einschränkungsbedürftig.

b) Rechtssicherheitsinteresse

Dem Einschränkungsbedürfnis steht nicht entgegen, daß der Gesetzgeber § 187 VVG eindeutig formuliert hat. Trotz der klaren Fassung ist seine Reduktion nicht verboten.

Reduktionsverbote bestehen allein für formale Ordnungsvorschriften[849]. Sie sind immer anzunehmen, wenn (1) eine Regel eindeutig ist und (2) ein vorrangiges Interesse an Rechtssicherheit (i) ihre leichte Erkennbarkeit verlangt und (ii) Beweisschwierigkeiten vermieden werden sollen[850]. Dann ist die Regel erschöpfend und muß strikt eingehalten werden. Reduktionsverbote gehen jedoch nur so weit, wie das Rechtssicherheitsbedürfnis der jeweiligen Vorschrift reicht[851].

Der Grund für die Verwendung des Begriffs „Großrisiko", den EGVVG-Verweis und dessen Anschluß an die VAG-Anlage ist die Auflistung der Großrisiko-(Vertrags-)Typen, die sich daraus ergibt. Die Vertragsfreiheit soll wiederhergestellt werden für Parteien, die zum großgewerblichen Versicherungsgeschäft zählen.

Dabei wurde jedoch übersehen, daß auch Verbraucher Versicherungsverträge über Großrisiken abschließen können. Versicherungsverträge über Großrisiken bedingen nämlich nicht, daß sie *immer* von Parteien des Großgewerbes abgeschlossen werden[852]; ihr Vorliegen dafür ist lediglich ein Indiz[853].

Knüpft man aber den Großrisikobegriff nicht nur an das Rechtsgeschäft, sondern auch an die Parteien, wird die Wiederherstellung der Vertragsfreiheit für

848 Vgl. dazu vorstehend unter B. V. 1. [Schutzzweck], m.w.N.

849 LARENZ, S 280 f. und B. V. 4. b) [Rechtssicherheitsinteresse], m.w.N.

850 LARENZ, S 280.

851 LARENZ, S 281.

852 Vgl. dazu vorstehend unter B. V. 5. a) [Einschränkungsbedürfnis].

853 Vgl. dazu vorstehend Fußnote 847.

Parteien nicht gefährdet, die aus dem großgewerblichen Versicherungsgeschäft stammen. Dem Rechtssicherheitsbedürfnis wird genügt.

Ob eine Vertragspartei aus dem großgewerblichen Versicherungsgeschäft stammt, ist genauso leicht zu erkennen (und beweisen) wie die Zuordnung eines Versicherungsvertrags. Man muß bloß fragen, ob die Partei den Versicherungsvertrag im Rahmen ihres (groß-)gewerblichen (Versicherungs-)Betriebs abgeschlossen hat[854]. Damit bleibt gewährleistet, daß die Parteien die zwingenden und halbzwingenden Vorschriften des Versicherungsvertragsgesetzes abbedingen können, die hinreichend geschäftskundig sind und für ihre Interessen selbst sorgen können.

6. YKB-Besonderheiten

Fraglich ist jedoch, ob das Einschränkungsbedürfnis für § 187 VVG weiter besteht, wenn sich der Versicherungsnehmer bei der Besorgung der Sportbootpolice eines Maklers bedient. Bei der Versicherung nach YKB ist üblich, daß der Makler das Risiko unter mehreren Versicherern aufteilt. Der Versicherungsnehmer hat nicht zuletzt deswegen eine starke Stellung.

Man muß daher untersuchen, ob diese Stärke der großgewerblichen Handlungsfähigkeit entspricht. Darüber hinaus ist fraglich, ob sich der Versicherungsnehmer Geschäftskunde (und Handlungsfähigkeit) des Maklers zurechnen lassen muß.

a) Eigene Handlungsfähigkeit

Zwar wurde unter B. IV. 2. b) aa) (2)[855] erörtert, daß es in der Yachtkaskoversicherung kein ausgeglichenes Kräfteverhältnis zwischen Versicherer und Versicherungsnehmer gebe. Die Machtverhältnisse seien zugunsten des Versicherungsnehmers verschoben. Diese Verschiebung bedeutet aber nicht, daß der typische Yachtkaskoversicherungsnehmer für seine Interessen auch selbst sorgen kann.

---

854 Beachte, daß bei der Auslegung von AVB ähnliche Überlegungen angestellt werden (B. IV. 3. c) cc) [Stellungnahme], m.w.N.). So ist das Verständnis vorgebildeter Kundenkreise maßgeblich, wenn diese typischerweise bestimmte Versicherungsverträge abschließen. Dabei kann sich eine Vorbildung aus rechtlichen bzw. versicherungstechnischen (Spezial-)Kenntnissen ergeben.
Bedenke jedoch, daß auch dort die Anknüpfung an den Vertragstyp alleine zu kurz greifen würde. Es kommt vielmehr darauf an, daß die Parteien tatsächlich über entsprechende Kenntnisse verfügen.

855 [Kräfteverhältnis].

aa) Während der Vertragslaufzeit

Der Versicherungsnehmer muß diese Fähigkeit während der Vertragslaufzeit besitzen. Die Machtverschiebung bezieht sich hingegen auf die Zeit vor Vertragsschluß. Ein Bootseigner sei „nur bereit, eine Sportbootversicherung abzuschließen, wenn Versicherungsbedingungen und -prämie ihm ausreichend günstig erscheinen"[856]. Seine Stärke folgt damit unmittelbar aus der Vielfalt der Angebote, dem hohen Konkurrenzdruck zwischen den Versicherern und der Alternative, das Risiko selbst zu tragen[857].

Ist der Vertrag geschlossen, sind die (Wahl-)Möglichkeiten erloschen. Der Versicherungsnehmer kann nur noch damit drohen, ihn nicht zu verlängern[858].

bb) Kein Großgewerbe

Außerdem muß man diese Fähigkeit vor dem Hintergrund der Qualifikation der Parteien verstehen. Ihre Qualifikation folgt aus der Zugehörigkeit zum großgewerblichen Versicherungsgeschäft. Die Parteien verfügen deswegen über zwei Eigenschaften, die sie ganz besonders in die Lage versetzen, für ihre Interessen selbst zu sorgen:

(1) Zum einen sind sie geschäftskundig. Sie wissen, worüber sie verhandeln und was sie nach dem Vertrag zu erwarten haben. Geschäftskunde und Handlungsfähigkeit gehen ineinander über. Geschäftskundig ist nur eine Vertragspartei, die über eine rechtliche oder versicherungstechnische Vorbildung verfügt[859]. Derartige Kenntnisse besitzt ein Bootseigner aber typischerweise nicht[860]; er ist weder ABG- noch AVB-erfahren und kennt sich auch sonst nicht im Versicherungsgeschäft aus.

(2) Zum anderen schließen sie die Verträge im Rahmen ihres Gewerbebetriebs ab. Sie sind wirtschaftlich darauf ausgerichtet, Großrisiken zu versichern.

---

856 So die Begründung unter B. IV. 2. b) aa) (2) [Kräfteverhältnis].

857 B. IV. 2. b) aa) (2) [Kräfteverhältnis] und B. IV. 2. b) aa) (1) [Möglichkeit der Einflußnahme].

858 Es mag zweifelhaft sein, ob die aufgrund einer Verlängerungsklausel eingetretene Vertragsverlängerung denselben Vertrag bestehen läßt (BGH, NJW 1975, 40, für einen Pachtvertrag.) oder ob jeweils ein neuer Vertrag zustandekommt, der dem bisherigen Vertrag inhaltsgleich ist (P/M/PRÖLSS, § 8 Rdn. 2.). Da dieses Thema allgemein unter dem Begriff „Verlängerungsklausel" behandelt wird, wird auch hier von „verlängern" gesprochen.

859 Vgl. dazu auch vorstehend unter B. IV. 3. c) bb) [Vorgehensweise].

860 *Id.*

(i) Versicherungsprämien sind Kosten und damit Aufwand des Unternehmerversicherungsnehmers. Im Versicherungsfall ersetzt der Versicherer den Schaden. Anderenfalls wird über seine Leistung vor Gericht gestritten, oder der Versicherungsnehmer trägt den Schaden selbst, d.h., der Unternehmer schreibt ihn ab. Das sind wieder Kosten. Wird vor Gericht gestritten, sind damit verbundene (Mehr-)Ausgaben ebenfalls Aufwand. Für den Ausgang des Rechtsstreits müssen möglicherweise Rückstellungen gebildet werden; auch diese werden schließlich in die Passivaseite der Bilanz des Versicherungsnehmers gebucht.

Aller Aufwand wirkt sich für den *Unternehmer*-Versicherungsnehmer gewinnmindernd aus. Seine Steuerlast wird geringer.

(ii) Ein Bootseigner versichert dagegen ein Luxusinteresse, das aus seiner Freizeitgestaltung folgt. Er macht das privat und mit versteuerten Mitteln. Daß er sich diesen Luxus leisten kann, mag für sein wirtschaftliches Wohlergehen sprechen. Er verfügt damit aber noch nicht über Ausstattung und Möglichkeiten, wie sie Parteien des großgewerblichen Versicherungsgeschäfts besitzen. Allein auf diese zielt aber § 187 VVG.

b) Zugerechnete Handlungsfähigkeit

Die dem Sportbooteigner fehlende Geschäftskunde ersetzt auch nicht der Makler. Zwar ist der Makler kein unbeteiligter Dritter, der neutral neben den Parteien steht. Seine Geschäftskunde und Zugehörigkeit zum großgewerblichen Versicherungsgeschäft kann man aber dem Versicherungsnehmer nicht wie Willen oder Wissen nach § 166 Abs. 1 BGB unmittelbar oder entsprechend zurechnen.

aa) Auge-und-Ohr-Rechtsprechung

Beim Schlagwort „Wissenszurechnung" denkt man im Versicherungsrecht zunächst an die Auge-und-Ohr-Rechtsprechung des Bundesgerichtshofs[861]. Danach steht dem Antragsteller ein empfangsbevollmächtigter Vermittlungs-*Agent* bei der Entgegennahme eines Antrags auf Abschluß eines Versicherungsvertrags gegenüber[862]. Was dem Agenten in bezug auf die Antragstellung gesagt und vorgelegt wird, ist dem Versicherer gesagt und vorgelegt worden. Hat der Agent etwas nicht in das Formular aufgenommen, was ihm der Antragsteller auf die Fragen wahrheitsgemäß geantwortet hatte, so hat der Antragsteller trotzdem

---

861 BGHZ 102, 194, 198 = BGH, NJW 1988, 973, 975; BGHZ 116, 387, 389. Erläuternd auch BECKMANN, NJW 1996, 1378 ff.

862 Zum Vertragsschluß zwischen Versicherer und Versicherungsnehmer vgl. vorstehend unter B. IV. 2. a) bb) [Nach Inkrafttreten des AGBG: Antragsmodell] und *lit.* cc) [Nach Inkrafttreten des 3. DG/EWG zum VAG: Policenmodell].

seine Anzeigeobliegenheit gegenüber dem Versicherer erfüllt[863]. Der Agent ist Wissensvertreter des Versicherers gemäß § 166 Abs. 1 BGB in entsprechender Anwendung[864].

Darüber hinaus hat der Bundesgerichtshof überlegt, ob in Erweiterung dieser Rechtsprechung das Wissen eines (Vermittlungs-)*Maklers* dem Versicherer zugerechnet werden könne[865]. Dazu müßten jedoch Tatsachen vorliegen, die einzeln oder in ihrer Gesamtheit eine Wissenszurechnung rechtfertigten. Das wäre der Fall, wenn der Makler die Interessen des Versicherers wie ein Agent vertreten hätte[866]. Um Wissen[867] zuzurechnen, muß der Versicherer den Vermittler zur Entgegennahme von Erklärungen bevollmächtigt, zumindest aber damit (wie einen empfangsbevollmächtigten Vermittlungs-*Agenten*) im Sinne von § 43 Nr. 1 VVG betraut haben[868].

bb) Sachlage

Der Versicherer ist bei der hier behandelten Zurechnung aber nicht Vertretener. Der Makler steht in der Schiffsversicherung im Lager des Versicherungsnehmers[869]; er handelt in besonderem Maße in dessen Interesse. Bei Vertragsschluß versucht er, bei möglichst niedriger Prämie ein Maximum an Versicherungsschutz für den Antragsteller herauszuholen. Während der Vertragslaufzeit nimmt er dem Versicherungsnehmer die Schadensabwicklung ab.

863 BGHZ 116, 387, 389.

864 Palandt/HEINRICHS, § 166 Rdn. 6 f.

865 BGH, NJW-RR 2000, 316, 317, im Anschluß an die Rspr. der OLG KÖLN, NJW-RR 1996, 544 = VersR 1995, 945-947, m.w.N. und OLG HAMM, VersR 1996, 697, 698 f.; VersR 1992, 1462, 1463.

866 BGH, NJW-RR 2000, 316, 317.

867 Das der Vermittler beim Zustandekommen des Vertrags vom Versicherungsinteressenten erhält.

868 BGH, NJW-RR 2000, 316, 317, welcher an BGHZ 102, 194, 195 = BGH, NJW 1988, 973, 974, anschließt.

869 Vgl. dazu vorstehend unter B. IV. 2. b) bb) (1) [Makler als Interessenwalter]. Aber auch in der Nicht-Transportversicherung wird der Makler i.d.R. nicht nur zu einmaligen Vermittlungsbemühungen verpflichtet; sein Auftrag beinhaltet vielmehr die umfassende Betreuung aller Versicherungsinteressen seiner Kunden:
Der Makler hat nach einer eingehenden Risikoanalyse das Angebot für den bestmöglichen Versicherungsschutz zu beschaffen. Nach Vertragsabschluß hat er die Versicherungsverträge weiter zu betreuen und zu „verwalten". Er hat sie ungefragt auf erforderliche Anpassungen hin zu überprüfen, den Zahlungsverkehr zu fördern, im Schadensfall für eine sachgerechte Schadensanzeige zu sorgen und bei der Schadensregulierung die Interessen des Versicherungsnehmers wahrzunehmen (P/M/KOLLHOSSER, Anh. zu §§ 43-48 Rdn. 5.). Auch in der Sachversicherung gilt damit heute das von MÖLLER, RuW, S. 20, für die Schiffsversicherung geschaffene Bild der Maklerbetreuung „von der Wiege bis zur Bahre".

Er ist Interessenwalter des Versicherungsnehmers[870]. Aufgrund des mit dem (zunächst Versicherungsinteressenten, dann) Versicherungsnehmer geschlossenen Geschäftsbesorgungsvertrags[871] wird er dessen treuhänderischer Sachwalter[872].

cc) Umgekehrte Anwendung

Man muß daher überlegen, ob der Makler in der Sportbootversicherung Auge-und-Ohr des Versicherungsnehmers sein kann. In einem zweiten Schritt wäre dann zu prüfen, ob seine Geschäftskunde und großgewerbliche Handlungsfähigkeit dem Bootseigner zugerechnet werden können.

(1) Stand der Rechtsprechung

In der Praxis ist man bisher noch nicht so weit gegangen. Zwar meint Langheid, daß „das Wissen des ... [Versicherungs-]Maklers ... nach § 166 [Abs. 1] BGB dem Versicherungsnehmer und nicht dem Versicherungsunternehmer zugerechnet" wird[873]. Es geht in den von ihm zitierten Kölner Urteilen aber allein darum, dem Versicherer Maklerwissen zuzurechnen bzw. eine solche Zurechnung abzuwehren[874].

(i) OLG Köln

Im ersten Fall war der Versicherer vom Vertrag über eine Berufsunfähigkeitszusatzversicherung zurückgetreten, weil der Versicherungsnehmer bei Antragstellung falsche Angaben über den Gesundheitszustand seiner versicherten Ehefrau gemacht hatte[875]. Erhebliche Vorerkrankungen und Beschwerden waren nicht in das Antragsformular eingetragen worden. Der Versicherungsnehmer wandte ein, er habe gegenüber dem Versicherungsmakler genaue Angaben gemacht. Der Makler habe das Antragsformular ausgefüllt, es aber nicht für erforderlich gehalten, alle Angaben aufzunehmen[876].

Das OLG Köln entschied, daß die Auge-und-Ohr-Rechtsprechung nicht in Betracht komme, da der Makler eindeutig im Lager des Versicherungsnehmers gestanden habe. Der Makler war ermächtigt, im Namen des Versicherungsneh-

---

870 B. IV. 2. b) bb) (1) [Makler als Interessenwalter].
871 Mit Dienst- und Werkvertragselementen. P/M/KOLLHOSSER, Anh. zu §§ 43-48 Rdn. 4.
872 P/M/KOLLHOSSER, Anh. zu §§ 43-48 Rdn. 1.
873 R/L/LANGHEID, § 43 Rdn. 11, m.w.N.
874 OLG KÖLN, VersR 1995, 946-947 = NJW-RR 1996, 544; LG KÖLN, r+s 1999, 267.
875 OLG KÖLN, VersR 1995, 946, 946 f. = NJW-RR 1996, 544.
876 *Id.*

mers bei Versicherungsunternehmern alle zur Neuordnung der Verträge notwendigen Verhandlungen zu führen. Er sollte die bestehenden Verträge einsehen, neu ordnen, kündigen, Versicherungen abschließen und alle sonstigen Erklärungen abgeben, die für die laufende Verwaltung der Versicherungen notwendig waren[877].

(ii) LG Köln

Im zweiten Fall hatte der Versicherer den Versicherungsvertrag über eine Krankentagegeldversicherung wegen arglistiger Täuschung angefochten[878]. Der Versicherungsnehmer hatte sämtliche Fragen nach gesundheitlichen Beschwerden, Behandlungen oder Untersuchungen im Antrag verneint. Er hatte sich jedoch verschiedentlich zu monatelanger Behandlung in Krankenhäusern (stationär) und einer Tagesklinik (ambulant) aufgehalten. Wieder wandte der Versicherungsnehmer ein, bei der Aufnahme des Antrags habe er dem Mitarbeiter der Maklergesellschaft seine früheren Erkrankungen und Krankenhausaufenthalte mitgeteilt[879].

Das LG Köln entschied, daß die Mitteilung des Versicherungsnehmers an seiner vorvertraglichen Anzeigepflicht nichts ändere. Der Maklermitarbeiter sei nicht Auge-und-Ohr des Versicherers, weil er nicht als Agent, sondern als Makler handelte. Nach OLG Hamm, VersR 1996, 697-700, und OLG Köln, VersR 1995, 945-947, würden Makler in Zurechnungsfragen Agenten nur gleichgestellt, wenn der durchschnittliche Versicherungsnehmer nicht erkennen konnte, daß der ihn beratende Versicherungsvermittler in fester vertraglicher Beziehung zu einem bestimmten Versicherer (als Agent) steht oder als Makler für verschiedene Unternehmen tätig wird[880].

Hier sei dem Versicherungsnehmer nach dem konkreten Ablauf der Vertragsanbahnung erkennbar gewesen, daß der Vermittler Makler (und nicht Agent) war[881]. Er habe den Versicherungsvertrag nicht mit einem bestimmten Versicherer abschließen wollen und mit einem von diesem entsandten Mitarbeiter bei der Antragstellung verhandelt. Vielmehr habe er ein unabhängiges Versicherungsbüro aufgesucht, um sich unter verschiedenen Angeboten das für ihn günstigste ermitteln zu lassen. Er nahm damit nicht das Vertrauen eines bestimmten Versi-

877 *Id.*
878 LG KÖLN, r+s 1999, 267.
879 *Id.*
880 Also der Makler die Interessen des Versicherers wie ein Agent vertreten hätte. Vgl. dazu vorstehend unter B. V. 6. b) aa) [Auge-und-Ohr-Rechtsprechung] vor Fußnote 866.
881 LG KÖLN, r+s 1999, 267.

cherers, sondern das Vertrauen des ihn beratenden Maklers in Anspruch[882]. Der Versicherungsmakler sei daher „rechtsgeschäftlicher Vertreter des VersNehmers gegenüber dem Versicherer" gewesen[883].

(iii) Zusammenfassung

Anders als es die Kommentierung von Langheid vermuten läßt, haben sich die Kölner Gerichte nicht mit der umgekehrten Anwendung der Auge-und-Ohr-Rechtsprechung befaßt. Ihre Urteile betrafen nicht die Frage, ob der Versicherer den Makler über bestimmte Umstände informiert hatte und der Versicherungsnehmer sich die Maklerkenntnis dieser Umstände hätte zurechnen lassen müssen. Und erst recht nicht wurde gefragt, ob der Makler über besondere Kenntnisse bzw. Fähigkeiten verfügt hatte, die dem Versicherungsnehmer zugerechnet werden könnten.

(2) Voraussetzungen

Dennoch ist es nach Betrachtung der Auge-und-Ohr-Rechtsprechung nicht abwegig, dem Versicherungsnehmer Geschäftskunde und großgewerbliche Handlungsfähigkeit seines Maklers zurechnen zu wollen. Die Rechtsprechung beruht auf dem Gedanken, daß, wer die Vorteile einer Hilfsperson genießt, auch die Nachteile auf sich nehmen muß, die daraus resultieren[884]. Dazu müßten jedoch die Voraussetzungen einer Willens- oder Wissenszurechnung nach § 166 Abs. 1 BGB vorliegen.

(i) Willenszurechnung

§ 166 Abs. 1 BGB gilt für alle Vertreter[885]. Die vom Vertreter abgegebene Willenserklärung wirkt für und gegen den Vertretenen[886], der rechtsgeschäftlich Handelnde ist aber der Vertreter. Die Willenserklärung ist Ausdruck seines rechtsgeschäftlichen Willens. Für Inhalt und Wirksamkeit des Rechtsgeschäfts kommt es auf seine Willensmängel, seine Kenntnis oder sein Kennenmüssen (Willens- und Wissenszurechnung) an[887]. Willensmängel im Sinne des § 166 Abs. 1 BGB sind die Fälle der §§ 116-123 BGB[888]. Kenntnis oder Kennenmüs-

---

882 Wieder stand der Makler also (eindeutig) im Lager des Versicherungsnehmers. Vgl. dazu vorstehend unter B. V. 6. b) cc) (1) (i) [OLG Köln].

883 LG KÖLN, r+s 1999, 267.

884 RAISER, JZ 1961, 26, 27.

885 Palandt/HEINRICHS, § 166 Rdn. 2.

886 Palandt/HEINRICHS, § 166 Rdn. 1.

887 *Id.*

888 Palandt/HEINRICHS, § 166 Rdn. 3.

sen beziehen sich auf die Umstände, die für ein Rechtsgeschäft erheblich sind[889].

Seine Rechtfertigung findet § 166 Abs. 1 BGB im Gedanken der Zurechenbarkeit[890]. Wer sich im rechtsgeschäftlichen Verkehr bei der Abgabe von Willenserklärungen eines Vertreters bedient[891], muß es im schutzwürdigen Interesse des Adressaten hinnehmen, daß ihm die Kenntnis des Vertreters als eigene zugerechnet wird[892]. Er hat mit der Einschaltung des Vertreters das Risiko der Wissensaufspaltung selbst geschaffen[893]. Der Vertretene kann sich also nicht auf eigene Unkenntnis berufen[894].

(ii) Wissenszurechnung

Derselbe Rechtsgedanke wird für die Wissenszurechnung herangezogen. Eine Wissenszurechnung ist immer dann möglich, wenn die Voraussetzungen einer rechtsgeschäftlichen Vertretung nicht vorliegen[895]. „Wissensvertreter" ist jeder, der nach der Arbeitsorganisation des Geschäftsherrn[896] dazu berufen ist, im Rechtsverkehr als dessen Repräsentant bestimmte Aufgaben in eigener Verantwortung zu erledigen.

Dabei muß er die in diesem Zusammenhang anfallenden Informationen zur Kenntnis nehmen und gegebenenfalls weiterleiten (Auge-und-Ohr). Rechtsgeschäftliche Vertretungsmacht oder auch eine Bestellung zum „Wissensvertreter" ist nicht erforderlich[897]. Im rechtsgeschäftlichen Verkehr muß sich der Geschäftsherr seiner aber „wie eines Vertreters" bedienen[898]. Hat der Wissensträ-

---

889 Palandt/HEINRICHS, § 166 Rdn. 4.

890 BGHZ 83, 293, 296.

891 Oder das Handeln eines in seinem Namen auftretenden vollmachtslosen Vertreters nachträglich genehmigt.

892 BGHZ 55, 307, 311; 83, 293, 296; Palandt/HEINRICHS, § 166 Rdn. 9; RICHARDI, AcP 1969, 385, 403.

893 WALTERMANN, AcP 1992, 181, 197, mit Hinweis auf MÜLLER-FREIENFELS, S. 392.

894 BGHZ 55, 307, 311.

895 BGHZ 55, 307, 311; 83, 293, 296; 117, 104, 106; Palandt/HEINRICHS, § 166 Rdn. 6; MüKo/SCHRAMM, § 166 Rdn. 23/25; RICHARDI, AcP 1969, 385, 387; SCHULTZ, NJW 1990, 477, 478; a.A. KOLLER, JZ 1998, 75, 77 ff.

896 Auf die Bedeutung des Gedankens der Arbeitsteilung hatte bereits OLDENBOURG, S. 42, hingewiesen.

897 BGHZ, 117, 104, 106 f.; Palandt/HEINRICHS, § 166 Rdn. 6; RICHARDI, AcP 1969, 385, 398; SCHULTZ, NJW 1990, 477, 479.

898 BGHZ 55, 307, 311; 117, 104, 107. Die Begründung aus dem Rechtsgedanken des § 166 BGB erklärt, daß der Wissensvertreter mit einer selbständigen Tätigkeit betraut sein muß. § 166 BGB beschränkt das in ihn ausgesprochene Zurechnungsprinzip auf

ger den Geschäftsherrn nur intern beraten, scheidet eine entsprechende Anwendung des § 166 Abs. 1 BGB aus[899].

dd) Stellungnahme

Betrachtet man § 166 BGB und die Grundsätze der Auge-und-Ohr-Rechtsprechung genauer, sind die Tatbestandsmerkmale einer (Wissens-)Zurechnung nicht erfüllt. Zunächst ist fraglich, ob ein Bootsmakler überhaupt in zurechenbarem Maße für den Versicherungsinteressenten/-nehmer als Vertreter tätig wird.

Das braucht jedoch nicht entschieden zu werden. So kommt es nicht zu einer Wissensaufspaltung zwischen Vertreter und Vertretenem, wie sie die Regel des § 166 BGB rechtfertigt. Daneben setzen Geschäftskunde und Handlungsfähigkeit eine andere Art von „Kenntnis" voraus als die, die nach § 166 BGB zugerechnet wird.

(1) Makler als Vertreter

Fraglich ist, ob der Makler in der Sportbootversicherung Vertreter des Versicherungsnehmers ist. In den YKB findet sich keine Bestimmung, die ihn mit der Wahrnehmung besonderer Vertragspflichten des Versicherungsnehmers während der Vertragslaufzeit betraut.

Im Gegenteil, nach § 15 Nr. 5 PYKB 1998 können „alle für den Versicherer bestimmten Willenserklärungen und Anzeigen des Versicherungsnehmers im Rahmen des Versicherungsvertrages ... rechtswirksam gegenüber" dem Makler vorgenommen werden. Und nach Nr. 24. SYKB können „alle Deklarationen und Anzeigen des Versicherungsnehmers an den Versicherer ... rechtswirksam auch an" den Makler erfolgen. Die Yachtkaskomakler sind damit Empfangsboten der Versicherer. Sie handeln als deren Briefkästen und nehmen keine Pflichten des Versicherungsnehmers wahr.

---

die Stellvertretung, weil der Vertreter im Gegensatz zum Boten das Rechtsgeschäft aus eigenem Willensentschluß abschließt (RICHARDI, AcP 1969, 385, 398.).

899 BGH, WM 1964, 94, 97; WM 1974, 312, 313; BGHZ, 117, 104, 107.

(i) Während der Schadensabwicklung

Die Bootsmakler helfen dem Versicherungsnehmer auch nicht während der Schadensabwicklung[900]. Das zeigt die Betrachtung der Verhaltenspflichten des Versicherungsnehmers im Schadensfall[901]:

Nach Nr. 12. Satz 1 SYKB hat der Versicherungsnehmer dem Versicherer einen Schaden unverzüglich anzuzeigen (unter Angabe des mutmaßlichen Schadensbetrags und des Ortes, an dem der Schaden besichtigt werden kann)[902]. Der Makler hält sich nach dem Bedingungswortlaut aus der Abwicklung heraus.

Nach § 13 Nr. 1 Satz 1 PYKB 1998 muß der Versicherungsnehmer „jeden Schaden dem Versicherer ... unverzüglich an[zu]zeigen"; er kann dies auch gegenüber dem Makler unternehmen[903]. Damit ist jedoch nicht bestimmt, daß der Makler auf die Anzeige für den Versicherungsnehmer besonders tätig wird. Auch hier hält sich der Makler aus der Abwicklung heraus; er bleibt der Empfangsbote, der er ohnehin schon nach § 15 Nr. 5 PYKB 1998 ist.

(ii) Bei Vertragsschluß

Dennoch könnte man überlegen, ob der Makler bei Vertragsschluß als Vertreter des Bootseigners auftritt. Dazu müssen jedoch die zum Vertragsschluß führenden Handlungen noch einmal genauer betrachtet werden[904].

---

900 Das ist insofern ungewöhnlich, als der Versicherungsmakler der Binnenversicherung grds. verpflichtet ist, dem Versicherungsnehmer bei der Erlangung der Entschädigung behilflich zu sein und ihm unterstützend zur Seite zu stehen. Daneben hat in der Seeversicherung die Praxis dem Makler nahezu die gesamte Tätigkeit übertragen, die dem Versicherungsnehmer im Zusammenhang mit der Benachrichtigung des Versicherers vom Unfall und der Feststellung von Art und Umfang des Schadens obliegt. KARSTAEDT, S. 82.

901 Vgl. auch die Synopse unter E. I. 2. e) [Verhalten im Schadenfall].

902 Darüber hinaus hat er nach Möglichkeit für dessen Abwendung bzw. Minderung zu sorgen (Nr. 12. Satz 2 SYKB 98.). Er hat dabei die Weisungen des Versicherers bzw. Havariekommissars zu befolgen und (wenn die Umstände es gestatten) solche Weisungen einzuholen (Nr. 12. Satz 3 SYKB 98.). Er hat dem Versicherer zu ermöglichen, vor Beginn der Reparaturarbeiten sich über Art, Umfang und Ursache durch Sachverständige zu unterrichten (Nr. 12. Satz 4 SYKB 98.). Vgl. dazu außerdem nachfolgend unter C. III. 3. [Pflichten im Versicherungsfall].

903 Darüber hinaus ist dem Versicherer Gelegenheit zu geben, sich über Ursache, Art und Umfang des Schadens Gewißheit zu verschaffen (§ 13 Nr. 1 Satz 2 PYKB 98.). Der Versicherungsnehmer hat alle diesbezüglichen Fragen des Versicherers bzw. Maklers richtig und vollständig zu beantworten (§ 13 Nr. 1 Satz 3 PYKB 98.). Vgl. dazu außerdem nachfolgend unter C. III. 3. [Pflichten im Versicherungsfall].

904 Vgl. dazu vorstehend unter A. I. 3. [Maklerbedingungen] und B. IV. 2. b) dd) [Zwischenergebnis].

(a) Vor Beauftragung des Maklers

Zunächst bietet der Makler dem Versicherungsinteressenten zu den von ihm vorbereiteten Bedingungen (YKB) die Besorgung einer Kaskopolice an. Das ist die bedeutendste (Entscheidungs-)Phase für den Versicherungsinteressenten; hier ist seine Verhandlungsposition am stärksten[905].

Er wird vom Makler über die Vor- und Nachteile der YKB informiert. Dabei berät der Makler nicht zu verschiedenen, von unterschiedlichen Versicherern angebotenen Verträgen; er erklärt sein eigenes Bedingungswerk. Mit einem Versicherer wird an dieser Stelle noch nicht verhandelt. Der Makler kann daher noch gar nicht für den Versicherungsinteressenten/-nehmer auftreten.

Will sich der Versicherungsinteressent einen Überblick über die verschiedenen YKB verschaffen, muß er einen anderen Makler aufsuchen. Insofern ist die Lage der beim Abschluß einer Versicherung über einen Agenten vergleichbar. Auch der Agent bietet nur die Bedingungen eines Versicherers an. Im Rahmen der Beratung durch den Sportbootmakler erhält der Versicherungsinteressent also keine Übersicht über die gebräuchlichen Bedingungswerke[906]. Will er sich diese aneignen, muß er andere Makler aufsuchen.

(b) Nach Beauftragung des Maklers

Hat der Versicherungsinteressent sich entschieden, stehen Makler und Bedingungen fest. Das bedeutet, daß der Vertragsinhalt bei den Verhandlungen des Maklers mit den Versicherern nicht mehr zur Disposition steht[907]. Aufgabe des Maklers ist, das Risiko unterzubringen. Fraglich ist, ob er dabei als Vertreter oder Bote handelt. Während der Vertreter eine eigene Willenserklärung abgibt, also selbst der rechtsgeschäftlich Handelnde ist, übermittelt der Bote die Willenserklärung seines Auftraggebers[908].

---

905 Vgl. dazu vorstehend unter B. V. 6. a) aa) [Während der Vertragslaufzeit].

906 Der Sportbootmakler ist damit auch kein unabhängiges Versicherungsbüro, das unter verschiedenen Angeboten das für den Versicherungsinteressenten günstigste ermittelt.

907 Vgl. dazu vorstehend unter B. IV. 2. b) aa) (1) [Möglichkeit der Einflußnahme] und (2) [Kräfteverhältnis]. Dort wird erörtert, daß in der Seekaskoversicherung der Versicherungsnehmer seit jeher eine starke Stellung gegenüber dem Versicherer hat. So herrsche zwischen den Versicherern hoher (internationaler) Konkurrenzdruck. Da die Sportbootversicherung ein Freizeit- bzw. Luxusinteresse abdecke und ein Bootseigner nur bereit sei, sie abzuschließen, wenn Bedingungen und Prämie ihm ausreichend günstig erschienen, seien die Machtverhältnisse deutlich zugunsten des Versicherungsnehmers verschoben. Dem Versicherer sei es daher nahezu unmöglich, auf die vom Makler vorgegebenen Bedingungen Einfluß zu nehmen.

908 Palandt/HEINRICHS, Einf. v. § 164 Rdn. 11.

Bei der Unterbringung des Sportbootrisikos hat der Makler zwei Aufgaben: Einmal muß er den bzw. die Versicherer finden, die das Risiko unterschreiben; er hat dabei freie Auswahl und greift auf seine Spezialkenntnisse zurück. Zum anderen obliegt ihm die Aushandlung der Prämie bzw. des Prämienanteils mit den Versicherern; auch hier ist er frei, die besondere Höhe einzeln auszuhandeln.

Der Makler verfügt damit über ausreichend Entscheidungsfreiheit, er ist Stellvertreter[909]. Dabei ist unerheblich, wenn der Versicherungsinteressent bei der Beauftragung des Maklers gewisse Vorstellungen zur Prämienhöhe hatte[910]. Wenn überhaupt, sind diese nicht mehr als bloße Weisungen im Innenverhältnis[911]. Der Makler würde sonst seiner Gestaltungsfähigkeit bei den Verhandlungen zur Risikoübernahme beraubt.

(c) Zusammenfassung

Eine Vertreterstellung des Maklers für den Versicherungsinteressenten/-nehmer läßt sich allein für die Verhandlungen über die Übernahme und den Umfang des Risikos annehmen[912]. Der Makler nutzt dabei seine Geschäftskunde und Fähigkeit, Interessen im Versicherungsgeschäft selbst wahrnehmen zu können.

Würde man diese dem Versicherungsnehmer nach § 166 Abs. 1 BGB zurechnen[913], bliebe weiter fraglich, ob man ihn deswegen insgesamt einer Partei aus dem großgewerblichen Versicherungsgeschäft gleichstellen darf. Denn der Versicherungsnehmer ist während des sonstigen Umgangs mit dem oder den Versicherern auf sich selbst gestellt. Man müßte also erörtern, ob sich die vorüberge-

909 Besitzt der Mittler eine gewisse Entscheidungsfreiheit, ist von Stellvertretung auszugehen. RÜTHERS/STADLER, S. 407 f.

910 Von Stellvertretung ist auch dann auszugehen, wenn dem Vertreter die Einzelheiten der abzugebenden Erklärung durch den Vertretenen genau vorgegeben waren. RÜTHERS/STADLER, S. 408.

911 Weisungen zwischen Vertretenem und Vertreter können verschiedene Auswirkungen auf den Umfang der Vollmacht haben: (1) Sie können Begrenzungen der Vollmacht selbst darstellen. Verstößt der Vertreter gegen die Vorgaben des Vertretenen, ist sein Handeln nicht von der Vertretungsmacht gedeckt; er handelt als Vertreter ohne Vertretungsmacht. (2) Die Weisungen im Innenverhältnis können den Umfang der Vollmacht aber auch unberührt lassen. In diesem Fall reicht die Vertretungsmacht im Außenverhältnis (das rechtliche Können) weiter als das aus dem Innenverhältnis folgende rechtliche Dürfen. Letzteres ist hier der Fall. Vgl. RÜTHERS/STADLER, S. 418 f.

912 Ähnlich in der Seeversicherung: Dort besteht kraft Gewohnheitsrecht eine Vollmacht, den Versicherungsnehmer beim Abschluß von Versicherungsverträgen zu vertreten. KARSTAEDT, S. 81.

913 Vgl. dazu nachfolgend unter B. V. 6. b) dd) (3) [Wissensaufspaltung] und (4) [Zurechenbare Kenntnis].

hende Qualifikation einer Partei auf die gesamte Länge eines Dauerschuldverhältnisses auswirken kann.

(2) Makler als Repräsentant

Da es hier nicht um Willensmängel im Sinne der §§ 116-123 BGB, sondern um die Zurechnung von Wissen geht, könnte für den „sonstigen Umgang“ mit dem/n Versicherer/n eine Zurechnung von Kenntnissen über eine entsprechende Anwendung des § 166 Abs. 1 BGB in Betracht kommen. Der Bootsmakler ist aber nach der Arbeitsorganisation des Versicherungsnehmers nur während der (Vertreter-)Verhandlungen über die Risikoübernahme dazu berufen, als Repräsentant im Rechtsverkehr mit dem Versicherer bestimmte Aufgaben in eigener Verantwortung zu erledigen.

Wie soeben unter B. V. 6. b) dd) (1)[914] erörtert, finden sich in den YKB keine Anzeichen, daß der Makler während der Vertragslaufzeit für den Versicherungsnehmer in besonderer Weise tätig wird – weder als Vertreter noch als Repräsentant. Er ist nicht mehr als ein Briefkasten des Versicherers. Zwar vereinfacht das für den Versicherungsnehmer den Umgang mit seinem Versicherer, insbesondere, wenn der Makler das Risiko bei mehr als einem Versicherer untergebracht hat. Das heißt aber nicht, daß sich der Versicherungsnehmer seiner „wie eines Vertreters“ (mit eigenen Augen und Ohren) bedient.

Indem der Makler Deklarationen, Willenserklärungen und Anzeigen des Versicherungsnehmers rechtswirksam entgegennimmt, handelt er nicht selbst. Er übermittelt. Die Zurechnung von Geschäftskunde und Handlungsfähigkeit gemäß § 166 Abs. 1 BGB in entsprechender Anwendung scheidet damit für die Sportbootversicherung aus.

(3) Wissensaufspaltung

Darüber hinaus rechtfertigt die Vertreterstellung des Maklers während der vorvertraglichen Beziehung nicht, daß dem Versicherungsnehmer deswegen die Kenntnis des Maklers zuzurechnen ist. Wer sich eines Vertreters bedient, muß hinnehmen, daß ihm dessen Kenntnis als eigene zugerechnet wird. Schutzwürdig ist der Vertragspartner des Vertretenen jedoch nur, weil der Vertretene mit der Einschaltung des Vertreters das Risiko der Wissensaufspaltung selbst geschaffen hatte[915].

---

914 [Makler als Vertreter].

915 Vgl dazu vorstehend unter B. V. 6. b) cc) (2) (i) [Willenszurechnung], m.w.N.

Um eine Wissensaufspaltung geht es in der Sportbootversicherung aber nicht. Es kommt hier nichts Neues hinzu, das dem Vertreter und nicht dem Vertretenen zugeht. Vielmehr ist der Versicherungsinteressent/-nehmer typischerweise nicht geschäftskundig und kann für seine Interessen nicht selbst sorgen.

Anders der Makler, er ist tätig im großgewerblichen Versicherungsgeschäft. Die Zurechnung der Vertreterqualifikation würde daher beim Vertretenen zu einer Wissens-*Erweiterung*, nicht zu einer Wissens-*Aufspaltung* führen.

(4) Zurechenbare Kenntnis

Des weiteren sind versicherungstechnische Vorbildung und großgewerbliche Handlungsfähigkeit kein „Wissen" im Sinne der Überschrift des § 166 BGB und keine „Kenntnis" im Sinne des § 166 Abs. 1 BGB. Geschäftskunde und Fähigkeiten können nicht über § 166 BGB zugerechnet werden.

(i) Definition

Das Gesetz spricht in § 166 Abs. 1 BGB von der „Kenntnis ... gewisser Umstände". Darunter hat die Rechtsprechung bisher verstanden

- die subjektiven Tatbestandsmerkmale in Verbotsgesetzen[916],
- die subjektiven Voraussetzungen des § 138 BGB[917] oder der §§ 142 Abs. 2, 173 BGB[918],
- die Kenntnis von Rechts- oder Sachmängeln in Form der §§ 439, 460 BGB a.F.[919],
- die Zurechnung von Arglist in Form des § 463 BGB a.F.[920],
- die Zurechnung von bösem Glauben in den Fällen der §§ 892, 932, 990 BGB, 366 HGB[921].

Heinrichs bezeichnet sie deswegen als Kenntnis „bestimmter Umstände[, die] für ein Rechtsgeschäft erheblich" sind[922]. Kenntnis (oder Kennenmüssen) und Wissen beziehen sich also auf Sachverhalte und die im Rahmen dieser Sach-

916 BayObLG, NJW 1993, 1143, 1144 unter Bezugnahme auf BGH, NJW 1985, 2583, 2583.

917 BGH, NJW 1992, 899, 900 unter Bezugnahme auf BGHZ 83, 293, 296 f. = BGH, NJW 1982, 1585, 1586.

918 BGH, NJW 1989, 2879, 2880 unter Bezugnahme auf BGH, NJW 1987, 3250, 3251.

919 BGH, NJW 2000, 1405, 1405 f.; RGZ 101, 64, 73; 131, 343, 355. § 442 BGB n.F. vgl. BARTSCH/MAURER/SESTER, S. 186, 624.

920 [Heute wohl § 444 BGB.] BGHZ 117, 104, 106 unter Bezugnahme auf BGHZ 83, 293, 296.

921 BGHZ 135, 202, 205; 102, 316, 320 unter Bezugnahme auf BGH, WM 1996, 824, 825; WM 1993, 541, 543 und BGH, WM 1974, 1000, 1001; WM 1974, 154, 155.

922 Palandt/HEINRICHS, § 166 Rdn. 4.

verhalte anfallenden Informationen. Was dem Vertreter bzw. Repräsentant gesagt und vorgelegt wird, ist dem Vertretenen gesagt und vorgelegt worden[923]. Dem Vertretenen werden *objektive* Umstände als bekannt zugerechnet.

Kenntnis und Wissen sind nicht Geschäftskunde oder (Handlungs-)Fähigkeit. Derartige Eigenschaften folgen aus einer umfassenden Vorbildung; es sind *subjektive* Qualifikationen. Richardi führte deswegen schon 1969 aus, daß eine Vertretung im Wissen nicht in Betracht komme, wenn das Gesetz Kenntnis verlangt, weil es eine persönliche Entscheidung ermöglichen will[924]. Soll der Vertretene selbst entscheiden, steht der Zweck der gesetzlichen Norm einer Wissenszurechnung entgegen[925].

(ii) Zusammenfassung

So verhält es sich hier. Der Geschäftsherr muß selbst wissen, ob der abgeschlossene Vertrag über eine Großrisikoversicherung seinen Bedürfnissen entspricht. Er muß selbst beurteilen können, ob es sich lohnt, auf die zwingenden und halbzwingenden Vorschriften des VVG zu verzichten.

Das kann er aber nur, wenn er versicherungstechnisch vorgebildet ist und auch alle anderen Fähigkeiten einer Versicherungspartei aus dem großgewerblichen Versicherungsgeschäft besitzt. Allein derart qualifizierte Parteien können für ihre Interessen selbst sorgen. Würde man eine Zurechnung dieser Eigenschaften erlauben, würden Vertreter oder Repräsentant von „Auge-und-Ohr“ zum „Gehirn“ befördert.

Der vorbeugende Schutz der zwingenden und halbzwingenden VVG-Vorschriften würde durch eine nachträgliche Rechtswahrnehmung(-smöglichkeit) im Rechtsstreit ersetzt. Um Nachteile abzuwenden, die sich aus der Gestaltungsfreiheit ergeben können, müßte der geschäftsunkundige Versicherungsnehmer, der für seine Interessen nicht selbst sorgen kann, entweder einen AGB-*Prozeß* (wegen unangemessener Benachteiligung) gegen den Versicherer[926] oder einen Regreß-*Prozeß* (wegen Beratungsverschuldens) gegen den Makler führen. Ihm würde ein Prozeßrisiko aufgebürdet, das sonst nicht bestünde[927] und dessen Umfang er als Verbraucher selbst nicht einschätzen kann.

---

923 Vgl. dazu vorstehend unter B. V. 6. b) aa) [Auge-und-Ohr-Rechtsprechung].

924 RICHARDI, AcP 1969, 385, 389.

925 *Id.*

926 Womit man wieder bei ROOS wäre. Vgl. dazu vorstehend unter B. V. 3. c) [Schrifttum].

927 Außerdem wären Verstöße gegen die zwingenden und halbzwingenden Vorschriften des VVG von Amts wegen zu berücksichtigende Einwände, während sich der Versicherungsnehmer auf die Inhaltskontrolle berufen müßte.

c) Zwischenergebnis

Dem Einschränkungsbedürfnis steht nicht entgegen, daß der Versicherungsnehmer die Besorgung der Sportbootpolice einem Makler überträgt und der Makler das Risiko zu seinen YKB bei einem oder mehreren Versicherern unterbringt. Dadurch erlangt der Versicherungsnehmer weder die Fähigkeit, für seine Interessen selbst zu sorgen, noch muß er sich die Geschäftskunde des Maklers zurechnen lassen.

7. Ergebnis

Obwohl die Sportbootversicherung als Transportversicherung ein Großrisiko betrifft, gelten die zwingenden und halbzwingenden Vorschriften des VVG. Sie sind nicht dispositiv. Ihr Versicherungsnehmer ist typischerweise weder geschäftskundig noch kann er selbst für seine Interessen sorgen (Verbraucher/Versicherungslaie). § 187 VVG paßt daher seinem Sinn und Zweck nach nicht.

Die Vorschrift zielt auf Parteien aus dem großgewerblichen Versicherungsgeschäft. Sie knüpft aber nicht an die Parteien, sondern allein an den Vertragstyp an, der die Parteien verbindet. Dabei hat der Gesetzgeber übersehen, daß es Versicherungsverträge gibt, die zwar nach der versicherungsrechtlichen Systematik ein Großrisiko betreffen, in der Regel aber von Verbrauchern abgeschlossen werden.

§ 187 VVG ist deswegen auf den Anwendungsbereich zurückzuführen, der ihm nach seinem Zweck zukommt. Die Vorschrift gilt nur für Versicherungsverträge, bei denen auch die Parteien aus dem großgewerblichen Versicherungsgeschäft stammen. Das sind Parteien, die Großrisikoversicherungen im Rahmen ihres (groß-)gewerblichen (Versicherungs-)Betriebs abschließen. § 187 VVG gilt nicht für Großrisikoverträge, die typischerweise von Verbrauchern vereinbart werden, die Versicherungslaien sind.

In der Sportbootversicherung ist der typische Versicherungsnehmer ein Verbraucher. Daran kann auch die Einschaltung eines Maklers nichts ändern. Der Bootseigner wird dadurch weder fähig, für seine Interessen ausreichend zu sorgen, noch muß er sich die Zugehörigkeit des Maklers zum großgewerblichen Versicherungsgeschäft zurechnen lassen.

VI. Versicherungsaufsichtsgesetz

Bis Juli 1994 enthielt das Gesetz über die Beaufsichtigung der Versicherungsunternehmen (VAG) eine Reihe von Vorschriften über die Gestaltung von Versicherungsverträgen[928]. Mit Ausnahme der AVB für den Großrisikobereich[929] unterlagen alle allgemeinen Versicherungsbedingungen einem staatlichen Genehmigungsvorbehalt[930]. Die Kontrolle diente dem präventiven Schutz der Versicherungsnehmer[931]. Aus demselben Grund waren der Versicherungsaufsicht fachliche Geschäftsunterlagen vorzulegen wie die Tarife in der Lebens- und in der nach Art der Lebensversicherung betriebenen Kranken- und Unfallversicherung[932].

Seit seiner Änderung aufgrund des 3. DG/EWG zum VAG spielt das Versicherungsaufsichtsgesetz für die Produktkontrolle jedoch kaum noch eine Rolle[933], die staatliche Präventivkontrolle ist weggefallen[934]. Künftig sollen Versicherungsbedingungen und Verbraucherinformationen dem Versicherungsnehmer eine ausreichende Entscheidungsgrundlage zur Verfügung stellen[935]. Nur noch wenige Vorschriften sind von versicherungsvertragsrechtlicher Bedeutung; die wichtigsten sind §§ 10 a und 14 VAG[936].

1. Bestandsübertragung

§ 14 Abs. 1 Satz 4 VAG bestimmt, daß der Bestand eines Versicherers mit Genehmigung der Versicherungsaufsicht von einem anderen Versicherer übernom-

---

928 WERBER/WINTER, Rdn. 26.

929 Vgl. § 5 Abs. 6 VAG a.F.:

> „Die Vorlage der Versicherungsbedingungen und Tarife entfällt für die in der Anlage Teil A Nr. 4 bis 7 und 12 genannten Versicherungssparten sowie für die in der Anlage Teil A Nr. 10 Buchstabe b genannten Risiken; die Vorlage der Tarife entfällt für die in der Anlage Teil A Nr. 14 und 15 genannten Versicherungssparten."

930 PRÄVE, Rdn. 33.

931 Vgl. dazu vorstehend unter B. IV. 1. b) [Zwischenergebnis].

932 § 5 Abs. 3 Nr. 2 VAG a.F.

933 Vgl. dazu vorstehend unter B. III. 1. d) aa) [Gesetz], m.w.N.

934 *Id.* Unverändert gibt es noch einen aufsichtsbehördlich genehmigten Geschäftsplan, wenngleich dessen Inhalt von dem vor vollzogener Neuordnung der Aufsicht abweicht. So gehören heute weder die AVB noch die Tarife zu den vorlage- und genehmigungspflichtigen Geschäftsunterlagen. Eine nicht unbedeutende Ausnahme besteht für Pensions- und Sterbekassen. PRÄVE, Rdn. 34.

935 P/S/SCHMIDT, § 10 a Rdn. 5.

936 Vgl. HOFMANN, S. 33.

men werden kann[937]. Die Rechte und Pflichten aus den Versicherungsverträgen des Bestands gehen auf den übernehmenden Versicherer über[938].

a) Zivilrechtliche Wirkung

§ 415 BGB ist nicht anzuwenden[939]; nach § 415 Abs. 1 Satz 1 VAG bedarf die Schuldübernahme der Genehmigung des Gläubigers. Die aufsichtsrechtliche Genehmigung ersetzt diese Mitwirkung[940]. Nach Ansicht des Gesetzgebers können „nur so die Belange der Versicherten in ihrer Gesamtheit gewahrt werden"[941].

Anders als der staatliche Genehmigungsvorbehalt[942], das Versicherungsvertragsgesetz[943] oder die Inhaltskontrolle[944] greift § 14 Abs. 1 Satz 4 VAG damit nicht unmittelbar in die versicherungsvertraglichen Rechte und Pflichten ein. Die Vorschrift nimmt dem Versicherungsnehmer jedoch das Recht der Genehmigung der Schuldübernahme, das ihm sonst nach den Regeln des 6. Abschnitts[945] des 2. Buchs[946] des Bürgerlichen Gesetzbuchs zusteht.

b) Stellungnahme

§ 14 Abs. 1 Satz 4 VAG kann insbesondere bei der Versicherung nach YKB Bedeutung erlangen. Wie mehrfach erörtert[947], teilt der Makler das zu versichernde Risiko üblicherweise unter mehreren Versicherern auf. Die Chancen, daß ein Versicherer von einem anderen übernommen wird oder sein Sportbootgeschäft auf einen anderen überträgt, sind dort also ungleich größer.

---

937 Vgl. P/S/SCHMIDT, § 14 Rdn. 4.

938 HOFMANN, S. 33.

939 § 14 Abs. 1 Satz 4 2. Halbs. VAG. Was ursprünglich eine umstrittene Abweichung von § 415 Abs. 1 Satz 1 BGB war, ist heute ausdrücklich im Gesetz geregelt. Vgl. BVerwG, VersR 1963, 177, 179; HOFMANN, S. 33; WERBER/WINTER, Rdn. 26; v. PUSKAS, VersR 1980, 205 ff.; SIEG, ZVersWiss 1989, 1 ff. a.A. OLG ZWEIBRÜCKEN, VersR 1980, 57, 57, das dem § 14 VAG jede zivilrechtliche Auswirkung absprach.

940 P/S/SCHMIDT, § 14 Rdn. 31.

941 BT-Drs. 9/1493, S. 22.

942 Der zur Abänderung oder zum Streichen von Klauseln führte. Vgl. dazu vorstehend unter B. V. 3. a) [Versicherungsaufsicht], insb. unter *lit.* bb) [Rundschreiben 4/76].

943 Das mit seinen zwingenden und halbzwingenden Regeln unmittelbar in die vertragliche Gestaltungsarbeit eingreift. Vgl. dazu vorstehend unter B. V. 1. [Schutzzweck].

944 Die gem. § 307 BGB zur Unwirksamkeit einzelner Klauseln führen kann. Vgl. dazu vorstehend unter B. IV. 5. b) [Inhalt].

945 [Schuldübernahme].

946 [Recht der Schuldverhältnisse].

947 Vgl. insb. dazu vorstehend unter B. IV. 2. b) aa) (2) [Kräfteverhältnis].

aa) YKB-Besonderheiten

Für den Yachtkaskoversicherungsnehmer dürfte das aber kaum eine Rolle spielen. Er weiß in der Regel nicht, wer sein/e Versicherer ist/sind.

Wie unter B. V. 6. b) dd) (1)[948] erörtert, nimmt der Makler alle Deklarationen, Willenserklärungen und Anzeigen des Versicherungsnehmers für den/die Versicherer rechtswirksam entgegen. Der Versicherungsnehmer hat lediglich ein Auskunftsrecht über Name(n) bzw. Firma und Anteil der einzelnen Versicherer nach § 15 Nr. 6 Satz 3 PYKB 1998 und Nr. 28 Satz 4 SYKB 1998[949]. Sollte ein Bestand also nach § 14 Abs. 1 VAG übertragen werden, ist nicht davon auszugehen, daß der Yachteigner davon erfährt.

bb) Keine Nachteile

Für ihn wie für den Versicherungsnehmer nach AVBW sollte der staatliche Genehmigungsersatz keine nachteiligen Folgen haben. Rechte und Pflichten des bestehenden Sportbootversicherungsvertrags ändern sich nicht.

Sie gehen auf den übernehmenden Versicherer über[950]. Ihm stehen zu
- die Forderungen auf Prämie oder auf Herausgabe nicht geschuldeter Entschädigungen,
- alle Gestaltungsrechte (z.B. das Kündigungsrecht wegen der Veräußerung der versicherten Sache oder nach einem Schadensfall, wobei von der Frist, die vor der Genehmigung der Bestandsübertragung zu laufen begonnen hat, danach nur noch die Restdauer zur Verfügung steht)[951] und
- die Rückgriffsrechte (z.B. nach §§ 67, 158 f VVG oder 3 Nr. 9 PflVersG)[952].

Außerdem ist der übernehmende Versicherer verpflichtet zu
- den Versicherungsleistungen (einschließlich des Aufwendungsersatzes)[953],
- zur Rückzahlung nicht geschuldeter Prämien oder
- zum Schadensersatz aus mit dem Bestand verknüpften Anspruchsgrundlagen (auch gegenüber Dritten, z.B. Gesamt- und Sonderrechtsnachfolgern des Versicherungsnehmers oder Bezugsberechtigten)[954].

Das Solvabilitätserfordernis des § 14 Abs. 1 Satz 2 VAG soll gewährleisten, daß das übernehmende Unternehmen Eigenmittel in Höhe des Solvabilitätssolls

---

948 [Makler als Vertreter].

949 Vgl. dazu vorstehend unter B. IV. 2. b) aa) (2) [Kräfteverhältnis].

950 P/S/SCHMIDT, § 14 Rdn. 31. Vgl. außerdem vor Fußnote 938.

951 P/S/SCHMIDT, § 14 Rdn. 31.

952 OLG KOBLENZ, VersR 1960, 686, 688; KREBS, VersR 1960, 688, 689.

953 Vgl. dazu nachfolgend unter E. I. 1. h) [Aufwendungen].

954 P/S/SCHMIDT, § 14 Rdn. 31.

nach § 53 c Abs. 1 Satz 2 VAG besitzt[955]. Der übernehmende Versicherer soll deswegen Versicherungsleistungen und andere Verbindlichkeiten gegenüber dem Versicherungsnehmer, seinen Rechtsnachfolgern oder Bezugsberechtigten erfüllen können.

cc) Risiko der Bedingungsänderung

Der übernehmende Versicherer kann jedoch (1) die bestehenden Versicherungsverträge im Rahmen der (noch mit dem übertragenden Versicherer vereinbarten) Kündigungsfrist vor Ablauf der Vertragszeit kündigen[956] oder (2) sich auf eine mögliche (noch mit dem übertragenden Versicherer geschlossene) Einbeziehungsvereinbarung für neue AVB berufen[957] und dem Versicherungsnehmer eine weitere Versicherung nur zu geänderten Bedingungen anbieten[958]. Das Risiko, daß ein Versicherer seine Versicherungsbedingungen ändert oder den Vertrag kündigt, besteht jedoch immer.

Es ist ein allgemeines Vertragsrisiko, das für alle Dauerschuldverhältnisse besteht, die nach dem Gesetz zeitlich zu begrenzen sind oder für die eine Einbeziehungsvereinbarung besteht. Es ist nicht spezifisch für die Übertragung von Versicherungsbeständen.

2. Verbraucherinformation

§ 10 a Abs. 1 Satz 1 VAG bestimmt, daß der Versicherungsnehmer in einer Verbraucherinformation „über die für das Versicherungsverhältnis maßgeblichen Tatsachen und Rechte vor Abschluß und während der Laufzeit des Vertrages" unterrichtet wird. Die Vorschrift wurde bereits besprochen unter B. IV. 2.[959] (insb. im Zusammenhang mit § 5 a VVG), als es um die Einbeziehung von AVBW und YKB in Sportbootversicherungsverträge ging.

An dieser Stelle ist § 10 a VAG wieder zu erörtern. Es ist umstritten, ob die Vorschrift in Verbindung mit der Anlage D zum VAG eine zivilrechtliche Wirkung entfaltet: Können bei schuldhafter Falschinformation durch den Versicherer Ansprüche aus Verschulden bei Vertragsschluß (*cic*) oder positiver Vertragsverletzung (pVV) entstehen[960]?

---

955 P/S/SCHMIDT, § 14 Rdn. 25; P/S/LIPOWSKY, § 53 c Rdn. 4.

956 Vgl. dazu nachfolgend unter E. I. 1. d) [Dauer/Verlängerung des Vertrags].

957 OLG SAARBRÜCKEN, VersR 1989, 245, 245.

958 Das sind z.B. die Bedingungen, die er üblicherweise in der Sportbootversicherung verwendet.

959 [Einbeziehung].

960 HOFMANN, S. 33 f.

a) Zivilrechtliche Wirkung

Nach Ansicht von Werber und Reichert-Facilides beruht § 10 a VAG auf dem „Pflichtenschub", den die dritte EG-Koordinierungsrichtlinie und die damit verbundene nationale Umsetzung ausgelöst hat[961]. Die Vorschrift entwickle die vorvertraglichen und vertragsbegleitenden Nebenpflichten weiter[962]. Die Informationspflichten seien dem Versicherer im Interesse des Versicherungsnehmers auferlegt[963]; sie würden notwendiger Bestandteil der einzelnen Schuldverhältnisse[964]. Wird die Pflicht zur Verbraucherinformation nach § 10 a VAG schuldhaft verletzt, komme also eine Schadensersatzpflicht aufgrund von *culpa in contrahendo* oder positiver Vertragsverletzung in Frage[965].

Dem hält Hofmann[966] entgegen, daß keine anderen als die in § 5 a VVG genannten zivilrechtlichen Konsequenzen eintreten können, wenn der Versicherer dem Versicherungsnehmer die Verbraucherinformation entgegen § 10 a VAG nicht erteilt. Schadensersatzansprüche seien zu verneinen, da § 10 a VAG rein gewerberechtlich angelegt sei[967].

Ähnlich sieht es Renger[968]: Der Zweck der Informationspflichten sei, einen fairen und lauteren (EG-weiten) Wettbewerb zu gewährleisten[969]. Im Gesetzgebungsverfahren zur Umsetzung der dritten EG-Koordinierungsrichtlinie kam deutlich zum Ausdruck, daß die Vertragsrechtsharmonisierung gerade keine Vorbedingung für die Schaffung des Versicherungsbinnenmarktes gewesen sei[970]. Es verbiete sich daher eine zivilrechtliche Auswirkung des gemeinschaftsrechtlich statuierten Pflichtenschubs[971].

---

961 WERBER, ZVersWiss 1994, 321, 341; REICHERT-FACILIDES, VW 1994, 561, 561.

962 WERBER, ZVersWiss 1994, 321, 341.

963 REICHERT-FACILIDES, VW 1994, 561, 562.

964 REICHERT-FACILIDES, VW 1994, 561, 562; WERBER, ZVersWiss 1994, 321, 341.

965 P/S/SCHMIDT, § 10 a Rdn. 39; Palandt/HEINRICHS, § 276 Rdn. 90; DÖRNER/HOFFMANN, NJW 1996, 153, 157; LORENZ, ZVersWiss 1995, 103, 110; REICHERT-FACILIDES, VW 1994, 561, 562; WERBER, ZVersWiss 1994, 321, 342.

966 Stiefel/HOFMANN, 16. Aufl., § 1 Rdn. 30 o.

967 Zwar könne man eine Reflexwirkung auf den Vertrag nicht ausschließen; die Regelung des § 5 a VVG müsse aber als abschließend angesehen werden. *Id.* und Stiefel/HOFMANN, § 1 Rdn. 4, unter Bezugnahme auf die Entgegnung der Bundesregierung, BT-Drs. 12/6959, S. 134, auf die Stellungnahme des Bundesrats im Gesetzgebungsverfahren.

968 RENGER, VersR 1994, 753-759.

969 RENGER, VersR 1994, 753, 753.

970 RENGER, VersR 1994, 753, 754-756.

971 RENGER, VersR 1994, 753, 758.

b) Stellungnahme

Unstreitig ist, daß § 10 a Abs. 1 Satz 1 VAG kein selbständiger zivilrechtlicher Anspruch ist[972]. Es ist jedoch fraglich, ob seine schuldhafte Verletzung zivilrechtliche Ansprüche aus *culpa in contrahendo* oder positiver Vertragsverletzung auslösen kann.

aa) Verschulden bei Vertragsschluß

Grund für die Haftung wegen Verschuldens bei Vertragsschluß ist nicht ein Rechtsgeschäft. Es ist die Tatsache, daß jemand durch seine Bereitschaft zu Vertragsverhandlungen einen Vertrauenstatbestand geschaffen hat, auf den sich ein anderer verläßt[973]. Die Verpflichtung zum Schadensersatz folgt aus der Gewährung von in Anspruch genommenem Vertrauen[974].

Bis zum Gesetz zur Modernisierung des Schuldrechts war die Haftung für *culpa in contrahendo* gewohnheitsrechtlich anerkannt[975]. Gemäß § 311 Abs. 2 BGB kann heute ein Schuldverhältnis auch entstehen durch die Aufnahme von Vertragsverhandlungen, bei der Vertragsanbahnung[976] oder ähnlichen geschäftlichen Kontakten. Wird in diesem Zusammenhang eine (Verhaltens-)Pflicht im Sinne des § 241 Abs. 2 BGB verletzt, kann das eine Haftung nach § 280 Abs. 1 BGB begründen[977].

(1) Pflichtverletzung

Aus einem vorvertraglichen Schuldverhältnis folgen keine Hauptleistungspflichten. § 311 Abs. 2 BGB verweist auf § 241 Abs. 2 BGB, der die Verpflichtung zur Rücksichtnahme auf die Rechte, Rechtsgüter und Interessen des anderen Teils beinhaltet. Ein detailliertes Pflichtenprogramm wird im Gesetz weder in § 241 Abs. 2 BGB noch an anderer Stelle vorgegeben.

---

972 Vgl. dazu vorstehend unter B. IV. 2. a) cc) (2) (ii) (a) [Entstehungsgeschichte]. Dort wurde festgehalten, daß sich auch im Privatversicherungsrecht aus gewerberechtlichen Pflichten keine zivilrechtlichen Ansprüche ableiten lassen.

973 BROX, Rdn. 56.

974 BALLERSTEDT, AcP 1951, 501, 507. Aber auch BGHZ 60, 221, 226; BGH, NJW 1981, 1035, 1035 f..

975 Palandt/HEINRICHS, SchuModG, § 311 Rdn. 3, m.w.N.

976 Wenn der eine Teil im Hinblick auf die etwaige rechtsgeschäftliche Beziehung dem anderen Teil die Möglichkeit zur Einwirkung auf seine Rechte, Rechtsgüter und Interessen gewährt oder ihm diese anvertraut.

977 Palandt/HEINRICHS, SchuModG, § 311 Rdn. 13.

Es hängt vielmehr davon ab, inwieweit durch den jeweiligen vorvertraglichen Kontakt ein Vertrauensverhältnis entstanden ist[978]. Aus der bisherigen Rechtsprechung zum Verschulden bei Vertragsschluß lassen sich zwei Sachverhaltsgruppen herausarbeiten, bei denen ein *cic*-bewehrtes Vertrauensverhältnis entstehen kann[979]:

(i) Obhuts- und Sorgfaltspflichten

Treten Personen in geschäftlichen Kontakt, schulden sie einander gewisse Obhuts- und Sorgfaltspflichten[980]. Der Inhaber eines Warenhauses ist verpflichtet, seine Geschäftsräume in einem ordnungsgemäßen Zustand zu erhalten, damit etwaige Kunden nicht stürzen oder sich sonstwie verletzen[981].

(ii) Offenbarungspflichten

Aufklärungs- und Mitteilungspflichten (*Offenbarungspflichten*) entstehen, wenn eine Partei die Umstände nicht kennt, die für ihre Entscheidung zum Vertragsschluß von wesentlicher Bedeutung sind und die andere Partei das erkennen kann[982]. Daß beide Vertragsparteien entgegengesetzte Interessen verfolgen, ist unerheblich, wenn man eine Aufklärung oder Mitteilung nach der Verkehrsauffassung erwarten darf und die Umstände geeignet sind, den Vertragszweck zu vereiteln[983].

Verletzt eine Partei ihre Offenbarungspflicht, kann ein Vertrag nicht wirksam zustande kommen[984]. Die geschädigte Partei hat dann keine rechtsgeschäftlichen Ansprüche. Außerdem kann ein Vertrag wirksam geschlossen werden, der ohne die Pflichtverletzung nicht oder zu anderen Bedingungen eingegangen worden wäre[985]. Hier ist der Vertrag inhaltlich nachteilig, weil der Schädiger seinem Vertragspartner unrichtige oder unvollständige Informationen gegeben hatte. Der Schädiger wirkte dadurch auf dessen Willensbildung pflichtwidrig ein[986].

---

978 *Id.* und vorstehend unter B. VI. 2. b) aa) [Verschulden bei Vertragsschluß].

979 Vgl. dazu Palandt/HEINRICHS, § 276 Rdn. 70-90.

980 BROX, Rdn. 57.

981 BGH, NJW 1962, 31, 31 f.; BGHZ 66, 51, 54.

982 Vgl. BGH, NJW 1985, 1769, 1771.

983 BGHZ 114, 87, 90 f.; BGH, NJW 1989, 1793, 1794; WM 1985, 673, 674; NJW 1974, 849, 851.

984 BROX, Rdn. 57.

985 *Id.*

986 Palandt/HEINRICHS, § 276 Rdn. 78 = Palandt/HEINRICHS, SchuModG, § 311 Rdn. 34.

(2) Vorvertragliche Pflichten

So verhält es sich bei Versicherungsverträgen, wenn die Verbraucherinformation nach § 10 a VAG in Verbindung mit der Anlage D zum VAG fehlerhaft war. Die Verbraucherinformationen sind vom Vertrauensverhältnis erfaßt, das bei der vorvertraglichen Versicherungsauswahl durch den Interessenten entsteht.

(i) Wegfall der Präventivkontrolle

Seit dem 3. DG/EWG zum VAG ist die staatliche Präventivkontrolle von AVB aus dem Massenrisikogeschäft entfallen[987]. Damit wurde ein Stück wohlgemeinten Paternalismusses gegenüber Versicherungsnehmern abgeschafft[988]; ein Verbraucherversicherungsnehmer muß nunmehr in erhöhtem Maße für sich selbst sorgen. Um dazu in der Lage zu sein, muß er sich ein hinreichendes Bild über die ihm angebotenen Versicherungsverträge machen können. Das kann ein Versicherungsinteressent aber nur, wenn er über alle für den Vertrag wesentlichen Informationen verfügt. Seine Willensbildung beruht auf den für das Versicherungsverhältnis maßgeblichen Tatsachen und Rechten.

Genau diese Informationen sind in der Anlage D zum VAG, Abschnitt I [Verbraucherinformation] enthalten. Gerade weil der Gesetzgeber um ihre wesentliche Bedeutung für die Willensbildung wußte (und eine gewerberechtliche Regelung nach der Dritten Generation der EG-Versicherungsrichtlinien vornehmen sollte), hat er die Verbraucherinformation in § 10 a VAG in Verbindung mit der Anlage D zum VAG aufgenommen.

Die Pflicht des Versicherers zur Verbraucherinformation ist damit nicht einseitig im Aufsichtsrecht angelegt und strahlt in das Zivilrecht hinein („notwendiger Bestandteil"), wie es Werber und Reichert-Facilides annehmen[989]. Die Verbraucherinformationen sind wegen des in der Versicherungspraxis bestehenden vorvertraglichen Vertrauensverhältnisses von solcher Bedeutung, daß sie ebenfalls im Gewerberecht normiert wurden[990].

---

987 Vgl. Fußnote 934, m.w.N.

988 Ins deutsche Recht ist damit ein wenig mehr der Gedanke des *„Caveat emptor!"* eingezogen.

989 Ihrer Ansicht nach führt § 10 a VAG zur Weiterentwicklung der vorvertraglichen und vertragsbegleitenden Nebenpflichten.

990 Es spielt mithin keine Rolle, ob sie in (zivilrechtlichen) Gesetzestexten ausdrücklich niedergelegt sind oder nicht. Sie sind damit den sich in der StVO befindenden Verkehrsregeln vergleichbar. Auch diese enthalten keine zivilrechtlichen Ansprüche. Die Verkehrsregeln legen aber zivilrechtliche Verhaltenspflichten öffentlich-rechtlich nieder, deren Nichtbeachtung Fahrlässigkeit mit sich bringt und zu daraus entstehenden Ansprüchen führt.

Nicht die Aufnahme in das Gesetz über die Beaufsichtigung der Versicherungsunternehmen begründet damit die zivilrechtliche Pflicht zur Verbraucherinformation. Es ist der Wegfall der materiellen Staatsaufsicht und die damit einhergehende wachsende Bedeutung des vorvertraglichen Vertrauenstatbestands in der Versicherungspraxis, der sie zur *cic*-bewehrten Offenbarungspflicht macht.

(ii) Keine Unterscheidung nach Risikotyp

Dabei ist unerheblich, ob ein Verbraucher eine Versicherung abschließen will über ein Massenrisiko oder über ein Großrisiko, dessen Parteienlage in der Versicherungspraxis typischerweise nicht der vom Gesetzgeber vorgestellten Parteienlage entspricht[991]. Ein Verbraucherversicherungsnehmer bleibt ein Verbraucherversicherungsnehmer, unabhängig von der aufsichtsrechtlichen Einordnung des Vertragstyps. Er entwickelt wegen der Zuordnung (s)einer Versicherung zur Großrisikoversicherung keine versicherungspraktische Geschäftskunde, wie sie im großgewerblichen Versicherungsgeschäft üblich ist.

Der Verbraucherversicherungsnehmer muß sich bei Versicherungen über Großrisiken ebenso gut informieren können wie bei Versicherungen über Massenrisiken. Ein materieller Grund für seine Schlechterstellung ist nicht ersichtlich.

(iii) Sonstige Punkte

Der Anspruch wegen Verschuldens bei Vertragsschluß wird schließlich auch nicht durch § 5 a VVG als *lex specialis* ausgeschlossen; § 5 a VVG soll nach seiner Zielsetzung die Rechtsstellung des Versicherungsnehmers verbessern, nicht dessen (Schadensersatz-)Rechte beschneiden[992]. Problematisch könnte allein sein, ob ein Aufklärungsmangel für den Eintritt des Schadens kausal war[993]. Im Einzelfall ist die Ursächlichkeit genau zu untersuchen.

(3) Zusammenfassung

Vor dem 3. DG/EWG zum VAG spielten die in § 10 a VAG in Verbindung mit der Anlage D zum VAG in Abschnitt I normierten (Verbraucher-)Informationen wegen der staatlichen Präventivkontrolle nur eine untergeordnete Rolle. Genehmigte AVB wurden von den Versicherungsverbänden erarbeitet und den einzelnen Versicherern einheitlich verwendet[994]. Der Versicherungsnehmer konnte darauf vertrauen, daß allgemeine Bedingungen von der Versicherungsaufsicht auf

991 Vgl. dazu insb. die vorstehend unter B. V. 3. [Sachstand] aufgeführten Versicherungsvertragstypen.

992 DÖRNER/HOFFMANN, NJW 1996, 153, 157.

993 Stiefel/HOFMANN, 16. Aufl., § 1 Rdn. 30 o; LORENZ, ZVersWiss 1995, 103, 107.

994 RENGER, VersR 1994, 753, 758.

ihre Übereinstimmung mit dem geltenden Recht geprüft waren[995]; er konnte sich ein gewisses Maß an „Blauäugigkeit" erlauben[996].

Heute ist die materielle Staatsaufsicht abgeschafft, und die Versicherer schränken die tradierten Bedingungswerke je nach Markteinschätzung ein[997]. Die Bedingungswerke der Vertragstypen können sich in einzelnen Klauseln unterscheiden. Produktbeschreibung (AVB) und Produktinformation (Angaben und Belehrungen) haben deswegen eine neue Bedeutung[998]. Die Verbraucherinformation schafft einen Vertrauenstatbestand, auf den sich der Versicherungsinteressent verläßt. Dabei ist sie für alle Interessenten gleich wichtig. Es kommt nicht darauf an, ob er einen Versicherungsvertrag über ein Massenrisiko oder ein Großrisiko abschließen will, das in der Versicherungspraxis Massenversicherungszüge aufweist.

Die Pflicht zur Verbraucherinformation ist daher auch in der Sportbootversicherung eine Offenbarungspflicht, deren Verletzung zu einem Anspruch wegen Verschuldens bei Vertragsschluß führen kann. Daß die Pflicht zur Verbraucherinformation außerdem in § 10 a VAG gewerberechtlich geregelt ist, begründet oder verstärkt ihre zivilrechtliche Bedeutung nicht[999]. Wegen ihrer enormen zivilrechtlichen Bedeutung ist die Pflicht vielmehr *auch* gewerberechtlich geregelt.

bb) Positive Vertragsverletzung

Eine Vertragspartei muß durch ihr Handeln oder Unterlassen eine rechtsgeschäftliche Pflicht verletzt und der anderen Partei dadurch einen Schaden verursacht haben[1000]. Zu den Pflichten, deren Nichtbeachtung eine positive Vertragsverletzung begründen, gehört alles, was man von einem Schuldner aus dem Rechtsgeschäft verlangen kann.

---

995 Sogenannte „materielle Staatsaufsicht". Vgl. dazu vorstehend unter B. IV. 1. [Geltung im Versicherungsvertragsrecht].

996 Auch wenn die materielle Staatsaufsicht keinen umfassenden Schutz gegen Übervorteilung durch einen Versicherer bot. So haben Zivilgerichte immer wieder genehmigte Klauseln für unwirksam erklärt. Vgl. dazu vorstehend ebenfalls unter B. IV. 1. [Geltung im Versicherungsvertragsrecht], m.w.N.

997 Oder ergänzen sie unternehmensbezogen. RENGER, VersR 1994, 753, 758.

998 *Id.*

999 Insofern ist LORENZ, ZVersWiss 1995, 103, 107, zu folgen. Zivilrechtliche Ansprüche kämen seiner Ansicht nach nur in Betracht, wenn sie

> „an (schuldrechtlichen) Aufklärungspflichten anknüpfen[, die den (aufsichtsrechtlichen) Informationspflichten nach § 10 a VAG entsprechen, oder wenn sie auf § 10 a VAG Bezug nehmen]."

1000 BROX, Rdn. 293.

Des weiteren ist ein Schuldner gehalten, alles zu unterlassen, was den Vertragszweck gefährden oder vereiteln könnte. Pflichtverletzungen, die einen pVV-Anspruch auslösen, sind nach der Rechtsprechung insbesondere[1001]

- die Verletzung vertraglicher Nebenpflichten wie Vorbereitungs-, Obhuts-, Erhaltungs-, Aufbewahrungs-, Anzeige-, Aufklärungs- und Auskunftspflichten (*Offenbarungspflichten*) oder Geheimhaltungspflichten[1002],
- die Schlechterfüllung einer Hauptleistungspflicht, sofern durch die nicht ordnungsgemäße Erfüllung ein über das Erfüllungsinteresse hinausgehender zusätzlicher Schaden (Begleitschaden) entstanden ist[1003],
- die Verletzung einzelner Lieferpflichten bei einem Sukzessivlieferungsvertrag; hier kann unter Umständen schon die mangelhafte oder verspätete Einzellieferung eine Verletzung des gesamten Vertrages darstellen[1004].
- Erklärungen des Schuldners, er werde seine Verpflichtung endgültig nicht oder nur unter Bedingungen erfüllen, die ungesetzlich oder unsittlich sind, stellen ebenfalls eine positive Vertragsverletzung dar – selbst wenn die Leistung noch nicht fällig ist[1005].

(1) Pflichtverletzung

War die positive Vertragsverletzung in der Vergangenheit gewohnheitsrechtlich anerkannt[1006], ist auch sie seit dem Gesetz zur Modernisierung des Schuldrechts in § 280 Abs. 1 BGB normiert[1007]. Nach § 280 Abs. 1 BGB kann eine Vertragspartei Ersatz verlangen, wenn die andere eine Pflicht aus dem Schuldverhältnis verletzt und hierdurch ein Schaden entsteht. Die Pflichtverletzung kann folgen aus Vertragsverletzungen, Verletzungen von Forderungen, die nicht aus vertraglichen Schuldverhältnissen stammen und Verletzungen von Verhaltenspflichten, mit denen kein Forderungsrecht korrespondiert[1008]. Der Anwendungsbereich der „alten pVV" ist damit vollständig in § 280 Abs. 1 BGB enthalten[1009].

Auch während der Vertragslaufzeit hat ein Schuldner also die im Zusammenhang mit dem Verschulden bei Vertragsschluß angesprochenen Offenbarungspflichten zu beachten, wenn sie aus dem Vertrag verlangt werden könnten oder ihre Nichtbeachtung den Vertragszweck gefährden oder vereiteln könnte. Die

1001 *Id.* Vgl. dazu auch Palandt/HEINRICHS, § 276 Rdn. 110-122.
1002 BROX, Rdn. 294.
1003 BROX, Rdn. 295.
1004 BROX, Rdn. 296.
1005 BROX, Rdn. 297.
1006 Palandt/HEINRICHS, § 276 Rdn. 105.
1007 Palandt/HEINRICHS, SchuModG, § 280 Rdn. 1.
1008 Palandt/HEINRICHS, SchuModG, § 280 Rdn. 3. Daneben fallen auch Unmöglichkeit und Verzug unter § 280 BGB. Zu beachten ist jedoch, daß es dafür ergänzende Regeln gibt in §§ 283 und 286 BGB. Palandt/HEINRICHS, SchuModG, § 280 Rdn. 5.
1009 Vgl. Palandt/HEINRICHS, SchuModG, § 280 Rdn. 5.

Offenbarungspflichten folgen hier nicht aus einem vorvertraglichen Vertrauenstatbestand[1010]; sie ergeben sich unmittelbar aus dem Vertrag.

(2) Offenbarungspflichten

Für Versicherungsverträge bedeutet dies, daß der Versicherer verpflichtet ist, den Versicherungsnehmer unaufgefordert über alle entscheidungserheblichen Umstände zu informieren[1011]; er hat ihn darüber aufzuklären, wenn Gefahren für das Leistungs- oder Integritätsinteresse des Versicherungsnehmers bestehen[1012]. So muß der Versicherer dem Versicherungsnehmer mitteilen, daß ein Änderungsvertrag erst mit dessen Annahme wirksam wird[1013]. Des weiteren muß er anzeigen, daß der Versicherungsschutz (bei bestimmten Verträgen) erlischt, wenn der Versicherungsnehmer den Wohnsitz verlegt[1014].

(3) Zusammenfassung

Nichts anderes enthält die durch § 10 a VAG vorgeschriebene „Verbraucherinformation über die für das Versicherungsverhältnis maßgeblichen Tatsachen und Rechte". Nach § 10 a Abs. 1 Satz 1 VAG muß der Versicherer den Versicherungsnehmer auch „während der Laufzeit des Vertrages" über diese unterrichten.

Wie bei einem Anspruch wegen *culpa in contrahendo* strahlt die gewerberechtliche Verbraucherinformation nicht in das Zivilrecht hinein. Die Offenbarungspflicht hinsichtlich maßgeblicher Informationen ist seit Wegfall der materiellen Staatsaufsicht vielmehr so bedeutend, daß sie aus dem Vertrag verlangt werden kann. Sie besteht gegenüber einem Verbraucherversicherungsnehmer unabhängig von ihrer gewerberechtlichen Normierung und der aufsichtsrechtlichen Einordnung des Risikos.

3. Ergebnis

Allein § 14 VAG hat eine mittelbare zivilrechtliche Bedeutung für die Sportbootversicherung. Die Sportbootversicherung war vom 3. DG/EWG zum VAG nur am Rande betroffen, weil sie zu keiner Zeit der staatlichen Bedingungskontrolle unterlag. In der Sportbootversicherung bestehen zivilrechtliche Offenba-

---

1010 Der heute nach § 311 Abs. 2 BGB zu einem Schuldverhältnis führt.

1011 Vgl. Palandt/HEINRICHS, § 276 Rdn. 119.

1012 Von denen der Versicherungsnehmer keine Kenntnis hat. Vgl. BGHZ 64, 46, 49; BGH, WM 1972, 1124, 1125; BGHZ 36, 323, 328; BGH, VersR 1960, 342, 343; VersR 1956, 765, 766.

1013 BGH, NJW-RR 1988, 23, 23 f.

1014 OLG HAMM, NJW-RR 1994, 484, 484.

rungspflichten unabhängig von der in § 10 a VAG normierten Verpflichtung zur Verbraucherinformation.

§ 14 VAG erleichtert Versicherern die Übertragung von Vertragsbeständen. Die aufsichtsrechtliche Genehmigung einer Bestandsübertragung ersetzt die Zustimmung zur Schuldübernahme des einzelnen Versicherungsnehmers und nimmt ihm sein individuelles Genehmigungsrecht aus § 415 Abs. 1 Satz 1 BGB. § 14 VAG kann insbesondere im Rahmen der Versicherung nach YKB Bedeutung erlangen. Dort teilt der Makler das Risiko üblicherweise unter mehreren Versicherern auf. Die Chancen, daß ein Versicherer sein Sportbootgeschäft auf einen anderen überträgt, sind erheblich größer.

§ 10 a VAG ist keine Anspruchsgrundlage. Die Sportbootversicherung war vom Wegfall der staatlichen Präventivkontrolle von AVB zwar nicht betroffen, wegen ihrer Parteienlage ist sie aber versicherungsvertragsrechtlich wie die Versicherung eines Massenrisikos zu behandeln. Zivilrechtlich sanktionierte Offenbarungspflichten folgen bei der Versicherung von Massenrisiken aus dem zwischen Versicherer und Verbraucher bestehenden Vertrauensverhältnis bei der Vertragsauswahl oder dem Versicherungsvertrag. Die Pflichten sind seit dem Wegfall der Präventivkontrolle von solcher Bedeutung, daß sie im Rahmen des 3. DG/EWG zum VAG auch gewerberechtlich normiert wurden.

C. Typische Bestimmungen

Die AVBW und YKB gestalten den Inhalt der Sportbootversicherung. Weil eine Versicherung eine unsichtbare Ware ist, sind die Bedingungen ein System von Beschreibungen, Einschlüssen, Ausschlüssen, Klarstellungen und Obliegenheiten[1015]. Ihr Aufsteller legt die Pflichten von Versicherer und Versicherungsnehmer so genau wie möglich fest. Er muß dazu neben den „eigentlichen" AGB[1016] die Hauptleistung gestalten[1017]. Selbst die Darstellung des Versicherungsumfangs hat also den Charakter „Allgemeiner Geschäftsbedingungen"[1018].

Die Sportbootversicherung ist eine Schadensversicherung[1019]. Das versicherte Interesse[1020], die versicherte Gefahr[1021] sowie der versicherte Schaden[1022] bestimmen deswegen den Versicherungsumfang. Im folgenden werden besonders bedeutende, typische Bestimmungen genauer untersucht.

1015 Vgl. dazu vorstehend unter B. IV. 5. b) bb) [Leistungsgestaltung] und nachfolgend unter E. I. [Synopse] Nr. 1-3., m.w.N. in Fußnote 737.

1016 Vgl. dazu z.B. nachfolgend unter E. I. 4. [Allgemeine Bestimmungen] *lit.* a)-h).

1017 Vgl. dazu vorstehend unter B. IV. 5. b) bb) [Leistungsgestaltung] und nachfolgend unter E. I. [Synopse] Nr. 1-3.

1018 Vgl. dazu vorstehend unter B. IV. 5. b) bb) [Leistungsgestaltung].

1019 Vgl. dazu vorstehend unter A. III. 2. [Schadens- und Nichtpersonenversicherung].

1020 Vgl. dazu vorstehend unter A. III. 3. [Aktivenversicherung].

1021 Vgl. dazu auch vorstehend unter B. III. 1. d) ff) [Gefahrenlage].

1022 Vgl. dazu auch vorstehend unter B. III. 2. a) aa) [Schadensabgrenzung].

I. Interesse

Versichertes Interesse ist die Wertbeziehung einer bestimmten Person zu einem bestimmten Gut[1023]. Das Interessenerfordernis beschränkt den Versicherungsumfang: Versicherungsfall und Entschädigungsanspruch sind nur zu bejahen, wenn der Versicherungsnehmer (oder der Versicherte) einen Schaden zu Lasten der Wertbeziehung erlitten hat[1024].

1. Fahrzeug

Die Sportbootversicherung erfaßt in erster Linie die Beziehung des Versicherungsnehmers zu seinem „Fahrzeug"[1025]. Anders als in § 778 HGB, § 1 Abs. 1 ADS, Nr. 3 DTV-Kaskoklauseln 1978, Nr. 1.1 AVB Flußkasko 2000, welche alle den Begriff „Schiff" verwenden, ist die Bezeichnung der versicherten Hauptsache in der Sportbootversicherung weiter gefaßt. Erklären läßt sich das mit der Vielfalt von Sportbooten[1026]:

> „Ein Schiff ist ... ein schwimmfähiger Hohlkörper von nicht ganz unbedeutender Größe, der fähig und bestimmt ist, auf oder auch unter dem Wasser fortbewegt zu werden und dabei Personen oder Sachen zu tragen"[1027].

Der Fahrzeugbegriff ist hingegen artübergreifend. Er enthält vom Kanu oder Segelsurfbrett[1028] über einen dreimastigen Schoner[1029] bis zum Megatanker alle Verkehrsmittel, die Personen oder Sachen auf dem Wasser befördern sollen[1030]. Wegen der Vielgestaltigkeit von Sportbooten, insbesondere wegen des Wegfalls der Hohlkörper- und Größenerfordernisse, wird der Fahrzeugbegriff der in der

1023 Vgl. dazu bereits vorstehend unter A. III. 3. a) [Sachversicherung im weiteren Sinne].

1024 P/M/KOLLHOSSER, Vor § 51 Rdn. 3.

1025 Vgl. § 2 PYKB 98; Nr. 2.1. SYKB 98; Nr. 1.1 AVBW 85. Beachte, daß mit OLG KÖLN, VersR 1997, 613, 613 f., ein versicherbares Interesse in der Sportbootversicherung bereits dann anzunehmen ist, wenn nach den Umständen davon auszugehen ist, daß der Versicherungsnehmer für das ihm z.Zt. des Versicherungsbeginns „noch nicht zu Eigentum gehörende Boot – auch – eine Fremdversicherung abgeschlossen hat".

1026 Vgl. dazu vorstehend unter B. III. 1. d) cc) [Binnenschiffahrtsrecht].

1027 Schaps/ABRAHAM, 1. Teil, Vor § 476 Rdn. 1, unter Verweis auf BGH, NJW 1952, 1135, 1135. Vgl. aber auch schon Fußnote 251.

1028 Vgl. dazu vorstehend unter B. III. 1. d) ee) [Praxisrelevanz].

1029 Mit einer Länge von über 65 Metern wie die „Creole". Vgl. dazu vorstehend unter B. III. 1. d) dd) [Bezeichnung, Größe und Kosten].

1030 Und durch menschliche, tierische oder motorische Triebkraft zu [Land], Wasser [oder in der Luft] fortbewegt werden. Brockhaus, Bd. 3, S. 753.

Sportbootversicherung versicherten Hauptsache eher gerecht als die (Art-)Bezeichnungen *Schiff*[1031] oder (Sport-)*Boot*.

2. Weitere versicherte Sachen

Daneben erfaßt die versicherte Wertbeziehung heute die Maschinenanlage oder maschinelle Einrichtung[1032], die gesamte nautische oder technische Ausrüstung[1033], das Zubehör[1034] und das Inventar[1035]. Außerdem sind versichert persönliche Effekten[1036] und das Beiboot[1037]. Seit den AVBW 1976 werden die versicherten Güter nicht mehr einzeln aufgelistet[1038], sondern durch Sachbegriffe im Sinne des § 54 VVG beschrieben[1039].

1031 Das Schiff ist eine Unterart des Fahrzeugs. Schaps/ABRAHAM, 1. Teil, Vor § 476 Rdn. 5.

1032 § 2 PYKB 98; Nr. 2.1. SYKB 98; Nr. 1.1 AVBW 85. Beachte, daß die Kaskoversicherung üblicherweise keine Maschinenversicherung ist (Stiefel/HOFMANN, § 12 AKB Rdn. 71.):

> „Sie deckt daher im Gegensatz zu dieser keine Abnutzungsschäden. Reparaturkosten, die durch Abnutzungsschäden entstehen, werden niemals durch die Kaskoversicherung gedeckt. Das gilt gleichmäßig für den Motor und seine Teile, für die elektrische Anlage ... und die Lackierung. Auch Maschinenschäden stehen stets außerhalb der Kaskoversicherung."

(*Id.*)

1033 *Id.*

1034 § 2 PYKB 98; Nr. 1.1 AVBW 85.

1035 § 2 PYKB 98; Nr. 2.1. SYKB 98; Nr. 1.1 AVBW 85.

1036 § 2 PYKB 98; Nr. 2.3. SYKB 98; Nr. 1.1 AVBW 85.

1037 § 2 PYKB 98; Nr. 2.1. SYKB 98; Nr. 1.1 AVBW 85.

1038 Vgl. § 3 AVBW 65 im Gegensatz zu: Nr. 1 AVBW 1976.

1039 Das versicherte Interesse umfaßt daher auch die Wertbeziehung des Versicherungsnehmers zu den jeweils zum Inbegriff gehörigen Sachen.

II. Gefahr

Gefahr ist die Möglichkeit, daß sich der versicherte Schaden verwirklicht[1040]. Vom Schaden ist die Gefahr als dessen Ursache zu unterscheiden[1041]. Gefahr ist die Drohung des Eintritts eines ungewissen und unvorhersehbaren Ereignisses, das nachteilig auf das versicherte Interesse einwirken kann[1042]. Schaden ist die nach außen in Erscheinung tretende Folgewirkung der Gefahr. Gefahren sind z.B. Sturm, Krieg, Strandung, Feuer, Kollision und Diebstahl; Schäden sind Totalverlust, Beschädigung, Bruch und Verderb[1043].

Nicht jeder Schaden folgt aus der Verwirklichung einer versicherten Gefahr[1044]. Ein Schaden kann außerdem zurückzuführen sein auf eine unversicherte Gefahr oder darauf, daß die versicherte Sache den Einflüssen nicht standhalten konnte, die während des versicherten Zeitraums im normalen Verlauf auf sie einwirkten (z.B. Witterung[1045] oder Wetter im Rahmen der relativen Fahruntüchtigkeit[1046]) oder aus ihr selbst wirkten (z.B. Fäulnis[1047] oder Rost[1048])[1049].

1. Allgefahrendeckung

Gegenstand der Sportbootversicherung sind nur solche Schäden, die auf Gefahren zurückzuführen sind, welche die zugrunde liegenden Bedingungen bestimmen[1050]. Nach Nr. 3.1 AVBW 1985 trägt der Versicherer „alle Gefahren, denen die versicherten Sachen ... ausgesetzt sind". Nr. 3. Satz 1 SYKB 1998 schließt sich dem an: „Der Versicherer haftet für alle Schäden und Verluste an den versicherten Sachen (All-Gefahren-Deckung)".

Die Bedingungen entsprechen dem in der deutschen Transportversicherung geltenden Totalitätsprinzip[1051]. Nach §§ 129 Abs. 2 Satz 1 VVG, 820 Satz 1 HGB, 28 Satz 1 ADS trägt der Versicherer, „alle Gefahren, denen [das] Schiff [...]

1040 B/M/S/MÖLLER, §§ 48-80 Anm. 22; BRUCK, S. 55; MÖLLER, VersVR, S. 155; SIEG, S. 161.
1041 MARTIN, SVersR, A. III. Rdn. 2.
1042 ENGE, TransportV, S. 50. Vgl. außerdem vorstehend Fußnote 309.
1043 ENGE, TransportV, S. 50.
1044 *Id.*
1045 Vgl. dazu nachfolgend unter C. II. 5. b) [Witterung und Rost].
1046 Vgl. dazu nachfolgend unter C. II. 7. e) cc) (3) (ii) (a) [Relative Fahruntüchtigkeit].
1047 Vgl. nachfolgend unter E. I 2. a) [Ausschlüsse].
1048 Vgl. dazu nachfolgend unter C. II. 5. b) [Witterung und Rost] und E. I. 2. a) [Ausschlüsse].
1049 ENGE, TransportV, S. 50, mit einem anschaulichen Bsp. zum Warenverderb.
1050 Vgl. ENGE, TransportV, S. 50.
1051 Vgl. MÖLLER, VersVR, S. 157; WERBER/WINTER, Rdn. 221.

während der Dauer der Versicherung ausgesetzt“ ist (Universalität der Gefahrdeckung[1052]).

2. Benannte Gefahren

Anders gestalten die PYKB 1998 die versicherten Gefahren: Sie folgen dem aus der englischen Transportversicherung bekannten *named perils*-Ansatz[1053] (Spezialität der Gefahr[1054]), d.h., sie zählen die versicherten Gefahren in § 3 PYKB 1998 einzeln auf[1055]. Alle Gefahren, die nicht benannt sind, sind auch nicht versichert[1056]. Fraglich ist, inwieweit die Bestimmung wirksam ist.

Grund für diese Frage ist nicht so sehr, daß die versicherten Gefahren sich deswegen unterscheiden würden. Nachteile zu Lasten des Versicherungsnehmers wegen eines geringeren (versicherten) Gefahrenumfangs sind nicht anzunehmen.

Der Grundsatz der Universalität der Gefahr gilt auch in der deutschen Transportversicherung nicht in reiner Form[1057]. Die SYKB und AVBW schließen nicht wenige Gefahren wieder vom Versicherungsschutz aus[1058], so daß die versicherten Gefahren unabhängig vom verwendeten Bedingungswerk weitgehend dieselben sind[1059]. Die Art, wie man sich ihnen nähert (Allgefahrendeckung mit Ausschlüssen *oder* ausschließlich Einschlüsse über den *named perils*-Ansatz), wirkt sich auf den Versicherungsumfang nicht nennenswert aus[1060]. Grund für

1052 ENGE, TransportV, S. 49; HOFMANN, S. 278.

1053 Vgl. ENGE, TransportV, S. 51.

1054 MÖLLER, VersVR, S. 157.

1055 Beachte, daß die Bestimmung Gefahren und Schäden vermengt. So haftet nach § 3 Nr. 1 b) 2. Halbs. PYKB 98 der Versicherer außerdem für das „Brechen ... von Masten, Bäumen und Spieren“. Das ist nach der Abgrenzung unter C. II. [Gefahr], Abs. 1, aber ein Schaden und keine Gefahr.

1056 Vgl. ENGE, TransportV, S. 51.

1057 *Id.* Nimmt man z.B. § 1 Abs. 1 ADS zu § 28 Satz 1 ADS hinzu, erkennt man, daß die Totalität der Gefahren eine relative ist: Der Versicherer trägt zwar alle Gefahren, aber nur „alle Gefahren der Seeschiffahrt“ (Vgl. dazu auch vorstehend unter B. II. 1. [Seereise]). Entsprechendes ergibt sich hinsichtlich der „Gefahren der Beförderung“ aus einigen AVB der Binnentransportversicherung. MÖLLER, VersVR, S. 157, mit verschiedenen Bsp.

1058 Vgl. dazu nachfolgend unter C. II. 2. b) aa) (2) (i) [Gleichlautende Ausschlüsse] und E. I. 2. a) [Ausschlüsse]. Zur Transportversicherung insgesamt vgl. HOFMANN, S. 278 f., wo er feststellt, daß „[d]iese AVB ... durch Ausschlüsse den Grundsatz der Universalität der Gefahr wieder ein[schränken]“ (HOFMANN, S. 278.).

1059 Vgl. dazu nachfolgend unter E. I. 1. b) [Übernommene Gefahren und gedeckte Schäden].

1060 Wie es in der Sache keinen Unterschied macht, ob man ein Glas als halbvoll oder halbleer bezeichnet. Der Inhalt ist derselbe.

diese Frage ist vielmehr die aus der Gefahrengestaltung folgende Verteilung der Darlegungs- und Beweislast.

a) Änderung der Beweislast

Abgesehen von § 58 Abs. 2 ADS[1061] enthält das Transportversicherungsrecht keine Beweislastregeln. Sie sind deswegen aus den allgemeinen Grundsätzen abzuleiten[1062]. In einem Rechtsstreit trägt jede Partei die Darlegungs- und Beweislast für das Vorhandensein der ihr günstigen Voraussetzungen zur Begründung oder Abwehr eines Anspruchs[1063].

aa) Gefahrengestaltung

Die versicherte Gefahr wird in den Versicherungsbedingungen durch positive und negative Umschreibungen dargestellt; man nennt die Umschreibungen primäre Risikobegrenzungen und sekundäre Risikobeschränkungen[1064]. Zunächst legt der Versicherer positiv fest, welche Gefahr(en) er übernehmen will[1065]. Manchmal ist die Festlegung der versicherten Gefahr einfach[1066], so z.B. in der Lebensversicherung. Dort stellt man ab auf das Erleben eines bestimmten Zeitpunkts oder auf den Tod, welchem jener Zeitpunkt gleichzustellen ist, der (nach Verschollenheit) im Todeserklärungsbeschluß festgestellt wird[1067].

Oft müssen primäre Risikobegrenzungen jedoch ausführlich umschrieben werden, weil sie zu einer Gefahrtragung führen würden, die sich versicherungstechnisch nicht übernehmen läßt[1068]. Dahinter kann jahrzehntelange Gedankenarbeit stecken[1069].

1061 Vgl. dazu auch nachfolgend unter C. II. 7. e) dd) (2) [Vermutung des § 58 Abs. 2 ADS].

1062 ENGE, TransportV, S. 56.

1063 V. FÜRSTENWERTH/WEIß, S. 108. Vgl. außerdem WOLF, S. 231 f., der hinter dieser allgemeinen Beweislastregel „Gerechtigkeitspostulate“ sieht.

1064 P/M/KOLLHOSSER, § 49 Rdn. 3; SCHMIDT-HOLLBURG, S. 1. Vgl. außerdem FALCKENBERG, S. 1.

1065 Vgl. BGHZ 23, 355, 358 = BGH, VersR 1957, 212, 213; VersR 1966, 722, 723; VersR 1967, 769, 770; aber auch P/M/KOLLHOSSER, § 49 Rdn. 3, m.w.N. oder SCHMIDT-HOLLBURG, S. 2.

1066 MÖLLER, VersVR, S. 155; SIEG, S. 147.

1067 MÖLLER, VersVR, S. 155 f.; SIEG, S. 147.

1068 MÖLLER, VersVR, S. 158; SIEG, S. 149.

1069 Vgl. MÖLLER, VersVR, S. 156; SIEG, S. 147, die auf die Begriffe „Brand“ (in § 1 Abs. 2 AFB) und „Unfall“ in § 2 Abs. 1 AUB 1961 bzw. § 1 III/IV AUB 1988 verweisen. Zur Bestimmung des Unfallbegriffs in der Sportbootversicherung vgl. nachfolgend unter C. II. 5. a) aa) (1) [Unfall].

Ein AVB-Begriff kann auf verschiedene Weise beschränkt werden[1070]: Bei objektiven „Gefahrenausschlüssen" unterscheidet man zwischen speziellen und allgemeinen Gefahrenausschlüssen. Ein spezieller Gefahrenausschluß ist z.B. die Betriebsschadensklausel des § 1 Abs. 2 Satz 2 AFB 1930, die nur die Brandgefahr betrifft[1071]. Ein allgemeiner Ausschluß gilt dagegen für alle Gefahren. Ein allgemeiner Ausschluß ist z.B. eine Kriegsklausel. Werden schließlich nicht Gefahren, sondern nur Gefahren-*Umstände* ausgeschlossen, nennt man die sekundäre Risikobeschränkung Gefahrenumstandsklausel[1072].

bb) Beweislastfolge

Entsprechend muß der Versicherungsnehmer beweisen, daß die Haftung innerhalb der primären Risikobegrenzung liegt[1073]. Dem Versicherer obliegt der Beweis, daß sekundäre Risikobeschränkungen eingreifen[1074]. Umstände, die zu einer sekundären Risikobeschränkung führen, fallen an sich unter den durch den Versicherungsvertrag festgelegten Versicherungsumfang. Nur mit Hilfe des in der jeweiligen Beschränkung getroffenen Ausschlusses werden sie daraus wieder ausgesondert[1075].

cc) Stellungnahme

Die Bestimmung der Gefahr (Allgefahrendeckung/*named perils*-Ansatz) ist primäre Risikobegrenzung. Sekundäre Risikobeschränkungen sind Ausschlüsse[1076] für Schäden z.B. durch Krieg[1077] oder Kernenergie[1078].

1070 Vgl. BGHZ 23, 355, 359 = BGH, VersR 1957, 212, 213, unter Verweis auf HENKE, S. 19 und v. FÜRSTENWERTH/WEIß, S. 535. Eine sekundäre Risikobeschränkung betrifft Umstände, die zwar zunächst in den Rahmen der primären Risikobegrenzung fallen, also gedeckt sind, dann jedoch wieder vom Versicherungsschutz ausgenommen werden sollen. SCHMIDT-HOLLBURG, S. 2.

1071 *Id.* Die Abnutzungsklausel der § 7 Nr. 1 *lit.* d) PYKB 98, Nr. 4.2. SYKB 98, Nr. 3.4.2 AVBW 85 betrifft Betriebsschäden. Vgl. dazu nachfolgend unter C. II. 5. a) [Abnutzung], insb. unter *lit.* bb).

1072 Vgl. FALCKENBERG, S. 1.

1073 R/L/RÖMER, § 49 Rdn. 12, unter Verweis auf BGH, VersR 1992, 349, 350; P/M/KOLLHOSSER, § 49 Rdn. 13.

1074 BGHZ 23, 355, 359, unter Verweis auf HENKE, S. 19; R. SCHMIDT, S. 283. D.h., der Versicherer trägt die Beweislast, wenn er behauptet, der Versicherungsfall beruhe auf Vorsatz oder grober Fahrlässigkeit des Versicherungsnehmers oder daß der Versicherungsnehmer den objektiven Tatbestand einer Obliegenheit verletzt habe. P/M/KOLLHOSSER, § 49 Rdn. 13.

1075 BGHZ 23, 355, 359, unter Verweis auf BRUCK, S. 647; SCHACK, JW 1939, 449, 450; MÖLLER, JRPV 1929, 325, 325, und andere.

1076 Vgl. dazu nachfolgend unter C. II. 5. [Risikoausschlüsse und Klarstellungen] und E. I. 2. a) [Ausschlüsse].

1077 Nr. 3.2.1 AVBW 85; Nr. 4.5. SYKB 98.

Der Versicherungsnehmer muß daher nachweisen, daß sich der versicherte Schaden aufgrund einer versicherten Gefahr verwirklicht hat. Bei der Allgefahrendeckung braucht er jedoch nicht die Verwirklichung einer bestimmten Gefahr darzulegen[1079]. Vielmehr ist ausreichend, wenn er behauptet, daß der Schaden während des versicherten Zeitraums aufgrund irgendeiner (versicherten) Gefahr eingetreten ist[1080]. Der Versicherer muß dann zeigen, daß sich keine Transportgefahr verwirklicht hat oder eine Ausschlußklausel eingreift[1081]. Ganz anders beim *named perils*-Ansatz: Hier muß der Versicherungsnehmer die Verwirklichung einer bestimmten Gefahr darlegen[1082].

b) Überprüfung nach AGB-Recht

§ 3 PYKB 1998 könnte sowohl gegen § 305 c Abs. 1 BGB als auch gegen §§ 307 Abs. 1 Satz 1 i.V.m. Abs. 2 Nr. 1/309 Nr. 12 BGB verstoßen[1083]. Nach § 305 c Abs. 1 BGB würde die Bestimmung nicht Bestandteil des Vertrags, wenn sie nach den Umständen so ungewöhnlich wäre, daß der Versicherungsnehmer nicht mit ihr zu rechnen brauchte. Nach §§ 309 Nr. 12 oder 307 Abs. 1 Satz 1 i.V.m. Abs. 2 Nr. 1 BGB wäre § 3 PYKB 1998 unwirksam, wenn er entweder gegen ein Klauselverbot ohne Wertungsmöglichkeit (Nr. 12 [Beweislast]) verstoßen oder den Versicherungsnehmer entgegen den Geboten von Treu und

---

1078 Nr. 3.2.3 AVBW 85; Nr. 4.6. SYKB 98.

1079 Ritter/ABRAHAM, § 28 Anm. 9; BRUCK, S. 646; ENGE, TransportV, S. 56; HAGEN, S. 25; PASSEHL, S. 7.

1080 ENGE, TransportV, S. 56 f.; v. GIERKE, S. 253; HAGEN, S. 25. Oder wie es das OLG HAMBURG, VersR 1983, 431, 431 f., formuliert hat:

> „Da die Kl. im vorliegenden Fall den Totalverlust durch Untergang des versicherten Fahrzeugs behauptet, stellt sich als anspruchsbegründende und damit von der Kl. zu beweisende Voraussetzung für ihre Forderung auf Leistung der Versicherungssumme der Verlust des Fahrzeugs infolge Unfalls oder Explosion dar. Allerdings darf die Beweislast des VN für den Eintritt des Versicherungsfalls nicht überspannt werden. Soll der VN nicht in eine dem Wesen des Versicherungsvertrags widersprechende Beweisnot geraten, so muß es genügen, daß er einen äußeren Sachverhalt dartut und beweist, aus dem sich – ein typischer Geschehensablauf vorausgesetzt – mit hoher Wahrscheinlichkeit auf den Eintritt des Versicherungsfalls schließen läßt."

1081 V. GIERKE, S. 253. D.h., will der Versicherer leistungsfrei sein, muß er zeigen, daß der Schaden eingetreten ist durch einen nicht versicherten Umstand (unversicherte Gefahr oder die versicherte Sache konnte den Einflüssen nicht standhalten, die während des versicherten Zeitraums im normalen Verlauf auf sie einwirkten oder aus ihr selbst wirkten). ENGE, TransportV, S. 57.

1082 Vgl. ENGE, TransportV, S. 57.

1083 Inhaltlich anstößige Klauseln brauchen nicht überraschend, überraschende Klauseln nicht inhaltlich anstößig zu sein. Gleichwohl gibt es nicht selten Überschneidungen dahin, daß eine Klausel sowohl inhaltlich unbillig als auch überraschend ist. W/H/L/LINDACHER, § 3 Rdn. 6.

Glauben unangemessen benachteiligen würde, weil § 3 PYKB 1998 vom wesentlichen Grundgedanken einer gesetzlichen Regelung abweicht.

aa) Ungewöhnlichkeit

Bestimmungen sind überraschend, wenn sie den Versicherungsnehmer nach den Gesamtumständen unvorbereitet treffen[1084]. Ein Versicherungsnehmer ist unvorbereitet, wenn die Klausel in ungewöhnlicher Weise vom erwarteten Inhalt abweicht[1085]. Die Ungewöhnlichkeit beurteilt sich nach dem Vertragstyp, d.h. nach dem jeweiligen Überraschungsmoment für den AGB-Kunden[1086]. Dafür sind die vertraglichen Umstände maßgeblich[1087].

Der Kunde soll darauf vertrauen dürfen, „daß sich die einzelnen Regel[unge]n im großen und ganzen im Rahmen dessen halten, was nach den Umständen bei Abschluß des Vertrages erwartet werden kann"[1088]. Ein AGB-Vertrag soll keine Bestimmungen enthalten, mit denen er „vernünftigerweise nicht zu rechnen braucht[e]"[1089]. Gehen sie über seinen Erwartungsrahmen hinaus, wird die entsprechende AGB von der Einbeziehung nicht erfaßt und nicht Vertragsinhalt[1090]. Unerheblich ist, ob die überraschende Bestimmung die Hauptleistung festlegt oder eine bloße Nebenabrede enthält[1091].

(1) Erwartungshorizont

Zur Beantwortung der Frage, welche Erwartungen der Kunde an den Vertragsinhalt hatte bzw. haben durfte, muß man die vertraglichen Umstände ermitteln[1092]. In der deutschen Sportboot- (AVBW/SYKB) wie Transportversicherung (VVG, HGB, ADS) gilt das Totalitätsprinzip[1093]. Sucht ein Bootseigner das Risiko seiner Freizeitbeschäftigung bei einem deutschen Partner[1094] zu verringern, darf er erwarten, daß ihm ein Vertrag angeboten wird, der dem Grund-

---

1084 HOFMANN, S. 21.

1085 Vgl. HEINRICHS, NJW 1998, 1447, 1450.

1086 U/B/H/ULMER, § 3 Rdn. 1. Vgl. außerdem Fußnote 724.

1087 Vgl. zu alldem auch schon vorstehend unter B. IV. 5. a) [Ungewöhnlichkeit].

1088 BT-Drs. 7/3919, S. 19.

1089 BGH, NJW 1998, 683, 683.

1090 Palandt/HEINRICHS, SchuModG, § 305 c Rdn. 2.

1091 MüKo/BASEDOW, § 305 c Rdn. 1. § 305 c Abs. 1 BGB gilt also auch für AGB, die gem. § 307 Abs. 3 Satz 1 BGB der Inhaltskontrolle entzogen sind. BGH, NJW 1990, 576, 577. Vgl. dazu außerdem vorstehend unter B. IV. 5. b) [Inhalt] *lit.* aa)-dd).

1092 Vgl. MüKo/BASEDOW, § 305 c Rdn. 6, und vorstehend C. II. 2. b) aa) [Ungewöhnlichkeit].

1093 Vgl. dazu vorstehend unter C. II. 1. [Allgefahrendeckung].

1094 D.h. Versicherern bzw. Agenten und Maklern.

satz der Universalität der Gefahrendeckung entspricht[1095]. Er darf als Verbraucherversicherungsnehmer darauf vertrauen, daß AVBW oder YKB sich in diesem Rahmen halten.

Wegen der Komplexität der Versicherungssystematik[1096] fällt es einem Laien schon schwer genug zu verstehen, was überhaupt versichert ist (Interesse, Gefahr, Schaden[1097]) und was er beachten muß, damit er seinen Versicherungsschutz nicht verliert (Obliegenheiten[1098]). Wie soll ein Verbraucher daher erahnen, was die Gefahrengestaltung für seine Darlegungs- und Beweislast bedeutet?

(2) Erkennbarkeit der Gefahrengestaltung

Es ist nicht anzunehmen, daß ein Versicherungsinteressent einen Unterschied erkennt zwischen der Benennung einzelner versicherter Gefahren (wie sie die umfangreiche Regelung des § 3 PYKB 1998 vorsieht) und der Allgefahrendeckung mit nicht wenigen Ausschlüssen (wie sie sich üblicherweise in der Transportversicherung findet). Ein Sportbooteigner befaßt sich beruflich grundsätzlich weder mit dem Abschluß von Kaskoversicherungen noch mit der Schadensregulierung von Kaskoversicherungen.

1095 Beachte, daß z.B. das OLG DÜSSELDORF, ZIP 1994, 288, 289, entschieden hat, daß die Anwendung ausländischen Rechts auf ein Rechtsverhältnis mit engster Verbindung zum deutschen Recht überraschend ist.

1096 Versicherungsumfang und Pflichten des Versicherungsnehmers werden dargestellt durch ein System von Beschreibungen, Einschlüssen, Ausschlüssen, Klarstellungen und Obliegenheitsklauseln (Vgl. dazu vorstehend unter C. [Typische Bestimmungen].). Darüber hinaus finden sich in den AVBW und YKB noch die „eigentlichen“ AGB (*Id.*), welche Fragen wie Zahlungsmodalitäten, Kündigungsrechte oder Gerichtsstand regeln. Vgl. zu letzteren nachfolgend unter E. I. 4. [Allgemeine Bestimmungen] *lit.* a)-h).

1097 Beachte, daß auch die Versicherungswirtschaft Gefahren und Schäden gelegentlich vermengt (Vgl. dazu Fußnote 1055.). Außerdem bedeutet „Allgefahrendeckung“ nicht, daß der Versicherer alle Schäden deckt (Vgl. dazu vorstehend unter C. II. 2. [Benannte Gefahren].); er haftet lediglich in dem durch das Bedingungswerk festgelegten Umfang. Der Versicherungsumfang ist deswegen selbst für den „Profi“ häufig schwer zu erkennen.

1098 Beachte ebenfalls, daß auch die Unterscheidung zwischen „Obliegenheit“ und „objektivem Risikoausschluß“ häufig Schwierigkeiten bereitet. Bei einer „verhüllten Obliegenheit“ wird durch die Formulierung der Vertragsbestimmung der Eindruck erweckt, daß ein bestimmter Sachverhalt von vornherein vom versicherten Risiko ausgeschlossen sei. Tatsächlich ist der Versicherungsschutz aber nicht an das objektive Vorhandensein oder Fehlen einer Tatsache geknüpft; vielmehr hängt er auch hier von der Vermeidung einer Zuwiderhandlung gegen eine besondere Verhaltensnorm ab. HOFMANN, S. 154 f.

Für ihn als Verbraucher und Laien stellt sich beim Lesen von § 3 PYKB 1998 vielmehr die Frage: Ist auch eine Gefahr nicht versichert? In § 3 Nr. 1 und Nr. 2 PYKB 1998 stehen doch schon alle möglichen Ereignisse, die nachteilig auf meine Beziehung zu den versicherten Gütern einwirken können.

(i) Gleichlautende Ausschlüsse

Des weiteren sind die Gefahrenausschlüsse in den PYKB 1998 wie den AVBW 1985 und SYKB 1998 weitgehend identisch formuliert. Nach allen drei Bedingungswerken sind ausgeschlossen Schäden aufgrund von
- Krieg oder Kriegswerkzeugen[1099],
- Bürgerkrieg[1100],
- Arbeitskampf[1101],
- Kernenergie[1102] und
- Eingriffen von hoher Hand[1103].

Die jeweiligen Ausschlüsse in den AVBW 1985 und SYKB 1998 sind sekundäre Risikobeschränkungen[1104]. Aus dem durch die Allgefahrendeckung festgelegten Versicherungsumfang werden einzelne Umstände ausgesondert. Der Versicherer trägt die Beweislast, daß eine Beschränkung eingreift, wenn er leistungsfrei sein will. Die Auflistung der Gefahrenausschlüsse in den PYKB 1998 hat dagegen Klarstellungsfunktion.

(ii) Klarstellungen

Risikogestaltungen sind von Klarstellungen zu unterscheiden[1105]. Bei echten Klarstellungen ist die Rechtslage ohne die Klarstellung dieselbe; sie sind deklaratorisch. Echte Klarstellungen sind damit der Risikogestaltung zuzurechnen, die sie betreffen[1106]. Sie haben keine Auswirkungen auf die Beweislast und sind von unechten (oder konstitutiven) „Klarstellungen“ zu unterscheiden.

1099 § 7 Nr. 1 f) PYKB 98; Nr. 3.2.1 AVBW 85; Nr. 4.5. SYKB 98.

1100 *Id.*

1101 § 7 Nr. 1 f) PYKB 98; Nr. 3.2.2 AVBW 85. Nach Nr. 7. SYKB 98 kann ...
... „der Versicherungsschutz für Schäden entstanden durch Streikende ... jederzeit mit einer Frist von 2 Tagen seitens des Versicherers gekündigt werden“.

1102 § 7 Nr. 1 g) PYKB 98; Nr. 3.2.3 AVBW 85; Nr. 4.6. SYKB 98.

1103 § 7 Nr. 1 f) PYKB 98; Nr. 3.2.4 AVBW 85; Nr. 4.5. SYKB 98.

1104 Sie sind objektive Risikoausschlüsse. Vgl. dazu nachfolgend unter C. II. 5. [Risikoausschlüsse und Klarstellungen].

1105 P/M/KOLLHOSSER, § 49 Rdn. 3. Vgl. auch HOFMANN, S. 110.

1106 D.h., sowohl die primären Risikobegrenzungen als auch die sekundären Risikobeschränkungen können klargestellt werden.

Unechte Klarstellungen stellen nur scheinbar eine Risikogestaltung klar; sie ändern vielmehr für einzelne Umstände den durch die jeweilige Risikogestaltung festgelegten oder eingeschränkten Leistungsumfang wieder ab. Das kann durch Einschluß oder Ausschluß geschehen. Unechte Klarstellungen wirken sich somit auf die Rechtslage aus; sie gehören zur nächsten Risikostufe, die Beweislast wechselt[1107].

(iii) Stellungnahme

Die in den PYKB-Ausschlüssen aufgezählten Gefahren sind schon nicht in § 3 PYKB 1998 benannt. Sie können daher nicht ausgesondert werden. Die Rechtslage wäre ohne ihre Aufzählung dieselbe[1108]; die Gefahrenausschlüsse sind deklaratorisch. Der Versicherungsnehmer muß die Verwirklichung einer bestimmten Gefahr beweisen, will er seinen Anspruch auf Leistung erfolgreich geltend machen.

(3) Erkennbarkeit der Beweislastveränderung

Bleibt dem Versicherungsinteressenten die unterschiedliche Gefahrengestaltung verborgen, wird er erst recht ihre Auswirkung auf die Beweislast nicht erkennen; und schon gar nicht wird ein Laie die Verknüpfung zum *non liquet* machen. Läßt sich der Sachverhalt nicht aufklären (was beim Sinken eines Fahrzeugs auf hoher See oder außerhalb von Küstengewässern[1109] durchaus möglich ist), kann also für eine entscheidungserhebliche Behauptung weder Beweis noch Gegenbeweis erbracht werden, geht das nach dem *named perils*-Ansatz des § 3 PYKB 1998 zu Lasten des Versicherungsnehmers.

(4) Stellungnahme

Die Gefahrengestaltung geht über die Grenzen dessen hinaus, was ein Versicherungsinteressent bei Würdigung der vertraglichen Umstände von einer Sportbootversicherung in Deutschland erwarten darf. Er darf darauf vertrauen, daß AVBW und YKB grundsätzlich dem Totalitätsprinzip folgen.

Der Versicherungsinteressent ist unvorbereitet, weil zwischen Inhalt, Erkennbarkeit des Inhalts und seinen Erwartungen ein so deutlicher Unterschied besteht, daß der Gefahrengestaltung ein Überrumpelungseffekt innewohnt. Der *named perils*-Ansatz mit seiner Veränderung der Beweislast weicht in unge-

---

1107 P/M/KOLLHOSSER, § 49 Rdn. 3.

1108 Es sei denn, Brand, Sengen oder Schmoren (Vgl. § 3 Nr. 1 a) PYKB 98.) sind auf Krieg, Kriegswerkzeuge, Bürgerkrieg oder Kernenergie zurückzuführen.

1109 Vgl. dazu vorstehend Fußnote 133.

wöhnlicher Weise vom Grundsatz der Universalität der Gefahrendeckung ab. § 3 PYKB 1998 ist insoweit überraschend.

Seine Beweislastverteilung wird von der Einbeziehung nicht erfaßt und nicht Bestandteil des Vertrags. Es gilt die Beweislastverteilung nach § 129 Abs. 2 Satz 1 VVG: Der Versicherer muß zeigen, daß sich keine Transportgefahr verwirklicht hat oder eine Ausschlußklausel eingreift.

bb) Gefahrengestaltung in den USA

Dem kann auch nicht entgegengehalten werden, daß die Versicherung benannter Gefahren im internationalen Transportversicherungsgeschäft üblich und deswegen nicht überraschend ist. Zwar folgt das englische Transportversicherungsrecht dem *named perils*-Ansatz[1110]; englisches Recht beruht auf *Common Law*[1111]. Größter auf *Common Law* beruhender Rechtskreis sind aber die USA[1112].

Auch die Gefahrenregelung der *standard American policy of marine insurance* ist nach der *„Perils clause"* aus der englischen *Lloyd's form of policy* gestaltet, die aus dem frühen 18. Jahrhundert stammt[1113]. Die Versicherung von Sportbooten erfolgt dagegen heute grundsätzlich nach *all-risk terms*[1114]. Wie in Deutschland[1115] schützt die amerikanische *all-risk coverage* gegen alle unmittel-

---

1110 Vgl. dazu vorstehend unter C. II. 2. [Benannte Gefahren].

1111 Vgl. HEPPE, WM 2003, 753, 753.

1112 Vgl. HEPPE, WM 2003, 753, 755.

1113 BUGLASS, S. 58. Sie lautet:

> *„Touching the Adventures and Perils which the Underwriters are contented to bear and take upon themselves, they are of the Seas, Men-of-War, Fire, Lightning, Earthquake, Enemies, Pirates, Rovers, Assailing Thieves, Jettisons, Letters of Mart and Counter-Mart, Surprisals, Takings at Sea, Arrests, Restraints and Detainments of all Kings, Princes and People, of what nation, condition or quality soever, Barratry of the Master and Mariners and of all other like Perils, Losses and Misfortunes that have or shall come to the Hurt, Detriment or Damage of the Vessel, or any part thereof, excepting, however, such of the foregoing Perils as may be excluded by provisions elsewhere in the Policy or by endorsement thereon."*

Beachte, daß sich auch hier beim ersten Lesen die Frage aufdrängt: Ist auch eine Gefahr nicht versichert? (Vgl. dazu vorstehend unter C. II. 2. b) aa) (2) [Erkennbarkeit der Gefahrengestaltung].) Insb. Formulierungen wie *„and of all other like Perils"* geben dazu Anlaß (BUGLASS, S. 58.). Daß dem nicht so ist, hat ein *Court of Appeals* im Bundesland Georgia in *Dwyer v. Providence Washington Ins. Co.*, AMC 1958, 1488-1493, entschieden.

1114 BUGLASS, S. 478.

1115 Im Rahmen der AVBW/SYKB und VVG/HGB/ADS.

baren Schäden an den versicherten Sachen, es sei denn, eine Bedingung schränkt die Allgefahrendeckung wieder ein[1116].

(1) All-Risk Policies

Die Allgefahrendeckung für amerikanische Sportboote ist auf die Anpassung der Seeversicherung an den Markt zurückzuführen[1117]. Sportbooteigner verstanden die üblichen Verträge nach der *standard policy* nicht[1118].

All-risk policies werden als *plain language policies for boatowners* abgefaßt[1119]. Sie erwähnen nur die Gefahren, die vom Versicherungsschutz wieder ausgeschlossen werden[1120]; das vereinfacht die Übersicht. Gefahrenausschlüsse sind allein sekundäre Risikobeschränkungen. Sie dienen nicht der Klarstellung, erwecken dabei aber den Eindruck, sie seien sekundäre Risikobeschränkungen (*verhüllte* sekundäre Risikobeschränkungen)[1121]. Gefahrenausschlüsse einer *all-risk policy* sind sekundäre Risikobeschränkungen.

Wichtigste Folge der Allgefahrendeckung ist auch in den USA die Veränderung der Beweislast[1122]: Der Versicherungsnehmer muß nur *a fortuitous physical loss* darlegen und daß *the loss occurred within the policy period*[1123]. „*Once that prima facie case is made, the insurer must come forward and prove non-coverage*“[1124]. Jedoch ist „*the insurer ... rarely in a position to conclusively refute the insured's evidence*“[1125]. Im Falle eines *non liquet* bleibt der Versicherer zur Leistung verpflichtet; „*the insured may win by default*“[1126].

(2) Stellungnahme

Auch nach U.S. amerikanischem Transportversicherungsrecht leistet der Sportbootversicherer, ohne daß der Versicherungsnehmer eine bestimmte Gefahr dar-

---

1116 Benedict/BEALE, Vol. 8, S. 6-14.
1117 Zur Innovation aufgrund von Nachfrage in der Versicherungswirtschaft vgl. bereits vorstehend Fußnote 2.
1118 Benedict/BEALE, Vol. 8, S. 6-15.
1119 BUGLASS, S. 480.
1120 Benedict/BEALE, Vol. 8, S. 6-15.
1121 Vgl. dazu auch vorstehend unter C. II. 2. b) aa) (2) (iii) [Stellungnahme].
1122 *Id.*
1123 *I.e.*, daß sich der versicherte Schaden verwirklicht hat. Vgl. dazu das Urteil des *Fifth Circuit Court of Appeals* in der Sache *New Hampshire Insurance Company v. Martech USA, Inc.*, 993 F.2d 1993, 1195-1201.
1124 *Contractors' Realty*, 469 F. Supp. 1979, 1287, 1293; *Heindl-Evans v. Reliance Ins.*, AMC 1980, 2823, 2829 f.
1125 Benedict/BEALE, Vol. 8, S. 6-16.
1126 *Id.*

legen muß. Es reicht die Behauptung aus, daß der Schaden während des versicherten Zeitraums aufgrund irgendeiner (versicherten) Gefahr eingetreten ist[1127]. Will ein deutscher Versicherer also die Üblichkeit des *named perils*-Ansatzes anhand englischen Transportrechts nachweisen, steht dem die Praxis des größten *Common Law* Rechtskreises entgegen[1128].

cc) Inhaltskontrolle

Hielte man § 3 PYKB 1998 nicht für ungewöhnlich, würde seine Beweislastverteilung Bestandteil des Vertrags[1129]. Da die Bestimmung weder die Leistung beschreibt noch den Preis festlegt, stellt sich weiter die Frage, ob die Beweislastverteilung wirksam vereinbart wurde. Sie könnte einer Inhaltskontrolle nach §§ 307-309 BGB nicht standhalten.

(1) Klauselverbot ohne Wertungsmöglichkeit

Nach § 309 Nr. 12 BGB ist eine Bestimmung in allgemeinen Geschäftsbedingungen unwirksam, „durch die der Verwender die Beweislast zum Nachteil des anderen Vertragsteils ändert". Das Klauselverbot geht davon aus, daß die Beweislastregeln nicht auf bloßen Zweckmäßigkeitserwägungen beruhen,sondern Ausdruck von sachlogisch bedingten Gerechtigkeitsgeboten sind[1130]. § 309 Nr. 12 BGB soll verhindern, daß die materielle Rechtsposition des AGB-Kunden geschwächt wird, indem ihm die Rechtsverfolgung erschwert oder ganz unmöglich wird[1131].

1127 Der Versicherer muß dann zeigen, daß sich keine See- oder Transportgefahr verwirklicht hat oder eine Ausschlußklausel eingreift.

1128 Beachte, daß das *Common Law* kein einheitliches Recht ist. Gesetzgebung und Rspr. bestimmen es vielmehr für die jeweilige Jurisdiktion. Sie sind bei dieser Bestimmung grundsätzlich unabhängig, d.h., sie unterliegen allein ihrem Verständnis des *Common Law* und sind auch nicht an das Recht ihrer *Common Law*-Schwesterjurisdiktionen gebunden. Ein Gericht kann deswegen auf die „Grundsätze des *Common Law*" zurückgreifen und in einem gleichgelagerten Fall völlig anders als das Gericht einer Schwesterjurisdiktion entscheiden. Vielfach beobachtet die Rspr. jedoch genau, wie und mit welcher Begründung woanders entschieden wird, und orientiert sich dann an solchen Urteilen. Vgl. HEPPE, WM 2003, 753, 753, m.w.N.

1129 Beachte, daß der überraschende Charakter einer Klausel ihre inhaltliche Unangemessenheit nicht ausschließt. Im Gegenteil – nicht selten fällt die Überraschung mit der Unangemessenheit zusammen. U/B/H/ULMER, § 3 Rdn. 5. Vgl. außerdem vorstehend Fußnote 1083.

1130 Palandt/HEINRICHS, SchuModG, § 309 Rdn. 99; U/B/H/HENSEN, § 11 Nr. 15 Rdn. 6; W/H/L/WOLF, § 11 Nr. 15 Rdn. 7.

1131 MüKo/BASEDOW, § 309 Nr. 12 Rdn. 1; U/B/H/HENSEN, § 11 Nr. 15 Rdn. 6; W/H/L/WOLF, § 11 Nr. 15 Rdn. 1, jew. m.w.N.

(i) Erschwerung der Beweislast

Man muß daher feststellen, wie die Beweislast auf die Parteien verteilt wäre, wenn man sich die Beweislastklausel wegdenkt und die dann an ihre Stelle tretende Beweislastregel des dispositiven Rechts zugrunde legt[1132]. Verteilt die AGB-Bestimmung die Beweislast anders als das dispositive Recht und wirkt sich die Abweichung zum Nachteil des Kunden aus, ist die Klausel unwirksam[1133].

Wie erörtert[1134], wirkt sich der *named perils*-Ansatz auf die Beweislast aus. Entgegen § 129 Abs. 2 Satz 1 VVG muß der Versicherungsnehmer die Verwirklichung einer bestimmten Gefahr darlegen. Nicht ausreichend ist, wenn er behauptet, daß der Schaden während des versicherten Zeitraums aufgrund irgendeiner (versicherten) Gefahr eingetreten ist. Die Gefahrengestaltung der PYKB wirkt sich daher zum Nachteil des Versicherungsnehmers aus.

(ii) Unmittelbare Änderung

Dennoch paßt § 309 Nr. 12 BGB an dieser Stelle nicht: Die Beweislast ändert sich nicht, weil eine Bestimmung in den PYKB1998 das unmittelbar anordnet. Die Beweislast ändert sich, weil die Gefahr anders dargestellt wird.

Zwar betrifft § 309 Nr. 12 BGB jede Verschlechterung der Beweisposition des AGB-Kunden, sei es, daß die Beweislast vom Verwender auf den Kunden übertragen wird (so wie hier) oder daß die Beweisanforderungen zum Nachteil des Kunden erhöht bzw. zum Vorteil des Verwenders ermäßigt werden[1135]. Soweit die Verschlechterung aber auf einer zulässigen Abweichung vom materiellen Recht beruht, die nach den allgemeinen Grundsätzen auch eine Veränderung der Beweislastverteilung mit sich bringt (mittelbare Folge), verstoßen solche Abweichungen nicht gegen § 309 Nr. 12 BGB[1136]. Die Änderung muß deswegen

1132 An diesen Beweislastregeln will § 309 Nr. 12 BGB nichts ändern. Sie sollen lediglich „AGB-fest“ gemacht werden. MüKo/BASEDOW, § 309 Nr. 12 Rdn. 6.

1133 MüKo/BASEDOW, § 309 Nr. 12 Rdn. 6.

1134 Vgl. dazu vorstehend unter C. II. 2. a) [Änderung der Beweislast] insb. unter *lit.* cc).

1135 U/B/H/HENSEN, § 11 Nr. 15 Rdn. 8; W/H/L/WOLF, § 11 Nr. 15 Rdn. 6.

1136 Die materiellrechtliche Möglichkeit abweichen zu dürfen, kann nicht durch die Erwägung ausgeschlossen werden, daß es dabei zwangsläufig zu einer Änderung der Beweislast komme (MüKo/BASEDOW, § 309 Nr. 12 Rdn. 8.). § 309 Nr. 12 BGB muß aus demselben Grund teleologisch reduziert werden: Soweit der Verwender vom materiellen Recht abweichen darf (und für bestimmte Umstände jede Haftung ausschließen kann), darf er auch das weniger Belastende tun und seine Haftung unter Umkehr der Beweislast aufrechterhalten (Staudinger/COESTER-WALTJEN, § 11 Nr. 15 AGBG Rdn. 7; Palandt/HEINRICHS, § 11 AGBG Rdn. 91 = Palandt/HEINRICHS, allein die Beweislast betreffen und *unmittelbar* in den AGB stehen, so daß sie für den Durchschnittskunden erkennbar ist[1137].

(iii) Stellungnahme

Dies ist vorliegend gerade nicht der Fall; die Beweislaständerung ist nicht in einer AGB-Klausel ausdrücklich geregelt. Der Bootseigner, der an einer Versicherung interessiert ist, erkennt bei Vertragsschluß weder die unterschiedliche Gefahrengestaltung[1138] noch die daraus folgende Beweislaständerung[1139]. Sie ist mittelbare Folge der Gefahrendarstellung nach dem *named perils*-Ansatz. Die Beweislastverteilung ist deswegen nicht nach § 309 Nr. 12 BGB unwirksam. Sie kann nur unwirksam sein, wenn sie in unzulässiger Weise vom materiellen Recht abweicht.

(2) Unvereinbarkeit mit gesetzlicher Regelung

Eine Bestimmung ist eine unzulässige Abweichung vom materiellen Recht, wenn sie mit den wesentlichen Grundgedanken einer gesetzlichen Regelung nicht zu vereinbaren ist (§ 307 Abs. 2 Nr. 1 BGB). Sie würde den Versicherungsnehmer dann entgegen den Geboten von Treu und Glauben unangemessen benachteiligen (§ 307 Abs. 1 Satz 1 BGB).

(i) Abweichung vom Leitbild

§ 307 Abs. 2 Nr. 1 BGB knüpft an den Grundsatz der Ordnungs- und Leitbildfunktion des dispositiven Rechts an[1140]. Auch die Inhaltskontrolle nach der Generalklausel setzt deshalb die Feststellung der gesetzlichen Rechtslage vor-

---

SchuModG, § 309 Rdn. 100; a.A. U/B/H/HENSEN, § 11 Nr. 15 Rdn. 6; offen gelassen vom BGH, NJW 1985, 3016, 3017).

1137 Die Formulierung „Bei Vorsatz und grober Fahrlässigkeit wird Schadensersatz geleistet." ist deshalb nicht im Sinne einer Beweislastverteilung zu verstehen. Vielmehr handelt es sich um eine Haftungsbeschränkung, die nicht erkennbar macht, daß sie die gesetzliche Beweislastverteilung nach §§ 282, 285 BGB verändern will. W/H/L/WOLF, § 11 Nr. 15 Rdn. 10. Vgl. dazu außerdem Fußnote 1136.

1138 Vgl. dazu vorstehend unter C. II. 2. b) aa) (2) [Erkennbarkeit der Gefahrengestaltung].

1139 Vgl. dazu vorstehend unter C. II. 2. b) aa) (3) [Erkennbarkeit der Beweislastverteilung].

1140 Palandt/HEINRICHS, § 9 AGBG Rdn. 18 = Palandt/HEINRICHS, SchuModG, § 307 Rdn. 25, unter Verweis auf BGHZ, 41, 151, 154; 54, 106, 110; 89, 206, 211. Vgl. außerdem MüKo/BASEDOW, § 307 Rdn. 55; U/B/H/BRANDNER, § 9 Rdn. 132; W/H/L/WOLF, § 9 Rdn. 65. Für anfängliche Überlegungen zur Leitbildfunktion vgl. außerdem SCHAPP, BB 1978, 621-625.

aus[1141], um die Abweichung der AGB und die Mißachtung der wesentlichen Grundlagen zu prüfen[1142]. Die gesetzliche Rechtslage wird nicht allein anhand des Gesetzestextes ermittelt. Wie bei der Ungewöhnlichkeitskontrolle[1143] überprüft man eine Bestimmung anhand dessen, was bei Würdigung aller Umstände von Verträgen dieser Art zu erwarten ist[1144]. Dafür sind auch hier die vertraglichen Umstände maßgeblich.

Entscheidend ist, ob die geänderte Regel einem wesentlichen Schutzbedürfnis des Vertragspartners dient (Leitbildfunktion) oder wesentliche Ordnungspflichten des geltenden Rechts verkörpert (Ordnungsfunktion)[1145]. Eine Abweichung von den üblichen Regeln eines Vertragstyps ist mit den Geboten von Treu und Glauben unvereinbar, wenn der AGB-Verwender in die rechtlich geschützten Interessen seines Vertragspartners in nicht unerheblichem Maße eingreift[1146].

(ii) Leitbild der Sportbootversicherung

Die Sportbootversicherung ist eine Transportversicherung[1147]; die §§ 129-148 VVG sind unmittelbar auf sie anzuwenden. Nach § 129 Abs. 2 Satz 1 VVG trägt der Versicherer „alle Gefahren, denen das Schiff während der Dauer der Versicherung ausgesetzt ist" (Allgefahrendeckung). Genauso verhält es sich nach Nr. 3.1 Satz 1 AVBW 1985 und Nr. 3. Satz 1 SYKB 1998[1148]. Der Versicherungsnehmer muß deswegen nur behaupten, daß der Schaden während des versicherten Zeitraums aufgrund irgendeiner (versicherten) Gefahr eingetreten ist[1149]. Im Falle eines *non liquet* bleibt der Versicherer zur Leistung verpflichtet.

1141 Vgl. dazu vorstehend unter C. II. 2. b) cc) (1) (i) [Erschwerung der Beweislast], wo erarbeitet wurde, daß bei einem Klauselverbot ohne Wertungsmöglichkeit zunächst festzustellen ist, wie die Beweislast verteilt wäre, wenn man sich die Beweislastklausel wegdenkt.

1142 W/H/L/WOLF, § 9 Rdn. 65.

1143 Vgl. dazu auch schon vorstehend unter C. II. 2. b) aa) [Ungewöhnlichkeit].

1144 MüKo/BASEDOW, § 307 Rdn. 57; U/B/H/BRANDNER, § 9 Rdn. 133; W/H/L/WOLF, § 309 Rdn. 66. Beachte, daß die in Bezug genommene gesetzliche Regelung sich durch die Schuldrechtsreform verändert haben kann. Palandt/HEINRICHS, SchuModG, § 307 Rdn. 26. Vgl. dazu außerdem vorstehend unter C. II. 2. b) aa) [Ungewöhnlichkeit], wo es ebenfalls auf den zugrunde liegenden Vertragstyp ankam. Auch bei der Feststellung, ob eine Bestimmung überraschend ist, wurde danach gefragt, was bei Würdigung aller Umstände vom Vertragstyp zu erwarten ist.

1145 U/B/H/BRANDNER, § 9 Rdn. 133.

1146 Palandt/HEINRICHS, § 9 AGBG Rdn. 21 = Palandt/HEINRICHS, SchuModG, § 307 Rdn. 28. Vgl. außerdem U/B/H/BRANDNER, § 9 Rdn. 141; W/H/L/WOLF, § 9 Rdn. 76.

1147 Vgl. dazu vorstehend unter B. III. 1. [Transportmittelversicherung].

1148 Vgl. dazu auch schon vorstehend unter C. II. 1. [Allgefahrendeckung].

1149 Vgl. dazu vorstehend unter C. II. 2. a) [Änderung der Beweislast].

Das Gesetz und in der Sportbootversicherung sonst verwendete Bedingungswerke geben dem Versicherer die (Darlegungs- und) Beweislast auf, wenn er wegen eines Gefahrenausschlusses leistungsfrei sein will. Das Interesse des Versicherungsnehmers an seinem Sportboot wird dadurch nicht nur möglichst umfassend geschützt, der Versicherungsnehmer kann im Schadensfall auch verhältnismäßig einfach vom Versicherer Ersatz erlangen.

Dabei ist der Versicherungsnehmer in der Sportbootversicherung Verbraucher. Im Schadensfall weiß er als Laie nicht, was er berücksichtigen muß, damit der Versicherer seinen Schaden ersetzt. Das kann dazu führen, daß der Versicherungsnehmer später Schwierigkeiten hat, Beweismittel beizubringen, die die Verwirklichung einer bestimmten Gefahr belegen.

Darüber hinaus kann es bei der Versicherung von Wasserfahrzeugen durchaus vorkommen, daß sich der Sachverhalt nicht aufklären läßt[1150]. Wenn ein Sportboot sinkt, ist es[1151] oft unwiederbringlich verloren. Man muß deswegen davon ausgehen, daß man der sich daraus ergebenden Schutzbedürftigkeit des Versicherungsnehmers[1152] mit dem Leitbild der Allgefahrendeckung Rechnung trug.

(iii) Stellungnahme

Wird dem Versicherungsnehmer für die Verwirklichung einer bestimmten Gefahr die Beweislast übertragen, widerspricht das seinem Bedürfnis, nicht die Verwirklichung einer bestimmten Gefahr darlegen zu müssen. Das gilt um so mehr, da der DTV die Gefahrengestaltung in den AVBW 1976 vom *named perils*-Ansatz auf die Allgefahrendeckung umgestellt hatte[1153] und dabei bis heute geblieben ist[1154].

1150 Vgl. dazu auch vorstehend unter C. II. 2. b) aa) (3) [Erkennbarkeit der Beweislastverteilung].

1151 Insb. außerhalb von geschützten Gewässern. *Id.* Vgl. außerdem vorstehend Fußnote 133.

1152 Sowohl in der Versicherung von Wasserfahrzeugen allgemein (VVG) als auch besonders in der Versicherung von Sportbooten (AVBW/SYKB).

1153 Vgl. dazu nachfolgend unter E. I. 1. b) [Übernommene Gefahren und gedeckte Schäden] und § 3 (1) AVBW 63 bzw. Nr. 3.1 AVBW 76.

1154 Nr. 3.1 AVBW 94. Grund dafür muß der wachsende Wohlstand in Deutschland gewesen sein. Nutzte man in der Nachkriegszeit häufig Boote nur für die Verwendung auf Binnengewässern, müssen ab Ende der sechziger Jahre vermehrt Versicherungen für küstennahe Gewässer und die Hochsee nachgefragt worden sein. Ab 1976 war deswegen maßgebend nicht mehr die Gefahrengestaltung der AVB Flußkasko (*named perils*-Ansatz), sondern der §§ 129 Abs. 2 Satz 1 VVG, 820 Satz 1 HGB, 28 Satz 1 ADS (Allgefahrendeckung).

Die Gefahrengestaltung in § 3 PYKB 1998 weicht vom durch die vertraglichen Umstände vorgegebenen Leitbild in einer Weise ab, die nicht mit den Regeln der Sportbootversicherung zu vereinbaren ist. Sie greift in nicht unerheblichem Maße in die rechtlich geschützten Interessen des Versicherungsnehmers ein.

(3) Zusammenfassung

§ 3 PYKB 1998 hält einer Inhaltskontrolle nach §§ 307 Abs. 1 Satz 1 i.V.m. Abs. 2 Nr. 1 BGB nicht stand. Die Bestimmung benachteiligt den Versicherungsnehmer unangemessen entgegen den Geboten von Treu und Glauben; ihre Beweislastverteilung ist deswegen unwirksam.

Zwar verstößt sie nicht gegen ein Klauselverbot ohne Wertungsmöglichkeit, § 3 PYKB 1998 ändert die Beweislast nur mittelbar. Sie ist aber eine unzulässige Abweichung vom materiellen Recht, da die Beweislastverteilung mit dem Vertragstyp „Sportbootversicherung" nicht zu vereinbaren ist. Es gilt die Beweislastverteilung nach § 129 Abs. 2 Satz 1 VVG.

dd) Zwischenergebnis

§ 3 PYKB 1998 verstößt sowohl gegen § 305 c Abs. 1 BGB als auch gegen § 307 Abs. 1 Satz 1 i.V.m. Abs. 2 Nr. 1 BGB. Die Wirkung der Bestimmung ist so ungewöhnlich, daß der Versicherungsnehmer nicht mit ihr zu rechnen braucht. Sie geht über die Grenzen dessen hinaus, was ein Versicherungsinteressent bei Würdigung der vertraglichen Umstände von einer Sportbootversicherung – nicht nur in Deutschland – erwarten darf. Die Beweislastverteilung nach § 3 PYKB 1998 wird deswegen nicht Vertragsinhalt.

Sie wäre außerdem gemäß § 307 Abs. 1 Satz 1 i.V.m. Abs. 2 Nr. 1 BGB unwirksam. Die Beweislastwirkung der Bestimmung weicht von dem in der Sportbootversicherung geltenden Leitbild in einer Weise ab, die in nicht unerheblichem Maße in die rechtlich geschützten Interessen des Versicherungsnehmers eingreift. Es gilt die Beweislastverteilung nach § 129 Abs. 2 Satz 1 VVG. Will sich der Versicherer auf seine Leistungsfreiheit berufen, muß er zeigen, daß sich keine Transportgefahr verwirklicht hat oder eine Ausschlußklausel eingreift.

Hinsichtlich der Gestaltung der Gefahr bestehen dagegen keine Bedenken. Die Versicherung von Schäden an den versicherten Sachen ist wirksam auf die in § 3 PYKB 1998 bestimmten Gefahren beschränkt.

3. Gemischte Gefahrengestaltung

Die AVBW schließen im Rahmen ihrer Allgefahrendeckung nicht nur „nicht wenige Gefahren wieder vom Versicherungsschutz aus“[1155], Nr. 3.3.1 und Nr. 3.3.2 AVBW 1985 durchbrechen außerdem den Grundsatz der Allgefahrendeckung. Nr. 3.3.1 AVBW 1985 betrifft die aktive Nutzung des Sportboots, Nr. 3.3.2 AVBW 1985 die passive[1156].

Beide Bestimmungen verwenden dazu die Formulierung: „Der Versicherer leistet Ersatz für Verlust oder Beschädigung der versicherten Sachen als Folge einer versicherten Gefahr ... *nur, wenn sie durch* ...“

a) Aktiver Gebrauch

Nr. 3.3.1 AVBW 1985 erklärt sich aus den Vorläufer-AVBW. Bis 1976 empfahl der DTV eine Versicherung von Sportbooten nach dem *named perils*-Ansatz[1157]. § 3 (1) AVBW 1963 lautete: „Das Fahrzeug und die fest eingebauten Teile (einschließlich der maschinellen Einrichtungen) sind versichert gegen Schäden durch Unfall des Fahrzeuges, Brand, Blitzschlag, Explosion, höhere Gewalt und Diebstahl.“

„Schäden an der Maschinenanlage, der elektrischen oder durch Motor betriebenen technischen Ausrüstung [und] den persönlichen Effekten“ sind versichert *„nur, wenn sie durch“* die Verwirklichung verschiedener bestimmter Gefahren[1158] verursacht werden (Nr. 3.3.1. AVBW 1985). Fraglich ist, wie sich der *named perils*-Ansatz innerhalb der Allgefahrendeckung der Nr. 3.1 AVBW 1985 auswirkt. Würde man die Bestimmung für sich allein betrachten, müßte der Versicherungsnehmer die Verwirklichung einer dort bezeichneten Gefahr darlegen und beweisen.

1155 Vgl. dazu vorstehend unter C. II. 2. [Benannte Gefahren].

1156 Vgl. dazu auch schon vorstehend unter B. III. 3. [Güterversicherung].

1157 § 3 [Versicherte Sachen und versicherte Gefahren] AVBW 63 und [Umfang der Haftung.] § 1 AVBW 32. Bis heute versichert man Schiffe in der Flußkaskoversicherung nach dem *named perils*-Ansatz (Vgl. Nr. 3.1.1 AVB Flußkasko 2000). Da die Versicherer die AVBW als Grundlage für ihr Vertretergeschäft nutzen und nur gelegentlich einzelne Bestimmungen ändern (Vgl. dazu vorstehend unter A. I. 2. [Allgemeine Bedingungen].), muß man den *named perils*-Ansatz wohl bis 1976 als prägend ansehen.

1158 Das sind Unfall des Fahrzeugs, Brand, Blitzschlag, Explosion, höhere Gewalt, Diebstahl und mut- oder böswillige Handlungen betriebsfremder Personen.

aa) Schrifttum

Entsprechend sieht Voit in Nr. 3.3.1 AVBW 1985 eine Ausnahme vom Grundsatz der Allgefahrendeckung[1159]. „Der VN muß beweisen, daß der Schaden durch eine der aufgezählten Ursachen herbeigeführt worden ist, wenn er Schäden an der Maschinenanlage usw. ersetzt erhalten will"[1160]. Er bezieht sich dabei auf das OLG Hamburg, VersR 1983, 431-434.

Dem schließt sich Roos an: „Die Beweislast dafür, daß die Schäden" an den in Nr. 3.3.1 AVBW 1985 bestimmten Sachen „durch eine der in Nr. 3.3.1 AVBW 85 aufgeführten Gefahren verursacht worden *ist*, trägt der Versicherungsnehmer"[1161]. Nr. 3.3.1 AVBW 1985 enthalte wie Nr. 3.1 AVBW 1985 eine „Beschreibung des Schutzbereichs des Versicherungsvertrages"[1162]. Nr. 3.3.1 AVBW 1985 gestalte – ausgehend von bestimmten versicherten Sachen – diesen Bereich abweichend vom (Allgefahren-)Grundsatz der Nr. 3.1 AVBW 1985. Darin liege „kein genereller Ausschluß bestimmter Gefahren, sondern eine in unmittelbarem Zusammenhang mit Nr. 3.1 AVBW 85 zu sehende Ausnahme"[1163].

Nr. 3.3.1 AVBW 1985 sei nach Ansicht von Roos[1164] auch nicht ungewöhnlich. Die Überschrift von Nr. 3 AVBW 1985 „Umfang der Versicherung" mache für den durchschnittlichen Versicherungsnehmer deutlich, daß der Schutzbereich nicht nur aus Nr. 3.1 AVBW 1985, sondern auch aus den nachfolgenden Nr. 3.2-3.6 AVBW 1985 folge[1165]. Bereits Nr. 3.2 AVBW 1985 signalisiere dem Versicherungsnehmer, daß „der Grundsatz der Allgefahrendeckung im weiteren Einschränkungen" erfahre[1166]. Außerdem wisse[1167] ein Versicherungsnehmer grundsätzlich, daß der Versicherer nicht jede Gefahr übernehme[1168].

Er müsse deshalb mit Einschränkungen rechnen[1169]. Allein wenn „die in Nr. 3.3.1 AVBW 85 getroffene Regelung nicht in Nr. 3 AVBW 85 ..., sondern an anderer Stelle in den AVBW 85 zu finden" wäre[1170] oder „durch Werbung der Eindruck vermittelt worden ist, die Allgefahrendeckung beziehe sich auf alle

---

1159 P/M/VOIT, AVBW, Nr. 3 Rdn. 4.
1160 *Id.*
1161 ROOS, S. 104, unter Verweis auf P/M/VOIT, AVBW, Nr. 3 Rdn. 4.
1162 ROOS, S. 105.
1163 *Id.*
1164 ROOS, S. 103-104.
1165 ROOS, S. 103.
1166 *Id.*
1167 Oder müsse wissen.
1168 ROOS, S. 104, unter Verweis auf P/M/PRÖLSS, Vor. I Rdn. 37.
1169 ROOS, S. 104.
1170 ROOS, S. 103.

versicherten Sachen“[1171], wäre „die Frage möglicherweise anders zu beurteilen“[1172].

bb) Stellungnahme

Dem ist nicht zuzustimmen. Man muß bei der Gefahrendarstellung unterscheiden zwischen

- dem durch die Bestimmung gestalteten Umfang und
- der Darlegungs- und Beweislast, die aus der Art der Darstellung (Allgefahrendeckung oder *named perils*-Ansatz) folgt.

(1) Nichtbeachtung des Leitbilds

Roos will zwar Nr. 3.3.1 AVBW 1985 „im Zusammenhang mit“ der Allgefahrendeckung der Nr. 3.1 AVBW 1985 sehen. Dabei erörtert er aber lediglich, daß Nr. 3.3.1 AVBW 1985 „eine Beschreibung des Schutzbereichs des Versicherungsvertrages“ ist[1173] und wie diese Beschreibung im Verhältnis zu Nr. 3.1 AVBW 1985 steht: Sie sei jedenfalls nicht überraschend. Roos fragt nicht, wie sich die Gefahrengestaltung auf die Beweislast auswirkt, obwohl er von generellem „Ausschluß“ (*i.e.* Grundsatz) und „Ausnahme“ spricht. Roos befaßt sich allein mit dem durch Nr. 3.3.1 AVBW 1985 gestalteten Gefahrenumfang. Der Allgefahrengrundsatz der Nr. 3.1 AVBW 1985 werde wirksam durch Nr. 3.2-3.6 AVBW 1985 eingeschränkt.

Er übersieht, daß der Allgefahrengrundsatz der Nr. 3.1 AVBW 1985 in Verbindung mit Nr. 3. Satz 1 SYKB 1998 und § 129 Abs. 2 Satz 1 VVG für die Beweislastverteilung in der Sportbootversicherung prägend ist. Roos begeht deswegen den Folgefehler[1174], Nr. 3.3.1 AVBW 1985 und seine Auswirkung auf die Beweislast für sich allein und nicht im Rahmen der vertraglichen Umstände zu betrachten[1175].

(2) Anderes Leitbild

Aber auch Voit geht bei seiner Kommentierung der Beweislastverteilung von falschen Voraussetzungen aus: Der OLG Hamburg, VersR 1983, 431-434, zu-

---

1171 ROOS, S. 104.
1172 ROOS, S. 103
1173 ROOS, S. 105.
1174 Obwohl er sich der richtigen Auslegungsmittel bedient: Überschrift, systematische Stellung der Bestimmung, erkennbar mit der Klausel befolgter Zweck und nicht auf Analogie, Erst-recht-Argument oder den Vergleich mit älteren (AVB-)Fassungen zurückgreift. Vgl. dazu vorstehend unter B. IV. 3. c) bb) [Vorgehensweise].
1175 ROOS, S. 104-105.

grunde liegende Fall trug sich 1973/74 zu; der „Wassersportfahrzeug-Versicherungsschein“ nahm auf „die AVBW“ Bezug[1176].

Bis 1976 waren *die* AVBW die „Allgemeinen Versicherungs-Bedingungen für Wassersport-Fahrzeuge 1963“[1177][1178]. Sie gestalten die versicherte Gefahr nach dem *named perils*-Ansatz[1179]. Außerdem versichern die AVB Flußkasko bis heute Schiffe nach dem *named perils*-Ansatz[1180]. Da die Versicherer die AVBW seit jeher als Grundlage für ihr Vertretergeschäft genutzt haben, nur gelegentlich Punkte ändern[1181] und einen Marktanteil von fast 50 % haben[1182], muß man davon ausgehen, daß der *named perils*-Ansatz bis 1976 die Sportbootversicherung prägte[1183].

Das OLG Hamburg urteilte deswegen nicht über AVBW, die eine auf dem Grundsatz der Allgefahrendeckung beruhende gemischte Gefahrengestaltung enthielten. Das Hanseatische Oberlandesgericht urteilte über einen Vertrag, der dem *named perils*-Ansatz folgte, welcher seinerzeit für das Leitbild der Sportbootversicherung prägend war (mögen verschiedene Makler die Sportbootversicherung auch schon damals als Allgefahrenversicherung bei Versicherern untergebracht haben).

Das Hamburger Urteil eignet sich damit nicht als Beispielsfall für die aus Nr. 3.3.1 AVBW 1985 folgende Beweislastverteilung. Es erging unter anderen vertraglichen Umständen.

(3) Überprüfung nach AGB-Recht

Man darf die aus Nr. 3.3.1 AVBW 1985 folgende Beweislastverteilung nicht für sich allein betrachten. Man muß sie vor dem Grundsatz der Allgefahrendeckung sehen, der aus Nr. 3.1 AVBW 1985, Nr. 3. Satz 1 SYKB 1998 und § 129 Abs. 2 Satz 1 VVG folgt und seit 1976 die vertraglichen Umstände der Sportbootversicherung bestimmt. Wie § 3 PYKB 1998 verstößt die Beweislastverteilung der Nr. 3.3.1 AVBW 1985 daher sowohl gegen § 305 c Abs. 1 BGB als auch gegen § 307 Abs. 1 Satz 1 i.V.m. Abs. 2 Nr. 1 BGB.

1176 OLG HAMBURG, VersR 1983, 431, 431.

1177 Oder – sofern es noch Altbestände gegeben haben sollte – die AVBW 32, jedenfalls nicht die „Allgemeinen Bedingungen für die Kasko-Versicherung von Wassersportfahrzeugen“.

1178 Vgl. dazu auch schon vorstehend unter C. II. 3. [Gemischte Gefahrengestaltung].

1179 *Id.*

1180 Vgl. Nr. 3.1.1 AVB Flußkasko 2000.

1181 Vgl. dazu vorstehend unter A. I. 2. [Allgemeine Bedingungen].

1182 ROOS, S. 4.

1183 Vgl. dazu auch schon vorstehend Fußnoten 1154 und 1157.

Die plötzliche Änderung der Gefahrendarstellung geht über die Grenzen dessen hinaus, was ein Versicherungsinteressent bei Würdigung der vertraglichen Umstände – *i.e.* der Nr. 3 [Umfang der Versicherung] AVBW 1985 und des in der Sportbootversicherung insgesamt prägenden Grundsatzes der Allgefahrendeckung – erwarten darf. Er ist hinsichtlich der Beweislastfolge unvorbereitet, weil zwischen Inhalt, Erkennbarkeit des Inhalts und seinen Erwartungen ein so deutlicher Unterschied besteht, daß der Gefahrengestaltung ein Überrumpelungseffekt innewohnt. Nr. 3.3.1 AVBW 1985 ist insoweit überraschend im Sinne des § 305 c Abs. 1 BGB[1184].

Darüber hinaus widerspricht Nr. 3.3.1 AVBW 1985 dem Bedürfnis des Sportbootversicherungsnehmers, nicht die Verwirklichung einer bestimmten Gefahr darlegen zu müssen. Die Beweislastverteilung der Bestimmung weicht vom Leitbild des Vertragstyps in einer Weise ab, die nicht mit seinen üblichen Regeln zu vereinbaren ist. Sie benachteiligt den Versicherungsnehmer entgegen den Geboten von Treu und Glauben unangemessen im Sinne von § 307 Abs. 1 Satz 1 i.V.m. Abs. 2 Nr. 1 BGB[1185].

(4) Zusammenfassung

Die Frage, ob ein AGB-Rechtsverstoß vorliegt, ist zu beurteilen nicht nur anhand der Gefahrengestaltung (unmittelbare Wirkung), sondern auch anhand der Beweislastfolge (mittelbare Wirkung). Bei der Ermittlung des dispositiven Leitbilds ist nach den Umständen zu fragen, die den Vertragstyp zum Zeitpunkt des Vertragsschlusses prägten. Die vertraglichen Umstände können sich im Laufe der Jahre ändern.

Wie § 3 PYKB 1998 verstößt Nr. 3.3.1 AVBW 1985 sowohl gegen § 305 c Abs. 1 BGB als auch gegen § 307 Abs. 1 Satz 1 i.V.m. Abs. 2 Nr. 1 BGB. Seine Beweislastverteilung wird deswegen nicht nur nicht Vertragsinhalt, sie ist auch unwirksam.

cc) Zwischenergebnis

Es ist ausreichend, wenn der Versicherungsnehmer behauptet, daß der Schaden an den in Nr. 3.3.1 AVBW 1985 bezeichneten Sachen während des versicherten Zeitraums durch Unfall des Fahrzeugs, Brand, Blitzschlag, Explosion, höhere Gewalt, Diebstahl, oder mut- bzw. böswillige Handlung betriebsfremder Perso-

---

1184 Vgl. zu alldem die ausführliche Diskussion unter C. II. 2. b) aa) [Ungewöhnlichkeit], die hier entsprechend anwendbar ist.

1185 Vgl. zu alldem die ausführliche Diskussion unter C. II. 2. b) cc) [Inhaltskontrolle], die hier entsprechend anwendbar ist.

nen[1186] verursacht worden ist. Er ist dafür nicht im einzelnen darlegungs- und beweispflichtig; der Versicherer muß zeigen, daß sich keine dieser Gefahren verwirklicht hat oder daß die Sachen den Einflüssen nicht standhalten konnten, die während des versicherten Zeitraums im normalen Verlauf auf sie einwirkten oder aus ihr selbst wirkten. Sollte dafür weder Beweis noch Gegenbeweis erbracht werden, geht das *non liquet* zu Lasten des Versicherers.

Hinsichtlich der einschränkenden Gestaltung des Gefahrenumfangs bestehen dagegen keine Bedenken. Die Versicherung von Schäden an der Maschinenanlage, der elektrischen oder durch Motor betriebenen Ausrüstung und den persönlichen Effekten ist wirksam auf die in Nr. 3.3.1 AVBW 1985 bezeichneten Gefahren beschränkt.

b) Passiver Gebrauch

Nr. 3.3.2 AVBW 1985 entspricht weitgehend § 5 Satz 1 AVBW 1963[1187]. Der lautete: „Bei Transporten ... sind Schäden an den versicherten Sachen durch Transportmittelunfall, Brand, Blitzschlag, Explosion, höhere Gewalt und Diebstahl versichert."

Die Bestimmungen betreffen den passiven Gebrauch des Sportboots[1188]. „Schäden ... bei Transporten" sind versichert „*nur, wenn sie durch* Transportmittelunfall, Brand, Blitzschlag, Explosion, höhere Gewalt oder Diebstahl" verursacht werden (Nr. 3.3.2 AVBW 1985). Wie Nr. 3.3.1 AVBW 1985 durchbricht Nr. 3.3.2 AVBW 1985 den Grundsatz der Allgefahrendeckung.

aa) Dispositives Leitbild

Die Versicherung des aktiven und passiven Gebrauchs ist ein Kombinations- oder zusammengesetzter Vertrag[1189]. Soweit die Sportbootversicherung den aktiven Gebrauch betrifft, ist sie Transportmittelversicherung, soweit sie den passiven Gebrauch betrifft, ist sie Transportgüterversicherung. Die Vorschriften und vertraglichen Umstände beider Vertragstypen sind grundsätzlich nebeneinander zu ermitteln und anzuwenden[1190]. Die Gestaltung als aktive Allgefahren- und passive *named perils*-Versicherung mit jeweils eigenen Beweisgrundsätzen wäre möglich.

1186 Das sind die in Nr. 3.3.1 AVBW 1985 bestimmten versicherten Gefahren.

1187 Vgl. dazu nachfolgend unter E. I. 1. f) [Transporte].

1188 Vgl. dazu vorstehend unter B. III. 3. [Güterversicherung].

1189 Vgl. dazu vorstehend unter B. III. 3. a) [Versichertes Risiko].

1190 *Id.*

(1) Gefahrengestaltung im Gesetz

Wenn das Sportboot von einem Revier zum anderen oder vom Revier ins Winterlager befördert wird, ist seine Versicherung die Versicherung eines Transportguts[1191]. Die versicherten Gefahren der Transportgüterversicherung sind in § 129 Abs. 1 VVG festgelegt. Danach trägt der Versicherer „alle Gefahren, denen die Güter während der Dauer der Versicherung ausgesetzt sind“ (Universalität der Gefahrendeckung[1192]).

(2) Gefahrengestaltung in YKB

Dem folgen die SYKB 1998; nach Nr. 1 SYKB 1998 gilt die Versicherung „für alle üblichen Aufenthalte der versicherten Sachen außerhalb des Wassers – z.B. Winterlager, Reparatur – einschließlich des Anlandnehmens und des Zuwasserlassens und damit zusammenhängender Transporte. ... Transporte aller Art, sofern nicht in der Police genannt, sind eingeschlossen, sind aber zwecks Berechnung einer eventuellen Prämienzulage anzuzeigen.“

Die SYKB 1998 schränken die Allgefahrendeckung der Nr. 3 Satz 1 SYKB 1998 während der passiven Nutzung nur an einer Stelle ein[1193]: Nach Nr. 4.4. SYKB 1998 haftet der Versicherer nicht für „Diebstahl des Bootes auf dem Trailer, wenn dieser nicht durch Kastenschloß, Radkralle oder gleichwertige[r] Vorrichtung gesichert ist“ (verhüllte Obliegenheit[1194]).

bb) Gefahrengestaltung in AVBW

Die Gefahrengestaltung für den passiven Gebrauch in den AVBW 1985 ist unter Nr. 3.3.2 geregelt, also in unmittelbarem Zusammenhang mit der Transportmittelversicherung. Die Bestimmung folgt der gerade behandelten Nr. 3.3.1 AVBW 1985 und ist Unterpunkt des Grundsatzes der Transportmittel-Allgefahrendeckung der Nr. 3.1 AVBW 1985. Die AVBW 1985 machen deswegen den

---

1191 Vgl. dazu vorstehend unter B. III. 3. [Güterversicherung], insb. unter *lit.* d).

1192 ENGE, TransportV, S. 49; HOFMANN, S. 278.

1193 Vgl. dazu nachfolgend unter E. I. 1. f) [Transporte].

1194 Nr. 4.4. SYKB 1998 erweckt den Eindruck, als sei ein bestimmter Umstand von vornherein vom versicherten Risiko ausgeschlossen:
„Ausschlüsse
4. Der Versicherer haftet nicht:
4.4 für Diebstahl des Bootes auf dem Trailer ...“
Tatsächlich hängt hier der Versicherungsschutz davon ab, daß der Versicherungsnehmer eine subjektive Zuwiderhandlung gegen eine besondere Verhaltensnorm vermeidet. Zur Abgrenzung von Risikoausschluß, Obliegenheit und verhüllter Obliegenheit vgl. nachfolgend unter C. II. 4. [Sekundäre Risikobeschränkungen], insb. unter *lit.* c).

Darstellungswechsel von der Allgefahrendeckung zum *named perils*-Ansatz nicht hinreichend deutlich.

Nr. 3.2.2 AVBW 1985 befindet sich nicht in einer vom aktiven Gebrauch getrennten eigenständigen Bestimmung. Auch Nr. 3.4 und Nr. 3.5 AVBW 1985 betreffen ausschließlich die Transportmittelversicherung. Die Versicherung von Transporten ist also nicht neben dem aktiven Gebrauch geregelt, der passive Gebrauch ist mitten in der Versicherung des Transportmittels geregelt. Er kann deswegen nicht von diesem unabhängig ermittelt werden.

Nr. 3.1 und Nr. 3.3(.1) AVBW 1985 prägen die vertraglichen Umstände der Nr. 3.3.2 AVBW 1985. Die Allgefahrendeckung der Transportmittelversicherung und die aus ihr folgende Verteilung der Beweislast strahlt in den Transport-*Güter*-Versicherungsteil der AVBW 1985 (*i.e.* Nr. 3.3.2 AVBW 1985) hinein.

cc) AGB-Rechtsverstoß

Die Beweislastverteilung der Nr. 3.3.2 AVBW 1985 verstößt gegen § 305 c Abs. 1 BGB und § 307 Abs. 1 Satz 1 i.V.m. Abs. 2 Nr. 1 BGB. Sie ist nicht nur so ungewöhnlich, daß der Versicherungsnehmer nicht mit ihr zu rechnen brauchte. Sie benachteiligt ihn in einer Weise, die in nicht unerheblichem Maße in seine rechtlich geschützten Interessen eingreift. Die Ausführungen unter C. II. 2. b) aa) [Ungewöhnlichkeit], C. II. 2. b) cc) (2) [Unvereinbarkeit mit gesetzlicher Regelung] und C. II. 3. a) bb) (3) [Überprüfung nach AGB-Recht] können auf den passiven Gebrauch entsprechend übertragen werden.

dd) Zwischenergebnis

Die Beweislastverteilung der Nr. 3.2.2 AVBW 1985 wird deswegen weder Vertragsinhalt noch ist sie wirksam. Es ist ausreichend, wenn der Versicherungsnehmer behauptet, daß der Transportschaden während des versicherten Zeitraums „durch Transportmittelunfall, Brand, Blitzschlag, Explosion, höhere Gewalt oder Diebstahl" verursacht wurde. Er ist für die Verwirklichung einer einzelnen Gefahr nicht darlegungs- und beweispflichtig. Der Versicherer muß zeigen, daß sich keine der in Nr. 3.3.2 AVBW 1985 bestimmten Gefahren verwirklicht hat oder daß die versicherten Sachen den Transporteinflüssen nicht standhalten konnten, die während des versicherten Zeitraums im normalen Verlauf auf sie einwirkten oder aus ihr selbst wirkten.

Sollte dafür weder Beweis noch Gegenbeweis erbracht werden, geht das *non liquet* zu Lasten des Versicherers. Hinsichtlich der Haftungsbeschränkung, die aus der Gestaltung des Gefahrenumfangs folgt, bestehen dagegen keine Bedenken. Die Versicherung von Schäden an den versicherten Sachen ist wirksam auf die in Nr. 3.3.2 AVBW 1985 bezeichneten Gefahren beschränkt.

4. Sekundäre Risikobeschränkungen

Neben der besonderen Gefahrengestaltung durch die verschiedenen *named perils*-Ansätze werden die versicherten Gefahren des § 3 PYKB 1998, der Nr. 3.1 AVBW 1985 und Nr. 3 Satz 1 SYKB 1998 durch die Ausschlüsse und Einschränkungen in § 7 PYKB 1998[1195], Nr. 3.2-3.6 AVBW 1985[1196] und Nr. 4.1.-4.6. Nr. 5.-7. SYKB 1998[1197] bestimmt. Sie sind grundsätzlich[1198] sekundäre Risikobeschränkungen, mit denen der Versicherer bestimmte Umstände, *Gefahren* oder Schäden von der vertraglichen Deckung ausschließt, obwohl die Voraussetzungen des Versicherungsfalls erfüllt sind[1199].

Im Rahmen der sekundären Risikobeschränkungen unterscheidet man zwischen Risikoausschlüssen und Obliegenheiten[1200]. Nach der Rechtsprechung kommt es dabei nicht auf den Wortlaut und die Stellung einer Versicherungsklausel an[1201], maßgeblich ist „der materielle Inhalt der einzelnen Bedingung“[1202].

a) Risikoausschlüsse

Risikoausschlüsse umschreiben das zum Gegenstand des Vertrags gemachte Risiko und damit einen vertraglichen Zustand[1203]. Sie enthalten eine individualisierende (Tatsachen-)Beschränkung eines bestimmten Wagnisses, für das allein

1195 Vgl. die Überschrift.

1196 „Ausgeschlossen sind die Gefahren ...“

1197 Vgl. die Überschrift.

1198 Es sei denn, es handelt sich um Klarstellungen. Vgl. dazu z.B. vorstehend unter C. II. 2. b) aa) (2) [Erkennbarkeit der Gefahrengestaltung], insb. unter Nr. (ii) und Fußnote 1108.

1199 MÖHRLE, S. 71, unter Verweis auf B/M/Wa/WAGNER, G 2. Vgl. dazu aber auch vorstehend unter C. II. 2. a) aa) [Gefahrendarstellung] und C. II. 2. b) aa) (2) (i) [Gleichlautende Ausschlüsse].

1200 SCHMIDT-HOLLBURG, S. 2.

1201 BGH, VersR 1990, 482, 483; VersR 1986, 1097, 1098; „[S]tändige Rechtsprechung des BGH“ = BGH, VersR 1985, 854, 855; BGH, VersR 1983, 573, 574; VersR 1980, 153, 154. Vgl. außerdem OLG KARLSRUHE, VersR 1990, 786, 787; OLG SAARBRÜCKEN, VersR 1984, 1187, 1188. Dem folgt heute das überwiegende Schrifttum, vgl. nur P/M/PRÖLSS, § 6 Rdn. 9, m.w.N. oder R/L/RÖMER, § 6 Rdn. 7. Zur abweichenden Verhaltenstheorie vgl. Bruck/MÖLLER, § 6 Anm. 13 ff. und zur abweichenden Ausschlußtheorie vgl. LG KASSEL, VersR 1982, 393, 394, und WILCKE, VersR 1969, 8, 10. Ausführlich zu den unterschiedlichen Ansichten vgl. HÜBNER, VersR 1978, 981 ff. SCHMIDT-HOLLBURG, S. 29 ff.

1202 BGH, VersR 1995, 328, 329; VersR 1985, 854, 855.

1203 MÖHRLE, S. 71, unter Verweis auf BGH, VersR 1993, 223, 224.

der Versicherer Schutz gewähren will[1204]. Das Nichtvorliegen eines Risikoausschlusses ist eine Voraussetzung für den Versicherungsschutz, die nicht vom Willen des Versicherungsnehmers abhängt[1205].

Risikoausschlüsse gelten deswegen unabhängig davon, ob der Versicherungsnehmer Kenntnis vom Ausschlußtatbestand hat[1206]. Es kommt nicht darauf an, ob er den zum Ausschluß führenden Umstand zu vertreten hat. Ein Risikoausschluß betrifft einen *objektiv* abgrenzbaren Umstand, der sich unmittelbar auf die primäre Gefahrtragung bezieht[1207].

b) Obliegenheiten

Obliegenheiten sind Regeln, die sich an den Versicherungsnehmer wenden und von ihm ein bestimmtes Tun oder Unterlassen verlangen[1208]. Sie beziehen sich auf sein Verhalten oder auf Umstände, deren Eintritt bzw. Ausbleiben typischerweise in seiner Hand liegen[1209] (besondere Verhaltensnormen). Bei einer Obliegenheit stehen *subjektive* Umstände im Vordergrund[1210]. Sie fordert vom Versicherungsnehmer ein vorbeugendes Verhalten, von dem es abhängt, ob er seinen Versicherungsschutz behält oder verliert[1211].

Der Versicherungsnehmer muß Obliegenheiten nachkommen, um sich seinen Versicherungsanspruch zu erhalten; dadurch, daß er sie erfüllt, wahrt er seine Interessen[1212]. Es kommt deswegen darauf an, ob der Versicherungsnehmer die Obliegenheitsverletzung zu vertreten hat (§§ 6 Abs. 1 Satz 1, 25 Abs. 2 Satz 1 VVG).

c) Verhüllte Obliegenheiten

Es gibt gesetzliche und vertragliche Obliegenheiten[1213]. Zu den vertraglichen Obliegenheiten zählen auch die sogenannten „verhüllten Obliegenheiten“[1214]. Bei einer verhüllten Obliegenheit wird durch die Formulierung der Vertragsbe-

---

1204 BGH, VersR 1985, 854, 855.
1205 MÖHRLE, S. 72.
1206 MÖHRLE, S. 71.
1207 *Id.*
1208 SCHMIDT-HOLLBURG, S. 6, unter Verweis auf R. SCHMIDT, S. 313.
1209 MÖHRLE, S. 71, unter Verweis auf BGH, VersR 1993, 223, 224.
1210 BGH, VersR 1985, 854, 855.
1211 *Id.*
1212 SCHMIDT-HOLLBURG, S. 6, unter Verweis auf Bruck/MÖLLER, § 6 Anm. 8.
1213 HOFMANN, S. 153.
1214 Vgl. v. FÜRSTENWERTH/WEIß, S. 677.

stimmung der Eindruck erweckt, als sei ein bestimmter Umstand von vornherein vom versicherten Risiko ausgeschlossen[1215].

Bei näherer Betrachtung knüpft der Versicherer seine Leistung in diesen Fällen aber nicht an das objektive Vorhandensein oder Fehlen einer Tatsache[1216]. Eine verhüllte Obliegenheit enthält keine individualisierende Beschränkung eines bestimmten Wagnisses.

aa) Abgrenzung

Der vereinbarte Versicherungsschutz hängt vielmehr davon ab, ob der Versicherungsnehmer eine *subjektive* Zuwiderhandlung gegen eine besondere Verhaltensnorm vermeidet[1217]. Eine verhüllte Obliegenheit umschreibt nicht das Risiko als vertraglichen Zustand; bei ihr steht ein besonderes vertragliches Verhalten im Vordergrund, das nicht hinter tatsächliche Voraussetzungen zurücktritt.

Gewährt dagegen eine Klausel von vornherein nur ausschnittweise Deckung und entzieht sie nicht einen gegebenen Versicherungsschutz wegen nachlässigen Verhaltens, ist sie ein Risikoausschluß[1218]. Eine verhüllte Obliegenheit ist als objektive Risikobeschränkung formuliert, obwohl sie eine Verhaltensvorgabe enthält[1219].

bb) Zwischenergebnis

Die verhüllte Obliegenheit bezieht sich wie eine Obliegenheit entweder unmittelbar auf das Verhalten des Versicherungsnehmers oder mittelbar auf Umstände, deren Eintritt oder Ausbleiben typischerweise vom Verhalten des Versicherungsnehmers abhängen[1220]. Als vertragliche Vereinbarung unterliegt sie den – auch in der Sportbootversicherung[1221] – zwingenden Regeln der §§ 6, 15 a VVG. Der durch § 6 VVG normierte Schutz des Versicherungsnehmers hinsichtlich Verschulden, Ursächlichkeit und klarstellender Kündigung darf nicht umgangen werden[1222].

1215 HOFMANN, S. 154; MÖHRLE, S. 71.
1216 HOFMANN, S. 155.
1217 HOFMANN, S. 155; MÖHRLE, S. 71.
1218 Vgl. MÖHRLE, S. 72.
1219 WERBER/WINTER, Rdn. 313, unter Verweis auf BERTSCH zur Vertiefung.
1220 MÖHRLE, S. 71.
1221 Vgl. dazu vorstehend unter B. V. [Ausnahmen von Beschränkungen der Vertragsfreiheit] insb. unter Nr. 1.-5.
1222 MÖHRLE, S. 72.

5. Risikoausschlüsse und Klarstellungen

Von der Versicherung ausgeschlossen sind die bereits erwähnten[1223] Gefahren Krieg[1224], Bürgerkrieg[1225], Arbeitskampf[1226], Kernenergie[1227] und Eingriffe von hoher Hand[1228]. Sie sind objektive Risikoausschlüsse. Bei ihnen wird nicht ein gegebener Versicherungsschutz wegen nachlässigen Verhaltens wieder entzogen. Sie enthalten eine individualisierende Beschränkung des versicherten Wagnisses und gelten unabhängig davon, ob der Versicherungsnehmer den Ausschlußtatbestand kennt. Der Versicherer korrigiert mit ihnen die primäre Deckung.

a) Abnutzung

Abnutzungsausschlüsse[1229] gelten für Schäden an den unmittelbar betroffenen Teilen; § 7 Nr. 1 d) PYKB 1998 stellt das ausdrücklich fest. Die Schäden an den mittelbar betroffenen Teilen können unter anderen Gesichtspunkten versicherungspflichtig[1230] oder vom Versicherungsschutz ausgeschlossen sein[1231].

Soweit die Bedingungen Schäden durch Abnutzung im gewöhnlichen Gebrauch ausschließen, ist fraglich, wie diese Klauseln einzuordnen sind. Dabei geht es nicht um die Abgrenzung, ob sie Risikoausschlüsse oder (verhüllte) Obliegenheiten sind. Vielmehr muß man der Frage nachgehen, ob es sich bei ihnen tatsächlich um sekundäre Risikobeschränkungen handelt.

aa) Abgrenzung

Abnutzungsklauseln erklären sich aus der Abgrenzung zur Unfallgefahr[1232]. Der Begriff „Unfall" wird in § 3 Nr. 1 a) PYKB 1998[1233] und Nr. 3.3.1 und Nr. 3.3.2

1223 Vgl. dazu vorstehend unter C. II. 2. b) aa) (2) (i) [Gleichlautende Ausschlüsse].

1224 Nr. 3.2.1 AVBW 85 und Nr. 4.5. SYKB 98.

1225 *Id.*

1226 Nr. 3.2.2 AVBW 85. Nach Nr. 7. SYKB 98 kann ...

> ... „der Versicherungsschutz für Schäden entstanden durch Streikende ... jederzeit mit einer Frist von 2 Tagen seitens des Versicherers gekündigt werden".

1227 Nr. 3.2.3 AVBW 85 und Nr. 4.6. SYKB 98.

1228 Nr. 3.2.4 AVBW 85 und Nr. 4.5. SYKB 98.

1229 Vgl. § 7 Nr. 1 d) PYKB 98; Nr. 4.2. SYKB 98; Nr. 3.4.2 AVBW 85.

1230 Weil sie auf anderen Gefahren beruhen können, die gesondert zu ermitteln sind. Vgl. Stiefel/HOFMANN, § 12 AKB Rdn. 65.

1231 Etwa wegen Fahruntüchtigkeit. Vgl. dazu nachfolgend unter C. II. 7. [Fahrtüchtigkeitserfordernis].

1232 STADE, S. 75. So auch für die Binnenschiffsversicherung P/M/VOIT, § 132 Rdn. 5., der auf OLG HAMBURG, VersR 1982, 565, verweist. Dort heißt es:

AVBW 1985[1234] noch immer verwendet. Wann ein Unfall vorliegt, erläutern aber weder die PYKB 1998 noch die AVBW 1985. Soweit es sich daher bei ihm nicht um einen Rechtsbegriff handelt, ist ein Unfall das, was man nach dem Verkehrskreisansatz darunter verstehen muß[1235].

(1) Unfall

Roos[1236] arbeitet heraus, daß der Unfallbegriff nicht einheitlich bestimmt ist, weder im Versicherungsrecht[1237] noch für die AVBW[1238]. „Unfall“ ist damit kein Rechtsbegriff. Das Wort ist so auszulegen, wie es ein durchschnittlicher Bootseigner bei verständiger Würdigung, aufmerksamer Durchsicht und Berücksichtigung des erkennbaren Sinnzusammenhangs verstehen muß[1239].

Dieses Verkehrskreisverständnis ist nach der Kommentierung von Voit[1240] durch den Bundesgerichtshof in BGH, VersR 1970, 753-754, ermittelt worden. Dort ging es um den in der Flußkaskopolice bestimmten „Schiffahrtsunfall“:

Die Bedeutung des Wortes „Unfall“ sei mangels einer Erklärung in den AVB „in erster Linie dem gesetzlichen Sprachgebrauch zu entnehmen“[1241]. Einen sol-

---

> „Zu keinem anderen Ergebnis führt es auch, wenn dem Schaden als maßgebliche Ursache der Alters- und Verschleißzustand des Schiffes zugrunde gelegen hätte. Es würde dann bereits an einem Schiffahrtsunfall fehlen, da für den Schaden keine Einwirkung von außen im Sinne des Unfallbegriffs (...), sondern eine im Schiff selbst liegende Ursache (vgl. BGH VersR 70, 752; KG JRPV 1939, 254) bestimmend gewesen wäre. Davon abgesehen wäre eine Leistungspflicht der Versicherer bei Abnutzungs- und Altersschäden nach § 4 d) AVB ausdrücklich ausgeschlossen.“

Vgl. dazu auch nachfolgend unter C. II. 5. a) aa) (2) [Innere Ursache].

1233 Vgl. dazu auch die vorstehend unter C. II. 2. [Benannte Gefahren] geführte Diskussion.

1234 Vgl. dazu auch die vorstehend unter C. II. 3. [Gemischte Gefahrengestaltung] geführte Diskussion.

1235 Vgl. dazu vorstehend unter B. IV. 3. c) bb) [Vorgehensweise].

1236 ROOS, S. 106-112.

1237 Durch die unterschiedlichen Bedingungswerke. Er führt dafür § 12 Abs. 1 Nr. II e) AKB 88/95 und §§ 2 Abs. 1 AUB 61, 1 Nr. III AUB 88 und 18 Nr. II Abs. 1 AKB 88 als Beispiele an. ROOS, S. 111.

1238 Durch die Gerichte. Er führt dafür OLG HAMBURG, VersR 1983, 431, 433; OLG HAMM, VersR 1978, 58, 58; VersR 1982, 1041, 1041; LG KASSEL, VersR 1983, 748, 748 f., als Beispielsfälle an. ROOS, S. 107. Für weitere Nachweise vgl. außerdem LORENZ, VersR 1981, 1001, 1003-1004.

1239 Vgl. dazu vorstehend unter B. IV. 3. c) cc) [Stellungnahme].

1240 P/M/VOIT, AVBW, Nr. 3 Rdn. 5.

1241 BGH, VersR 1970, 753, 753, unter Verweis auf BGH, VersR 1956, 41-42; VersR 1956, 283. „Unfall“ ist deswegen kein Rechtsbegriff.

chen gebe es aber nicht, da „§ 1 Flußkasko-Police“ vom gesetzlichen Grundsatz der Universalität der Gefahrendeckung abweiche[1242]. Die Bestimmung kennzeichne vielmehr die Gefahrenereignisse, „für die der Versicherer einstehen soll, sofern nicht seine Haftung aus besonderen Gründen wieder ausgeschlossen“ werde[1243]. Mit Schiffahrtsunfall seien daher ebenso wie bei Brand und Explosion „sinnfällige objektive Ereignisse gemeint, die einen Schaden herbeizuführen drohen“[1244]. Das Merkmal des Zufälligen gehöre nicht dazu[1245].

Roos ist im Ergebnis nicht so umständlich[1246]. Er[1247] versteht mit Lorenz[1248] unter Unfall eine plötzliche Einwirkung von außen auf das Fahrzeug. Nicht erforderlich sei, daß mit mechanischer Gewalt eingewirkt werde, die Einwirkung von außen ihrerseits auf ein äußeres Ereignis zurückzuführen sei oder aus Sicht des Versicherungsnehmers unfreiwillig erfolge[1249].

(2) Innere Ursache

Wie man letztendlich einen Unfall in der Sportbootversicherung verstehen muß, kann an dieser Stelle aber offen bleiben. Es ist deswegen unerheblich, daß Voit auf ein Urteil verweist[1250], das zu einer Transportversicherung ergangen ist, die zwischen Parteien des großgewerblichen Versicherungsgeschäfts geschlossen worden war. Entscheidend ist vielmehr, daß ein Schaden, der auf Abnutzung beruht, kein Unfallschaden ist. Vom Unfallschaden unterscheidet sich der Abnutzungsschaden dadurch, daß er auf einer inneren Ursachen beruht und nicht durch Einwirkung von außen entsteht[1251].

So hatte der BGH zu § 3 Nr. 1 AKB-Lu festgestellt, daß „die Einwirkung des Luftwiderstandes auf die Tragflächen ... allein kein unmittelbar von *außen* plötzlich mit mechanischer Gewalt einwirkendes Ereignis auf das Luftfahrzeug außerhalb des normalen Flugbetriebes“ darstelle[1252]. Der Luftwiderstand im

---

1242 BGH, VersR 1970, 753, 753.

1243 *Id.*

1244 *Id.*

1245 *Id.*, unter Verweis auf Ritter/ABRAHAM, § 28 Anm. 8.

1246 ROOS, S. 106-132.

1247 ROOS, S. 117 f.; S. 132.

1248 LORENZ, VersR 1981, 1001, 1008:

> „Ein Schiffsunfall i.S. des § 1 AVB-Flußkasko liegt vor, wenn ein plötzliches Einwirken von außen auf das Schiff gegeben ist.“

1249 ROOS, S. 132; LORENZ, VersR 1981, 1001, 1008.

1250 Und damit auf einen völlig anderen Verkehrskreis als in der Sportbootversicherung abstellt.

1251 STADE, S. 75.

1252 BGH, ZLW 1974, 142, 143.

Luftfahrzeugverkehr entspreche dem Bodenwiderstand im Kfz-Verkehr[1253]; gleiches gelte für die Einwirkung des Windes auf ein Segelschiff z.B. bei einem Wendemanöver[1254]. Aus ihnen folgen Abnutzungen, die während des normalen Betriebs der versicherten Sachen stattfinden[1255]. Sie beruhen auf nicht versicherten inneren Ursachen[1256].

bb) Wesen der Kaskoversicherung

Darüber hinaus ist die Kaskoversicherung grundsätzlich keine Maschinenversicherung[1257]. „Maschinenschäden stehen stets außerhalb der Kaskoversicherung"[1258]. Abnutzungsschäden werden in der Maschinenversicherung aber „niemals durch die Kaskoversicherung gedeckt"[1259].

Die Sportbootversicherung weicht daher vom Wesen der Kaskoversicherung ab, wenn sie nach § 2 PYKB 1998, Nr. 2.1. SYKB 1998 und Nr. 1.1 AVBW 1985 die Maschinenanlage oder maschinelle Einrichtung versichert[1260]. § 7 Nr. 1 a) PYKB 1998, Nr. 4.2. SYKB 1998 und Nr. 3.4.2 AVBW 1985 drücken jedoch aus, daß die Sportbootversicherung dabei nicht so weit gehen will wie die Maschinenversicherung: Abnutzungsschäden sind – den Kaskogrundsätzen folgend – nicht versichert. Den Grundsätzen folgt auch Nr. 5.4. SYKB 1998, der Schäden an der maschinellen Einrichtung durch die ihr eigentümliche Betriebsgefahr ausschließt. Trotz des Einschlusses von Maschinen in die versicherten Sachen ist die Sportbootversicherung also nicht auch noch eine Maschinenversicherung; die versicherten Gefahren bleiben die der Kaskoversicherung.

cc) Stellungnahme

Beruhen Abnutzungsschäden nicht auf Unfällen und entspricht ihre Übernahme nicht dem Wesen der Kaskoversicherung, muß man fragen, ob es notwendig ist,

---

1253 „Wirkt sich ein schlechter Fahrbahnzustand nachteilig auf ein Kraftfahrzeug aus, so handelt es sich um einen typischen Betriebsschaden, wobei es gleichgültig ist, ob den Fahrer der Vorwurf einer sachwidrigen Fahrweise trifft."
Id.

1254 BGH, ZLW 1974, 142, 143.

1255 *Id.*

1256 Vgl. STADE, S. 75.

1257 Stiefel/HOFMANN, § 12 AKB Rdn. 71. Obwohl die Maschinenanlage oder maschinelle Einrichtung von der versicherten Wertbeziehung ausdrücklich erfaßt ist. § 2 PYKB 98; Nr. 2.1. SYKB; Nr. 1.1 AVBW 1985. Vgl. außerdem vorstehend unter C. I. 2. [Weitere versicherte Sachen].

1258 Stiefel/HOFMANN, § 12 AKB Rdn. 71.

1259 *Id.*

1260 Vgl. außerdem vorstehend unter C. I. 2. [Weitere versicherte Sachen].

ihren Ausschluß extra in die Versicherungsbedingungen aufzunehmen[1261]. Abnutzungsschäden könnten in der Sportbootversicherung bereits durch die primären Risikobegrenzungen ausgeschlossen sein. Ihre Aufnahme in die Bedingungswerke wäre dann deklaratorisch; sie wären keine Risikoausschlüsse.

(1) Keine Gefahr

Der allgemeine Sprachgebrauch versteht unter einer Gefahr die Möglichkeit, daß ein Schaden eintritt[1262]: „drohendes Unheil"[1263]. Gefahr ist also die Drohung des Eintritts eines ungewissen Ereignisses, das nachteilig auf die versicherte Sache und damit das versicherte Interesse einwirkt[1264]. Keine Gefahren sind Einflüsse, die während des versicherten Zeitraums im normalen Verlauf auf die Sache einwirken[1265] oder aus ihr selbst wirken[1266].

(2) Normale Einwirkung

So ein „Einfluß" ist die Abnutzung. Abnutzen bedeutet, durch Gebrauch oder Beanspruchung im Wert bzw. in der Brauchbarkeit mindern oder an Wert bzw. Brauchbarkeit verlieren[1267]. Eine Abnutzungsklausel schließt deswegen keine versicherte Gefahr aus. Sie stellt klar, daß ein Schaden an der unmittelbar von der Abnutzung betroffenen Sache nicht versichert ist.

Der Schaden beruht nicht auf einer versicherten Gefahr; er folgt aus überhaupt keiner Gefahr. Ein Abnutzungsschaden beruht auf den Einflüssen, die während des versicherten Zeitraums im normalen Verlauf auf die Sache einwirken.

dd) Zusammenfassung

§ 7 Nr. 1 a) PYKB 1998, Nr. 4.2. SYKB 1998 und Nr. 3.4.2 AVBW 1985 sind der primären Gefahrengestaltung zuzurechnen; sie stellen diese klar. Die Klauseln sind weder Risikoausschlüsse noch sonstige sekundäre Beschränkungen. Sie haben keine Auswirkungen auf die Beweislast.

1261 Vgl. dazu auch schon vorstehend unter C. II. 5. a) [Abnutzung].

1262 Duden, Bd. 3, S. 960.

1263 *Id.*

1264 Vgl. dazu auch schon vorstehend unter C. II. [Gefahr], m.w.N. in Fußnote 1042.

1265 Wie die gewöhnlichen und unvermeidbaren *Gefahren* einer geplanten Reise, die ein Fahrzeug bestehen muß, um relativ fahrtüchtig zu sein. C. II. 7. e) cc) (3) (ii) (a) [Relative Fahruntüchtigkeit], insb. in Fußnote 1574.

1266 Vgl. dazu vorstehend unter C. II. [Gefahr] unter Verweis auf ENGE, TransportV, S. 50.

1267 Duden, Bd. 1, S. 56.

b) Witterung und Rost

Auch die Ausschlüsse von Schäden, die auf Witterung[1268] und Rost[1269] beruhen, sind Klarstellungen. Wie bei der Abnutzung erklärt sich ihre Erwähnung in den allgemeinen Bedingungen aus der Abgrenzung zur Unfallgefahr[1270], d.h., aus einem Unfallbegriff, der Einwirkungen mit mechanischer Gewalt verlangt.

Zwar ist in der Sportbootversicherung nicht erforderlich, daß auf die versicherten Sachen mit mechanischer Gewalt eingewirkt wird[1271]. Witterungs- und Rostausschlüsse folgen aber aus diesem Unfallverständnis. Es stammt aus der Kfz-Kaskoversicherung[1272]. Dort haben derartige Ausschlüsse ebenfalls nur klarstellende Funktion.

aa) Kein Unfall

In der Kfz-Kaskoversicherung versteht man unter mechanischer Gewalt, „daß die Einwirkung durch Druck oder Zug geschieht"[1273]. Die spürbare „Kraftwirkung äußerlicher Vorgänge" auf die versicherte Sache oder die von ihr selbst ausgehende „Kraftwirkung auf andere sich passiv verhaltende Objekte" muß besonders erkennbar sein[1274]. „Witterungs- und Temperatureinflüsse, Schäden durch Rost und Frost, Substanzveränderung in den Batterien, Verbrauch des elektrischen Stroms ... scheiden aus"[1275]; sie sind keine Unfälle. Ist in der Sportbootversicherung ebenfalls eine Einwirkung mit mechanischer Gewalt notwendig, sind Schäden aufgrund von Witterung und Rost wie in der Kfz-Kasko nicht versichert.

Witterung und Rost sind aber auch keine Unfälle, wenn man keine Einwirkung mit mechanischer Gewalt verlangt. Sie gehen nicht auf plötzliche, sondern auf allmähliche Einwirkungen zurück[1276]. Ein Schadensereignis wirkt plötzlich auf die versicherte Sache ein, „wenn es sich in einem relativ kurzen Zeitraum abspielt"[1277]. Witterung und Rost sind Einflüsse, die über den versicherten Zeit-

---

1268 Nr. 4.2. SYKB 98; Nr. 3.4.2 AVBW 85.

1269 *Id.*

1270 STADE, S. 75.

1271 Vgl. dazu vorstehend unter C. II. 5. a) aa) (1) [Unfall].

1272 Nach §§ 12 ff. AKB 96.

1273 Stiefel/HOFMANN, § 12 AKB Rdn. 65.

1274 *Id.* unter Verweis auf OLG KOBLENZ, NVersZ 1999, 329, 330.

1275 Stiefel/HOFMANN, § 12 AKB Rdn. 65.

1276 STADE, S. 75, unter Verweis auf Stiefel/HOFMANN, 16. Aufl., § 12 AKB Rdn. 72 = Stiefel/HOFMANN, § 12 AKB Rdn. 82

1277 Stiefel/HOFMANN, § 12 AKB Rdn. 82, unter Verweis auf BGH, VersR 1988, 951, 951 f., und OLG HAMM, VersR 1992, 1506, 1507.

raum im normalen Verlauf langsam auf sie einwirken bzw. aus ihr selbst wirken.

bb) Zusammenfassung

„Ausschlüsse“ von Schäden, die auf Witterung und Rost beruhen, ändern nicht die Rechtslage; sie fallen schon nicht unter den einst geforderten Unfallbegriff. Witterung und Rost wirken außerdem während des versicherten Zeitraums im normalen Verlauf auf die Sache ein bzw. aus ihr selbst heraus.

Die Rechtslage wäre ohne die Bestimmungen dieselbe. Man muß annehmen, daß die AVBW und YKB derartige Ausschlußklauseln wegen ihrer engen Verwandtschaft zur Kfz-Kasko enthalten[1278], obwohl man den in der Sportbootversicherung verwendeten Unfallbegriff (wohl) anders verstehen muß.

c) Zwischenergebnis

Schäden aufgrund von Abnutzung, Witterung und Rost[1279] sind von der Sportbootversicherung objektiv nicht erfaßt. Das folgt aber nicht aus den jeweiligen Ausschlußklauseln; sie alle sind Klarstellungen. Ohne die Ausschlußklauseln wäre die Rechtslage dieselbe.

Die mangelnde Deckung beruht auf dem Gefahrenbegriff, dessen Verständnis nach dem Verkehrskreisansatz zu ermitteln ist. Danach sind keine (versicherbaren) Gefahren die Einflüsse, die während des versicherten Zeitraums im normalen Verlauf auf die versicherten Sachen einwirken oder aus ihnen selbst wirken[1280]. Derartige Einflüsse sind Abnutzung, Witterung und Rost.

Ihr ausdrücklicher „Ausschluß“ erklärt sich aus der Abgrenzung zum Unfallbegriff, der die Sportbootversicherung im Rahmen des *named perils*-Ansatz bis 1976 bestimmte. Die Klauseln schließen die Umstände aus, die entweder keine Einwirkungen von außen sind oder auf nur allmähliche (und nicht plötzliche) Einwirkungen zurückgehen. Die „ausgeschlossenen“ Umstände erfüllen nicht die Tatbestandsmerkmale des Unfalls.

Die Klauseln haben deswegen keine Auswirkungen auf die Beweislast. Im Rahmen der Allgefahrendeckung ist es weiterhin ausreichend, wenn der Versicherungsnehmer behauptet, der Schaden sei während des versicherten Zeit-

---

1278 Vgl. dazu vorstehend unter A. I. [Vorbilder].

1279 Aber auch Alter (Nr. 3.4.2 AVBW 85), Fäulnis (Nr. 4.2. SYKB 98; Nr. 3.4.2 AVBW 85) oder Ungeziefer (*Id.*).

1280 Vgl. dazu vorstehend unter C. II. [Gefahr] unter Verweis auf ENGE, TransportV, S. 50.

raums aufgrund irgendeiner versicherten Gefahr eingetreten. Im Rahmen des *named perils*-Ansatzes nach den PYKB 1998 genügt es, wenn er behauptet, der Schaden habe sich ereignet während des versicherten Zeitraums aufgrund einer benannten versicherten Gefahr – wozu nicht Abnutzung, Witterung oder Rost zählen. Will der Versicherer leistungsfrei sein, muß er zeigen, daß der Schaden auf einem dieser Umstände beruht.

6. Sportliche Nutzung

Die Sportbootversicherung kann nicht für jedes Wasserfahrzeug abgeschlossen werden. Zwar ist die von der Wertbeziehung erfaßte Hauptsache weiter gefaßt als in anderen Bereichen der Transportversicherung; die Sportbootversicherung spricht grundsätzlich vom „Fahrzeug", während die Versicherung gewerblich genutzter Wasserfahrzeuge das Wort „Schiff" verwendet[1281]. Der Fahrzeugbegriff des § 2 PYKB 1998, der Nr. 2.1. SYKB 1998 und der Nr. 1.1 AVBW 1985 muß aber in unmittelbarem Zusammenhang mit der Bezeichnung der Versicherung gelesen werden:

Das versicherte Fahrzeug ist entweder ein „Wassersportfahrzeug" (AVBW) oder eine „Yacht" (YKB)[1282]. Eine Yacht ist „ein Segel-, Dampf- oder Motorfahrzeug für sportliche, Vergnügungs- oder repräsentative Zwecke"[1283]. Alle Bedingungswerke führen damit die „sportliche Nutzung" des versicherten Fahrzeugs in ihrer Bezeichnung. „Sport" ist eine Tätigkeit, die um ihrer selbst willen ausgeübt wird[1284].

Fraglich ist deswegen, wie die Bezeichnung zusammen wirkt mit den Verwendungsklauseln. Das sind § 7 Nr. 2 PYKB 1998, Nr. 5.2. SYKB 1998 und Nr. 3.5

1281 Vgl. dazu vorstehend unter C. I. 1. [Fahrzeug], unter Hinweis auf § 788 HGB, § 1 Abs. 1 ADS, Nr. 3 DTV-Kaskoklauseln 1978, Nr. 1.1 AVB Flußkasko 2000.

1282 BGH, VersR 1987, 1109, 1110. Vgl. dazu aber auch nachfolgend unter C. II. 6. a) aa) [Stellungnahme]. Beachte, daß der Begriff „Yacht" den in den YKB verwendeten artübergreifenden Fahrzeugbegriff eigentlich erheblich einschränkt, während aus der Verwendung der Bezeichnung „Wassersportfahrzeug" in den AVB „nur" die Ausrichtung auf sportlich genutzte Wasserfahrzeuge folgt. Trotz unterschiedlicher Überschriften (AVBW und YKB) versichern beide Bedingungen heute aber kaum unterschiedliche Fahrzeuge (Vgl. dazu auch vorstehend unter B. III. 1. d) ee) [Praxisrelevanz].); insb. Kleinstfahrzeuge wie Kanus, Kajaks, Faltboote oder Segelsurfbretter werden nicht (mehr) kaskoversichert. Die neutrale – weder Yacht noch Wassersportfahrzeug – und eingängigere Bezeichnung „Sportboot" kommt dem versicherten Interesse daher genauso nah wie der (versicherungs-)technisch klingende Begriff „Wassersportfahrzeug".

1283 Brockhaus, Bd. 6, S. 1 („Jacht"). Vgl. aber auch schon vorstehend Fußnoten 3, 141 und 1182.

1284 Brockhaus, Bd. 11, S. 121.

AVBW 1985. Folgt aus der Bezeichnung eine primäre Risikobegrenzung, und dienen die Klauseln ihrer Klarstellung[1285]? Oder sind die Verwendungsklauseln sekundäre Risikoausschlüsse oder Obliegenheiten, die auf eine primäre Risikobegrenzung Bezug nehmen?

a) Bestimmung

Nach BGH, VersR 1985, 541, 542, machen die Versicherer mit der Bezeichnung der Versicherung „deutlich ..., daß sie das Risiko für ein Wassersportfahrzeug [oder eine Yacht], also eines zu Sport- und Vergnügungszwecken bestimmten und verwendeten Fahrzeugs," übernehmen[1286]. Der Bundesgerichtshof erklärt damit die Nutzung eines Fahrzeugs durch dessen Bestimmung[1287] und Verwendung[1288].

Um unter einem Sportbootversicherungsvertrag versichert zu sein[1289], muß ein Fahrzeug zunächst bestimmt sein zur Nutzung als Wassersportfahrzeug oder als Yacht. Es muß ein Freizeitfahrzeug (*i.e.* Sportboot) sein. Es darf sich nicht um ein Fahrzeug „anderer Art" handeln; das sind Fahrzeuge, die zur gewerblichen Nutzung bestimmt sind[1290] ([See-]Erwerbsschiffe[1291]). Die Bestimmung der Fahrzeugnutzung ist nach allgemeiner Ansicht eine primäre Risikobegrenzung[1292].

aa) Stellungnahme

Dem ist zuzustimmen. Mit der Bezeichnung der Versicherung gibt der Versicherer vor, daß er Wassersportfahrzeuge oder Yachten versichern will. Die Bezeichnung prägt den Charakter des Versicherungsvertragstyps „Sportbootversicherung", sie ist ein den Versicherungsumfang begrenzendes Gestaltungsmerkmal. Die Sportbootversicherung schließt daher die Versicherung gewerblich genutzter Fahrzeuge aus.

1285 Ähnlich wie die „Risikoausschlüsse" wegen Schäden, die auf Abnutzung, Witterung und Rost beruhen. Vgl. dazu vorstehend unter C. II. 5. [Risikoausschlüsse und Klarstellungen], insb. unter *lit.* c).

1286 D.h., der Fahrzeugbegriff ist in unmittelbarem Zusammenhang mit der Überschrift des jeweiligen Bedingungswerks zu lesen. Vgl. dazu außerdem auch schon vorstehend unter C. II. 6. [Sportliche Nutzung].

1287 Vgl. dazu unter C. II. 6. a).

1288 Vgl. dazu nachfolgend unter C. II. 6. b).

1289 D.h., in den vom Versicherungsvertrag abgesteckten Versicherungsschutzbereich der „sportlichen Nutzung" zu fallen.

1290 Vgl. BGH, VersR 1985, 541, 542.

1291 Vgl. dazu auch vorstehend unter B. II. 1. c) [Zwischenergebnis].

1292 BGH, VersR 1985, 541, 542, und ROOS, S. 76 und 80, der sich der BGH-Einordnung anschließt.

Die YKB müssen die aus ihrer Bezeichnung folgende Vorgabe (*i.e.* den Yachtbegriff) aber wegen der Vielfalt von versicherbaren Freizeitfahrzeugen wieder öffnen. Sie sprechen deswegen im Bedingungstext nicht von Yachten, sondern verwenden[1293] grundsätzlich den artübergreifenden Begriff „Fahrzeug"[1294]. Dabei bleibt der Fahrzeugbegriff[1295] an die Bezeichnung der Versicherung[1296] gebunden. Die versicherten Fahrzeuge müssen also – wie eine Yacht – zu sportlichen (Vergnügungs- oder repräsentativen) Zwecken auf dem Wasser genutzt werden. Die Verwendung des Fahrzeugbegriffs in § 2 PYKB 1998 und Nr. 2.1. SYKB 1998 macht jedoch die „Yachten" artunabhängig, die nach YKB versicherbar sind. Ein Fahrzeug ist eine Yacht, wenn es der Versicherungsnehmer (durch die sportliche Nutzung) dazu bestimmt.

bb) Definition

Unter „Bestimmung" versteht der allgemeine Sprachgebrauch das Ziel oder den Zweck einer Sache[1297]. Diese „Hinordnung eines Dings" auf einen Zweck[1298] kann man objektiv schlecht nachvollziehen, denn die Festlegung des Ziels erfolgt „durch ein anderes"[1299].

Das ausschlaggebende Merkmal bei der Bestimmung einer Sache ist daher subjektiv: Es ist der Wille des Bestimmenden.

cc) Subjektiver Ausschlag

Objektiv sind Fahrzeuge zur sportlichen Nutzung bestimmt, wenn sie nach Bauart und Ausrüstung Wassersportfahrzeuge sind. Das ist z.B. bei Kanus, Segelsurfbrettern, Jollen, Segel- und Motoryachten der Fall. Die Bauart und Ausrüstung indizieren die Bestimmung zum Freizeitfahrzeug.

1293 Wie die AVBW.

1294 Vgl. § 2 PYKB 98, Nr. 2.1. SYKB 98, Nr. 1.1 AVBW 85, § 3 (1) AVBW 63 und § 1 (1) AVBW 32.
Beachte, daß die einzelnen Bedingungswerke nicht einheitlich verfahren. So verwenden die PYKB 98 im Rahmen der Regeln zum Totalverlust wegen Reparaturunfähigkeit das Wort „Schiff" (§ 10 Nr. 2 PYKB 98).

1295 Obwohl er im Bedingungstext selbst nicht eingeschränkt wird.

1296 D.h. sowohl nach YKB als auch nach AVBW.

1297 Brockhaus, Bd. 2, S. 58.

1298 Vgl. Herder, Bd. 1, S. 1358.

1299 Brockhaus, Bd. 2, S. 58.

(1) Sportliche Bestimmung

Da aber der Wille des Bestimmenden ausschlaggebend ist[1300], legen objektive Merkmale die Bestimmung nicht endgültig fest. So können auch Fahrzeuge, die nach Bauart und Ausrüstung gewerblichen Zwecken dienen, von ihrem Nutzer „zweckentfremdet" werden und der sportlichen Nutzung zugeführt werden[1301]. Sie sind dann Freizeitfahrzeuge aufgrund subjektiver Bestimmung.

Der Bundesgerichtshof zog z.B. in Erwägung, daß es sich bei einem voll für den Fischfang ausgerüsteten Kutter mit Fischereikennzeichen um ein Wassersportfahrzeug handeln könnte, wenn der Kutter nicht gewerblich genutzt würde[1302]. Und Roos gibt zu bedenken, daß ein Passagierschiff ausschließlich zu Vergnügungszwecken genutzt und auf diese Weise zum Wassersportfahrzeug werden könnte[1303].

(2) Gewerbliche Bestimmung

Die subjektive Bestimmung kann aber auch zum Wegfall des Freizeitfahrzeugcharakters führen. Ein Kanu oder Segelsurfbrett kann professionell vermietet werden; eine Yacht kann ebenso bemannt und gewerblich verchartert werden[1304].

Wie Erwerbsschiffe zu Freizeitfahrzeugen können Sportboote zur gewerblichen Nutzung zweckentfremdet werden. Roos unterscheidet deswegen zwischen *geborenen*[1305] und *gekorenen*[1306] Wassersportfahrzeugen[1307].

dd) Zusammenfassung

Die Betrachtung von Bauart und Ausrüstung eines Fahrzeugs ist für dessen Bestimmung wenig aussagekräftig. Wenn objektiv ein Wassersportfahrzeug oder eine Yacht vorliegen, darf man vermuten, daß sie auch zur Nutzung als Freizeitfahrzeug bestimmt sind[1308].

1300 Vgl. dazu vorstehend unter C. II. 6. a) bb) [Definition].
1301 Vgl. ROOS, S. 78.
1302 BGH, VersR 1985, 541, 542.
1303 Dabei erinnert er an „die Luxusyachten in aller Welt". ROOS, S. 78.
1304 Vgl. ROOS, S. 79.
1305 Wassersportfahrzeuge aufgrund Art, Ausrüstung und Bestimmung.
1306 Wassersportfahrzeuge allein aufgrund Bestimmung (*i.e.* subjektiven Ausschlags).
1307 ROOS, S. 81 und 85 f.
1308 Vgl. ROOS, S. 85.

Handelt es sich aber um ein Fahrzeug, das nach Art und Ausrüstung ein Erwerbsschiff ist, muß der Versicherungsnehmer den Negativbeweis führen[1309]. Er muß zeigen, daß er es zum Freizeitfahrzeug bestimmt hat. An einen solchen Beweis dürfen wegen der Schwierigkeit, etwas Negatives zu beweisen, keine übertriebenen Anforderungen gestellt werden[1310]. Es sollte ausreichen, wenn ein Sportbootversicherungsnehmer angibt, vom Zeitpunkt des Versicherungsbeginns sein Fahrzeug (prinzipiell[1311]) für Sport- und Vergnügungszwecke genutzt zu haben[1312]. Er hatte es dann zum Freizeitfahrzeug bestimmt.

b) Verwendung

Weil die Bestimmung eines Fahrzeugs vom unmanifestierten Willen des Versicherungsnehmers abhängt, kann sie der Versicherer kaum in Abrede stellen. Um auf die Nutzung eines Fahrzeugs schließen zu können, tritt daher neben dessen Bestimmung – wie der Bundesgerichtshof zutreffend ausführt[1313] – dessen Verwendung[1314].

Nach dem allgemeinen Sprachgebrauch ist „verwenden" etwas für einen bestimmten Zweck, zur Herstellung oder Ausführung von etwas zu benutzen[1315]. Die „Verwendung" ist damit eine Handlung, die mit einer Sache vorgenommen wird; sie ist ein äußerlich erkennbarer, tatsächlich feststellbarer Sachverhalt. Man prüft also mit dem BGH in einem zweiten Schritt, ob der Wille des Versicherungsnehmers auch manifestiert ist.

aa) Kumulatives Erfordernis

Die Verwendung des Fahrzeugs steht dabei nicht alternativ neben dessen Bestimmung. Erst durch die Betrachtung beider Umstände kann man auf die Nutzung eines Fahrzeugs schließen; Bestimmung und Verwendung wirken kumulativ zusammen.

Um ein Fahrzeug als sportlich genutzt einzuordnen, reicht es nicht aus, wenn es entweder zum Freizeitfahrzeug bestimmt ist oder als Freizeitfahrzeug verwendet wird. Man muß sowohl bei der Betrachtung seiner Bestimmung als auch bei der

---

1309 Vgl. dazu vorstehend unter C. II. 2. a) bb) [Beweislastfolge], m.w.N. in Fußnote 1073.
1310 BGH, VersR 1985, 541, 542, unter Verweis auf BGH, VersR 1966, 1021, 1022.
1311 Vgl. dazu nachfolgend unter C. II. 6. b) bb) [Fahrzeugcharakter] Nr. (1)-(3).
1312 Falsch daher ROOS, S. 82-85, der auf das dem Vertragsschluß vorausgegangene Jahr abstellen will. Denn nicht die Vergangenheit wird versichert. Es kommt auf die zukünftige Bestimmung durch den Versicherungsnehmer an.
1313 BGH, VersR 1985, 541, 542.
1314 Vgl. dazu vorstehend unter C. II. 6. a) [Bestimmung].
1315 Duden, Bd. 6, S. 2789.

Betrachtung seiner Verwendung zu dem Ergebnis kommen, daß es sich um ein Sportboot handelt.

(1) Stellungnahme

Der Bundesgerichtshof verband die beiden (Nutzungs-)Merkmale deswegen mit dem Wort „und“[1316]. Bestimmung und Verwendung sind gleichwertig; zusammen ergeben sie die Nutzung der versicherten Sache.

Die Fahrzeugnutzung ist – wie unter C. II. 6. a)[1317] bereits angesprochen – primäre Risikobegrenzung[1318]. Sie folgt aus der Bezeichnung der Versicherung[1319], die den Charakter des Vertragstyps prägt[1320]. Die sportliche Nutzung fügt den im Text der Bedingungswerke nicht eingeschränkten Fahrzeugbegriffen ein begrenzendes Merkmal hinzu und legt so ihren Leistungsumfang fest.

(2) Zusammenfassung

Die Verwendung des versicherten Fahrzeugs ist eine primäre Risikobegrenzung. Zusammen mit der Bestimmung läßt sie auf die Nutzung der versicherten Sache schließen.

Der Versicherungsnehmer muß beweisen, daß er das versicherte Fahrzeug nicht nur zu Sport- und Vergnügungszwecken bestimmt, sondern auch dazu verwendet hat[1321]. Dabei ist der maßgebliche Zeitpunkt der Versicherungsbeginn. Der Versicherungsschutz soll nicht für Ereignisse der Vergangenheit oder deren Folgen übernommen werden[1322], es kommt auf die Verwendung seit Beginn des Vertrags an[1323].

1316 BGH, VersR 1985, 541, 542. Vgl. dazu außerdem vorstehend unter C. II. 6. a) [Bestimmung].

1317 [Bestimmung].

1318 M.w.N. in Fußnote 1292.

1319 C. II. 6. a) [Bestimmung].

1320 C. II. 6. a) aa) [Stellungnahme].

1321 Vgl. zur „Beweislastfolge“ auch schon vorstehend unter C. II. 2. a) bb). Dort wurde festgehalten, daß der Versicherungsnehmer beweisen muß, daß die Haftung innerhalb der primären Risikobegrenzung liegt.

1322 So kann der Versicherer den Zustand des Fahrzeugs vor Risikoübernahme durch eine Inspektion selbst beurteilen. Ist er der Ansicht, die zurückliegende gewerbliche Verwendung hat solcher Art Folgen hinterlassen, daß das Fahrzeug nicht mehr als Freizeitfahrzeug versichert werden kann, kann er den Antrag ablehnen. Die Sportbootversicherung kommt dann nicht zustande. Anders in der Kfz-Kasko. Vgl. dazu nachfolgend unter C. II. 7. b) aa) [Gefahrerhöhung nach Vertragsschluß] und Fußnote 1390.

1323 Falsch daher ROOS, S. 82-85. Vgl. Fußnote 1312.

bb) Fahrzeugcharakter

Fraglich ist, wie es sich auswirkt, wenn der Versicherungsnehmer das versicherte Fahrzeug nach Versicherungsbeginn auch zu anderen als Sport- oder Vergnügungszwecken verwendet (hat). Eine gewerbliche Verwendung kann insbesondere vorliegen, wenn der Versicherungsnehmer das Sportboot Dritten – entweder zum alleinigen Gebrauch oder als Mitfahrern – gegen Entgelt überläßt. Dabei muß man unterscheiden, ob der Versicherungsfall während der sportlichen oder während der gewerblichen Verwendung des Fahrzeugs eingetreten ist. Letzterer Fall betrifft die Verwendungsklausel und wird nachfolgend unter C. II. 6. c) näher erörtert.

Verwendet der Versicherungsnehmer das Fahrzeug neben Sport- und Vergnügungszwecken auch zu gewerblichen Zwecken, schließt das nach allgemeiner Ansicht den Versicherungsschutz nicht grundsätzlich aus[1324]. So bedeute „sportliche Nutzung" nicht, daß diese „ausschließlich" zu erfolgen habe[1325]. Ein Fahrzeug müsse vielmehr „prinzipiell" als Freizeitfahrzeug verwendet werden[1326].

Fraglich ist deswegen vor allem, wie weit die sportliche Verwendung die gewerbliche überwiegen muß. Wie häufig darf der Versicherungsnehmer das Sportboot zahlenden Dritten überlassen? Oder wie viele Personen darf er gegen Entgelt an Bord nehmen, damit er für das versicherte Fahrzeug den Versicherungsschutz nicht verliert?

(1) Gewinnerzielungsabsicht

Roos gibt zu bedenken, daß man die Beantwortung dieser Fragen von einer dauerhaften Gewinnerzielungsabsicht des Versicherungsnehmers abhängig machen könnte[1327]. Er folgt dabei der entsprechenden Definition des Bundesverwaltungsgerichts[1328]. Danach sei eine Vercharterung oder Vermietung „immer dann als gewerbliche ... [Nutzung] einzustufen, wenn es sich um eine auf Gewinnerzielung gerichtete und auf Dauer angelegte selbständige Tätigkeit handelt, die über die bloße ... Verwaltung des eigenen Vermögens hinausgeht"[1329]. Eine Tä-

1324 BGH, VersR 1982, 358 f.; VersR 1985, 541 f.; ROOS, S. 79. Vgl. aber auch ROHDE, S. 38, m.w.N. zur Kraftverkehrsversicherung.

1325 BGH, VersR 1982, 358, 359.

1326 BGH, VersR 1985, 541, 542. Vgl. aber auch schon OLG HAMM, VersR 1963, 714, zur Kraftverkehrsversicherung, wenn das Fahrzeug einem gewerbsmäßigen Autovermieter überlassen wird, aber von vornherein feststeht, daß es sich nur um einen einmaligen Fall handeln soll. A.A. ROHDE, S. 42-44.

1327 ROOS, S. 79.

1328 BVerwG, NVwZ 1993, 775-776.

1329 ROOS, S. 79, unter Verweis auf BVerwG, NVwZ 1993, 775, 775.

tigkeit sei besonders dann gewerblich, wenn ihre Auswirkungen eine „Bagatellschwelle" überschreiten[1330].

Entscheidend sei daher, ob „die Tätigkeit ... einem Gewerbe ... gleichkommt"[1331]. Vermietet oder verchartert jemand z.B. „eine größere Anzahl" von Freizeitfahrzeugen, dann läge darin ein gewerbliche Nutzung. Durch „den schnellen Mieterwechsel", die Organisation der Tätigkeit und „die erforderliche Werbung" werde der Bereich der bloßen Verwaltung eigenen Vermögens verlassen[1332].

(2) Erhebliche Risikoerhöhung

Die (Zivil-)Rechtsprechung macht dagegen den Verlust des Versicherungsschutzes wegen zeitweiliger gewerblicher Verwendung davon abhängig, ob sie sich „nicht unerheblich" auf das Risiko auswirkt[1333]. Nach Ansicht des Bundesgerichtshofs sei die gewerbliche Verwendung erheblich, „wenn der VN einem Dritten die tatsächliche Verfügungsmacht über das Fahrzeug für einzelne Fahrten oder für einen bestimmten Zeitraum einräumt"[1334]. Das Bestimmungsrecht über das Fahrzeug werde dann nicht von einem dem Versicherer bekannten Ver-

---

1330 BVerwG, NVwZ 1993, 775, 776.

1331 ROOS, S. 79.

1332 *Id.* unter Verweis auf BVerwG, NVwZ 1993, 775, f.

1333 BGH, VersR 1982, 358, 359; OLG KÖLN, VersR 1997, 613, 615. Die Rspr. befindet sich damit im Einklang mit den versicherungsvertragsrechtlichen Grundsätzen zur Gefahrerhöhung (§ 29 VVG) (Vgl. dazu HOFMANN, S. 126-130.). Danach sei von einer Gefahrerhöhung erst auszugehen, wenn sie eine gewisse Relevanz und Dauer besitzt (Vgl. HOFMANN, S. 126-128.):
Eine Gefahrerhöhung liege nur vor, wenn die neu eingetretene Veränderung der Gefahrenlage dem Versicherer Veranlassung gegeben hätte, wäre sie bei Vertragsschluß bekannt gewesen, den Versicherungsvertrag überhaupt nicht oder nur gegen eine erhöhte Prämie abzuschließen (HOFMANN, S. 126, unter Verweis auf BGH, VersR 1990, 881, 882 = NJW-RR 1990, 1306, 1308.).

> „Insoweit deckt sich der Tatbestand der Gefahrerhöhung mit den Voraussetzungen, unter denen nach § 16 Abs. 1 Satz 2 VVG ein Gefahrumstand im Rahmen der vorvertraglichen Anzeigepflicht ‚erheblich' ist. Sieht der Prämientarif des Versicherers für das erhöhte Risiko keine höhere Prämie vor, so liegt keine relevante Erhöhung der Gefahr vor"

(HOFMANN, S. 126.).
Beachte, daß beim vorliegenden Vertragstyp keine Versicherung zu einer erhöhten Prämie in Betracht kommt. Vielmehr werden gewerblich genutzte Wasserfahrzeuge versichert zu anderen Bedingungen (AVB Flußkasko, DTV-Kaskoklauseln, ADS). Vgl. dazu nachfolgend unter C. II. 6. b) bb) (3) [Stellungnahme], insb. unter Nr. (i) und Nr. (v).

1334 BGH, VersR 1982, 358, 358 f.

sicherungsnehmer, sondern von einem unbekannten Fahrzeugführer ausgeübt[1335].

Daneben sei die gewerbliche Verwendung erheblich, wenn bei einer Fahrt Sport- und Vergnügungszwecke „nicht mehr bedeutsam sind"[1336]. Das sei der Fall, wenn der Versicherungsnehmer Fahrzeugführer bleibt, er aber Dritte in einer Weise entgeltlich mitnimmt, die einer gewerblichen Nutzung gleichkommt[1337].

(3) Stellungnahme

Die beiden Ansätze widersprechen sich nicht. Die Verwendung des versicherten Fahrzeugs müsse sich als gewerbliche Nutzung darstellen; sie müsse einem Gewerbe gleichkommen. Dazu müsse sich die Verwendung erheblich auf das Risiko auswirken; eine Bagatellschwelle müsse überschritten werden.

(i) Nutzungscharakter

Beide Ansätze fragen nach dem Charakter der Nutzung oder genereller nach dem Charakter des Fahrzeugs. Überschreitet die gewerbliche Verwendung ein unbedeutenden Maß, verändert sich der Charakter. Wie nach § 29 Satz 1 VVG kommt dafür eine unerhebliche Gefahrerhöhung nicht in Betracht.

Um auf eine Charakteränderung schließen zu können, werden die Dauer, Anzahl und Häufigkeit der Fahrten herangezogen, bei denen das Fahrzeug zahlenden Dritten zur Verfügung gestellt wird. Übt ein Dritter als Fahrzeugführer die tatsächliche Verfügungsmacht aus, ist das eher von Bedeutung, als wenn ein Dritter als Besatzungsmitglied mitfährt.

Daneben betrachten beide Ansätze, wie der Versicherungsnehmer die entgeltliche Verwendung organisiert. Spielen dabei (Amateur-)Sport- und Vergnügungszwecke noch eine Rolle? Oder geht die Verwendung des Fahrzeugs über die bloße Verwaltung eigenen Vermögens hinaus und erfolgt sie professionell?

(ii) Tatfrage

Wann das im einzelnen der Fall sein wird, kann man im voraus nicht festlegen. Die eingangs gestellten Fragen lassen sich weder in absoluten Zahlen noch in Prozentsätzen beantworten. Wie weit die sportliche Verwendung die gewerbli-

1335 BGH, VersR 1982, 358, 359.
1336 BGH, VersR 1982, 358, 358 f.
1337 *Id.*

che überwiegen muß, ist vielmehr Tatfrage, die der Beweiswürdigung des Gerichts unterliegt.

Dabei berücksichtigt das Gericht, daß der Versicherer mit der Bezeichnung der Versicherung die von ihm versicherte Hauptsache gestaltet. Der Versicherer will zu AVBW und YKB ausschließlich Freizeitfahrzeuge versichern[1338]. Sollen gewerblich genutzte Fahrzeuge versichert werden, stehen dafür die AVB Flußkasko 2000, DTV-Kaskoklauseln 1978 oder ADS bereit. Sportboote bilden also eine Fahrzeugklasse *sui generis*; Erwerbsschiffe sind ein *aliud*.

(iii) Abgrenzungsmerkmal Risikoerhöhung

Wie die Rechtsprechung richtig ausführt[1339], unterscheiden sich beide Klassen besonders durch das geringere Risiko von Freizeitfahrzeugen[1340]. Der die tatsächliche Verfügungsmacht ausübende Fahrzeugführer ist dem Versicherer bekannt, der Versicherungsnehmer führt das Fahrzeug in aller Regel selbst. Dabei beansprucht er es weniger. So kann der Versicherungsnehmer das Fahrzeug zu (Amateur-)Sport- und Vergnügungszwecken nur während seiner Freizeit nutzen. Die ist üblicherweise kürzer als die Zeit, die er auf berufliche oder gewerbliche Zwecke verwendet.

Daneben ist fraglich, ob zahlende Dritte das Fahrzeug mit derselben Sorgfalt behandeln wie Versicherungsnehmer, die ein versicherbares (Aktiv-)Interesse am Fahrzeug haben. Gerade im Yachtsport ist das Affinitätsinteresse des Bootseigners besonders groß. Nach Aussage eines hamburgischen Maklerhauses kommen Fälle des *moral hazard* so gut wie nicht vor. Einem Mieter kommt es dagegen darauf an, das gemietete Objekt während der Vertragsdauer möglichst intensiv zu nutzen; dabei sucht er allein das Entstehen von (passiven) Schadensersatzansprüchen zu vermeiden.

(iv) Keine Obliegenheit

Die Gerichte beachten weiter, daß die Risikoerhöhung aufgrund der Veränderung des Fahrzeugcharakters nicht für den Eintritt des Versicherungsfalls oder den Umfang der Leistung ursächlich gewesen sein muß. Der Versicherer, sollte er von der gewerblichen Nutzung durch den Versicherungsnehmer Kenntnis ha-

---

1338 Vgl. dazu auch schon vorstehend unter C. II. 6. a) [Bestimmung]. Vgl. außerdem BGH, VersR 1985, 541, 542, wo davon gesprochen wird, daß der Versicherer „nicht ... Fahrzeuge anderer Art“ versichern will.

1339 Vgl. dazu vorstehend unter C. II. 6. b) bb) (2) [Erhebliche Risikoerhöhung].

1340 Vgl. ROHDE, S. 39, zur gleichen Problemlage bei Kfz und der deswegen fälligen höheren Prämie.

ben, braucht auch nicht zu kündigen. Die §§ 6 Abs. 1 und 2, 25 Abs. 3 VVG sind nicht anwendbar.

Die Frage nach der grundsätzlichen Nutzung des versicherten Fahrzeugs betrifft keine Obliegenheit im Sinne der §§ 6, 23-30 VVG. Die sportliche Nutzung ist weder vertragliche Verhaltensnorm noch gesetzliche Gefahrstandspflicht[1341]; sie ist primäre Risikobegrenzung[1342].

Verwendet der Versicherungsnehmer sein Fahrzeug nicht grundsätzlich sportlich, verstößt er nicht gegen ein vertraglich vereinbartes Verhalten, von dem es abhängt, ob er seinen Versicherungsschutz behält oder verliert, und er erhöht auch nicht einseitig das Risiko nach Abschluß des Versicherungsvertrags[1343] im Sinne einer Gefahrerhöhung nach § 23 Abs. 1 VVG. Der Versicherungsnehmer macht das eigentlich versicherte Freizeitfahrzeug zu einem Erwerbsschiff, für das die Sportbootversicherung von vornherein keine Deckung gewährt.

(v) Zusammenfassung

Der Versicherungsnehmer kann durch gewerbliche Verwendung den Charakter des versicherten Fahrzeugs ändern; es kann vom versicherten Sportboot zu einem nicht mehr[1344] versicherten Erwerbsschiff werden. Aufgrund der Charakteränderung fällt das Fahrzeug aus der (Risiko-)Klasse der Sportboote heraus[1345]; es wird zum *aliud*. Wie ein Schuldner mit der Lieferung eines *aliud* – jedenfalls bis zum Inkrafttreten des Gesetzes zur Modernisierung des Schuldrechts – seine Verbindlichkeit aus einem Kaufvertrag nicht erfüllen konnte[1346], so ist ein Erwerbsschiff nicht zur Versicherung nach YKB oder AVBW geeignet[1347].

1341 Die Gefahrstandspflicht ist eine gesetzliche Obliegenheit und fordert vom Versicherungsnehmer das Unterlassen einer Gefahrerhöhung (WERBER/WINTER, Rdn. 304.). Vgl. dazu außerdem nachfolgend unter C. II. 6. c) bb) [Reisecharakter].

1342 Nicht sekundäre Risikobeschränkung. Vgl. dazu vorstehend unter C. II. 6. a) [Bestimmung] und C. II. 6. b) aa) [Kumulatives Erfordernis].

1343 Und stört damit das Äquivalenzverhältnis zwischen Prämie und Gefahrtragung.

1344 Nach YKB oder AVBW.

1345 Vgl. BGH, VersR 1985, 541, 542, wo davon gesprochen wird, daß der Versicherer „nicht ... Fahrzeuge anderer Art“ versichern will.

1346 Bei einer Falschlieferung (auch Identitäts-*aliud* genannt) wurde statt der Sache, über die sich die Parteien geeinigt hatten, eine ganz andere geliefert. Nach allg. A. war das ein Fall der Nichterfüllung; anstelle der §§ 459 ff. BGB a.F. waren allein und uneingeschränkt anzuwenden die §§ 320 ff. BGB a.F. (Vgl. nur Palandt/PUTZO, § 459 Rdn. 3; EMMERICH, S. 27 f. und 33, für die Fälle der Genehmigungsunfähigkeit.). Auch nach Inkrafttreten des Gesetzes zur Modernisierung des Schuldrechts ist die Lieferung eines *aliud* (begrifflich) kein Sachmangel; sie wird ihm aber gleichgestellt und rechtlich ebenso behandelt (Palandt/PUTZO, SchuModG, § 434 Rdn. 52.).

1347 Beachte, daß die Risikoerhöhung im Rahmen der Charakteränderung deswegen insb. von der Risikoerhöhung im Rahmen der Gefahrstandspflichten zu unterscheiden ist.

Verändert der Versicherungsnehmer den Charakter des versicherten Fahrzeugs, verliert er den Versicherungsschutz. Bei der Ermittlung der Veränderung kommt es darauf an, ob das versicherte Fahrzeug trotz der gewerblichen Verwendung seinen Sportbootcharakter behalten hat. Dazu ist zu prüfen, ob es zu Sport- und Vergnügungszwecken bestimmt war und verwendet wurde. Eine unbedeutende Verwendung zu gewerblichen Zwecken verändert den (Freizeit-)Fahrzeugcharakter nicht.

c) Verwendungsklausel

§ 7 Nr. 2 PYKB 1998, Nr. 5.2. SYKB 1998 und Nr. 3.5 AVBW 1985[1348] schließen die Versicherung bzw. Ersatzleistung für Schäden aus, die entstehen, während das Fahrzeug nicht zu Sport- oder Vergnügungszwecken verwendet wird[1349]. Wie bereits unter C. II. 6.[1350] angesprochen, ist fraglich, wie die Bezeichnung der Versicherung mit den Verwendungsklauseln zusammenwirkt.

Daß ein Fahrzeug nach YKB oder AVBW nur versichert ist, wenn es prinzipiell sportlich genutzt wird, wurde soeben unter Bestimmung[1351] und Verwendung[1352] erörtert. Die Verwendungsklausel kommt also erst zur Anwendung, wenn das versicherte Fahrzeug – trotz gelegentlicher, unerheblicher gewerblicher Verwendung – noch ein Sportboot ist und der Versicherungsfall eintritt, während es zu gewerblichen Zwecken verwendet wird.

aa) Sekundäre Risikobeschränkung

Wasserfahrzeuge müssen nicht ausschließlich zu Sport- und Vergnügungszwecken genutzt werden, um Sportboote zu sein. Soweit ihre gewerbliche Verwendung unerheblich ist und der Verwaltung eigenen Vermögens gleichkommt, bleiben sie Freizeitfahrzeuge. Ihr (Nutzungs-)Charakter ändert sich nicht; der Versicherungsschutz bleibt bestehen[1353]. Aufgrund der Verwendungsklausel

---

Letztere ist (eher) mit der Schlechterfüllung (z.B. gem. § 459 ff. BGB a.F.) zu vergleichen. Der Schuldner erfüllt, so daß der originäre (Haupt-)Leistungsanspruch erlischt. Wegen der Schlechtleistung kann aber ein Ausgleich in Geld gesucht werden.
Eine Gefahrstandserhöhung ist erheblich, wenn der Versicherer für das erhöhte Risiko im Rahmen seines Prämientarifs eine höhere Prämie vorsieht. Bei einer Charakterveränderung sieht der Versicherer jedoch keine erhöhte Prämie vor; er versichert gewerblich genutzte Fahrzeuge – wenn überhaupt – zu anderen Bedingungen (AVB Flußkasko, DTV-Kaskoklauseln, ADS). Vgl. dazu auch vorstehend Fußnote 1333.

1348 Vgl. aber auch schon § 2 a) AVBW 63 und § 1 (1) Satz 1 AVBW 32.

1349 Vgl. dazu auch schon vorstehend unter C. II. 6. [Sportliche Nutzung].

1350 [Sportliche Nutzung].

1351 Vgl. dazu vorstehend unter C. II. 6. a).

1352 Vgl. dazu vorstehend unter C. II. 6. b).

1353 Vgl. dazu vorstehend unter C. II. 6. b) bb) [Fahrzeugcharakter] insb. unter Nr. (3).

kann aber bei diesen „Noch-Freizeitfahrzeugen" der Versicherer von der Verpflichtung zur Leistung frei werden, wenn der Versicherungsfall während einer Reise eintritt, die gewerblichen Zwecken dient.

(1) Unechte Klarstellung

Die Verwendungsklausel schließt die Versicherung oder Ersatzleistung für Schäden aus, die entstehen, während das Fahrzeug nicht zu Sport- und Vergnügungszwecken verwendet wird. Sie betrifft gewerbliche Fahrten, die wegen ihrer geringen Bedeutung nicht den Fahrzeugcharakter des Sportboots verändern. Für Reisen von Fahrzeugen, deren Charakter durch die gewerbliche Verwendung seit Versicherungsbeginn soweit verändert wurde, daß sie nicht mehr als Freizeitfahrzeuge angesehen werden können, spielt die Verwendungsklausel keine Rolle. Fahrten dieser Art sind bereits durch die sich aus der Bezeichnung der Versicherung ergebenden primären Risikobegrenzung „Sportliche Nutzung" von der Versicherung ausgeschlossen[1354].

Die Verwendungsklausel ist damit eine unechte Klarstellung[1355]. Sie verdeutlicht nicht, daß alle Fahrten von Freizeitfahrzeugen, die gewerblichen Zwecken dienen, von der Sportbootversicherung ausgeschlossen sind. Sie ändert vielmehr für einzelne den Fahrzeugcharakter nicht verändernde Reisen den durch die Risikogestaltung festgelegten Leistungsumfang wieder ab. Als unechte Klarstellung gehört sie zur nächsten Risikostufe; sie ist eine sekundäre Risikobeschränkung[1356].

(2) Vertragliche Obliegenheit

Daran konnten auch die Formulierungen in den AVBW 1932 und 1963 nichts ändern. Zwar machte insbesondere § 2 a) AVBW 1963 die Verwendung des Fahrzeugs zu sportlichen Zwecken zu einer „Voraussetzung für den Versicherungsschutz" und damit formell zu einer Leistungsumfangsgestaltung (*i.e.* primären Risikobegrenzung). Die Verwendungsklausel legt aber damals wie heute

---

1354 Die Verwendungsklausel wirkt sich deswegen allein auf die Rechtslage in den zuerst genannten Fällen aus. Der Versicherungsnehmer verliert den Versicherungsschutz für sein Fahrzeug, das er nicht ausschließlich zu Sport- und Vergnügungszwecken nutzt, dessen gewerbliche Verwendung aber so gering ist, daß sie seinen Charakter nicht verändert.

1355 Echte Klarstellung wäre sie nur, wenn die sportliche Nutzung eines Freizeitfahrzeugs ausschließlich zu erfolgen hätte. Dann würde sie den durch Überschrift bzw. Bezeichnung der Versicherung festgestellten Leistungsumfang nicht abändern, die Rechtslage wäre ohne die Verwendungsklausel dieselbe.

1356 Zum selben Ergebnis kommt der BGH, VersR 1985, 541, 542. Das Gericht sieht die Bestimmung als „besonderen Risikoausschluß" an, allerdings ohne näher auf die Systematik der Risikobeschreibung einzugehen.

weder das versicherte Interesse noch die übernommenen Gefahren und gedeckten Schäden positiv fest[1357].

Sie fordert vom Versicherungsnehmer vielmehr ein Unterlassen, von dem es abhängt, ob er seinen Versicherungsschutz behält oder verliert[1358]. Bei ihr steht ein vertragliches Verhalten im Vordergrund, das nicht hinter tatsächliche Voraussetzungen zurücktritt. Die Verwendungsklausel ist damit eine besondere Verhaltensnorm (vorbeugende Obliegenheit).

Die „Allgemeinen Versicherungs-Bedingungen für Wassersport-Fahrzeuge" von 1932 und 1963 waren insofern mißlungen. Sie erweckten den Eindruck, eine gewerbliche Verwendung sei von vornherein vom versicherten Risiko ausgeschlossen. Tatsächlich hing aber auch damals der Versicherungsschutz von der Vermeidung einer Zuwiderhandlung gegen eine vertraglich vereinbarte Verhaltensnorm ab[1359]. § 1 (1) Satz 1 AVBW 1932 und § 2 a) AVBW 1963 waren deswegen verhüllte Obliegenheiten.

Seit 1976 ist die AVBW-Formulierung verbessert. Dort heißt es unter Nr. 3.5 AVBW 1976: „Der Versicherer leistet keinen Ersatz für Schäden, die eintreten, während das versicherte Fahrzeug zu anderen als sportlichen oder Vergnügungszwecken verwendet wird." Das kommt der typischen Wortwahl bei den gesetzlichen Obliegenheiten nahe. Danach ist(/soll) der Versicherer „von der Verpflichtung zur Leistung frei" (sein)[1360].

bb) Reisecharakter

Grund der Verwendungsklausel ist die mit der gewerblichen Verwendung einhergehende Risikoerhöhung[1361]. Die anschließende Nr. 4 AVBW 1976/1985/1994 bringt das unmittelbar zum Ausdruck. Sie bezieht sich auf sonstige Ge-

---

1357 Zur Rechtsnatur der Verwendungsklausel in der Kraftverkehrsversicherung vgl. ROHDE, S. 3-6.

> „Sowohl der Wortlaut als auch der Sinn und Zweck der Klausel rechtfertigen ... die Annahme, daß die Verwendungsklausel eine Obliegenheit ist."

ROHDE, S. 5.

1358 Vgl. auch Hofmann, S. 154, unter Verweis auf BGH, VersR 1985, 854, 855.

1359 Vgl. HOFMANN, S. 154 f.

1360 Vgl. §§ 6 Abs. 1, 25 Abs. 1 VVG.

1361 Zum Zweck der Verwendungsklausel in der Kraftverkehrsversicherung vgl. ROHDE, S. 6-8.

> „Es ist der Meinung beizupflichten, daß die Verwendungsklausel eine Obliegenheit zum Zwecke der Verhütung einer Gefahrerhöhung darstellt. ... Der Sinn und Zweck der Verwendungsklausel liegt darin, zu verhüten, daß die Gefahrenlage für den Versicherer sich nicht verschlechtert."

ROHDE, S. 7.

fahrerhöhungen nach der Antragstellung durch den Versicherungsnehmer ohne Einwilligung des Versicherers. Aber auch in den SYKB 1998 ist die Verwendungsklausel als Nr. 5.2. von Bestimmungen zu anderen Verhaltensweisen eingerahmt (Nr. 5.1. und Nr. 5.3. SYKB 1998), die typischerweise zu nicht unerheblichen Risikoerhöhungen führen.

Die Verwendungsklausel soll nicht etwa die bestehende Gefahrenlage mindern. Wie in der Kfz-Kasko soll sie verhüten, daß sich die Gefahrenlage zu Lasten des Versicherers verschlechtert.

(1) Tatsächliche Risikoerhöhung

Die gewerbliche Verwendung muß zu einer tatsächlichen Risikoerhöhung im Rahmen der Fahrt führen, bei der der versicherte Schaden eingetreten ist. Es kommt nicht darauf an, ob die Reise „ausschließlich" zu Sport- und Vergnügungszwecken durchgeführt wurde[1362]. Solange ein zusätzlicher gewerblicher Zweck das Risiko nicht erhöht und damit den Reisecharakter nicht ändert, ist er unschädlich.

Der Bundesgerichtshof hat dies festgestellt für zeitweilige Mitglieder einer (für die entsprechende Fahrt notwendigen) Bootsbesatzung, die sich an den Unkosten der Fahrt beteiligten[1363]. Ihre Mitnahme sei – selbst wenn ein Dritter sie gegen Entgelt vermittelt hat – unschädlich, wenn „der VN Schiffer des Fahrzeugs verbleibt [und] weiterhin über die Durchführung im einzelnen der Reisen eigenverantwortlich bestimmt"[1364]. Auch der Umstand, daß der Versicherungsnehmer das versicherte Sportboot in ein neues Fahrtgebiet verbringt, wo er das Fahrzeug nicht mehr zu Sport- oder Vergnügungszwecken verwenden will, sei unschädlich, „jedenfalls solange er zu keiner Risikoerhöhung führt"[1365].

1362 BGH, VersR 1982, 358, 359.

1363 *Id.*

1364 *Id.*

1365 *Id.* Gleiches soll nach OLG KÖLN, VersR 1997, 613, 615, gelten für eine Fahrt von einer Werft zur nächsten zwecks Fertigstellung [und darauf folgende Erstauslieferung] des Fahrzeugs, wenn der Versicherungsnehmer gleichzeitig in die Bedienung des Schiffs eingewiesen wird. Nach Ansicht des OLG KÖLN ist insb. ausreichend, wenn mit einer Fahrt

> „zumindest *auch* sportliche Zwecke verfolgt worden sind, die jedenfalls nicht so weit im Hintergrund standen, daß sie praktisch nicht mehr bedeutsam waren" (*Id.*).

Das Gericht verkennt damit, worauf es ankommt. Wie unter C. II. 6. [Sportliche Nutzung] *lit.* a)-b) erörtert, muß das Fahrzeug mit Versicherungsbeginn grundsätzlich zu Sport- und Vergnügungszwecken genutzt werden; nicht den Fahrzeugcharakter verändernde gewerbliche Reisen sind für das Bestehen des Versicherungsschutzes unschädlich.

(2) Ursächlichkeit

Ein risikoneutraler gewerblicher Zweck verändert den (Freizeit-)Reisecharakter nicht. Die Verwendungsklausel greift nicht ein.

Der Bundesgerichtshof folgt dabei aber nicht den Grundsätzen zur Gefahrerhöhung[1366]. Danach ist von einer Gefahrerhöhung erst auszugehen, wenn sie eine nicht unerhebliche Relevanz und Dauer besitzt[1367]. „Eine unerhebliche Erhöhung der Gefahr kommt nicht in Betracht" (§ 29 Satz 1 VVG). Die Vorschriften der §§ 23-30 VVG finden gemäß § 32 VVG auf die Verwendungsklausel keine Anwendung, weil die Verwendungsklausel eine vertragliche Obliegenheit ist[1368].

Dem Bundesgerichtshof kommt es beim Abstellen auf die tatsächliche Risikoerhöhung vielmehr auf die Kausalität der gewerblichen Verwendung an. Nach § 6 Abs. 2 VVG muß die Verwendung für den Schadenseintritt ursächlich gewesen sein. Ist der Reisecharakter nicht verändert und damit das Risiko nicht erhöht, kann der Schaden nicht auf der gewerblichen Verwendung beruhen.

cc) Verschulden, Klarstellungsprinzip und Beweisgrundsätze

Bei der Verwendungsklausel handelt es sich um eine vertragliche Obliegenheit, die vor Eintritt des Versicherungsfalls zu erfüllen ist. Will sich der Versicherer erfolgreich auf sie berufen, muß der Versicherungsnehmer die Verwendungsklausel schuldhaft verletzt haben (§ 6 Abs. 1 Satz 1 VVG). Der Versicherer muß innerhalb eines Monats kündigen, nachdem er von Fahrten mit verändertem Charakter Kenntnis erlangt hat: Klarstellungsprinzip (§ 6 Abs. 1 Satz 3 VVG). Andernfalls kann er sich auf die vereinbarte Leistungsfreiheit nicht berufen[1369].

Der Versicherer trägt die Beweislast für den objektiven Tatbestand der Obliegenheitsverletzung. Der Versicherungsnehmer hat hingegen mangelndes Verschulden und fehlende Kausalität der gewerblichen Reise zu beweisen[1370].

Besteht grundsätzlich Versicherungsschutz, werden aber mit der Fahrt, während der der Versicherungsfall eintritt, auch gewerbliche Zwecke verfolgt, kann die Verwendungsklausel ausgelöst werden. Der gewerbliche Zweck muß für den Schaden kausal gewesen sein. Ist das der Fall, kommt es nicht darauf an, ob mit/während derselben Fahrt auch sportliche Zwecke verfolgt wurden (und wie bedeutsam diese waren).

1366 Vgl. HOFMANN, S. 126-130.

1367 Vgl. HOFMANN, S. 126; WERBER/WINTER, Rdn. 304. Vgl. außerdem Fußnote 1333.

1368 Vgl. BGH, VersR 1981, 921, 922, m.w.N. zur Führerscheinklausel als vertraglich bestimmter Obliegenheit.

1369 Vgl. WERBER/WINTER, Rdn. 311.

1370 *Id.*

d) Zwischenergebnis

Damit Versicherungsschutz nach AVBW oder YKB besteht, muß der Versicherungsnehmer das versicherte Fahrzeug grundsätzlich zu Sport- und Vergnügungszwecken nutzen. Diese primäre Risikobegrenzung folgt aus der Bezeichnung der Versicherung; sie prägt den Charakter der Versicherung.

Wie ein Fahrzeug genutzt wird, ermittelt man anhand seiner Bestimmung und Verwendung. Solange eine gelegentliche gewerbliche Verwendung den Fahrzeugcharakter nicht verändert, ist sie unbedeutend. Der Versicherungsschutz bleibt bestehen. Der Versicherungsnehmer muß beweisen, daß er das versicherte Fahrzeug als Sportboot bestimmt und prinzipiell verwendet hat.

Vom Fahrzeugcharakter zu unterscheiden ist der Reisecharakter. Die Verwendungsklausel betrifft Veränderungen des Reisecharakters durch den Versicherungsnehmer. Das sind Fahrten, die gewerblichen Zwecken dienen, wegen ihrer Unbedeutendheit aber nicht den Fahrzeugcharakter verändern. Erhöht der gewerbliche Zweck das Risiko der Fahrt, verändert sich der Reisecharakter. Der Versicherungsnehmer kann wegen Verstoßes gegen die vorbeugende Obliegenheit seinen Versicherungsschutz verlieren, wenn die Veränderung für den Schadenseintritt kausal war.

Will der Versicherer sich erfolgreich auf seine Leistungsfreiheit berufen, muß er den objektiven Tatbestand der Verwendungsklausel beweisen. Dabei gelten gemäß § 6 Abs. 1 und 2 VVG neben dem Kausalitätsprinzip das Verschuldensprinzip und das Klarstellungsprinzip. Von diesen Prinzipien kann der Versicherer nach § 15 a VVG nicht abweichen.

7. Fahrtüchtigkeitserfordernis

Fraglich ist, ob das versicherte (Freizeit-)Fahrzeug fahrtüchtig sein muß, damit es nach AVBW oder YKB versichert ist. Besteht ein Fahrtüchtigkeitserfordernis? Nach dem allgemeinen Sprachgebrauch ist ein „Fahrzeug“ ein „Verkehrsmittel, das der Beförderung von Personen und Gütern dient“ und „durch menschliche, tierische oder motorische Triebkraft zu Land, Wasser oder in der Luft fortbewegt“ wird[1371].

1371 Brockhaus, Bd. 3, S. 753. Beachte, daß die Aufzählung die Luft als Auftriebs- und Vortriebsmittel übersieht. So gibt es neben Segelflugzeugen und Segelbooten insb. Strandsegler (z.B. in St. Peter-Ording) und Eissegler (z.B. auf dem Wannsee).

a) Transportsphäre

Dabei unterscheiden sich Luft- und Wasserfahrzeuge von Landfahrzeugen ganz erheblich: Sie sind einer dritten Dimension ausgesetzt. Schiffe können sinken, Flugzeuge abstürzen.

aa) Abgrenzungsmerkmal Risikoerhöhung

Für sie bestehen Risiken, die es bei der Versicherung von Landfahrzeugen nicht gibt. Die Möglichkeit des Schadenseintritts ist höher, Hilfe im Schadensfall häufig nur schwer erreichbar und eine Reparatur des Schadens nicht selten unmöglich[1372]. In der Transportmittelversicherung haben deswegen die Fahrtüchtigkeit eines Wasserfahrzeugs und der öffentlich-rechtlich vorgeschriebene Zustand eines Luftfahrzeugs eine größere Bedeutung als die Verkehrssicherheit von Landfahrzeugen.

bb) Uneinheitliche Bedingungswerke

Dennoch sind in der Sportbootversicherung „Schäden, verursacht durch Fahruntüchtigkeit des Fahrzeugs“, nur nach den AVBW 1985 ausgeschlossen[1373]. In den YKB wird der fahrtüchtige Zustand nicht erwähnt, eine Fahruntüchtigkeitsklausel findet sich dort nicht.

Dies gibt zu der Vermutung Anlaß, daß die AVBW-Bestimmung allein der Klarstellung dienen könnte[1374]. Denn wie könnten es sich die Versicherer nach Maklerbedingungen erlauben, einen für das Risiko derart wichtigen Umstand im Bedingungswerk nicht zu behandeln und damit einen mangelhaften Fahrzeugzustand möglicherweise folgenlos zu lassen?

cc) Rechtsgrundlage

Würde die Fahrtüchtigkeit aber nur zur Klarstellung erwähnt, wäre fraglich, woraus die klarzustellende Vorgabe des Fahrzeugzustands folgt: Aus der Versiche-

---

1372 Während man z.B. mit abgefahrenen Reifen auf trockener Straße noch zurechtkommt, wird das auf regennasser Fahrbahn nicht mehr der Fall sein. Aber selbst dann kann der Reifenmangel folgenlos bleiben, wenn man beim Rutschen oder Schleudern auf keine andere Sache prallt. Ein vergleichbarer Defekt eines Luft- oder Wasserfahrzeugs würde hingegen zum Absturz oder Sinken und damit zum (Total-)Schadenseintritt führen.

1373 Nr. 3.4.1 AVBW 85. Siehe außerdem § 8 (1) d) AVBW 63 und § 12 (3) AVBW 32.

1374 Zum Verständnis des Begriffs „Klarstellung“ vgl. vorstehend unter C. II. 2. b) aa) (2) (ii).

rung selbst[1375] oder aus dem Gesetz[1376]? Man muß daher erörtern, wie das Fahrtüchtigkeitserfordernis einzuordnen ist.

Ist es eine primäre Risikobegrenzung? D.h., die Fahruntüchtigkeit allein würde den Versicherungsschutz entfallen lassen[1377]. Das könnte der Fall sein, wenn das Fahrtüchtigkeitserfordernis – wie die sportliche Nutzung – unmittelbar aus dem Charakter des Versicherungsvertragstyps folgt.

Oder ist das Fahrtüchtigkeitserfordernis eine sekundäre Risikobeschränkung, die einen einzelnen Umstand aussondert und vom Versicherungsschutz ausschließt? Wenn das Fahrtüchtigkeitserfordernis aber eine Risikobeschränkung ist, ist es dann ein Risikoausschluß oder eine (verhüllte) Obliegenheit?

b) Verkehrssicheres Landfahrzeug

Zur Beantwortung dieser Fragen ist es hilfreich, zunächst zu betrachten, wie die Tüchtigkeit bzw. Sicherheit des versicherten Fahrzeugs in den beiden anderen, bereits erwähnten Transportmittelversicherungen behandelt wird. Stellvertretend für die verschiedenen Kaskoversicherungen von Landfahrzeugen wird die Bedeutung der Verkehrssicherheit im Rahmen der Kraftfahrzeugversicherung nach §§ 12-15 AKB erörtert. Wie zu Beginn der Arbeit erwähnt[1378], war die Automobilversicherung Vorbild für die Sportbootversicherungund ist eng mit dieser verwandt[1379].

Beide haben eine grundsätzlich private Nutzung gemeinsam[1380]. Typischer Versicherungsnehmer ist jeweils ein Verbraucher ohne versicherungstechnische Spezialkenntnisse.

aa) Gefahrerhöhung nach Vertragsschluß

In der Kfz-Kasko wird die Benutzung eines nicht verkehrssicheren Kraftfahrzeugs nicht gesondert angesprochen. Man sieht sie deswegen als (grob fahrläs-

---

1375 Wie die „sportliche Nutzung".

1376 Weil die §§ 129-148 VVG und damit § 132 Abs. 1 VVG unmittelbar auf die Sportbootversicherung anwendbar sind. Oder weil die Fahruntüchtigkeit des Sportboots eine Gefahrstandspflichtverletzung ist und deswegen die §§ 23-30 VVG gelten.

1377 Sie muß weder für den eingetretenen Schaden kausal gewesen sein noch braucht der Versicherer (sollte er von der Fahruntüchtigkeit Kenntnis haben) zu kündigen oder muß der Versicherungsnehmer schuldhaft gehandelt haben.

1378 Vgl. dazu vorstehend unter A. I. 1. [Vorbilder].

1379 Vgl. dazu auch vorstehend unter C. II. 5. b) bb) [Zusammenfassung].

1380 Nach § 2b a) AKB ist der Versicherer von der Verpflichtung zur Leistung frei,

> „wenn das Fahrzeug zu einem anderen als dem im Antrag angegebenen Zweck verwendet wird".

sige[1381]) Gefahrerhöhung durch den Versicherungsnehmer an[1382]. Die Gefahrerhöhung tritt ein, wenn der Versicherungsnehmer das mangelhafte Fahrzeug weiter benutzt.

(1) Weiterbenutzung trotz Verkehrsunsicherheit

Nicht in der Unterlassung der Reparatur, sondern in der Tatsache der Weiterbenutzung liegt die Erhöhung der Gefahr[1383]. In der Praxis sind abgefahrene Reifen, mangelhafte Bremsen oder unzulässig hohe Beladung häufig auftretende Fahrzeugmängel, die zur Verkehrsunsicherheit führen[1384].

Sie muß dabei nicht zwingend zu Antritt der Reise bestanden haben. Eine Gefahrerhöhung kann auch im Weiterfahren ohne gründliche Untersuchung liegen, wenn die Möglichkeit einer die Verkehrssicherheit beeinträchtigenden Beschädigung gegeben war[1385].

(2) Versicherung nach Gefahrenklasse

Darüber hinaus kann eine Gefahrerhöhung anzunehmen sein, obwohl sich *ex post* herausstellt, daß das Auto schon bei Abschluß des Versicherungsvertrages

---

1381 Vgl. P/M/KNAPPMANN, AKB, § 12 Rdn. 73 i.V.m. 88. Die Abgrenzung der schuldhaften Herbeiführung des Versicherungsfalls zu einer vom Versicherungsnehmer vorgenommenen Gefahrerhöhung ist problematisch:

> „Unabhängig davon, daß der VersFall auch durch ein Unterlassen herbeigeführt werden kann, ... führt die Gefahrerhöhung regelmäßig schon bei leichter Fahrlässigkeit des VersN zur Leistungsfreiheit des Versicherers (...). Auch hier ist aber zu berücksichtigen, daß nicht jede Risikovermehrung gleich zum Eintritt des VersFalls führt. Bei der nicht angezeigten Gefahrerhöhung trägt der VersN das Risiko der Gefahrverwirklichung (...), während Leistungsfreiheit des Versicherers nach § 61 [VVG] noch das auslösende Moment für den Eintritt des VersFalls (...) erfordert. Die Gefahrerhöhung kann, muß aber keineswegs einen Ver[s]Fall nach sich ziehen; die Leistungsfreiheit des Versicherers wegen herbeigeführtem VersFall setzt diesen notwendigerweise voraus."
> R/L/LANGHEID, § 61 Rdn. 10, m.w.N.

1382 *Id.*; MAIER/BIELA, Rdn. 297, jew. m.w.N.

1383 BGH, VersR 1990, 80, 81 = NJW-RR 1990, 93; BGHZ 50, 385, 390 = BGH, VersR 1968, 1153, 1154, m.w.N. Vgl. aber auch Stiefel/HOFMANN, § 23 VVG Rdn. 28.

1384 MAIER/BIELA, Rdn. 297; P/M/KNAPPMANN, AKB, § 12 Rdn. 88, unter Verweis auf BGH, VersR 1971, 407, 408; LG HAMBURG, VersR 1970, 634, 634 f.; LG KARLSRUHE, VersR 1967, 174; OLG MÜNCHEN, VersR 1958, 258, und BGH, VersR 1962, 79, 80; VersR 1957, 386, 387.

1385 P/M/KNAPPMANN, AKB, § 12 Rdn. 88, unter Verweis auf LG GÖTTINGEN, VersR 1967, 1143, bei einem mögl. Reifenschaden und OLG KARLSRUHE, VersR 1989, 508, 509, bei einem möglichen Ölwannenschaden.

in einem verkehrsunsicheren Zustand gewesen war[1386]. Auch in einem solchen Fall liegt die Erhöhung in der (Weiter-)Benutzung des mangelhaften Fahrzeugs[1387]. Versicherte Gefahr der Kfz-Kasko ist nicht die vom Fahrzeug ausgehende Möglichkeit des Schadenseintritts; versichert ist die Benutzung eines Fahrzeugs im verkehrssicheren Zustand[1388].

Dabei geht es um ein abstraktes und nicht ein individuelles Fahrzeugrisiko[1389]. Der Versicherer prüft das zu versichernde Kraftfahrzeug bei Antragstellung nicht auf Verkehrssicherheit[1390]; die Prämie bemißt sich nach der Gefahrenklasse. Die Klassenzugehörigkeit bestimmt damit den Tarif, nicht, ob ein Fahrzeug alt oder neu ist[1391]. Ob sich die Gefahrenlage verändert, wird am typischen (und nicht am tatsächlichen) Fahrzeugzustand bei Vertragsschluß gemessen[1392].

bb) Gesetzliche Gefahrstandspflicht

Im Rahmen der Kraftfahrzeugversicherung wird die Verkehrssicherheit als Gefahrstandspflicht behandelt (§ 23 Abs. 1 VVG). Die AKB sprechen die Fahrzeugsicherheit nicht einzeln an.

Die Verkehrssicherheit ist Teil der gesetzlichen Obliegenheit, die vom Versicherungsnehmer fordert, es zu unterlassen, die Gefahrenlage in einer für den Versicherer ungünstigen Weise zu ändern[1393]. Die Parteien müssen die Folgerungen aus ihrer Veränderung ziehen[1394].

1386 HOFMANN, S. 128.

1387 BGH, VersR 1990, 80, 81 = NJW-RR 1990, 93; BGHZ 50, 385, 390 = BGH, VersR 1968, 1153, 1154.

1388 HOFMANN, S. 128. Beachte, daß die Verkehrstauglichkeit deswegen aber noch nicht als primäre Risikobegrenzung anzusehen ist. Eine Verkehrssicherheit kann daher (muß also nicht) zur Leistungsfreiheit des Versicherers führen.

1389 *Id.*

1390 Der Versicherer darf aufgrund der Vorschriften der StVZO davon ausgehen, daß ein zum öffentlichen Straßenverkehr zugelassenes Kfz sich in einem verkehrssicheren Zustand befindet (BGHZ 50, 385, 389.). Beachte, daß in allen anderen Versicherungszweigen die bei Vertragsschluß bereits vorhandene altersbedingte Abnutzung der versicherten Sache keine Gefahrerhöhung ist (HOFMANN, S. 128. Vgl. außerdem vorstehend Fußnote 1322.).

1391 HOFMANN, S. 128.

1392 *Id.*

1393 Vgl. WERBER/WINTER, Rdn. 304.

1394 WERBER/WINTER, Rdn. 303.

(1) Gesetzliche Obliegenheiten

Der Versicherer wird nach den gesetzlichen Regeln der §§ 23-30 VVG von der Verpflichtung zur Leistung frei. Will er sich erfolgreich auf seine Leistungsfreiheit berufen, muß die Weiterbenutzung des mangelhaften Fahrzeugs für den Schaden kausal sein (§ 25 Abs. 3 VVG) und der Versicherungsnehmer sie schuldhaft vorgenommen oder gestattet (§ 25 Abs. 1, Abs. 2 Satz 1 VVG) oder schuldhaft nicht angezeigt haben (§ 25 Abs. 2 Satz 2 VVG). Die Leistungspflicht des Versicherers bleibt jedoch bestehen, wenn er sein Kündigungsrecht nicht fristgerecht ausgeübt hat (§ 25 Abs. 3 VVG).

(2) Beweisgrundsätze

Der Versicherer trägt die Beweislast für die Gefahrerhöhung[1395]. Als sekundäre Risikobeschränkung sondert die Obliegenheitsverletzung einen Umstand aus dem primären Leistungsumfang wieder aus[1396]. Daß die Kündigungsfrist abgelaufen ist, daß die Anzeige rechtzeitig erfolgt ist, daß der Versicherer sonstwie Kenntnis von der Gefahrerhöhung hatte, daß ihn kein Verschulden trifft oder daß es an der erforderlichen Ursächlichkeit fehlt, muß hingegen der Versicherungsnehmer beweisen[1397].

c) Vorgeschriebener Zustand des Luftfahrzeugs

In der Kaskoversicherung für Luftfahrzeuge wird die Tüchtigkeit bzw. Sicherheit des versicherten Fahrzeugs unmittelbar in den allgemeinen Versicherungsbedingungen angesprochen. Nach § 3 Nr. 2 a) AKB-Lu 1996 ist der Versicherer von der Verpflichtung zur Leistung frei, wenn „sich das Luftfahrzeug bei Eintritt des Schadensereignisses nicht in einem Zustand befunden hat, der den gesetzlichen Bestimmungen und behördlichen Auflagen über das Halten und den Betrieb von Luftfahrzeugen entsprochen hat und/oder behördliche Genehmigungen, soweit erforderlich, nicht erteilt waren".

aa) Vertragliche Obliegenheit

Stade sieht darin eine dem Versicherungsnehmer auferlegte Obliegenheit; § 3 Nr. 2 a) AKB-Lu 1996 wie b)-e) würden „Verhaltensweisen regeln, die nicht geeignet sind, unmittelbar den Versicherungsfall herbeizuführen"[1398]. Darüber

---

1395 WERBER/WINTER, Rdn. 306.

1396 Vgl. dazu vorstehend unter C. II. 2. a) [Änderung der Beweislast] unter *lit.* aa) und *lit.* bb).

1397 WERBER/WINTER, Rdn. 306.

1398 STADE, S. 117.

hinaus sei § 3 Nr. 2 a) AKB-Lu 1996 vertraglicher Natur, die Klausel unterfalle den besonderen Anforderungen des § 6 VVG[1399]:

Der Versicherungsnehmer müsse schuldhaft gehandelt haben (§ 6 Abs. 1 Satz 1 VVG). Sein „mangelndes Verschulden [läßt] die Leistungsfreiheit des Versicherers entfallen“[1400]. Der Versicherer müsse den Vertrag innerhalb eines Monats kündigen, nachdem er von der Obliegenheitsverletzung Kenntnis erlangt hat, wenn er sich erfolgreich auf die vereinbarte Leistungsfreiheit berufen will (§ 6 Abs. 1 Satz 3 VVG)[1401]. Auch muß die Obliegenheitsverletzung für den Eintritt des Versicherungsfalls (oder den Umfang der dem Versicherer obliegenden Leistung) kausal gewesen sein (§ 6 Abs. 2 VVG)[1402].

bb) Beweisgrundsätze

Dabei werde jedoch grundsätzlich eine Ursächlichkeit angenommen[1403]. So reiche aus, wenn ein innerer Zusammenhang zwischen der vom Versicherungsnehmer geschaffenen Gefahrenlage und der eingetretenen Schadensfolge besteht[1404]. Lediglich wenn die Schadensfolge nicht zu denjenigen gehöre, denen die Obliegenheit vorbeugen soll, kann sich der Versicherer nicht auf Leistungsfreiheit berufen[1405].

Stade folgt damit der BGH-Rechtsprechung zur Kraftfahrzeugversicherung. Die dort entwickelten Kriterien ließen „sich ohne weiteres auf die Luftfahrtkaskoversicherung übertragen“. Nur ein unabwendbares Ereignis entsprechend § 7 Abs. 2 StVG könne „den Versicherungsnehmer bei einem Verstoß gegen die Fahrzeugzustandsklausel“ entlasten[1406].

1399 *Id.*

1400 *Id.*

1401 STADE, S. 118. Entbehrlich sei die Kündigung allerdings, wenn der Versicherungsvertrag ohnehin vor Ablauf der Frist des § 6 Abs. 1 Satz 3 VVG endet. Entsprechendes gelte, wenn das Luftfahrzeug infolge Totalschadens nicht mehr vorhanden ist und daher die Versicherung wegen Fortfalls des versicherten Interesses ein natürliches Ende gefunden hat. STADE, S. 118 f.

1402 STADE, S. 119.

1403 Vgl. STADE, S. 120.

1404 *Id.* mit Verweis auf die langjährige Entwicklung in der Rspr. des BGH, NJW 1969, 371, 373; NJW 1970, 995, 997; NJW 1976, 134, 134; VersR 1978, 1129, 1130.

1405 STADE, S. 120.

1406 *Id.*

cc) Stellungnahme

Stade unterscheidet bei seiner Erörterung der „Fahrzeugzustandsklausel“ nicht zwischen dieser und anderen vertraglichen Obliegenheiten der AKB-Lu 1996, die Verhaltenspflichten betreffen und zu einer Gefahrerhöhung[1407] führen (§ 3 Nr. 2 b) und d) AKB-Lu 96). Er stellt sie[1408] der Führerscheinklausel[1409] und der Verwendungsklausel[1410] gleich, ohne auf die in § 3 Nr. 2 d) AKB-Lu 1996 ebenfalls erwähnte Schwarzfahrt gesondert einzugehen. Dabei überträgt Stade für die Kraftfahrzeugversicherung entwickelte Rechtsprechungsgrundsätze auf die Luftfahrzeugversicherung, ohne zu fragen, ob sie angemessen seien.

(1) Kein Verbraucher

Versicherungsnehmer und Fahrzeugführer ist in der Kfz-Kasko in aller Regel ein Verbraucher, der sich gewerblich weder mit dem Abschluß derartiger Versicherungsverträge noch mit dem Führen seines Autos beschäftigt. Das ist in der Luftfahrzeugversicherung nicht so. Die Zahl der Sportflugzeuge ist verschwindend gering gegenüber der Anzahl gewerblich genutzter Luftfahrzeuge.

(2) Anderes Risiko

Außerdem ist wegen der Möglichkeit eines Absturzes nicht nur die zu versichernde Gefahr erheblich erhöht, auch die Schäden sind größer[1411]. Ein Luftfahrzeug verkörpert regelmäßig einen höheren Vermögenswert als ein Landfahrzeug. Die Wucht eines Absturzes ist höher als bei einem Zusammenstoß an Land. Das Risiko ist daher ein anderes.

(3) Zusammenfassung

Stades Ausführungen sind keine erschöpfende Darstellung der Fahrzeugzustandsklausel in der Kaskoversicherung von Luftfahrzeugen. Auch geht er nicht auf die Problematik ein, ob es sich um eine Obliegenheit oder einen objektiven Risikoausschluß handelt, spricht die Bestimmung doch vom Fahrzeug-*Zustand*. So sind Zustände abgrenzbare objektive Umstände.

1407 Nach Vertragsschluß und vor Eintritt des Versicherungsfalls.

1408 § 3 Nr. 2 a) AKB-Lu 96.

1409 § 3 Nr. 2 b) AKB-Lu 96.

1410 § 3 Nr. 2 d) AKB-Lu 96.

1411 Vgl. dazu auch bereits vorstehend unter C. II. 7. a) [Transportsphäre] und dort auch unter *lit.* aa).

d) Zwischenergebnis

In der Land- und Luftfahrzeugversicherung ist die Tüchtigkeit bzw. Sicherheit des versicherten Fahrzeugs eine Obliegenheit des Versicherungsnehmers. Ihre gesteigerte Bedeutung in der Luftfahrzeugversicherung kommt in der Aufnahme in die AKB-Lu zum Ausdruck. In der Versicherung von Landfahrzeugen ist sie dagegen Teil der gesetzlichen Obliegenheiten im Rahmen der Gefahrstandspflicht.

e) Fahrtüchtigkeit des Wassersportfahrzeugs

Wie eingangs festgestellt[1412], ist zu klären, woraus das Fahrtüchtigkeitserfordernis in der Sportbootversicherung folgt und wie es versicherungssystematisch einzuordnen ist. Dabei ist zu untersuchen, ob das Erfordernis im Rahmen der Versicherung von Wasserfahrzeugen einheitlich behandelt wird oder ob es Unterschiede zwischen der Versicherung von See- und Binnenschiffen, Erwerbs- und Nichterwerbsschiffen oder Schiffen und Booten gibt.

aa) Rechtsprechung

Die Fahruntüchtigkeitsklausel war verschiedentlich Gegenstand der Rechtsprechung des Bundesgerichtshofs und einiger Oberlandesgerichte. Sie gibt einen Überblick über die Vielfalt der Fragen, die im Zusammenhang mit der Fahruntüchtigkeit von Freizeitfahrzeugen auftreten können.

Trotz deren Vielfalt lassen sich aber zahlreiche, immer wiederkehrende Probleme ausmachen. Sie werden unter (1) und (2)[1413] herausgearbeitet. Parallelen und Sonderwege bei ihrer Lösung werden dann im Rahmen der Stellungnahme[1414] aufgezeigt.

(1) Bundesgerichtshof

Der Bundesgerichtshof urteilte mehrfach zur Fahruntüchtigkeit von Sportbooten. Das letzte veröffentlichte Urteil stammt aus dem Jahre 1987. Es beruhte auf Nr. 3.4.1 AVBW 1974[1415]. In den siebziger Jahren wurden in der Zeitschrift „Versicherungsrecht" zwei weitere Urteile veröffentlicht. 1976 war das Fahr-

---

1412 Vgl. dazu vorstehend unter C. II. 7. [Fahrtüchtigkeitserfordernis] und dort insb. unter *lit.* a) bb) und *lit.* a) cc).

1413 Und C. II. 7. e) bb) für das Schrifttum.

1414 Vgl. dazu nachfolgend unter C. II. 7. e) cc).

1415 BGH, VersR 1987, 1109-1111.

zeug nach ADS in Verbindung mit Besonderen Bedingungen[1416], 1974 nach AVBW 1963[1417] versichert.

(i) Nr. 3.4.1 AVBW 1974

1987 ging es vor allem um die Abgrenzung zwischen Fahruntüchtigkeit und mangelhafter Vertäuung bzw. Verankerung. Nach Nr. 3.1 AVBW 1976 trage der Versicherer alle Gefahren, denen die versicherten Sachen während der Dauer der Versicherung ausgesetzt sind (Allgefahrenversicherung)[1418]. Bestimmte Gefahren seien jedoch von der Versicherung nach Nr. 3.2 AVBW 1976 ausgeschlossen. Dabei handele es sich um Risiken, „die mit außergewöhnlichen Ereignissen, hingegen nicht mit einem Verhalten des VN zusammenhängen“[1419].

Um ein Verhalten ginge es „in fast allen Fällen der Nr. 3.4 AVB Wassersport 1976“, in Sonderheit Nr. 3.4.3-7[1420]. Dort hänge der Versicherungsschutz davon ab, ob der Versicherungsnehmer bestimmte Tätigkeiten jeweils ordnungsgemäß ausführt oder von bestimmten Handlungen absieht. Zwar enthalte Nr. 3.4.1 [Fahruntüchtigkeit] AVBW 1976 einen Risikoausschluß; „sie knüpft den Versicherungsschutz an den Zustand des Fahrzeugs“[1421]. Das spreche aber nicht dagegen, in der Nr. 3.4.4 [Mangelhafte Vertäuung/Verankerung] AVBW 1976 eine Obliegenheit zu sehen. Nach Nr. 3.4.4 AVBW 1976 hänge die Leistungsfreiheit des Versicherers von Umständen ab, deren Eintritt bzw. Ausbleiben typischerweise in der Hand des Versicherungsnehmers liegen.

Nr. 3.4.1 AVBW 1976 sei daher ein Risikoausschluß, Nr. 3.4.4 AVBW 1976 eine Obliegenheit[1422]. „Auch kann ... bei einem mangelhaft vertäuten oder verankerten Fahrzeug nicht ohne weiteres gesagt werden, es sei, fahruntüchtig in dem Sinne, daß es die gewöhnlichen Gefahren, die mit dem Ankern verbunden sind, nicht zu bestehen vermag‘. Eine solche Betrachtung könnte erst dann Platz greifen, wenn die Ausrüstung des Schiffes selbst eine ordnungsgemäße Befestigung nicht erlaubt.“[1423]

1416 BGH, VersR 1977, 79-80.
1417 BGH, VersR 1974, 589-590.
1418 BGH, VersR 1987, 1109, 1110.
1419 *Id.*
1420 *Id.*
1421 *Id.*, unter Verweis auf BGH, VersR 1985, 629, 630; VersR 1974, 584, 590.
1422 BGH, VersR 1987, 1109, 1110.
1423 *Id.*

(ii) Nr. 2 b) BesBe

Im Urteil aus dem Jahre 1976 hatte der Bundesgerichtshof nicht über eine Fahruntüchtigkeitsklausel in den AVBW (oder den YKB) zu befinden[1424]. Die Parteien hatten nach ihrer „Kasko-Police für Wassersportfahrzeuge" die Geltung der ADS und Besonderer Bedingungen (BesBe) vereinbart[1425].

In der Police hieß es: „In Erweiterung der ... [ADS] deckt diese Versicherung das Fahrzeug ... gegen Schäden gleichviel welcher Art mit alleiniger Beschränkung gemäß Ziffer 2 und 3 der umstehenden" BesBe[1426]. Nach Nr. 2 b) BesBe „entfällt die Haftung der Versicherer für Schäden aus anfänglicher Seeuntüchtigkeit des Fahrzeugs lediglich dann, wenn es der Versicherungsnehmer in Kenntnis oder in grobfahrlässiger Unkenntnis der mangelnden Seetüchtigkeit auf die Reise gesandt hat"[1427] (subjektive Fahruntüchtigkeit).

Inhalt und Umfang der Haftungsbeschränkungen für den Versicherer seien nach Nr. 2 und 3 BesBe zu beurteilen[1428], sie gingen den ADS vor. Nr. 2 b) BesBe schränke § 58 Abs. 1 ADS ein. Einem seeuntüchtigen Schiff in keinem Fall Versicherungsschutz zu gewähren, also auch dann nicht, wenn den Versicherungsnehmer wie in § 58 Abs. 1 ADS kein Verschulden trifft (objektive Fahruntüchtigkeit), sei kein unabdingbarer Grundsatz des Seeversicherungsrechts[1429].

Außerdem sei – selbst wenn die Parteien § 58 Abs. 1 ADS nicht gemäß Nr. 2 b) BesBe eingeschränkt hätten – zweifelhaft, ob der Grundsatz der objektiven Seetüchtigkeit im Rahmen der Sportbootversicherung gilt. Typischer Versicherungsnehmer ist dort ein Verbraucher, der „immer dann eine Deckung seitens des Kaskoversicherers [erwartet], wenn das Fahrzeug ohne eigenes Verschulden beschädigt worden oder verlorengegangen ist"[1430].

1424 BGH, VersR 1977, 79-80.

1425 Beachte, daß die Versicherung von Sportbooten zu gewerblichen Bedingungen (ADS, DTV-Kaskoklauseln, AVB Flußkasko) möglich ist. Der Versicherungsnehmer unterwirft sich dann freiwillig den bei der Versicherung von Erwerbsschiffen üblichen Klauseln, die ein höheres Risiko betreffen. Beachte weiter, daß aus demselben Grund eine Versicherung von Erwerbsschiffen zu AVBW oder YKB nicht möglich ist. AVBW und YKB betreffen ein andersartiges, niedrigeres Risiko. Vgl. dazu vorstehend unter C. II. 6. b) bb) (3) [Stellungnahme].

1426 BGH, VersR 1977, 79, 80.

1427 *Id.*

1428 *Id.*

1429 *Id.*

1430 *Id.*

(iii) § 8 (1) d) AVBW 1963

Das Urteil aus dem Jahre 1974 ist im Versicherungsrecht unter dem Leitsatz abgedruckt, daß ein Schaden von der Versicherung ausgeschlossen ist, „wenn das Boot von Anfang an" für die geplante Reise „fahruntüchtig war"[1431]. Die Parteien hatten die AVBW vereinbart; nach § 8 (1) d) AVBW 1963 waren von der Versicherung Schäden ausgenommen, „die daraus entstehen, daß sich das Fahrzeug in einem nicht fahrtüchtigen Zustand befunden hat"[1432]. Die Fahruntüchtigkeitsklausel sei ein objektiver Risikoausschluß. Es sei deswegen unerheblich, ob der Versicherungsnehmer die Fahruntüchtigkeit erkennen und den Schaden(-seintritt) voraussehen konnte[1433].

Ein Schiff sei bei Antritt der Reise fahruntüchtig, wenn es auf See im Rahmen der vorgesehenen Fahrt untauglich wird und verlorengeht[1434]. Dieser Anscheinsbeweis sei nur zu entkräften, wenn der Versicherungsnehmer zeigt, „daß ein äußeres Ereignis mitgewirkt hat, das den Verlust auch bei einem fahrtüchtigen Schiff erklärlich machen könnte"[1435].

(2) Oberlandesgerichte

Insbesondere drei Oberlandesgerichte haben in der Vergangenheit zur Fahruntüchtigkeitsklausel in der Sportbootversicherung Stellung genommen. Veröffentlicht sind Urteile aus Hamm, Hamburg und Köln.

(i) OLG Hamm

Entscheidungen des OLG Hamm finden sich im NJW-Rechtsprechungs-Report (einmal) und im Versicherungsrecht (dreimal). Sie stammen aus den Jahren 1991, 1983, 1982 und 1976.

(a) Nr. 3.4.1 AVBW 1985

1991 ging es um die Frage, ob ein Fahrzeug wegen Überladung fahruntüchtig werden könne[1436]. Dabei stellte das Oberlandesgericht zunächst fest, daß „der Begriff der Fahruntüchtigkeit ... in den AVBW 85 selbst nicht weiter erläutert" werde[1437]; eine der (heutigen) Nr. 3.2.1.2 AVB Flußkasko 2000 entsprechende

---

1431 BGH, VersR 1974, 589, 589.
1432 *Id.* unter Verweis auf § 8 Abs. 1 d) AVBW 63.
1433 BGH, VersR 1974, 589, 590.
1434 BGH, VersR 1974, 589, 589.
1435 *Id.*
1436 OLG HAMM, NJW-RR 1991, 1131-1132.
1437 OLG HAMM, NJW-RR 1991, 1131, 1132.

Insbesondere-Regelung[1438] fehle. Die Flußkaskoversicherung könne mithin nicht zur Bestimmung des Fahruntüchtigkeitsbegriffs in der Sportbootversicherung herangezogen werden[1439].

Es müsse vom allgemeinen Sprachgebrauch ausgegangen werden[1440]. Danach sei unter Fahruntüchtigkeit ein Zustand zu verstehen, „in welchem das Fahrzeug wegen der ihm unmittelbar anhaftenden Mängel nicht verkehrssicher, also den üblichen Anforderungen bei bestimmungsgemäßem Gebrauch nicht mehr gewachsen ist"[1441]. Der allgemeine Sprachgebrauch sei deswegen nicht deckungsgleich mit der Insbesondere-Aufzählung in Nr. 3.2.1.2 AVB Flußkasko 2000[1442]. Die dort genannten Umstände würden als Fahruntüchtigkeit *gewertet*. Bei der Aufzählung handele es sich nicht um eine (Regelbeispiele liefernde) Klarstellung, „sondern um eine den Risikoausschluß im Wege der fiktiven Gleichstellung [*i.e.* Wertung] erweiternde Regelung"[1443].

(b) § 5 Nr. 1 d WasSpFAVB

In dem Urteil aus dem Jahre 1983 ging es darum, ob die Haftung des Versicherers ausgeschlossen war, weil das Sportboot während der Fahrt fahruntüchtig wurde[1444]. Das OLG Hamm entschied, daß jedenfalls der von den Parteien vereinbarte, die Fahruntüchtigkeit betreffende § 5 Nr. 1 d WasSpFAVB[1445] den

---

1438 Nach welcher als fahruntüchtiger Zustand auch eine falsche Beladung gilt. Vgl. dazu auch nachfolgend Fußnote 1442.

1439 OLG HAMM, NJW-RR 1991, 1131, 1132.

1440 D.h., wie durfte bzw. mußte die jew. Bestimmung ein durchschnittlicher Versicherungsnehmer bei verständiger Würdigung, aufmerksamer Durchsicht und Berücksichtigung des erkennbaren Sinnzusammenhangs verstehen (Verkehrskreisansatz) (Vgl. dazu vorstehend unter B. IV. 3 c) bb) [Vorgehensweise].)? Durchschnittlicher Versicherungsnehmer ist in der Sportbootversicherung ein Verbraucherversicherungsnehmer ohne rechtliche oder versicherungstechnische Spezialkenntnisse (*Id.*). Anders in der Flußkaskoversicherung, sie betrifft einen klar abgrenzbaren besonderen Verkehrskreis: die Berufsschiffahrt (OLG HAMM, NJW-RR 1991, 1131, 1132.).

1441 OLG HAMM, NJW-RR 1991, 1131, 1132.

1442 Werde ein Fahrzeug überladen, so ist es zwar den konkreten Anforderungen nicht gewachsen, denen es ausgesetzt wird. Dies sei aber nur deshalb der Fall, weil diese Anforderungen das übliche Maß überschreiten. Soweit also Nr. 3.2.1.2 Spiegelstrich 1 AVB Flußkasko 2000 Überladung, ungenügende Bemannung oder nicht gehörige Ausrüstung nenne, fallen diese Umstände nicht unter das, was der allgemeine Sprachgebrauch unter Fahrtüchtigkeit versteht. OLG HAMM, NJW-RR 1991, 1131, 1132.

1443 OLG HAMM, NJW-RR 1991, 1131, 1132.

1444 OLG HAMM, VersR 1983, 1027-1028.

1445 „WasSpFAVB" ist eine vom online Dienst „juris" gewählte Abkürzung für allgemeine Bedingungen in der Sportbootversicherung.

Versicherungsschutz nicht ausschließe[1446]. Dort hieß es nur, „... daß sich das Fahrzeug in einem nicht fahrtüchtigen Zustand befunden hat“[1447].

Das sei mehrdeutig, da es „sowohl auf den Zeitpunkt des Reiseantritts als auch auf den Zeitpunkt des Eintritts eines Defekts während der Fahrt bezogen werden“ kann[1448]. Will aber ein Versicherer von der gesetzlichen Regelung des § 132 Abs. 1 VVG abweichen, müsse das im Rahmen von allgemeinen Bedingungen eindeutig geschehen. Nach § 132 Abs. 1 VVG hafte der Versicherer nicht, wenn das Schiff in einem nicht fahrtüchtigen Zustand die Reise antritt. § 5 Nr. 1 d WasSpFAVB sei deswegen unklar. „Diese Unklarheit muß zu Lasten der ... Verwenderin der AVB gehen“, d.h. zu Lasten des Versicherers (§ 305 c Abs. 2 BGB[1449])[1450].

(c) Nr. 3.4.1 AVBW 1976

1982 urteilte das Oberlandesgericht, Fahruntüchtigkeit sei die Unfähigkeit des Boots, „die gewöhnlichen unvermeidbaren Gefahren der See zu bestehen“[1451]. Das nach AVBW 1976 versicherte Freizeitfahrzeug war voll Wasser gelaufen, während es unbeaufsichtigt am Bootssteg der Pension lag, wo der Versicherungsnehmer während seines Jugoslawienaufenthalts abgestiegen war. Bei Bergung des Boots bemerkte er das Fehlen des Lenzstopfens.

„Der Versicherungsschutz ... wird nicht durch die Ausschlußklausel in Ziff. 3[.4.1 – Fahruntüchtigkeit] AVB berührt.“[1452] Der Versicherer konnte nicht beweisen, daß der Versicherungsnehmer vergessen hatte, die Lenzöffnung ordnungsgemäß zu verschließen. Auch habe eine Vermutung zugunsten des Versicherers gemäß § 58 Abs. 2 ADS nicht vorgelegen[1453]. Die Bestimmung enthalte zwar einen allgemeinen Beweisgrundsatz, so daß sie über ihren vertraglich vereinbarten Geltungsbereich (*i.e.* [Erwerbs-]Schiffe) hinaus „auch ohne besondere Vereinbarung auf [Sport-]Boote entsprechend angewendet werden kann (...)“.

Die Vermutung des § 58 Abs. 2 ADS setzt aber die Feststellung voraus, daß „beim Untergang des Schiffs ... ‚kein äußeres Ereignis‘ mitgewirkt hat.“[1454] Vorliegend sei jedoch nicht auszuschließen, daß der Lenzstopfen durch Dritte

---

1446 OLG HAMM, VersR 1983, 1027, 1028.
1447 *Id.*
1448 *Id.*
1449 Früher § 5 AGBG.
1450 OLG HAMM, VersR 1983, 1027, 1028.
1451 OLG HAMM, VersR 1982, 1041, 1041.
1452 *Id.*
1453 *Id.*
1454 *Id.*

(z.B. spielende Kinder) entfernt worden war, als das Boot unbeaufsichtigt am Steg lag[1455].

(d) § 8 (1) d) AVBW 1963

Im Jahre 1976 urteilte das OLG Hamm schließlich, daß eine Fahruntüchtigkeit nicht die Haftung des Versicherers ausschließe, wenn sie ihrerseits Folge eines versicherten Schadens ist[1456]. „Dies widerspräche dem Zweck des Versicherungsvertrages, den Versicherungsnehmer vor Unfallschäden an dem Boot zu schützen."[1457] Daneben fragte das Oberlandesgericht in *obiter dicta*, ob nicht Fahruntüchtigkeit „einschränkend dahin zu verstehen sei[n], daß der Versicherungsschutz nur für solche [Sport-]Boote entfällt, die überhaupt nicht fahrbereit sind."[1458] § 8 (1) AVBW 1963 enthalte keine allgemeine Vorschrift (Generalklausel), wonach der Versicherungsschutz bei jeglichem technischen Mangel ausgeschlossen sei.

Die Aufzählung verschiedener technischer Mängel in § 8 (1) e)-f) AVBW 1963 spreche dafür, daß sie abschließend ist. „Sonstige technische Mängel [sollen] also nicht zum Verlust des Versicherungsschutzes führen"[1459], weder nach § 8 (1) e)-f) [Aufzählung einzelner technischer Mängel] AVBW 1963 noch nach § 8 (1) d) [Fahruntüchtigkeit] AVBW 1963.

(ii) OLG Hamburg

Das Hanseatische Oberlandesgericht beschäftigte sich zweimal mit Fahruntüchtigkeitsklauseln. Dabei erörterte es auch, ob das Fahrtüchtigkeitserfordernis im Einklang mit dem Recht zur Gestaltung rechtsgeschäftlicher Schuldverhältnisse durch Allgemeine Geschäftsbedingungen steht. Die Urteile stammen aus den Jahren 1992 und 1974.

1455 *Id.*

1456 OLG HAMM, VersR 1978, 58, 58 (Leitsatz).

1457 OLG HAMM vom 4. Februar 1976, Az.: 20 U 168/75 abrufbar beim online Dienst „juris". In gekürzter Form aber auch abgedruckt in VersR 1978, 58, 58 f.

1458 „Ein derartiger Ausschluß erschiene versicherungstechnisch vernünftig, denn bei nicht fahrbereiten Booten besteht das erhöhte Risiko, daß der Versicherungsnehmer es auch an der gebotenen Pflege, Wartung und Aufsicht fehlen läßt und so das Versicherungsrisiko erhöht."
Id.

1459 OLG HAMM vom 4. Februar 1976, Az.: 20 U 168/75, abrufbar beim online Dienst „juris". In gekürzter Form aber auch abgedruckt in VersR 1978, 58, 58 f.

(a) Nr. 3.4.1 AVBW 1976

1992 hatte das OLG Hamburg über Nr. 3.4.1 AVBW 1976 zu entscheiden[1460]. Die versicherte Yacht war am Pier einer französischen Werft gesunken, während an ihr Überholungsarbeiten vorgenommen wurden. Die Arbeiten hatten zu der Möglichkeit geführt, daß Wasser über die Ableitungsschläuche der Auspuffanlage in den Schiffsrumpf eindringen konnte[1461].

(aa) Auslegung

Nach dem allgemeinen Sprachgebrauch sei ein Fahrzeug dann fahruntüchtig, „wenn es wegen ihm anhaftender Mängel den üblichen Anforderungen bei bestimmungsgemäßem Gebrauch nicht mehr gewachsen ist"[1462]. Dabei genüge für die Annahme der Fahruntüchtigkeit „schon die konkrete Gefahr, daß es ohne das Hinzutreten weiterer Umstände zum Schaden kommen kann"[1463]. Ein Schiff müsse sowohl fahren als auch im Hafen liegen können. Es tauge nicht zur Schiffahrt, wenn es in den Fahrpausen nicht ankern kann[1464]. Ein Schiff müsse sich also ständig auf dem Wasser halten können. Kann es das nicht, „weil etwa der Schiffsrumpf unterhalb der Wasserlinie eine Öffnung aufweist, ist das Schiff letztlich auch nicht mehr fahrtüchtig"[1465].

Dieses Fahrtüchtigkeitsverständnis im Rahmen der Sportbootversicherung entspreche dem Fahrtüchtigkeitsverständnis im Rahmen der Seeversicherung; d.h. der §§ [559,] 821 Nr. 1 HGB, 58 Abs. 1 Satz 1 ADS[1466]. Fahrtüchtigkeit sei in der dort geforderten Seetüchtigkeit enthalten; dazu ergangene Rechtsprechung[1467] dürfe bei der Auslegung des Fahruntüchtigkeitsbegriffs herangezogen werden[1468].

(bb) AGB-Recht

Nr. 3.4.1 AVBW 1976 halte außerdem einer AGB-Rechtsüberprüfung stand. Die Bestimmung sei nicht unklar; sie umfasse die Fahruntüchtigkeit sowohl beim Fahren wie beim Liegen. „Es wäre vielmehr ein Zusatz erforderlich ge-

---

1460 OLG HAMBURG, TranspR 1993, 304-306.

1461 OLG HAMBURG, TranspR 1993, 304, 304.

1462 OLG HAMBURG, TranspR 1993, 304, 305, unter Verweis auf die Wortbedeutung im *Duden*, Deutsches Universalwörterbuch, 1983.

1463 OLG HAMBURG, TranspR 1993, 304, 306.

1464 OLG HAMBURG, TranspR 1993, 304, 305.

1465 *Id.*

1466 *Id.*

1467 Wie etwa OLG HAMBURG, VersR 1972, 636 f.

1468 OLG HAMBURG, TranspR 1993, 304, 305.

wesen, wenn sich der Risikoausschluß nur auf die Fahruntüchtigkeit während der Fortbewegung hätte beziehen sollen."[1469]

Die Klausel unterliege auch nicht einer AGB-Inhaltskontrolle (§ 307 Abs. 3 Satz 1 BGB[1470]); sie entspreche der Vorschrift des § 821 Nr. 1 HGB[1471]. Danach habe „der Versicherungsnehmer für die Tüchtigkeit seines Schiffes außerhalb der See ebenso einzustehen ... wie für die Seetüchtigkeit bei Inseesendung"[1472].

Will man sie dennoch vornehmen, führe der Risikoausschluß nach Nr. 3.4.1 AVBW 1976 nicht „zu einer nach Treu und Glauben nicht mehr hinnehmbaren Aushöhlung des Versicherungsschutzes"[1473]. Der Versicherungsnehmer sei regelmäßig in der Lage, „durch entsprechende Maßnahmen die Fahrtüchtigkeit sicherzustellen"[1474], während der Versicherer „besondere[n] Aufklärungs- und Beweisschwierigkeiten in den Fällen, in denen die Fahruntüchtigkeit auf Verschleiß zurückgeht" habe[1475].

(b) § 8 (1) d) AVBW 1963

1974 hatte sich das OLG Hamburg mit den AVB 1963 zu beschäftigen[1476]. Außerdem waren von den Parteien verschiedene Zusatzbedingungen vereinbart worden. Eine lautete: „Die ausreichende Ausrüstung und Fahrtüchtigkeit gilt als erwiesen."[1477] Bei seiner Überführung vom Verkäufer zum Versicherungsnehmer im Dezember 1970 geriet der versicherte Motorsegler in schlechtes Wetter mit Westwinden Stärke 7 bis 8. In der Nähe des Feuerschiffs „Elbe 1" fielen seine beiden Motoren aus; er mußte nach Cuxhaven geschleppt werden[1478].

Dem Versicherer sei es verwehrt, „sich auf die Fahruntüchtigkeit und die nicht gehörige Ausrüstung des Schiffes zu berufen"[1479]. Dauerhafte Ausrüstungsgegenstände seien von der zitierten Zusatzbedingung erfaßt; hinsichtlich der ver-

---

1469 *Id.*

1470 Früher § 8 AGBG.

1471 Welche in der Praxis durch § 58 Abs. 1 ADS ersetzt wurde. OLG HAMBURG, TranspR 1993, 304, 305.

1472 Der Bezug auf die Inseesendung bedeute, daß durch die konkrete Reise festgestellt wird, welche Anforderungen im einzelnen an die Seetüchtigkeit zu stellen sind. OLG HAMBURG, TranspR 1993, 304, 305, unter Verweis auf Ritter/ABRAHAM, § 58 Anm. 28.

1473 OLG HAMBURG, TranspR 1993, 304, 305.

1474 *Id.*

1475 OLG HAMBURG, TranspR 1993, 304, 306.

1476 OLG HAMBURG, VersR 1975, 1022.

1477 *Id.*

1478 *Id.*

1479 So der Leitsatz in der VersR.

brauchbaren (Ausrüstungs-)Gegenstände könne der Versicherer nicht beweisen, daß sie (bzw. ihr Mangel) zu einer Fahruntüchtigkeit geführt hätten[1480]. Zwar spreche der Ausfall der Motoren unter den gegebenen, jedoch voraussehbaren und jahreszeitlich bedingten Wetterverhältnissen für eine Fahruntüchtigkeit des Schiffs. „Der objektive Risikoausschluß in § 8 Abs. 1 d AVB ist ... [aber] durch die Zusatzbedingungen der Versicherungspolice eingeschränkt worden."[1481]

Daß diese Einschränkung nur soweit gelte, wie es sich um dauerhafte Ausrüstungsgegenstände handelt, ändere am Ergebnis nichts. Zwar könne auch Mangel an verbrauchbaren Gegenständen (wie z.B. Treibstoff) zu mangelhafter Ausrüstung bzw. Fahruntüchtigkeit führen. Der Versicherer könne aber nicht beweisen, daß die Treibstofftanks tatsächlich so spärlich gefüllt waren, daß bei den heftigen Schlingerbewegungen aufgrund des schlechten Wetters Luft in die Treibstoffleitungen des Motorseglers geraten war, die zum Aussetzen der Motoren führte[1482]. Es könne auch ein anderes äußeres Ereignis mitgewirkt haben, das ihren Ausfall erklärlich macht.

(iii) OLG Köln

Schließlich sind zur Fahruntüchtigkeitsklausel in den neunziger Jahren zwei Urteile des OLG Köln veröffentlicht worden. In beiden Fällen kam es zum Totalschaden, weil das Sportboot ausbrannte.

(a) § 4 Nr. 3 SoBed

1998 urteilte das OLG Köln, daß „die Fahruntüchtigkeit eines Schiffes ... im wesentlichen von seiner Beschaffenheit, seiner Ausrüstung und seiner Einrichtung ab[hänge]. Fahruntüchtigkeit ... ist dann gegeben, wenn das Fahrzeug bei Antritt der Fahrt nicht die Fähigkeit hat, die gewöhnlichen und unvermeidlichen Gefahren der geplanten Reise zu bestehen."[1483]

Die versicherte Motoryacht brannte aus, während sie auf dem Rhein von ihrem Heimathafen zu einer Schiffswerft verbracht wurde, wo ein neuer Unterwasseranstrich und kleine Reparaturen durchgeführt werden sollten. „Brandursache war ... das Lösen der Metallkraftstoffleitung zwischen Kraftstoff-Förderpumpe und dem Vergaser des linken Motors"[1484]. Inhalt des Versicherungsvertrags wa-

---

1480 Bei § 8 (1) d) AVBW 63 handele es sich um eine sekundäre Risikobeschränkung. OLG HAMBURG, VersR 1975, 1022.

1481 OLG HAMBURG, VersR 1975, 1022.

1482 *Id.*

1483 OLG KÖLN, r+s 1998, 394, 394 f.

1484 OLG KÖLN, r+s 1998, 394, 394.

ren „die Sonderbedingungen für Wassersportkasko-Vers. von Sportbooten“[1485] (SoBed). „§ 4 Ziff. 3 [SoBed] sieht den Haftungsausschluß für Schäden vor, die durch Fahruntüchtigkeit des Fahrzeugs entstanden sind, ‚sofern diese Umstände bei Antritt der Fahrt vorlagen bzw. der VersNehmer davon Kenntnis hatte oder gehabt haben mußte‘.“[1486]

Diesen Ausschlußtatbestand könne der Versicherungsnehmer auch so verstehen, „daß ein Schaden, der durch eine bereits bei Fahrtantritt gegebene Fahruntüchtigkeit des Wasserfahrzeugs entsteht, nur dann zur Leistungsfreiheit des Versicherers führt, wenn der VersNehmer vor Fahrtantritt die Fahruntüchtigkeit seines Bootes kannte oder hätte kennen müssen“[1487]. Die Verwendung der Abkürzung „bzw.“ sei unklar. Sie werde vom typischen Versicherungsnehmer in der Sportbootversicherung nicht zwangsläufig als „oder“ gelesen; sie könne ebensogut als „und“ verstanden werden[1488]. Der eigentlich objektive Risikoausschluß „Fahruntüchtigkeit“ werde gemäß § 4 Nr. 3 SoBed zur Obliegenheit umgestaltet (§305 c Abs. 2 BGB[1489]).

(b) Nr. 3.4.1 AVBW 1985

Im Jahre 1996 hatte das OLG Köln dagegen über Nr. 3.4.1 AVBW 1985 zu urteilen[1490]. Der Fahruntüchtigkeitsbegriff fände sich nicht nur in den AVBW, sondern auch in §§ 132 VVG, 58 ADS, 8 BinnSchG. Dort liege Fahruntüchtigkeit vor, „wenn ein Schiff die gewöhnlichen Gefahren der geplanten Reise nicht zu bestehen vermag“[1491].

Diese Definition entspreche dem allgemeinen Sprachgebrauch; „danach ist ein Fahrzeug dann fahruntüchtig, wenn es wegen ihm anhaftender Mängel den üblichen Anforderungen bei bestimmungsgemäßem Gebrauch nicht mehr gewachsen ist (vgl. *Duden*, Deutsches Universalwörterbuch 1983 ...)“[1492]. Bei Betriebsstörungen erfasse der Fahruntüchtigkeitsbegriff nur solche Fälle, in denen die Betriebsstörung die Verkehrstüchtigkeit des Schiffs und nicht die Funktion seiner (Sonder-)Ausstattung beeinträchtigt, die nicht die Verkehrstüchtigkeit des Fahrzeugs betrifft[1493].

1485 *Id.*
1486 *Id.*
1487 OLG KÖLN, r+s 1998, 394, 395.
1488 *Id.*
1489 Früher § 5 AGBG.
1490 OLG KÖLN, VersR 1997, 613-615.
1491 OLG KÖLN, VersR 1997, 613, 615.
1492 *Id.* Zur Nutzung des *Dudens* vgl. auch schon vorstehend Fußnote 1462.
1493 OLG KÖLN, VersR 1997, 613, 615.

Das versicherte Kajütboot brannte während einer Testfahrt völlig aus. Brandausgangspunkt war der Heizungsbereich. Brandursache war mit an Sicherheit grenzender Wahrscheinlichkeit ein über das Abgasrohr der Heizung gezogenes Rohr, „dessen Pappinnenwandung sich an dem beim Betrieb bis 300° C heißen Abgasrohr entzündet“ hatte[1494].

Die mangelhaft konzipierte Heizung sei nicht erforderlich, um das versicherte Fahrzeug „auf See fortzubewegen oder generell zur Schiffahrt tüchtig“ zu machen[1495]. Sie führe daher weder zur Verkehrsuntüchtigkeit des Schiffs noch zu dessen Fahruntüchtigkeit. Der Haftungsausschluß erfasse die mangelhaft konzipierte Heizung nicht[1496].

(3) Zwischenergebnis

Schon an dieser Stelle kann festgehalten werden, daß die Rechtsprechung bei der Suche nach der Bedeutung des Fahrtüchtigkeitsbegriffs vom allgemeinen Sprachgebrauch ausgeht. Darüber hinaus sieht sie im Fahrtüchtigkeitserfordernis kein unabdingbares Prinzip. Die Gerichte beachten die zwischen den Parteien – in aller Regel im Rahmen des Bedingungswerks – vereinbarte Fahruntüchtigkeitsklausel genau.

Ist eine solche Bestimmung auszulegen oder streiten sich die Parteien aus anderen Gründen über deren Inhalt, greift die Rechtsprechung auf §§ 821 HGB bzw. 58 Abs. 1 ADS und 132 Abs. 1 VVG und auf zu diesen Vorschriften ergangene Urteile zurück. Die Gerichte machen also grundsätzlich keinen Unterschied zwischen der Freizeit- und Berufsschiffahrt bzw. See- und Binnenschiffen. Ihre Urteile berücksichtigen aber, daß der Versicherungsnehmer in der Sportbootversicherung Verbraucher mit entsprechenden Erwartungen ist (Verkehrskreisansatz).

bb) Schrifttum

Nur Voit, Prölss und Roos äußern sich zur Fahruntüchtigkeit von Wassersportfahrzeugen. Meist verweisen sie auf § 132 VVG und dazu ergangene Rechtsprechung bzw. kommen zum selben Ergebnis wie die Gerichte. Allein Prölss weicht von der Rechtsprechung ab.

1494 OLG KÖLN, VersR 1997, 613, 614.

1495 OLG KÖLN, VersR 1997, 613, 615.

1496 Die Fahruntüchtigkeit war vielmehr Folge eines versicherten Schadens. *Id.*

(1) Kommentare

Unmittelbare Hinweise zur Fahruntüchtigkeitsklausel bei der Versicherung von Sportbooten gibt es nur im Prölss/Martin. Voit behandelt die Klausel im Rahmen seiner Kommentierung der Wassersportfahrzeugversicherung. Prölss bringt das Fahrtüchtigkeitserfordernis als Beispiel für eine Obliegenheit bei den sonstigen Sachversicherungszweigen. Römer bestimmt den Fahruntüchtigkeitsbegriff lediglich allgemein für Wasserfahrzeuge.

(i) Prölss/Martin

Voit führt die Nr. 3.4 AVBW 1985 unter der Überschrift „Ausschluß bestimmter Schadensursachen“[1497]. Hinsichtlich Nr. 3.4.1 [Fahruntüchtigkeit] AVBW 1985 und der dabei vorzunehmenden Begriffsbestimmung verweist er unmittelbar auf seine Kommentierung des § 132 VVG (Rdn. 1-5)[1498]. Im übrigen läßt Voit offen, ob Nr. 3.4.1 AVBW 1985 auch die Fahruntüchtigkeit ergreift, die nicht schon bei Beginn der Reise vorlag, sondern erst während der Fahrt eintritt[1499]. Keinesfalls schließe Fahruntüchtigkeit die Haftung aus, wenn die Fahruntüchtigkeit Folge eines versicherten Schadens ist[1500]. Ein überladenes Fahrzeug sei nicht ohne weiteres fahruntüchtig[1501].

Im Rahmen des § 132 VVG hält Voit ein Schiff für fahruntüchtig, „wenn es die gewöhnlichen Gefahren der geplanten Reise nicht zu bestehen vermag“[1502]. Bei § 132 VVG wie § 58 Abs. 1 ADS[1503] und Nr. 3.4.1 AVBW 1985 handele es sich um objektive Risikoausschlüsse[1504]. Ob den Eigner oder Schiffer ein Verschul-

---

1497 P/M/VOIT, AVBW, Nr. 3 Rdn. 8.

1498 *Id.*

1499 *Id.*, unter Verweis auf BGH, VersR 1966, 749; OLG HAMM, VersR 1983, 1027, 1028. Dabei übersieht VOIT, daß BGH, VersR 1966, 749, diese Frage ausdrücklich offen läßt:

> „Ebenso ist nicht zu entscheiden, ob ... die im § 4 c Flußkaskopolice vorgesehene Ausdehnung des Haftungsausschlusses auf die während der Reise eintretende Fahruntüchtigkeit unzulässig ist ...“

1500 P/M/VOIT, AVBW, Nr. 3 Rdn. 8, unter Verweis auf OLG HAMM, VersR 1978, 58, 59.

1501 P/M/VOIT, AVBW, Nr. 3 Rdn. 8, unter Verweis auf OLG HAMM, NJW-RR 1991, 1131-1132.

1502 P/M/VOIT, § 132 Rdn. 1, unter Verweis auf BGH, VersR 1989, 761-763; VersR 1980, 65-66.

1503 Welcher in der Praxis § 821 Nr. 1 HGB ersetzt hat. Vgl. dazu auch schon vorstehend Fußnote 1471.

1504 P/M/VOIT, § 132 Rdn. 5, unter Verweis auf BGH, VersR 1985, 629-630. Dort heißt es:

den treffe, sei danach gleichgültig[1505]; anders allein die Regelung in Nr. 3.2.1.2 AVB Flußkasko 2000[1506].

Das sieht Prölss im Rahmen seiner Ausführungen zu § 6 VVG anders[1507]. Er hält für Obliegenheiten nicht nur die Nr. 3.4.3-7 [Aufzählung verschiedener ausdrücklicher Verhaltenspflichten] AVBW 1976, sondern auch die Nr. 3.4.1 [Fahruntüchtigkeit][1508]. Wieder einmal sind Ausführungen zur Sportbootversicherung im Prölss/Martin also widersprüchlich[1509]. Dabei ist es hier nicht das Aufeinandertreffen von Transportversicherung (§§ 129-148 VVG) und AVBW, das Unstimmigkeiten bereitet[1510]. Es ist das Zusammenspiel von allgemeinen Vorschriften (§§ 1-15 a VVG) und Transportversicherung.

Nach Voit habe der Versicherer zwar die Ursächlichkeit der Fahruntüchtigkeit für den Schaden zu beweisen[1511]. Sie werde aber vorausgesetzt (Anscheinsbeweis)[1512].

(ii) Römer/Langheid

Wie Voit bestimmt Römer den Fahruntüchtigkeitsbegriff im Rahmen des § 132 VVG[1513]: Fahruntüchtigkeit liege dann vor, „wenn ein Schiff nicht fähig ist, die gewöhnlichen Gefahren der geplanten Reise zu bestehen"[1514]. Die Vorschrift

---

„Die Vorschrift enthält einen objektiven Risikoausschluß (...). Sie knüpft die Haftungsbefreiung des Versicherers an den Zustand des Schiffes als solchen an und nicht an ein Verhalten des VN."
BGH, VersR 1985, 629, 629.

1505 P/M/VOIT, § 132 Rdn. 5, unter Verweis auf BGH, VersR 1966, 749; OLG HAMBURG, VersR 1973, 538-539 [nicht rechtskräftig], OLG KARLSRUHE, JW 1929, 1601.

1506 Dort heißt es: „Dies gilt nicht, wenn der Versicherungsnehmer die Fahruntüchtigkeit nicht zu vertreten hat."

1507 P/M/PRÖLSS, § 6 Rdn. 25.

1508 Dabei stellt Prölss lediglich fest, daß auf BGH, VersR 1987, 1109-1111, anderer Meinung sei. *Id.* Vgl. dazu bereits an dieser Stelle vorstehend unter C. II. 7. e) aa) (1) (i) [Nr. 3.4.1 AVBW 1974].

1509 Vgl. dazu vorstehend unter B. III. 1. c) [Schrifttum]. In seiner AVBW-Kommentierung hatte VOIT festgestellt, daß die Wassersportfahrzeugversicherung eine Sachversicherung sei, aber auch zur Transportversicherung (von Transportmitteln) gerechnet werden könne (P/M/VOIT, AVBW, Vor. Rdn. 2.). In der Kommentierung des § 129 VVG hatte er ihr dagegen die Qualität einer Transportversicherung abgesprochen (P/M/VOIT, § 129 Rdn. 8.).

1510 *Id.*

1511 P/M/VOIT, § 132 Rdn. 5.

1512 *Id.*, unter Verweis auf BGH, VersR 1974, 589, 589.

1513 R/L/RÖMER, § 132 Rdn. 2.

1514 *Id.*, unter Verweis auf BGH, VersR 1989, 761, 762; VersR 1980, 65, 66.

normiere „einen objektiven Risikoausschluß und keine verhüllte Obliegenheit, so daß es auf Verschulden nicht ankommt“[1515]. „Ursächlichkeit zwischen Fahruntüchtigkeit und Schaden setzt § 132 VVG voraus“[1516] (Anscheinsbeweis).

(2) Roos

Roos schließt sich dem an. Er hält ein Schiff bzw. Wassersportfahrzeug für fahruntüchtig, „wenn es die gewöhnlichen Gefahren der geplanten Reise nicht zu bestehen vermag“[1517]. Dazu müsse „der Schiffskörper des Fahrzeugs bei Beginn der konkreten Verwendung auf dem Wasser den gewöhnlichen Gefahren der Verwendung nicht gewachsen“ sein[1518]. Das folge unmittelbar aus Nr. 3.4.1 AVBW 1985.

(i) Abschließende vertragliche Regel

Für die Anwendung des § 132 Abs. 1 VVG bliebe neben Nr. 3.4.1 AVBW 1985 kein Raum, die AVBW-Bestimmung soll das Gesetz ersetzen. Nr. 3.4.1 AVBW 1985 hätte § 132 Abs. 1 VVG nur eingeschränkt übernommen. Nr. 3.4.2 AVBW 1985 bestätige dagegen nicht nur § 132 Abs. 2 VVG, Nr. 3.4.2 AVBW 1985 schließe außerdem weitere Schadensursachen aus[1519].

Daraus ließe „sich für einen verständigen Versicherungsnehmer ableiten“, daß Nr. 3.4.1-2 AVBW 1985 gegenüber dem Gesetz [*i.e.* § 132 Abs. 1 VVG] abschließend sei[1520]. Bestätigt werde diese Annahme durch Nr. 14 AVBW 1985: „Danach sollen die Bestimmungen des VVG *nur dann* ergänzend gelten, *wenn* sie nicht durch die AVBW 1985 abgeändert sind.“[1521]

(ii) Objektiver Risikoausschluß

Nr. 3.4.1 AVBW 1985 sei ein Risikoausschluß[1522]. Das ergebe sich aus der Betrachtung der gängigen Abgrenzungstheorien[1523]. Einzig der Ansatz von Klingmüller[1524] führe zu einem anderen Ergebnis[1525].

1515 R/L/RÖMER, § 132 Rdn. 1, unter Verweis auf BGH, VersR 1985, 629, 629.

1516 R/L/RÖMER, § 132 Rdn. 1, unter Verweis auf BGH, VersR 1974, 589, 590.

1517 ROOS, S. 167, unter Verweis auf BGH, VersR 1975, 1117; VersR 1980, 65, 66; OLG KARLSRUHE, VersR 1983, 74, 75; Vortisch/BEMM, § 8 Rdn. 5; Prölss/Martin, 25. Aufl., VOIT, § 132 1).

1518 ROOS, S. 174.

1519 *Id.*

1520 *Id.*

1521 *Id.*

1522 ROOS, S. 193.

1523 ROOS, S. 177-192.

1524 KLINGMÜLLER, FS Schmidt, 753-769.

Dessen Einbeziehung subjektiver Momente würde aber nicht nur zu Rechtsunsicherheiten führen, sie würde auch gegen den versicherungsrechtlichen Grundsatz der Gefahrengemeinschaft verstoßen[1526]. Prölss widerspreche mit seiner Kommentierung des § 6 VVG[1527] seiner eigenen Theorie, wonach zwischen Risikoausschluß und Obliegenheit „ein Weniger an Sicherheit" unterscheide und für die Wahl der (Verhaltens-)Alternativen typischerweise nur Bequemlichkeits- oder Kostengesichtspunkte maßgeblich sind[1528].

(iii) Beweisgrundsätze

Der Versicherer müsse nachweisen, „daß der Schiffskörper des Fahrzeugs bei Beginn der konkreten Verwendung den gewöhnlichen Gefahren d[ies]er Verwendung nicht gewachsen war und daß die Fahruntüchtigkeit des Fahrzeugs den Schaden verursacht[e]"[1529]. Dabei sei nicht nur der Versicherungsnehmer verpflichtet, dem Versicherer jede Auskunft zu erteilen, die zur Feststellung des Versicherungsfalls oder Umfangs der Leistungspflicht des Versicherers erforderlich ist[1530].

Die Beweiserleichterung des § 58 Abs. 2 ADS komme auch dem Versicherer zugute. Die Regel enthalte einen allgemeinen Erfahrungsgrundsatz, „der ausreichende Voraussetzung für die Gewährung einer Beweiserleichterung in Form des Anscheinsbeweises" sei[1531]. Der Versicherer genüge daher der ihm nach Nr. 3.4.1 AVBW 1985 obliegenden Beweislast, wenn er darlegen und beweisen könne, „daß kein äußeres Ereignis in Form außergewöhnlicher oder besonderer Gefahren für den Schaden ursächlich gewesen ist"[1532].

(3) Zwischenergebnis

Das Schrifttum zum Fahrtüchtigkeitserfordernis im Rahmen der Sportbootversicherung ist nicht sehr ergiebig. Insbesondere unterscheiden die Autoren nicht zwischen der Berufsschiffahrt und Fahrzeugen, die zu sportlichen Zwecken genutzt werden.

1525 ROOS, S. 190-192.
1526 ROOS, S. 191.
1527 P/M/PRÖLSS, § 6 Rdn. 25.
1528 ROOS, S. 184-186.
1529 ROOS, S. 195.
1530 *Id.*
1531 ROOS, S. 197, unter Verweis auf Zöller/GREGER, Vor. § 284 Rdn. 29; ROSENBERG/SCHWAB/GOTTWALD, S. 661.
1532 ROOS, S. 198.

Voit verweist bei seiner Kommentierung der Wassersportfahrzeugversicherung ausdrücklich auf § 132 VVG. Ebenso übernimmt Roos die in der Transportversicherung gängige Definition für die Wassersportkaskoversicherung, beschränkt sie jedoch im Nachsatz auf den Fahrzeugkörper; Nr. 3.4.1 AVBW 1985 würde außerdem § 132 Abs. 1 VVG verdrängen. Lediglich Prölss hält die Fahruntüchtigkeitsklausel in der Sportbootversicherung für eine Obliegenheit, bleibt jedoch eine Begründung dafür schuldig.

cc) Stellungnahme

Nach den PYKB 1998 sind versicherte Sachen „das Fahrzeug, die gesamte Einrichtung und Ausrüstung einschließlich der Maschinenanlage und der Beiboote, das Inventar, das Zubehör und die persönlichen Effekten“[1533]. Die SYKB 1998 versichern, „sofern in der Police dafür eine Versicherungssumme genannt ist: 2.1. das Fahrzeug, die maschinelle Einrichtung, das festeingebaute Inventar, die nautische Ausrüstung incl. der Instrumente, Masten und Segel und das Beiboot“[1534]. Gegenstand der Versicherung nach AVBW 1985 „sind das Fahrzeug, die Maschinenanlage, die technische Ausrüstung, das Zubehör, das Inventar, das Beiboot und die persönlichen Effekten“[1535].

Der Fahrzeugbegriff wird damit in keinem Bedingungswerk unmittelbar qualifiziert. Sofern die Kaskopolice[1536] keine Fahruntüchtigkeitsklausel enthält, darf ein durchschnittlicher Bootseigner bei ihrem Lesen davon ausgehen, daß sein Freizeitfahrzeug grundsätzlich so versichert ist, wie es ist.

Anders als die sportliche Nutzung ist die Fahrtüchtigkeit auch nicht Bestandteil der Bezeichnung der Versicherung; es findet sich dort kein Hinweis auf den Zustand des Sportboots. Nicht das Sportboot im Zustand der Fahrtüchtigkeit, das Freizeitfahrzeug ohne jedwede Qualifikation hinsichtlich seines Zustands ist versicherte Sache nach der primären Risikobegrenzung.

1533 § 2 PYKB 98.

1534 Nr. 2. SYKB 98.

1535 Nr. 1.1 AVBW 85. Die AVBW 63 sahen in § 3 (1) die Versicherung des „Fahrzeug[s] und ... [der] fest eingebauten Teile (einschließlich der maschinellen Einrichtungen)“ vor. Nach § 1 (1) AVBW 32 haftete der Versicherer schließlich ...

> ... „gegen Bezahlung der Prämie für den Schaden, den das beschriebene Fahrzeug sowie die im Antrag näher bezeichneten Gegenstände während des Gebrauchs zu sportlichen und Vergnügungszwecken ... erleiden.“

1536 Wie z.B. in den YKB.

Natürlich wird jedes Fahrzeug im Laufe der Zeit durch Abnutzung oder Verwitterung seiner dauerhaften Ausrüstungsgegenstände[1537] und Verbrauch oder Abhandenkommen seiner sonstigen Ausrüstung beansprucht[1538]; Fahruntüchtigkeit kann eine Beanspruchungsfolge sein. Es sollte deswegen selbstverständlich sein, daß ein Versicherungsnehmer sein Sportboot in einem Zustand erhält, der den Anforderungen der täglichen Nutzung standhält[1539]. Fahruntüchtigkeit darf daher nicht aus Beanspruchung folgen, wenn ein Dritter dafür das Risiko trägt.

Aus der Bezeichnung der allgemeinen Bedingungen bzw. dem Vertragstyp läßt sich ein solches Erfordernis aber nicht ableiten. Das ginge zu weit, schließlich erhöhen auch andere Umstände das versicherte Risiko nach Vertragsschluß und dürfen daher ebenfalls nicht passieren. Sie sind aber trotzdem nicht Teil der primären Risikobegrenzung. Das versicherte Freizeitfahrzeug muß deswegen nicht fahrtüchtig sein, damit ein Versicherungsschutz nach AVBW oder YKB grundsätzlich besteht.

(1) Sekundäre Risikobeschränkung

Daß der Versicherer nicht für Schäden haften soll, die durch die Fahruntüchtigkeit des Fahrzeugs verursacht werden, schränkt die primäre Risikobegrenzung ein. Will sich der Versicherer erfolgreich auf die Fahruntüchtigkeitsklausel berufen, muß er darlegen und beweisen, daß das Sportboot fahruntüchtig war[1540].

Wegen der herausragenden Bedeutung für das Risiko bei der Versicherung von Wasserfahrzeugen[1541] findet sich das Fahrtüchtigkeitserfordernis nicht nur in verschiedenen Bedingungen (§ 58 Abs. 1 ADS, Nr. 23.1 DTV-Kaskoklauseln 1978, Nr. 3.2.1.2 AVB Flußkasko 2000 und Nr. 3.4.1 AVBW 1985), es steht

1537 Vgl. dazu bereits unter C. II. 5. [Risikoausschlüsse und Klarstellungen], insb. unter *lit.* a) und *lit.* b). Wobei Schäden an den unmittelbar betroffenen Teilen schon gar nicht von der primären Risikobegrenzung erfaßt sind.

1538 Dazu können Konstruktions-, Fabrikations-, Material- oder andere originäre Fehler kommen, die die Fahrtüchtigkeit von vornherein ausschließen.

1539 Vgl. dazu auch schon vorstehend unter C. II. 7. a) aa) [Abgrenzungsmerkmal Risikoerhöhung].

1540 Vgl. dazu aber nachfolgend unter C. II. 7. e) dd) [Verschulden, Ursächlichkeit und Beweisgründe].

1541 Vgl. dazu auch schon vorstehend unter C. II. 7. a) aa) [Abgrenzungsmerkmal Risikoerhöhung]. Dort wird insb. darauf hingewiesen, daß Luft- und Wasserfahrzeuge einer zusätzlichen Dimension ausgesetzt sind. „Schiffe können sinken, Flugzeuge abstürzen."

außerdem im Gesetz. Im Rahmen der Seeschiffahrt hat es Eingang in § 821 HGB gefunden:

> „Dem Versicherer fallen die nachstehend bezeichneten Schäden nicht zur Last:
>
> 1. bei der Versicherung von Schiff oder Fracht:
>   der Schaden, welcher daraus entsteht, daß das Schiff in einem nicht seetüchtigen Zustand [oder nicht gehörig ausgerüstet oder bemannt oder ohne die erforderlichen Papiere (§ 513)] in See gesandt ist; ..."

Daneben lautet § 132 Abs. 1 VVG, der die Versicherung der Schiffahrt auf Binnengewässern betrifft:

> „Bei der Versicherung eines Schiffes haftet der Versicherer nicht für einen Schaden, der daraus entsteht, daß das Schiff in einem nicht fahrtüchtigen Zustand [oder nicht gehörig ausgerüstet oder bemannt] die Reise antritt."

Wie unter B. II. [Versicherung gegen die Gefahren der Seeschiffahrt] erörtert, ist die Sportbootversicherung keine Seeversicherung im Sinne des § 778 HGB, auch wenn ihr Geltungsbereich häufig Seereisen mit einschließt. Sie ist eine Binnenversicherung, die ein Transportmittel betrifft[1542]; die §§ 129-148 VVG und damit § 132 Abs. 1 VVG gelten unmittelbar. Die Nichterwähnung des Fahrtüchtigkeitserfordernisses in den YKB ist deswegen nicht folgenlos; § 132 Abs. 1 VVG kann die Haftung des Versicherers auch für Freizeitfahrzeuge ausschließen. Fraglich ist jedoch, in welchem Verhältnis eine Ausschlußklausel wie Nr. 3.4.1 AVBW 1985 zu § 132 Abs. 1 VVG steht.

(2) Vorrang der Parteivereinbarung

Anders als in der Hagel-[1543] oder Rechtsschutzversicherung[1544] sind alle Vorschriften der Transportversicherung (§§ 129-148 VVG) abdingbar[1545]. Allgemeine (Versicherungs-)Bedingungen gehen dem Gesetz, besondere (Versicherungs-)Bedingungen den Allgemeinen[1546] und Individualvereinbarungen den be-

---

[1542] Vgl. B. III. 1. [Transportmittelversicherung] insb. unter *lit.* d) gg) [Zusammenfassung].

[1543] § 115 a VVG.

[1544] § 158 o VVG. Vgl. aber auch § 178 VVG für die Lebens- und § 178 o VVG für die Krankenversicherung.

[1545] Zwingende oder halbzwingende Normen gibt es dort nicht.

[1546] Vgl. HOFMANN, S. 16. Dort heißt es:
> „Nicht entscheidend ist die Bezeichnung als ‚Allgemeine' Versicherungsbedingungen. Mitunter werden AVB ... auch als ‚Besondere' ... Bedingungen ... [oder] ‚Sonderbedingungen' bezeichnet, obwohl der Anwendungsbereich immer noch eine Vielzahl von Versicherungsverträgen umfaßt (...). Durch die Hervorhebung des Sondercharakters der Versicherungsbedingungen soll in diesen Fällen lediglich

sonderen (Versicherungs-)Bedingungen[1547] vor. Wie der BGH 1976 richtig entschieden hat, können die Parteien daher die Risikobeschränkung wegen Fahruntüchtigkeit von grobfahrlässiger Unkenntnis oder Kenntnis des Versicherungsnehmers abhängig machen[1548].

Ebenso ist dem OLG Hamburg aus dem Jahre 1974 zu folgen, wenn es eine Vereinbarung für wirksam hält, welche die Fahrtüchtigkeit hinsichtlich der dauerhaften Ausrüstungsgegenstände als erwiesen ansieht[1549]. Sie ist der Verzicht des Versicherers, sich auf eine mögliche Einrede nach § 8 (1) d) AVBW 1963[1550] zu berufen[1551]. Eine Risikobeschränkung wegen Fahruntüchtigkeit muß deswegen nicht lediglich den Gesetzeswortlaut (als dessen Wiederholung) klarstellen[1552], sie kann darüber hinausgehen[1553].

Soweit die Parteien eine Vereinbarung zur Fahruntüchtigkeit treffen, ist diese zunächst zu betrachten. Ergeben sich streitige Punkte, muß man untersuchen, wie der durchschnittliche Versicherungsnehmer die Klausel zu verstehen hat[1554]. Dabei kann man auf § 132 Abs. 1 VVG und dazu ergangene Rechtsprechung als ergänzende Regeln zurückgreifen[1555]. Hilfreich kann ein Vergleich mit anderen Wasserfahrzeugversicherungen sein[1556]. Stets sind jedoch Härten für den Ver-

---

gesagt sein, daß sie gewisse Besonderheiten gegenüber den umfassenderen Allgemeinen Bedingungen enthalten."

1547 § 305 b BGB; früher § 4 AGBG.

1548 BGH, VersR 1977, 79-80.

1549 OLG HAMBURG, VersR 1975, 1022.

1550 Bzw. § 132 Abs. 1 VVG.

1551 Beachte, daß der Versicherer sich bei der Übernahme der Deckung vom tatsächlichen Zustand der „dauerhaften Ausrüstungsgegenstände" hätte überzeugen können. Hinsichtlich der verbrauchbaren Ausrüstungsgegenstände ist eine entsprechende Vereinbarung dagegen nicht möglich; sie unterliegen einem ständigen Wechsel. Auch mag eine Treibstoffmenge für eine kurze Testfahrt ausreichen, aber nicht für eine längere Reise. Insoweit „bleibt es natürlich Sache des VN, ständig für die Fahrtüchtigkeit des Schiffes Sorge zu tragen". OLG HAMBURG, VersR 1975, 1022.

1552 Vgl. dazu schon vorstehend unter C. II. 7. a) cc) [Rechtsgrundlage]. Nicht überzeugen können die Ausführungen von ROOS, S. 174. Sämtliche Argumente sind nicht zwingend, sie können ohne Schwierigkeiten umgedreht werden und würden dann zum gegenteiligen Ergebnis führen. Außerdem scheiden Umkehrschluß, Analogie und das Erst-recht-Argument für die Auslegung von AVB aus (Vgl. dazu vorstehend unter B. IV. 3. c) bb) [Vorgehensweise]). Nr. 3.4.1-2 AVBW 85 sind daher nicht abschließend. Soweit sie nach dem allgemeinen Sprachgebrauch nicht spezieller sind, bauen die Bestimmungen vielmehr auf das Gesetz auf.

1553 *I.e.* in beide Richtungen. D.h., eine Haftungsausschlußbestimmung kann die Regel des § 132 Abs. 1 VVG mildern oder verschärfen.

1554 Vgl. dazu sogleich unter C. II. 7. e) cc) (3) [Definition].

1555 Vgl. dazu vorstehend unter A. III. [Systematische Einordnung] und Fußnote 1552.

1556 Wozu auch die Seeversicherung und damit § 821 HGB zählt.

braucherversicherungsnehmer zu vermeiden[1557], die eine Vertragspartei des Großgewerbes hinnehmen müßte[1558].

(3) Definition

Die Fahruntüchtigkeitsklausel muß man auslegen, wie sie ein durchschnittlicher Versicherungsnehmer bei verständiger Würdigung, aufmerksamer Durchsicht und Berücksichtigung des erkennbaren Sinnzusammenhangs verstehen mußte (Verkehrskreisansatz)[1559]. Versicherungsnehmer der Sportbootversicherung sind typischerweise Bootseigner, die das Risiko ihrer Freizeitbeschäftigung verringern wollen[1560]; sie sind rechtlich oder versicherungstechnisch nicht vorgebildet (Verbraucherversicherungsnehmer)[1561].

(i) Allgemeiner Sprachgebrauch

Bei der Ermittlung der Bedeutung der Risikobeschränkung und damit des Fahruntüchtigkeitsbegriffs ist die Bedeutung entscheidend, die „Fahruntüchtigkeit" nach dem allgemeinen Sprachgebrauch hat[1562]. Dazu betrachtet man den Wortlaut und den mit der Klausel erkennbar verfolgten Zweck[1563].

Insbesondere die Oberlandesgerichte Hamburg im Jahre 1992[1564] und Köln im Jahre 1996[1565] gehen zu Recht von der Bedeutung aus, die der Dudenverlag in seinem Universalwörterbuch dem Begriff beimißt: Ein Fahrzeug ist fahruntüchtig, wenn es wegen ihm anhaftender Mängel den üblichen Anforderungen bei bestimmungsgemäßem Gebrauch nicht mehr gewachsen ist[1566].

Fahruntüchtigkeit ist damit ein Zustand, bei dem auf Grund bestimmter Mängel ein einwandfreies Fahren nicht mehr gewährleistet ist[1567]; das Fahrzeug vermag

---

1557 Vgl. dazu vorstehend unter B. III. 4. [Ergebnis] und B. IV. 3. d) [Zwischenergebnis].

1558 Vgl. dazu vorstehend unter B. V. [Ausnahmen von Beschränkungen der Vertragsfreiheit], insb. unter Nr. 5.

1559 Vgl. dazu vorstehend unter B. IV. 3. c) bb) [Vorgehensweise].

1560 Nicht AVB-erfahrene Unternehmer begehren hier Schutz, die im Rahmen ihres Gewerbebetriebs Kaskopolicen besorgen. Vgl. dazu vorstehend unter B. IV. 3. c) cc) [Stellungnahme].

1561 Vgl. dazu vorstehend unter B. IV. 3. c) cc) [Stellungnahme].

1562 Vgl. dazu vorstehend unter B. IV. 3. c) bb) [Vorgehensweise].

1563 *Id.*

1564 OLG HAMBURG, TranspR 1993, 304, 305.

1565 OLG KÖLN, VersR 1997, 613, 615.

1566 Vgl. dazu vorstehend vor Fußnoten 1462 und 1492.

1567 Duden, Bd. 2, S. 787.

die gewöhnlichen Gefahren der geplanten Reise nicht mehr zu bestehen[1568]. Um fahrtüchtig zu sein, muß ein Sportboot also den Anforderungen seiner täglichen Nutzung standhalten[1569].

(ii) Ursachen der Fahruntüchtigkeit

Warum ein Fahrzeug nicht den Anforderungen seiner täglichen Nutzung standhält, kann verschiedene Gründe haben. Sie unmittelbar auf den Schiffskörper zu beschränken, würde dem allgemeinen Sprachgebrauch widersprechen. Im folgenden werden die Gründe systematisiert.

Dabei ist jedoch eine randscharfe Abgrenzung häufig unmöglich. Wegen ihrer Verschiedenartigkeit überschneiden sich

- einzelne Tatbestandsmerkmale, die zur Risikobeschränkung wegen Fahruntüchtigkeit führen, oder
- die Risikobeschränkung wegen Fahruntüchtigkeit mit anderen Risikobeschränkungen[1570] oder Klarstellungen[1571].

(a) Relative Fahruntüchtigkeit

Wann ein Freizeitfahrzeug fahrtüchtig ist, hängt – wie sein Charakter[1572] – zunächst davon ab, wie es der Versicherungsnehmer nutzen will[1573]. Er bestimmt die Verwendung und plant die Reisen.

Will der Versicherungsnehmer das Sportboot in einem ungeeigneten Revier nutzen, ist es fahruntüchtig (relative Fahruntüchtigkeit[1574]). So ist eine sich im be-

---

1568 Es fehlt die Fähigkeit, die geplante Reise gefahrlos durchführen zu können. Rspr. und Schrifttum folgen daher zu Recht der allgemeinen Ansicht in der Binnenversicherung von Wasserfahrzeugen. Vgl. P/M/VOIT, § 132 Rdn. 1; R/L/RÖMER, § 132 Rdn. 2, jew. unter Verweis auf BGH, VersR 1989, 761, 762; VersR 1980, 65, 66.

1569 Dabei besteht die „tägliche Nutzung“ aus den geplanten Reisen und seiner sonstigen Nutzung. Der Versicherer soll nicht das Risiko tragen, wenn es „ohne weiteres“ zum Schaden kommen kann.

1570 Wegen eines besonders benannten Umstands, der das versicherte Risiko nach Vertragsschluß erhöht.

1571 Vgl. dazu vorstehend unter C. II. 5. [Risikoausschlüsse und Klarstellungen], insb. unter *lit.* a).

1572 Vgl. dazu vorstehend unter C. II. 6. a) [Bestimmung].

1573 *Id.*, insb. unter *lit.* cc) [Subjektiver Ausschlag].

1574 Man kann die relative Fahruntüchtigkeit daher auch unter die Begriffe „Beschaffenheit“ und „Einrichtung“ fassen. Vgl. dazu vorstehend unter C. II. 7. e) aa) (2) (iii) (a) [§ 4 Nr. 3 SoBed] bzw. OLG KÖLN, r+s 1998, 394, 394 f. Ein Freizeitfahrzeug muß so beschaffen und eingerichtet sein, daß es die gewöhnlichen und unvermeidlichen Gefahren der geplanten Reise zu bestehen vermag.

sten Zustand befindende Jolle einer Atlantiküberquerung nicht gewachsen; die Anforderungen dieser Art Reise an Konstruktion und Material sind zu hoch. Die „Georgia“[1575] oder „Creole“[1576] können ein einwandfreies Segeln auf Binnengewässern nicht gewährleisten; sie sind Hochseeyachten[1577]; ihr Tiefgang ist zu groß[1578], ihre Masten sind zu lang[1579].

Außerdem können Jahreszeiten bzw. Wetter dazu führen, daß ein Sportboot die gewöhnlichen Gefahren der geplanten Reise nicht mehr zu bestehen vermag. Der Fahrtüchtigkeitsbegriff darf also nicht nur geknüpft werden an (technische) Mängel, die dem Fahrzeug anhaften, bzw. dessen Verkehrssicherheit[1580] und schon gar nicht an einen Zustand, in dem das Fahrzeug überhaupt nicht mehr fahrbereit ist[1581]. Der Fahrtüchtigkeitsbegriff ist in erster Linie von der vom Versicherungsnehmer gewollten Nutzung abhängig.

(b) Absolute Fahruntüchtigkeit

Darüber hinaus ist ein Sportboot in aller Regel fahruntüchtig, wenn es nicht verkehrssicher oder gar fahrbereit ist (absolute Fahruntüchtigkeit). Ohne das Hinzutreten weiterer Umstände kann es zum Schaden kommen[1582]. An dieser Stelle muß man zwischen der absoluten Fahruntüchtigkeit im weiteren und im engeren Sinne unterscheiden.

(iii) Fahruntüchtigkeit im weiteren Sinne

Fahruntüchtigkeit im weiteren Sinne beruht z.B. auf der mangelhaften Ausrüstung mit verbrauchbaren Gegenständen[1583]. Dazu zählen nicht nur das stehende

---

1575 Vgl. dazu vorstehend unter B. III. 1. d) dd) [Bezeichnung, Größe und Kosten].

1576 *Id.*

1577 Vgl. vorstehend Fußnote 133.

1578 Sie liefen zwangsläufig auf Grund.

1579 Sie können Brücken nicht passieren.

1580 Falsch daher OLG HAMM, NJW-RR 1991, 1131, 1132.

1581 Falsch daher ebenfalls die *obiter dicta* in OLG HAMM vom 4. Februar 1976, Az.: 20 U 168/75 abrufbar beim online Dienst „juris“. In gekürzter Form aber auch abgedruckt in VersR 1978, 58, 58 f.

1582 Vgl. OLG HAMBURG, TranspR 1993, 304, 306. Dem Fahrzeug fehlt die Fähigkeit, den Anforderungen seiner täglichen Nutzung standzuhalten.

1583 Vgl. BGH, VersR 1987, 1109, 1110. Dabei muß die mangelhafte Ausrüstung, wie das OLG KÖLN, VersR 1997, 613, 615, richtig entschieden hat, auf den Funktionsbereich „Schiffahrt“ bezogen werden. Defekte von nicht die Fahrtüchtigkeit betreffender Sonderausstattung können nicht zu Fahruntüchtigkeit führen. Die im Kölner Fall den Totalschaden verursachende Nähe von Heizungs- und PAP-Rohr mag insoweit zu Vorstellungsschwierigkeiten führen.
Besser vorstellbar ist die Lage, wenn man sich statt dessen eine fehlerhaft konstruierte Esse in der Kombüse vorstellen würde. Sich dort ansammelnde und zwangsläufig ent-

und laufende Gut, Segel, Fender und andere der fortwährenden Abnutzung unterliegende Sachen; auch eine für die geplante Reise ungenügende Menge an Schmier- oder Treibstoffen führt zur Fahruntüchtigkeit[1584].

(a) Mangelhafte Ausrüstung

Mangelhafte Ausrüstung(, Abnutzung) und Fahruntüchtigkeit sind deswegen sich weitgehend überschneidende Tatbestände, für die der Versicherer nicht leistet. Greift eine Risikobeschränkung wegen nicht gehöriger Ausrüstung (§ 132 Abs. 1 2. Alt. VVG und Nr. 3.2.1.2 1. Spiegelstrich 1. Alt. AVB Flußkasko 2000[1585]), wird für gewöhnlich auch einer wegen Fahruntüchtigkeit in Betracht kommen. Dennoch sind Fälle vorstellbar, in denen ein Schaden auf mangelhafte Ausrüstung zurückzuführen ist, das Freizeitfahrzeug aber trotzdem fahrtüchtig war. Das wäre der Fall, wenn das Fahrzeug trotz der Mängel den Anforderungen seiner täglichen Nutzung standhält[1586].

„Fahrtüchtiger Zustand“ und „gehörig ausgerüstet“ sind daher in § 132 Abs. 1 VVG zu Recht verbunden mit dem Wort „oder“ und nicht mit dem Wort „und“[1587]. Sie stehen alternativ nebeneinander. Sie sind nicht Tatbestandsmerkmale einer Risikobeschränkung, sondern selbständige Risikobeschränkungen mit eigenen Tatbestandsmerkmalen. Die Risikobeschränkung wegen mangelhafter Ausrüstung hat einen grundsätzlich anderen Anwendungsbereich als die wegen Fahruntüchtigkeit[1588]; sie dient nicht lediglich der Klarstellung des Fahruntüchtigkeitsbegriffs[1589].

Die Risikobeschränkung wegen Fahruntüchtigkeit wird nicht eingeschränkt durch die wegen mangelhafter Ausrüstung. Von der Haftung ausgeschlossen sein können also auch Schäden, die auf mangelndes Vermögen zurückzuführen

---

zündende Fette verursachen zunächst einen Kabelbrand und dann den Totalschaden des Schiffs. Bei dieser Art Konstruktionsfehler (Vgl. Fußnote 1538) käme man nicht auf die Idee, das Schiff für fahruntüchtig zu halten. Kombüse und Esse haben mit dem Fahr-*Zustand* eines Schiffs nichts zu tun.

1584 Wobei man in diesem Zusammenhang auch an die soeben besprochene relative Fahruntüchtigkeit denken kann. Das Boot ist den Anforderungen seiner gewollten Nutzung wegen der Länge der Fahrt nicht gewachsen.

1585 Und auch früher in § 8 (1) d) AVBW 63 oder §(§ 11 (2) Satz 2,) 12 (3) AVBW 32.

1586 Etwa weil es nur unter bestimmten Verhältnissen verwendet wird, bei denen es auf den Mangel nicht ankommt.

1587 Oder gar „insbesondere“. Vgl. dazu die nachfolgenden Ausführungen unter C. II. 7. e) cc) (3) (iii) (b) [Nr. 3.2.1.2 AVB Flußkasko 2000].

1588 Trotz der eingangs erwähnten Überschneidungen.

1589 Wie eine Insb.-Regelung. Vgl. dazu die nachfolgenden Ausführungen unter C. II. 7. e) cc) (3) (iii) (b) [Nr. 3.2.1.2 AVB Flußkasko 2000].

sind, die gewöhnlichen Gefahren der geplanten Reise zu bestehen, bei denen das Sportboot aber dennoch genügend ausgerüstet war[1590].

(b) Nr. 3.2.1.2 AVB Flußkasko 2000

Zur Fahruntüchtigkeit im weiteren Sinne könnten außerdem die anderen Tatbestände führen, die in der Insbesondere-Regelung der Nr. 3.2.1.2 AVB Flußkasko 2000 aufgeführt sind. „Insbesondere" ist dem französischen „*en particulier*" nachgebildet[1591]. *Particulier* beruht auf dem spätlateinischen „*particularis*" und bedeutet „einen Teil[aspekt] betreffend"[1592].

Nr. 3.2.1.2 AVB Flußkasko 2000 bedient sich daher einer Wortwahl, nach der die unter den Spiegelstrichen aufgeführten Tatbestände Beispiele für Fälle von Fahruntüchtigkeit sind. Falsche Beladung und ungenügende (Verkehrssicherheits-)Papiere sind nicht von der Fahruntüchtigkeit zu unterscheidende Risikobeschränkungen. Nach Nr. 3.2.1.2 AVB Flußkasko 2000 sind sie Teil der Fahruntüchtigkeit und damit Tatbestandsmerkmale, die jeweils zu einem Haftungsausschluß wegen Fahruntüchtigkeit führen können[1593].

Formell wird deswegen nicht Ungleiches gleich behandelt, so daß keine Wertung vorliegt. Formell liegt eine Klarstellung vor.

(aa) Falsche Beladung

Auch materiell handelt es sich bei Nr. 3.2.1.2 1. Spiegelstrich 3. Alt. AVB Flußkasko 2000 nicht um eine Wertung[1594]. Ein Fahrzeug vermag die gewöhnlichen

---

1590 Vgl. dazu bereits vorstehend die Ausführungen zur unter C. II. 7. e) cc) (3) (ii) (a) [Relative Fahruntüchtigkeit].

1591 Duden, Bd. 3, S. 1345.

1592 Duden, Bd. 5, S. 1955.

1593 Beachte, daß Nr. 3.2.1.2 AVB Flußkasko 2000 insoweit unglücklich formuliert ist; er enthält vier Bsp. für Fahruntüchtigkeit: nicht gehörige (1) Ausrüstung, (2) Bemannung, (3) Beladung und (4) ungenügende Papiere. (1)-(3) werden unter dem 1. Spiegelstrich, (4) wird unter dem 2. Spiegelstrich aufgeführt. Nr. 3.2.1.2 3.-4. Spiegelstrich AVB Flußkasko 2000 sehen formell aus wie weitere Bsp. für Fahruntüchtigkeit. Sie sind aber nichts anderes als Insb.-Bsp. für ungenügende Papiere (2. Spiegelstrich); sie betreffen den Teil[aspekt] eines Teil[aspekt]s.
Beachte außerdem, daß mangelhafte Ausrüstung hier – anders als in § 132 Abs. 1 VVG – Teil der Fahruntüchtigkeit ist. Ein (selbständiger) Haftungsausschluß wegen mangelhafter Ausrüstung kann also nach Nr. 3.2.1.2 AVB Flußkasko 2000 nicht in Betracht kommen, wenn das Fahrzeug (dennoch) fahrtüchtig ist.

1594 Zu den Überschneidungen von z.B. mangelhafter Ausrüstung mit verbrauchbaren Gegenständen (Nr. 3.2.1.2 1. Spiegelstrich 1. Alt. AVB Flußkasko 2000) und Fahruntüchtigkeit vgl. vorstehend unter C. II. 7. e) cc) (3) (iii) (a) [Mangelhafte Ausrüstung].

Gefahren der geplanten Reise nicht zu bestehen, wenn es über- oder sonst falsch beladen ist[1595]. Der vorhandene Freibord wird zu gering. Über die Bordwand schlägt mehr Wasser, als ablaufen bzw. abgepumpt werden kann. Die Bilge läuft voll, der noch vorhandene Freibord nimmt weiter ab. Das Boot schlägt voll und sinkt. Wegen falscher Beladung kann es den Anforderungen seiner täglichen Nutzung nicht standhalten.

Obwohl das Fahrzeug also objektiv verkehrssicher und im besten Zustand sein mag, führt die falsche Beladung zur Fahruntüchtigkeit[1596]. Die vom Versicherungsnehmer bestimmte Verwendung kann mithin nicht nur zur relativen, sondern auch zur absoluten Fahruntüchtigkeit führen[1597].

(bb) Ungenügende Papiere

Des weiteren können ungenügende (Verkehrssicherheits-)Papiere zu einer Fahruntüchtigkeit führen (Nr. 3.2.1.2 2.-4. Spiegelstrich AVB Flußkasko 2000[1598]). Dann müßte für das Gewässer oder die Bootsklasse eine TÜV-ähnliche Abnahmepflicht bestehen. Der Abnahmepflicht müßte der Versicherungsnehmer nicht nachgekommen sein, weil sein Sportboot in einem Zustand war, der den Anfor-

---

1595 Falsch daher in seiner Allgemeinheit OLG HAMM, NJW-RR 1991, 1131, 1132, das darin eine „den Risikoausschluß [wegen Fahruntüchtigkeit] im Wege der fiktiven Gleichstellung" erweiternde Regelung sieht. Das Verständnis des Fahruntüchtigkeitsbegriffs nach dem allgemeinen Sprachgebrauch enthält i.d.R. die Tatbestandsmerkmale der Insb.-Aufzählung des Nr. 3.2.1.2 1. Spiegelstrich AVB Flußkasko 2000.
Falsch daher außerdem ROOS, S. 168, der unter Fahruntüchtigkeit nach dem allgemeinen Sprachgebrauch nur „die Tauglichkeit des Fahrzeugs unmittelbar, nämlich seinen technischen Zustand" verstehen will. Ob eine Überladung immer (auch) zur Fahruntüchtigkeit führt, braucht an dieser Stelle nicht weiter erörtert zu werden. Jedenfalls kann eine Überschneidung von Fahruntüchtigkeit und Überladung grds. nicht ausgeschlossen werden.

1596 ENGE, TransportV, S. 227, zählt deswegen zur Seetüchtigkeit „nicht nur ... [den] bau- und materialtechnische[n] Zustand des Schiffskörpers und die Funktionsfähigkeit der Haupt- und Hilfsmaschinen, sondern auch das Vorhandensein und der gute Zustand der benötigten Einrichtungen und Ausrüstungsgegenstände, die Art der *Beladung*, das Vorhandensein der erforderlichen Besatzung und der für die betreffende Reise notwendigen Papiere".

1597 Zur Fahruntüchtigkeit wegen einer vom Versicherungsnehmer gewollten Nutzung vgl. vorstehend unter C. II. 7. e) cc) (3) (ii) (a) [Relative Fahruntüchtigkeit].
Beachte, daß von der Regel des Nr. 3.2.1.2 AVB Flußkasko 2000 nicht erfaßt sind die Fälle, in denen der Schaden auf falscher Beladung beruht, das Fahrzeug aber dennoch fahrtüchtig war. Anders als § 132 Abs. 1 VVG ist 3.2.1.2 AVB Flußkasko 2000 als Insb.-Regelung formuliert. Die dort aufgeführten Tatbestände sind deswegen keine selbständigen Haftungsausschlüsse, sondern Teile und damit Untertatbestände des Ausschlusses wegen Fahruntüchtigkeit.

1598 Vgl. Fußnote 1593.

derungen seiner täglichen Nutzung nicht standhält. Haftungsausschließend wären in diesem Fall nicht die ungenügenden Papiere.

Haftungsausschließend ist der ungenügende Zustand des Fahrzeugs. So kann ein Fahrzeug durchaus fähig sein, die gewöhnlichen Gefahren der geplanten Reise zu bestehen, ohne daß sein Eigner darüber ein Attest, eine Klassifikation, TÜV-Abnahme oder ein sonstiges Verkehrssicherheitspapier erhalten hat.

(1) Ungenügende Papiere sind deswegen nur ein Indiz für den Zustand des Fahrzeugs. Daß der Versicherungsnehmer die erforderlichen Verkehrssicherheitspapiere nicht besitzt, kann auch auf seine Vergeßlichkeit zurückzuführen sein. Ein Sportboot ist nicht fahruntüchtig, weil unterlassen wurde, dessen Verkehrssicherheit bzw. Fahrtüchtigkeit offiziell bescheinigen zu lassen.

Anders als bei mangelhafter Ausrüstung oder falscher Beladung[1599] behandeln Nr. 3.2.1.2 2.-4. Spiegelstrich AVB Flußkasko 2000 daher Ungleiches gleich[1600]. Die Insbesondere-Regelung mißt an dieser Stelle Indizien dieselbe Wirkung bei wie dem Sachverhalt, auf den sie deuten.

(2) Sollten die YKB oder AVBW also einen Ausschluß wegen ungenügender Verkehrssicherheitspapiere enthalten, ist dieser genau zu lesen. Werden ungenügende Papiere als Tatbestandsmerkmal der Fahruntüchtigkeit wie in Nr. 3.2.1.2 AVB 2.-4. Spiegelstrich Flußkasko 2000 gewertet? Oder führen sie zu einem selbständigen Haftungsausschluß?

Findet sich dazu in den allgemeinen Bedingungen nichts, löst der Umstand, daß der Versicherungsnehmer ein erforderliches Verkehrssicherheitspapier nicht besitzt, den Haftungsausschluß wegen Fahruntüchtigkeit nicht unmittelbar aus. Das Nichtvorhandensein der Papiere ist lediglich ein Indiz, das auf den schlechten Zustand des Fahrzeugs hindeutet[1601]. Es läßt keinen zwingenden Schluß darüber zu, ob das Sportboot tatsächlich nicht in der Lage war, den Anforderungen seiner täglichen Nutzung standzuhalten.

[1599] Vgl. dazu vorstehend unter *lit.* (a) bzw. *lit.* (b) (aa), beide Nr. 3.2.1.2 1. Spiegelstrich AVB Flußkasko 2000.

[1600] Insofern ist OLG HAMM, NJW-RR 1991, 1131, 1132, also recht zu geben, wenn es in der Insb.-Regelung der Nr. 3.2.1.2 AVB Flußkasko 2000 (früher § 4 c Abs. 2) „eine den Risikoausschluß [wegen Fahruntüchtigkeit] im Wege der fiktiven Gleichstellung erweiternde Regelung" sieht. Vgl. dazu auch Fußnote 1595.

[1601] Muß also von anderen Beweisangeboten unterstützt werden, wenn man schlüssig eine Fahruntüchtigkeit des Sportboots annehmen will.

(c) Gehörige Bemannung

Die nicht gehörige Bemannung ist nicht im Zusammenhang mit der Fahruntüchtigkeit von Sportbooten zu sehen (§ 132 Abs. 1 3. Alt. VVG und Nr. 3.2.1.2 1. Spiegelstrich 2. Alt. Flußkasko 2000). Dafür gibt es drei Gründe: Einmal läßt die Formulierung auf eine professionelle Besatzung schließen, die sich permanent an Bord befindet[1602]. Ist ein Fahrzeug mit Profis bemannt, ist zunächst zweifelhaft, ob es noch sportlich genutzt wird[1603].

Zum zweiten wird die Forderung nach einer gehörigen Bemannung in verschiedenen Bedingungswerken der Sportbootversicherung durch eine speziellere Bestimmung verdrängt: Nr. 5.3. SYKB 1998 verlangt, daß der Führer des versicherten Fahrzeugs im Besitz der amtlich vorgeschriebenen Fahrerlaubnis ist[1604].

Dritter und ausschlaggebender Grund ist jedoch, daß Fahruntüchtigkeit immer unmittelbar auf das Sportboot bzw. Schiff bezogen wird; vergleiche insbesondere Nr. 3.4.1 AVBW 1985[1605]. Es handelt sich also um den Zustand einer Sache. Daß man früher Bedienungspersonal als zur Sache gehörig gesehen haben mag, ist möglich. Man hat „es“ damit jedoch objektiviert. Heute betrachtet man Menschen als Subjekte, deren Objektivierung nicht vorkommen darf[1606]. Überschneidungen zwischen Fahruntüchtigkeit und nicht gehöriger Bemannung sind deswegen in der Versicherung von Freizeitfahrzeugen nicht möglich; die Beschränkungen haben unterschiedliche Tatbestandsmerkmale.

(iv) Fahruntüchtigkeit im engeren Sinne

Zur Fahruntüchtigkeit im engeren Sinne kann eine mangelhafte Ausrüstung mit dauerhaften Gegenständen führen. Dauerhafte Ausrüstungsgegenstände sind der Mast und Baum, die Blöcke und Klampen, die Winschen, Spille und Poller, die Ruderanlage, Maschine und dergleichen. Sie sind verbunden mit dem Bootskör-

---

1602 Häufig ist zum Führen eines Freizeitfahrzeugs aber gar keine Besatzung erforderlich sondern nur ein genügend qualifizierter Fahrzeugführer, den ein (unkundiger) Kamerad am Focksegel oder beim An- und Ablegen an der Vorspring unterstützt.

1603 Vgl. dazu vorstehend unter C. II. 6. [Sportliche Nutzung].

1604 § 2 b)-c) AVBW 63 oder § 11 (1)-(2) AVBW 32. Außerdem ist das Fahren ohne Fahrerlaubnis in der Sportbootversicherung i.d.R. auch ein Verstoß gegen behördliche Vorschriften (ähnlich dem § 21 StVG) und kann deswegen unter den Leistungsausschluß der Nr. 3.4.5 AVBW 85 subsumiert werden.

1605 Aber auch §§ 821 Nr. 1 1. Alt. HGB, 132 Abs. 1 1. Alt. VVG.

1606 „Die Menschenwürde ist betroffen, wenn der konkrete Mensch zum Objekt, zu einem bloßen Mittel, zur vertretbaren Größe herabgewürdigt wird.“
DÜRIG, AöR 1956, 117, 127.

per, von diesem aber zu unterscheiden[1607]; man kann sie ausbauen, ohne den Bootskörper zu beschädigen. Wie bei der mangelhaften Ausrüstung mit verbrauchbaren Gegenständen überschneiden sich die Tatbestandsmerkmale des § 132 Abs. 1 1. Alt. VVG weitgehend mit denen des § 132 Abs. 1 2. Alt. VVG. Für gewöhnlich greifen beide Haftungsausschlüsse ein, wenn die dauerhafte Ausrüstung mangelhaft ist.

Fahruntüchtigkeit im engeren Sinne liegt außerdem vor, wenn dem Bootskörper unmittelbar Mängel anhaften. Das ist bei Konstruktions-, Fabrikations-, Material- oder anderen originären Fehlern der Fall, die dazu führen, daß das Fahrzeug die gewöhnlichen Gefahren der geplanten Reise nicht mehr zu bestehen vermag. Auch hier kommt eine Überschneidung mit den Tatbestandsmerkmalen anderer Risikobeschränkungen in Betracht[1608].

Schließlich kann wie bei Ausrüstungsgegenständen die Abnutzung im gewöhnlichen Gebrauch zur Mangelhaftigkeit des Schiffskörpers führen. Das ist z.B. der Fall, wenn die Bordwand erst dünn gescheuert, dann angeknackst und deswegen leck wird[1609]. Die Risikobeschränkungen in § 132 Abs. 1 1. Alt. VVG und § 132 Abs. 2 1. Alt. VVG[1610] überschneiden sich, wenn das Freizeitfahrzeug wegen der Abnutzung im gewöhnlichen Gebrauch nicht mehr den Anforderungen seiner täglichen Nutzung standhalten kann.

(v) Zusammenfassung

Bei der Bestimmung des Begriffs „Fahruntüchtigkeit" ist vom allgemeinen Sprachgebrauch auszugehen. Bei der Fahruntüchtigkeit handelt es sich um einen Zustand des Sportboots. Ein Freizeitfahrzeug ist fahruntüchtig, wenn es unfähig ist, die gewöhnlichen Gefahren der geplanten Reise zu bestehen; es muß den Anforderungen seiner täglichen Nutzung standhalten können.

Man unterscheidet zwischen relativer und absoluter Fahruntüchtigkeit. Ist das Sportboot für das zu befahrende Revier oder die bestimmte Verwendung ungeeignet, ist es relativ fahruntüchtig. Ist es nicht verkehrssicher, ist es absolut fahr-

---

1607 Vgl. ROOS, S. 168, der dazu „die Maschinenanlage oder das Rigg" zählen will und auf die Halt- und Brauchbarkeit der zu einem Ganzen verbundenen Schiffsteile abstellt.

1608 Vgl. § 7 Nr. 1 d) PYKB 98; Nr. 4.3. SYKB 98; Nr. 3.4.2 AVBW 85; § 8 (1) e) AVBW 63; § 12 (5) AVBW 32.

1609 Also kein Unfall – wie ihn z.B. § 3 Nr. 1 a) PYKB 98 oder Nr. 3.3.1 AVBW 85 fordern – vorgelegen hat. Zum Unfallbegriff vgl. P/M/KNAPPMANN, § 179 Rdn. 9, unter Verweis auf § 1 III AUB 88; R/L/RÖMER, § 179 Rdn. 1. Vgl. aber auch schon vorstehend unter C. II. 5. a) aa) (1) [Unfall].

1610 Aber auch im Vertrag gem. § 7 Nr. 1 d) PYKB 98; Nr. 4.2. SYKB 98; Nr. 3.4.2 AVBW 85; § 8 (1) f) AVBW 63; § 12 (5) AVBW 32.

untüchtig. Absolute Fahruntüchtigkeit kann unmittelbar zurückzuführen sein auf mangelhafte Ausrüstung mit verbrauchbaren Gegenständen oder falsche Beladung (Fahruntüchtigkeit im weiteren Sinne). Sie kann aber auch auf mangelhafter Ausrüstung mit dauerhaften Gegenständen und Mängeln am Schiffskörper beruhen (Fahruntüchtigkeit im engeren Sinne).

Vielfach sind Überschneidungen mit anderen Risikobeschränkungen möglich. Das liegt an der Verschiedenartigkeit der Gründe, die zum Unvermögen des Fahrzeugs führen können, den Anforderungen seiner täglichen Nutzung standzuhalten. Die Fahruntüchtigkeitsklausel ist deswegen einem Auffangtatbestand vergleichbar: Sie soll nicht nur möglichst viele Verursachungsgründe bzw. Tatbestandsmerkmale umfassen, die der Verhütung einer Gefahrerhöhung nach Vertragsschluß dienen[1611]. Sie soll alle erfassen, die dazu führen, daß das Sportboot die gewöhnlichen Gefahren der geplanten Reise nicht besteht. Die Fahruntüchtigkeitsklausel erfaßt daher auch die Gefahrerhöhungen, die nicht in Vertrag oder Gesetz im Rahmen anderer Risikobeschränkungen besonders benannt sind.

(4) Eintritt der Fahruntüchtigkeit

Betrachtet man die verschiedenen Ansätze im Rahmen der Definition von Fahruntüchtigkeit[1612], ist fraglich, wann sie eingetreten sein muß, damit der Versicherer sich erfolgreich auf den Haftungsausschluß berufen kann. So könnte die Fahruntüchtigkeitsklausel beschränkt sein auf die Schäden, die während der Fahrt eintreten, nachdem die Fahruntüchtigkeit schon bei Reiseantritt vorgelegen hatte.

Einmal wären dann von der Fahruntüchtigkeitsklausel Sinkschäden am Liegeplatz nicht erfaßt; der Ausschluß würde nicht eingreifen, weil das Fahrzeug vor Antritt der Fahrt einen Schaden erlitten hat. Zum anderen könnte man mit Voit[1613] Zweifel haben, ob die Fahruntüchtigkeitsklausel die Schäden erfaßt, die auf einer erst während der Fahrt eintretenden Fahruntüchtigkeit beruhen. Die Klausel könnte nicht anwendbar sein, weil das Fahrzeug zum Zeitpunkt des Reiseantritts noch fahrtüchtig war; sie würde dann die Schäden nicht erfassen, die auf Weiterfahren ohne gründliche Untersuchung zurückzuführen sind.

1611 Vor diesem Hintergrund wird die Insb.-Regelung der Nr. 3.2.1.2 AVB Flußkasko 2000 verständlich. Danach sind die dort aufgeführten Gründe Teil[aspekt]e der Fahruntüchtigkeit. Vgl. dazu vorstehend unter C. II. 7. e) cc) (3) (iii) (b) [Nr. 3.2.1.2 AVB Flußkasko 2000].

1612 Vgl. dazu vorstehend unter C. II. 7. e) cc) (3) (i) [Allgemeiner Sprachgebrauch].

1613 Vgl. dazu vorstehend unter C. II. 7. e) bb) (1) (i) [Prölss/Martin] bzw. P/M/VOIT, AVBW, Nr. 3 Rdn. 8.

(i) Uneinheitliche Formulierung

Die Unsicherheiten hinsichtlich des Eintrittszeitpunkts beruhen auf der uneinheitlichen Formulierung von Gesetzestext und AVBW. Nach Nr. 3.4/3.4.1 AVBW 1985 kann die Fahruntüchtigkeit – wie das OLG HAMM im Jahre 1983 zum gleichlautenden § 5 Nr. 1 *lit.* d WasSpFAVB festgestellt hat[1614] – sowohl auf den Zeitpunkt des Reiseantritts als auch auf den Eintritt während der Fahrt bezogen werden.

Der Gesetzestext spricht dagegen nicht nur in § 132 Abs. 1 VVG davon, „daß das Schiff in einem nicht fahrtüchtigen Zustand ... *die Reise antritt*". Auch § 821 Nr. 1 HGB lautet, „daß das Schiff in einem nicht seetüchtigen Zustand ...*in See gesandt* ist". Ganz ähnlich sind § 58 Abs. 1 ADS und Nr. 2.3.1 DTV-Kaskoklauseln 1978 formuliert: Nach diesen haftet der Versicherer nicht bzw. leistet er keinen Ersatz für einen Schaden, „der dadurch verursacht wird, daß das Schiff nicht seetüchtig ... *in See gesandt*" ist bzw. wurde.

Lediglich Nr. 3.2.1.2 AVB Flußkasko 2000 enthält keinen Verweis auf den Reiseantritt[1615]. Die Bestimmung ist insoweit Nr. 3.4.1 AVBW 1985 vergleichbar[1616].

(ii) Rechtsprechung

Den Bezug auf die Inseesendung bzw. den Reiseantritt hat die Rechtsprechung zur Sportbootversicherung mehrfach aufgegriffen. Im VersR-Leitsatz zum BGH-Urteil aus dem Jahre 1973 heißt es[1617]: „wenn das Boot *von Anfang an* für eine solche Schleppfahrt fahruntüchtig war"[1618].

Noch deutlicher führt es das OLG Hamm im soeben[1619] angesprochenen Urteil aus[1620]. § 132 Abs. 1 VVG beziehe den Eintritt der Fahruntüchtigkeit klar auf den Reiseantritt des Schiffs[1621]. Soll eine Fahruntüchtigkeitsklausel davon ab-

1614 Vgl. dazu vorstehend unter C. II. 7. e) aa) (2) (i) (b) [§ 5 Nr. 1 d WasSpFAVB] bzw. OLG HAMM, VersR 1983, 1027, 1028.

1615 Beachte, daß für Binnenschiffe eine „Inseesendung" nicht in Betracht kommt.

1616 Deswegen jedoch gleich auf mögliche (systematische) Unterschiede zwischen See- und Binnenversicherung zu schließen, wäre verfrüht. So liegt sowohl Nr. 3.2.1.2 AVB Flußkasko als auch Nr. 3.4.1 AVBW 85 zugrunde § 132 Abs. 1 VVG, der sich eindeutig auf den Reiseantritt bezieht.

1617 Vgl. dazu auch vorstehend unter C. II. 7. e) aa) (1) (iii) [§ 8 (1) d) AVBW 1963].

1618 BGH, VersR 1974, 589, 589.

1619 Unter C. II. 7. e) cc) (4) (i) [Uneinheitliche Formulierung].

1620 OLG HAMM, VersR 1983, 1027, 1028, und unter C. II. 7. e) aa) (2) (i) (b) [§ 5 Nr. 1 d WasSpFAVB].

1621 *Id.*

weichen, müsse das eindeutig geschehen. Eine Klausel sei mehrdeutig, wenn sie den Zeitpunkt des Eintritts der Fahruntüchtigkeit nur soweit festlege, daß man ihn sowohl auf den Zeitpunkt des Reiseantritts als auch auf einen Zeitpunkt während der Fahrt beziehen könne. Diese Mehrdeutigkeit gehe zu Lasten des Verwenders. Für den Versicherungsnehmer nachteilige Zweitbedeutungen seien auszuschalten. § 5 Nr. 1 *lit.* d WasSpFAVB müsse im Sinne des § 132 Abs. 1 VVG verstanden werden[1622]. Der sehe vor, daß das Fahrzeug schon bei Reiseantritt fahruntüchtig gewesen sein muß.

(iii) Schrifttum

Römer schreibt deswegen, daß eine während der Reise eingetretene Fahruntüchtigkeit nicht unter den Haftungsausschluß fällt[1623]. Roos schließt sich dem an, indem er auf den Beginn der konkreten Verwendung abstellt[1624].

(iv) Stellungnahme

Dem ist nicht zuzustimmen. Die Regeln zur See- und Fahrtüchtigkeit sind so zu verstehen, daß der Versicherungsnehmer für die Tüchtigkeit seines Fahrzeugs so lange einzustehen hat, wie es sich auf dem Wasser befindet.

Soll Versicherungsschutz bestehen, muß ein Sportboot fahrtüchtig sein (1) außerhalb der Fahrt, (2) bei Antritt der Reise und (3) während der Fahrt[1625]. Der Bezug auf den Reiseantritt oder die Inseesendung bedeutet lediglich, daß durch die bevorstehende Fahrt festgelegt wird, welche Anforderungen im einzelnen an die See- bzw. Fahrtüchtigkeit[1626] zu stellen sind (relative Fahrtüchtigkeit[1627])[1628].

(a) Eignung statt Zeitpunkt

Der Bezug wirft deswegen die Fragen auf: War das Fahrzeug geeignet, die gewöhnlichen Gefahren der geplanten Reise zu bestehen? War das Fahrzeug in ei-

---

1622 Der beziehe sich auf den „Reise[a]ntritt". *Id.*

1623 P/M/VOIT, § 132 Rdn. 2; R/L/RÖMER, § 132 Rdn. 4. Der Antritt der Reise sei also maßgeblich, wobei dieser nach § 559 HGB nicht der Beginn der Schiffsreise, sondern der Beginn der Frachtreise der einzelnen Ladung ist (jew. unter Verweis auf BGHZ 60, 39, 40 = BGH, VersR 1973, 218, 219, m.w.N.).

1624 Vgl. dazu vorstehend unter C. II. 7. e) bb) (2) [Roos] bzw. ROOS, S. 174.

1625 Vgl. OLG HAMBURG, TranspR 1993, 304, 305, unter Verweis auf Ritter/ABRAHAM, § 58 Rdn. 27 und SCHLEGELBERGER, § 58 Rdn. 14.

1626 Während der geplanten Reise.

1627 Vgl. dazu vorstehend unter C. II. 7. e) cc) (3) (ii) (a) [Relative Fahrtüchtigkeit].

1628 Vgl. OLG HAMBURG, TranspR 1993, 304, 305, unter Verweis auf Ritter/ABRAHAM, § 58 Anm. 28.

nem seinem Zwecke entsprechenden tauglichen Zustand[1629]? Vermochte es, den Anforderungen seiner gewollten Nutzung standzuhalten?

Der Haftungsausschluß wegen Fahruntüchtigkeit ist daher nur scheinbar an den Zeitpunkt des Reiseantritts gebunden. Tatsächlich muß ein Sportboot immer fahrtüchtig sein, will der Versicherungsnehmer einen Verstoß gegen die Fahruntüchtigkeitsklausel vermeiden.

(b) Praxisrelevanz

Daß dies in See- und Binnentransportversicherung bisher nicht so klar herausgearbeitet wurde, liegt vor allem im Tatsächlichen. Es sind kaum Fälle vorstellbar, in denen ein Fahrzeug bei Reiseantritt fahrtüchtig war, die Fahruntüchtigkeit also erst während der Fahrt eintritt[1630]. Im Gegenteil, der Eintritt der Fahruntüchtigkeit während der Fahrt ist in der Regel Folge eines versicherten Schadens. Als Folge eines versicherten Schadens schließt die Fahruntüchtigkeit aber die Haftung des Versicherers während der Fahrt nicht aus[1631]; das Weiterfahren zur Bergung und anschließenden Reparatur ist versichert.

Darüber hinaus stellt sich das Problem von Sinkschäden am Liegeplatz so gut wie nicht in der Berufsschiffahrt, zu der die meisten Urteile im Rahmen des § 132 Abs. 1 1. Alt VVG ergangen sind. Mit einem gewerblich genutzten Fahrzeug muß Geld verdient werden, dazu müssen möglichst viele Personen oder Güter möglichst schnell vom Ausgangs- an den Zielort befördert werden. Deswegen sind immer neue, schnellere Techniken zum Be- und Entladen von (See-)Erwerbsschiffen entwickelt worden. Sie liegen mithin so gut wie nie im Hafen oder auf Reede[1632].

Schließlich sind gewerblich genutzte Fahrzeuge in der Regel durchgehend professionell bemannt. Die Besatzung führt fortlaufend Kontrollen durch, die der Fahruntüchtigkeit vorbeugen. Sollte während der Liegezeit eine kritische Situation eintreten, können unmittelbar Gegenmaßnahmen eingeleitet werden[1633].

1629 So für den Fall, daß Seeversicherungsbedingungen einer Fluß- oder Revierversicherung zugrunde liegen. Ritter/ABRAHAM, § 58 Anm. 30, m.w.N.

1630 Das Durchspielen der Frage, wann die Fahruntüchtigkeit eingetreten sein kann, bei Reiseantritt oder erst während der Fahrt, erinnert ein wenig an die Lösung der Frage, was zuerst da war, das Huhn oder das Ei.

1631 OLG HAMM, VersR 1978, 58, 58 f.

1632 Anders die Sportboote. Vgl. dazu vorstehend unter B. III. 1. d) [Stellungnahme] und insb. unter *lit.* ff) [Gefahrenlage].

1633 Vgl. zur Sportbootversicherung dagegen bereits vorstehend unter B. III. 1. d) ff) [Gefahrenlage] insb. in Fußnoten 273 und 274.

(c) Zusammenfassung

Mit dem Hanseatischen Oberlandesgericht, TranspR 1993, 304, 305, ist davon auszugehen, daß ein Wasserfahrzeug sowohl fahren als auch im Hafen liegen können muß, um fahrtüchtig zu sein[1634]. Ein Schiff, das in den Fahrpausen nicht ankern kann, taugt nicht zur Schiffahrt. Auch der Bundesgerichtshof hat in NJW 1982, 824, 825,[1635] und VersR 1987, 1109, 1110,[1636] den Haftungsausschluß wegen Fahruntüchtigkeit auf stilliegende Fahrzeuge angewandt[1637].

Bei Wasserfahrzeugen ist – beim Fahren wie beim Liegen – Grundvoraussetzung, daß sie sich auf dem Wasser halten können. Ist diese Fähigkeit aufgehoben, ist das Fahrzeug nicht mehr fahrtüchtig[1638]; das erhöhte Risiko des Schadenseintritts soll der Versicherer nicht tragen.

Der Versicherungsnehmer hat das Sportboot deswegen fortlaufend auf seine Fahruntüchtigkeit zu untersuchen. Eine vom Fahrtüchtigkeitserfordernis erfaßte Risikoerhöhung kann auch im Weiterfahren ohne gründliche Untersuchung liegen, wenn die Möglichkeit einer die Fahrtüchtigkeit beeinträchtigenden Beschädigung gegeben war.

(5) Vertragliche Obliegenheit

Wie unter C. II. 4.[1639] besprochen, unterscheidet man im Rahmen der sekundären Risikobeschränkungen zwischen Obliegenheiten und objektiven Risikoausschlüssen. Fraglich ist, wie die Risikobeschränkung wegen Fahruntüchtigkeit einzuordnen ist. Bei der Unterscheidung zwischen Obliegenheit und objektivem Risikoausschluß ist der materielle Inhalt der Klausel entscheidend[1640].

1634 Vgl. OLG HAMBURG, TranspR 1993, 304, 305.

1635 Ein Motorboot war vor Abschluß des Versicherungsvertrags aber nach Erteilung einer Deckungsbestätigung gesunken. Zuvor hatte gefrorenes Wasser den Schalldämpfer des Steuerbordauspuffs gesprengt, worauf Wasser in das Bootsinnere gelangt war (BGH, NJW 1982, 824, 824.). Der BGH ging davon aus, daß bei einem derartigen Sachverhalt der Haftungsausschluß wegen Fahruntüchtigkeit gem. § 132 Abs. 1 1. Alt. VVG durchaus in Betracht komme, aber nicht anwendbar sei (BGH, NJW 1982, 824, 825.).

1636 Vgl. dazu vorstehend unter C. II. 7. e) aa) (1) (i) [Nr. 3.4.1 AVBW 1974].

1637 Vgl. OLG HAMBURG, TranspR 1993, 304, 305.

1638 *Id.*

1639 [Sekundäre Risikobeschränkungen].

1640 BGH, NJW-RR 2000, 1190, 1190 = VersR 2000, 969, 969; BGH, NJW 1995, 784, 784 = VersR 1995, 328, 329; BGH, NJW 1987, 191, 192; BGHZ 51, 356, 360 = NJW 1969, 1116, 1116; BGH VersR 1967, 771, 771 f. Bzw. vorstehend C. II. 4. [Sekundäre Risikobeschränkungen], m.w.N. in Fußnote 1202.

Enthält die Bestimmung eine individualisierende Beschränkung eines bestimmten Wagnisses, für das allein der Versicherer Schutz gewähren will (objektiver Risikoausschluß)? Oder fordert die Klausel ein bestimmtes Verhalten des Versicherungsnehmers, von dem es abhängt, ob er seinen Versicherungsanspruch behält oder verliert (Obliegenheit)? Der Versicherer darf dem Versicherungsnehmer den Schutz des § 6 VVG nicht entziehen, indem er eine Obliegenheit so verhüllt, daß sie nicht als Verhaltensforderung, sondern als objektiver Risikoausschluß erscheint[1641].

(i) Objektiver Risikoausschluß

In der Vergangenheit war die Risikobeschränkung wegen Fahruntüchtigkeit als objektiver Risikoausschluß behandelt worden. Die Rechtsprechung[1642] hat das immer wieder betont. Voit[1643] und Römer[1644] waren ihr gefolgt. Roos vertieft diese Einordnung[1645]. Dabei diskutiert er die gängigen Theorien zur Abgrenzung von objektiven Risikoausschlüssen und Obliegenheiten[1646] und kommt zu dem Ergebnis, daß Nr. 3.4.1 AVBW 1985 „mit der herrschenden Meinung als objektiver Risikoausschluß einzustufen" sei[1647].

(ii) Prölss

Einzig Prölss läßt aufhorchen[1648]. Er zählt „Nr. 3.4.1 – fahruntüchtiges Boot" im Rahmen seiner Beispiele von Obliegenheiten auf[1649]. Seine Einordnung begründet Prölss jedoch nicht. Er verweist allein auf BGH, VersR 1987, 1109-1111[1650], dessen Ergebnis er anders sehe.

Nach BGH, VersR 1987, 1109-1111, geht es um ein Verhalten „in *fast* allen Fällen der Nr. 3.4 AVB Wassersport 1976"[1651]. Insbesondere nach Nr. 3.4.3-7 hänge „der Versicherungsschutz davon ab, daß der VN bestimmte Tätigkeiten jeweils ordnungsgemäß ausführt oder von bestimmten Handlungen absieht, also

1641 Vgl. BGH, NJW-RR 2000, 1190, 1191 = VersR 2000, 969, 969; BGHZ 51, 356, 360 = BGH, NJW 1969, 1116, 1116 f.; BGH, VersR 1967, 771, 772; EHRENZWEIG, S. 175; FISCHER, VersR 1965, 197, 199, m.w.N. Vgl. aber auch schon vorstehend unter C. II. 4. c) [Verhüllte Obliegenheit].
1642 Vgl. dazu vorstehend unter C. II. 7. e) aa) [Rechtsprechung].
1643 Vgl. dazu vorstehend unter C. II. 7. e) bb) (1) (i) [Prölss/Martin].
1644 Vgl. dazu vorstehend unter C. II. 7. e) bb) (1) (ii) [Römer/Langheid].
1645 ROOS, S. 175-193.
1646 Vgl. dazu vorstehend unter C. II. 7. e) bb) (2) (ii) [Objektiver Risikoausschluß].
1647 ROOS, S. 193.
1648 P/M/PRÖLSS, § 6 Rdn. 25.
1649 Im Rahmen der „Sonstige[n] SachVersZweige[n]". *Id.*
1650 Der anderer Meinung sei („a.M."). P/M/PRÖLSS, § 6 Rdn. 25.
1651 BGH, VersR 1987, 1109, 1110.

bestimmten Verhaltenspflichten nachkommt."[1652] Nr. 3.4.1 AVBW 1976 knüpfe dagegen „den Versicherungsschutz an den Zustand des Fahrzeugs"; die Bestimmung sei ein Risikoausschluß. Nr. 3.4.4 AVBW 1976, um dessen Einordnung es eigentlich ging, sei aber eine Obliegenheit. Nach Nr. 3.4.4 hänge „die Leistungsfreiheit des Versicherers von einem bestimmten Verhalten des VN" ab[1653].

Hilfreicher wäre gewesen, wenn Prölss auf BGH, VersR 1977, 79-80[1654], verwiesen hätte. Hier erklärt der Bundesgerichtshof, daß der Grundsatz der Fahrtüchtigkeit nicht mehr so selbstverständlich sein dürfte, „daß er sich selbst dann durchsetzen müßte, wenn der Wortlaut des Versicherungsvertrags dem entgegensteht oder insoweit auch nur Zweifel offen läßt."[1655] Das gelte gerade bei der Versicherung von Sportfahrzeugen. Ein Versicherungsnehmer, der mit der Seefahrt nicht berufsmäßig verbunden sei, erwarte „immer dann eine Deckung seitens des Kaskoversicherers, wenn das Fahrzeug ohne eigenes Verschulden beschädigt worden oder verlorengegangen ist"[1656].

(iii) Stellungnahme

Trotz der Eindeutigkeit von Rechtsprechung und Schrifttum muß man über 25 Jahre nach diesem Urteil fragen, ob die Behandlung der Risikobeschränkung wegen Fahruntüchtigkeit als objektiver Risikoausschluß weiterhin angemessen ist. Darf man die Deckung dem Versicherungsnehmer verweigern, der ein Freizeitinteresse versichert und vor Reiseantritt oder während der Liegezeit sein Sportboot ausreichend auf Fahrtüchtigkeit untersucht[1657]?

(a) Übung der Berufsschiffahrt

Dagegen spricht zunächst, daß das Fahrtüchtigkeitserfordernis in der Zwischenzeit in allen anderen Versicherungen von Wasserfahrzeugen an ein Verschulden des Versicherungsnehmers geknüpft ist. Nr. 23 DTV-Kaskoklauseln 1978 ersetzt § 58 ADS. Unter Nr. 23.2 heißt es: „Dies gilt nicht, wenn der Versiche-

---

1652 *Id.*

1653 *Id.* Ein objektiver Risikoausschluß könne daher durchaus unter derselben Ziffer aufgeführt werden wie eine Obliegenheit. Vgl. dazu vorstehend unter C. II. 7. e) cc) (5) [Vertragliche Obliegenheit].

1654 Oder auch BGH, VersR 1985, 629, 630. Vgl. dazu nachfolgend unter C. II. 7. e) cc) (5) (iii) (b) [BGH zum Werkverkehr] *lit.* (aa)-(bb).

1655 BGH, VersR 1977, 79, 80.

1656 *Id.*

1657 Das Fahrzeug aber trotzdem fahruntüchtig geworden ist und deswegen einen Schaden erlitten hat.

rungsnehmer die Seeuntüchtigkeit nicht zu vertreten hat." Dem entspricht Nr. 3.2.1.2 Satz 2 AVB Flußkasko 2000[1658].

Die Erwerbsschiffahrt – unabhängig davon, ob sie See- oder Binnenschiffe betrifft – hat also die objektive Risikobeschränkung der §§ 821 Nr. 1 HGB (bzw. 58 Abs. 1 ADS) und 132 Abs. 1 VVG in eine vertragliche Obliegenheit umgestaltet. Man könnte aus dieser Übung ein Gewohnheitsrecht ableiten.

Ein Gewohnheitsrecht ist eine längere Zeit hindurch überwiegend befolgte Regel zwischenmenschlichen Verhaltens[1659]. Das Recht wird in dem Bewußtsein befolgt, einer allgemeinen Rechtsüberzeugung nachzukommen, die sich in einer konstanten Übung manifestiert[1660]. Die einheitliche vertragliche Regel in der Berufsschiffahrt könnte daher den Gesetzestext in der Versicherung sämtlicher Wasserfahrzeuge ersetzen.

(b) BGH zum Werkverkehr

Außerdem hat der Bundesgerichtshof[1661] im Jahre 2000 seine Rechtsprechung zur Fahruntüchtigkeitsklausel verworfen. Dabei ging es um eine Bestimmung[1662] aus den „Allgemeinen Versicherungsbedingungen für Gütertransporte im Werkverkehr", die Nr. 3.4.1 AVBW 1985 vergleichbar war und die Verkehrssicherheit[1663] eines Transportfahrzeugs betraf. Zunächst wiederholte der BGH[1664], daß die AVB so auszulegen seien, „wie sie ein durchschnittlicher Versicherungsnehmer bei verständiger Würdigung, aufmerksamer Durchsicht und Berücksichtigung des erkennbaren Sinnzusammenhangs verstehen muß"[1665] (Verkehrskreisansatz).

(aa) Auslegung

Dann stellte er fest, wie ein durchschnittlicher Versicherungsnehmer in der Versicherung für den Werkverkehr die Verkehrssicherheitsklausel verstünde. Er

1658 Dort heißt es: „Dies gilt nicht, wenn der Versicherungsnehmer die *Fahruntüchtigkeit* nicht zu vertreten hat."

1659 LARENZ, S. 244.

1660 *Id.* LARENZ, S. 321.

1661 BGH, NJW-RR 2000, 1190-1191 = VersR 2000, 969-970.

1662 Die vergleichbare Bestimmung lautete:

> „6. Ausschluß und Beschränkung der Haftung ... 6.1 Ausgeschlossen von der Haftung sind folgende Gefahren und Schäden: ... 6.1.5 ... durch nicht verkehrssicheren Zustand oder Überladung der Fahrzeuge".

1663 Zur „Verkehrssicherheit" vgl. auch vorstehend unter C. II. 7. b) [Verkehrssicheres Landfahrzeug].

1664 Vgl. dazu vorstehend unter B. IV. 3. c) bb) [Vorgehensweise].

1665 BGH, NJW-RR 2000, 1190, 1191 = VersR 2000, 969, 969.

müsse sein Fahrzeug in einem verkehrssicheren Zustand halten, wenn er den Versicherungsschutz nicht verlieren will[1666]. Der Versicherungsschutz soll also unter der Voraussetzung erhalten bleiben, daß der Versicherungsnehmer für ein verkehrssicheres Fahrzeug sorge[1667]. Das tue er, indem er es ausreichend auf seinen Zustand hin untersucht.

Dem Versicherungsnehmer obliege, für den Transport der versicherten Güter kein verkehrsunsicheres Fahrzeug zu benutzen. Ihm wäre nicht erkennbar, daß der Versicherer von vornherein einen Teil des übernommenen Wagnisses aus der Deckung herausgenommen hat, nämlich das Fahrzeug im verkehrsunsicheren Zustand.

(bb) Verhaltenspflicht

Vom Versicherungsnehmer werde damit ein bestimmtes Verhalten gefordert, von dem abhänge, ob er seinen Versicherungsanspruch behält oder verliert[1668]. Ein Fuhrunternehmer oder Spediteur würde nicht erkennen, daß er den Versicherungsschutz schon dann verliert, wenn das Fahrzeug ohne sein Verschulden in einen verkehrsunsicheren Zustand geraten sei und für den Transport versicherter Güter benutzt wird[1669].

(c) Verbraucherversicherungsnehmer

Versteht aber schon ein geschäftskundiger Kaufmann, zu dessen Gewerbebetrieb die Besorgung von Versicherungspolicen gehört, die Fahruntüchtigkeitsklausel nicht als objektiven Risikoausschluß, muß dies erst recht für einen Versicherungsnehmer gelten, der mit der Transportversicherung und ihren Klauseln nicht berufsmäßig zu tun hat. Die bisherige Rechtsprechung zur Behandlung des Fahrtüchtigkeitserfordernisses in der Berufsschiffahrt verwarf der 4. Senat in BGH, VersR 2000, 969-970[1670], ausdrücklich.

(d) Verständnis vor Systematik

So führte der 4. Senat weiter aus, daß er sich bewußt in Widerspruch zum 2. Senat setze, der in der Vergangenheit „eine[r] vergleichbare[n] Klausel aus der

---

1666 *Id.* Vgl. dazu aber auch vorstehend unter C. II. 7. e) cc) [Stellungnahme], vor Fußnote 1539.

1667 BGH, NJW-RR 2000, 1190, 1191 = VersR 2000, 969, 969.

1668 Die Klausel bezieht sich auf Umstände, deren Ausbleiben typischerweise in der Hand des Versicherungsnehmers liegen.

1669 Das BGH-Urteil erinnert damit an die RG-Rspr. aus den Jahren vor Einführung des VVG. Vgl. dazu vorstehend unter B. IV. 3. c) aa) [Geschichte].

1670 = NJW-RR 2000, 1190-1191.

Flußkaskoversicherung" als objektiven Risikoausschluß betrachtet hatte[1671]. Das letzte Urteil des 2. Senats zur Fahruntüchtigkeitsklausel stamme aus dem Jahr 1985. Der zwischen den Parteien vereinbarte § 4 c Abs. 1 AVB Flußkasko 1965 lautete: „Der Versicherer haftet nicht für Schäden, die daraus entstanden sind, daß das Schiff in einem nicht fahrtüchtigen Zustand ... die Reise antritt"[1672]. Der 2. Senat hatte ausgeführt, daß die Bestimmung § 132 Abs. 1 VVG folge, welcher einen objektiven Risikoausschluß enthalte.

Nach Ansicht des 4. Senats stelle eine solche Auslegung nicht auf das Verständnis des durchschnittlichen Versicherungsnehmers ab, sondern auf die formale Versicherungssystematik. Das sei im Ergebnis unbefriedigend, was der 2. Senat ähnlich sehe. So hätte der 2. Senat schon 1985 auf die „neuere" Regelung des Nr. 23.2 DTV-Kaskoklauseln 1978 in der Seeversicherung verwiesen[1673]. Dort werde als Voraussetzung für einen Haftungsausschluß auf ein Verschulden des Versicherungsnehmers abgestellt[1674].

Auch für den 2. Senat wäre es deswegen wünschenswert, wenn die Flußkaskoversicherung „dieser Regelung alsbald angepaßt und damit der vielfach nicht mehr als befriedigend empfundene objektive Risikoausschluß durch einen zeitgemäßeren Verschuldenstatbestand ersetzt" werde[1675]. Es sei daher nicht notwendig, die Meinung des 2. Senats in dieser Sache zu erfragen[1676]. Überdies sei der 4. Senat jetzt auch „grundsätzlich für Streitigkeiten aus der Flußkaskoversicherung zuständig"[1677].

(e) Zusammenfassung

Sowohl die in der Berufsschiffahrt verwendeten AVB als auch die Transportrechtsprechung zur Verkehrssicherheit behandeln heute die Risikobeschränkung wegen Fahruntüchtigkeit als Obliegenheit. Wird die Risikobeschränkung aber schon im strengeren kaufmännischen Verkehr als Obliegenheit angesehen, muß dies erst recht im allgemeinen Geschäftsverkehr gelten, zu dem die Sportbootversicherung zählt[1678]. Ein Verbraucher erwartet immer dann Ersatz für den er-

1671 BGH, NJW-RR 2000, 1190, 1191 = VersR 2000, 969, 969, unter Verweis auf BGH, VersR 1985, 629-630.

1672 BGH, VersR 1985, 629, 629.

1673 Vgl. dazu auch schon vorstehend unter C. II. 7. e) cc) (5) (iii) (a) [Übung in der Berufsschiffahrt].

1674 BGH, NJW-RR 2000, 1190, 1191 = VersR 2000, 969, 969, unter Verweis auf BGH, VersR 1985, 629, 629.

1675 BGH, VersR 1985, 629, 630.

1676 Die Senate würden die Sache im Grunde nicht unterschiedlich sehen.

1677 BGH, NJW-RR 2000, 1190, 1191 = VersR 2000, 969, 969.

1678 Vgl. dazu auch schon vorstehend unter C. II. 7. e) cc) (5) (iii) (c) [Verbraucherversicherungsnehmer].

littenen Schaden, wenn sein Fahrzeug ohne eigenes Verschulden beschädigt worden oder verlorengegangen ist[1679].

Ihm darf die Tatsache nicht zum Nachteil gereichen, daß die AVBW bisher noch nicht (ausdrücklich) auf sein Verschulden abstellen. Findet sich in den YKB zur Fahruntüchtigkeit keine Regel, ist § 132 Abs. 1 1. Alt. VVG entsprechend auszulegen bzw. in seiner Anwendung teleologisch zu reduzieren[1680]. Es kann keinen Unterschied machen, ob die Parteien eine gleichlautende Regel ausdrücklich in ihren Vertragstext aufnehmen oder nicht. Der Versicherungsnehmer darf nicht dadurch benachteiligt werden, daß das Bedingungswerk den Gesetzestext nicht wiederholt[1681].

In der Sportbootversicherung ist die Risikobeschränkung wegen Fahruntüchtigkeit vom Verschulden des Versicherungsnehmers abhängig. Das Fahrtüchtigkeitserfordernis ist eine Obliegenheit. Die Einordnung von Prölss[1682] im Rahmen seiner Kommentierung des § 6 VVG läßt sich mit guten Argumenten begründen.

(6) Zwischenergebnis

Ein Sportboot muß nicht fahrtüchtig sein, damit Versicherungsschutz nach AVBW oder YKB besteht; das Fahrtüchtigkeitserfordernis ist keine primäre Risikobegrenzung. Daß der Versicherungsnehmer sein Fahrzeug in einem fahrtüchtigen Zustand halten muß, ist vielmehr dessen Obliegenheit. Soweit die Parteien eine Vereinbarung zur Fahruntüchtigkeit treffen, ist diese zunächst zu betrachten.

Ergeben sich streitige Punkte oder behandelt eine entsprechende AVB-Bestimmung nicht alle Fragen, die im Rahmen der Fahruntüchtigkeit von Sportbooten entstehen können, ist auf § 132 Abs. 1 VVG und dazu ergangene Rechtsprechung als ergänzende Regeln und Auslegungshilfen zurückzugreifen. Die allgemeinen Bedingungen und der Gesetzestext sind so auszulegen, wie sie der durchschnittliche Versicherungsnehmer in der Sportbootversicherung bei verständiger Würdigung, aufmerksamer Durchsicht und Berücksichtigung des erkennbaren Sinnzusammenhangs verstehen muß (Verkehrskreisansatz).

1679 Vgl. insoweit auch schon BGH, VersR 1977, 79, 80.

1680 Zu den Voraussetzungen der teleologischen Reduktion vgl. vorstehend unter B. V. 4. a) [Verdeckte Gesetzeslücke].

1681 Oder um es positiv auszudrücken: Nur weil der Gesetzestext wörtlich in den Vertrag übernommen wird, darf der Versicherungsnehmer nicht besser stehen.

1682 P/M/PRÖLSS, § 6 Rdn. 25.

Ein Sportboot ist fahruntüchtig, wenn es die gewöhnlichen Gefahren der geplanten Reise nicht mehr zu bestehen vermag; es muß den Anforderungen seiner täglichen Nutzung standhalten können. Das ist zunächst davon abhängig, wie der Versicherungsnehmer das Sportboot nutzt. Will er es in einem ungeeigneten Revier oder bei unangemessenem Wetterverhältnissen verwenden, ist es relativ fahruntüchtig; die Anforderungen an das Fahrzeug sind zu hoch.

Ein Sportboot ist absolut fahruntüchtig, wenn es nicht verkehrssicher oder gar fahrbereit ist. Ohne das Hinzutreten weiterer Umstände kann es dann zum Schaden kommen. Absolute Fahruntüchtigkeit kann zurückzuführen sein zum einen auf mangelhafte Ausrüstung mit verbrauchbaren Gegenständen und falsche Beladung (Fahruntüchtigkeit im weiteren Sinne). Zum anderen kann sie auf mangelhafter Ausrüstung mit dauerhaften Gegenständen und Mängeln am Schiffskörper beruhen (Fahruntüchtigkeit im engeren Sinne).

Für das Eingreifen des Haftungsausschlusses wegen Fahruntüchtigkeit spielt es keine Rolle, wann das Sportboot fahruntüchtig wurde. Es kommt nicht darauf an, ob die Fahruntüchtigkeit schon bei Beginn der Fahrt vorlag oder erst während der Fahrt eingetreten ist. Das Fahrzeug muß sich immer auf dem Wasser halten können; ist diese Fähigkeit aufgehoben, soll der Versicherer das dadurch erhöhte Risiko nicht tragen.

dd) Verschulden, Ursächlichkeit und Beweisgrundsätze

Beim Fahrtüchtigkeitserfordernis handelt es sich um eine vorbeugende Obliegenheit[1683]. Der Versicherer hat darzulegen und zu beweisen, daß das Sportboot fahruntüchtig war, den Versicherungsnehmer dafür ein Verschulden trifft und die Fahruntüchtigkeit den Schaden verursacht hat. Dabei ist der Versicherungsnehmer gemäß § 34 VVG verpflichtet, dem Versicherer jede Auskunft zu erteilen, die zur Feststellung des Versicherungsfalls oder des Umfangs der Leistungspflicht des Versicherers erforderlich ist[1684].

Das wird in den meisten Fällen alles sein, was dem Versicherer bei der Aufklärung und Beweismittelsicherung hilft, denn Folge eines Schadens wegen Fahruntüchtigkeit ist nicht selten das Sinken des Wasserfahrzeugs[1685]. Ein Sinken

1683 Vgl. dazu nachfolgend unter C. III. 2. b).

1684 Vgl. nachfolgend unter C. III. 3. c) [Aufklärungspflicht].

1685 Vgl. vorstehend unter C. II. 7. [Fahruntüchtigkeitserfordernis], wo festgestellt wurde, daß sie deswegen ein größeres Risiko sind. Die Möglichkeit des Schadenseintritts ist höher, Hilfe im Schadensfall häufig nur schwer erreichbar und eine Reparatur des Schadens nicht selten unmöglich.

kann zu weitergehenden Schäden am Fahrzeug führen oder eine Bergung unmöglich machen; beides erschwert die Schadensermittlung erheblich[1686].

Rechtsprechung[1687] und Kommentare[1688] setzten deswegen Fahruntüchtigkeit und Ursächlichkeit der Fahruntüchtigkeit für den Schadenseintritt bei Geschehensabläufen voraus, die das Mitwirken eines äußeren Ereignisses ausschließen. Außerdem vermuten sie das Verschulden des Versicherungsnehmers[1689]. Dabei bedient sich die Rechtsprechung jedoch unterschiedlicher Begründungen.

(1) Anscheinsbeweis

Der Bundesgerichtshof nimmt einen Erfahrungssatz an; dieser erlaube einen Anscheinsbeweis zugunsten des Versicherers[1690]. Beim Anscheinsbeweis schließt man von einem feststehenden Sachverhalt auf andere Tatsachen, die nach der Lebenserfahrung regelmäßig damit verbunden sind[1691]. Der BGH verwendet zur Charakterisierung dieser Verknüpfung die Bezeichnung „typischer Geschehensablauf". Er versteht darunter einen Sachverhalt, „der nach den Regeln des Lebens auf eine bestimmte Ursache hinweist und in einer bestimmten Richtung zu verlaufen pflegt"[1692].

Bei der Fahruntüchtigkeit von Sportbooten lautet der Erfahrungssatz: Geht das Fahrzeug verloren, ohne daß ein äußeres Ereignis mitgewirkt hat, das den Verlust auch bei einem fahrtüchtigen Schiff erklärlich machen könnte, ist der Schadenseintritt auf eine schuldhafte Fahruntüchtigkeit zurückzuführen[1693]. Es darf also kein äußeres Ereignis vorliegen, das den Schadenseintritt begründen könnte[1694]. Der Versicherungsnehmer entkräftet den Anscheinsbeweis, indem er die Möglichkeit darlegt, daß ein äußeres Ereignis den Verlust verursacht hat bzw. die Fahruntüchtigkeit trotz üblicher Sorgfalt nicht zu entdecken war.

(2) Vermutung des § 58 Abs. 2 ADS

Das OLG Hamm sieht dagegen in der Fahruntüchtigkeitsvermutung des § 58 Abs. 2 ADS einen über die See-Erwerbsschiffahrt hinausgehenden Beweis-

---

1686 Vgl. dazu auch schon vorstehend unter C. II. 7. e) aa) (2) (ii) (a) (bb) [AGB-Recht] bzw. OLG HAMBURG, TranspR 1993, 304, 305.
1687 BGH, VersR 1974, 589-590 bzw. OLG HAMM, VersR 1982, 1041-1042.
1688 P/M/VOIT, § 132 Rdn. 5; R/L/RÖMER, § 132 Rdn. 1.
1689 Vgl. auch P/M/VOIT, Flußkasko, Nr. 3 Rdn. 19.
1690 BGH, VersR 1974, 589, 589.
1691 MUSIELAK, Rdn. 451.
1692 MUSIELAK, Rdn. 451, unter Verweis auf BGH, LM § 286 (C) ZPO Nr. 11.
1693 BGH, VersR 1974, 589, 589.
1694 *Id.*

grundsatz; die Vermutung gelte bei der Versicherung aller Wasserfahrzeuge[1695]. Nach § 58 Abs. 2 ADS verursachen den Schiffsschaden Seeuntüchtigkeit, nicht gehörige Ausrüstung, Bemannung oder Beladung oder ungenügende Papiere, wenn „kein äußeres Ereignis mitgewirkt hat". § 58 Abs. 2 ADS könne über seinen wörtlichen Anwendungsbereich[1696] hinaus auf fahruntüchtige (Sport-)Boote angewandt werden, ohne von den Parteien besonders vereinbart zu sein[1697].

Voraussetzung der allgemeinen Anwendung des § 58 Abs. 2 ADS sei die Feststellung, daß für den Schadenseintritt kein äußeres Ereignis in Frage kommt. Besteht die Möglichkeit, daß der Schadenseintritt durch Dritte oder sonst von außen verursacht wurde, sei die Vermutung widerlegt[1698].

(3) Stellungnahme

Bundesgerichtshof und OLG Hamm widersprechen sich nicht. § 58 Abs. 2 ADS ist nichts anderes als die AVB-Normierung eines allgemeinen Erfahrungssatzes. Die ADS-Vermutung wie der BGH-Anscheinsbeweis stellen darauf ab, daß kein äußeres Ereignis in Frage kommt, das den Schadenseintritt bei einem fahrtüchtigen Schiff erklärlich macht. Der Bundesgerichtshof und das Oberlandesgericht schließen mit Hilfe der Lebenserfahrung von einem feststehenden (negativen) Sachverhalt auf andere (positive) Tatsachen[1699].

Wenn ein Fahrzeug fähig ist, die Anforderungen seiner täglichen Nutzung und die gewöhnlichen Gefahren der geplanten Reisen zu bestehen, kann nur ein äußeres Ereignis den Schadenseintritt verursacht haben. Ein fahrtüchtiges Fahrzeug sinkt nicht ohne äußere Einwirkung.

(4) Zwischenergebnis

Die Rechtsprechung zu Verschulden, Ursächlichkeit und Beweisgrundsätzen im Rahmen der Fahruntüchtigkeit beruht trotz unterschiedlicher Bezeichnungen auf demselben Grundsatz: Geht das versicherte Sportboot verloren, ohne daß ein äußeres Ereignis in Frage kommt, das den Verlust begründen könnte, ist der Scha-

---

1695 OLG HAMM, VersR 1987, 1041, 1041, unter Verweis auf OLG HAMBURG, VersR 1973, 538, 539.

1696 Das sind Schiffe.

1697 OLG HAMM, VersR 1987, 1041, 1041, unter Verweis auf OLG HAMBURG, VersR 1973, 538, 539.

1698 OLG HAMM, VersR 1987, 1041, 1041.

1699 Sie folgen damit einer ständigen Übung der Rspr.:

> „Denn der Richter wendet stets bei der Beweiswürdigung Erfahrungsgrundsätze an, mit deren Hilfe er von feststehenden Tatsachen auf rechtserhebliche Ereignisse schließt."

MUSIELAK, Rdn. 452.

denseintritt auf eine schuldhafte Fahruntüchtigkeit zurückzuführen (Anscheinsbeweis/Vermutung).

Wegen der Schwierigkeit, etwas Negatives zu beweisen[1700], kann vom Versicherer nicht erwartet werden, das Fehlen jedes denkbaren äußeren Ereignisses nachzuweisen. Vielmehr muß der Versicherungsnehmer eine Möglichkeit darlegen, die den Schadenseintritt auch bei einem fahrtüchtigen Schiff erklärlich macht. Kann diese für den Schadenseintritt durchaus[1701] ursächlich sein, sind Anscheinsbeweis bzw. Vermutung entkräftet[1702]. Oder der Versicherungsnehmer legt dar, daß die Fahruntüchtigkeit trotz üblicher Sorgfalt nicht zu entdecken war. Der Haftungsausschluß zugunsten des Versicherers greift dann nicht ein.

ee) Überprüfung nach AGB-Recht

Schließlich ist zu untersuchen, ob die Bewehrung des Fahrtüchtigkeitserfordernisses als Obliegenheit im Rahmen von allgemeinen Versicherungsbedingungen gegen AGB-Recht verstößt (§§ 305-310 BGB). Ist die Fahruntüchtigkeitsklausel unklar[1703]? Ist sie das nicht, muß man fragen, ob sie den Versicherungsnehmer überrascht[1704].

Wesentlicher Punkt bei einer Überprüfung nach AGB-Recht ist die Inhaltskontrolle[1705]. Dazu muß man untersuchen, ob die Fahruntüchtigkeitsklausel den Versicherungsnehmer entgegen den Geboten von Treu und Glauben unangemessen benachteiligt[1706]. Das wäre z.B. der Fall, wenn sie

- nicht genügend bestimmt ist (Transparenzgebotsverstoß),
- vom wesentlichen Grundgedanken einer gesetzlichen Regelung abweicht (Abweichungsverbotsverstoß) oder
- die Erreichung des Vertragszwecks gefährdet (Aushöhlungsverbotsverstoß)[1707].

1700 Vgl. dazu vorstehend unter C. II. 6. a) dd) [Zusammenfassung].
1701 Vgl. OLG HAMM, VersR 1987, 1041, 1041.
1702 Vgl. BGH, VersR 1974, 589, 589.
1703 Vgl. dazu vorstehend unter B. IV. 4. [Unklarheitenregel].
1704 Vgl. dazu vorstehend unter B. IV. 5. a) [Ungewöhnlichkeit] und C. II. 2. b) aa) [Ungewöhnlichkeit].
1705 Vgl. dazu vorstehend unter B. IV. 5. b) [Inhalt] und C. II. 2. b) cc) [Inhaltskontrolle].
1706 Vgl. dazu vorstehend unter B. IV. 5. b) [Inhalt].
1707 *Id.*

(1) Unklarheit

Ein Fahrzeug ist fahruntüchtig, wenn es die gewöhnlichen Gefahren der geplanten Reise nicht mehr zu bestehen vermag[1708]; ein Fahrzeug muß aber nicht nur fahren, sondern auch im Hafen liegen können[1709]. Es muß den Anforderungen seiner täglichen Nutzung standhalten[1710]. Der Begriff „Fahruntüchtigkeit" ist nicht mehrdeutig; seine Verwendung in der Sportbootversicherung entspricht dem allgemeinen Sprachgebrauch[1711].

Will man den Haftungsausschluß nur auf die Fahruntüchtigkeit beziehen, die während der Fortbewegung zum Schadenseintritt führt, muß das ausdrücklich in die Fahruntüchtigkeitsklausel aufgenommen werden[1712]. So wie der Haftungsausschluß in den AVBW und § 132 Abs. 1 VVG formuliert ist, gilt er immer, wenn das Fahrzeug auf dem Wasser ist. Die Fahruntüchtigkeitsklausel ist nicht unklar im Sinne von § 305 c Abs. 2 BGB.

(2) Ungewöhnlichkeit

Die Fahruntüchtigkeitsklausel trifft den Versicherungsnehmer nach den Gesamtumständen auch nicht unvorbereitet im Sinne von § 305 c Abs. 1 BGB[1713]. Bereits unter C. II. 7. e) cc)[1714] wurde die Selbstverständlichkeit festgestellt, daß „ein Versicherungsnehmer sein Sportboot in einem Zustand erhält, der den Anforderungen der täglichen Nutzung standhält". Dies folge aus der sich aus der Fahruntüchtigkeit ergebenden Erhöhung des versicherten Risikos nach Vertragsschluß[1715]. Der Versicherungsnehmer darf eine Gefahrerhöhung nach Vertragsschluß nicht vornehmen.

Dieser fundamentale versicherungsrechtliche Grundsatz findet sich nicht nur im allgemeinen Teil des VVG in § 23 Abs. 1 VVG. Die Fahrtüchtigkeit wird außerdem angesprochen in den besonderen Vorschriften zur Transportversicherung (§ 132 Abs. 1 VVG) und den verschiedenen Bedingungswerken zur Versicherung von Wasserfahrzeugen (Nr. 3.4.1 AVBW 1985, § 58 Abs. 1 ADS, Nr. 23.1. DTV-Kaskoklauseln 1978 und Nr. 3.2.1.2 AVB Flußkasko 2000).

1708 Vgl. dazu vorstehend unter C. II. 7. e) cc) (3) (i) [Allgemeiner Sprachgebrauch].

1709 Vgl. dazu vorstehend unter C. II. 7. e) cc) (4) (iv) (c) [Zusammenfassung].

1710 Vgl. dazu vorstehend unter C. II. 7. e) cc) (3) (i) [Allgemeiner Sprachgebrauch].

1711 *Id.*

1712 Vgl. OLG HAMBURG, TranspR 1993, 304, 305; a.A. OLG HAMM, VersR 1983, 1027, 1028.

1713 Überraschende Klauseln werden nach § 305 c Abs. 1 BGB nicht Vertragsinhalt. Vgl. dazu auch vorstehend unter B. IV. 5. a) [Ungewöhnlichkeit].

1714 [Stellungnahme].

1715 Vgl. dazu vorstehend unter C. II. 7. e) cc) [Stellungnahme].

(3) Benachteiligung

Fraglich ist schon, ob § 307 Abs. 1 und Abs. 2 BGB auf die Fahruntüchtigkeitsklausel angewandt werden darf[1716]. Dabei geht es hier nicht um das Problem, daß Leistung und Gegenleistung in einem AGB-Vertrag kontrollfrei bleiben[1717]. In der Sportbootversicherung entspricht vielmehr die Auslegung der vertraglich vereinbarten Fahruntüchtigkeitsklausel der von § 132 Abs. 1 VVG[1718]; § 307 Abs. 1 und Abs. 2 BGB gilt aber nur für allgemeine Bedingungen, die von Rechtsvorschriften abweichen oder diese ergänzen[1719].

Ob eine Fahruntüchtigkeitsklausel von § 132 Abs. 1 VVG abweicht, kann jedoch dahinstehen. Jedenfalls benachteiligt die Bewehrung des Fahrtüchtigkeitserfordernisses als Obliegenheit den Versicherungsnehmer nicht: Sie ist genügend bestimmt und weicht weder vom wesentlichen Grundgedanken einer gesetzlichen Regelung ab noch gefährdet sie die Erreichung des Vertragszwecks. Der Versicherungsnehmer ist in der Lage, durch entsprechende Maßnahmen die Fahrtüchtigkeit sicherzustellen[1720].

Kommt er diesen schuldhaft nicht nach, verantwortet der Versicherungsnehmer die daraus entstehende Risikoerhöhung. Die Erhöhung dem Versicherer aufzubürden, würde ihn entgegen den Geboten von Treu und Glauben unangemessen benachteiligen.

(4) Zwischenergebnis

Die Fahruntüchtigkeitsklausel verstößt nicht gegen das Recht zur Gestaltung rechtsgeschäftlicher Schuldverhältnisse durch Allgemeine Geschäftsbedingungen. Sie ist weder unklar noch überraschend. Das Fahrtüchtigkeitserfordernis benachteiligt den Versicherungsnehmer nicht entgegen den Geboten von Treu und Glauben.

8. Ergebnis

Leitbild der Sportbootversicherung ist heute die Allgefahrendeckung. Sie prägt den Vertragstyp, d.h., alle Gefahren sind versichert, es sei denn, sie sind ausdrücklich ausgeschlossen. Der Versicherungsnehmer muß nicht die Verwirkli-

---

1716 Vgl. dazu vorstehend unter B. IV. 5. b) [Inhalt].

1717 *Id.* unter *lit.* aa) [Inhaltliche Kontrollfähigkeit] und *lit.* bb) [Leistungsgestaltung].

1718 Bzw. seiner Anwendung nach teleologischer Reduktion. Vgl. dazu vorstehend unter C. II. 7. e) cc) (5) [Vertragliche Obliegenheit] insb. Nr. (iii) (e) [Zusammenfassung].

1719 Vgl. auch schon vorstehend unter C. II. 7. e) aa) (2) (ii) (a) (bb) [AGB-Recht] bzw. OLG HAMBURG, TranspR 1993, 304, 305.

1720 Vgl. auch OLG HAMBURG, TranspR 1993, 304, 305.

chung einer bestimmten Gefahr darlegen. Es ist ausreichend, wenn er behauptet, der Schaden sei während des versicherten Zeitraums aufgrund irgendeiner versicherten Gefahr eingetreten. Der Versicherer muß dann zeigen, daß sich keine Transportgefahr verwirklicht hat oder eine Ausschlußklausel eingreift.

Soweit die Versicherung nach dem *named perils*-Ansatz gestaltet wird oder die Bedingungswerke die Gefahrengestaltung für einzelne versicherte Sachen ändern, ist die Beschränkung des Versicherungsumfangs wirksam. Der daraus folgende Wechsel der Beweislast – der Versicherungsnehmer muß die Verwirklichung einer bestimmten Gefahr darlegen – verstößt jedoch gegen AGB-Recht. Er ist nicht nur so ungewöhnlich, daß der Versicherungsnehmer nicht mit ihr zu rechnen brauchte. Er weicht außerdem von dem in der Sportbootversicherung geltenden Leitbild in einer Weise ab, die in nicht unerheblichem Maße in die rechtlich geschützten Interessen des Versicherungsnehmers eingreift. Will sich der Versicherer auf seine Leistungsfreiheit berufen, muß er weiterhin zeigen, daß sich keine Transportgefahr verwirklicht hat oder eine Ausschlußklausel eingreift.

Keine Gefahren sind Abnutzung, Witterung oder Rost. Soweit sie als Schadensursache ausgeschlossen werden, sind die jeweiligen Bestimmungen Klarstellungen. Sie sind ursprünglich als Abgrenzung zur Unfallgefahr in die Bedingungswerke aufgenommen worden und wurden mit der Einführung der Allgefahrendeckung in die AVBW 1976 nicht gestrichen. Bis dahin prägte die Sportbootversicherung der *named perils*-Ansatz, der noch heute in der Flußkasko gilt. Abnutzung, Witterung und Rost wirken weder plötzlich noch von außen auf die versicherten Sachen ein. Sie sind Einflüsse, die während des versicherten Zeitraums im normalen Verlauf auf die versicherten Sachen einwirken oder aus ihnen selbst wirken. Derartige „Ausschlußklauseln“ ändern die Beweislast nicht; man rechnet sie der Risikogestaltung zu, die sie betreffen. Es bleibt deswegen ausreichend, wenn der Versicherungsnehmer behauptet, der Schaden sei während des versicherten Zeitraums aufgrund einer versicherten Gefahr eingetreten.

Das Fahrzeug muß jedoch zu Sport- und Vergnügungszwecken genutzt werden, um versicherbares Freizeitfahrzeug zu sein. Ändert der Versicherungsnehmer den (Sportboot-)Charakter, verliert es den Versicherungsschutz nach AVBW oder YKB. Die sportliche Nutzung ist primäre Risikobegrenzung, der Versicherungsnehmer muß sie darlegen und beweisen. Eine gelegentliche gewerbliche Verwendung ändert den Fahrzeugcharakter nicht. Der Versicherungsnehmer kann den Versicherungsschutz bei einer gewerblichen Fahrt aber aufgrund der Verwendungsklausel verlieren. Dazu muß der gewerbliche Reisezweck für den Schadenseintritt ursächlich sein; die Verwendungsklausel ist eine besondere Verhaltensnorm. Der Versicherer trägt die Beweislast für den objektiven Tatbestand, der Versicherungsnehmer hat mangelndes Verschulden oder fehlende Kausalität zu beweisen.

Soweit es die AVBW oder YKB vorsehen, sonst nach § 132 Abs. 1 VVG muß der Versicherungsnehmer das Fahrzeug fahrtüchtig halten. Das Fahrtüchtigkeitserfordernis eine vorbeugende Obliegenheit des Versicherungsnehmers. Es fordert von ihm ein bestimmtes Verhalten, von dem abhängt, ob er den Versicherungsschutz behält oder verliert. § 132 Abs. 1 VVG ist entgegen seinem Wortlaut wie die in der Sportbootversicherung üblicherweise verwendete Fahruntüchtigkeitsklausel auszulegen bzw. in seiner Anwendung teleologisch zu reduzieren. Es kommt nicht darauf an, ob die Parteien eine gleichlautende Regel ausdrücklich in ihren Vertrag aufgenommen haben oder nicht.

Ein Sportboot ist fahruntüchtig, wenn es unfähig ist, die gewöhnlichen Gefahren der geplanten Reise zu bestehen. Es muß den Anforderungen seiner täglichen Nutzung standhalten können. Ist das Freizeitfahrzeug für das zu befahrende Revier ungeeignet, ist es relativ fahruntüchtig. Ist es nicht verkehrssicher, ist es absolut fahruntüchtig. Das Fahrzeug muß sich beim Fahren wie beim Liegen auf dem Wasser halten können. Die Risikobeschränkung erfaßt daher auch Sinkschäden auf Reede und Schäden, die auf einer erst während der Fahrt eintretenden Fahruntüchtigkeit beruhen. Der Versicherer trägt die Beweislast für den objektiven Tatbestand. Dabei kommt ihm jedoch eine Erleichterung zugute: Geht das Sportboot verloren, ohne daß ein äußeres Ereignis mitgewirkt hat, das den Verlust auch bei einem fahrtüchtigen Schiff erklärlich machen könnte, ist der Schadenseintritt auf eine schuldhafte Fahruntüchtigkeit zurückzuführen.

III. Obliegenheiten

Obliegenheiten haben verschiedene Zwecke. Sie beruhen auf der besonderen Interessenlage innerhalb des Versicherungsverhältnisses[1721]. Obliegenheiten beziehen sich auf das zu versichernde oder versicherte Risiko und werden dem Versicherungsnehmer wegen seiner Nähe zum Risiko auferlegt[1722].

Man unterscheidet zwischen vorvertraglichen Anzeigepflichten[1723], Obliegenheiten zwischen Vertragsschluß und Eintritt des Versicherungsfalls[1724] und Pflichten im Schadensfall[1725]. Das zu versichernde Risiko ist dem Versicherer fremd, dem Versicherungsnehmer aber bekannt, so daß er verpflichtet ist, den Versicherer darüber aufzuklären[1726]. Auch darf er das versicherte Risiko nicht ändern; das Äquivalenzverhältnis zwischen übernommenem Risiko und veranschlagter Prämie wäre sonst gestört[1727]. Die Pflichten im Schadensfall dienen der sachgemäßen Abwicklung des jeweiligen Versicherungsfalls[1728].

1. Vorvertragliche Anzeigepflichten

Nach § 12 Nr. 1 PYKB 1998 und Nr. 11. Satz 1 SYKB 1998[1729] hat der Versicherungsnehmer bei Abschluß des Vertrags alle Fragen richtig und vollständig zu beantworten, damit der Versicherer das von ihm zu übernehmende Risiko übersehen kann. Der Versicherer kann auf dieser Grundlage eine angemessene Prämie ermitteln[1730].

1721 WERBER/WINTER, Rdn. 280.

1722 *Id.*

1723 WERBER/WINTER, Rdn. 298-302.

1724 Sog. gesetzliche „Obliegenheiten bei Gefahrerhöhung" (WERBER/WINTER, Rdn. 303-307.) bzw. vertragliche „vorbeugende Obliegenheiten" (WERBER/WINTER, Rdn. 311.).

1725 Dabei ist zu unterscheiden zwischen den gesetzlichen „Abwendungs- und Minderungspflichten" (WERBER/WINTER, Rdn. 308.) und der gesetzlichen „Anzeige des Versicherungsfalls" (WERBER/WINTER, Rdn. 309) bzw. den vertraglichen „Obliegenheiten nach Eintritt des Versicherungsfalls" (WERBER/WINTER, Rdn. 312).

1726 Regelmäßig kann der Versicherer Informationen über die genaue Beschaffenheit des Risikos ohne unwirtschaftlichen Aufwand nur vom Versicherungsnehmer erhalten. RÖHR, S. 1.

1727 *Id.* Die Gefahrengemeinschaft zwischen Versicherer und Versicherungsnehmern hat die Funktion, den Schutz des einzelnen Versicherungsnehmers vor Prämiensteigerungen infolge des Fehlverhaltens durch andere Versicherungsnehmer zu gewährleisten. EICHLER, S. 39.

1728 MÖHRLE, S. 97, unter Verweis auf BGH, VersR 1977, 272, 275.

1729 Aber auch schon nach § 14 (1) Satz 1 AVBW 32 und § 14 (1) Satz 1 AVBW 63.

1730 Vgl. WERBER/WINTER, Rdn. 280.

Die Bestimmungen entsprechen § 16 Abs. 1 Sätze 1-2 VVG[1731]. Die Vorschrift dient der richtigen Risikoeinschätzung durch den Versicherer[1732]. Er muß bei Vertragsschluß in der Lage sein, das zu übernehmende Risiko einzuschätzen[1733], um die Einordnung in eine Gefahrengruppe vornehmen und die Prämie ermitteln zu können[1734].

2. Zwischen Vertragsschluß und Eintritt des Versicherungsfalls

Nach Abschluß des Versicherungsvertrags darf der Versicherungsnehmer nicht einseitig das Risiko erhöhen oder durch Dritte erhöhen lassen (§ 23 Abs. 1 [Gefahrstandspflicht] VVG)[1735]. Die Obliegenheiten bei Gefahrerhöhung sollen nachträgliche Verschlechterungen der Gefahrenlage vermeiden, die Parteien müssen die Folgerungen aus ihrer Veränderung ziehen[1736]. Die gesetzliche Gefahrerhöhung verbietet, die bestehende Gefahrenlage durch aktives Tun zum Nachteil des Versicherers zu erhöhen und fordert vom Versicherungsnehmer die Anzeige ungewollt eintretender oder schuldlos vorgenommener Gefahrerhöhungen[1737].

Daneben gestattet § 32 VVG die Vereinbarung vorbeugender Obliegenheiten[1738]. Vertragliche Obliegenheiten dienen der Verminderung der Gefahr oder der Verhütung einer Gefahrenerhöhung[1739]; auch sie beugen daher nachträglichen Verschlechterungen der Gefahrenlage vor. Für vertragliche Obliegenheiten gelten nicht die §§ 23-30 VVG[1740], sondern die in der jeweiligen Obliegenheitsbestimmung angedrohte Sanktion – vorbehaltlich der Rahmenvorschrift in § 6 VVG[1741].

1731 Worin wohl der Grund liegt, daß sie nicht mehr in den AVBW 76 berücksichtigt wurde.

1732 R/L/LANGHEID, §§ 16, 17 Rdn. 1. Ausführlich zum Grund der gesetzlichen Regelung: RÖHR, S. 40-54.

1733 RÖHR, S. 1.

1734 KNAPPMANN, r+s 1996, 81, 81. Die „Gefahrengruppe“ darf mit den „Gefahrenklassen“ der Kfz-Kaskoversicherung nicht verwechselt werden (Vgl. dazu vorstehend unter C. II. 7. b) aa) (2) [Versicherung nach Gefahrenklassen].). In der Kfz-Kasko ist eine Versicherung ausschließlich nach Klassenzugehörigkeit möglich, weil die Kategorisierung (Stichw. „Golfklasse“) und die regelmäßige Untersuchungspflicht nach § 29 StVZO das Fahrzeugrisiko ausreichend abstrahieren (*Id.*).

1735 Vgl. dazu auch schon vorstehend unter C. II. 7. b) bb) [Gesetzliche Gefahrstandspflicht].

1736 WERBER/WINTER, Rdn. 303.

1737 HOFMANN, S. 134 f.

1738 HOFMANN, S. 134.

1739 HOFMANN, S. 135.

1740 BGH, VersR 1981, 921, 922 m.w.N.

1741 HOFMANN, S. 135.

a) Obliegenheiten bei Gefahrerhöhung

Die Maklerbedingungen (§ 12 Nr. 2 PYKB 98 und Nr. 11. Satz 2 SYKB 98) erlauben nachträgliche Gefahrerhöhungen; der Versicherungsnehmer muß sie aber zwecks Berechnung einer eventuellen Prämienzulage dem Versicherer anzeigen. Die Maklerbedingungen haben insoweit den Charakter einer antizipierten Genehmigung. Sie kommen dem Versicherungsnehmer entgegen, wenn er nicht vergißt, die Gefahrerhöhung später anzuzeigen.

Nach Nr. 4 Satz 1 AVBW 1985 darf der Versicherungsnehmer die Gefahr dagegen nur mit „Einwilligung des Versicherers ... erhöhen oder einem Dritten die Gefahrerhöhung gestatten." Die Zustimmung muß im voraus erteilt werden; eine Heilung durch spätere Anzeige ist nicht möglich. Die Bestimmung entspricht § 23 Abs. 1 [Gefahrstandspflicht] VVG[1742].

b) Vorbeugende Obliegenheiten

Verwendungs-[1743] und Fahruntüchtigkeitsklausel[1744] wurden bereits eingehend besprochen. Sie sind vorbeugende Obliegenheiten im Sinne des § 32 VVG. Nach Nr. 4 Satz 2 AVBW 1985 gilt als Gefahrerhöhung „insbesondere die Überlassung [des Sportboots] an Dritte gegen Entgelt." Weitere typische vorbeugende Obliegenheiten in Sportbootbedingungen sind

- die Führerscheinklausel,
- die Pflicht, (sonstigen) behördlichen Vorschriften zu folgen und
- die Abstellklausel.

aa) Führerscheinklausel

Nach Nr. 5.3. SYKB 1998 sind von der Versicherung Schäden ausgeschlossen, die entstehen, „weil der Führer des versicherten Fahrzeuges nicht im Besitz eines für das Fahrzeug und/oder für das Fahrtgebiet amtlich vorgeschriebenen Führerscheins ist." Die Klausel geht zurück auf § 2 *lit.* b)/c) AVBW 1963: Danach mußte [b)] die Führung des Sportboots „in den Händen einer genügend qualifizierten Person" liegen oder [c)] der Fahrzeugführer, „soweit dies amtlich vorgeschrieben ist, den erforderlichen Führerschein für das versicherte Fahrzeug besitzen".

1742 Vgl. auch P/M/VOIT, AVBW, Nr. 4 Rdn. 1. Die unentgeltliche Überlassung des Fahrzeugs an einen Dritten sei daher nicht als Gefahrerhöhung zu betrachten, sondern gehöre (weil in Sportlerkreisen üblich) zu dem normalen, in der Prämienkalkulation berücksichtigten Risiko. *Id.*

1743 Vgl. dazu vorstehend unter C. II. 6. c) [Verwendungsklausel].

1744 Vgl. dazu vorstehend unter C. II. 7. e) [Fahrtüchtigkeit des Wassersportfahrzeugs].

bb) Vorschriftsgemäße Verhaltenspflicht

Heute verlangen die AVBW den entsprechenden Führerschein nur noch mittelbar: Nach Nr. 3.4.5 AVBW 1985 leistet der Versicherer keinen Ersatz für Schäden, verursacht durch „Verstöße gegen behördliche Vorschriften". Der Versicherungsnehmer muß sich vorschriftsgemäß verhalten (verhüllte Obliegenheit[1745]). Ist für ein Gewässer der Besitz einer Fahrerlaubnis amtlich vorgeschrieben und kann sie der Versicherungsnehmer nicht nachweisen, verstößt er gegen behördliche Vorschriften.

Außerdem bezieht sich Nr. 3.4.5 AVBW 1985 auf Vorschriften, die das Fahrzeug und die mitversicherten Sachen betreffen[1746]. Das sind insbesondere Regeln zur Betriebssicherheit, die den Umgang z.B. mit brennbaren oder explosiven Stoffen sicherstellen. Nicht dazu zählen allgemeine Verkehrsvorschriften oder dergleichen[1747].

cc) Abstellklausel

Schließlich leistet der Versicherer nicht, wenn der Schaden durch „unbemanntes Stilliegen vor offener Küste" verursacht wird (Nr. 3.4.4 AVBW 85). Nr. 5.1. SYKB 1998 ist nicht ganz so streng: Danach sind von der Versicherung Schäden ausgeschlossen, die entstehen „durch Sturm oder Brandung vor der offenen Küste, sofern das Fahrzeug länger als 6 Stunden unbemannt stilliegt." Voit sieht darin „eine objektive (sekundäre) Risikobegrenzung"[1748].

(1) Stellungnahme

Dem ist zu widersprechen. Abstellklauseln wenden sich an den Versicherungsnehmer und verlangen von ihm ein bestimmtes Verhalten bzw. beziehen sich auf Umstände, deren Eintritt bzw. Ausbleiben typischerweise in seiner Hand liegen.

Der Versicherungsnehmer kann den Zustand des Ankers im Grund bzw. das Wetter fortlaufend prüfen. Sollte sich etwas zum Nachteil des versicherten Sportboots ändern, kann er unmittelbar Gegenmaßnahmen einleiten und einen möglichen Schaden verhindern.

1745 P/M/VOIT, AVBW, Nr. 3 Rdn. 13.
1746 P/M/VOIT, AVBW, Nr. 3 Rdn. 13, unter Verweis auf LG KIEL, ZfS 1983, 377.
1747 *Id.*
1748 P/M/VOIT, AVBW, Nr. 3 Rdn. 12.

(2) Zusammenfassung

Wie die mangelhafte Vertäuung im Hafen (ebenfalls Nr. 3.4.4 AVBW 85)[1749] ist das Stilliegen vor offener Küste eine verhüllte Obliegenheit. Sie verlangt vom Versicherungsnehmer ein Verhalten, das geeignet ist, den Eintritt des Versicherungsfalls weniger wahrscheinlich zu machen.

c) Zwischenergebnis

Alle Bedingungen wiederholen die gesetzliche Gefahrerhöhung des § 23 Abs. 1 VVG. Die Maklerbedingungen weichen von ihr jedoch zugunsten des Versicherungsnehmers ab.

Neben den in §§ 23-30 VVG geregelten Obliegenheiten gestattet § 32 VVG die Vereinbarung vorbeugender Obliegenheiten. Vertragliche Obliegenheiten ergänzen die Gefahrstandspflicht, weil sie entweder der Verminderung der Gefahr oder der Verhütung einer Gefahrerhöhung dienen.

Typische vorbeugende Obliegenheiten der Sportbootversicherung sind die Verwendungsklausel, die Fahruntüchtigkeitsklausel, die Führerscheinklausel, die vorschriftsgemäße Verhaltenspflicht und die Abstellklausel. Bis heute werden einzelne Obliegenheiten als primäre Risikobegrenzungen oder objektive Risikoausschlüsse verhüllt. Das widerspricht § 15 a VVG; trotz der Verhüllung sind diese Obliegenheiten an § 6 VVG zu messen.

3. Pflichten im Versicherungsfall

Die Verhaltenspflichten im Schadensfall haben den Zweck, die Feststellung des Versicherungsfalls zu sichern und damit eine Ausweitung des Umfangs der Leistungspflicht des Versicherers infolge Beweismittelverlusts zu verhindern[1750]. Dem Versicherer soll eine sachgerechte Bearbeitung und Regulierung ermöglicht werden[1751]; es sollen betrügerische Manipulationen des Versicherungsnehmers vermieden werden, die zu einer überhöhten Entschädigungsleistung des Versicherers führen[1752].

1749 *Id.*

1750 HOFMANN, S. 163.

1751 Was sich nicht zuletzt auf den Verwaltungsaufwand und damit unmittelbar auf die Prämienhöhe auswirkt. *Id.*

1752 HOFMANN, S. 163.

a) Anzeigepflicht

Bei Eintritt des Versicherungsfalls hat der Versicherungsnehmer dem Versicherer den Schaden anzuzeigen (§ 13 Nr. 1 Satz 1 PYKB 98, Nr. 12. Satz 1 SYKB 98, Nr. 1 Anweisungen für den Schadenfall gem. Nr. 9.2 AVBW 85). Diese Verpflichtung entspricht § 33 Abs. 1 VVG. Die Schadensanzeigepflicht hat den Zweck, die Schadensregulierung einzuleiten[1753]; der Versicherer soll die gegen ihn erhobenen Ansprüche dem Grunde und der Höhe nach prüfen und den Schaden (oder seine Folgen) durch geeignete Maßnahmen mindern können[1754].

Der Schaden ist unverzüglich anzuzeigen, d.h. ohne schuldhaftes Zögern (§ 121 Abs. 1 Satz 1 BGB)[1755]. Voits Verweis auf Knappmanns Kommentierung des § 7 AKB 1996, soweit dort Kaskoschäden behandelt werden[1756], ist daher widersprüchlich: Nach § 7 Abs. 1 Nr. 2 AKB 1996 ist dem Versicherer jeder Versicherungsfall „innerhalb einer Woche ... anzuzeigen." Von der Unverzüglichkeit der Schadensanzeige wird dort nicht gesprochen. Jedenfalls sei nach Voit eine Anzeige nach zehn Tagen zu spät[1757].

aa) Stellungnahme

Voit ist insoweit zuzustimmen, als man sich bei der Frage, ob die Schadensanzeige ohne schuldhaftes Zögern abgegeben wurde, an anderen Transportversicherungen orientieren darf, die typischerweise von Verbraucherversicherungsnehmern abgeschlossen werden. Als ähnliche Vertragstypen bestimmen sie die versicherungsvertraglichen Umstände.

(1) Kfz-Kaskoversicherung

In der Kfz-Kasko versichert ein Verbraucher ein Transportmittel. Die Anzeige ist daher auch in der Sportbootversicherung „unverzüglich", wenn der Versicherungsnehmer sie jedenfalls innerhalb einer Woche erstattet. Der Versicherungsnehmer hat sieben Tage Zeit, entscheidend ist der Zeitpunkt der Absendung[1758].

1753 KOLL, S. 105.

1754 R. SCHMIDT, S. 224; MÖHRLE, S. 97, m.w.N.

1755 P/M/VOIT, AVBW, Nr. 9 Rdn. 3; PAUL, S. 95.

1756 P/M/VOIT, AVBW, Nr. 9 Rdn. 1.

1757 P/M/VOIT, AVBW, Nr. 9 Rdn. 3, unter Verweis auf OLG HAMBURG, VersR 1990, 304, 304, nach dessen Leitsatz es zu spät ist,

> „wenn der VN erst 12 Tage nach Feststellung des Schadensereignisses seine schriftliche Schadensanzeige erstellt und absendet".

1758 KOLL, S. 105, m.w.N. Die Absendung der Anzeige innerhalb der Frist genügt nach einem allgemeinen Prinzip, das in §§ 92 Abs. 1 Satz 2, 110 Abs. 1 Satz 2, 153 Abs. 3, 171 Abs. 1 Satz 2 VVG zum Ausdruck gekommen ist. P/M/PRÖLSS, § 33 Rdn. 5.

(2) Verkehrsservice- und Reisegepäckversicherung

Verkehrsservice- und Reisegepäckversicherung verwenden dagegen das Wort „unverzüglich“, wenn sie die Frist zur Schadensanzeige festlegen. In der Verkehrsserviceversicherung ist die Anzeige rechtzeitig, wenn der Versicherungsnehmer sie unmittelbar nach seiner Rückkehr von der Reise erstattet[1759]. Die Verkehrsserviceversicherung betrifft Leistungen rund um ein Transportmittel; zu den versicherten Gefahren zählen Panne, Unfall, Diebstahl und Fahrerausfall[1760].

Das gleiche gilt in der Reisegepäckversicherung, bei der ein Verbraucher ein Transportgut versichert[1761]. Die Anzeige ist rechtzeitig, wenn der Versicherungsnehmer sie unmittelbar nach seiner Rückkehr von der Reise erstattet[1762].

(3) Zusammenfassung

Dieses Verständnis des Worts „unverzüglich“ muß ebenfalls in der Sportbootversicherung gelten. Die Anzeige kann daher „ohne schuldhaftes Zögern“ erfolgen, wenn eine Fahrt länger als eine Woche dauert, der Schaden zu ihrem Beginn eingetreten ist und der Versicherungsnehmer sie unmittelbar nach seiner Rückkehr absendet. Die Anzeige ist außerdem unverzüglich, wenn sie innerhalb einer Woche erstattet wird. Sie darf jedoch weder die Feststellung des Versicherungsfalls durch den Versicherungsnehmer vereiteln noch den Umfang seiner Leistungspflicht infolge Beweismittelverlusts ausweiten.

bb) Fristbeginn

Die Unverzüglichkeitsfrist beginnt, sobald der Anzeigepflichtige Kenntnis vom Eintritt des Versicherungsfalls erlangt[1763]. Kennenmüssen steht der Kenntnis nicht gleich[1764]; den Versicherungsnehmer trifft keine Erkundigungspflicht[1765].

b) Rettungspflicht

§ 13 Nr. 3 PYKB 1998, Nr. 12 Satz 2 SYKB 1998 und Nr. 2 ANW gem. Nr. 9.2 AVBW 1985 entsprechen § 62 Abs. 1 Satz 1 1. Halbs. VVG. Sie verpflichten den Versicherungsnehmer bei Eintritt des Versicherungsfalls, den Schaden nach

1759 KOLL, S. 105, m.w.N.
1760 KOLL, S. 153.
1761 Vgl. dazu auch schon vorstehend unter B. V. 3. a) [Versicherungsaufsicht].
1762 V. BÜHREN/SPIELBRINK, § 10 Rdn. 19.
1763 KOLL, S. 105.
1764 BGH, VersR 1967, 56, 58 = NJW 1967, 776, 778.
1765 BRUCK, S. 328.

Möglichkeit abzuwenden bzw. zu mindern. Dabei hat er – soweit möglich – Weisungen des Versicherers einzuholen und zu befolgen (§ 13 Nr. 1 Satz 1 PYKB 98, Nr. 12. Satz 3 SYKB 98[1766]), was § 62 Abs. 1 Satz 1 VVG entspricht.

Der Versicherungsnehmer muß das unternehmen, was den Umständen nach objektiv geboten ist[1767]. Er muß die in der jeweiligen Situation möglichen und zumutbaren Rettungsmaßnahmen ergreifen, „wie wenn er nicht versichert wäre“[1768]. Er ist nicht verpflichtet, über den Versicherungsschaden hinaus die Ersatzpflicht des Versicherers zu mindern, indem er z.B. einen Skontovorteil bei einer Reparaturkostenrechnung ausnutzt[1769]. Der Versicherungsnehmer kann deswegen bei Inanspruchnahme eines Rabatts den vollen Betrag vom Versicherer verlangen.

aa) Rettungsrecht

Das Gegenstück zur Rettungspflicht ist das „Rettungsrecht“ auf Kosten des Versicherers[1770]. § 6 Satz 1 PYKB 1998, Nr. 3. Satz 2 SYKB 1998 und Nr. 3.7 AVBW 1985 entsprechen § 63 Abs. 1 Satz 1 VVG. Rettungskosten werden ersetzt, soweit der Versicherungsnehmer die Aufwendungen den Umständen nach für geboten halten durfte.

Damit stellt das Rettungsrecht nicht darauf ab, ob die ergriffenen Maßnahmen objektiv geboten waren[1771]. Entscheidend ist vielmehr, ob der Versicherungsnehmer aus seiner Sicht (*i.e.* subjektiv) davon ausgehen durfte, daß sie geboten waren[1772].

bb) Höchstgrenze

Die Versicherungssumme[1773] bildet grundsätzlich die Höchstgrenze für den Erstattungsumfang von Rettungskosten[1774]. Übersteigen Versicherungsleistung und Rettungskosten zusammen die Versicherungssumme, ist der Anspruch des Versicherungsnehmers auf den Betrag der Versicherungssumme begrenzt[1775].

1766 Aber auch schon nach § 17 (1a) Satz 1 AVBW 32 und § 14 (2) Satz 1 AVBW 63.
1767 BRUCK, S. 354.
1768 R/L/RÖMER, § 62 Rdn. 6.
1769 VerBAV 1967, 67.
1770 MARTIN, SVersR, W. II. Rdn. 25; P/M/VOIT, § 63 Rdn. 1.
1771 R/L/RÖMER, § 63 Rdn. 6.
1772 Geboten sind Maßnahmen, die Erfolg versprechen und in ihrem Aufwand nicht außer Verhältnis zum angestrebten Erfolg stehen. *Id.*
1773 Vgl. dazu bereits vorstehend unter A. III. 2. [Schadens- und Nichtpersonenversicherung].
1774 R/L/RÖMER, § 63 Rdn. 10.
1775 *Id.*

Nur § 7 Nr. 1 *lit.* a) PYKB 1998 ermöglicht ihren Ersatz über die Versicherungssumme hinaus.

Außerdem wird die Höchstgrenze durchbrochen, wenn der Versicherungsnehmer Maßnahmen gemäß den Weisungen des Versicherers ergreift. Nr. 3.7 Satz 2 AVBW 1985 entspricht § 63 Abs. 1 Satz 2 VVG[1776]. Da der Versicherungsnehmer weisungsgebunden ist[1777], ist es interessengerecht, daß seine Aufwendungen für entsprechende Maßnahmen vom Versicherer ersetzt werden[1778]. Die Vorschrift zählt deshalb – obwohl von § 68 a VVG nicht für halbzwingend erklärt – zu den wesentlichen Grundgedanken der Rettungspflicht[1779].

c) Aufklärungspflicht

Der Versicherungsnehmer hat dem Versicherer die Untersuchung des Schadens zu gestatten (§ 13 Nr. 1 Satz 2 PYKB 98, Nr. 12. Satz 4 SYKB 98, Nr. 9.1 Satz 1 AVBW 85). Diese Duldungspflicht ist nicht im VVG geregelt[1780]. Sie ergibt sich „aus dem das gesamte Schuldrecht beherrschenden Grundsatz, daß jede schuldrechtliche Verpflichtung die Pflicht in sich schließt, von jeder Handlung abzusehen, die die Erfüllung der Verpflichtung vereiteln oder beeinträchtigen könnte"[1781].

Daneben muß der Versicherungsnehmer sachdienliche Auskünfte erteilen und auf Verlangen Belege beibringen. § 13 Nr. 1 Sätze 2-3 PYKB 1998, Nr. 12. Satz 4 SYKB 1998 und Nr. 9.1 Satz 2 AVBW 1985[1782] entsprechen § 34 VVG. Damit werden die Pflichten abgerundet, die eine sachgerechte Bearbeitung und Regulierung des Versicherungsfalls ermöglichen sollen.

d) Zwischenergebnis

Im Versicherungsfall hat der Versicherungsnehmer dem Versicherer den Schaden unverzüglich anzuzeigen. Alle Bedingungen wiederholen die gesetzliche Anzeigepflicht. Die Anzeigefrist beginnt, wenn der Versicherungsnehmer Kenntnis vom Eintritt des Schadens hat. Bei der Beantwortung der Frage, ob die Anzeige ohne schuldhaftes Zögern erfolgte, darf man sich an anderen Transportversicherungen orientieren, die typischerweise von Verbraucherversiche-

---

1776 D.h., sie sind auch dann voll zu ersetzen, wenn sie zusammen mit der Versicherungsleistung die Versicherungssumme übersteigen. R/L/RÖMER, § 63 Rdn. 10.
1777 Vgl. dazu vorstehend unter C. III. 3. b) [Rettungspflicht].
1778 Vgl. KOLL, S. 106.
1779 *Id.*
1780 So schon KOLL, S. 106.
1781 BGH, VersR 1961, 497, 498.
1782 Aber auch schon nach Nr. 17 (1a) Satz 2 AVBW 32 und § 14 (5) AVBW 63.

rungsnehmern abgeschlossen werden. Eine Anzeige kann daher rechtzeitig erstattet worden sein, wenn der Versicherungsnehmer sie innerhalb einer Woche (Kfz-Kasko) oder unmittelbar nach seiner Rückkehr von der Reise (Verkehrsservice- und Reisegepäckversicherung) absendet.

Der Versicherungsnehmer ist verpflichtet, den Schaden soweit abzuwenden bzw. zu mindern, wie wenn er nicht versichert wäre. Alle Bedingungen wiederholen die gesetzliche Rettungspflicht. Durfte er eine Rettungsmaßnahme den Umständen nach für geboten halten, werden deren Kosten vom Versicherer ersetzt. Alle Bedingungen wiederholen das gesetzliche Rettungsrecht. Übersteigen Versicherungsleistung und Rettungskosten die Versicherungssumme, ist der Anspruch des Versicherungsnehmers grundsätzlich auf den Betrag der Versicherungssumme begrenzt (Ausnahme: § 7 Nr. 1 *lit.* a) PYKB 98). Diese Höchstgrenze wird durchbrochen, wenn der Versicherungsnehmer Rettungsaufwendungen gemäß den Weisungen des Versicherers macht (§ 63 Abs. 1 Satz 2 VVG, der nicht von allen Bedingungswerken wiederholt wird).

Nach allen Bedingungen muß der Versicherungsnehmer dem Versicherer die Untersuchung des Schadens gestatten. Er hat sachdienliche Auskünfte zu erteilen und Belege beizubringen; alle Bedingungen wiederholen die gesetzliche Auskunftspflicht (§ 34 VVG).

4. Ergebnis

Die Obliegenheiten der Sportbootversicherung halten den Versicherungsnehmer an zu bestimmten Auskünften, Mitteilungen, Anzeigen oder sonstigen Verhaltensweisen. Sie dienen der Verminderung der Gefahr oder der Verhütung einer Gefahrerhöhung. Man unterscheidet zwischen vorvertraglichen Anzeigepflichten, Obliegenheiten zwischen Vertragsschluß und Eintritt des Versicherungsfalls und Pflichten im Versicherungsfall.

Häufig werden die gesetzlichen Obliegenheiten (§§ 16 Abs. 1, 23 Abs. 1, 33 Abs. 1, 34 VVG) durch vertragliche Obliegenheiten ergänzt. Die vertraglichen Obliegenheiten der Sportbootversicherung wiederholen das Gesetz (§ 12 Nr. 1 PYKB 98, Nr. 11. Satz 1 SYKB 98; Nr. 4 Satz 1 AVBW 85; § 13 Nr. 1 Satz 1 PYKB 98, Nr. 12. Satz 1 SYKB 98, Nr. 1 Anweisungen für den Schadenfall gem. Nr. 9.2 AVBW 85) oder weichen vom Gesetz ab zugunsten des Versicherungsnehmers (§ 12 Nr. 2 PYKB 98, Nr. 11. Satz 2 SYKB 98; § 7 Nr. 1 *lit.* a) PYKB 98) oder zu Lasten des Versicherungsnehmers (Verwendungsklausel, Fahruntüchtigkeitsklausel, Führerscheinklausel, vorschriftsgemäße Verhaltenspflicht und Abstellklausel). Soweit sie vom Gesetzestext zu seinen Gunsten abweichen, sind sie immer wirksam. Gehen ihre Anforderungen über den Gesetzestext hinaus, sind sie an § 6 VVG zu messen.

Ob eine Klausel eine Obliegenheit ist, bei der das Verschuldens-, Kausalitäts- und Klarstellungsprinzip gelten, hängt von ihrem materiellen Inhalt ab. Obliegenheiten beziehen sich auf das Verhalten des Versicherungsnehmers oder auf Umstände, deren Eintreten bzw. Ausbleiben typischerweise in seiner Hand liegen. Sie fordern vom Versicherungsnehmer ein vorbeugendes Tätigwerden. Auch die Fahruntüchtigkeits- und die Abstellklausel sind deswegen Obliegenheiten, obwohl man sie nach dem Wortlaut (wie die bisherige Rechtsprechung und das Schrifttum) der objektiven Risikodarstellung zurechnen könnte.

IV. Schaden

Schaden ist die nach außen in Erscheinung tretende Folgewirkung der Gefahr[1783]. Wie das versicherte Interesse und die versicherte Gefahr ermöglicht das Schadensereignis dem Versicherer, seine Verpflichtung aus dem Versicherungsvertrag zu beschränken[1784]. Auch der versicherte Schaden ist deswegen von besonderer Bedeutung für den Versicherungsumfang[1785].

Der versicherte Schaden ist der Bedarf, der dem Versicherungsnehmer entsteht infolge der Verwirklichung der versicherten Gefahr hinsichtlich des versicherten Interesses (Versicherungsfall)[1786]. Die Übernahme eines Risikos durch einen Versicherer bedeutet also nichts anderes als die Verpflichtung zur (Versicherungs-)Leistung im Versicherungsfall[1787]. Dabei ist unerheblich, ob die Leistung als Naturalrestitution erfolgt (Aktivenversicherung[1788]) oder in der Übernahme von Aufwendungen liegt (Passivenversicherung[1789])[1790].

Wie bereits herausgearbeitet[1791], ist die Sportbootversicherung eine aktive Transportversicherung. Der Schaden an einer versicherten Sache löst die Verpflichtung des Versicherers zur Naturalrestitution gegenüber dem Versicherungsnehmer aus. Versicherte Schäden sind der Totalverlust, der wirtschaftliche Totalschaden und Teilschäden. Alle Bedingungswerke schließen mittelbare Schäden wie die Beeinträchtigung der Rennfähigkeit oder den Minderwert aus (§ 7 Nr. 1 *lit.* c) PYKB 98, Nr. 4.2. SYKB 98, Nr. 3.6 AVBW 85).

1783 Vgl. dazu vorstehend unter C. II. [Gefahr].

1784 WERBER/WINTER, Rdn. 121. Der Versicherer kann seine Leistungspflicht nicht nur über die Gefahrtragung, sondern auch durch die Art des versicherten Schadens einschränken. MÖLLER, FS Schmidt, 921, 923.

1785 MÖLLER, ZVersWiss 1934, 18, 20.

1786 MÖLLER, VersVR, S. 155. Vgl. aber auch schon vorstehend die Abgrenzung unter C. II. [Gefahr].

1787 BRUCK, S. 365.

1788 Vgl. dazu auch vorstehend unter A. III. 3.

1789 Vgl. dazu auch vorstehend unter A. III. 3. b).

1790 BEISLER, VersArch 1957, 257, 300; MÖLLER, ZVersWiss 1934, 18, 31.

1791 Vgl. dazu vorstehend unter A. III. 3. a) [Sachversicherung im weiteren Sinne] und B. III. 1. d) [Stellungnahme].

1. Totalverlust

Verlust im engeren Sinne bedeutet Abhandenkommen[1792], Verlust im weiteren Sinne schließt außerdem die Zerstörung der Sache mit ein[1793]. Die Transportversicherung deckt den Verlust im weiteren Sinne[1794]. Ein Totalverlust liegt vor, wenn die versicherte Sache völlig zerstört oder abhanden gekommen ist[1795]. Eine Sache ist völlig zerstört, wenn sie physisch vernichtet oder irreparabel ist[1796].

Nach Nr. 3.3 AVBW 1985 leistet „der Versicherer ... Ersatz für den Verlust ... der versicherten Sachen"; dem entspricht § 3 Nr. 1 PYKB 1998[1797]. Nach Nr. 3 SYKB 1998 haftet „der Versicherer ... für alle Schäden und Verluste an den versicherten Sachen".

a) Feste Taxe

„Im Falle des Totalverlustes ... wird die Feste Taxe ... ersetzt" (§ 10 Nr. 1 PYKB 98). Weiter heißt es in § 10 Nr. 2 Satz 1 PYKB 1998: „Als Totalverlust gilt auch die Reparaturunfähigkeit, d.h. wenn die Reparatur des Schiffes überhaupt nicht möglich ist oder an dem Ort, wo sich das Schiff befindet, nicht bewerkstelligt und das Schiff auch nicht zu dem Ort, wo die Reparatur auszuführen wäre, gebracht werden kann"[1798]. Dabei werden „erzielbare Erlöse aus Restwerten ... auf die Entschädigungsleistung nach Nr. 1. bis 3. angerechnet" (§ 10 Nr. 4 PYKB 98).

„Bei Totalverlust des Fahrzeuges ersetzt der Versicherer die Versicherungssumme abzüglich des etwaigen Restwertes" (Nr. 16. Satz 1 SYKB 98). Nach Nr. 9. SYKB 1998 gilt die in der Police genannte Versicherungssumme „als zwischen den Parteien ausgehandelte unanfechtbare Taxe[n]".

b) Anlehnung an § 854 Satz 1 HGB

„Ein Totalverlust liegt vor, wenn das Fahrzeug dem Versicherungsnehmer ohne Aussicht auf Wiedererlangung entzogen, insbesondere wenn es unrettbar gesunken oder in seiner ursprünglichen Beschaffenheit zerstört ist" (Nr. 16. Satz 2 SYKB 1998). „Gehen versicherte Sachen total verloren, werden sie ohne Aussicht auf Wiedererlangung entzogen oder sind sie in der ursprünglichen Be-

---

1792 Z.B. durch Diebstahl.

1793 Vgl. dazu vorstehend unter B. III. 2. a) aa) [Schadensabgrenzung].

1794 *Id.*

1795 P/M/KOLLHOSSER, § 55 Rdn. 42.

1796 *Id.*

1797 „Der Versicherer haftet für [den] Verlust ... der versicherten Sachen".

1798 Die versicherte Sache ist völlig zerstört, weil sie irreparabel ist.

schaffenheit zerstört, so kann der Versicherungsnehmer den auf sie entfallenden Teil der Versicherungssumme abzüglich des Restwertes verlangen“ (Nr. 6.1 AVBW 85). Soweit Nr. 16. Satz 2 SYKB 1998 und Nr. 6.1 AVBW 1985 das unrettbare Sinken oder die Zerstörung der ursprünglichen Beschaffenheit nennen, entsprechen sie den Beispielen für einen Totalverlust nach § 854 Satz 1 HGB.

Bei der Ermittlung ihrer Bedeutung kann man dazu ergangene Rechtsprechung und dessen Kommentierung heranziehen. Um auf die Sportbootversicherung anwendbar zu sein, muß sie aber ein Versicherungsnehmer ohne rechtliche oder versicherungstechnische Kenntnisse verstehen können (Verkehrskreisansatz)[1799].

2. Wirtschaftlicher Totalschaden

Ein wirtschaftlicher Totalschaden liegt vor, wenn die versicherte Sache zwar technisch noch reparabel ist[1800], der Schaden aber so erheblich ist, daß die erforderlichen Reparaturkosten höher sind als die im Falle eines Totalverlusts zu ersetzenden Wiederbeschaffungskosten[1801]. Man nennt den Totalverlust daher auch „echten Totalschaden“, während man den wirtschaftlichen Totalschaden als „unechten Totalschaden“ bezeichnet.

Die Wiederbeschaffungskosten errechnen sich aus dem Wiederbeschaffungswert[1802]. Das ist der Neuwert oder Zeitwert abzüglich des Restwerts der beschädigten Sache[1803]. Ob der Versicherer im Falle eines wirtschaftlichen Totalschadens zum Ersatz der erforderlichen Reparaturkosten oder zur Zahlung der erforderlichen Wiederbeschaffungskosten verpflichtet oder berechtigt ist, richtet sich nach den getroffenen Vereinbarungen[1804].

Nach § 10 Nr. 1 PYKB 1998 wird „im Falle ... des konstruktiven Totalverlustes (Wiederherstellungskosten übersteigen die Feste Taxe) ... die Feste Taxe“ ersetzt. Danach ist der Versicherer zur Zahlung der erforderlichen Wiederbeschaffungskosten berechtigt. SYKB 1998 und AVBW 1985 enthalten dagegen keine besonderen Bestimmungen zum wirtschaftlichen Totalschaden[1805].

1799 Vgl. dazu vorstehend unter B. IV. 3. c) cc) [Stellungnahme].

1800 Also technisch ein Teilschaden vorliegt.

1801 P/M/KOLLHOSSER, § 55 Rdn. 45.

1802 *Id.*

1803 BGHZ 115, 364, 373; BGH, VersR 1985, 593, 593 f.

1804 R/M/KOLLHOSSER, § 55 Rdn. 46.

1805 Vgl. auch nachfolgend unter E. I. 3. b) [Höhe der Entschädigung].

3. Teilschaden

Bei Teilschäden an allen oder einigen versicherten Sachen ersetzt der Versicherer die notwendigen Reparaturkosten[1806]. Auch wo in den allgemeinen Bedingungen das Wort „notwendig" fehlt, muß er nur den Betrag für den schnellsten, sichersten und zumutbar billigsten Reparaturweg leisten. Das folgt nicht erst aus § 62 VVG, sondern aus dem Grundsatz der abstrakten Schadensberechnung[1807].

a) PYKB

„Bei Teilschäden werden die notwendigen Wiederherstellungskosten ohne Abzüge ‚neu für alt' erstattet. Die durch den Versicherungsfall verursachten Transportkosten zur Reparaturwerft und zurück *werden wie* die Wiederherstellungskosten *erstattet*' (§ 10 Nr. 3 Sätze 1-2 PYKB 98).

aa) Mehrdeutigkeit

§ 10 Nr. 3 Satz 2 PYKB 1998 ist insoweit mehrdeutig, als die Gleichstellung der Transportkosten mit den Wiederherstellungskosten („werden wie ... erstattet") die Höchstgrenze der zu ersetzenden Gesamtkosten an die Taxe binden könnte. Nach § 10 Nr. 1 PYKB 1998 ersetzt der Versicherer die Wiederherstellungskosten nur bis zur festen Taxe.

bb) Stellungnahme

Das kann jedoch nicht gelten, wenn der Versicherungsnehmer den Transport zur Abwendung oder Minderung des Schadens den Umständen nach für geboten halten durfte. Rettungskosten dieser Art sind nach § 7 Nr. 1 a) PYKB 1998 in Verbindung mit § 6 PYKB 1998 ausdrücklich eingeschlossen, soweit sie über die Versicherungssumme hinausgehen[1808].

Als speziellere Regel geht § 7 Nr. 1 a) in Verbindung mit § 6 PYKB 1998 der allgemeinen Regel des § 10 Nr. 3 Sätze 1-2 PYKB 1998 vor[1809]. Eine Höchstgrenze gilt daher nicht für zur Rettung aufgewandte Transportkosten, die aus Sicht des Versicherungsnehmers geboten waren[1810].

1806 R/M/KOLLHOSSER, § 55 Rdn. 48.

1807 *Id.* Wohl aber können Umwege zum Reparaturziel durch § 63 VVG als Rettungskosten gedeckt sein, wenn sie ohne grobe Fahrlässigkeit für geboten gehalten werden durften. *Id.* Vgl. aber auch vorstehend unter C. III. 3. b) aa) [Rettungsrecht].

1808 Vgl. dazu vorstehend unter C. III. 3. b) bb) [Höchstgrenze].

1809 Vgl. dazu vorstehend unter B. IV. 3. b) bb) [Vorgehensweise].

1810 Vgl. dazu vorstehend unter C. III. 3. b) bb) [Höchstgrenze].

b) Sonstige Bedingungswerke

Nach Nr. 16. Satz 1 SYKB 1998 ersetzt der Versicherer „bei Teilschäden die Reparaturkosten bis zur Höhe der vereinbarten Versicherungssumme.“ Dem entspricht Nr. 6.2 AVBW 1985: „Werden versicherte Sachen beschädigt, so kann der Versicherungsnehmer Ersatz für die zum Zeitpunkt des Schadenseintritts notwendigen Kosten für die Wiederherstellung der beschädigten Teile verlangen, jedoch nur bis zur Höhe der jeweiligen Versicherungssumme.“

Wie nach § 10 Nr. 1 PYKB 1998 ist der Versicherer auch hier zur Zahlung der erforderlichen Wiederbeschaffungskosten berechtigt, welche durch die Versicherungssumme begrenzt werden. Es muß nicht festgestellt werden, ob noch ein Teilschaden oder schon ein wirtschaftlicher Totalschaden gegeben ist; die Schäden gehen ineinander über. Daß beide Bedingungswerke keine besonderen Bestimmungen zum wirtschaftlichen Totalschaden enthalten, ist deswegen unschädlich. Ein Teilschaden liegt jedenfalls vor, wenn die Reparaturkosten die Versicherungssumme nicht erreichen.

4. Ergebnis

In der Sportbootversicherung ist der Versicherer zur Naturalrestitution bei Totalverlust, wirtschaftlichem Totalschaden und Teilschäden verpflichtet. Den Ersatz mittelbarer Schäden schließen alle Bedingungswerke aus.

Im Falle eines Totalverlusts erhält der Versicherungsnehmer die feste Taxe oder Versicherungssumme jeweils abzüglich eines etwaigen Restwerts. Nach SYKB und AVBW begrenzt die Versicherungssumme die Leistungspflicht des Versicherers bei Teilschäden, selbst wenn die Reparaturkosten die Summe übersteigen; es kommt nicht darauf an, ob noch ein Teilschaden oder schon ein wirtschaftlicher Totalschaden vorliegt. Dem entsprechen die PYKB, die bei einem wirtschaftlichen Totalschaden den Versicherer zur Zahlung der erforderlichen Wiederbeschaffungskosten berechtigen.

D. Schlußbetrachtung

Die Sportbootversicherung ist eine Binnenversicherung. Sie wird nicht nur unmittelbar von Versicherern, sondern auch von Maklern angeboten. Im Auftrag des Versicherungsnehmers bringt der Makler dessen Risiko bei einem oder mehreren Versicherern unter. Die Arbeit behandelt die von Versicherern verwendeten allgemeinen Bedingungen (AVBW) und zwei von Maklern vorbereitete Yachtkaskobedingungen (YKB).

In erster Linie versichern die Bedingungswerke den aktiven Gebrauch eines Transportmittels und unterliegen den VVG-Vorschriften, die sich auf § 129 Abs. 2 Satz 1 VVG beziehen. Soweit es um Transporte des Fahrzeugs geht (passiver Gebrauch), versichern sie Güter im Sinne des § 129 Abs. 1 VVG. Die Besonderheit der Sportbootversicherung ist, daß sie ein Verbraucher schließt, der ein Transportinteresse versichert. Ein *Massenrisiko*-Versicherungsnehmer trifft auf einen *Großrisiko*-Versicherungsvertrag. Die §§ 129-148 VVG sind daher in einer Weise anzuwenden, die nicht zu unangemessenen Härten für den Verbraucherversicherungsnehmer führt.

Die Einbeziehung allgemeiner Bedingungen ist nach dem Antrags- und dem Policenmodell möglich. Die Yachtkaskobedingungen werden vom Makler in den Vertrag eingeführt. Einzelne Bestimmungen in Bedingungswerken sind so auszulegen, wie sie ein durchschnittlicher Bootseigner ohne rechtliche oder versicherungstechnische Vorbildung versteht (Verkehrskreisansatz).

Die zwingenden und halbzwingenden Vorschriften des VVG sind nicht abdingbar. § 187 VVG ist auf den Anwendungsbereich zurückzuführen, der ihm nach seinem Zweck zukommt: Die Vorschrift gilt nicht für Verbraucherversicherungsnehmer, die Versicherungsverträge über ein Großrisiko abschließen. Daran kann auch die Einschaltung eines Maklers durch den Versicherungsinteressenten/-nehmer nichts ändern. Der Versicherungsnehmer erlangt dadurch weder die Fähigkeit, für seine Interessen selbst zu sorgen noch muß er sich die Geschäftskunde des Maklers zurechnen lassen.

Das Versicherungsaufsichtsgesetz hat nur mittelbare Bedeutung für die Sportbootversicherung. § 14 VAG nimmt dem Versicherungsnehmer sein individuelles Genehmigungsrecht aus § 415 Abs. 1 Satz 1 BGB. Verstöße des Versicherers gegen Informationspflichten sind allein zivilrechtlich durch *culpa in contrahendo* oder positive Vertragsverletzung sanktioniert.

Nach allen Bedingungswerken (AVBW und YKB) ist die Wertbeziehung des Versicherungsnehmers zu seinem Fahrzeug versichert. Außerdem sind versicherte Sachen die Maschine, die Ausrüstung, das Zubehör, das Inventar, die persönlichen Effekten und das Beiboot.

Die Allgefahrendeckung prägt den Charakter der Sportbootversicherung. Soweit ein Bedingungswerk davon abweicht und einzelne Gefahren benennt, kann es zwar wirksam den versicherten Gefahrenumfang beschränken. Die daraus folgende Änderung der Beweislast verstößt aber gegen AGB-Recht; der Versicherer kann sich nicht auf sie berufen. Die Änderung ist überraschend und benachteiligt den Versicherungsnehmer entgegen den Geboten von Treu und Glauben unangemessen. Nicht auf (versicherten) Gefahren beruhen Schäden, die unmittelbar auf Abnutzung, Witterung oder Rost zurückzuführen sind; dahingehende Ausschlußklauseln sind Klarstellungen.

Der Versicherungsnehmer muß das Fahrzeug sportlich nutzen, damit Versicherungsschutz nach den allgemeinen Bedingungen bzw. Maklerbedingungen besteht (primäre Risikobegrenzung). Soweit seine gewerbliche Verwendung nicht den Nutzungscharakter eines Sportboots ändert, kann sie von der Verwendungsklausel erfaßt werden. Die Verwendungsklausel ist eine vorbeugende Obliegenheit. Vorbeugende Obliegenheiten sind außerdem die Abstell- und die Fahruntüchtigkeitsklausel. Der Versicherungsnehmer muß das versicherte Fahrzeug in einem Zustand halten, der den üblichen Anforderungen bei bestimmungsgemäßem Gebrauch gewachsen ist; das Sportboot muß den Anforderungen seiner täglichen Nutzung standhalten.

Im Falle eines Totalverlusts erhält der Versicherungsnehmer die feste Taxe oder die Versicherungssumme abzüglich eines etwaigen Restwerts. Bei einem wirtschaftlichen Totalschaden ist der Versicherer zur Zahlung der erforderlichen Wiederbeschaffungskosten berechtigt.

Die Untersuchung zeigt, daß man das Transportversicherungsrecht und gegebenenfalls Regeln aus der Seeversicherung auf die Sportbootversicherung anwenden darf. Entwicklungen ihrer Vertragstypen (AVB Flußkasko, ADS und DTV-Kaskoklauseln) strahlen in die Sportbootversicherung hinein, wenn sie den Versicherungsnehmer besser stellen als das Gesetz oder einzelne Bestimmungen in den Bedingungswerken der Sportbootversicherung. Gehen jedoch transportversicherungsrechtliche Regeln von einem Berufsfahrzeugführer aus oder setzen sie einen Versicherungsnehmer voraus, zu dessen gewerblichem Betrieb der Abschluß von Transportverträgen gehört, darf man diese Qualifikationen nicht vom Versicherungsnehmer verlangen.

E. Anhang

I. Synopse der PYKB 1998, SYKB 1998, AVBW 1985, AVBW 1963 und AVBW 1932*

1. Primäre Risikobegrenzung

a) Versichertes Interesse
b) Übernommene Gefahren und gedeckte Schäden
c) Beginn des Versicherungsschutzes
d) Dauer/Verlängerung des Vertrags
e) Geltungsbereich
f) Transporte
g) Winterlager
h) Aufwendungen
i) Schadensermittlungskosten

2. Sekundäre Risikobeschränkungen

a) Ausschlüsse
b) Einschränkungen
c) Verschulden des Versicherungsnehmers
d) Obliegenheiten
e) Verhalten im Schadensfall
f) Rechtsfolge einer Obliegenheitsverletzung

3. Versicherungsleistung

a) Versicherungswert
b) Höhe der Entschädigung
c) Selbstbeteiligung
d) Unterversicherung
e) Aneignungsrecht des Versicherers/Anrechnung
f) Sachverständigenverfahren
g) Zahlung der Entschädigungsleistung
h) Klagefrist

* Für einen Vergleich von Yachtkaskobedingungen ohne Nennung der einzelnen Bestimmungen und nicht nach versicherungsvertragsrechtlichen Gesichtspunkten vgl. außerdem unter http://www.yachtversicherung.de/data/1htm.

4. Allgemeine Bestimmungen

a) Prämien
b) Kündigung im Schadensfall
c) Veräußerung des Fahrzeuges
d) Erstattung von Prämie
e) Übertragungsverbot/Verpfändungsverbot
f) Gerichtsstand
g) Verhältnis zum VVG
h) Verhältnis zu(m) Versicherer(n)

5. Haftpflicht

a) Kollisionsersatz
b) Bergungskosten

Bestimmungsinhalt	PYKB 98	SYKB 98	AVBW 85	AVBW 63	AVBW 32
1. Primäre Risikobegrenzung					
a) Versichertes Interesse		**sofern in Police** dafür eine Vers-Summe **genannt (2.)**:			- Gegenstände, die in Antrag/Police nicht aufgeführt sind finden in Schadensfällen keine Berücksichtigung, § 22
			Grundsatz = mit All-Gefahren-Deckung, 3.1 i.V.m. 1.1:	mit **(1.a) grundsätzlichem** Umfang, § 3 (1):	mit (1) **grundsätzlichem** Umfang:
	- Fahrzeug, § 2	- Fahrzeug, 2.1.	- Fahrzeug, 1.1	- Fahrzeug, § 3 (1)	- beschriebene Fahrzeug, § 1 (1)
	- gesamte Einrichtung, § 2 - Maschinenanlage, § 2	- maschinelle Einrichtung, 2.1.	- Maschinenanlage, 1.1	- maschinelle Einrichtungen, § 3 (1)	
	- gesamte Ausrüstung, § 2 - Inventar, § 2	- nautische Ausrüstung, 2.1. - Instrumente (nautische Ausrüstung), 2.1. - festeingebautes Inventar, 2.1.	- technische Ausrüstung, 1.1 - Inventar, 1.1	- fest eingebaute Teile, § 3 (1)	- die im Antrag bezeichneten Gegenstände, § 1 (1)
	- Beiboote, § 2	- Beiboot (nautische Ausrüstung), 2.1.	- Beiboot, 1.1	- Beiboot, wenn bes. vereinbart und deklariert, wie FZ (im Salzwasser aber nur gegen Schäden durch Totalverlust des ganzen FZ), § 3 (5)	- Beiboot, zu den Bedingungen des FZ vers (im Salzwasser: nur gegen Totalverlust *mit dem FZ/* bei selbständigen Reisen: nur gegen vorher vereinbarte Prämienzulage), § 6
				mit **(1.b) quasi grundsätzlichem** Umfang:	mit (2) **weiterem** Umfang: - ganze Boot, § 2 (1)
	- Zubehör, § 2	- Mast, Segel (nautische Ausrüstung), 2.1.	- Zubehör, 1.1	- Segel, Tauwerk *etc.*, § 3 (3) - Rundhölzer, § 3 (3) - Persenninge, Planen, § 3 (3) - andere nicht fest eingebaute, zum Gebrauch des FZ notwendige Ausrüstungsgegenstände, § 3 (3)	- Teile (incl. lose Teile), die zur Ausrüstung & Fahrtüchtigkeit gehören, § 2 (1)
				außerdem, wenn bes. vereinbart und gegen Zahlung einer Prämienzulage:	mit (3) **weiterem** Umfang, wenn bes. beantragt und deklariert:
	- persönliche Effekten, § 2	- persönliche Effekten, 2.3. = Foto-, Film-, Fernseh-, Radioapparate, 2.3. = Kleidungsstücke, 2.3. = loses Inventar, 2.3.	- persönliche Effekten, 1.1	- Kleidungsstücke, Decken, Kissen, Bordwäsche, Zelte (= persönliche Effekten) - Ferngläser, § 3 (4) - nicht fest eingebaute nautische Instrumente, § 3 (4) - Foto-, Radio-, Musikapparate, § 3 (4)	- Kleidungsstücke, Decken, Kissen, Zelt (= persönliche Effekten) § 1 (1) - Meßinstrumente, § 1 (1) - Außenbordmotor, § 1 (1)

Bestimmungsinhalt	PYKB 98	SYKB 98	AVBW 85	AVBW 63	AVBW 32
a) Versichertes Interesse		- Inventar, Ausrüstung und Zubehör, auch außerhalb des FZ, wenn in verschlossenem Raum, 2.4. - Außenbordmotor, 2.2.	**Ausnahme** hinsichtlich des Umfangs der Haftung (da hier nur Schutz gegen bes. benannte Gefahren besteht) für Schäden an, 3.3: - Maschinenanlage, 3.3.1 - elektrische oder durch Motor betriebene technische Ausrüstung, 3.3.1 - persönliche Effekten, 3.3.1 - (Transport, 3.3.2)	mit (2) **weiterem** Umfang: - Schrauben, Schraubenwelle, § 3 (2) a) - Ruder, § 3 (2) a) - Anker, Ketten, § 3 (2) a) - Außenbordmotor (wenn bes. vereinbart & gegen Zahlung einer Prämienzulage), § 3 (2) b)	mit (4) **weiterem** Umfang: - Kajütseinrichtung, § 7 (1) - Schraube, § 7 (1) - Kessel, § 7 (1) - Maschine/Motor, § 7 (1) - sonstige maschinelle Einrichtungen, § 7 (1)
b) Übernommene Gefahren und gedeckte Schäden	**Verlust/Beschädigung** ... ... der vers Sachen durch, § 3 (a): - Unfall, § 3 1. a) - Brand *etc.*, § 3 1. a) - Blitzschlag, § 3 1. a) - Explosion, § 3 1. a) - höhere Gewalt, § 3 1. a) - **Einbruchdiebstahl**, § 3 1. a) - Diebstahl des ganzen FZ, § 3 1. a) - Handlungen Dritter (Vandalismus), § 3 1. a) - Zusammenstoß mit festen oder schwimmenden Gegenständen, § 3 1. a) ... **in allen Fällen** von § 3 1.b): - **Strandung**, § 3 1. b) - Wassereinbruch, § 3 1. b) - Sinken, § 3 1. b) - Angrundgeraten, § 3 1. b)	**alle Schäden** und **Verluste** an den vers Sachen, 3. = **All-Gefahren**-Deckung, 3. **ABER**: **Ausschlüsse** und **Einschränkungen** müssen beachtet werden!	**alle Gefahren**, denen die vers Sachen während der Dauer der Vers. ausgesetzt sind, 3.1 = **Verlust** oder **Beschädigung** der vers Sachen als Folge einer vers **Gefahr, 3.3** **ABER** Einstandspflicht bei bestimmten Sachen nur für folgende bes. benannte Gefahren: - Unfall des FZ, 3.3.1 - (Transportmittelunfall, 3.3.2) - Brand, 3.3.1, 3.3.2 - Blitzschlag, 3.3.1, 3.3.2 - Explosion, 3.3.1, 3.3.2 - höhere Gewalt, 3.3.1, 3.3.2 - **Diebstahl**, 3.3.1, 3.3.2 - mut- oder böswillige Handlungen Dritter, 3.3.1	**gegen Schäden** ... ... bei (1.a) **grundsätzlichem** Umfang durch: - Unfall des FZ, § 3 (1) - Brand, § 3 (1) - Blitzschlag, § 3 (1) - Explosion, § 3 (1) - höhere Gewalt, § 3 (1) - **Diebstahl**, § 3 (1) ... bei (1.b) **quasi grundsätzlichem** Umfang (statt: Diebstahl, § 3 (1)) durch: - **Einbruchdiebstahl**, § 3 (3) **und** - **Diebstahl** des ganzen FZ, § 3 (3) ... bei (2) **weiterem** Umfang: - **Strandungsfall**, § 3 (2): = **FZ gerät auf Grund und kann nur durch außergewöhnliche Maßregeln abgebracht werden**, § 3 (2)	**gegen** Bezahlung der Prämie für den **Schaden**, den vers Sachen erleiden, § 1 (1) Beschädigungen, die FZ bei Einbruch oder Diebstahl zugefügt werden ..., § 2 (2) ... bei (1) **grundsätzlichem** Umfang durch - Schiffsunfall, § 1 (1) - Feuer, § 1 (1) - Kurzschluß, § 1 (1) - Explosion, § 1 (1) - höhere Gewalt, § 1 (1) ... bei (2) **weiterem** Umfang aufgrund von: - **Einbruchdiebstahl**, § 2 (1) - gewöhnlichem Diebstahl, § 2 (1) ... bei (3) **weiterem** Umfang durch: - Schiffsunfall, § 1 (1) - Feuer, § 1 (1) - Einbruchdiebstahl, § 1 (1)

Bestimmungsinhalt	PYKB 98	SYKB 98	AVBW 85	AVBW 63	AVBW 32
b) Übernommene Gefahren und gedeckte Schäden	... **in allen Fällen** von § 3 1.b): - Brechen *etc.* von Masten *etc.*, **§ 3 1. b)** - Reißen von stehendem und laufendem Gut, **§ 3 1. b)** ... gegen **einfachen Diebstahl**, sofern er nicht das ganze FZ betrifft, § 3 2.: - an Deck/mit FZ verzurrte bzw. fest verbundene Gegenstände, **§ 3 2.** - Außenbordmotoren, wenn bes. gesichert, **§ 3 2.** Mitteilungspflicht über **anderweitig** bestehenden **VersSchutz** für das vers FZ ggü. Makler, **§ 13 4.**			- **Strandungsfall, § 3 (2)**: **≠ Festgeraten infolge zu großen Tiefgangs oder infolge zu niedrigen Wasserstandes, § 3 (2)** **≠ außergewöhnliche Maßregeln, wenn FZ durch Insassen oder mit Bordmitteln wieder flottgemacht wird, § 3 (2)** - der **Strandung gleichzuachten** sind: -- Zusammenstoß mit FZen, **§ 3 (2)** -- Kentern, **§ 3 (2)** -- Sinken, **§ 3 (2)** -- Brand, **§ 3 (2)** -- Blitzschlag, **§ 3 (2)** -- Explosion, **§ 3 (2)** - **Einbruchdiebstahl, § 3 (2) und** - **Diebstahl** des ganzen FZ, **§ 3 (2)** (vgl. außerdem (1.b)) - Schäden durch diejenigen Gefahren, gegen die **anderweitiger VersSchutz** besteht, sind von der Vers. **ausgeschlossen, § 8 (1) l)** - **Verpflichtung des VN, dem Vers. auf Verlangen alle ihm über die anderweitige Vers. zur Vfg. stehenden Nachweise zu liefern, § 8 (1) l)**	**bei (4) weiterem** Umfang **(unbeschadet § 2) nur „frei von Beschädigung/Bruch außer im Strandungsfalle"** **Strandungsfall, § 7 (2)**: **= FZ gerät auf Grund unter nicht gewöhnlichen Schiffahrtsverhältnissen, bleibt daselbst festsitzen oder kommt nur mittels außergewöhnlicher Maßregeln ab, § 7 (2)** **≠ Festgeraten infolge zu großen Tiefgangs oder infolge niedrigen Wasserstands, § 7 (2)** **≠ außergewöhnliche Maßregeln, wenn Abbringung durch eigene Mannschaft ausgeführt wird oder Schiff unter Anwendung von Bordmitteln wieder flott wird, § 7 (2)** - der **Strandung gleichzuachten** sind: -- Zusammenstoß mit Schiffen, **§ 7 (3)** -- Zusammenstoß mit anderen Gegenständen, **§ 7 (3)** -- Kentern, **§ 7 (3)** -- Sinken, **§ 7 (3)** -- Verbrennen, **§ 7 (3)** -- Explosion, **§ 7 (3)** -- Scheitern, **§ 7 (3)** - soweit die vers Gegenstände gegen einzelne Gefahren **anderweit** vers sind, werden ..., **§ 13** - VN ist verpflichtet, dem Vers. auf Verlangen alle ihm über anderweitige Vers. zur Vfg. stehende Nachweise zu liefern, **§ 13**

Bestimmungsinhalt	PYKB 98	SYKB 98	AVBW 85	AVBW 63	AVBW 32
c) Beginn des Versicherungsschutzes	- mit in Police festgesetztem Zeitpunkt, § 11 2.	- mit in Police genannten Vertragsbeginn, 10.		- mit Einlösung des VersScheins, jedoch nicht vor dem darin festgelegten Zeitpunkt, § 13 (2) - wird die erste Prämie erst nach diesem Zeitpunkt eingefordert, ..., § 13 (2) - wenn Schaden schon bei/vor Schluß des Vertrages eingetreten ist, entfällt ..., § 13 (2)	
d) Dauer/Verlängerung des Vertrags	- grds.: 1 Jahr fest, § 15 1. - Vertrag verlängert sich um 1 weiteres Jahr, wenn er nicht 3 Monate vor Ablauf gekündigt wird, § 15 1. - Kündigungsform: schr., § 15 1.	- stillschweigende Verlängerung um ein weiters Jahr, wenn nicht von einer Partei spätestens 1 Monat vor Ablauf gekündigt wird, 25. - Kündigungsform: schr., 25.	- Verträge von 1 oder mehrjähriger Dauer verlängern sich um jeweils 1 Jahr und weiter von Jahr zu Jahr, wenn sie nicht 3 Monate vor dem jeweiligen Ablauf von einer der beiden Parteien gekündigt werden, 13. - Kündigungsform: schr., 13.	- Verträge von 1 oder mehrjähriger Dauer verlängern sich um 1 Jahr und weiter von Jahr zu Jahr, wenn nicht 3 Monate vor dem jeweiligen Ablauf von einer der beiden Parteien gekündigt, § 20 - Kündigungsform: eingeschriebener Brief, § 20	- VersPeriode = Zeitraum eines Jahres, § 15 (2) - Vertrag verlängert sich stillschweigend jeweils um 1 Jahr, wenn er nicht von einer der beiden Parteien 3 Monate vor Ablauf gekündigt wird, § 36 - Kündigungsform: eingeschriebener Brief, § 36
e) Geltungsbereich	- in der Police genannte Fahrtgebiet, § 1 1. - gelegentliche Überschreitungen der Fahrtgrenzen gelten als angezeigt und somit versichert, müssen aber gemeldet werden, § 12 2. s.u. [13. Obliegenheiten] nachträgliche Gefahrerhöhungen - Anlandnehmen/Zuwasserlassen, § 1 2. - Werftaufenthalt, § 1 2. - alle üblichen Aufenthalte außerhalb des Wassers, § 1 2.	- in der Police genannte Fahrtgrenzen auf dem Wasser, 1. - Überschreitungen der Fahrtgrenzen sind eingeschlossen, sind aber zwecks Berechnung einer evtl. Prämienzulage anzuzeigen, 1. - Anlandnehmen/Zuwasserlassen, 1. - Reparatur, 1. - alle üblichen Aufenthalte außerhalb des Wassers, 1.	- innerhalb Europas auf allen Flüssen und Binnengewässern, 2. - Anlandholen/Zuwasserlassen, 2. - während des Aufenthalts außerhalb des Wassers, 2.	- auf allen Binnengewässern innerhalb der Bd.Rep. einschl. Berlin-West, § 1 (1) - gegen Anmeldung und Zahlung einer entsprechenden Prämienzulage ist Ausdehnung des Fahrtgebietes möglich, § 1 (3) a) - während des Dockens, auf den Helgen/Slip, § 1 (2) - Strandholen/Zuwasserlassen, §1 (2) - während der Dauer des Sommer- und Winterlagers, § 1 (2) - bes. Voraussetzungen für Vers-Schutz außerhalb der Saison, § 4 (2), (3)	- auf allen Gewässern innerhalb der Police genannten Fahrtgrenzen, § 1 (1) - durch bes. Vereinbarung Küstenfahrten oder Seereisen, § 11 (2) - nach vorheriger Vereinbarung kann eine beabsichtigte Überschreitung der Fahrtgrenzen gegen entsprechende Prämienzulage mitversichert werden, § 5 - Risiko des Dockens, auf den Helgen/Slip, § 1 (1) - Verholen, § 1 (1) - Risiko des Strandholen/Zuwasserlassen, § 1 (1) - auf dem Lande, gleichviel, wo sich das FZ oder Teile desselben unter ausreichender Verwahrung befinden, § 1 (1)

Bestimmungsinhalt	PYKB 98	SYKB 98	AVBW 85	AVBW 63	AVBW 32
f) Transporte	für Transporte gilt § 4, § 1 3. (+) für Land-, Fluß- & Fährtransporte innerhalb des Fahrtgebietes, § 4 1. (+) für Schäden durch Transportmittelunfälle, § 4 1. (+) für **lose Teile** gegen Diebstahl, wenn ordnungsgem. verpackt/festgemacht oder im abgedeckten und verzurrten/verschlossenen FZ, § 4 1. (-) bei nicht geeignetem Transportmittel, § 4 1. (-) bei unsachgem. Verladung/Befestigung der vers Sachen, § 4 1. (-) bei sonstigen Transporten; für diese ist gesonderte Deckungsvereinbarung nötig, § 4 2.	(+) für Transporte, soweit sie mit **üblichen Aufenthalten** der vers **Sachen zusammenhängen**, 1. - Transporte aller Art, sofern nicht in der Police genannt, sind eingeschlossen, sind aber zwecks Berechnung einer evtl. Prämienzulage anzuzeigen, 1. (-) bei Diebstahl des Bootes auf dem Trailer, wenn nicht bes. gesichert, 4.4.	(+) Land- und Flußtransporte, 2. **ABER** keine All-Gefahren-Deckung, sondern **Haftung nur bei Schäden durch**: - Transportmittelunfall, 3.3.2 - Brand, 3.3.2 - Blitzschlag, 3.3.2 - Explosion, 3.3.2 - höhere Gewalt, 3.3.2 - Diebstahl, 3.3.2 - Diebstahl **loser Teile** nur, wenn ordnungsgem. verpackt oder abgedeckt und verzurrt oder im verschlossenen FZ selbst befindlich, 3.4.7 - Außenbordmotor, nur wenn gesichert, 3.4.8 (-) bei nicht sachgem. Verladung und Befestigung, 3.4.6 (-) bei Diebstahl des vers FZ auf nicht gesichertem Trailer, 3.4.9 (-) bei Verstößen gegen Vorschriften des Beförderungsunternehmens, 3.4.5 - Verpflichtung zur Einreichung diverser Unterlagen nach den Verhaltensanweisungen für den Schadenfall bei Transportschäden, ANW 5, 9.2	gegen Anmeldung und Zahlung einer entsprechenden **Prämienzulage** kann Vers. ausgedehnt werden auf Transporte mit Bahn, Kfz, *etc.*, § 1 (3) b) - **Schäden** an vers Sachen **durch**: -- Transportmittelunfall, § 5 -- Brand, § 5 -- Blitzschlag, § 5 -- Explosion, § 5 -- höhere Gewalt, § 5 -- Diebstahl, § 5 - **lose Teile** sind nur gegen Diebstahl versichert, wenn sie ordnungsgem. verpackt sind oder sich im abgedeckten und verzurrten oder verschlossenem FZ befinden, § 5 - **FZ** muß sachgem. verladen und befestigt sein, ist Voraussetzung für VersSchutz, § 5 (-) bei Verstoß gegen Anordnungen des Transportunternehmens, § 8 (1) g) - bei Schäden, die entstehen, während sich die vers Sachen im Gewahrsam eines Transportunternehmers befanden, hat VN nähere Umstände unverzüglich feststellen zu lassen und die hierüber ausgestellte Bescheinigung des Transportunternehmers dem Vers. einzureichen, § 14 (4)	- zuschlagpflichtig, wenn per Bahn oder mittels Kfz sowie auf Fluß- oder SeeFZ, § 5 - wenn niemand bei FZ: **lose Teile** nur, wenn unter Verschluß &/ oder wenn sie fest mit FZ in Verbindung stehen, § 2 (1) - **Zubehörteile**: nur, wenn bes. angegeben und bei ordnungsgem. Verpackung oder wenn sie sich im FZ selbst unter Verschluß befinden, § 5 (-), wenn nicht zweck- und sachgem. verpackt und verladen, § 5
g) Winterlager	(+) = üblicher Aufenthalt der vers Sachen außerhalb des Wassers, § 1 2.	(+) = üblicher Aufenthalt der vers Sachen außerhalb des Wassers, 1.	(+) während des Aufenthalts außerhalb des Wassers, 2.	- während der Dauer des Sommer- und Winterlagers, § 1 (2) - Ort und Bezeichnung des Winterlagers sind Vers nach Möglichkeit schr. anzuzeigen, § 4 (1)	(A) FZ gilt aber nur dann als vers, wenn Ort dem Vers. stets unverzüglich schr. angezeigt worden ist, § 1 (3)

Bestimmungsinhalt	PYKB 98	SYKB 98	AVBW 85	AVBW 63	AVBW 32
g) Winterlager		(-) bei Diebstahl des Bootes auf dem Trailer, wenn nicht bes. gesichert, 4.4.	(-) bei Diebstahl des vers FZ auf nicht gesichertem Trailer, 3.4.9	**Voraussetzungen** für den Vers-Schutz außerhalb der Saison bzw. während des Winterlagers, § 4 (2): - sicherer Ort außerhalb des Wassers, § 4 (2) a) - Brennstoffe und ihre nicht fest eingebauten Behälter sind aus FZ zu entfernen und in anderen Raum als FZ unterzubringen, § 4 (2) b) - wenn FZ außerhalb der Saison oder während des Winterlagers im Wasser, so ist es ordnungsgem. festzumachen und abzudecken, § 4 (3) - für die Zeit des Stilliegens und des Winterlagers werden Rückgaben nicht gewährt, § 13 (4)	(+), gleichviel wo sich das FZ oder Teile desselben unter ausreichender Verwahrung befinden, § 1 (1) - für die Zeit des Stilliegens und des Winterlagers werden Rückgaben nicht gewährt, § 15 (3)
h) Aufwendungen	(+) auch erfolglose, die VN zur Abwendung/Minderung des Schadens (§ 13 Nr. 3) für geboten halten durfte, § 6 Satz 1 - keine Obergrenze, § 7 1. a) i.V. m. § 6	(+) auch erfolglose zur Abwendung/Minderung eines ersatzpflichtigen Schadens i.S. der §§ 62, 63 VVG werden ersetzt, 3. **Schadensermittlungskosten** nach § 66 VVG werden ersetzt, 3.	(+) im Rahmen der VersSumme, wenn zur Abwendung oder Minderung des Schadens bei Eintritt des VersFalls gemacht, soweit VN sie den Umständen nach für geboten halten durfte, 3.7 - auch über VersSumme hinaus, soweit VN sie gem. Weisung des Vers macht, 3.7	(+) auch erfolglose, die VN im VersFall zur Abwendung oder Minderung des Schadens für geboten halten durfte, § 7 - Ersatz für Aufwendungen und Entschädigung dürfen zusammen die VersSumme nicht übersteigen (soweit nicht auf Weisung des Vers. erfolgt), § 7 - bei Unterversicherung sind Aufwendungen nur in demselben Verhältnis zu ersetzen wie der Schaden, § 7	(+) für notwendige Kosten zur Abwendung bevorstehender policemäßiger Schäden, § 4 - auch notwendige Aufwendungen zur Minderung eines eingetretenen Schadens werden ersetzt, § 4 - Anwendung des Einwands der Unterversicherung (vgl. § 16 [19. Unterversicherung]), § 4 - Freiheit anderen Schiffen Hilfe oder Beistand zu leisten, § 8 - entstehen dabei Schäden, wird nur insoweit Ersatz geleistet, als VN nicht bereits entschädigt worden ist, § 9
i) Schadensermittlungskosten		- nach § 66 VVG werden ersetzt, 3.			- vom Vers. veranlaßte Kosten werden ersetzt und auf die VersSumme nicht angerechnet, § 26 (2)

Bestimmungsinhalt	PYKB 98	SYKB 98	AVBW 85	AVBW 63	AVBW 32
2. Sekundäre Risikobeschränkungen					
a) Ausschlüsse	alle Schäden > VersSumme, § 7 1. a)				wenn Prämie nicht bezahlt, § 1 (1)
	- Schäden an Personen/Tieren, § 7 1. h)			- Schäden an Personen (Sach- und Körperbeschädigung) und Tieren, § 8 (1) k)	- Schäden an Personen (Sach- und Körperbeschädigung) und Tieren, § 12 (1)
	- Lebensmittel, § 7 1. e)	- Lebensmittel, 2.3.	- Lebens- und Genußmittel, 1.2	- Lebensmittel, § 8 (2)	- Lebensmittel, § 1 (2)
	- Geld, Wert-, Schmucksachen, § 7 1. e)	- Geld, Urkunden, Wert-, Schmucksachen und was dem gleichzuachten ist, 2.3.	- Geld, Wertsachen (z.B. Schmuck u.a.), 1.2 - Foto-/Filmapparate und alle Geräte der Unterhaltungselektronik sowie deren Zubehör, 1.2	- Geld, Wert-, Schmucksachen, § 8 (2)	- Geld, Wert-, Schmucksachen, § 1 (2) - Luxusgegenstände aller Art, § 1 (2) - Photo-, Radioapparate, § 1 (2)
			- Musikinstrumente, 1.2 - diverse Wassersportartikel und deren Zubehör, 1.2	- nicht fest eingebaute Uhren, § 8 (2)	- Ferngläser, Uhren, § 1 (2)
	Schäden durch:	**Schäden durch:**	**Schäden durch:** - **Fahruntüchtigkeit** des FZ, 3.4.1	**Schäden** ... ... die daraus entstehen, daß sich: - FZ in einem nicht **fahrtüchtigen** Zustand befunden hat, § 8 (1) d) - FZ nicht gehörig ausgerüstet oder unzureichend bemannt gewesen ist, § 8 (1) d) **... durch:**	für **Schäden** ... ... die entstehen, weil: - FZ muß ordnungsgem. ausgerüstet sein, § 11 (2), § 12 (3) - FZ in einem nicht **see- bzw. fahrtüchtigen** Zustande ist, § 12 (3) **... durch:**
	- Konstruktions- *etc.* Fehler an den unmittelbar betroffenen Teilen, § 7 1. d)	- Konstruktions- *etc.* Fehler an den unmittelbar betroffenen Teilen, 4.3.	- Konstruktions- *etc.* Fehler, jedoch sind Verlust oder Beschädigung der vers Sachen als unmittelbare Folge dieser Fehler im Umfang dieser Bedingungen vers, 3.4.2	- Konstruktions- *etc.* Fehler, § 8 (1) e)	- Material- und Konstruktionsfehler, § 12 (5)
	- Abnutzung im gewöhnlichen Gebrauch an den unmittelbar betroffenen Teilen, § 7 1. d)	- Abnutzung im gewöhnlichen Gebrauch, 4.2.	- Abnutzung, 3.4.2	- Abnutzung im gewöhnlichen Gebrauch, § 8 (1) f)	- Abnutzung im gewöhnlichen Gebrauch, § 12 (5) - Verlieren/Beschädigung von Schrauben, Anker, Ketten, Trossen (außer bei Totalverlust des FZ oder als Opfer zur Vermeidung einer größeren Gefahr, s.o. [7. Aufwendungen] notwendige Kosten), § 12 (6)

Bestimmungsinhalt	PYKB 98	SYKB 98	AVBW 85	AVBW 63	AVBW 32
a) Ausschlüsse			- Lack-, Kratz- und Schramm schäden, 3.4.2		- Zerreißen/Beschädigung der Segel im Winde (es sei denn höhere Gewalt oder Schiffsunfall), § 12 (7) - Politur- oder Anstrichschäden, soweit nicht durch einen unter Police fallenden Schaden verursacht, §12 (8)
		- durch Bearbeitung/Reparatur, 4.2.	- Bearbeitung, 3.4.2	- Bearbeitung, § 8 (1) f)	
			- Alter, 3.4.2		- Alter, § 12 (5)
		- durch Regen, Schnee, Hitze, Frost, Eis, 4.2.	- Frost, Eis, Sonneneinwirkung, Regen *etc.* 3.4.2	- Witterungseinflüsse (z.B. Frost *etc.* Hitze, Regen, Schnee ...), § 8 (1) f)	- Witterungseinflüsse wie Hitze, Frost, Eis, Einfrieren des Kühlwassers usw., § 12 (5)
		- durch Rost *etc.* 4.2. - durch Fäulnis *etc.* 4.2. - Ungeziefer *etc.* 4.2.	- Rost *etc.* 3.4.2 - Fäulnis, 3.4.2 - Ungeziefer *etc.* 3.4.2	- Rost *etc.* § 8 (1) f) - Fäulnis, § 8 (1) f) - ... und anderes Ungeziefer, § 8 (1) f)	- Oxydation ... Rost, § 12 (5) - Fäulnis, § 12 (5) - ... und anderes Ungeziefer, § 12 (5)
			Ausgeschlossen sind die Gefahren des:		
	- Krieg, -swerkzeuge, § 7 1. f)	- Krieg, -swerkzeuge, 4.5.	- Krieg, -swerkzeuge, 3.2.1 - Vorhandensein von Kriegswerkzeugen, 3.2.1	- Krieg, -swerkzeuge, § 8 (1) h) - Sabotage, § 8 (1) h)	- Kriegsereignisse, Minen, Torpedos, § 12 (10)
	- Arbeitskampf *etc.*, § 7 1. f)	(A) **Schutz gegen** Streikende, Aufruhr, Unruhen jeder Art, Landfriedensbruch und Plünderung **ist gegeben**, kann aber jederzeit mit einer Frist von 2 Tagen seitens des Vers. gekündigt werden, 7.	- Arbeitskampf, *etc.* 3.2.2 - Aufruhr, 3.2.2	- Streik, Aussperrung, § 8 (1) h) - Aufruhr, Plünderung, § 8 (1) h)	- Streikende, § 12 (10) - Aufruhr, Plünderung § 12 (10)
	- politische Gewalt, § 7 1. f)		- politische Gewalt *etc.*, 3.2.2	- politische Gewalthandlungen, § 8 (1) h)	
	- bürgerliche Unruhen, § 7 1. f) - Bürgerkrieg, § 7 1. f)	- Bürgerkrieg, 4.5.	- bürgerliche Unruhen, 3.2.2 - Bürgerkrieg, 3.2.1	- bürgerliche Unruhen, § 8 (1) h) - Bürgerkrieg, § 8 (1) h)	- Unruhen jeder Art, § 12 (10) - Landfriedensbruch, § 12 (10)
	- Eingriffe von hoher Hand (wie auch Beschlagnahme), § 7 1. f)	- Vfg. hoher Hand (wie auch Beschlagnahme), 4.5.	- alle Eingriffe hoher Hand (incl. Gericht), 3.2.4, 3.4.5 - Verstöße gegen behördliche Vorschriften, 3.4.5	- Eingriffe hoher Hand (wie auch Beschlagnahme/incl. Gericht), § 8 (1) h)/g) - Verstöße gegen Zoll- oder sonstige behördliche Vorschriften, § 8 (1) g)	- Vfg. hoher Hand (incl. Gericht) Schäden durch Beschlagnahme und im Zusammenhang mit Zuwiderhandlungen gegen öffentlich-rechtliche Verbote, § 12 (10), (11), (12)
	- Kernenergie, Radioaktivität, § 7 1. g)	- Kernenergie, Radioaktivität, 4.6.	- Kernenergie, 3.2.3	- Kernenergie, Radioaktivität, § 8 (1) i)	

Bestimmungsinhalt	PYKB 98	SYKB 98	AVBW 85	AVBW 63	AVBW 32
a) Ausschlüsse	- während FZ nicht zu sportlichen/Vergnügungszwecken verwendet wird, wie z.B. entgeltliche Überlassung an Dritte, § 7 2.	- während FZ nicht zu sportlichen Vergnügungszwecken verwendet wird, wie z.B. Vercharterung und Vermietung gegen Entgelt, 5.2.	- Wildwasser, Wehre, 3.4.3 - während das vers FZ zu anderen als sportlichen oder Vergnügungszwecken verwendet wird, 3.5 - VN darf nicht ohne Einwilligung des Vers. die Sachen Dritten entgeltlich überlassen, 4.	- Wildwasser, Wehre, § 8 (1) b) - Verwendung zu sportlichen oder Vergnügungszwecken ist **Voraussetzung** für Vers. Schutz, § 2 a)	- Wildwasser, Wehre, § 12 (4) - Vers. haftet [allein] während des Gebrauchs zu sportlichen und Vergnügungszwecken (incl. Regatten und Wettfahrten, § 10), § 1 (1)
b) Einschränkungen		sofern nicht in der Police etwas anderes vereinbart wurde, **Schäden**: - durch Sturm oder Brandung vor offener Küste, sofern das FZ länger als 6 Stunden unbemannt stilliegt, 5.1. - weil der Führer des vers FZ nicht in Besitz der notwendige FE ist, 5.3. - an der maschinellen Einrichtung durch die ihr eigentümliche Betriebsgefahr, 5.4. - entstanden durch einfachen Diebstahl: -- des Bootes auf dem Trailer, 4.4. -- *Außenbordmotor*, 6.1. -- andere **lose Teile**, 6.2. jew. nur bei genügender Sicherung, 4.4., 6.	- mangelhafte Vertäuung und Verankerung, 3.4.4 - unbemanntes Stilliegen vor offener Küste, 3.4.4 - Verstöße gegen behördliche Vorschriften, 3.4.5 - Diebstahl **loser Teile** nur, wenn ordnungsgem. verpackt oder abgedeckt und verzurrt oder im verschlossenen FZ selbst befindlich, 3.4.7 - *Außenbordmotor*, nur wenn gesichert, 3.4.8	- Schäden durch mangelhafte Vertäuung und Verankerung, § 8 (1) c) - genügende Qualifikation des FZ-Führers, § 2 b) **und** - Nachw. der erforderlichen FE, § 2 c) (**sind** Voraussetzungen für Vers-Schutz, § 2 b)/c))	- unsachgem. oder ungenügende Vertäuung/Verankerung, § 12 (9) - Führung des FZ muß in den Händen einer genügend qualifizierten Person liegen; Nachweis: FE/Patent, § 11 (1), (2), § 12 (3) - FZ muß ordnungsgem. bemannt sein §§ 11 (2), 12 (3) - Freiheit, mit oder ohne Lotsen zu fahren, zu bugsieren oder sich bugsieren zu lassen, § 8 - Verlieren/Bruch bestimmter Sachen, außer bei Totalverlust des FZ bzw. bei Abwendung einer größeren Gefahr, § 12 (6) - solange sich auf dem FZ niemand befindet **lose Teile** ((2) **weiterer Umfang**) nur, wenn sie sich unter Verschluß &/ oder wenn sie fest mit FZ in Verbindung stehen, § 2 (1), - Riemen- und Paddelverlust gelten bei Schiffsunfall mitvers, § 7 (4)

Bestimmungsinhalt	PYKB 98	SYKB 98	AVBW 85	AVBW 63	AVBW 32
b) Einschränkungen	- mittelbare Schäden (z.B. Beeinträchtigung der Rennfähigkeit, Minderwert), sind von der Vers. ausgeschlossen, § 7 1. c)	- Vers. haftet nicht für mittelbare/ indirekte Schäden (z.B. Wertminderung & Beeinträchtigung der Rennfähigkeit), 4.2.	- mittelbare Schäden (Minderwert, Beeinträchtigung der Rennfähigkeit *etc.*), 3.6	- mittelbare Schäden (z.B. Beeinträchtigung der Rennfähigkeit und Minderwert), § 8 (1) a)	- indirekte Schäden, welche dem VN unmittelbar dadurch entstanden sind, daß ihm infolge einer Beschädigung der vers Gegenstände selbst ein weiterer Schaden zugefügt worden ist (z.B. Verlust der Rennfähigkeit, Minderwert), § 12 (2) - Faltboote, die während Gebrauch in Gewahrsam gegeben werden, nur gegen Feuer und Einbruchsdiebstahl, § 2 (1) - Aufbewahrung im ständigen Bootsstand: nur wenn FZ im verschlossenen Bootshaus oder im Wasser ordnungsgem. festgemacht; § 2 (1)
c) Verschulden des VN	- Schäden, die auf VS oder grober FL beruhen, sind von der Vers. ausgeschlossen, § 7 1. b)	- der Vers. haftet nicht für Schäden durch grobe FL/VS des VN oder des FZ-Führers, 4.1. - der Vers. haftet nicht für Schäden, entstanden durch Betrug und Unterschlagung, 4.1.	- wenn VN, FZ-Führer oder Insasse Schaden VS oder grob FL herbeiführt; Leistungsfreiheit der Vers., 8. - VN macht sich bei Ermittlung der Entschädigung einer arglistigen Täuschung schuldig; Leistungsfreiheit der Vers., 8.	- wenn VN, FZ-Führer oder -insasse Schaden VS oder grob FL herbeiführt; Leistungsfreiheit der Vers., § 15 (2) - wenn dem VN bei Verhandlungen über die Ermittlung der Entschädigung eine arglistige Handlung zur Last fällt (Leistungsfreiheit des Vers.), § 15 (2)	- Schäden, die auf FL oder VS (bzw. generell mangelnder Sorgfalt, § 12 (5)) des VN, FZ-Führers oder der Besatzung zurückzuführen sind, § 12 (3) - wenn VN sich bei der Ermittlung des Schadens einer arglistigen Täuschung schuldig macht, § 12 (3)
d) Obliegenheiten	- vor und bei Abschluß des Vertrages hat VN alle gestellten Fragen richtig und vollständig zu beantworten, damit Vers. das von ihm übernommene Risiko übersehen kann, § 12 1. - nachträgliche **Gefahrerhöhung** (z.B. gelegentliche Überschreitungen der Fahrtgrenzen) gilt als angezeigt und somit versichert, muß aber zwecks evtl. Berechnung einer Prämienzulage gemeldet werden, § 12 2.	- bei Abschluß des Vertrages sind alle Fragen zu Umständen, die für die Übernahme der Gefahr erheblich sind, nach bestem Wissen richtig zu beantworten, 11. - nachträgliche **Gefahrerhöhung** ist erlaubt, aber zwecks Berechnung einer evtl. Prämienzulage ggü. Vers. unverzüglich anzuzeigen, 11.	- nach Antragstellung darf VN nicht ohne Einwilligung des Vers. die **Gefahr erhöhen** oder einem Dritten die Gefahrerhöhung gestatten, 4. - Gefahrerhöhung = insb. entgeltliche Überlassung an Dritte, 4.	- alle bekannten Umstände, die für die Übernahme der Gefahr erheblich sind, hat VN dem Vers. schr. anzuzeigen, § 14 (1) - VN darf auch über solche Umstände keine unrichtige Anzeige machen, § 14 (1) - nach Abschluß des Vertrages darf VN nicht ohne Einwilligung des Vers. eine **Erhöhung** der **Gefahr** vornehmen oder deren Vornahme durch Dritte gestatten, § 14 (1) - im Falle der Gefahrerhöhung hat VN sobald er davon Kenntnis erlangt, dieses unverzüglich schr. anzuzeigen, § 14 (1)	- VN hat bei Schließung des Vertrags alle ihm bekannten Umstände, die für die Übernahme der Gefahr erheblich sind, dem Vers. anzuzeigen; sonst: Leistungsfreiheit, § 14 (1) - nach Abschluß darf VN nicht ohne Einwilligung des Vers. eine **Erhöhung** der **Gefahr** vornehmen oder deren Vornahme durch Dritte gestatten; sonst: Leistungsfreiheit, § 14 (2) - Kenntnis des VN von (nachträglicher) Gefahrerhöhung, Verpflichtung zur unverzüglichen Anzeige ggü. Vers.; sonst: Leistungsfreiheit, § 14 (2)

Bestimmungsinhalt	PYKB 98	SYKB 98	AVBW 85	AVBW 63	AVBW 32
e) Verhalten im Schadensfall	- Verpflichtung zur unverzüglichen Schadenanzeige ggü. Makler bzw. Vers., § 13 1. - Verpflichtung zur Weisungsbefolgung ggü. Makler bzw. Vers., § 13 1. - Verpflichtung dem Vers. Gelegenheit zu geben, sich über Ursache, Art & Umfang des Schadens Gewißheit zu verschaffen, § 13 1. - Verpflichtung zur richtigen und vollständigen Beantwortung aller Fragen des Maklers bzw. Vers., § 13 1. - Verpflichtung zur unverzüglichen Anzeige aller Umstände, die eine Reparaturunfähigkeit ergeben, § 10 2. - Verpfl. zur unverzüglichen Anzeige über Verwertungsmöglichkeiten des reparaturunfähigen Schiffes, § 10 2. - Mitteilungspflicht über anderweitig bestehenden VersSchutz für das vers FZ ggü. Makler, § 13 4.	- Verpflichtung zur unverzüglichen schr. Schadensanzeige ggü. dem Vers., 12. - incl. Angabe des mutmaßlichen Schadenbetrages, 12. - incl. Angabe des Ortes, an dem der Schaden besichtigt werden kann, 12. - Verpflichtung nach Möglichkeit zur Einholung und - wenn gegeben - Befolgung der Weisungen des Vers./Havariekommissars, 12. - Verpflichtung dem Vers zu ermöglichen, vor Reparatur sich über Art, Umfang und Ursache durch SV zu unterrichten, 12.	- Verpflichtung zur Befolgung der Anweisungen für den Schadenfall, 9.2 - Verpflichtung zur unverzüglichen. schr. Schadenanzeige (bei Schäden > 5 TDM schneller), ANW 1, 9.2 - Protokoll- und Dokumentationspflicht mit detaillierten Anforderungen, ANW 3, 9.2 - VN hat Vers. vor Beginn der Wiederinstandsetzung Gelegenheit zur Besichtigung und Feststellung des Schadens zu geben und jede Untersuchung zu gestatten, 9.1 - Verpflichtung zur Erteilung jeder im Rahmen der „Inspektion" dienlichen Auskunft (auch schr. bzw. mit Belegen), 9.1	- Verpflichtung zur unverzüglichen Schadenanzeige (Schäden > 1 TDM telegrafisch oder telefonisch), § 14 (2) - Verpflichtung zur Weisungseinholung (und -befolgung) ggü. Vers., § 14 (2) - VN hat Vers. vor Beginn der Wiederinstandsetzung Gelegenheit zur Besichtigung und Feststellung des Schadens zu geben, ihm jede Untersuchung über Ursache und Höhe ... zu gestatten, jede hierzu dienliche Auskunft schr. zu erteilen und Belege beizubringen, § 14 (5)	- Verpflichtung, jeden Schaden bzw. Unfall unverzüglich - wenn möglich telegraphisch oder telefonisch - anzuzeigen, § 17 (1a) - Protokoll- und Einsendungspflicht des FZ-Führers vor Reparatur, § 17 (1a/b) - Verpflichtung nach Möglichkeit Weisungen des Vers. einzuholen und zu befolgen, § 17 (1a) - Verpflichtung dem Vers. alsbald zu einer Besichtigung und Feststellung des Schadens Gelegenheit zu geben, § 17 (b) - Verpflichtung zur Erteilung jeder gewünschten Auskunft (auch Lieferung der erforderlichen Beweismaterialien nebst Belegen, die für die Feststellung des Schadens erforderlich sind), § 17 (1a) - Vers. kann bei drohender Gefahr ... gegen Ersatz des Schadens ... einschreiten und die ihm zur Rettung und Verhütung weiteren Schadens oder zur Geltendmachung von Rechten gegen Dritte zweckmäßig erscheinen Maßregeln ergreifen, § 30 - derartige Maßnahmen des Vers. erhalten keine Anerkennung seiner Ersatzpflicht, § 30 - Verpflichtung mit Wiederinstandsetzung zu Warten bis Vers. Genehmigung erteilt (Ausnahme: Abwendung eines größeren Schadens), § 17 (3)

Bestimmungsinhalt	PYKB 98	SYKB 98	AVBW 85	AVBW 63	AVBW 32
e) Verhalten im Schadensfall			- Verkaufsverbot beschädigter Sachen, wenn vor Anerkennung des Schadens und ohne Einwilligung des Vers., ANW 7, 9.2		- Verpflichtung zur Einreichung von Kostenvoranschlag und Protokoll vor Reparatur, § 17 (1a) - Verpflichtung zur Untersuchung, ... des Schadens am ersten Orte, an welchem dies möglich ist; Verschiebemöglichkeit, wenn keine Schadensvergrößerung droht, § 17 (b) - Verpflichtung Vertreter des Vers. zur Untersuchung hinzuzuziehen, § 17 (b) - Verpflichtung zur Einholung der Zustimmung des Vers. bei Auswahl der Reparaturstätte (sonst sind evtl. Mehrkosten selbst zu tragen), § 19 (2) - Verpflichtung zur unverzüglichen Durchführung der Reparatur nach Verständigung mit Vers. (Aufschub nur mit Genehmigung), § 17 (4) - Verpflichtung zur Vorlage der Reparaturrechnungen nach Vollendung der Arbeiten (Vergünstigungen sind durchzureichen), § 19 (3) (ABER: keine Leistungsfreiheit bei Unterlassen)
	- Polizeianzeige bei Feuer, Explosion, (Einbruch-)Diebstahl, § 13 1.	- Polizei- und Strafanzeige bei Schäden durch Feuer, Explosion, Diebstahl und böswillige Beschädigung, 13.	- Polizeimeldung bei Brand, Explosion, (Einbruch-)Diebstahl (incl. Verpflichtung zur Abgabe von Diebstahlprotokoll), ANW 6, 9.2 - im Ausland Verpflichtung zur Meldung ggü. Polizei- und Hafenbehörde (dort und im Inland), ANW 6, 9.2	- unverzügliche Polizeimeldung bei Feuer, Explosion, (Einbruch-)Diebstahl (incl. Aufstellung über gestohlene Sachen), § 14 (2),	- Polizeianzeige bei Feuer & Diebstahl und Verpflichtung deren Ergebnis dem Vers. vorzulegen, § 17 (2)
	- Hinweis auf rechtliche Verpflichtung zur Ergreifung von Maßnahmen, die zur **Schadensabwendung** geeignet und zumutbar sind, § 13 3.	- Verpflichtung nach Möglichkeit für die **Abwendung** bzw. **Minderung des Schadens** zu sorgen, 12.	- Verpflichtung für **Minderung** des entstandenen und Abwendung des weiteren **Schadens** zu sorgen, ANW 2, 9.2	- Verpflichtung für die **Abwendung** und **Minderung** des **Schadens** zu sorgen (und dabei die Weisungen des Vers. zu befolgen), § 14 (2)	- Verpflichtung für die **Abwendung/Minderung** des Schadens zu sorgen (und dabei, wenn die Umstände es gestatten, die Weisungen des Vers. einzuholen und zu befolgen), § 17 (1a)

Bestimmungsinhalt	PYKB 98	SYKB 98	AVBW 85	AVBW 63	AVBW 32
e) Verhalten im Schadensfall	**Kollisionsfälle:**	**Kollisionsschäden:** (bzw. Schäden während im Gewahrsam eines Dritten)	**Kollisionen:**	**Kollisionen:**	**Havariefälle:**
		- Schaden ist unverzüglich mit beteiligtem Dritten gemeinsam festzustellen nach Ursache, Hergang und Umfang *etc.*, 14.	- Gegner schr. haftbar machen, ANW 4, 9.2 - Gegner zur gemeinsamen Schadenbesichtigung auffordern, ANW 4, 9.2		
	- **Protokollpflicht** über Hergang und Ursache des Unfalls, § 13 2. - Einreichungspflicht hinsichtlich Protokoll, Skizze, Namen & Anschrift der Kollisionsgegner und Zeugen ggü. Vers, § 13 2.	- **Protokoll** darüber mit Angabe des Dritten ist unverzüglich dem Vers. einzureichen, 14.	- Schaden gemeinsam schr. festhalten, ANW 4, 9.2	- Verpflichtung zur unverzüglichen Aufnahme eines **Protokolls** § 14 (3) - Einreichungspflicht hinsichtlich Protokoll, Unfallskizze, Name & Anschrift des Kollisionsgegners ggü. Vers., § 14 (3)	- Verpflichtung, sofort ein **Protokoll** aufzunehmen (mit Angabe der Beschädigungen an FZen und Unterschriften der FZ-Führer), § 17 (1a)
		Anspruch des VN gegen 3.: - Verpflichtung, alle zur Durchsetzung des Anspruchs notwendigen Auskünfte zu erteilen, 14. - auch nach Übergang dieser Ansprüche bleibt VN zur Schadenminderung verpflichtet, 14. - Verpflichtung diese Ansprüche an Vers. abzutreten, 14. - Verpflichtung insb. den Schaden auf Verlangen und auf Kosten des Vers im eigenen Namen einzuklagen, 14.		**Anspruch des VN gegen 3.:** - Verpflichtung dem Vers. alle zur Geltendmachung des Anspruchs erforderlichen Auskünfte zu erteilen, § 14 (6) - Verpfl. auch nach dem Übergang des Anspruchs auf den Vers. für die Minderung des Schadens zu sorgen, § 14 (6) - Verpflichtung zur gerichtlichen Geltendmachung solcher Ansprüche im eigenen Namen auf Verlangen & Kosten des Vers., § 14 (6) - VN ist nicht berechtigt, ohne Genehmigung des Vers. Prozesse gegen Dritte einzuleiten, welche auf die Rechte und Pflichten des Vers. einzuwirken geeignet sind, § 14 (7)	**Anspruch des VN gegen 3.:** - durch Zahlung der Entschädigung gehen die Schadensersatzansprüche des Versicherten gegen Dritte auf den Vers. über, ohne daß es einer Abtretung bedarf, § 32 - soweit der Versicherte einem Dritten gegenüber seinen Anspruch auf Schadensersatz aufgibt, ist der Vers. von der Verpflichtung zur Leistung frei, § 32 (≙ § 67 I S. 1 & 3 VVG) - Verpflichtung des VN zur Abgabe einer Abtretungserklärung auf Verlangen des Vers., § 32 - VN ist nicht berechtigt, ohne Genehmigung des Vers. Prozesse gegen Dritte einzuleiten, welche auf Vers. einzuwirken geeignet sind, § 29

Bestimmungsinhalt	PYKB 98	SYKB 98	AVBW 85	AVBW 63	AVBW 32
e) Verhalten im Schadensfall				- **Mitteilungspflicht des VN, wenn gegen ihn Prozesse angestrengt werden; Prozeßübernahmerecht des Vers. in solchen Fällen, § 14 (7)**	- **Mitteilungsplficht des VN, wenn gegen ihn Prozesse angestrengt werden; Recht des Vers. den Anwalt zu bestimmen und Pflicht die gesetzlichen Kosten dieses Rechtsstreits im Rahmen der Bedingungen zu tragen, § 29**
f) Rechtsfolge einer Obliegenheitsverletzung	hier der in § 13 1.-4. aufgeführten Verpflichtungen: **Leistungsfreiheit** des Vers. nach Maßgabe der gesetzlichen Bestimmungen (insb. der §§ 6, 62 VVG), **§ 13 5.**	hier der in Nr. 11.- 14. aufgeführten Obliegenheiten: **Leistungsfreiheit** des Vers., es sei denn die Verletzung beruhte weder auf VS / grober FL noch hatte sie Einfluß auf den Eintritt des VersFalles oder den Umfang der Leistungspflicht des Vers (§§ 6, 62, 67 VVG), **15.**	hier der in Bedingungen oder im VersSchein festgelegten Obliegenheiten: **Leistungsfreiheit** des Vers. nach Maßgabe der gesetzlichen Bestimmungen (z.B. §§ 6, 62, 67 VVG), **10.**	hier der in Bedingungen oder im VersSchein festgelegten Obliegenheiten: **Leistungsfreiheit** des Vers. nach Maßgabe der gesetzlichen Bestimmungen (z.B. §§ 6, 62 und 67 VVG), **§ 15 (1)**	hier der vorstehenden (insb. der **§§ 14 und 17**): **Leistungsfreiheit** des Vers., in **§ 17 (5)** bzw. **§ 14** innerhalb der jew. Klausel festgelegt
3. Versicherungsleistung					
a) Versicherungswert	**VersWert = Neuwert, § 9 1.** = Wiederbeschaffungspreis für gleichartige Sachen, **§ 9 1.** - Höhe dieses Wertes ist **als Taxe festgeschrieben** auf den Gesamtbetrag der in der Police ausgewiesenen VersSumme, **§ 9 1.** - erzielbare Erlöse aus Restwerten werden auf Entschädigungsleistung nach § 10 Nr. 1-3 angerechnet, **§ 10 4.** **Totalverlust** auch Reparaturunfähigkeit, d.h.: Reparatur ist überhaupt nicht möglich bzw. an dem Ort, wo sich das Schiff befindet, nicht möglich und Schiff kann auch nicht zu solchem Ort gebracht werden, **§ 10 2.**	- Haftung **bis zu der Höhe der** in der Police vereinbarten **VersSummen, 3.** - in der Police genannte **VersSummen** gelten als ausgehandelte **unanfechtbare Taxen, 9.**	**VersSumme** soll dem **VersWert** entsprechen, **5.1** **VersWert = Zeitwert, 5.1** - **Zeitwert** ist Betrag, der allgemein erforderlich ist, um neue Sachen gleicher Art anzuschaffen, abzüglich eines dem Zustand der vers Sachen (Alter, Abnutzung, Gebrauch *etc.*) entspr. Betrages, **5.1**	**VersWert** der vers Sachen = derjenige Betrag, der allgemein erforderlich ist, um neue Sachen gleicher Art anzuschaffen, abzüglich eines dem Zustand der vers Sachen (Alter, Abnutzung usw.) entsprechenden Betrages, **§ 9 (1)** - Reparaturunfähigkeit i.S. des § 479 HGB, so gilt § 873 HGB, **§ 11 (2)**	**VersWert** = jew. **Wert des FZ, § 16 (1)** **Totalverlust**: Vers. vergütet tatsächlichen Wert des FZ, im Höchstfalle: **VersSumme**, abzüglich eines etwaigen Erlöses aus dem Verkauf des Wracks oder der geborgenen Gegenstände, **§ 23 (2)** - **VersSumme** = höchster Betrag, der von dem Vers (auch bei Haftpflichtersatz) zu leistenden Entschädigung, **§ 26 (1)** - vom Vers. veranlaßte Kosten werden jedoch nicht auf VersSumme angerechnet, **§ 26 (2)** - Reparaturunfähigkeit oder -unwürdigkeit: § 873 HGB, **§ 23 (3)**

Bestimmungsinhalt	PYKB 98	SYKB 98	AVBW 85	AVBW 63	AVBW 32
b) Höhe der Entschädigung	**Totalverlust** oder konstruktiver Totalverlust: Totalverlust: **Feste Taxe** gem. § 9 wird ersetzt, **§ 10 1.** **konstruktiver Totalverlust** = Wiederherstellungskosten übersteigen die Feste Taxe, **§ 10 1.** **Teilschäden**: notwendige Wiederherstellungskosten werden ohne Abzüge **„neu für alt"** erstattet, **§ 10 3.** **Transportkosten** zur Werft & zurück werden wie Wiederherstellungskosten erstattet, wenn durch VersFall verursacht, **§ 10 3.** **pers. Effekte**: Höhenbegrenzung je VersFall auf 2 % der VersSumme bzw. max. 5 TDM, sofern in Police keine andere Vereinbarung, **§ 10 3.**	**Totalverlust** des FZ: **VersSumme**, welche als ausgehandelte unanfechtbare Taxe gilt (abzüglich eines etwaigen Restwerts), **16.** **Totalverlust**: - wenn FZ dem VN ohne Aussicht auf Wiedererlangung entzogen, **16.** insb.: wenn FZ unrettbar gesunken oder in seiner ursprünglichen Beschaffenheit zerstört ist, **16.** **Teilschäden**: Reparaturkosten bis zur Höhe der vereinbarten VersSumme, **16.**	**VersSumme** abzüglich RestWert (bzw. den auf versicherte Sache entfallenden Teil der VersSumme), wenn vers Sache: - **total** verloren geht, **6.1** - ohne Aussicht auf Wiedererlangung entzogen wird, **6.1** - in ursprünglicher Beschaffenheit zerstört sind, **6.1** **Beschädigung** vers Sachen: VN kann Ersatz für die zum Zeitpunkt des Schadenseintritts notwendigen Reparaturkosten verlangen, jedoch nur bis zur Höhe der jew. VersSumme, **6.2**	Zerstörung/**Totalverlust**: **VersWert** bei Eintritt des VersFalls unter Anrechnung eines etwaigen Restwertes wird ersetzt, **§ 10 (1) a)** **Totalverlust** = vers FZ wird dem VN ohne **Aussicht** auf Wiedererlangung entzogen, **§ 11 (1)** insb. (+), wenn FZ unrettbar gesunken oder in ursprünglichen Beschaffenheit zerstört ist, **§ 11 (1)** **Beschädigung**/Teilverlust: die bei Eintritt des VersFalles geltenden, zur Ausbesserung notw. Reparatur- oder Ersatzkosten, mit Abzügen gem. **§ 12 („neu für alt"** mit detaillierten Regeln für Mindestabzüge), **§ 10 (1) b)** - erreichen oder übersteigen diese Kosten ohne Berücksichtigung der Abzüge gem. § 12 den VersWert bei Eintritt des VersFalls, so wird der Schaden nach § 10 (1) a) ersetzt, **§ 10 (1) b)**	**Totalverlust** = vers FZ wird infolge ersatzpflichtiger Ursache ohne Aussicht auf Wiedererlangung entzogen, **§ 23 (1)** insb. (+), wenn FZ unrettbar gesunken oder in ursprünglichen Beschaffenheit zerstört ist, **§ 23 (1)** **Teilschaden** am vers FZ: - jew. Wert des FZ = Wert des FZ im beschädigten Zustand zzgl. Reparaturkosten laut Schadentaxe, **§ 16 (3)** (es finden Abzüge **„neu für alt"** mit detaillierten Regelungen statt), **§ 25** - **Schadentaxe** ist für die Berechnung des Schadens maßgebend, sofern nicht Reparaturkosten ausweislich der Reparaturrechnungen unter der Anschlagsumme geblieben sind, **§ 19 (1)** - Kosten < **Taxe**, Rechnungen bilden Grundlage der Schadensberechnung, **§ 19 (1)** - **abgeschätzte Schäden** auf deren Ausbesserung VN verzichtet, werden vom Vers. nicht bezahlt, **§ 19 (4)** - **Mehrkosten** durch forciertes Arbeiten, sind vom Ersatz ausgeschlossen, **§ 19 (5)**
c) Selbstbeteiligung	- wenn in der Police genannt, je VersFall, **§ 8** - entfällt jedoch bei **Totalverlust**, Transportschäden gem. § 4 Nr. 1, persönlichen Effekten, Blitzschlag oder Brand, **§ 8**	- wenn in Police vereinbart, so gilt diese bei jedem Schadenereignis mit Ausnahme von **Totalverlust** sowie Schäden an persönlichen Effekten gem. 2.3, 8.		- Schäden unter DM 15 fallen nicht unter die Vers., **§ 8 (3)** - bei allen Schäden durch gewöhnlichen Diebstahl trägt der VN 20 %, **§ 8 (4)**	- Schäden bis zu RM 10 fallen nicht unter die Vers., **§ 24** - bei Haftpflichtfällen gilt § 3 der Bedingungen, **§ 24**
d) Unterversicherung	- als Einwand ausgeschlossen, **§ 9 2.**		(+), wenn VersSumme niedriger als VersWert, **5.2** RF: Vers. ersetzt Schaden nur nach dem Verhältnis VersSumme zum VersWert, **5.2**	(+) wenn VersSumme niedriger als VersWert bei Eintritt des VersFalls, **§ 10 (2)** RF: Vers. ersetzt nur denjenigen Teil des Schadens, der sich zum Ganzen verhält wie die VersSumme zum VersWert, **§ 10 (2)**	Vers. haftet bei UnterVers im Verhältnis der VersSumme zum tatsächlichen Wert des vers FZ, **§ 16 (2)**

Bestimmungsinhalt	PYKB 98	SYKB 98	AVBW 85	AVBW 63	AVBW 32
e) Aneignungsrecht des Versicherers/Anrechnung	- erzielbare Erlöse aus Restwerten werden auf Entschädigungsleistung nach § 10 Nr. 1-3 angerechnet, **§ 10 4.** - keine Abwendung der Anrechnung durch ZurVfgStellung der Reste an den Vers., **§ 10 4.**		- Vers. ist berechtigt, aber nicht verpflichtet, die beschädigten vers Sachen gegen Erstattung des VersWertes zu übernehmen, 7.3	- die beschädigten vers Sachen können Vers nicht zur Vfg. gestellt werden, **§ 11 (4)**	- können dem Vers. nicht zur Vfg. gestellt werden, jedoch ist Vers. berechtigt, aber niemals verpflichtet, das beschädigte FZ oder Teile desselben gegen Erstattung des tatsächlichen Wertes zu übernehmen, **§ 21** (Ausnahme: der in § 20 behandelte Fall, s.u. [22. Zahlung der Entschädigungsleistung])
f) Sachverständigenverfahren		- jede Partei des Vertrages kann verlangen, daß Schadenhöhe durch SV festgestellt wird, 17. - Feststellung der SV ist verbindlich, wenn nicht erhebliche Abweichungen von der Sachlage nachgewiesen werden, 17. - jede Partei trägt die Kosten ihres SV, 17. - evtl. Obmann tragen beide zur Hälfte, 17. (Schadensermittlungskosten nach § 66 VVG werden ersetzt, 3.)		- beide Parteien können im VersFall verlangen, daß VersWert durch SV-Vf (§ 16) verbindlich festgelegt wird, **§ 9 (2)** - jede Partei kann verlangen, daß die **Höhe des Schadens** durch SV festgestellt wird, **§ 16 (1)** - im Streitfall ist die Höhe der Abzüge **„neu für alt"** durch SV festzustellen, **§ 12 (1)** - erfolgt ein SVVerfahren gem. § 16, so ist die **Schadentaxe** für die Berechnung des Schadens maßgebend, sofern nicht die Reparaturkosten auf Grund der Reparaturrechnungen unter der Schadenstaxe geblieben sind, **§ 11 (3)** (vgl. AVBW 32 [17. Höhe der Entschädigung] Schadentaxe) - **detaillierte Regelungen** zum SVVerfahren, **§ 16** (insb. in (2) a) und b)) - Feststellungen der SV sind verbindlich, wenn nicht nachgewiesen wird, daß sie offenbar von der wirklichen Sachlage erheblich abweichen, **§ 16 (1)** - jede Partei trägt die Kosten ihres SV, **§ 16 (2) c)** - die Kosten des Obmanns tragen beide zur Hälfte, **§ 16 (2) c)** § 14 (5) (= Inspektionsrecht des Vers.) wird durch das SVVerfahren nicht berührt, **§ 16 (3)**	- falls Parteien sich über Höhe des Schadens nicht einigen können, **§ 18 (1)** - Entscheidung der SV ist nur in Bezug auf **Höhe des Schadens** maßgebend, **§ 18 (1)** - **detaillierte Regelungen** zu den Formalien bei Ernennung von SV und zum Obmann, **§ 18 (2)** - **Regelungen** zum Verfahren bei SV und Obmann, **§ 18 (2)** - jede Partei trägt die Kosten ihres SV, **§ 18 (3)** - Kosten des Obmanns tragen beide zur Hälfte, **§ 18 (3)**

Bestimmungsinhalt	PYKB 98	SYKB 98	AVBW 85	AVBW 63	AVBW 32
g) Zahlung der Entschädigungsleistung	- Verpflichtung des Vers., alle Feststellungen, die Umfang der Leistung betreffen, unverzüglich zu treffen und danach Entschädigung zu leisten, § 14 1. - gestohlene Sachen: Leistungspflicht frühestens nach Ablauf von 2 Monaten, § 14 1. - Rücknahmepflicht des VN nur, wenn zwischen Eingang der Schadenanzeige und möglicher Wiederinbesitznahme durch VN ≤ 2 Monate verstrichen sind, § 14 2. - polizeiliche/strafrechtliche Untersuchung aus Anlaß des Schadens gegen VN: Recht des Vers. den Ausgang des Verfahrens vor Zahlung abzuwarten, § 14 3.	- Fälligkeit der Zahlung der Entschädigung 14 Tage nach endgültiger Feststellung von Schaden und Höhe, 18. - bei Diebstahl jedoch nicht vor Ablauf von 2 Monaten, 18. - Rücknahmepflicht & Rückzahlungspflicht bereits geleisteter Entschädigung des VN, wenn gestohlene Sachen innerhalb von 2 Monaten wiederaufgefunden werden, 19. - polizeiliche/strafrechtliche Untersuchung aus Anlaß des Schadens gegen VN oder FZ-Führer (Ziff. 4.1.) zählen zur Feststellung des Schadens, 18.	(+) spätestens 2 Wochen nach ihrer endgültigen Feststellung durch den Vers. zu zahlen, 7.1 - im Falle der Entwendung, nicht vor Ablauf einer 2-Monatsfrist, 7.1 - bei behördlicher Untersuchung gegen VN, FZ-Führer oder einen Insassen aus Anlaß des Schadens kann Vers. die Zahlung bis deren Abschluß verweigern, 7.2	(+) spätestens 14 Tage nach endgültiger Feststellung des Schadens und des Umfangs der Leistung des Vers. fällig, § 17 (1) - im Falle eines Diebstahls nicht vor Ablauf von 2 Monaten nach Eingang der Schadenanzeige, § 17 (1) - Übernahme- & Rückzahlungspflicht des VN auf Verlangen des Vers., wenn gestohlene vers Sachen binnen einer Frist von 2 Monaten nach Auszahlung der Entschädigung wieder herbeigeschafft werden, § 11 (5) - polizeiliche/strafgerichtliche Untersuchung aus Anlaß des Schadens gegen VN: Recht zur Aufschiebung der Zahlung bis deren Abschluß, § 17 (2)	- ZahlungsFrist: spät. 14 Tage: -- nach endgültiger Feststellung und Anerkennung der Ersatzleistung -- im Falle von Rechtsstreit, nach rechtskräftiger richterlicher Entscheidung, § 31 - vor Ablauf der Zahlungsfrist besteht für den Vers. keine fällige Verpflichtung zur Zahlung, insb. hat VN keinerlei Ansprüche aus Verzug/auf Verzinsung (es sei denn bei grob FL Verzögerung des Vers.), § 31 - Übernahme- & Rückzahlungspflicht des VN auf Verlangen des Vers., wenn das gestohlene FZ binnen einer Frist von 2 Monaten nach Auszahlung der Entschädigung wieder herbeigeschafft wird, § 20
h) Klagefrist	wird Entschädigungsanspruch nicht innerhalb einer Frist von 6 Monaten gerichtlich geltend gemacht, nachdem Vers. ihn unter Angabe der mit dem Ablauf der Frist verbundenen RF schr. abgelehnt hat, Leistungsfreiheit des Vers., § 14 4.	wenn nicht innerh von 6 Monaten gerichtlich geltend gemacht, nachdem Vers. die Leistung schr. und unter Hinweis auf diese RF abgelehnt hat, 20.	wird Entschädigungsanspruch nicht innerhalb einer Frist von 6 Monaten gerichtlich geltend gemacht, nachdem Vers ihn unter Angabe der mit dem Ablauf der Frist verbundenen RF schr. abgelehnt hat, so ist Vers. von der Entschädigungspflicht frei, 11.	wird Entschädigungsanspruch nicht innerhalb einer Frist von 6 Monaten gerichtlich geltend gemacht, nachdem Vers. ihn unter Angabe der mit dem Ablauf der Frist verbundenen RF schr. abgelehnt hat, so ist Vers. von der Entschädigungspflicht frei, § 17 (3)	wenn er nicht binnen 6 Monaten, nachdem Vers. schr. die Ablehnung eines Entschädigungsanspruches erklärt hat, durch Erhebung der Klage geltend gemacht wird, § 27 ebenfalls, wenn VN nicht binnen 6 Monaten nach dem VersFall die vom Vers geforderten Papiere zwecks policemäßiger Erledigung des Schadens vorgelegt hat, § 28
4. Allgemeine Bestimmungen					
a) Prämien	- erste Prämie, Gebühr und VersSt gegen Aushändigung der Police, § 11 1.	- erste Prämie: bei Vorlage der Police, 10.		- Prämie, VersSt und Ausfertigungsgebühr gegen Aushändigung des VersScheins, § 13 (1)	- sofort nach Abschluß der Vers. gegen Aushändigung des Vers-Scheins zu zahlen, § 15 (1)

Bestimmungsinhalt	PYKB 98	SYKB 98	AVBW 85	AVBW 63	AVBW 32
a) Prämien	- Folgeprämien incl. Gebühr und VersSt bei Beginn des folgenden VersZeitraumes nach Rechnungserhalt, § 11 1. - nicht rechtzeitige Zahlung, RF: §§ 38, 39 VVG, § 11 1.	- Folgeprämien nach Rechnungserhalt unverzüglich, 10. - nicht rechtzeitige Zahlung, RF: §§ 38, 39 VVG, 10.		- Folgeprämien bei Beginn des Versicherungsjahres, § 13 (1) - nicht rechtzeitige Zahlung, RF: §§ 38, 39 VVG, § 13 (1)	- Folgeprämien sind bei Beginn jeder VersPeriode zu zahlen, § 15 (2) - nicht rechtzeitige Bewirkung der Zahlung und VersFall vor Zahlung der **ersten** Prämie: Leistungsfreiheit des Vers, § 15 (1) - nicht rechtzeitige Bezahlung einer **Folgeprämie**: Bestimmung einer Zahlungsfrist mit Angabe der RF des Verzuges, § 15 (2)
b) Kündigung im Schadensfall	(+) für beide Parteien, spät. 2 Wochen nach Auszahlung oder Ablehnung des Schadens schr., § 15 2. - Wirksamwerden: 2 Wochen nach Zugang, § 15 2.	(+) für beide Parteien: - Kündigung muß spätestens 14 Tage nach Abschluß der Verhandlungen über die Ersatzpflicht vorliegen, 21. - nach jedem Schadenfall schr. mit 14tägiger **Frist**, 21.	(+) für beide Parteien, 12. - muß spätestens 1 Monat nach Abschluß der Verhandlungen über die Entschädigung schr. erklärt werden und zugehen, 12. - Vers hat eine Kündigungsfrist von 1 Monat einzuhalten, 12 - Recht des VN zu bestimmen, wann seine Kündigung wirksam, spätestens zum Schluß der laufenden VersPeriode, 12.	(+) für beide Parteien, § 18 - Kündigung des VN hat 2 Wochen nach Auszahlung oder Ablehnung durch Einschreibebrief zu erfolgen, § 18 - VN jedoch nur, wenn Anzeige gem. § 14 (2) gemacht hat, § 18 - Wirksamwerden: 14 Tage nach Zugang bei Vers., § 18 - Prämienanspruch regelt sich gem. § 13 (3), § 18	(+) für Vers. ... ... mit 14 tägiger Frist durch eingeschr. Brief, § 35 - erlischt wenn nicht binnen Monatsfrist vom Tage der Schadenszahlung oder der endgültigen Ablehnung des Schadens ausgeübt wird, § 35
c) Veräußerung des Fahrzeuges	- Übergang der Vers. auf den Erwerber, § 15 3. - für weitere RF der Veräußerung, einschließlich der beiderseitigen Kündigungsmöglichkeit gelten §§ 69 ff. VVG, § 15 3.	- Verpflichtung zur unverzüglichen Anzeige unter Angabe von Namen und Anschrift des Erwerbers, 22. - Vertragsende: mit Ablauf des VersJahres, die Kündigungsklausel gilt gestrichen, 22. - Übergang der Vers. auf den Erwerber, 22. - fristloses Kündigungsrecht bzw. Recht den Vertrag zu verlängern allein beim Erwerber, 22. - **VersSumme = Kaufpreis** (in Abänderung von Ziff. 9), 22.		- Übergang der Vers. auf den Erwerber, § 19 (2) - die Vorschriften §§ 69-71 VVG finden Anwendung, § 19 (2)	- Verpflichtung des VN binnen 1 Woche die Veräußerung unter Angabe des Erwerbers anzuzeigen, § 33 - wenn das vers FZ den Eigentümer wechselt, erlischt Vers., § 33
d) Erstattung von Prämie	- bei vorzeitiger Beendigung (§ 15 2./3.) wird die nicht verbrauchte Prämie zeitanteilig erstattet, sofern es sich nicht um eine Mindestprämie handelt, § 15 4.	- bei vorzeitiger Beendigung Rückvergütung unverbrauchter Prämie unter Abzug von 20 % Verwaltungskosten, sofern durch schwebende oder bezahlte Schäden Jahresprämie nicht verbraucht, 10.		- endet das VersVerhältnis vor Ablauf der VertragsZeit oder ... oder ..., so gebührt dem Vers. Prämie oder Geschäftsgebühr nach Maßgabe der gesetzlichen Bestimmungen (z.B. §§ 40, 68 VVG), § 13 (3)	

Bestimmungsinhalt	PYKB 98	SYKB 98	AVBW 85	AVBW 63	AVBW 32
d) Erstattung von Prämie	- bei Totalverlust ist die Prämie für die laufenden Periode verfallen, § 15 4.		- Verfall der Prämie bei Kündigung durch den VN, 12. - Kündigung durch Vers: -- Verfall desjenigen Teils der Prämie, welcher auf den dem Schaden entsprechenden Betrag der VersSumme entfällt, 12. -- von der auf den Restbetrag der VersSumme entfallenden Prämie gebührt dem Vers. nur der Teil, welcher der abgelaufenen VersZeit entspricht, 12.	- kündigt VN nach Eintritt des VersFall: Vers. gebührt Prämie für das laufende VersJahr, § 13 (3) - kündigt Vers. nach Eintritt des VersFall: Vers. hat die Prämie für den noch nicht abgelaufenen Teil des Vers Jahrs zurückzuzahlen, soweit die Jahresprämie nicht bereits durch schwebende oder bezahlte Schäden aufgebraucht ist, § 13 (3) - für Zeit des Stilliegens und des Winterlagers werden Rückgaben nicht gewährt, § 13 (4)	- bei Kündigung durch Vers. nach Schadensfall, hat dieser die verhältnismäßige Prämie für die noch nicht abgelaufene Vers-Dauer, abzgl. 25 % Verwaltungskosten, zurückzuzahlen, § 35 - keine Rückgabe, wenn die im laufenden VersJahr angefallenen Schäden die Jahresprämie erreichen oder übersteigen, § 35 - für die Zeit des Stilliegens und des Winterlagers werden Rückgaben nicht gewährt, § 15 (3)
e) Übertragungsverbot/ Verpfändungsverbot	(+) / (+) ohne ausdrückliche Zustimmung des Vers., § 15 7.	(+) / (+) ohne ausdrückliche Zustimmung des Vers., 23.		(+) / (+) ohne ausdrückliche Zustimmung des Vers., § 19 (1)	(+) / (+) ohne ausdrückliche Zustimmung des Vers., § 34
f) Gerichtsstand	(+) und Erfüllungsort für beide Teile, § 15 9.	(+) und Erfüllungsort, neben den gesetzlich nicht abdingbaren Gerichtsständen, 27.			(+) ausschließlich der Ort, an dem der Vers. seine Hauptniederlassung hat, § 39
g) Verhältnis zum VVG	- Geltung im übrigen, § 15 8.	- soweit in Bedingungen oder durch bes. Vereinbarung nichts Abweichendes bestimmt ist, gelten die Bestimmungen des VVG, 26.	- VVG Bestimmungen gelten ergänzend, soweit sie nicht durch diese Bedingungen geändert sind, 14.	- soweit nicht in den Bedingungen oder durch bes. Vereinbarung nichts Abweichendes bestimmt ist, gelten die Bestimmungen des VVG, § 20	- geschr. Bedingungen und Klauseln gehen den gedruckten vor, § 37 - Vereinbarungen sind nur bindend, wenn sie im VersSchein oder durch einen späteren Nachtrag festgelegt sind, § 35
h) Verhältnis zu(m) Versicherer(n)	- alle für Vers. bestimmte WE/Anzeigen des VN können ggü. Makler rechtswirksam vorgenommen werden, § 15 5. - mehrere Vers., jew. Haftung nur auf ihren Anteil (≠ Gesamtschuldner), § 15 6. - Bindungswirkung von Vereinbarungen des führenden Vers. für übrige Vers., § 15 6. - Auskunftsrecht des VN über Name/Anteil der jew. Vers. ggü. Makler, § 15 6.	- alle Deklarationen/Anzeigen des VN an Vers. können rechtswirksam auch an den Makler erfolgen, 24. - mehrere Vers. an der Police beteiligt, jew. Haftung nur für ihren Anteil (≠ Gesamtschuldner), 28. - Verbindlichkeit der Maßnahmen des führenden Vers. für beteiligte Vers., 28. - schr. Auskunftsrecht des VN auf Anforderung über Firma/Anteil der Vers., die an seiner Vers. beteiligt sind, 28. - Recht des Maklers, Vers. zu wechseln, ohne Zustimmung des VN einzuholen, 28.			- die vom VN über seine ... Adresse gemachten Angaben sind für Mitteilungen des Vers. an VN maßgebend, § 38

Bestimmungsinhalt	PYKB 98	SYKB 98	AVBW 85	AVBW 63	AVBW 32
5. Haftpflicht					
a) Kollisionsersatz				(+) für Sachschäden (Substanzschäden), die das vers FZ auf dem Wasser durch Zusammenstoß oder infolge eines navigatorischen Verschuldens anderen FZ oder festen oder schwimmenden Gegenständen zufügt, falls gesetzlicher Anspruch gegen den VN bestehen sollte, § 6 (1) - die Vergütung des an 3. zu leistenden Schadensersatz wird nur insoweit gewährt, als sie zusammen mit der Vergütung für Schäden an vers Sachen die VersSumme nicht übersteigt, § 6 (3) - 10 % bzw. mind. DM 15 Selbstbehalt zu Lasten des VN, § 6 (1) (-) bei grober FL/VS des VN, FZ-Führers oder Insassen, § 6 (2) - i.ü. gelten die §§ 10 (2), 13, 14, 15 (1), 17, 18 dieser Bedingungen - Prozesse gegen den VN: Verpflichtung dem Vers. Mitteilung zu machen, § 14 (7) - Vers. ist berechtigt, die Prozeßführung im Namen des VN zu übernehmen, § 14 (7)	(+) Sachschäden, die vom vers FZ durch Zusammenstoß oder nautischem Verschulden anderen FZ oder festen bzw. schwimmenden Gegenständen zugefügt werden, falls der Eigentümer des FZ für solche Schäden 3. ggü. gesetzlich in Anspruch genommen werden kann, § 3 - VersSumme = höchster Betrag, der von dem Vers. (auch bei Haftpflichtersatz) zu leistenden Entschädigung, § 26 (1) - 10 % bzw. mind. RM 15 Selbstbehalt zu Lasten des VN, § 3 (-) bei grober FL/VS des Bootsführers/Besatzung des vers FZ, § 3 - Anwendung des Einwands der Unterversicherung (vgl. § 16), § 3 - Prozesse gegen den VN: Verpflichtung dem Vers. Mitteilung zu machen, § 29 - Vers. ist berechtigt den erforderlichen Anwalt zu bestimmen und trägt die gesetzlichen Kosten des Rechtsstreits im Rahmen der Versicherungsbedingungen, § 29
b) Bergungskosten	(+), außerdem: Wrackbeseitigung und Entsorgung, wenn VN sie für geboten halten durfte, § 6 Satz 2 i.V.m. Satz 1 - keine Obergrenze, § 7 1. a) i.V.m. § 6	(+) für Heben, Bergen, Entfernen oder Beseitigen (Entsorgung) des vers FZ oder Wracks werden zusätzlich bis zu 100 % der VersSumme ersetzt, sofern dieses aufgrund gesetzlicher Bestimmungen oder behördlicher AO zu erfolgen hat, 3. **ABER**: (-) für Aufwendungen zur Verhinderung oder Beseitigung von Umweltschäden, 3.	Aufwendungen für eine behördlich vorgeschriebene Wrackbeseitigung werden nicht ersetzt, 3.7		

II. Pantaenius-Yacht-Kasko-Bedingungen
Pantaenius Versicherungsmakler GmbH & Co.

(PYKB 98)

§ 1 **Geltungsbereich**

1. Die Versicherung gilt für das in der Police genannte Fahrtgebiet.

2. Sie gilt auch für alle üblichen Aufenthalte der versicherten Sachen außerhalb des Wassers, wie z.B. Winterlagerung, Werftaufenthalt, einschließlich des Anlandnehmens und Zuwasserlassens.

3. Für Transporte gilt § 4.

§ 2 **Versicherte Sachen**

Versichert sind das Fahrzeug, die gesamte Einrichtung und Ausrüstung einschließlich Maschinenanlage und Beiboote, das Inventar, das Zubehör und die persönlichen Effekten.

§ 3 **Umfang der Haftung**

1. Der Versicherer haftet für Verlust oder Beschädigung der versicherten Sachen:

   a) durch Unfall, Brand, Sengen, Schmoren, Blitzschlag, Explosion, höhere Gewalt, Einbruchdiebstahl, Diebstahl des ganzen Fahrzeugs, Handlungen von nicht zur Besatzung gehörenden Personen (z.B. Vandalismus), Zusammenstoß mit festen oder schwimmenden Gegenständen,

   b) in allen Fällen von Strandung, Wassereinbruch, Sinken, Angrundgeraten sowie Brechen, Knicken, Verbeulen von Masten, Bäumen und Spieren und Reißen von stehendem und laufendem Gut.

2. Gegen einfachen Diebstahl, sofern er nicht das ganze Fahrzeug betrifft, sind versichert:
an Deck verzurrte oder mit dem Fahrzeug fest verbundene Gegenstände; Außenbordmotoren nur wenn sie mit einer mindestens 5 mm starken Stahlkette oder einer gleichwertigen Sicherung angeschlossen sind.

§ 4 **Transporte**

1. Land-, Fluß-, und Fährtransporte (Transporte des getrailerten Fahrzeugs per Fähre) sind innerhalb des in der Police genannten Fahrtgebietes mitversichert, es sei denn, das für die Aufnahme und Beförderung benutzte Transportmittel hatte nicht die dafür erforderliche Eignung oder die versicherten Sachen waren nicht sachgemäß verladen und befestigt. Der Versicherungsschutz erstreckt sich auch auf Schäden durch Transportmittelunfall. Lose Teile sind gegen Diebstahl nur versichert, wenn sie ordnungsgemäß verpackt und festgemacht sind oder sich im abgedeckten und verzurrten oder verschlossenen Fahrzeug befinden.

2. Für sonstige Transporte ist eine gesonderte Deckungsvereinbarung nötig.

§ 5 **entfällt**

§ 6 **Aufwendungen**

Aufwendungen, auch erfolglose, die der Versicherungsnehmer zur Abwendung oder Minderung des Schadens (§ 13 Nr.3) für geboten halten durfte, hat der Versicherer zu ersetzen. Dasselbe gilt für Aufwendungen zur Bergung, Wrackbeseitigung und Entsorgung.

§ 7 **Ausschlüsse**

1. Ausgeschlossen von der Versicherung sind:

   a) alle Schäden, soweit sie über die Versicherungssumme hinausgehen; diese Begrenzung gilt jedoch nicht für Aufwendung nach § 6,

   b) Schäden, die auf Vorsatz oder grober Fahrlässigkeit beruhen,

   c) mittelbare Schäden (z.B. Beeinträchtigung der Rennfähigkeit, Minderwert),

   d) Schäden durch Konstruktions-, Fabrikations-, und Materialfehler, Abnutzung im gewöhnlichen Gebrauch, jeweils an den unmittelbar betroffenen Teilen,

   e) Lebensmittel, Geld, Wert- und Schmucksachen,

   f) Schäden durch Krieg, Bürgerkrieg oder kriegsähnliche Ereignisse, Minen, Torpedos, Bomben, oder andere Kriegswerkzeuge, politische Gewalthandlungen, bürgerliche Unruhen, Streik, Aussperrung, Beschlagnahme und Eingriffe von hoher Hand,

   g) Schäden durch Kernenergie oder Radioaktivität,

   h) Schäden an Personen und Tieren.

2. Sofern in der Police nichts anderes vereinbart ist, sind von der Versicherung auch alle Schäden ausgeschlossen, die entstehen, während das Fahrzeug nicht zu sportlichen oder Vergnügungszwecken verwendet, z.B. gegen Entgelt an Dritte überlassen wird.

§ 8 **Selbstbeteiligung**

Die in der Police genannte Selbstbeteiligung gilt je Versicherungsfall. Sie entfällt jedoch bei Totalverlust, Transportschäden gemäß § 4 Nr.1, Schäden an persönlichen Effekten und Schäden durch Blitzschlag oder Brand.

§ 9 **Versicherungswert = Feste Taxe**

1. Der Versicherungswert ist der Neuwert (Wiederbeschaffungspreis für gleichartige Sachen). Die Höhe dieses Wertes ist als Taxe festgeschrieben auf den Gesamtbetrag der in der Police ausgewiesenen Versicherungssumme.

2. Der Einwand der Unterversicherung ist ausgeschlossen.

§ 10 **Höhe der Entschädigung**

1. Im Falle des Totalverlustes oder des konstruktiven Totalverlustes (Wiederherstellungskosten übersteigen die Feste Taxe) wird die Feste Taxe gemäß § 9 ersetzt.

2. Als Totalverlust gilt auch die Reparaturunfähigkeit, d.h. wenn die Reparatur des Schiffes überhaupt nicht möglich ist oder an dem Ort, wo sich das Schiff befindet, nicht bewerkstelligt und das Schiff auch nicht zu dem Ort, wo die Reparatur auszuführen wäre, gebracht werden kann. Der Versicherungsnehmer hat dem Versicherer unverzüglich alle Umstände, aus denen sich eine Reparaturunfähigkeit ergibt sowie die Verwertungsmöglichkeiten des reparaturunfähigen Schiffes anzuzeigen.

3. Bei Teilschäden werden die notwendigen Wiederherstellungskosten ohne Abzüge „neu für alt" erstattet. Die durch den Versicherungsfall verursachten Transportkosten zur Reparaturwerft und zurück werden wie die Wiederherstellungskosten erstattet. Für Schäden an persönlichen Effekten ist, sofern in der Police nichts anderes vereinbart wurde, die Entschädigung je Versicherungsfall begrenzt auf 2 % der Versicherungssumme, maximal DM 5.000,-.

4. Erzielbare Erlöse aus Restwerten werden auf die Entschädigungsleistung nach Nr. 1. bis 3. angerechnet. Der Versicherungsnehmer kann die Anrechnung nicht dadurch abwenden, daß er dem Versicherer die Reste zur Verfügung stellt.

§ 11 **Prämie - Beginn des Versicherungsschutzes**

1. Der Versicherungsnehmer hat die erste Prämie einschließlich Gebühr und Versicherungssteuer gegen Aushändigung der Police, Folgeprämien einschließlich Gebühr und Versicherungssteuer bei Beginn des folgenden Versicherungszeitraumes nach Rechnungserhalt zu zahlen. Für die Folgen nicht rechtzeitiger Prämienzahlung gelten die Bestimmungen der §§ 38 und 39 des Versicherungsvertragsgesetzes (VVG).

2. Der Versicherungsschutz beginnt mit dem in der Police festgesetzten Zeitpunkt.

§ 12 **Obliegenheiten**

1. Der Versicherungsnehmer hat dem Versicherer alle vor und bei Abschluß des Vertrages gestellten Fragen richtig und vollständig zu beantworten, damit der Versicherer das von ihm zu übernehmende Risiko übersehen kann.

2. Nachträgliche Gefahrerhöhungen, wie z.B. gelegentliche Überschreitung der Fahrtgrenzen, gelten als angezeigt und somit versichert, müssen aber zwecks eventueller Berechnung einer Prämienzulage gemeldet werden.

§ 13 **Verhalten im Versicherungsfall**

1. Der Versicherungsnehmer ist verpflichtet, jeden Schaden dem Versicherer bzw. der Firma Pantaenius GmbH & Co. unverzüglich anzuzeigen und deren Weisungen zu befolgen. Dem Versicherer ist Gelegenheit zu geben, sich über Ursache, Art und Umfang des Schadens Gewißheit zu verschaffen. Der Versicherungsnehmer hat alle diesbezüglichen Fragen des Versicherers bzw. der Firma Pantaenius GmbH & Co. richtig und vollständig zu beantworten. Bei Feuer- und Explosionsschäden, Einbruchdiebstahl oder Diebstahl ist bei der nächsten Polizeidienststelle unverzüglich Anzeige zu erstatten.

2. Bei Kollisionsfällen ist ein Protokoll über den Hergang und die Ursache des Unfalles aufzunehmen, welches zusammen mit einer Unfallskizze und der Angabe von Namen und Anschrift des oder der Kollisionsgegner und Zeugen dem Versicherer einzureichen ist.

3. Der Versicherungsnehmer wird darauf hingewiesen, daß er rechtlich verpflichtet ist, alle Maßnahmen zu ergreifen, die zur Abwendung des Schadens geeignet und zumutbar sind.

4. Besteht für das versicherte Fahrzeug noch anderer Versicherungsschutz, ist dieses der Firma Pantaenius GmbH & Co. mitzuteilen.

5. Hat der Versicherungsnehmer eine der vorstehenden Verpflichtungen verletzt, ist der Versicherer nach Maßgabe der gesetzlichen Bestimmungen (insbesondere §§ 6 und 62 Versicherungsvertragsgesetz - VVG) von der Verpflichtung zur Leistung frei.

§ 14 **Zahlung der Entschädigung**

1. Der Versicherer hat alle Feststellungen, die den Umfang der Leistung betreffen, unverzüglich zu treffen und danach die Entschädigung in der Währung der Versicherungssumme zu leisten. Für gestohlene Sachen ist der Versicherer frühestens nach Ablauf von zwei Monaten zur Leistung verpflichtet.

2. Der Versicherungsnehmer ist verpflichtet, gestohlene Sachen nur dann wieder zu übernehmen, wenn zwischen dem Eingang der Schadenanzeige und dem Zeitpunkt, in dem der Versicherungsnehmer die wiederaufgefundene Sache wieder in seine Verfügung bringen kann, ein Zeitraum von nicht mehr als zwei Monaten verstrichen ist.

3. Wenn eine polizeiliche oder strafrechtliche Untersuchung aus Anlaß des Schadens gegen den Versicherungsnehmer eingeleitet ist, ist der Versicherer berechtigt, vor einer etwaigen Zahlung den Ausgang des Verfahrens abzuwarten.

4. Wird der Entschädigungsanspruch nicht innerhalb von einer Frist von sechs Monaten gerichtlich geltend gemacht, nachdem der Versicherer ihn unter Angabe der mit dem Ablauf der Frist verbundenen Rechtsfolge schriftlich abgelehnt hat, ist der Versicherer von der Verpflichtung zur Leistung frei.

§ 15 **Allgemeine Bestimmungen**

1. Der Versicherungsvertrag wird auf die Dauer von einem Jahr fest geschlossen. Er verlängert sich um ein weiteres Jahr, wenn er nicht spätestens drei Monate vor Ablauf des jeweiligen Versicherungsjahres schriftlich gekündigt wird.

2. Nach Eintritt des Schadensfalls sind beide Parteien berechtigt, den Vertrag zu kündigen. Die Kündigung hat spätestens zwei Wochen nach Auszahlung oder Ablehnung des Schadens schriftlich zu erfolgen und wird zwei Wochen nach Zugang wirksam.

3. Wird das versicherte Fahrzeug von dem Versicherungsnehmer veräußert, so geht die Versicherung auf den Erwerber über. Für die weiteren Rechtsfolgen der Veräußerung, einschließlich der beiderseitigen Kündigungsmöglichkeit,

gelten die Bestimmungen der §§ 69 ff. des Versicherungsvertragsgesetzes (VVG).

4. Bei vorzeitiger Beendigung des Vertrages (Nr.2 und Nr.3) wird die nicht verbrauchte Prämie zeitanteilig erstattet, sofern es sich nicht um eine Mindestprämie handelt. Bei Totalverlust ist die Prämie für die laufende Versicherungsperiode verfallen.

5. Alle für den Versicherer bestimmten Willenserklärungen und Anzeigen des Versicherungsnehmers im Rahmen des Versicherungsvertrages können rechtswirksam gegenüber der Firma Pantaenius GmbH & Co. vorgenommen werden.

6. Ist die Versicherung von mehreren Versicherern übernommen, so haften die beteiligten Versicherer nur auf ihren Anteil und nicht als Gesamtschuldner. Vereinbarungen, die der führende Versicherer mit dem Versicherungsnehmer trifft, sind für die übrigen beteiligten Versicherer bindend. Pantaenius GmbH & Co. erteilt dem Versicherungsnehmer auf Anforderung schriftlich Auskunft, welche Versicherer mit welchen Anteilen an seiner Versicherung beteiligt sind.

7. Die Rechte aus dieser Versicherung können ohne ausdrückliche Zustimmung des Versicherers vom Versicherungsnehmer weder übertragen noch verpfändet werden.

8. Im übrigen gelten die Bestimmungen des Versicherungsvertragsgesetzes (VVG).

9. Gerichtsstand und Erfüllungsort für beide Teile ist Hamburg.

III. Schomacker-Yacht-Kasko-Bedingungen
Schomacker Versicherungsmakler GmbH

(SYKB 1998)

Geltungsbereich

1. Die Versicherung gilt für die in der Police genannten Fahrtgrenzen auf dem Wasser sowie für alle üblichen Aufenthalte der versicherten Sachen außerhalb des Wassers - z.B. Winterlager, Reparatur - einschließlich des Anlandnehmens und des Zuwasserlassens und damit zusammenhängender Transporte. Überschreitungen der Fahrtgrenzen sowie Transporte aller Art, sofern nicht in der Police genannt, sind eingeschlossen, sind aber zwecks Berechnung einer eventuellen Prämienzulage anzuzeigen.

Versicherte Sachen

2. Versichert sind, sofern in der Police dafür eine Versicherungssumme genannt ist:

2.1. das Fahrzeug, die maschinelle Einrichtung, das festeingebaute Inventar, die nautische Ausrüstung incl. Instrumente, Masten und Segel, Beiboot.

2.2. der Außenbordmotor.

2.3. persönliche Effekten wie Foto-, Film-, Fernseh- und Radioapparate, Kleidungsstücke und loses Inventar; ausgenommen sind Lebensmittel, Geld, Urkunden, Wert- und Schmucksachen und was dem gleichzuachten ist.

2.4. Inventar, Ausrüstung und Zubehör auch außerhalb des versicherten Fahrzeuges, wenn sie sich in einem verschlossenen Raum befinden.

Umfang des Versicherungsschutzes

3. Der Versicherer haftet für alle Schäden und Verluste an den versicherten Sachen (All-Gefahren-Deckung) bis zu der Höhe der in der Police vereinbarten Versicherungssummen. Aufwendungen, auch erfolglose, zur Abwendung und Minderung eines ersatzpflichtigen Schadens im Sinne der §§ 62 und 63 Versicherungs-Vertrags-Gesetz (VVG) sowie Schadenermittlungskosten nach § 66 VVG werden ebenfalls ersetzt. Kosten für Heben, Bergen, Entfernen oder Beseitigen (Entsorgung) des versicherten Fahrzeuges oder Wracks werden zusätzlich bis zu 100 % der Versicherungssumme ersetzt, sofern dieses aufgrund gesetzlicher Bestimmungen oder behördlicher Anordnung zu erfolgen hat. Der Versicherer leistet jedoch keinen Ersatz für Aufwendungen zur Verhinderung oder Beseitigung von Umweltschäden, insbesondere der Verunreinigung von Luft, Wasser und Boden.

Ausschlüsse

4. Der Versicherer haftet nicht:

4.1. für Schäden durch grobe Fahrlässigkeit oder Vorsatz des Versicherungsnehmers oder des Fahrzeugführers sowie Schäden entstanden durch Betrug und Unterschlagung.

4.2. für Schäden durch Abnutzung im gewöhnlichen Gebrauch, durch Regen, Schnee, Hitze, Frost, Eis, durch Rost und Oxydation, Osmose, Elektrolyse, durch Fäulnis, Ungeziefer, Ratten, Mäuse, durch Bearbeitung und Reparatur und durch mittelbare, indirekte Schäden (z.B. Wertminderung und Beeinträchtigung der Rennfähigkeit).

4.3. für Schäden durch Konstruktions-, Fabrikations- oder Materialfehler an den unmittelbar betroffenen Teilen.

4.4. für Diebstahl des Bootes auf dem Trailer, wenn dieser nicht durch Kastenschloß, Radkralle oder gleichwertiger Vorrichtung gesichert ist.

4.5. für Schäden durch Krieg, Bürgerkrieg oder kriegsähnliche Ereignisse, Minen, Torpedos oder andere Kriegswerkzeuge, Beschlagnahme und durch Verfügung von hoher Hand.

4.6. für Schäden durch Kernenergie und Radioaktivität.

Einschränkungen

5. Sofern nicht in der Police etwas anderes vereinbart wurde, sind auch von der Versicherung ausgeschlossen Schäden die entstehen

5.1. durch Sturm oder Brandung vor der offenen Küste, sofern das Fahrzeug länger als 6 Stunden unbemannt stilliegt.

5.2. während das Fahrzeug nicht zu sportlichen und Vergnügungszwecken verwendet wird - Vercharterung, Vermietung gegen Entgelt -.

5.3. weil der Führer des versicherten Fahrzeuges nicht im Besitz eines für das Fahrzeug und/oder für das Fahrgebiet amtlich vorgeschriebenen Führerscheins ist.

5.4. an der maschinellen Einrichtung durch die ihr eigentümliche Betriebsgefahr.

6. Schäden entstanden durch einfachen Diebstahl

6.1. von Außenbordmotoren sind nur versichert, wenn diese mit einer mindestens 5 mm starken Stahlkette oder einer gleichwertigen Sicherung am Fahrzeug angeschlossen sind.

6.2 von anderen losen Teilen sind nur versichert, wenn diese ordnungsgemäß festgemacht sind oder sich im abgedeckten und verzurrten Fahrzeug befinden.

7. Der Versicherungsschutz für Schäden entstanden durch Streikende, Aufruhr, Unruhen jeder Art, Landfriedensbruch und Plünderung kann jederzeit mit einer Frist von 2 Tagen seitens des Versicherers gekündigt werden.

8. Ist in der Police eine Selbstbeteiligung vereinbart, so gilt diese bei jedem Schadenereignis mit Ausnahme von Totalverlust sowie Schäden an persönlichen Effekten gemäß Ziffer 2.3. dieser Bedingungen.

Versicherungssumme

9. Die in der Police genannten Versicherungssummen gelten als zwischen den Parteien ausgehandelte unanfechtbare Taxen.

Prämie und Versicherungsbeginn

10. Die erste Prämie ist bei Vorlage der Police, Folgeprämien nach Rechnungserhalt unverzüglich zu zahlen. Bei nicht rechtzeitiger Prämienzahlung gelten die Bestimmungen der §§ 38 + 39 VVG. Bei vorzeitiger Beendigung der Versicherung wird die unverbrauchte Prämie unter Abzug von 20 % Verwaltungskosten zurückvergütet, sofern durch schwebende oder bezahlte Schäden die Jahresprämie nicht verbraucht ist. Der Versicherungsschutz beginnt mit dem in der Police genannten Vertragsbeginn.

Obliegenheiten und Verhalten im Schadensfall

11. Der Versicherungsnehmer hat bei Abschluß des Vertrages alle gestellten Fragen zu Umständen, die für die Übernahme der Gefahr erheblich sind, nach bestem Wissen richtig zu beantworten. Nach Abschluß des Vertrages darf der Versicherungsnehmer die Gefahr verändern insbesondere erhöhen, er hat dieses aber unverzüglich zwecks Berechnung einer evtl. Prämienzulage dem Versicherer anzuzeigen.

12. Der Versicherungsnehmer hat dem Versicherer einen Schaden unverzüglich schriftlich anzuzeigen unter Angabe des mutmaßlichen Schadenbetrages und des Ortes, an dem der Schaden besichtigt werden kann. Nach Möglichkeit hat er für dessen Abwendung bzw. Minderung zu sorgen. Er hat dabei die Weisungen des Versicherers bzw. des nächst erreichbaren Havariekommissars zu befolgen und wenn die Umstände es gestatten, solche Weisungen einzuholen. Er hat dem Versicherer zu ermöglichen, vor Beginn der Reparaturarbeiten sich über Art, Umfang und Ursache durch Sachverständige zu unterrichten.

13. Schäden durch Feuer, Explosion, Diebstahl und böswillige Beschädigung sind außerdem der dem Schadenort nächstliegenden zuständigen Polizeibehörde anzuzeigen mit Antrag auf Strafverfolgung.

14. Bei Kollisionsschäden sowie Schäden, die im Gewahrsam eines Dritten - Transportunternehmer, Reparaturwerft, Einlagerer etc. - entstanden sind, ist unverzüglich eine Schadenfeststellung nach Ursache, Hergang und Umfang mit dem beteiligten Dritten gemeinsam zu erstellen. Dieses Protokoll mit Namen, Anschrift und Versicherer des Dritten ist dem Versicherer unverzüglich einzureichen. Hat der Versicherungsnehmer einen Ersatzanspruch gegen einen Dritten, so ist er verpflichtet, alle zur Durchsetzung des Anspruchs notwendigen Auskünfte zu erteilen und den Anspruch an den Versicherer abzutreten. Auch nach dem Übergang des Anspruchs auf den Versicherer bleibt der Versicherungsnehmer zur Schadenminderung verpflichtet, insbesondere den Schaden auf Verlangen und Kosten des Versicherers im eigenen Namen einzuklagen.

15. Hat der Versicherungsnehmer eine Obliegenheit verletzt, so ist der Versicherer von der Verpflichtung zur Leistung frei, es sei denn die Verletzung beruhte weder auf Vorsatz noch auf grobe Fahrlässigkeit oder hatte weder Einfluß auf den Eintritt des Versicherungsfalles noch auf den Umfang der Leistungspflicht des Versicherers (s. §§ 6, 62 + 67 VVG).

Entschädigungsleistung

16. Bei Totalverlust des Fahrzeuges ersetzt der Versicherer die Versicherungssumme abzüglich des etwaigen Restwertes, bei Teilschäden die Reparaturkosten bis zur Höhe der vereinbarten Versicherungssumme. Ein Totalverlust liegt vor, wenn das Fahrzeug dem Versicherungsnehmer ohne Aussicht auf Wiedererlangung entzogen, insbesondere wenn es unrettbar gesunken oder in seiner ursprünglichen Beschaffenheit zerstört ist.

17. Jede Partei dieses Vertrages kann verlangen, daß die Schadenhöhe durch Sachverständige festgestellt wird, wobei jede Partei die Kosten ihres Sachverständigen trägt, die Kosten eines evtl. Obmannes tragen beide zur Hälfte. Die Feststellung der Sachverständigen ist verbindlich, wenn nicht nachgewiesen wird, daß sie offenbar von der Sachlage erheblich abweicht.

18. Die Zahlung der Entschädigung ist in der Währung der Versicherungssumme 14 Tage nach endgültiger Feststellung des Schadens und der Höhe der Entschädigung fällig, bei Diebstahlschäden jedoch nicht vor Ablauf von 2 Monaten. Zur Feststellung zählt auch das Ergebnis einer polizeilichen oder strafrechtlichen Untersuchung aus Anlaß des Schadens gegen eine Person des unter 4.1. dieser Bedingungen bezeichneten Personenkreises.

19. Werden gestohlene Sachen innerhalb von zwei Monaten wiederaufgefunden, ist der Versicherungsnehmer verpflichtet, sie gegen Rückzahlung der bereits geleisteten Entschädigung zurückzunehmen.

20. Der Entschädigungsanspruch des Versicherungsnehmers erlischt, wenn er nicht innerhalb von 6 Monaten gerichtlich geltend gemacht wurde, nachdem der Versicherer die Leistung schriftlich und unter Hinweis auf diese Rechtsfolgen abgelehnt hat.

Kündigung im Schadensfall

21. Nach jedem Schadensfall sind beide Vertragsparteien berechtigt, die Police schriftlich mit 14tägiger Frist zu kündigen. Die Kündigung muß spätestens 14 Tage nach Abschluß der Verhandlungen über die Ersatzpflicht vorliegen.

Veräußerung des Fahrzeuges

22. Der Versicherungsnehmer hat dem Versicherer unverzüglich eine Veräußerung des Fahrzeuges anzuzeigen unter Angabe von Namen und Anschrift des Erwerbers. Der Versicherungsvertrag endet mit Ablauf des Versicherungsjahres, die Kündigungsklausel gilt gestrichen. Die Versicherung geht auf den Erwerber über. Der hat das Recht, entweder den Vertrag fristlos zu kündigen oder die Verlängerung des Vertrages zu beantragen. In Abänderung von Ziffer 9. dieser YKB gilt als Versicherungssumme der vereinbarte Verkaufspreis.

Allgemeine Bestimmungen

23. Die Rechte aus dieser Versicherung können ohne ausdrückliche Zustimmung des Versicherers vom Versicherungsnehmer weder übertragen noch verpfändet werden.

24. Alle Deklarationen und Anzeigen des Versicherungsnehmers an den Versicherer können rechtswirksam auch an die Firma Hamburger-Yacht-Versicherung Schomacker Versicherungsmakler GmbH erfolgen.

25. Der Vertrag verlängert sich stillschweigend um ein weiteres Jahr, wenn er nicht von einer der Parteien spätestens 1 Monat vor Ablauf schriftlich gekündigt wird.

26. Soweit nicht in den vorstehenden Bedingungen oder durch besondere Vereinbarung Abweichendes bestimmt ist, gelten die Bestimmungen des Gesetzes über den Versicherungsvertrag (Versicherungs-Vertrags-Gesetz).

27. Neben den gesetzlichen nicht abdingbaren Gerichtsständen ist als Gerichtsstand und Erfüllungsort Hamburg vereinbart.

Beteiligungsklausel

28. Sind an der Police mehrere Versicherer beteiligt, so haften die Versicherer nur für ihren Anteil und nicht als Gesamtschuldner. Sämtliche Maßnahmen des führenden Versicherers sind auch für die beteiligten Versicherer verbindlich. Der Versicherungsmakler ist berechtigt, die Versicherer zu wechseln, ohne die Zustimmung des Versicherungsnehmers einzuholen. Der Versicherungsnehmer hat das Recht, die schriftliche Auskunft auf Anforderung zu erhalten, welche Versicherer mit welchen Anteilen an seiner Versicherung beteiligt sind.

IV. Allgemeine Bedingungen für die Kasko-Versicherung von Wassersportfahrzeugen 1994

(AVBW 1994)

1. Gegenstand der Versicherung

1.1 Versichert sind das Fahrzeug, die Maschinenanlage, die technische Ausrüstung, das Zubehör, das Inventar, das Beiboot und die persönlichen Effekten.

1.2 *Soweit nichts anderes vereinbart ist,* sind nicht versichert
- Foto-, Filmapparate, Phono-, Fernseh-, Videogeräte und andere Geräte der Unterhaltungselektronik sowie deren Zubehör,
- Musikinstrumente,
- Geld, Wertsachen, z.B. Pelze, Schmuck, Gemälde, Antiquitäten,
- Lebens- und Genußmittel,
- Tauch- und Wasserskiausrüstung, Windsurfer, Angelsportgeräte und deren Zubehör.

2. Geltungsbereich

Soweit nichts anderes vereinbart ist, besteht Versicherungsschutz innerhalb Europas auf allen Flüssen und Binnengewässern, während des Aufenthalts außerhalb des Wassers, des Anlandholens und Zuwasserlassens sowie der Land- und Flußtransporte.

3. Umfang der Versicherung

3.1 Der Versicherer trägt alle Gefahren, denen die versicherten Sachen während der Dauer der Versicherung ausgesetzt sind.

3.2 *Soweit nicht etwas anderes vereinbart ist,* sind ausgeschlossen sind die Gefahren

3.2.1 des Krieges, des Bürgerkrieges oder kriegsähnlicher Ereignisse und solche, die sich unabhängig vom Kriegszustand aus der feindlichen Verwendung von Kriegswerkzeugen sowie dem Vorhandensein von Kriegswerkzeugen als Folge einer dieser Gefahren ergeben;

3.2.2 von Streik, Aussperrung, Arbeitsunruhen, politischen Gewalthandlungen, Aufruhr und sonstigen bürgerlichen Unruhen;

3.2.3 der Kernenergie;

3.2.4 der Beschlagnahme, Entziehung oder sonstiger Eingriffe von hoher Hand.

3.3 Der Versicherer leistet Ersatz für Verlust oder Beschädigung der versicherten Sachen als Folge einer versicherten Gefahr, jedoch, *soweit nicht etwas anderes vereinbart ist,* für

3.3.1 Schäden an
- der Maschinenanlage,
- der elektrischen oder durch Motor betriebenen technischen Ausrüstung,
- den persönlichen Effekten nur, wenn sie durch Unfall des Fahrzeugs, Brand, Blitzschlag, Explosion, höhere Gewalt oder Diebstahl, mut- oder böswillige Handlungen betriebsfremder Personen verursacht worden sind,

3.3.2. Schäden an den versicherten Sachen bei Transporten nur, wenn sie durch Transportmittelunfall, Brand, Blitzschlag, Explosion, höhere Gewalt oder Diebstahl verursacht worden sind.

3.4 *Soweit nicht etwas anderes vereinbart ist*, leistet der Versicherer keinen Ersatz für Schäden, verursacht durch

3.4.1 Fahruntüchtigkeit des Fahrzeugs,

3.4.2
- Konstruktions-, Fabrikations-, Materialfehler, jedoch sind Verlust oder Beschädigung der versicherten Sachen als unmittelbare Folge dieser Fehler im Umfang dieser Bedingungen versichert.
- Abnutzung, Bearbeitung, Lack-, Kratz- und Schrammschäden,
- Alter,
- Rost, Oxydation, Korrosion, Kavitation, Osmose,
- Frost, Eis, Sonneneinwirkung, Regen, Schnee,
- Fäulnis,
- Ungeziefer, Ratten oder Mäuse,

3.4.3 Wildwasserfahrten oder das Überqueren von Wehren,

3.4.4 mangelhafte Vertäuung und Verankerung, unbemanntes Stilliegen vor offener Küste,

3.4.5 Verstöße gegen behördliche Vorschriften, gegen die Vorschriften eines Beförderungsunternehmens, ferner durch gerichtliche Verfügung und Vollstreckung,

3.4.6 nicht sachgemäße Verladung und Befestigung während des Transports,

3.4.7 Diebstahl nicht ordnungsgemäß verpackter oder nicht im abgedeckten und verzurrten oder verschlossenen Fahrzeug selbst befindlicher loser Teile.

3.4.8 Diebstahl nicht gesicherter Außenbordmotoren,

3.4.9 Diebstahl des versicherten Fahrzeugs auf einem nicht gesicherten Trailer.

3.5 *Soweit nicht etwas anderes vereinbart ist*, leistet der Versicherer keinen Ersatz für Schäden, die eintreten, während das versicherte Fahrzeug zu anderen als sportlichen oder Vergnügungszwecken verwendet wird.

3.6 *Soweit nicht etwas anderes vereinbart ist*, werden mittelbare Schäden (Minderwert, Beeinträchtigung der Rennfähigkeit etc.) nicht ersetzt.

3.7 Der Versicherer ersetzt im Rahmen der Versicherungssumme Aufwendungen des Versicherungsnehmers zur Abwendung oder Minderung des Schadens bei Eintritt des Versicherungsfalls, soweit sie der Versicherungsnehmer den Umständen nach für geboten halten durfte.

Soweit nicht etwas anderes vereinbart ist, werden diese Aufwendungen auch über die Versicherungssumme hinaus ersetzt, soweit der Versicherungsnehmer sie gemäß den Weisungen des Versicherers macht.
Soweit nicht etwas anderes vereinbart ist, werden Aufwendungen für eine behördlich vorgeschriebene Wrackbeseitigung nicht ersetzt.

4. Gefahrerhöhung

Nach Antragstellung darf der Versicherungsnehmer nicht ohne Einwilligung des Versicherers die Gefahr erhöhen oder einem Dritten die Gefahrerhöhung gestatten. Als Gefahrerhöhung gilt insbesondere die Überlassung an Dritte gegen Entgelt.

5. Versicherungssumme, Versicherungswert, Unterversicherung

5.1. Die Versicherungssumme soll dem Versicherungswert entsprechen. Versicherungswert ist der Zeitwert. Zeitwert ist der Betrag, der allgemein erforderlich ist, um neue Sachen gleicher Art anzuschaffen, abzüglich eines dem Zustand der versicherten Sachen (Alter, Abnutzung, Gebrauch etc.) entsprechenden Betrages.

5.2 Ist die Versicherungssumme niedriger als der Versicherungswert (Unterversicherung), so ersetzt der Versicherer den Schaden nur nach dem Verhältnis der Versicherungssumme zum Versicherungswert.

6. Ersatzleistung

6.1 Verlust versicherter Sachen
Gehen versicherte Sachen total verloren, werden sie ohne Aussicht auf Wiedererlangung entzogen oder sind sie in der ursprünglichen Beschaffenheit zerstört, so kann der Versicherungsnehmer den auf sie entfallenden Teil der Versicherungssumme abzüglich des Restwertes verlangen.

6.2 Beschädigung versicherter Sachen
Werden versicherte Sachen beschädigt, so kann der Versicherungsnehmer Ersatz für die zum Zeitpunkt des Schadeneintritts notwendigen Kosten für die Wiederherstellung der beschädigten Teile verlangen, jedoch nur bis zur Höhe der jeweiligen Versicherungssumme.

7. Zahlung einer Entschädigung

7.1 Die Entschädigung wird spätestens zwei Wochen nach ihrer endgültigen Feststellung durch den Versicherer gezahlt; im Falle der Entwendung jedoch nicht vor Ablauf einer Zwei-Monatsfrist.

7.2 Wenn eine behördliche Untersuchung gegen den Versicherungsnehmer, den Fahrzeugführer oder einen der Insassen aus Anlaß des Schadens eingeleitet ist, kann der Versicherer die Zahlung bis zum Abschluß der Untersuchung verweigern.

7.3 Der Versicherer ist berechtigt, aber nicht verpflichtet, die beschädigten versicherten Sachen gegen Erstattung des Versicherungswertes zu übernehmen.

8. Verschulden des Versicherungsnehmers

Führt der Versicherungsnehmer, der Fahrzeugführer oder einer der Insassen den Schaden vorsätzlich oder grob fahrlässig herbei oder macht sich der Versicherungsnehmer bei den Verhandlungen über die Ermittlung der Entschädigung einer arglistigen Täuschung schuldig, so ist der Versicherer, *soweit nichts anderes vereinbart ist*, von der Verpflichtung zur Leistung frei.

9. Verhalten im Schadensfall

9.1 Der Versicherungsnehmer hat dem Versicherer vor Beginn der Wiederinstandsetzung Gelegenheit zur Besichtigung und Feststellung des Schadens zu geben, ihm jede Untersuchung über Ursache und Höhe des Schadens und über den Umfang seiner Entschädigungspflicht zu gestatten. Jede hierzu dienliche Auskunft auf Verlangen schriftlich zu erteilen und Belege beizubringen.

9.2 Der Versicherungsnehmer hat die „Anweisungen des Versicherers für den Schadensfall" zu befolgen.

10. Obliegenheitsverletzungen

Verletzt der Versicherungsnehmer eine in diesen Bedingungen oder im Versicherungsschein festgelegte Obliegenheit, so ist der Versicherer, *soweit nichts anderes vereinbart ist*, nach Maßgabe der gesetzlichen Bestimmungen (z.B. §§ 6, 62 und 67 VVG) von der Verpflichtung zur Leistung frei.

11. Klagfrist

Wird der Entschädigungsanspruch nicht innerhalb einer Frist von 6 Monaten gerichtlich geltend gemacht, nachdem der Versicherer ihn unter Angabe der mit dem Ablauf der Frist verbundenen Rechtsfolgen schriftlich abgelehnt hat, so ist der Versicherer, *soweit nichts anderes vereinbart ist*, von der Entschädigungspflicht frei.

12. Kündigung im Schadensfall

Nach Eintritt eines Schadensfalles können beide Parteien den Versicherungsvertrag kündigen. Die Kündigung ist schriftlich zu erklären. Sie muß spätestens einen Monat nach Abschluß der Verhandlungen über die Entschädigung zugehen. Der Versicherer hat eine Kündigungsfrist von einem Monat einzuhalten.

Kündigt der Versicherungsnehmer, so kann er bestimmen, daß seine Kündigung sofort oder zu einem späteren Zeitpunkt wirksam wird, jedoch spätestens zum Schluß der laufenden Versicherungsperiode.
Kündigt der Versicherungsnehmer, so gebührt dem Versicherer gleichwohl die Prämie für die laufende Versicherungsperiode.
Kündigt der Versicherer, so gilt das gleiche in Ansehung desjenigen Teils der Prämie, welcher auf den dem Schaden entsprechenden Betrag der Versicherungssumme entfällt; von der auf den Restbetrag der Versicherungssumme entfallenden Prämie gebührt dem Versicherer nur der Teil, welcher der abgelaufenen Versicherungszeit entspricht.

13. Verlängerung des Versicherungsvertrages

Versicherungsverträge von ein- oder mehrjähriger Dauer verlängern sich um jeweils ein Jahr und weiter von Jahr zu Jahr, wenn sie nicht drei Monate vor dem jeweiligen Ablauf von einer der beiden Parteien schriftlich gekündigt werden.

14. Verhältnis zum VVG

Ergänzend gelten die Bestimmungen des Gesetzes über den Versicherungsvertrag (VVG), soweit sie nicht durch diese Bedingungen geändert sind.

Anweisungen für den Schadensfall gemäß 9.2
AVB Wassersportfahrzeuge

Soweit nichts anderes vereinbart ist, gilt folgendes:

1. Den Versicherungsfall dem Versicherer unverzüglich schriftlich – Schäden von voraussichtlich über DM 5.000,- telegraphisch, fernschriftlich oder telefonisch – anzuzeigen.

2. Für Minderung des entstandenen und Abwendung des wieteren Schadens sorgen.

3. Generell dem Versicherer zum Schadennachweis beschaffen:
   - Protokoll über den Unfallhergang, Ursache und Schäden.
   - Unfallskizze.
   - Namen, Anschriften der Beteiligten.
   - Namen, Anschrift von Zeugen.
   - Anschrift, Aktenzeichen der aufnehmenden Polizeidienststelle.
   - Wertnachweis. z.B. Originalrechnungen.
   - Berechnung des Gesamtschadens.

4. Bei Kollisionen:
   - Gegner zur gemeinsamen Schadenbesichtigung auffordern und Schadenausmaß gemeinsam schriftlich festhalten,
   - Gegner schriftlich haftbar machen.

5. Bei Transportschäden dem Versicherer einreichen:
   - Beförderungspapiere (Originalfrachtbrief, Ladeschein und dgl.).
   - schriftliche Abtretungserklärung des aus dem Beförderungsvertrag Berechtigten an den Versicherer.
   - Bescheinigung des Transportunternehmens, in dessen Gewahrsam sich die versicherten Sachen bei Eintritt des Versicherungsfalles befunden haben, nämlich
   - bei Eisenbahntransporten die bahnamtliche Bescheinigung,
   - bei Transporten mit Kraftfahrzeug einen Bericht des Fahrzeugführers mit einer Stellungnahme des Unternehmers.

6. Schäden durch Brand, Explosion, Einbruchdiebstahl und Diebstahl der zuständigen Polizeidienststelle melden und dieser eine Aufstellung der beschädigten bzw. entwendeten Sachen einreichen.
   Schäden durch Brand, Explosion, Einbruchdiebstahl und Diebstahl im Ausland der örtlich zuständigen Polizei- und Hafenbehörde im Ausland melden und zusätzlich im Inland bei der für den Wohnort des Geschädigten zuständigen Polizeidienststelle anzeigen.

7. Ein Verkauf beschädigter versicherter Sachen ist vor Anerkennung des Schadens ohne Einwilligung des Versicherers nicht gestattet.

V. Allgemeine Bedingungen für die Kasko-Versicherung von Wassersportfahrzeugen 1985

(AVBW 1985)

1. **Gegenstand der Versicherung**

1.1 Versichert sind das Fahrzeug, die Maschinenanlage, die technische Ausrüstung, das Zubehör, das Inventar, das Beiboot und die persönlichen Effekten.

1.2 Nicht versichert sind
- Foto-, Filmapparate, Phono-, Fernseh-, Videogeräte und andere Geräte der Unterhaltungselektronik sowie deren Zubehör,
- Musikinstrumente,
- Geld, Wertsachen, z.B. Pelze, Schmuck, Gemälde, Antiquitäten,
- Lebens- und Genußmittel,
- Tauch- und Wasserskiausrüstung, Windsurfer, Angelsportgeräte und deren Zubehör.

2. **Geltungsbereich**

Der Versicherungsschutz besteht innerhalb Europas auf allen Flüssen und Binnengewässern, während des Aufenthalts außerhalb des Wassers, des Anlandholens und Zuwasserlassens sowie der Land- und Flußtransporte.

3. **Umfang der Versicherung**

3.1 Der Versicherer trägt alle Gefahren, denen die versicherten Sachen während der Dauer der Versicherung ausgesetzt sind.

3.2 Ausgeschlossen sind die Gefahren

3.2.1 des Krieges, des Bürgerkrieges oder kriegsähnlicher Ereignisse und solche, die sich unabhängig vom Kriegszustand aus der feindlichen Verwendung von Kriegswerkzeugen sowie dem Vorhandensein von Kriegswerkzeugen als Folge einer dieser Gefahren ergeben;

3.2.2 von Streik, Aussperrung, Arbeitsunruhen, politischen Gewalthandlungen, Aufruhr und sonstigen bürgerlichen Unruhen;

3.2.3 der Kernenergie;

3.2.4 der Beschlagnahme, Entziehung oder sonstiger Eingriffe von hoher Hand.

3.3 Der Versicherer leistet Ersatz für Verlust oder Beschädigung der versicherten Sachen als Folge einer versicherten Gefahr, jedoch für

3.3.1 Schäden an
- der Maschinenanlage,
- der elektrischen oder durch Motor betriebenen technischen Ausrüstung,
- den persönlichen Effekten nur, wenn sie durch Unfall des Fahrzeugs, Brand, Blitzschlag, Explosion, höhere Gewalt oder Diebstahl, mut- oder böswillige Handlungen betriebsfremder Personen verursacht worden sind,

3.3.2 Schäden an den versicherten Sachen bei Transporten nur, wenn sie durch Transportmittelunfall, Brand, Blitzschlag, Explosion, höhere Gewalt oder Diebstahl verursacht worden sind.

3.4 Der Versicherer leistet keinen Ersatz für Schäden, verursacht durch

3.4.1 Fahruntüchtigkeit des Fahrzeugs,

3.4.2
- Konstruktions-, Fabrikations-, Materialfehler, jedoch sind Verlust oder Beschädigung der versicherten Sachen als unmittelbare Folge dieser Fehler im Umfang dieser Bedingungen versichert.
- Abnutzung, Bearbeitung, Lack-, Kratz- und Schrammschäden,
- Alter,
- Rost, Oxydation, Korrosion, Kavitation, Osmose,
- Frost, Eis, Sonneneinwirkung, Regen, Schnee,
- Fäulnis,
- Ungeziefer, Ratten oder Mäuse,

3.4.3 Wildwasserfahrten oder das Überqueren von Wehren,

3.4.4 mangelhafte Vertäuung und Verankerung, unbemanntes Stilliegen vor offener Küste,

3.4.5 Verstöße gegen behördliche Vorschriften, gegen die Vorschriften eines Beförderungsunternehmens, ferner durch gerichtliche Verfügung und Vollstreckung,

3.4.6 nicht sachgemäße Verladung und Befestigung während des Transports,

3.4.7 Diebstahl nicht ordnungsgemäß verpackter oder nicht im abgedeckten und verzurrten oder verschlossenen Fahrzeug selbst befindlicher loser Teile.

3.4.8 Diebstahl nicht gesicherter Außenbordmotoren,

3.4.9 Diebstahl des versicherten Fahrzeugs auf einem nicht gesicherten Trailer.

3.5 Der Versicherer leistet keinen Ersatz für Schäden, die eintreten, während das versicherte Fahrzeug zu anderen als sportlichen oder Vergnügungszwecken verwendet wird.

3.6 Mittelbare Schäden (Minderwert, Beeinträchtigung der Rennfähigkeit etc.) werden nicht ersetzt.

3.7 Der Versicherer ersetzt im Rahmen der Versicherungssumme Aufwendungen des Versicherungsnehmers zur Abwendung oder Minderung des Schadens bei Eintritt des Versicherungsfalls, soweit sie der Versicherungsnehmer den Umständen nach für geboten halten durfte. Diese Aufwendungen werden auch über die Versicherungssumme hinaus ersetzt, soweit der Versicherungsnehmer sie gemäß den Weisungen des Versicherers macht.
Nicht ersetzt werden Aufwendungen für eine behördlich vorgeschriebene Wrackbeseitigung.

4. **Gefahrerhöhung**

Nach Antragstellung darf der Versicherungsnehmer nicht ohne Einwilligung des Versicherers die Gefahr erhöhen oder einem Dritten die Gefahrerhöhung gestatten. Als Gefahrerhöhung gilt insbesondere die Überlassung an Dritte gegen Entgelt.

5. Versicherungssumme, Versicherungswert, Unterversicherung

5.1. Die Versicherungssumme soll dem Versicherungswert entsprechen. Versicherungswert ist der Zeitwert. Zeitwert ist der Betrag, der allgemein erforderlich ist, um neue Sachen gleicher Art anzuschaffen, abzüglich eines dem Zustand der versicherten Sachen (Alter, Abnutzung, Gebrauch etc.) entsprechenden Betrages.

5.2 Ist die Versicherungssumme niedriger als der Versicherungswert (Unterversicherung), so ersetzt der Versicherer den Schaden nur nach dem Verhältnis der Versicherungssumme zum Versicherungswert.

6. Ersatzleistung

6.1 Verlust versicherter Sachen

Gehen versicherte Sachen total verloren, werden sie ohne Aussicht auf Wiedererlangung entzogen oder sind sie in der ursprünglichen Beschaffenheit zerstört, so kann der Versicherungsnehmer den auf sie entfallenden Teil der Versicherungssumme abzüglich des Restwertes verlangen.

6.2 Beschädigung versicherter Sachen

Werden versicherte Sachen beschädigt, so kann der Versicherungsnehmer Ersatz für die zum Zeitpunkt des Schadeneintritts notwendigen Kosten für die Wiederherstellung der beschädigten Teile verlangen, jedoch nur bis zur Höhe der jeweiligen Versicherungssumme.

7. Zahlung einer Entschädigung

7.1 Die Entschädigung wird spätestens zwei Wochen nach ihrer endgültigen Feststellung durch den Versicherer gezahlt; im Falle der Entwendung jedoch nicht vor Ablauf einer Zwei-Monatsfrist.

7.2 Wenn eine behördliche Untersuchung gegen den Versicherungsnehmer, den Fahrzeugführer oder einen der Insassen aus Anlaß des Schadens eingeleitet ist, kann der Versicherer die Zahlung bis zum Abschluß der Untersuchung verweigern.

7.3 Der Versicherer ist berechtigt, aber nicht verpflichtet, die beschädigten versicherten Sachen gegen Erstattung des Versicherungswertes zu übernehmen.

8. Verschulden des Versicherungsnehmers

Führt der Versicherungsnehmer, der Fahrzeugführer oder einer der Insassen den Schaden vorsätzlich oder grob fahrlässig herbei oder macht sich der Versicherungsnehmer bei den Verhandlungen über die Ermittlung der Entschädigung einer arglistigen Täuschung schuldig, so ist der Versicherer von der Verpflichtung zur Leistung frei.

9. Verhalten im Schadensfall

9.1 Der Versicherungsnehmer hat dem Versicherer vor Beginn der Wiederinstandsetzung Gelegenheit zur Besichtigung und Feststellung des Schadens zu geben, ihm jede Untersuchung über Ursache und Höhe des Schadens und über den Umfang seiner Entschädigungspflicht zu gestatten. Jede hierzu dienliche Auskunft auf Verlangen schriftlich zu erteilen und Belege beizubringen.

9.2 Der Versicherungsnehmer hat die „Anweisungen des Versicherers für den Schadensfall" zu befolgen.

10. Obliegenheitsverletzungen

Verletzt der Versicherungsnehmer eine in diesen Bedingungen oder im Versicherungsschein festgelegte Obliegenheit, so ist der Versicherer nach Maßgabe der gesetzlichen Bestimmungen (z.B. §§ 6, 62 und 67 VVG) von der Verpflichtung zur Leistung frei.

11. Klagfrist

Wird der Entschädigungsanspruch nicht innerhalb einer Frist von 6 Monaten gerichtlich geltend gemacht, nachdem der Versicherer ihn unter Angabe der mit dem Ablauf der Frist verbundenen Rechtsfolgen schriftlich abgelehnt hat, so ist der Versicherer von der Entschädigungspflicht frei.

12. Kündigung im Schadensfall

Nach Eintritt eines Schadensfalles können beide Parteien den Versicherungsvertrag kündigen. Die Kündigung ist schriftlich zu erklären. Sie muß spätestens einen Monat nach Abschluß der Verhandlungen über die Entschädigung zugehen. Der Versicherer hat eine Kündigungsfrist von einem Monat einzuhalten.
Kündigt der Versicherungsnehmer, so kann er bestimmen, daß seine Kündigung sofort oder zu einem späteren Zeitpunkt wirksam wird, jedoch spätestens zum Schluß der laufenden Versicherungsperiode.
Kündigt der Versicherungsnehmer, so gebührt dem Versicherer gleichwohl die Prämie für die laufende Versicherungsperiode.
Kündigt der Versicherer, so gilt das gleiche in Ansehung desjenigen Teils der Prämie, welcher auf den dem Schaden entsprechenden Betrag der Versicherungssumme entfällt; von der auf den Restbetrag der Versicherungssumme entfallenden Prämie gebührt dem Versicherer nur der Teil, welcher der abgelaufenen Versicherungszeit entspricht.

13. Verlängerung des Versicherungsvertrages

Versicherungsverträge von ein- oder mehrjähriger Dauer verlängern sich um jeweils ein Jahr und weiter von Jahr zu Jahr, wenn sie nicht drei Monate vor dem jeweiligen Ablauf von einer der beiden Parteien schriftlich gekündigt werden.

14. Verhältnis zum VVG

Ergänzend gelten die Bestimmungen des Gesetzes über den Versicherungsvertrag (VVG), soweit sie nicht durch diese Bedingungen geändert sind.

Anweisungen für den Schadensfall gemäß 9.2 AVB Wassersportfahrzeuge

1. Den Versicherungsfall dem Versicherer unverzüglich schriftlich – Schäden von voraussichtlich über DM 5.000,- telegraphisch, fernschriftlich oder telefonisch – anzuzeigen.

2. Für Minderung des entstandenen und Abwendung des weiteren Schadens sorgen.

3. Generell dem Versicherer zum Schadennachweis beschaffen:
- Protokoll über den Unfallhergang, Ursache und Schäden.
- Unfallskizze.
- Namen, Anschriften der Beteiligten.
- Namen, Anschrift von Zeugen.
- Anschrift, Aktenzeichen der aufnehmenden Polizeidienststelle.
- Wertnachweis. z.B. Originalrechnungen.
- Berechnung des Gesamtschadens.

4. Bei Kollisionen:
- Gegner zur gemeinsamen Schadenbesichtigung auffordern und Schadenausmaß gemeinsam schriftlich festhalten,
- Gegner schriftlich haftbar machen.

5. Bei Transportschäden dem Versicherer einreichen:
- Beförderungspapiere (Originalfrachtbrief, Ladeschein und dgl.).
- schriftliche Abtretungserklärung des aus dem Beförderungsvertrag Berechtigten an den Versicherer.
- Bescheinigung des Transportunternehmens, in dessen Gewahrsam sich die versicherten Sachen bei Eintritt des Versicherungsfalles befunden haben, nämlich
- bei Eisenbahntransporten die bahnamtliche Bescheinigung,
- bei Transporten mit Kraftfahrzeug einen Bericht des Fahrzeugführers mit einer Stellungnahme des Unternehmers.

6. Schäden durch Brand, Explosion, Einbruchdiebstahl und Diebstahl der zuständigen Polizeidienststelle melden und dieser eine Aufstellung der beschädigten bzw. entwendeten Sachen einreichen.
Schäden durch Brand, Explosion, Einbruchdiebstahl und Diebstahl im Ausland der örtlich zuständigen Polizei- und Hafenbehörde im Ausland melden und zusätzlich im Inland bei der für den Wohnort des Geschädigten zuständigen Polizeidienststelle anzeigen.

7. Ein Verkauf beschädigter versicherter Sachen ist vor Anerkennung des Schadens ohne Einwilligung des Versicherers nicht gestattet.

VI. Allgemeine Bedingungen für die Kasko-Versicherung von Wassersportfahrzeugen 1976

(AVBW 1976)

1. Gegenstand der Versicherung

1.1 Versichert sind das Fahrzeug, die maschinelle und technische Einrichtung, das Zubehör, das Inventar, das Beiboot und die persönlichen Effekten.

1.2 Nicht versichert sind Foto-, Filmapparate, Phono-, Fernsehgeräte, Musikinstrumente, Geld, Wertsachen wie Pelze und Schmuck, Lebens- und Genußmittel.

2. Geltungsbereich

Der Versicherungsschutz besteht innerhalb Europas auf allen Flüssen und Binnengewässern, während des Aufenthalts außerhalb des Wassers, des Anlandholens und Zuwasserlassens sowie der Land- und Flußtransporte.

3. Umfang der Versicherung

3.1 Der Versicherer trägt alle Gefahren, denen die versicherten Sachen während der Dauer der Versicherung ausgesetzt sind.

3.2 Ausgeschlossen sind die Gefahren

3.2.1 des Krieges, des Bürgerkrieges oder kriegsähnlicher Ereignisse und solche, die sich unabhängig vom Kriegszustand aus der feindlichen Verwendung von Kriegswerkzeugen sowie aus dem Vorhandensein von Kriegswerkzeugen als Folge einer dieser Gefahren ergeben;

3.2.2 von Streik, Aussperrung, Arbeitsunruhen, politischen Gewalthandlungen, Aufruhr und sonstigen bürgerlichen Unruhen;

3.2.3 der Kernenergie;

3.2.4 der Beschlagnahme, Entziehung oder sonstiger Eingriffe von hoher Hand.

3.3 Der Versicherer leistet Ersatz für Verlust oder Beschädigung der versicherten Sachen als Folge einer versicherten Gefahr, jedoch für

3.3.1 Schäden an
- der maschinellen und technischen Einrichtung,
- den persönlichen Effekten nur, wenn sie durch Unfall des Fahrzeugs, Brand, Blitzschlag, Explosion, höhere Gewalt oder Diebstahl verursacht worden sind;

3.3.2. Schäden an den versicherten Sachen bei Transporten nur, wenn sie durch Transportmittelunfall, Brand, Blitzschlag, Explosion, höhere Gewalt oder Diebstahl verursacht worden sind.

3.4 Der Versicherer leistet keinen Ersatz für Schäden, verursacht durch

3.4.1 Fahruntüchtigkeit des Fahrzeugs,

3.4.2
- Konstruktions-, Fabrikations-, Materialfehler,
- Abnutzung, Bearbeitung, Lack-, Kratz- und Schrammschäden,
- Rost, Oxydation,
- Frost, Eis, Sonneneinwirkung, Regen, Schnee,
- Fäulnis,
- Ungeziefer, Ratten oder Mäuse,

3.4.3 Wildwasserfahrten oder das Überqueren von Wehren,

3.4.4 mangelhafte Vertäuung und Verankerung,

3.4.5 Verstöße gegen behördliche Vorschriften, gegen die Vorschriften eines Beförderungsunternehmens, ferner durch gerichtliche Verfügung und Vollstreckung,

3.4.6 nicht sachgemäße Verladung und Befestigung während des Transports,

3.4.7 Diebstahl nicht ordnungsgemäß verpackter oder nicht im abgedeckten und verzurrten oder verschlossenen Fahrzeug selbst befindlicher loser Teile.

3.5 Der Versicherer leistet keinen Ersatz für Schäden, die eintreten, während das versicherte Fahrzeug zu anderen als sportlichen oder Vergnügungszwecken verwendet wird.

3.6 Mittelbare Schäden (Minderwert, Beeinträchtigung der Rennfähigkeit etc.) werden nicht ersetzt.

3.7 Der Versicherer ersetzt Aufwendungen des Versicherungsnehmers zur Abwendung oder Minderung des Schadens bei Eintritt des Versicherungsfalls, soweit sie der Versicherungsnehmer den Umständen nach für geboten halten durfte oder soweit er sie gemäß den Weisungen des Versicherers macht.

4. Gefahrerhöhung

Nach Antragstellung darf der Versicherungsnehmer nicht ohne Einwilligung des Versicherers die Gefahr erhöhen oder einem Dritten die Gefahrerhöhung gestatten. Als Gefahrerhöhung gilt insbesondere die Überlassung an Dritte gegen Entgelt.

5. Versicherungssumme, Versicherungswert, Unterversicherung

5.1. Die Versicherungssumme soll dem Versicherungswert entsprechen. Versicherungswert ist der Zeitwert. Zeitwert ist der Betrag, der allgemein erforderlich ist, um neue Sachen gleicher Art anzuschaffen, abzüglich eines dem Zustand der versicherten Sachen (Alter, Abnutzung, Gebrauch etc.) entsprechenden Betrages.

5.2 Ist die Versicherungssumme niedriger als der Versicherungswert (Unterversicherung), so ersetzt der Versicherer den Schaden nur nach dem Verhältnis der Versicherungssumme zum Versicherungswert.

6. Ersatzleistung

6.1 Verlust versicherter Sachen
Gehen versicherte Sachen total verloren, werden sie ohne Aussicht auf Wiedererlangung entzogen oder sind sie in der ursprünglichen Beschaffenheit zerstört, so kann der Versicherungsnehmer den auf sie entfallenden Teil der Versicherungssumme abzüglich des Restwertes verlangen.

6.2 Beschädigung versicherter Sachen
Werden versicherte Sachen beschädigt, so kann der Versicherungsnehmer Ersatz für die zum Zeitpunkt des Schadeneintritts notwendigen Kosten für die Wiederherstellung der beschädigten Teile verlangen, jedoch nur bis zur Höhe der Versicherungssumme.

7. Zahlung einer Entschädigung

7.1 Die Entschädigung ist zwei Wochen nach ihrer vollständigen Feststellung fällig; im Falle eines Diebstahls jedoch nicht vor Ablauf von zwei Monaten nach Eingang der Schadenanzeige.

7.2 Wenn eine behördliche Untersuchung gegen den Versicherungsnehmer aus Anlaß des Schadens eingeleitet ist, kann der Versicherer die Zahlung bis zum Abschluß der Untersuchung verweigern.

7.3 Der Versicherer ist berechtigt, aber nicht verpflichtet, die beschädigten versicherten Sachen gegen Erstattung des Versicherungswertes zu übernehmen.

8. Verschulden des Versicherungsnehmers

Führt der Versicherungsnehmer, der Fahrzeugführer oder einer der Insassen den Schaden vorsätzlich oder grob fahrlässig herbei oder macht sich der Versicherungsnehmer bei den Verhandlungen über die Ermittlung der Entschädigung einer arglistigen Täuschung schuldig, so ist der Versicherer von der Verpflichtung zur Leistung frei.

9. Verhalten im Schadensfall

9.1 Der Versicherungsnehmer hat dem Versicherer vor Beginn der Wiederinstandsetzung Gelegenheit zur Besichtigung und Feststellung des Schadens zu geben, ihm jede Untersuchung über Ursache und Höhe des Schadens und über den Umfang seiner Entschädigungspflicht zu gestatten, jede hierzu dienliche Auskunft auf Verlangen schriftlich zu erteilen und Belege beizubringen.

9.2 Der Versicherungsnehmer hat die „Anweisungen des Versicherers für den Schadensfall" zu befolgen.

10. Obliegenheitsverletzungen

Verletzt der Versicherungsnehmer eine in diesen Bedingungen oder im Versicherungsschein festgelegte Obliegenheit, so ist der Versicherer nach Maßgabe der gesetzlichen Bestimmungen (z.B. §§ 6, 62 und 67 VVG) von der Verpflichtung zur Leistung frei.

11. Klagfrist

Wird der Entschädigungsanspruch nicht innerhalb einer Frist von 6 Monaten gerichtlich geltend gemacht, nachdem der Versicherer ihn unter Angabe der mit dem Ablauf der Frist verbundenen Rechtsfolgen schriftlich abgelehnt hat, so ist der Versicherer von der Entschädigungspflicht frei.

12. Kündigung im Schadensfall

Nach Eintritt eines Schadensfalles können beide Parteien den Vertrag kündigen, der Versicherungsnehmer jedoch nur dann, wenn er den Schaden unverzüglich angezeigt hat. Die Kündigung ist spätestens einen Monat nach Zahlung oder Ablehnung der Entschädigung schriftlich zu erklären. Der Vertrag endet einen Monat nach der Kündigung.

13. Verlängerung des Versicherungsvertrages

Versicherungsverträge von ein- oder mehrjähriger Dauer verlängern sich um jeweils ein Jahr und weiter von Jahr zu Jahr, wenn sie nicht drei Monate vor dem jeweiligen Ablauf von einer der beiden Parteien durch eingeschriebenen Brief gekündigt werden.

14. Verhältnis zum VVG

Ergänzend gelten die Bestimmungen des Gesetzes über den Versicherungsvertrag (VVG), soweit sie nicht durch diese Bedingungen geändert sind.

Besondere Bedingungen zu den AVB Wassersportfahrzeuge 1976

Ziffer 1 - Ausschluß von nicht vereinsinternen Regatten

Alle Schäden an den versicherten Sachen, die aus der Teilnahme des versicherten Fahrzeugs an Regatten, Rennen und Wettfahrten, die nicht vereinsintern durchgeführt werden, entstehen, sind von der Versicherung ausgeschlossen.

Ziffer 2 - Ausschluß von Bootstransporten

In Abänderung von Ziff. 2 der AVB Wassersportfahrzeuge 1976 besteht während Land- und Flußtransporten innerhalb Europas nur Versicherungsschutz, wenn diese Transporte dem Versicherer vor Beginn des Risikos schriftlich angezeigt werden. Pro Transport wird ein Zuschlag erhoben.

Ziffer 3 - Transporte vom und zum Winterlager

In Abänderung von Ziff. 2 der AVB Wassersportfahrzeuge 1976 sind lediglich die Transporte vom und zum Winterlager mitversichert.

Ziffer 4 - Winterlager / BRD

Voraussetzung für den Versicherungsschutz ist, daß sich das Fahrzeug zumindest während des Winterlagers in der Bundesrepublik Deutschland befindet.

Ziffer 5 - Mitversicherung des Diebstahlrisikos bei Außenbordmotoren

In teilweiser Änderung von Ziff. 3.3.1 der AVB Wassersportfahrzeuge 1976 ist der Außenbordmotor gegen Schäden durch Diebstahl nur dann versichert, wenn er
a) mit dem Bootskörper durch die üblichen Sicherungseinrichtungen fest verbunden und zusätzlich durch eine mindestens 5 mm starke Stahlkette mit Sicherheitsschloß oder einem entsprechenden Stahlbügel gesichert ist,
b) sich in einem mit dem Boot fest verbundenem, verschlossenen Behältnis oder
c) sich in einem verschlossenen Gebäude befindet.

Ziffer 6 - Bootsliegeplatz außerhalb der BRD

Liegt das Boot in Häfen außerhalb der Bundesrepublik Deutschland, so besteht bei einer länger als 7 Tage dauernden Abwesenheit des Versicherungsnehmers kein Versicherungsschutz, es sei denn, daß er einen speziellen Boot-Service, ein Wachunternehmen oder eine vertrauenswürdige Person über 18 Jahre damit beauftragt, zweimal wöchentlich das Boot zu überprüfen.

VII. Allgemeine Versicherungs-Bedingungen für Wassersport-Fahrzeuge 1963

(AVBW 1963)

§ 1 Geltungsbereich

(1) Die Versicherung gilt auf allen Binnengewässern innerhalb der Bundesrepublik Deutschland einschließlich Berlin-West.

(2) Sie gilt auch während der Dauer des Sommer- und des Winterlagers einschließlich des Dockens, des Aufenthaltes auf den Helgen oder dem Slip sowie während des Strandholens und des Zuwasserlassens.

(3) Gegen Anmeldung vor Risikobeginn und Zahlung einer entsprechenden Prämienzulage kann die Versicherung ausgedehnt werden:
a) auf Gewässer außerhalb der in Absatz (1) genannten Fahrtgebiete,
b) auf Transporte mit Bahn, Kraftfahrzeug, Luft-, Fluß- oder Seefahrzeug.

§ 2 Voraussetzungen

Voraussetzung für den Versicherungsschutz ist, daß
a) das Fahrzeug nur zu sportlichen oder Vergnügungszwecken verwendet wird,
b) die Führung des Fahrzeuges in den Händen einer genügend qualifizierten Person liegt,
c) die Führer von Segel- oder Motorfahrzeugen, soweit dies amtlich vorgeschrieben ist, den erforderlichen Führerschein für das versicherte Fahrzeug besitzen.

§ 3 Versicherte Sachen und versicherte Gefahren

(1) Das Fahrzeug und die fest eingebauten Teile (einschließlich der maschinellen Einrichtungen) sind versichert gegen Schäden durch Unfall des Fahrzeuges, Brand, Blitzschlag, Explosion, höhere Gewalt und Diebstahl.

(2) a) Schrauben, Schraubenwelle, Ruder, Anker und Ketten sowie
b) der Außenbordmotor, wenn besonders vereinbart und deklariert, gegen Zahlung einer Prämienzulage sind versichert gegen Schäden durch einen Strandungsfall, durch Einbruchdiebstahl und Diebstahl des ganzen Fahrzeuges. Ein Strandungsfall liegt vor, wenn das Fahrzeug auf Grund gerät und nur durch außergewöhnliche Maßregeln abgebracht werden kann. Als außergewöhnliche Maßregel wird nicht angesehen, wenn das Fahrzeug durch die Insassen oder mit Bordmitteln wieder flottgemacht wird. Festgeraten infolge zu großen Tiefgangs oder infolge zu niedrigen Wasserstandes gilt nicht als Strandungsfall. Der Strandung sind ferner gleichzuachten: Zusammenstoß mit Fahrzeugen, Kentern, Sinken, Brand, Blitzschlag, Explosion.

(3) Segel, Tauwerk, Drahtseile, Rundhölzer, Persenninge, Planen und andere nicht fest eingebaute, zum Gebrach des Fahrzeuges notwendige Ausrüstungsgegenstände - soweit nicht in diesem Paragraphen besonders genannt - sind versichert gegen Schäden durch Unfall des Fahrzeuges, Brand Blitzschlag, Explosion, höhere Gewalt, Einbruchdiebstahl und Diebstahl des ganzen Fahrzeuges.

(4) Kleidungsstücke, Decken, Kissen, Bordwäsche, Zelte, Ferngläser, nicht fest eingebaute nautische Instrumente, Foto-, Radio-, und Musikapparate sowie Musikinstrumente sind, wenn besonders vereinbart und deklariert, gegen Zahlung einer Prämienzulage versichert, und zwar gegen Schäden durch Unfall des Fahrzeuges, Brand, Blitzschlag, Explosion, höhere Gewalt, Einbruchdiebstahl und Diebstahl des ganzen Fahrzeuges.

(5) Das Beiboot ist, wenn besonders vereinbart und deklariert, wie das Fahrzeug versichert, bei Fahrten auf See und offenen Küstengewässern dagegen nur gegen Schäden durch Totalverlust des ganzen Fahrzeuges.

§ 4 Winterlager

(1) Ort und Bezeichnung des Winterlagers sind nach Möglichkeit dem Versicherer schriftlich anzuzeigen.

(2) Voraussetzungen für den Versicherungsschutz außerhalb der Saison oder während des Winterlagers ist,
a) daß sich das Fahrzeug und die sonstigen versicherten Sachen an einem sicheren Ort außerhalb des Wassers befinden,
b) daß alle Brennstoffe (Benzin, Propan, Spiritus, Öl usw.) und ihre nicht fest eingebauten Behälter aus dem Fahrzeug entfernt und auch nicht mit ihm in dem gleichen Raum untergebracht sind.

(3) Wenn in Abweichung von Absatz (2) auf Grund besonderer Vereinbarung das Fahrzeug auch außerhalb der Saison oder während des Winterlagers im Wasser bleiben kann, so ist Voraussetzung für den Versicherungsschutz, daß es den jeweiligen Verhältnissen entsprechend ordnungsgemäß festgemacht und abgedeckt ist.

§ 5 Transporte

Bei Transporten gemäß § 1 Absatz (3) b) sind Schäden an den versicherten Sachen durch Transportmittelunfall, Brand, Blitzschlag, Explosion, höhere Gewalt und Diebstahl versichert. Voraussetzung ist, daß das Fahrzeug sachgemäß verladen und befestigt ist. Lose Teile sind gegen Diebstahl nur dann versichert, wenn sie ordnungsgemäß verpackt sind oder sich im abgedeckten und verzurrten oder verschlossenen Fahrzeug selbst befinden.

§ 6 Kollisionsersatz

(1) Sachschäden (Substanzschäden), die das versicherte Fahrzeug auf dem Wasser durch Zusammenstoß oder infolge eines navigatorischen Verschuldens anderen Fahrzeugen oder festen oder schwimmenden Gegenständen zufügt, werden ebenfalls ersetzt, falls der Versicherungsnehmer für solche Schäden von Dritten gesetzlich in Anspruch genommen werden kann. Von jedem derartigen Schaden gehen 10 % mindestens 15 DM, zu Lasten des Versicherungsnehmers.

(2) Der Versicherer tritt jedoch nicht für solche Ersatzansprüche Dritter ein, die durch grobe Fahrlässigkeit oder Vorsatz des Versicherungsnehmers, des Führers oder der Insassen des versicherten Fahrzeuges herbeigeführt werden. Leistungsfreiheit tritt auch dann ein, wenn dem Versicherungsnehmer bei den Verhandlungen über die Ermittlung des zu leistenden Schadenersatzes eine arglistige Handlung zur Last fällt.

(3) Die Vergütung des an Dritte zu leistenden Schadensersatzes wird nur insoweit gewährt, als sie zusammen mit der Vergütung für Schäden an den versicherten Sachen die Versicherungssumme nicht übersteigt.

(4) Im übrigen finden die Bestimmungen der §§ 10 Absatz (2), 13, 14, 15 Absatz (1), 17 und 18 Anwendung.

§ 7 Aufwendungen

Aufwendungen, auch erfolglose, die der Versicherungsnehmer im Versicherungsfalle zur Abwendung oder Minderung des Schadens für geboten halten durfte, hat der Versicherer zu ersetzen. Der Ersatz für Aufwendungen und die Entschädigung dürfen zusammen die Versicherungssumme nicht übersteigen, soweit die Aufwendungen nicht auf Weisung des Versicherers erfolgt sind. Bei einer Unterversicherung sind die Aufwendungen nur in demselben Verhältnis zu ersetzen wie der Schaden.

§ 8 Ausschlüsse und Franchisen

(1) Ausgeschlossen von der Versicherung sind:
a) mittelbare Schäden (z.B. Beeinträchtigung der Rennfähigkeit, Minderwert),
b) Schäden bei Wildwasserfahrten oder beim Überqueren von Wehren,
c) Schäden durch mangelhafte Vertäuung und Verankerung,
d) Schäden, die daraus entstehen, daß sich das Fahrzeug in einem nicht fahrtüchtigen Zustand befunden hat, daß es nicht gehörig ausgerüstet oder unzureichend bemannt gewesen ist,
e) Schäden durch Konstruktions-, Fabrikations- oder Materialfehler,
f) Schäden durch Abnutzung im gewöhnlichen Gebrauch, durch Bearbeitung, Witterungseinflüsse (z.B. Frost, Eis, Einfrieren des Kühlwassers, Hitze, Regen, Schnee, Hagel), Rost und Oxydation, Fäulnis, Wurmfraß, Ratten, Mäuse, Motten und anders Ungezieler,
g) Schäden durch Verstöße gegen Zoll- oder sonstige behördliche Vorschriften, gegen Anordnungen von Transportunternehmen sowie Schäden durch gerichtliche Verfügung oder ihre Vollstreckung,
h) Schäden durch Krieg, Bürgerkrieg oder kriegsähnliche Ereignisse sowie, auch unabhängig von einem Kriegszustand, durch das Vorhandensein oder die Verwendung von Minen, Torpedos, Bomben oder anderen Kriegswerkzeugen, durch Aufruhr, Plünderung, politische Gewalthandlungen oder sonstige bürgerliche Unruhen, Streik, Aussperrung, Sabotage, Beschlagnahme, Entziehung oder sonstige Eingriffe von hoher Hand,
i) Schäden durch Kernenergie und Radioaktivität,
k) Schäden an Personen (Sach- und Körperbeschädigung) und an Tieren,
l) Schäden durch diejenigen Gefahren, gegen welche die versicherten Sachen anderweitig versichert wurden (z.B. Feuer); der Versicherungsnehmer ist verpflichtet, dem Versicherer auf Verlangen alle ihm über die anderweitige Versicherung zur Verfügung stehenden Nachweise zu liefern.

(2) Ferner sind von der Versicherung ausgeschlossen: Lebensmittel, Geld, Wert- und Schmucksachen sowie nicht fest eingebaute Uhren.

(3) Schäden bis zu einem Betrag von 15 DM fallen nicht unter die Versicherung.

(4) Bei allen Schäden durch gewöhnlichen Diebstahl trägt der Versicherungsnehmer einen Selbstbehalt von 20 %.

§ 9 Versicherungswert

(1) Als Versicherungswert der versicherten Sachen gilt derjenige Betrag, der allgemein erforderlich ist, um neue Sachen gleicher Art anzuschaffen, abzüglich eines dem Zustand der versicherten Sachen (Alter, Abnutzung usw.) entsprechenden Betrages.

(2) Der Versicherungsnehmer und der Versicherer können im Versicherungsfalle verlangen, daß der Versicherungswert durch Sachverständigenverfahren (§ 16) verbindlich festgestellt wird.

§ 10 Entschädigungsberechnung, Unterversicherung

(1) Der Versicherer ersetzt
a) im Falle der Zerstörung oder des Totalverlustes den Versicherungswert bei Eintritt des Versicherungsfalles unter Anrechnung eines etwaigen Restwertes,
b) im Falle der Beschädigung oder des Teilverlustes die bei Eintritt des Versicherungsfalles geltenden, zur Ausbesserung notwendigen Reparatur- oder Ersatzkosten unter Berücksichtigung der Abzüge gemäß § 12. Erreichen oder übersteigen diese Kosten ohne Berücksichtigung der Abzüge gemäß § 12 den Versicherungswert bei Eintritt des Versicherungsfalles, so wird der Schaden gemäß a) ersetzt.

(2) Ist die Versicherungssumme niedriger als der Versicherungswert bei Eintritt des Versicherungsfalles, so wird nur derjenige Teil des Schadens ersetzt, der sich zum ganzen Schaden verhält wie die Versicherungssumme zu diesem Versicherungswert.

§ 11 Sonderbestimmungen für die Entschädigung

(1) Ein Totalverlust des versicherten Fahrzeuges liegt vor, wenn es dem Versicherungsnehmer ohne Aussicht auf Wiedererlangung entzogen, insbesondere wenn es unrettbar gesunken oder in seiner ursprünglichen Beschaffenheit zerstört ist.

(2) Liegt Reparaturunfähigkeit des versicherten Fahrzeuges im Sinne von § 479 HGB vor, so gelten die Bestimmungen des § 873 HGB.

(3) Erfolgt ein Sachverständigenverfahren gemäß § 16, so ist die Schadentaxe für die Berechnung des Schadens maßgebend, sofern nicht die Reparaturkosten auf Grund der Reparaturrechnungen unter der Schadentaxe geblieben sind.

(4) Die beschädigten versicherten Sachen können dem Versicherer nicht zur Verfügung gestellt werden.

(5) Werden gestohlene versicherte Sachen binnen einer Frist von zwei Monaten nach Auszahlung der Entschädigung wieder herbeigeschafft, so ist der Versicherungsnehmer verpflichtet, diese gegen Rückzahlung der Entschädigung auf Verlangen des Versicherers wieder zu übernehmen.

§ 12 Abzüge

(1) Es werden Abzüge „neu für alt" vorgenommen, deren Höhe sich nach dem Alter und der Abnutzung der versicherten Sachen richtet. Im Streitfall ist die Höhe der Abzüge „neu für alt" durch Sachverständige nach den Bestimmungen des § 16 festzustellen.

(2) In jedem Falle, also bei Erneuerung und auch bei Reparatur der versicherten Sachen, werden jedoch folgende Mindestabzüge vom Endbetrag der Reparatur- oder Ersatzkosten vorgenommen:

a) für „laufendes Gut", das ist sämtliches Tauwerk (z.B. Schoten, Fallen), welches durch Blöcke oder Leitösen läuft und die Aufgabe hat, bewegliche Ausrüstungsgegenstände (z.B. Segel) in ihren Stellungen zu verändern:

im 2. Jahr	20 %,
im 3. Jahr	30 %,
im 4. Jahr	50 %.

b) für den Außenbordmotor, Persenninge und Planen:

im 2. und 3. Jahr	15 %,
im 4. und 5. Jahr	25 %,
im 6. Jahr	40%.

c) für sämtliche sonstigen versicherten Sachen (also auch „stehendes Gut" das sind alle stehenden und verstellbaren Taue und Drahtseile wie Wanten und Stagen, die die Aufgabe haben, die Masten im aufgestellten Zustand abzustützen):

im 2. und 3. Jahr	10 %,
im 4. und 5. Jahr	20 %,
im 6. Jahr	30 %.

d) für Anstricharbeiten:

im 3. Monat nach dem letzten Anstrich	10 %,
im 4. Monat nach dem letzten Anstrich	20 %,
im 5. Monat nach dem letzten Anstrich	30 %,
im 6. Monat nach dem letzten Anstrich	40 %,
im 7. Monat nach dem letzten Anstrich	50 %,
im 8. Monat nach dem letzten Anstrich	60 %.

(3) Bei der Berechnung der Mindestabzüge gemäß Absatz (2) gilt für alle versicherten Sachen als erstes Jahr das auf das Baujahr des Fahrzeuges folgende Kalenderjahr. Weist jedoch der Versicherungsnehmer nach, daß die vom Schaden betroffenen Sachen später neu angeschafft wurden, gilt in diesem Falle als erstes Jahr das auf das Jahr des Neuanschaffung folgende Kalenderjahr.

§ 13 Prämie, Beginn des Versicherungsschutzes

(1) Der Versicherungsnehmer hat die erste Prämie, die Versicherungssteuer und die Ausfertigungsgebühr gegen Aushändigung des Versicherungsscheines, Folgeprämien bei Beginn des Versicherungsjahres zu zahlen. Für die Folgen nicht rechtzeitiger Prämienzahlung gelten die Bestimmungen der §§ 38 und 39 des Gesetzes über den Versicherungsvertrag (VVG).

(2) Der Versicherungsschutz beginnt mit der Einlösung des Versicherungsscheines, jedoch nicht vor dem darin festgelegten Zeitpunkt. Wird die erste Prämie erst nach diesem Zeitpunkt eingefordert, alsdann aber ohne Verzug gezahlt, so beginnt der Versicherungsschutz in dem festgesetzten Zeitpunkt. Weiß jedoch der Versicherungsnehmer bei Vertragsabschluß, daß ein Schaden schon einge-

treten ist, entfällt der Versicherungsschutz für diesen Schaden.

(3) Endet das Versicherungsverhältnis vor Ablauf der Vertragszeit oder wird es nach Beginn der Versicherung rückwirkend aufgehoben oder ist es von Anfang an nichtig, so gebührt dem Versicherer Prämie oder Geschäftsgebühr nach Maßgabe der gesetzlichen Bestimmungen (z.B. §§ 40 und 68 VVG). Kündigt nach Eintritt eines Versicherungsfalles der Versicherungsnehmer, so gebührt dem Versicherer die Prämie für das laufende Versicherungsjahr; kündigt der Versicherer, so hat er die Prämie für den noch nicht abgelaufenen Teil des Versicherungsjahres zurückzuzahlen, soweit die Jahresprämie nicht bereits durch schwebende oder bezahlte Schäden aufgebraucht ist.

(4) Für die Zeit des Stilliegens und des Winterlagers werden Rückgaben nicht gewährt.

§ 14 Obliegenheiten

(1) Der Versicherungsnehmer hat bei Schließung des Vertrages alle ihm bekannten Umstände, die für die Übernahme der Gefahr erheblich sind, dem Versicherer schriftlich anzuzeigen; er darf auch über solche Umstände keine unrichtige Anzeige machen. Nach Abschluß des Vertrages darf der Versicherungsnehmer nicht ohne Einwilligung des Versicherers eine Erhöhung der Gefahr vornehmen oder deren Vornahme durch einen Dritten gestatten. Erlangt der Versicherungsnehmer Kenntnis davon, daß durch eine von ihm ohne Einwilligung des Versicherers vorgenommene oder gestattete Änderung die Gefahr erhöht oder daß eine Erhöhung der Gefahr unabhängig von seinem Willen eingetreten ist, so hat er dieses dem Versicherer unverzüglich schriftlich anzuzeigen.

(2) Der Versicherungsnehmer ist verpflichtet, jeden Schaden dem Versicherer unverzüglich - Schäden von voraussichtlich über 1000 DM telegrafisch oder telefonisch - anzuzeigen, für die Abwendung und Minderung des Schadens zu sorgen und dabei die Weisungen des Versicherers zu befolgen. Gestatten es die Umstände, so hat er solche Weisungen einzuholen. Ein Feuer-, ein Explosionsschaden, ein Einbruchdiebstahl oder Diebstahl ist außerdem der Polizeibehörde unverzüglich zu melden. Über gestohlene Sachen ist der Polizeibehörde eine Aufstellung einzureichen.

(3) Im Falle einer Kollision mit einem anderen Fahrzeug ist unverzüglich ein Protokoll aufzunehmen, aus dem der Hergang und Ursache des Unfalls sowie die an den beteiligten Fahrzeugen entstandenen Schäden ersichtlich sind. Dieses Protokoll und eine Unfallskizze sind mit Angabe von Name und Anschrift des Kollisionsgegners dem Versicherer einzureichen.

(4) Ist ein Schaden entstanden, während sich die versicherten Sachen im Gewahrsam eines Transportunternehmers befanden, hat der Versicherungsnehmer die näheren Umstände des Schadens unverzüglich feststellen zu lassen und die hierüber ausgestellte Bescheinigung des Transportunternehmens dem Versicherer einzureichen.

(5) Der Versicherungsnehmer hat dem Versicherer vor Beginn der Wiederinstandsetzung Gelegenheit zur Besichtigung und Feststellung des Schadens zu geben, ihm jede Untersuchung über Ursache und Höhe des Schadens und über den Umfang der Entschädigungspflicht zu gestatten, jede hierzu dienliche Auskunft auf Verlangen schriftlich zu erteilen und Belege beizubringen.

(6) Steht dem Versicherungsnehmer ein Anspruch auf Ersatz des Schadens gegen einen Dritten zu, so ist der Versicherungsnehmer verpflichtet, dem Versicherer alle zur Geltendmachung des Anspruches erforderlichen Auskünfte zu erteilen. Auch nach dem Übergang des Anspruches auf den Versicherer bleibt der Versicherungsnehmer verpflichtet, für die Minderung des Schadens zu sorgen, insbesondere auf Verlangen des Versicherers und auf dessen Kosten den Anspruch im eigenen Namen gerichtlich geltend zu machen.

(7) Der Versicherungsnehmer ist nicht berechtigt, ohne Genehmigung des Versicherers Prozesse gegen Dritte einzuleiten, welche auf die Rechte und Pflichten des Versicherers einzuwirken geeignet sind. Werden gegen den Versicherungsnehmer solche Prozesse angestrengt, so ist er verpflichtet, hiervon unverzüglich dem Versicherer Mitteilung zu machen. Der Versicherer ist dann berechtigt, die Prozeßführung im Namen des Versicherungsnehmers zu übernehmen.

§ 15 Obliegenheitsverletzungen und Verwirkungsgründe

(1) Verletzt der Versicherungsnehmer eine in diesen Bedingungen oder im Versicherungsschein festgelegte Obliegenheit, so ist der Versicherer nach Maßgabe der gesetzlichen Bestimmungen (z.B. §§ 6, 62 und 67 VVG) von der Verpflichtung zur Leistung frei.

(2) Leistungsfreiheit tritt auch dann ein, wenn der Versicherungsnehmer, der Führer oder die Insassen des versicherten Fahrzeuges einen Schaden vorsätzlich oder grob fahrlässig herbeiführen oder wenn dem Versicherungsnehmer bei den Verhandlungen über die Ermittlung der Entschädigung eine arglistige Handlung zur Last fällt.

§ 16 Sachverständigenverfahren

(1) Jede Partei kann verlangen, daß die Höhe des Schadens durch Sachverständige festgestellt wird. Die Feststellung, die die Sachverständigen im Rahmen ihrer Zuständigkeit treffen, ist verbindlich, wenn nicht nachgewiesen wird, daß sie offenbar von der wirklichen Sachlage erheblich abweicht.

(2) Für das Sachverständigenverfahren gelten folgende Grundsätze :

a) Jede Partei ernennt schriftlich einen Sachverständigen. Jede Partei kann die andere unter Angabe des von ihr gewählten Sachverständigen zur Ernennung des zweiten Sachverständigen auffordern. Erfolgt diese Ernennung nicht binnen zwei Wochen nach Empfang der Aufforderung, so wird auf Antrag der anderen Partei der zweite Sachverständige durch das für den Sitz des Versicherers zuständige Gericht oder die zuständige Handelskammer ernannt. In der Aufforderung ist auf diese Folge hinzuweisen. Beide Sachverständige wählen schriftlich vor Beginn des Feststellungsverfahrens einen Dritten als Obmann. Einigen sie sich nicht, so wird der Obmann auf Antrag einer Partei durch das für durch das für den Sitz des Versicherers zuständige Gericht oder die zuständige Handelskammer ernannt.

b) Die Feststellung des Sachverständigen (Schadentaxe) wird gleichzeitig dem Versicherer und dem Versicherungsnehmer eingereicht. Fertigen die Sachverständigen voneinander abweichende Schadentaxen an, so übergibt

der Versicherer sie unverzüglich dem Obmann. Dieser entscheidet über die streitig gebliebenen Punkte innerhalb der Grenzen beider Schadentaxen und reicht seine Feststellung gleichzeitig dem Versicherer und dem Versicherungsnehmer ein.
c) Jede Partei trägt die Kosten ihres Sachverständigen; die Kosten des Obmanns tragen beide je zur Hälfte.

(3) Durch das Sachverständigenverfahren werden die Pflichten des Versicherungsnehmers nach § 14 Absatz (5) nicht berührt.

§ 17 Zahlung der Entschädigung

(1) Die Entschädigung ist in der Währung der Versicherungssumme zu leisten und spätestens 14 Tage nach endgültiger Feststellung des Schadens und des Umfanges der Leistung des Versicherers fällig, im Falle eines Diebstahls jedoch nicht vor Ablauf von zwei Monaten nach Eingang der Schadenanzeige.

(2) Der Versicherer ist berechtigt, die Zahlung aufzuschieben, wenn eine polizeiliche oder strafgerichtliche Untersuchung aus Anlaß des Schadens gegen den Versicherungsnehmer eingeleitet ist, und zwar bis zum Abschluß dieser Untersuchung.

(3) Wird der Entschädigungsanspruch nicht innerhalb einer Frist von sechs Monaten gerichtlich geltend gemacht, nachdem der Versicherer ihn unter Angabe der mit dem Ablauf der Frist verbundenen Rechtsfolge schriftlich abgelehnt hat, so ist der Versicherer von der Entschädigungspflicht frei.

§ 18 Kündigung im Versicherungsfall

Nach dem Eintritt eines Versicherungsfalles können beide Parteien die Versicherung kündigen, der Versicherungsnehmer jedoch nur dann, wenn er die Anzeige gemäß § 14 Absatz (2) gemacht hat. Die Kündigung hat spätestens zwei Wochen nach der Auszahlung oder Ablehnung durch Einschreibebrief zu erfolgen; sie wird 14 Tage nach Zugang wirksam. Der Prämienanspruch regelt sich gemäß § 13 Absatz (3).

§ 19 Rechtsverhältnisse Dritter

(1) Die Rechte aus dieser Versicherung können nicht ohne ausdrückliche Zustimmung des Versicherers vom Versicherungsnehmer weder übertragen noch verpfändet werden.

(2) Wird das versicherte Fahrzeug von dem Versicherungsnehmer veräußert, so geht die Versicherung auf den Erwerber über. Die Vorschriften der §§ 69 bis 71 VVG finden Anwendung.

§ 20 Verlängerung des Versicherungsvertrages

Versicherungsverträge von ein- oder mehrjähriger Dauer verlängern sich um ein Jahr und weiter von Jahr zu Jahr, wenn sie nicht drei Monate vor dem jeweiligen Ablauf von einer der beiden Parteien durch eingeschriebenen Brief gekündigt werden. Soweit nicht in den vorstehenden Bedingungen oder durch besondere Vereinbarung Abweichendes bestimmt ist, gelten die Bestimmungen des Gesetzes über des Versicherungsvertrag (VVG).

VIII. Allgemeine Versicherungs-Bedingungen für Wassersport-Fahrzeuge 1932

(AVBW 1932)

Umfang der Haftung.

§ 1.

(1) Der Versicherer haftet gegen Bezahlung der Prämie für den Schaden, den das beschriebene Fahrzeug sowie die im Antrag näher bezeichneten Gegenstände während des Gebrauchs zu sportlichen und Vergnügungszwecken durch einen Schiffsunfall, Feuer, Explosion, Kurzschluß oder höhere Gewalt erleiden. Die Versicherung gilt auf allen Gewässern innerhalb der in der Police genannten Fahrtgrenzen, sowie auf dem Lande, also auch während des Winterlagers (vgl. aber Abs. 3), gleichviel, wo das Fahrzeug oder Teile desselben unter ausreichender Verwahrung sich befinden. Dementsprechend ist das Risiko des Dockens, der Aufenthalt auf den Helgen oder dem Slip oder das Risiko des Strandholens und Zuwasserlassens, sowie etwaigen Verholens mitversichert. Kleidungsstücke, Decken, Kissen, Zelt, Meßinstrumente und Außenbordmotor gelten, wenn besonders beantragt und deklariert, nur gegen Feuer, Einbruchdiebstahl und Schiffsunfall mitversichert.

(2) Lebensmittel, photographische und Radio-Apparate, Ferngläser, Uhren, Geld, Wert- und Schmucksachen, sowie Luxusgegenstände aller Art sind von der Versicherung ausgeschlossen.

(3) Am Ort des Winterlagers gilt das Fahrzeug nur dann als versichert, wenn der Ort dem Versicherer stets unverzüglich schriftlich angezeigt worden ist.

§ 2.

(1) Die Versicherung deckt auch die Gefahren des Einbruchdiebstahls und des gewöhnlichen Diebstahls des ganzen Bootes, sowie der zur Ausrüstung und Fahrtüchtigkeit des betreffenden Fahrzeugs gehörigen Teile. Solange auf dem Fahrzeug sich niemand befindet, gelten lose Teile gegen die bezeichneten Gefahren nur dann versichert, wenn sie sich unter Verschluß befinden und/oder wenn sie fest mit dem Fahrzeug in Verbindung stehen. Faltboote, die während Wanderfahrten zeitweise zerlegt oder unzerlegt in Gewahrsam gegeben werden, gelten während dieser Zeit nur gegen Einbruchdiebstahl und Feuer versichert. Für die Aufbewahrung im ständigen Bootsstand ist Bedingung für die Haftung des Versicherers, daß das Fahrzeug in einem verschlossenen Bootshaus untergebracht oder im Wasser ordnungsgemäß festgemacht wird.

(2) Die dem Fahrzeug bei einem Einbruch oder Diebstahl zugefügten Beschädigungen werden ebenfalls ersetzt.

§ 3.

Der Versicherer haftet ferner für Sachschäden, die von dem versicherten Fahrzeug, sofern es unter Bemannung ist, durch Zusammenstoß oder nautisches Verschulden anderen Fahrzeugen oder festen bzw. schwimmenden Gegenständen zugefügt werden, falls der Eigentümer des Fahrzeuges für solche Schäden Dritten gegenüber gesetzlich in Anspruch genommen werden kann. Von jedem derartigen Schaden gehen 10%, mindestens RM 15,-, zu Lasten des Versicherten. Der Versicherer tritt jedoch nicht für solche Ersatzansprüche Dritter ein, die durch grobe Fahrlässigkeit oder Vorsatz des Bootsführers oder der Besatzung des versicherten Fahrzeuges herbeigeführt werden. Es findet § 16 bei evtl. Unterversicherung entsprechende Anwendung. Diese Haftung wird im übrigen nach § 26 dieser Bedingungen begrenzt.

§ 4.

Der Versicherer ersetzt die zur Abwendung bevorstehender policemäßiger Schäden notwendigen Kosten. Notwendige Aufwendungen zur Minderung eines eingetretenen Schadens werden gleichfalls ersetzt. Bei Unterversicherung findet § 16 entsprechende Anwendung.

§ 5.

Eine beabsichtigte Ueberschreitung der Fahrtgrenzen kann nach vorheriger Vereinbarung und gegen entsprechende Prämienzulage mitversichert werden. Zuschlagpflichtig sind auch Transporte per Bahn oder mittels Kraftfahrzeug sowie auf einem Fluß- oder Seefahrzeug. Bei jedem Transport des versicherten Fahrzeuges ist Bedingung für den Versicherungsschutz, daß dasselbe zweck- und sachgemäß verpackt und verladen wird. Zubehörteile sind besonders anzugeben und nur dann mitversichert, wenn sie ordnungsgemäß verpackt sind oder sich im Fahrzeug selbst unter Verschluß befinden.

§ 6.

Das Beiboot gilt zu den Bedingungen des Fahrzeuges versichert, bei Fahrten auf See oder offenen Küstengewässern, Bodden und Haffs dagegen nur gegen Totalverlust mit dem Fahrzeug, für größere selbständige Reisen nur gegen vorher zu vereinbarende Prämienzulage.

§ 7.

(1) Kajütseinrichtung, Kessel, Maschine, resp. Motor, Schraube (einschl. sämtlicher sonstiger maschineller Einrichtungen) sind, unbeschadet der Bestimmungen des § 2, nur „frei von Beschädigung und/oder Bruch außer im Strandungsfalle" versichert.

(2) Ein Strandungsfall im Sinne dieser Versicherung liegt vor, wenn das Fahrzeug unter nicht gewöhnlichen Schiffahrtsverhältnissen auf Grund gerät, daselbst festsitzen bleibt oder nur mittels außergewöhnlicher Maßregeln abkommt. Ein Festgeraten des Schiffes infolge zu großen Tiefganges oder infolge niedrigen Wasserstandes ist nicht als Strandungsfall anzusehen. Außergewöhnliche Maßregeln werden nicht als vorliegend angesehen, wenn die Abbringung durch die eigene Mannschaft ausgeführt wird, oder wenn das Schiff durch Ausbringung von Ketten, Trossen, Winden auf den Ankern oder mit eigener Maschinenkraft wieder flott wird.

(3) Der Strandung sind ferner gleichzuachten: Zusammenstoß mit Schiffen oder schwimmenden oder festen Gegenständen, Explosion, Kentern, Sinken, Scheitern, Verbrennen.

(4) Verlust oder Bruch von Riemen und Paddel im Zusammenhang mit einem Schiffsunfall gilt mitversichert.

§ 8.

Das Fahrzeug hat Freiheit, mit oder ohne Lotsen zu fahren, zu bugsieren oder sich bugsieren zu lassen, sowie anderen Schiffen Hilfe oder Beistand zu leisten.

§ 9.

Für Schäden, welche das versicherte Fahrzeug bei Bergungen oder bei Hilfeleistungen erleidet, wird nur insoweit Ersatz geleistet, als der Versicherungsnehmer nicht bereits entschädigt worden ist.

§ 10.

Regatten und Wettfahrten sind in die Versicherung eingeschlossen.

§ 11.

(1) Die Führung des Fahrzeugs muß in den Händen einer genügend qualifizierten Person liegen. Als Nachweis für die Qualifikation würden z. B. die bei Wassersportverbänden üblichen Führerscheine gelten.

(2) Falls durch besondere Vereinbarung Küstenfahrten oder Seereisen in die Versicherung eingeschlossen gelten, muß der Führer des Fahrzeuges das vorgeschriebene Patent besitzen oder den Nachweis für die Qualifikation in anderer Weise erbringen. Das Fahrzeug muß außerdem ordnungsgemäß bemannt und ausgerüstet sein.

Beschränkung der Haftung.

§ 12.

Der Versicherer haftet nicht:

(1) für Schäden an Personen (Sach- und Körperbeschädigung) und an Tieren,

(2) für indirekte Schäden, welche dem Versicherungsnehmer unmittelbar dadurch entstanden sind, daß ihm infolge einer Beschädigung der versicherten Gegenstände selbst ein weiterer Schaden zugefügt worden ist (z.B. Verlust der Rennfähigkeit, Minderwert),

(3) für Schäden, die durch ungeeignete oder ungenügende Bemannung bzw. Ausrüstung oder daraus entstehen, daß das Fahrzeug in einem nicht see- resp. fahrtüchtigen Zustande ist, und solche Schäden, die auf Fahrlässigkeit oder Vorsatz des Versicherungsnehmers, des Fahrzeugführers oder der Besatzung zurückzuführen sind, oder wenn sich der Versicherungsnehmer bei der Ermittlung des Schadens einer arglistigen Täuschung schuldig macht.

(4) für Wildwasserfahrten oder Ueberfahren von Wehren,

(5) für Schäden, entstanden durch mangelnde Sorgfalt, Abnutzung im gewöhnlichen Gebrauch, Witterungseinflüsse wie Hitze, Frost, Oxydation, Eis, Einfrieren des Kühlwassers usw. oder Alter, Fäulnis, Wurmfraß, Ratten, Mäuse, Motten und

anderes Ungeziefer oder durch Material- und Konstruktionsfehler sowie durch Rost,

(6) für Verlieren und/oder Beschädigung und/oder Bruch von Schrauben, Anker, Ketten, Trossen, außer bei Totalverlust des Fahrzeugs oder als Opfer zur Vermeidung einer größeren Gefahr,

(7) für Zerreißen und/oder Beschädigung der Segel im Winde, es sei denn, daß höhere Gewalt oder Schiffsunfall vorliegt,

(8) für Schäden an der Politur oder dem Anstrich, soweit sie nicht durch einen unter die Police fallenden Schaden verursacht sind,

(9) für Schäden, entstanden durch unsachgemäße und/oder ungenügende Vertäuung und/oder Verankerung,

(10) für Schäden und Kosten, die durch Streikende, Aufruhr, Unruhen jeder Art, Landfriedensbruch, Plünderung, Kriegsereignisse, Minen und Torpedos oder Verfügungen von hoher Hand entstanden sind,

(11) für Schäden und/oder Verluste, entstanden durch gerichtliche Anordnungen oder durch Zuwiderhandlungen gegen öffentliche Verbote,

(12) für Schäden durch Beschlagnahme jeglicher Art.

§ 13.

Soweit die versicherten Gegenstände gegen einzelne Gefahren anderweit versichert sind, werden diese durch die vorliegende Police nicht gedeckt. Der Versicherte ist verpflichtet, dem Versicherer auf Verlangen alle ihm über die anderweitige Versicherung zur Verfügung stehende Nachweise zu liefern.

Anzeigen bei Vertragsabschluß und bei Gefahrerhöhung.

§ 14.

(1) Der Versicherungsnehmer hat bei der Schließung des Vertrages alle ihm bekannten Umstände, die für die Uebernahme der Gefahr erheblich sind, dem Versicherer anzuzeigen. Bei unterbliebener oder unrichtiger Anzeige ist der Versicherer von der Leistung frei.

(2) Nach dem Abschluß des Vertrages darf der Versicherungsnehmer nicht ohne Einwilligung des Versicherers eine Erhöhung der Gefahr vornehmen oder deren Vornahme durch einen Dritten gestatten, widrigenfalls der Versicherer von der Leistung frei ist. Erlangt der Versicherungsnehmer Kenntnis davon, daß durch eine von ihm ohne Einwilligung des Versicherers vorgenommene oder gestattete Aenderung die Gefahr erhöht, oder daß eine Erhöhung der Gefahr unabhängig von seinem Willen eingetreten ist, so hat er dieses dem Versicherer unverzüglich anzuzeigen. Bei Verletzung der Anzeigepflicht ist der Versicherer von der Leistung frei.

Prämie.

§ 15.

(1) Der Versicherungsnehmer hat die Prämie sofort nach Abschluß der Versicherung gegen Aushändigung des Versicherungsscheins zu zahlen. Wird die einmalige oder die erste Prämienzahlung nicht rechtzeitig bewirkt, so ist der Versicherer von der Verpflichtung zur Leistung frei, wenn der Versicherungsfall vor der Zahlung eintritt.

(2) Folgeprämien sind bei Beginn jeder Versicherungsperiode oder Versicherungszeit, für welche sie bestimmt sind, zu zahlen. Wird eine Folgeprämie nicht rechtzeitig bezahlt, so erfolgt Bestimmung einer Zahlungsfrist mit Angabe der Rechtsfolgen des Zahlungsverzuges. Als Versicherungsperiode gilt der Zeitraum eines Jahres.

(3) Für die Zeit des Stilliegens und des Winterlagers werden Rückgaben nicht gewährt.

Versicherungswert.

§ 16.

(1) Als Versicherungswert gilt der jeweilige Wert des Fahrzeuges.

(2) Der Versicherer haftet bei Unterversicherung im Verhältnis der Versicherungssumme zum tatsächlichen Wert des versicherten Fahrzeuges.

(3) Im Falle eines Teilschadens am versicherten Fahrzeug gilt als jeweiliger Wert des Fahrzeuges der Wert des Fahrzeuges im beschädigten Zustande, zuzüglich der Reparaturkosten laut Schadenstaxe.

Versicherungsfall.

§ 17.

(1a) Der Versicherungsnehmer ist verpflichtet, jeden Schaden bzw. Unfall dem Versicherer unverzüglich - wenn möglich telegraphisch oder telefonisch - anzuzeigen, für die Abwendung und Minderung des Schadens zu sorgen und dabei, wenn die Umstände es gestatten, die Weisungen des Versicherers einzuholen und zu befolgen. Der Versicherungsnehmer hat ferner dem Versicherer jede gewünschte Auskunft zu erteilen, bzw. die erforderlichen Beweismaterialien nebst Belegen zu liefern, die für die Feststellung des Schadens oder des Umfanges seiner Leistungspflicht erforderlich sind. Gleichzeitig ist dem Versicherer zusammen mit dem Kostenanschlag v o r Inangriffnahme der Reparatur ein ausführliches Protokoll über den Schadenshergang vom Fahrzeugführer und - wenn möglich - auch von der Mannschaft einzusenden. Im Falle einer Havarie mit einem anderen Fahrzeug ist sofort ein Protokoll aufzunehmen, aus dem ersichtlich ist, welche Beschädigungen die havarierten Fahrzeuge erlitten haben. Das Protokoll ist von beiden Schiffsführern zu unterschreiben.

(b) Die Untersuchung, Feststellung und Abschätzung des Schadens muß am ersten Orte, an welchem dies möglich ist, erfolgen; sie darf bis zum Bestimmungsort verschoben werden, wenn die Weiterfahrt ohne Vergrößerung des Schadens geschehen kann. Zu der Untersuchung des Schadens ist, soweit tunlich, der in der Police angeführte Vertreter des Versicherers hinzuzuziehen. Der Versicherungsnehmer hat dem Versicherer alsbald zu einer Besichtigung und Feststellung des Schadens durch einen Beauftragten Gelegenheit zu geben.

(2) Jeder Feuer- und Diebstahlschaden ist der zuständigen Polizeibehörde sofort anzuzeigen. Das Ergebnis der eingeleiteten Nachforschungen ist dem Versicherer vorzulegen.

(3) Mit der Wiederinstandsetzung darf mit Ausnahme von Arbeiten zur Abwendung größeren Schadens nicht eher begonnen werden, bis der Versicherer seine Genehmigung erteilt hat.

(4) Nach erfolgter Verständigung mit dem Versicherer sind die Reparaturen stets ohne Verzug vorzunehmen. Zu dem Aufschub einer Reparatur ist die Genehmigung des Versicherers erforderlich.

(5) Verletzt der Versicherte eine der vorstehenden Obliegenheiten, so ist der Versicherer von der Leistung frei.

§ 18.

(1) Falls die Parteien sich über die Höhe des Schadens nicht einigen können, erfolgt die Feststellung im Sachverständigenverfahren. Die Entscheidung der Sachverständigen ist nur in bezug auf die Höhe des Schadens maßgebend.

(2) Die Ernennung der Sachverständigen erfolgt in der Weise, daß der Versicherer und der Versicherte je einen Sachverständigen wählen. Jede Partei kann die andere unter Angabe des von ihr gewählten Sachverständigen zur Ernennung des zweiten Sachverständigen schriftlich auffordern. Erfolgt diese Ernennung nicht binnen einer Woche nach Empfang der Aufforderung, so wird auf Antrag der anderen Partei der zweite Sachverständige durch das für den Sitz des Versicherers zuständige Amtsgericht ernannt. In der Aufforderung ist auf diese Folge hinzuweisen. Beide Sachverständigen wählen schriftlich vor Beginn des Feststellungsverfahrens einen Dritten als Obmann. Einigen sie sich nicht, so wird der Obmann auf Antrag einer Partei oder beider Parteien durch das für den Besichtigungsort zuständige Amtsgericht ernannt. Beide Sachverständige sollen versuchen, zu einer Einigung über die Höhe des Schadens in allen Punkten zu gelangen. Der Obmann kann nur über diejenigen Punkte entscheiden, über welche die beiden Sachverständigen sich nicht geeinigt haben, und nur innerhalb der Grenzen, welche durch die Vorschläge der Sachverständigen gegeben sind.

(3) Jede Partei trägt die Kosten ihres Sachverständigen; die Kosten des Obmannes tragen beide zur Hälfte.

§ 19.

(1) Die Schadenstaxe ist für die Berechnung des Schadens maßgebend, sofern nicht die Reparaturkosten ausweislich der Reparaturrechnungen unter der Anschlagsumme geblieben sind. Im letzteren Falle bilden die Reparaturrechnungen die Grundlage der Schadensberechnung.

(2) Der Versicherte hat bei Auswahl der Reparaturstätte die Zustimmung des Versicherers einzuholen. Wünscht der Versicherte für die Reparatur die Werft allein zu bestimmen, so hat dieser evtl. entstehende Mehrkosten selbst zu tragen.

(3) Die Reparaturrechnungen sind nach Vollendung der Reparaturarbeiten, welche der Versicherer durch seinen Experten kontrollieren lassen kann, vorzulegen; alle bewilligten Rabatte, Diskonte und sonstige Nachlässe sind dem Versicherer gutzubringen.

(4) Abgeschätzte Schäden an den versicherten Gegenständen, auf deren Ausbesserung der Versicherungsnehmer verzichtet, werden von dem Versicherer nicht bezahlt.

(5) Mehrkosten durch forciertes Arbeiten sind vom Ersatz ausgeschlossen.

§ 20.

Wird ein gestohlenes Fahrzeug binnen einer Frist von 2 Monaten nach Auszahlung der Entschädigung wieder herbeigeschafft, so ist der Versicherte verpflichtet, auf Verlangen des Versicherers dieses gegen Rückzahlung der Entschädigung wieder zu übernehmen.

§ 21.

Das beschädigte Fahrzeug oder Teile desselben können mit Ausnahme des in § 20 behandelten Falles dem Versicherer nicht zur Verfügung gestellt werden, jedoch ist der Versicherer berechtigt, aber niemals verpflichtet, das beschädigte Fahrzeug oder Teile desselben gegen Erstattung des tatsächlichen Wertes zu übernehmen.

§ 22.

Gegenstände, die im Antrag oder in der Police nicht aufgeführt sind, finden in Schadensfällen keine Berücksichtigung.

§ 23.

(1) Ein Totalverlust des versicherten Fahrzeuges liegt vor, wenn es dem Versicherungsnehmer infolge einer ersatzpflichtigen Schadensursache ohne Aussicht auf Wiedererlangung entzogen, insbesondere, wenn es unrettbar gesunken oder in seiner ursprünglichen Beschaffenheit zerstört ist.

(2) Im Falle von Totalverlust vergütet der Versicherer den tatsächlichen Wert des Fahrzeuges, im Höchstfalle die Versicherungssumme abzüglich eines etwaigen Erlöses aus dem Verkauf des Wracks oder der geborgenen Gegenstände.

(3) Liegt Reparaturunfähigkeit oder Reparaturunwürdigkeit des Fahrzeuges vor, so gelten die bezüglichen Bestimmungen des § 873 des deutschen Handelsgesetzbuches.

§ 24.

Schäden bis zum Betrage von RM 10,- fallen nicht unter die Versicherung.

Bei Schäden an Dritte gelten jedoch die Bestimmungen des § 3.

§ 25.

Von dem ermittelten Schaden finden folgende Abzüge statt: Abzüge „neu für alt" finden statt bei Verlust oder Beschädigung der Zubehörteile, Steven, Steuer, Maschine, Welle, Schrauben, Masten und Spieren:

für das 1. Jahr	....	kein Abzug,
vom 2.-5. Jahr	....	16 2/3 %,
darüber hinaus	....	33 1/3 %;

für laufendes Gut:

für das 1. Jahr	....	kein Abzug,
für das 2. Jahr	....	25 %,
für das 3. Jahr	....	33 1/3 %,
vom 4. Jahr ab	....	keinerlei Ersatz;

für das stehende Gut, Segel, Persennige und Plane:
für das 1. u. 2. Jahr .... kein Abzug,
für das 3. Jahr .... 10 %,
für das 4.-6. Jahr .... 33 1/3 %,
über 6 Jahre .... 50 %;

für Anstricharbeiten:
im 1. und 2. Monat nach der letzten Indienststellung 10%,
im 3. und 4. Monat nach der letzten Indienststellung 33 1/3 %,
im 5. und 6. Monat nach der letzten Indienststellung 50 %,
nach dem 6. Monat nach der letzten Indienststellung keinerlei Ersatz.

Bei Diebstahl beträgt der Abzug in jedem Falle 25 %.

§ 26.

(1) Die Versicherungssumme bildet den höchsten Betrag, der von dem Versicherer, auch beim Zusammentreffen von Schäden am Fahrzeug und Zubehör mit Schäden, welche laut § 3 Dritten zu ersetzen sind, zu leistenden Entschädigung.

(2) Es werden jedoch die von dem Versicherer veranlaßten Kosten auf die Versicherungssumme nicht angerechnet.

§ 27.

Der Anspruch des Versicherungsnehmers erlischt, wenn er nicht binnen 6 Monaten, nachdem der Versicherer schriftlich die Ablehnung eines Entschädigungsanspruches erklärt hat, durch Erhebung der Klage geltend gemacht wird.

§ 28.

Die Ersatzpflicht des Versicherers erlischt ebenfalls, wenn der Versicherte nicht binnen 6 Monaten nach dem Versicherungsfall die von dem Versicherer geforderten Papiere zwecks policemäßiger Erledigung des Schadens vorgelegt hat.

§ 29.

Der Versicherungsnehmer ist nicht berechtigt, ohne Genehmigung des Versicherers Prozesse gegen Dritte einzuleiten, welche auf die Rechte und Pflichten des Versicherers einzuwirken geeignet sind. Werden gegen den Versicherungsnehmer solche Prozesse angestrengt, so ist er verpflichtet, hiervon ohne Verzug dem Versicherer Mitteilung zu machen. Der Versicherer ist berechtigt, für diesen Rechtsstreit den erforderlichen Anwalt zu bestimmen, und trägt in diesem Falle die gesetzlichen Kosten des Rechtsstreits im Rahmen der Versicherungsbedingungen.

§ 30.

Der Versicherer ist im Falle einer drohenden Gefahr, eines Unfalles oder Schadens gegen Ersatz des etwa dem Versicherungsnehmer daraus entstehenden Schadens und der Kosten berechtigt, einzuschreiten und die ihm zur Rettung und Verhütung weiteren Schadens oder zur Geltendmachung von Rechten gegen Dritte zweckmäßig erscheinenden Maßregeln zu ergreifen. Derartige Maßnahmen des Versicherers enthalten keine Anerkennung seiner Ersatzpflicht.

Zahlungspflicht.

§ 31.

Die Zahlung der Entschädigung hat spätestens 14 Tage nach endgültiger Feststellung und Anerkennung der Ersatzleistung oder im Falle von Streitigkeiten nach rechtskräftiger richterlicher Entscheidung an dem inländischen Wohnort des Versicherten zu erfolgen.

Vor Ablauf dieser Frist besteht für den Versicherer keine fällige Verpflichtung zur Zahlung, insbesondere hat der Versicherte keinerlei Ansprüche auf Vergütung von Verzugsschäden oder Verzinsung der Schadenssumme, es sei denn, daß der Versicherer die Zahlung grob fahrlässig verzögert hat.

Rechtswahrung.

§ 32.

Durch Zahlung der Entschädigung gehen die Schadensersatzansprüche des Versicherten gegen Dritte auf den Versicherer über, ohne daß es einer Abtretung bedarf. Der Versicherer ist trotzdem berechtigt, auf seine Kosten eine Abtretungserklärung zu verlangen.

Soweit der Versicherte einem Dritten gegenüber seinen Anspruch auf Schadensersatz aufgibt, ist der Versicherer von der Verpflichtung zur Leistung frei.

Rechtsverhältnisse Dritter.

§ 33.

Wenn das versicherte Fahrzeug den Eigentümer wechselt, so erlischt die Versicherung. Der Versicherte ist aber verpflichtet, binnen einer Frist von einer Woche die Veräußerung unter Angabe des Erwerbers anzuzeigen.

§ 34.

Die Rechte aus dieser Versicherung können ohne ausdrückliche Zustimmung des Versicherers seitens des Versicherungsnehmers weder übertragen noch verpfändet werden.

Kündigung im Schadensfall.

§ 35.

Nach einem Schadensfall hat der Versicherer das Recht, die Versicherung mit 14 tägiger Frist durch eingeschriebenen Brief zu kündigen. Dieses Recht erlischt jedoch, wenn es nicht binnen Monatsfrist vom Tage der Schadenszahlung oder der endgültigen Ablehnung des Schadens ausgeübt wird. Hebt nach dem Eintritt eines Schadensfalles die Versicherungsgesellschaft das Versicherungsverhältnis auf, so hat sie die verhältnismäßige Prämie für die noch nicht abgelaufene Versicherungsdauer, abzüglich 25% Verwaltungskosten, zurückzuzahlen; eine Rückgabe findet nicht statt, wenn die in dem laufenden Versicherungsjahre angefallenen Schäden die Jahresprämie erreichen oder übersteigen.

Schlußbestimmungen.

§ 36.

Der Vertrag verlängert sich stillschweigend jeweils um 1 Jahr, wenn er nicht von einer der beiden Parteien drei Monate vor Ablauf mittels eingeschriebenen Briefes gekündigt wird.

§ 37.

Geschriebene Bedingungen und Klauseln gehen den gedruckten vor.

Alle Vereinbarungen sind nur dann für die Gesellschaft bindend, wenn sie im Versicherungsschein oder durch einen späteren Nachtrag festgelegt sind.

§ 38.

Die vom Versicherungsnehmer über seinen Wohnsitz und seine Adresse gemachten Angaben sind für Mitteilungen der Gesellschaft an ihn maßgebend.

§ 39.

Für Streitigkeiten aus diesem Versicherungsvertrage sind die Gerichte des Ortes, an dem der Versicherer seine Hauptniederlassung (Gesellschaftssitz) hat, ausschließlich zuständig.

Literaturverzeichnis

Althof, Wolfgang	Welt der Staatsjachten, Hamburg 1996
Angerer, August	AVB unter Gesichtspunkten der Versicherungsaufsicht, in: ZVersWiss 1975, 197 ff.
Bach, Peter/ Geiger, Martin	Die Entwicklung der Rechtsprechung bei der Anwendung des AGBG auf AVB, in: VersR 1993, 659 ff.
Ballerstedt, Kurt	Zur Haftung für culpa in contrahendo bei Geschäftsabschluß durch Stellvertreter, in: AcP 1951, 501 ff.
Bartsch, Michael	Der Begriff des „Stellens" Allgemeiner Geschäftsbedingungen – Dargestellt an der AGB-Kontrolle im Bauherrenmodell, in: NJW 1986, 28 ff.
Bartsch, Michael/ Maurer, Jörg/ Sester, Peter	Beck'sche Synopse zum neuen Schuldrecht, 2. Auflage, München 2002
Bauer, Günter	Die Kraftfahrtversicherung, 4. Auflage, München 1997
Baumann, Horst	Versicherungsrecht nach der Deregulierung, in: VersR 1996, 1 ff.
Baumbach, Adolf/ Duden, Konrad/ Hopt, Klaus J.	Handelsgesetzbuch, mit GmbH & Co., Handelsklauseln, Bank- und Börsenrecht, Transportrecht (ohne Seerecht), 30. Auflage, München 2000 (zitiert: B/D/ HOPT)
Beckmann, Roland Michael	Auswirkungen der Auge-und-Ohr-Rechtsprechung auf die Beurteilung von Vollmachtsbeschränkungen, in: NJW 1996, 1378 ff.
Beisler, Horst	Über die Rechtsschutzfunktion der Haftpflichtversicherung, in: VersArch 1957, 257 ff.
Bergeest, Volker-Joachim	Die Vertrauensschadenversicherung in ihren modernen Erscheinungsformen, Diss. Hamburg, Karlsruhe 1982

Bertsch, Dieter	Die Abgrenzung von Risikobeschränkungen und vertraglich begründeten Obliegenheiten im Privatversicherungsrecht unter besonderer Berücksichtigung des Rechts der allgemeinen Haftpflichtversicherung, Diss. Tübingen 1964
Brandenburg, Hans-Friedrich	Die teleologische Reduktion: Grundlagen und Entscheidungsformen der auslegungsunterschreitenden Gesetzeseinschränkung im Privatrecht, Diss. Göttingen, Göttingen 1983
Brox, Hans	Allgemeines Schuldrecht, 27. Auflage, München 2000
Bruck, Ernst	Das Privatversicherungsrecht, Mannheim 1930
Bruck, Ernst/ Möller, Hans	Kommentar zum Versicherungsvertragsgesetz und zu den Allgemeinen Versicherungsbedingungen unter Einschluß des Versicherungsvermittlerrechts, Erster Band (§§ 1-48 VVG und Versicherungsvermittlerrecht), 8. Auflage, Berlin 1961
Bruck, Ernst/ Möller, Hans/ Sieg, Karl	Kommentar zum Versicherungsvertragsgesetz und zu den Allgemeinen Versicherungsbedingungen unter Einschluß des Versicherungsvermittlerrechts, Zweiter Band (§§ 49-80 VVG), 8. Auflage, Berlin 1980 (zitiert: B/M/S/BEARBEITER)
Bruck, Ernst/ Möller, Hans/ Winter, Gerrit	Kommentar zum Versicherungsvertragsgesetz und zu den Allgemeinen Versicherungsbedingungen unter Einschluß des Versicherungsvermittlerrechts, Fünfter Band, Zweiter Halbbd., Lebensversicherung (§§ 159-178 VVG) einschließlich Berufsunfähigkeitsversicherung, 8. Auflage, Berlin 1988 (zitiert: B/M/W/BEARBEITER)
Bruck, Ernst/ Möller, Hans/ Wagner, Klaus	Kommentar zum Versicherungsvertragsgesetz und zu den Allgemeinen Versicherungsbedingungen unter Einschluß des Versicherungsvermittlerrechts, Sechster Band, Erster Halbbd., Unfallversicherung (§§ 179-185 VVG), 8. Auflage, Berlin 1978 (zitiert: B/M/Wa/BEARBEITER)

Büchner, Franz/ Winter, Gerrit	Grundriß der Individualversicherung, 9. Auflage, Karlsruhe 1986
Bühren, Hubert W. v.	Die Reisegepäckversicherung, Diss. Köln 1979
Bühren, Hubert W. v./ Spielbrink, Theodor	Reisegepäckversicherung (AVR) und Reise-Rücktrittskosten-Versicherung (ABRV), Kommentar, München 1982
Bühren, Hubert W. v./ Nies, Irmtraud	Reiseversicherung, AVBR- und ABRV-Kommentar, 2. Auflage, München 1992 (zitiert: B/N/ BEARBEITER)
Buglass, Leslie J.	Marine Insurance and General Average in the United States, An Average Adjuster's Viewpoint, 3. Auflage, Centreville 1991
Bundesaufsichtsamt für das Versicherungs- und Bausparwesen	Motive zum Versicherungsaufsichtsgesetz, Berlin 1963 (zitiert: Motive zum VAG)
Bunte, Hermann-Josef	Handbuch der Allgemeinen Geschäftsbedingungen, München 1982
Bureau of Archeological Research, Division of Historical Resources, Florida Department of State	A Proposal to Establish the Shipwreck *Half Moon* as a State Underwater Archaeological Preserve, Mai 2000, http://dhr.dos.state.fl.us/bar/uap/HM _P rop3.pdf
Canaris, Claus-Wilhelm	Handelsrecht, 23. Auflage, München 2000
Coing, Helmut	Juristische Methodenlehre, Sonderausgabe, Berlin 1972
Creifelds, Carl	Rechtswörterbuch, 14. Auflage, München 1997
Deutsch, Erwin	Versicherungsvertragsrecht, Ein Grundriß, 4. Auflage, Karlsruhe 2000
Dörner, Heinrich/ Hoffmann, Stefan	Der Abschluß von Versicherungsverträgen nach § 5 a VVG, in: NJW 1996, 153 ff.
Dragonas, Alexander	Sicherheit auf allen Gewässern, in: dwm 2003, 46
Drosdowski, Günther	DUDEN, Das große Wörterbuch der deutschen Sprache, Band 1, Mannheim 1976 (zitiert: Duden, Bd. 1)
Drosdowski, Günther	DUDEN, Das große Wörterbuch der deutschen Sprache, Band 2, Mannheim 1976 (zitiert: Duden, Bd. 2)

Drosdowski, Günther — DUDEN, Das große Wörterbuch der deutschen Sprache, Band 3, Mannheim 1977 (zitiert: Duden, Bd. 3)

Drosdowski, Günther — DUDEN, Das große Wörterbuch der deutschen Sprache, Band 5, Mannheim 1980 (zitiert: Duden, Bd. 5)

Drosdowski, Günther — DUDEN, Das große Wörterbuch der deutschen Sprache, Band 6, Mannheim 1981 (zitiert: Duden, Bd. 6)

Dürig, Günter — Der Grundrechtssatz von der Menschenwürde, in: AöR 1956, 117 ff.

Düringer, Adalbert/ Hachenburg, Max — Das Handelsgesetzbuch vom 10. Mai 1897 (unter Ausschluß des Seerechts) auf Grundlage des Bürgerlichen Gesetzbuchs, Band 1, Allgemeine Einleitung und §§ 1-104, 3. Auflage, Mannheim 1930

Ehrenberg, Victor — Handbuch des gesamten Handelsrechts (mit Einschluß des Wechsel-, Scheck-, See- und Binnenschiffahrtsrechts, des Versicherungsrechts sowie des Post- und Telegraphenrechts), Band 4, Abteilung 1, Leipzig 1917 (zitiert: Ehrenberg/BEARBEITER, Bd. 4 Abt. 1)

Ehrenberg, Victor — Entwurf eines Gesetzes über den Versicherungsvertrag, Einleitende Besprechung, in: ZVersWiss 1903, 315 ff.

Ehrenzweig, Albert — Deutsches (österreichisches) Versicherungsvertragsrecht, Wien 1952

Eichler, Hermann — Versicherungsrecht, 2. Auflage, Karlsruhe 1976

Eilfort, Susanne — Der Verbraucherschutzgedanke in der deutschen privaten Krankenversicherung nach der Dritten Richtlinie Schadenversicherung – Die Entwicklungsgeschichte der Richtlinien und rechtspolitischer Ausblick, Diss. Berlin, Tübingen 1997

Elze, Hans — Lücken im Gesetz: Begriff und Ausfüllung, München 1916

Emmerich, Volker — BGB-Schuldrecht, Besonderer Teil, 4. Auflage, Heidelberg 1985

Enge, Hans-Joachim	Transportversicherung, in: Gabler, Versicherungsenzyklopädie, Band 5, 619 ff., Wiesbaden 1984 (zitiert: Gabler Bd. 5)
Enge, Hans-Joachim	Transportversicherung, Recht und Praxis in Deutschland und England, 3. Auflage, Wiesbaden 1996 (zitiert: TransportV)
Erichsen, Hans-Uwe	Vorrang und Vorbehalt des Gesetzes, in: Jura 1995, 550 ff.
Falckenberg, Harald	Die Gefahrendeckung der privaten Feuerversicherung in Deutschland, Österreich, der Schweiz und den Niederlanden, Diss. Hamburg, Karlsruhe 1973
Farny, Dieter	AVB unter dem Gesichtspunkt der „Produktbeschreibung"; in: ZVersWiss 1975, 169 ff.
Farny, Dieter/ Helten, Elmar/ Koch, Peter/ Schmidt, Reimer	Handwörterbuch der Versicherung, HdV, Karlsruhe 1988 (zitiert: HdV/Bearbeiter)
Fenyves, Attila	Die Allgemeinen Versicherungsbedingungen im Dilemma zwischen Kasuistik und Transparenz, in: VersRdSch 1984, 79 ff.
Fischer, Robert	Treu und Glauben im Versicherungsrecht, in: VersR 1965, 197 ff.
Flitner, Arthur L./ Brunck, Arthur E.	Ocean Marine Insurance, Volume 1, 2. Auflage, Malvern 1992 (zitiert: Vol. 1)
Flitner, Arthur L./ Brunck, Arthur E.	Ocean Marine Insurance, Volume 2, 2. Auflage, Malvern 1992 (zitiert: Vol. 2)
Frenz, Rainer	AGB-Gesetz und Allgemeine Versicherungsbedingungen, in: VersR 1979, 394 ff.
Fromm, Gerhard Erich/ Goldberg, Alfred	Versicherungsaufsichtsgesetz und Bundesaufsichtsgesetz, Kommentar, Berlin 1966
Fürstenwerth, Frank v./ Weiß, Alfons	Versicherungs-Alphabet (VA), Begriffserläuterungen der Versicherung aus Theorie und Praxis, 10. Auflage, Karlsruhe 2001
Gerlach, Peter v.	Die Maschinenversicherung, 2. Auflage, Karlsruhe 1972

Gierke, Julius v. — Versicherungsrecht unter Ausschluß der Sozialversicherung, 2. Hälfte (§§ 33-47), Calw 1947

Goldberg, Alfred/ Müller, Helmut — Gesetz über die Beaufsichtigung der privaten Versicherungsunternehmungen, Versicherungsaufsichtsgesetz, Gesetz über die Errichtung eines Bundesaufsichtsamtes für das Versicherungswesen Bundesaufsichtsgesetz, Kommentar, Berlin 1980 (zitiert: G/M /BEARBEITER)

Gürtler, Ferdinand — Die neuen AVB für Wassersportfahrzeuge, in: ZfV 1963, 451 ff.

Gundermann, Dietrich — Allgemeine Fragen der Transportversicherung, in: VW 1996, 1118 ff.

Gwinn, Robert/ Norton, Peter/ McHenry, Robert — The New Encyclopædia Britannica, Volume 12, 15. Auflage, Chicago 1993 (zitiert: Encyclopædia Britannica, Vol. 12)

Hagen, Otto — Seeversicherungsrecht, Berlin 1938

Heinrichs, Helmut — Der Rechtsbegriff der Allgemeinen Geschäftsbedingungen, in: NJW 1977, 1505 ff.

Heinrichs, Helmut — Die Entwicklung des Rechts der Allgemeinen Geschäftsbedingungen im Jahre 1997, in: NJW 1998, 1447 ff.

Helm, Johann Georg — AGB-Gesetz und Allgemeine Versicherungsbedingungen, in: NJW 1978, 129 ff.

Hemmer, Dirk — Die Einbeziehung von AVB in den Versicherungsvertrag nach neuem Recht, Karlsruhe 1996

Henke, Heinrich — Die Ausschlüsse und Grenzfälle in der Unfallversicherung, Hamburg 1950

Heppe, Hansjörg — Nach dem Vertrauensverlust – Ist es an der Zeit, die Dritthaftung deutscher Abschlußprüfer zu verschärfen? (Teil 2), in: WM 2003, 753 ff.

Herdt, Armin — Die mehrfache Kausalität im Versicherungsrecht und ihre Beurteilung bei Vorliegen von Klarstellungen und Ausschlußklauseln, Diss. Hamburg, Karlsruhe 1978

Hippel, Eike v. — Verbraucherschutz, Tübingen 1974

Hofmann, Edgar — Privatversicherungsrecht, 4. Auflage, München 1998

Horn, Norbert — Die Allgemeinen Feuerversicherungsbedingungen (AFB) und das AGB-Gesetz, Hamburg 1984

Hübner, Ulrich — Verhaltensabhängige Risikoausschlüsse und verhüllte Obliegenheiten, in: VersR 1978, 981 ff.

Jabornegg, Peter — Das Risiko des Versicherers, Wien 1979

Jarass, Hans D./ Pieroth, Bodo — Grundgesetz für die Bundesrepublik Deutschland, Kommentar, 5. Auflage, München 2000 (zitiert: J/P/BEARBEITER)

Jens, Detlef — Die schönsten Segler der Welt, in: WamS vom 19.08. 2001, http://www.welt.de/daten/2001/08/19/0819bo27 5881.htx

Joost, Detlev — Maklerbedingungen in der deutschen Seekaskoversicherung, Diss. Hamburg, Karlsruhe 1972

Karsteadt, Rainer — Grundsätzliche Fragen der Drittzurechnung in den Allgemeinen Deutschen Seeversicherungsbedingungen. Die Verwendbarkeit des Repräsentantenbegriffes in der Seekasko- und Seegüterversicherung, Diss. Hamburg, Karlsruhe 1979

Kiesselbach, G. Arnold — Die wirtschafts- und rechtsgeschichtliche Entwicklung der Seeversicherung in Hamburg, Hamburg, 1901

Klingmüller, Ernst — Die Gestaltung von Risikoausschlüssen mit Hilfe subjektiver Momente, in: Festschrift für Reimer Schmidt zum 70. Geburtstag, 753 ff., Karlsruhe 1976 (zitiert: FS Schmidt)

Klopsch, Ulrich — Der Versicherungswert in der Binnenschiffversicherung, Diss. Berlin, Berlin 1973

Knappmann, Ulrich — Grenzen der Beschränkungen der Rechte des Versicherers bei Verletzung der Anzeigepflichten (§§ 16 ff. VVG) durch den Versicherungsnehmer, in: r+s 1996, 81 ff.

Koll, Michael — Die Verkehrs-Service-Versicherung, Diss. Hamburg, Karlsruhe 1988

Koller, Ingo — Wissenszurechnung, Kosten und Risiken, in: JZ 1998, 75 ff.

Kramer, Ernst A.	Nichtausgehandelter Individualvertrag, notariell beurkundeter Vertrag und AGBG, in: ZHR 1982, 105 ff.
Krebs, Ottomar	Anmerkung zu OLG Koblenz, VersR 1960, 686-688, in: VersR 1960, 688 f.
Lange, Heiner	„Transport-Versicherung à la EG“, in: VW 1976, 1325 ff.
Langenfeld, Gerrit	Vertragsgestaltung, Methode, Verfahren, Vertragstypen, 2. Auflage, München 1997
Larenz, Karl	Methodenlehre der Rechtswissenschaft, Verkürzte Studienausgabe, 2. Auflage, Berlin 1992
Locher, Horst	Das Recht der Allgemeinen Geschäftsbedingungen, 3. Auflage, München 1997
Lorenz, Egon	Der „Schiffahrtsunfall“ i. S. des § 1 AVB-Flußkasko, in: VersR 1981, 1001 ff.
Lorenz, Egon	Zu den Informationspflichten des Versicherers und zum Abschluß von Versicherungsverträgen nach neuem Recht, in: ZVersWiss 1995, 103 ff.
Lorenz, Egon	Zum Abschluß eines Versicherungsvertrages nach § 5 a VVG, in: VersR 1995, 616 ff.
Luttmer, Gerhard	Die Neuwertversicherung von Wohn-, Geschäfts- und landwirtschaftlichen Gebäuden. Kritische Analyse der konventionellen und der gleitenden Versicherungsreform sowie Reformvorschläge, Berlin 1972
Maier, Karl/ Biela, Anno	Die Kaskoversicherung, München 1998
Manes, Alfred	Versicherungs-Lexikon, Ein Nachschlagewerk für alle Wissensgebiete der gesamten Individual- und Sozial-Versicherung, 3. Auflage, Berlin 1930
Martin, Anton	Sachversicherungsrecht, Kommentar zu den Allgemeinen Versicherungsbedingungen für Hausrat, Wohngebäude, Feuer, Einbruchdiebstahl und Raub, Leitungswasser, Sturm einschließlich Sonderbedingungen und Klauseln, 3. Auflage, München 1992 (zitiert: SVersR)

Martin, Anton — Inhaltskontrolle von Allgemeinen Versicherungsbedingungen (AVB) nach dem AGBG – Zugleich Anmerkung zum Urteil des BGH vom 9.5.1984 (IV a ZR 176/82) VersR 84, 830 –, in: VersR 1984, 1107 ff.

Meyer-Kahlen, Walter — AGB-Gesetz und Allgemeine Versicherungsbedingungen, in: VP 1977, 81 ff.

Meyer-Kahlen, Walter — Schäden in den technischen Versicherungszweigen durch bei Versicherungsabschluß bereits vorhandene Mängel – Gleichzeitig ein Beitrag zu §§ 16 ff., 34 a VVG und zum Begriff der „Gefahr" im Versicherungsrecht –, in: VP 1979, 117 ff.

Meyer-Reim, Utz — Die Elektronik-Versicherung, Sachversicherung von Fernmelde- und sonstigen elektronischen Anlagen, Diss. Hamburg, Frankfurt am Main 1992

Michels, Ulrich — Vertragsfreiheit und Kündigungsrecht in der Benannten Warenversicherung, in: VersR 1977, 1082 ff.

Mittelbach, Moritz — Die Verdienstausfallversicherung für See- und Binnenschiffe, Diss. Hamburg, Frankfurt am Main 1997

Möhrle, Tobias — Die Luftfahrt-Unfallversicherung unter Berücksichtigung des Verhältnisses der obligatorischen Passagier-Unfallversicherung zur Vorschußpflicht des Luftfrachtführers bei nationaler Beförderung, Diss. Hamburg, Karlsruhe 2003

Möller, Hans — Recht und Wirklichkeit der Versicherungsvermittlung, Eine rechtspolitische Studie, Hamburg o.J. (zitiert: RuW)

Möller, Hans — Versicherungsvertragsrecht, 3. Auflage, Wiesbaden 1977 (zitiert: VersVR)

Möller, Hans — Die rechtliche Konstruktion der Regeln über die schuldhafte Herbeiführung des Versicherungsfalles, in: JRPV 1929, 325 ff.

Möller, Hans — Beziehung – Gefahr – Bedarf, in: ZVersWiss 1934, 18 ff.

Möller, Hans	Rechtsbegriff der Transportversicherung, in: Internationales Versicherungsrecht: Festschrift für Albert Ehrenzweig zum 80. Geburtstag, 169 ff., Karlsruhe 1955 (zitiert: FS Ehrenzweig)
Möller, Hans	Stellung der Sozialversicherung im Gesamtgefüge des Versicherungswesens, in: Festschrift für Hans Schmitz zum 70. Geburtstag, Band II, 391 ff., Wien 1967 (zitiert: FS Schmitz II)
Möller, Hans	AVB-Diskussion, in: ZVersWiss 1975, 219 ff.
Möller, Hans	Internationale Grundprinzipen des Versicherungsrechts, in: VersRdsch 1976, 342 ff.
Möller, Hans	Die Strandungsfalldeckung in der Seeversicherung, in: Festschrift für Reimer Schmidt zum 70. Geburtstag, 921 ff., Karlsruhe 1976 (zitiert: FS Schmidt)
Möller, Hans	Drittschadensersatz in der Seekaskoversicherung, in: Festschrift für Rolf Stödter zum 70. Geburtstag, 79 ff., Hamburg 1979 (zitiert: FS Stödter)
Müller-Collin, Dagmar	Die Allgemeinen Deutschen Seeversicherungsbedingungen (ADS) und das AGB-Gesetz, Diss. Hamburg, Karlsruhe 1994
Müller-Freienfels, Wolfram	Die Vertretung beim Rechtsgeschäft, Tübingen 1955
Musielak, Hans-Joachim	Grundkurs ZPO, Eine Darstellung zur Vermittlung von Grundlagenwissen im Zivilprozeßrecht mit Fällen und Fragen zur Lern- und Verständniskontrolle sowie mit Übungsklausuren, 5. Auflage, München 2000
Oldenbourg, Hans	Die Wissenszurechnung, Die Lehre vom Wissensgehilfen, zugleich ein Beitrag zur Lehre von der sogenannten Empfangsvertretung, Mannheim 1934
Osing, Stefan	Informationspflichten des Versicherers und Abschluß des Versicherungsvertrages, Diss. Köln, Karlsruhe 1996

Palandt, Otto	Bürgerliches Gesetzbuch mit Einführungsgesetz (Auszug), Gesetz zur Regelung des Rechts der Allgemeinen Geschäftsbedingungen, Fernabsatzgesetz, Verbraucherkreditgesetz, Gesetz über den Widerruf von Haustürgeschäften und ähnlichen Geschäften, Gesetz über die Veräußerung von Teilnutzungsrechten an Wohngebäuden, Produkthaftungsgesetz, Erbbaurechtsverordnung, Wohnungseigentumsgesetz, Hausratsverordnung, Lebenspartnerschaftsgesetz, 61. Auflage, München 2002 (zitiert: Palandt/BEARBEITER)
Palandt, Otto	Gesetz zur Modernisierung des Schuldrechts, Ergänzungsband zu Palandt, Bürgerliches Gesetzbuch, 61. Auflage mit Unterlassungsklagengesetz, Gewaltschutzgesetz (Auszug), München 2002 (zitiert: Palandt/BEARBEITER, SchuModG)
Passehl, Gerhard	Die Beschaffenheitsschäden in der Seeversicherung unter Berücksichtigung des englischen und französischen Rechts, Diss. Hamburg, Karlsruhe 1966
Paul, Wolfgang	Haftung der Wassersportfahrzeuge und deren Versicherung, 11. Bearbeitung, Hamburg 1994
Perdikas, Panayotis	Die Palermo-Verträge und ihre Bedeutung für die Entstehung der Versicherung, in: ZVersWiss 1970, 151 ff.
Plaß, J. Friedrich	Geschichte der Assecuranz und der Hanseatischen Seeversicherungs-Börsen, Hamburg 1902
Präve, Peter	Versicherungsbedingungen und AGB-Gesetz, München 1998
Präve, Peter	Das Widerspruchsrecht des Versicherungsnehmers, in: ZfV 1994, 374 ff.
Präve, Peter	Die Disclosure-Regelungen des VAG, in: VW 1994, 556 ff.
Prölss, Erich R.	Betrachtungen über Allgemeine Versicherungsbedingungen, in: Bank 1940, 484 ff.

Prölss, Erich R./ Martin, Anton — Versicherungsvertragsgesetz mit Erläuterungen zu den wichtigeren Versicherungsbedingungen, 20. Auflage, München 1975 (zitiert: 20. Aufl.)

Prölss, Erich R./ Martin, Anton — Versicherungsvertragsgesetz mit Erläuterungen zu den wichtigeren Versicherungsbedingungen, 21. Auflage, München 1977 (zitiert: 21. Aufl.)

Prölss, Erich R./ Martin, Anton — Versicherungsvertragsgesetz mit Erläuterungen zu den wichtigeren Versicherungsbedingungen, 23. Auflage, München 1984 (zitiert: 23. Aufl.)

Prölss, Erich R./ Martin, Anton — Versicherungsvertragsgesetz mit Erläuterungen zu den wichtigeren Versicherungsbedingungen, 24. Auflage, München 1988 (zitiert: 24. Aufl.)

Prölss, Erich R./ Martin, Anton — Versicherungsvertragsgesetz, Kommentar zu VVG und EGVVG sowie Kommentierung wichtiger Versicherungsbedingungen – Unter Berücksichtigung österreichischer Rechtsprechung –, 25. Auflage, München 1992 (zitiert: 25. Aufl., BEARBEITER)

Prölss, Erich R./ Martin, Anton — Versicherungsvertragsgesetz, Kommentar zu VVG und EGVVG sowie Kommentierung wichtiger Versicherungsbedingungen – Unter Berücksichtigung des ÖVVG und österreichischer Rechtsprechung –, 26. Auflage, München 1998 (zitiert: P/M/BEARBEITER)

Prölss, Erich R./ Schmidt, Reimer/ Sasse, Jürgen — Versicherungsaufsichtsgesetz, Bundesaufsichtsgesetze, Kartellrecht der Versicherungswirtschaft (§ 102 GWB) und andere Nebengesetze, 7. Auflage, München 1974 (zitiert: P/S/S/BEARBEITER, 7. Aufl.)

Prölss, Erich R./ Schmidt, Reimer/ Sasse, Jürgen — Versicherungsaufsichtsgesetz, Bundesaufsichtsgesetze, Kartellrecht der Versicherungswirtschaft (§ 102 GWB) und andere Nebengesetze, 8. Auflage, München 1978 (zitiert: P/S/S/BEARBEITER, 8. Aufl.)

Prölss, Erich R./ Schmidt, Reimer/ Frey, Peter — Versicherungsaufsichtsgesetz, Bundesaufsichtsgesetze, Kartellrecht der Versicherungswirtschaft (§ 102 GWB) und andere Nebengesetze, 9. Auflage, München 1983 (zitiert: P/S/F/BEARBEITER, 9. Aufl.)

Prölss, Erich R./ Schmidt, Reimer/ Frey, Peter — Versicherungsaufsichtsgesetz, Bundesaufsichtsgesetze, Kartellrecht der Versicherungswirtschaft (§ 102 GWB) und andere Nebengesetze, 10. Auflage, München 1989 (zitiert: P/S/F/BEARBEITER, 10. Aufl.)

Prölss, Erich R./ Schmidt, Reimer — Versicherungsaufsichtsgesetz mit Europäischem Gemeinschaftsrecht und Recht der Bundesländer, 11. Auflage, München 1997 (zitiert: P/S/BEARBEITER)

Prölss, Jürgen — Anmerkung zu BGH, VersR 1994, 549-551, in: VersR 1994, 1216 ff.

Prüßmann, Heinz/ Rabe, Dieter — Seehandelsrecht, Fünftes Buch des Handelsgesetzbuches mit Nebenvorschriften und Internationalen Übereinkommen, 3. Auflage, München 1992

Puskás, Géza v. — Die privatrechtsgestaltende Wirkung von § 14 VAG – Zugleich Anmerkung zum Urteil des OLG Zweibrücken vom 30.05.1979 –, in: VersR 1980, 205 ff.

Raiser, Ludwig — Das Recht der allgemeinen Geschäftsbedingungen, Hamburg, 1935

Raiser, Ludwig — Anmerkung zu BGH, JZ 1961, 24-26, in: JZ 1961, 26 ff.

Rebmann, Kurt/ Säcker, Franz Jürgen/ Rixecker, Roland — Münchener Kommentar zum Bürgerlichen Gesetzbuch, Band 2 a, Schuldrecht Allgemeiner Teil §§ 241-432, 4. Auflage, München 2003 (zitiert: MüKo/BEARBEITER)

Rehm, Herrmann/ Berliner, Ludwig/ Fromm, Gerhard Erich — Gesetz über die Beaufsichtigung der privaten Versicherungsunternehmungen und Bausparkassen, 4. Auflage, München 1932

Reichenbach, Wolfgang St. v. — Verbraucherschutz in der Vergangenheit, in: Verbraucherschutz in der Marktwirtschaft, Herausgeber Erwin Dichtl, 97 ff., Berlin 1975

Reichert-Facilides, Fritz — Informations- und Beratungspflichten des Versicherers: Privat- oder aufsichtsrechtliche Zuordnung?, in: VW 1994, 561 f.

Remke, Michael — Weißes Haus im Himmel, in: WamS vom 18.05.2003, http://www.wams.de/data/2003/05/18/ 97875.html.

Renger, Reinhard — Stand, Inhalt und Probleme des neuen Versicherungsrechts – Bemerkungen zum Dritten Gesetz zur Durchführung versicherungsrechtlicher Richtlinien des Rates der Europäischen Gemeinschaften –, in: VersR 1994, 753 ff.

Richardi, Reinhard — Die Wissensvertretung, in: AcP 1969, 385 ff.

Rieger, Walter — Rieger kritisiert AGB-Entwurf, in: VW 1976, 724

Ritter, Carl — Das Recht der Seeversicherung, Ein Kommentar zu den Allgemeinen Deutschen Seeversicherungs-Bedingungen, Hamburg 1924

Ritter, Carl/ Abraham, Hans Jürgen — Das Recht der Seeversicherung, Ein Kommentar zu den Allgemeinen Deutschen Seeversicherungs-Bedingungen, Erster Band, 2. Auflage, Hamburg 1967

Ritter, Carl/ Abraham, Hans Jürgen — Das Recht der Seeversicherung, Ein Kommentar zu den Allgemeinen Deutschen Seeversicherungs-Bedingungen, Zweiter Band, 2. Auflage, Hamburg 1967

Röhr, Wolfgang — Die vorvertragliche Anzeigepflicht, Diss. Hamburg, Karlsruhe 1980

Römer, Wolfgang — Schranken der Inhaltskontrolle von Versicherungsbedingungen in der Rechtsprechung nach § 8 AGB-Gesetz, in: Recht und Ökonomie der Versicherung, Festschrift für Egon Lorenz zum 60. Geburtstag, 449 ff., Karlsruhe 1994 (zitiert: FS Lorenz)

Römer, Wolfgang/ Langheid, Theo — Versicherungsvertragsgesetz (VVG) mit Pflichtversicherungsgesetz (PflVG) und Kraftfahrzeug-Pflichtversicherungsverordnung, 1. Auflage, München 1997 (zitiert: R/L/BEARBEITER, 1. Aufl.)

Römer, Wolfgang/ Langheid, Theo — Versicherungsvertragsgesetz (VVG) mit Pflichtversicherungsgesetz (PflVG) und Kraftfahrzeug-Pflichtversicherungsverordnung, 2. Auflage, München 2003 (zitiert: R/L/BEARBEITER)

Rohde, Hans-Günter — Die Verwendungsklausel in der Kraftverkehrsversicherung, Diss. Hamburg, Karlsruhe 1968

Roos, Ronald — Wassersportkaskoversicherung, Diss. Köln, Frankfurt am Main 1999

Rosenberg, Leo/ Schwab, Karl Heinz/ Gottwald, Peter — Zivilprozeßrecht, 15. Auflage, München 1993

Roth, Herbert — Funktion und Anwendungsbereich der Unklarheitenregel des § 5 AGBG (Teil 1), in: WM 1991, 2085 ff.

Roth, Herbert — Funktion und Anwendungsbereich der Unklarheitenregel des § 5 AGBG (Teil 2), in: WM 1991, 2125 ff.

Rüthers, Bernd/ Stadler, Annette — Allgemeiner Teil des BGB, 11. Auflage, München 2001

Säcker, Franz Jürgen — Münchener Kommentar zum Bürgerlichen Gesetzbuch, Band 1, Allgemeiner Teil §§ 1-240, AGB-Gesetz, 4. Auflage, München 2001 (zitiert: MüKo/ BEARBEITER)

Sambuc, Thomas — Unklarheitenregel und enge Auslegung von AGB, in: NJW 1981, 313 ff.

Schack, Hans — Die Begründung des Versicherungsanspruchs in der Haftpflichtversicherung, in: JW 1939, 449 ff.

Schaefer, Frithjof — Inhaltskontrolle nach dem AGB-Gesetz bei Allgemeinen Versicherungsbedingungen, in: VersR 1978, 4 ff.

Schapp, Jan — Die Leitbildfunktion des dispositiven Rechts für die Inhaltskontrolle von Allgemeinen Geschäftsbedingungen nach § 9 Abs. 2 AGB-Gesetz, in: BB 1978, 621 ff.

Schaps, Georg/ Abraham, Hans Jürgen — Das Seerecht in der Bundesrepublik Deutschland, Kommentar und Materialsammlung, 1. Teil, 4. Auflage, Berlin 1978

Schaps, Georg/ Abraham, Hans Jürgen — Das Seerecht in der Bundesrepublik Deutschland, Kommentar und Materialsammlung, 2. Teil, 4. Auflage, Berlin 1978

Schimikowski, Peter — Verbraucherinformation – Einbeziehung von AVB und Abschluß des Versicherungsvertrags, in: r+s 1996, 1 ff.

Schimming, Werner — Bergung und Hilfeleistung im Seerecht und im Seeversicherungsrecht, Diss. Hamburg, Karlsruhe 1971

Schirmer, Helmut — Zur Versicherbarkeit des Schadensersatzinteresses in der Sachversicherung, in: ZVersWiss 1981, 637 ff.

Schirmer, Helmut/ Martin, Anton — Die Auswirkungen des AGBG auf Ausarbeitung und Verwendung von AVB, in: Symposion „80 Jahre VVG", Das Versicherungsvertragsrecht in Rechtsprechung und Regulierungspraxis, 268 ff., Karlsruhe 1988 (zitiert: 80 Jahre VVG)

Schlegelberger, Franz — Seeversicherungsrecht, Allgemeine Deutsche Seeversicherungsbedingungen, zugleich Ergänzungsband zu Schlegelberger-Liesecke, Seehandelsrecht, Berlin 1960

Schmidt, Eike — AGB-Gesetz und Schuldvertragsrecht des BGB, in: ZIP 1987, 1505 ff.

Schmidt, Reimer — Die Obliegenheiten, Studien auf dem Gebiet des Rechtszwanges unter besonderer Berücksichtigung des Privatversicherungsrechts, Karlsruhe 1953

Schmidt, Reimer — Aktuelle Rechtsprobleme um die Allgemeinen Versicherungsbedingungen, in: VersRdsch 1961, 337 ff.

Schmidt, Reimer — Versicherungsalphabet, Begriffserläuterungen aus Praxis und Theorie der Individualversicherung, 8. Auflage, Karlsruhe 1991 (zitiert: VersABC)

Schmidt-Bleibtreu, Bruno/ Klein, Franz — Kommentar zum Grundgesetz, 9. Auflage, Neuwied 1999 (zitiert: S-B/K/BEARBEITER)

Schmidt-Hollburg, Hartwig — Die Abgrenzung von Risikoausschlüssen und Obliegenheiten in den kaufmännischen Versicherungszweigen, Diss. Hamburg, Karlsruhe 1991

Schneider, Katrein — Die Feuer-Betriebsunterbrechungsversicherung, Diss. Hamburg, Frankfurt am Main 1997

Schuhmacher, Wolfgang — Verbraucher und Recht in historischer Sicht, Wien 1981

Schultz, Michael — Zur Vertretung im Wissen, in: NJW 1990, 477 ff.

Schulz, Ewald — Unterliegt die Reisegepäckversicherung dem VAG und VVG?, in: ZfV 1959, 587 ff.

Sieg, Karl — Allgemeines Versicherungsvertragsrecht, 3. Auflage, Wiesbaden 1994

Sieg, Karl — Obliegenheiten und sekundäre Risikobeschränkungen im Versicherungsvertragsrecht, in: BB 1970, 106 ff.

Sieg, Karl — Allgemeine Versicherungsbedingungen im Lichte der AGB-Gesetzesplanung, in: BB 1975, 845 ff.

Sieg, Karl — Buchbesprechung: Löwe/Westphalen/Trinkner, Kommentar zum Gesetz zur Regelung des Rechts der Allgemeinen Geschäftsbedingungen, in: ZVers Wiss 1977, 384 ff.

Sieg, Karl — Auswirkungen des AGB-Gesetzes auf Justiz und Verwaltung im Bereich der Privatversicherung, in: VersR 1977, 489 ff.

Sieg, Karl — Übergang der Versicherungsverhältnisse bei der Bestandsübertragung – Privat-, verwaltungs- und europarechtliche Überlegungen, in: ZVers-Wiss 1980, 1 ff.

Siegburg, Peter — Kurzkommentar zu BGH, WM 2002, 1508-1509, in: EWiR 2002, 831 f.

Sieveking, Gustav — Das deutsche Seeversicherungsrecht. Kommentar zum zehnten Abschnitt des vierten Buches des Handelsgesetzbuches, Berlin 1912

Soergel, Hans Theodor	Bürgerliches Gesetzbuch mit Einführungsgesetz und Nebengesetzen, Band 3, Schuldrecht II (§§ 433-515) AGB-Gesetz, AbzG, EAG, EKG, UN-KaufAbk, 12. Auflage, Stuttgart 1991 (zitiert: Soergel/BEARBEITER)
Stade, Torsten	Die Kaskoversicherung für Luftfahrzeuge, Diss. Hamburg, Frankfurt am Main 1999.
Starke, Otto-Ernst	Die AVB in unserem Rechtssystem, Möglichkeiten und Grenzen der Rechtsprechung, in: VersR 1966, 889 ff.
Staub, Hermann	Kommentar zum Handelsgesetzbuch, 12. Auflage, Berlin 1926
Staudinger, Julius v.	Kommentar zum Bürgerlichen Gesetzbuch mit Einführungsgesetz und Nebengesetzen, Gesetz zur Regelung des Rechts der Allgemeinen Geschäftsbedingungen (AGBG), 13. Bearbeitung, Berlin 1998 (zitiert: Staudinger/BEARBEITER)
Stiefel, Ernst/ Hofmann, Edgar	Kraftfahrtversicherung, Kommentar zu den Allgemeinen Bedingungen für die Kraftfahrtversicherung – AKB mit Kommentar zu VVG (Auszug), Pflichtversicherungsgesetz (Auszug) und Pflichtversicherungsverordnung, 16. Auflage, München 1995 (zitiert: 16. Aufl.)
Stiefel, Ernst/ Hofmann, Edgar	Kraftfahrtversicherung, Kommentar zu den Allgemeinen Bedingungen für die Kraftfahrtversicherung – AKB mit Kommentar zu VVG (Auszug), Pflichtversicherungsgesetz (Auszug) und Pflichtversicherungsverordnung, 17. Auflage, München 2000
Ulmer, Peter/ Brandner, Hans Erich/ Hensen, Horst-Diether	AGB-Gesetz, Kommentar zum Gesetz zur Regelung des Rechts der Allgemeinen Geschäftsbedingungen, 9. Auflage, Köln 2001 (zitiert: U/B/H/BEARBEITER)
Vortisch, Otto/ Bemm, Wilfried	Binnenschiffahrtsrecht, Kommentar, 4. Auflage, Berlin 1991
Vortisch, Otto/ Zschucke, Otto	Binnenschiffahrts- und Flößereirecht, Kommentar, 3. Auflage, Berlin 1964

Wagner, Klaus — Zur Bedeutung des AGB-Gesetzes für die Gefahrbeschreibung in den Allgemeinen Unfallversicherungs-Bedingungen, in: ZVersWiss 1977, 119 ff.

Wagner, Klaus-R. — Die Anwendung des AGB-Gesetzes im Bauherrenmodell, in: BB 1984, 1757 ff.

Waltermann, Raimund — Zur Wissenszurechnung – Am Beispiel der juristischen Personen des privaten und öffentlichen Rechts, in: AcP 1992, 181 ff.

Wandt, Manfred — Verbraucherinformation und Vertragsschluß nach neuem Recht – Dogmatische Einordnung und praktische Hinweise, Karlsruhe 1995

Werber, Manfred — Die AVB im Rahmen der Diskussion über die Allgemeinen Geschäftsbedingungen, in: Grundprobleme des Versicherungsrechts, Festgabe für Hans Möller zum 65. Geburtstag, 511 ff., Karlsruhe 1972 (zitiert: FS Möller)

Werber, Manfred — Die Bedeutung des AGBG für die Versicherungswirtschaft, in: VersR 1986, 1 ff.

Werber, Manfred — Alte und neue Informations- und Beratungspflichten des Versicherers und des Vermittlers, in: ZVersWiss 1994, 321 ff.

Werber, Manfred — Differenzierung nach Schutzbedürftigkeit des Versicherungsnehmers im Versicherungsrecht, in: Festschrift für Prof. Dr. Horst Baumann, 359 ff., Karlsruhe 1999 (zitiert: FS Baumann)

Werber, Manfred/ Winter, Gerrit — Grundzüge des Versicherungsvertragsrechts, Heidelberg 1986

Westermann, Harm Peter — Vertragsfreiheit und Typengesetzlichkeit im Recht der Personengesellschaften, Habil.-Schrift Köln, Heidelberg 1970

Wilcke, Walter — Zur Rechtsnatur der Schweißschadenklausel in der allgemeinen Haftpflichtversicherung – Eine Erwiderung auf Stelzer VersR 68, 719 und zugleich ein Beitrag zur Lehre von den „verhüllten Obliegenheiten“ –, in: VersR 1969, 8 ff.

Winter, Gerrit	Konkrete und abstrakte Bedarfsdeckung in der Sachversicherung, Diss. Göttingen, Göttingen 1962 (zitiert: BedarfsD)
Winter, Gerrit	Zum Schutz des unwissenden Schuldners und zum Gläubigerrecht bei der Forderungsabtretung, in: Festschrift für Karl Sieg, 563 ff., Karlsruhe 1976 (zitiert: FS Sieg)
Wolf, Manfred	Gerichtliches Verfahrensrecht: Darstellung des Zivilprozesses mit vergleichender Betrachtung von Strafprozeß und Verwaltungsgerichtsprozeß, Reinbek 1978
Wolf, Manfred/ Horn, Norbert/ Lindacher, Walter F.	AGB-Gesetz, Gesetz zur Regelung des Rechts der Allgemeinen Geschäftsbedingungen, Kommentar, 4. Auflage, München 1999 (zitiert: W/H /L/BEARBEITER)
Xu, Haoming	Zur Geschichte und zum Wesen des modernen Verbraucherschutzrechts, Diss. Münster, Münster 2003
Zettl, Hans-Olaf	Schiffsunfall und höhere Gewalt in der Wassersport-Fahrzeug-Versicherung, in: ZfV 1964, 418 ff.
Zimprich, Stephan	Hoch am Wind, in: SPON vom 02.12.2003, http://www.spiegel.de/spiegel/0,1518,276327,00.html
Zöller, Richard	Zivilprozeßordnung, mit Gerichtsverfassungsgesetz und den Einführungsgesetzen, mit internationalem Zivilprozeßrecht, Kostenanmerkungen, 20. Auflage, Köln 1997 (zitiert: Zöller/BEARBEITER)
ohne Herausgeberangabe	Benedict on Admiralty, Volume 8, Loseblattsammlung, New York 1997 (zitiert: Benedict/BEARBEITER, Vol. 8)
ohne Herausgeberangabe	Der Grosse Brockhaus, Band 2, 16. Auflage, Wiesbaden 1953 (zitiert: Brockhaus, Bd. 2)
ohne Herausgeberangabe	Der Grosse Brockhaus, Band 3, 16. Auflage, Wiesbaden 1953 (zitiert: Brockhaus, Bd. 3)
ohne Herausgeberangabe	Der Grosse Brockhaus, Band 6, 16. Auflage, Wiesbaden 1955 (zitiert: Brockhaus, Bd. 6)

ohne Herausgeberangabe	Der Grosse Brockhaus, Band 11, 16. Auflage, Wiesbaden 1957 (zitiert: Brockhaus, Bd. 11)
ohne Herausgeberangabe	Der Grosse Herder, Nachschlagewerk für Wissen und Leben, Band 1, 5. Auflage, Freiburg 1952 (zitiert: Herder, Bd. 1)
ohne Autorenangabe	Gebrauchtboot-Markt mit höherem Umsatz, in: Die Welt vom 21.01.2002, http://www.welt.de/daten/2002/01/21/0121wi309184.htx
ohne Autorenangabe	Wassertourismus hat noch Wachstumschancen, in: SPON vom 31.10.2002, http://www.spiegel.de/reise/aktuell/0,1518,220665,00.html

VERSICHERUNGSRECHTLICHE STUDIEN

Herausgegeben von Prof. Dr. Gerrit Winter

Band 1 Maximilian Teichler: Berufshaftpflichtversicherungen. Eine Untersuchung der Berufshaftpflicht, ihrer Versicherung und deren Beziehung zueinander am Beispiel der Rechtsanwälte, Ärzte und Architekten in Deutschland. 1985.

Band 2 Burkhard Messerschmidt: Hinweis- und Belehrungspflichten des Versicherers. 1986.

Band 3 Chao-Kuo Chiang: Das Interesse im Seeversicherungsrecht. 1986.

Band 4 Michael Grebe: Die vorläufige Deckungszusage unter besonderer Berücksichtigung ihrer Handhabung in der Lebensversicherung. 1987.

Band 5 Harald Zeller: Die Deckung von Haftpflicht-Risiken im Rahmen der Seekaskoversicherung. 1987.

Band 6 Annemarie Bender: Die Rechtsproblematik der Wartezeiten in der Privatversicherung unter besonderer Berücksichtigung der Rechtsschutzversicherung. 1988.

Band 7 Gerd Kühborth: Die Obliegenheiten des Versicherungsnehmers in der Rechtsschutzversicherung beim und nach dem Eintritt eines Versicherungsfalles. 1988.

Band 8 Peter Caninenberg: Die Sportveranstaltungsausfallversicherung. 1988.

Band 9 Carsten Meyer: Der Rückkaufswert in der Lebensversicherung. Eine Untersuchung aktueller Kritik an dem Recht des Lebensversicherungsvertrages unter Berücksich-tigung des AGB-Gesetzes und des Aufsichtsrechts. 1989.

Band 10 Heike Schwesinger: Versorgungsausgleich und berufsständische Versorgungswerke. 1989.

Band 11 Jens Fortmann: Die Investitionsgüterkreditversicherung. 1989.

Band 12 Hans Wille: Bedingungs- und satzungsgemäße Privilegien öffentlich-rechtlicher "Wettbewerbsanstalten" in der Gebäude-Feuerversicherung. Eine Untersuchung zum BGB, VVG, AGBG, GWB (UWG) und EWGV unter kritischer Berücksichtigung alter und neuer deutscher sowie supranationaler Judikatur. 1990.

Band 13 Ulrich Joseph: Lebensversicherung und Abtretung. 1990.

Band 14 Udo Hansen: Beweislast und Beweiswürdigung im Versicherungsrecht. 1990.

Band 15 Uwe Hamann: Die Rückdeckungsversicherung aus zivil-, versicherungs- und arbeitsrechtlicher Sicht. 1991.

Band 16 Hans-Eckhard Tribess: Die Leistungsfreiheit des Versicherers aus § 67 Abs. 1 Satz 3 VVG im Falle des Vorausverzichtes. 1991.

Band 17 Regina Testorf: Gewerbliche Schmuckversicherungen. 1991.

Band 18 Dieter Armbrust: Subsidiaritätsabreden in Versicherungsverträgen. 1991.

Band 19 Cornelia Thies: Die Auswirkungen von AIDS im Privatversicherungsrecht. Eine Untersuchung über AIDS-spezifische Probleme im Kranken-, Lebens- und Haftpflichtversicherungsrecht. 1991.

Band 20 Utz Meyer-Reim: Die Elektronik-Versicherung. Sachversicherung von Fernmelde- und sonstigen elektrotechnischen Anlagen. 1992.

Band 21 Thorsten Hinnekeuser: Der Versicherungsfall in der Bauleistungsversicherung. 1992.

Band 22 Christian Luckey: Mündliche Nebenabreden zu Allgemeinen Versicherungsbedingungen. 1992.

Band 23 Jürgen Möhle: Die Haftpflichtversicherung im Heilwesen. Eine Studie über die versicherungsrechtliche Deckung medizinischer Haftpflichtschäden. 1992.

Band 24 Torsten Busch: Genußkapital als Eigenmittel von Versicherungsunternehmen. 1992.

Band 25 Ulrich Möhrle: Verhaltensabhängige Risikobeschränkungen in der Gewässerschadenhaftpflichtversicherung. 1993.

Band 26 Paul Wollny: Die Directors' and Officers' Liability Insurance in den Vereinigten Staaten von Amerika (D&O-Versicherung). Vorbild für eine Aufsichtsratshaftpflichtversicherung in Deutschland? 1993.

Band 27 Jan Dreyer: Die Reiserücktrittskostenversicherung. 1993.

Band 28 Robert Nehrer: Entwendung und Entwendungsfolgeschäden in der Kraftfahrzeugkaskoversicherung. 1994.

Band 29 Jürgen Sackhoff: Die Anzeige-, Auskunfts- und Belegpflicht des Versicherungsnehmers nach Eintritt des Versicherungsfalles. Eine rechtsvergleichende Untersuchung unter besonderer Berücksichtigung des Richtlinienentwurfes zur Harmonisierung des Versicherungsvertragsrechts. Zugleich ein Beitrag zur Relevanzrechtsprechung des Bundesgerichtshofes. 1994.

Band 30 Anne Heidelbach: Der kleinere Versicherungsverein auf Gegenseitigkeit unter besonderer Berücksichtigung der gesellschaftsrechtlichen Probleme. 1994.

Band 31 Claudius Mann: Die zeitliche Beschränkung des Versicherungsschutzes in der Rechtsschutzversicherung. 1994.

Band 32 Martin Dietrich: Produktbeobachtungspflicht und Schadenverhütungspflicht der Produzenten. 1994.

Band 33 Barbara Halser: Die versicherte Gefahr und der Versicherungsfall in der Industrie-Straf-Rechtsschutzversicherung. 1994.

Band 34 Hans von Gehlen: Die Beeinflussung des Versicherungsfalls durch den Versicherungsnehmer in der Rechtsschutzversicherung. 1995.

Band 35 Thomas Adler: Das Tagegeld in der Krankenversicherung als Schadens- oder Summenversicherung. 1995.

Band 36 Achim Gmilkowsky: Die Produkthaftung für Umweltschäden und ihre Deckung durch die Produkthaftpflichtversicherung. 1995.

Band 37 Jens Hilgenhövel: Die gewohnheitsrechtliche Erfüllungshaftung des Versicherers für Auskünfte seiner Agenten. 1995.

Band 38 Wiebke Heinrich: Das Sachverständigenverfahren im Privatversicherungsrecht. 1996.

Band 39 Arnt Vespermann: Staatshaftung im Versicherungswesen. 1996.

Band 40 Hubertus W. Labes: Schiedsgerichtsvereinbarungen in Rückversicherungsverträgen. 1996.

Band 41 John Benjamin Schroeder: Die Kriegsgefahr im deutschen Versicherungsrecht. 1996.

Band 42 Hilke Wesselhöft: Datenschutz im Versicherungswesen. 1996.

Band 43 Klaus C. Kossen: Die Kautionsversicherung. 1996.

Band 44 Cord Imelmann: Versicherungsaufsichtsrechtliche Fragen der Allfinanzkonzeption. 1996.

Band 45 Marcus Lüpke: Versicherungsschutz bei behördlicher Inanspruchnahme zur Altlastsanierung. 1996.

Band 46 Bettina Kagelmacher: Die Beschränkungen der Privatversicherungsfreiheit im Hinblick auf das Allgemeininteresse sowie auf Rechte Dritter. Die Grenzen der Versicherbarkeit widerrechtlichen Verhaltens. 1997.

Band 47 Moritz Mittelbach: Die Verdienstausfallversicherung für See- und Binnenschiffe. 1997.

Band 48 Marc-Alexander Lüth: Rechtsberatung durch den Rechtsschutzversicherer. 1997.

Band 49 Ulf Liebelt-Westphal: Schadenverhütung und Versicherungsvertragsrecht. Schadenverhütung durch die Gestaltung des Versicherungsvertrages (Risikobeschreibung, Ausschluß von Risiken und Auferlegung von Obliegenheiten). 1997.

Band 50 Katrein Schneider: Die Feuer-Betriebsunterbrechungsversicherung. 1997.

Band 51 Hubertus Wegmann: Obliegenheiten in der Privaten Krankenversicherung. 1997.

Band 52 Sven Schubert: Das Sachverständigenverfahren im Seeversicherungsrecht. 1998.

Band 53 Horst Suhren: Alte und neue Informationspflichten des Rechtsschutzversicherers. 1998.

Band 54 Bianca Müller: Verbraucherschutz durch das Bundesaufsichtsamt für das Versicherungswesen. 1998.

Band 55 Thorsten Haeberlin: Der aktuelle Stand des Versicherungsnehmerschutzes im englischen und deutschen Versicherungsvertragsrecht vor dem Hintergrund der jüngsten EG-Rechtsentwicklung. 1998.

Band 56 Thorsten Meinert: Das Bereicherungsverbot im deutschen Seeversicherungsrecht. Mit einem Exkurs zum Entschädigungsprinzip im englischen Seeversicherungsrecht. 1998.

Band 57 Annette Wenckstern: Die Haftung bei der Arzneimittelprüfung und die Probandenversicherung. Haftungsersetzung durch Versicherungsschutz. 1999.

Band 58 Jan-Uwe Hungar: Die Rechtsstellung des Schiffshypothekengläubigers im Versicherungsfall. 1999.

Band 59 Torsten Stade: Die Kaskoversicherung für Luftfahrzeuge. 1999.

Band 60 Michael Rudolf Fischer: Versicherungsaufsichtsrecht und öffentliches Übernahmeangebot. 1999.

Band 61 Jill Bohnhorst: Gentechnologie in der Haftpflichtversicherung. 1999.

Band 62 Nils Abram: Die Berufshaftpflichtversicherung für Versicherungsvermittler. 2000.

Band 63 Carsten Hoppmann: Vorstandskontrolle im Versicherungsverein auf Gegenseitigkeit. 2000.

Band 64 Georg Lange: Die Reparaturkostenversicherung. 2000.

Band 65 Nikolas Streuf: Der Vertragsschluss mit einem englischen Versicherer via Internet. 2002.

Band 66 Jan Philipp Tietjen: Die Versicherungsdauer in der (See-)Güterversicherung nach den Grundsätzen der Haus-zu-Haus-Klausel. 2002.

Band 67 Axel Wehling: Schutz innovativer Versicherungsdienstleistungen. 2002.

Band 68 Alexander Wehowski: Die Zulassung ausländischer Versicherungsunternehmen in der Bundesrepublik Deutschland und den Vereinigten Staaten von Amerika. 2002.

Band 69 Marcus Hennies: Die Finanzaufsicht über Versicherungen in der Europäischen Gemeinschaft. Unter besonderer Berücksichtigung der Solvabilitätsvorschriften. 2003.

Band 70 Silke Riedel: Sicherungsschein und Sicherungsbestätigung in der Versicherungswirtschaft. 2004.

Band 71 Detlef A. Huber: Die Hagelversicherung. 2005.

Band 72 Frank-Hartmut Vogelsang: Die Berufshaftpflichtversicherung des Architekten. Deckungssummenbeschränkungen und Risikoausschlüsse. 2005.

Band 73 Inga Uhlenbrock: Die Lösungsrechte des Versicherers bei Verletzung der vorvertraglichen Anzeigepflicht durch den Versicherungsnehmer. Unter besonderer Betrachtung der Berufsunfähigkeitsversicherung. 2005.

Band 74 Hansjörg Heppe: Bedingungen in der Sportbootversicherung. 2005.

Kolibri 360 GmbH
Ferdinand-Jühlke-Straße 7
99095 Erfurt, Deutschland
produktsicherheit@kolibri360.de

Druck:
CPI Druckdienstleistungen GmbH
im Auftrag der
Kolibri 360 GmbH
Ferdinand-Jühlke-Str. 7
99095 Erfurt